U0738642

葉長青 撰
張京華 點校

文史通義注

上

華東師範大學出版社

圖書在版編目(CIP)數據

文史通義注/葉長青著. —上海：華東師範大學出版社，2012.6
(歷代文史要籍注釋選刊)
ISBN 978-7-5617-9623-8

Ⅰ.①文… Ⅱ.①葉… Ⅲ.①文史-研究-中國-清前期 ②《文史通義》-注釋 Ⅳ. ①K092.49

中國版本圖書館 CIP 數據核字（2012）第136245號

歷代文史要籍注釋選刊
文史通義注

著　　者　葉長青
點 校 者　張京華
特約編輯　黄曙輝
項目編輯　龐　堅
裝幀設計　勞　韌

出版發行　華東師範大學出版社
社　　址　上海市中山北路3663號　郵編 200062
網　　址　www.ecnupress.com.cn
電　　話　021-60821666　行政傳真　021-62572105
客服電話　021-62865537
門市（郵購）電話　021-62869887
地　　址　上海市中山北路3663號華東師範大學校内先鋒路口
網　　店　http://ecnup.taobao.com/

印 刷 者　杭州富陽永昌印刷有限公司
開　　本　850×1168　32開
印　　張　38.375
字　　數　600千字
版　　次　2012年8月第1版
印　　次　2012年8月第1次
書　　號　ISBN 978-7-5617-9623-8/K·364
定　　價　138.00元(全二册)

出 版 人　朱傑人

目録

上册

下册

文史通義注卷七……七五三

目録

整理弁言

一

章學誠，字實齋，清會稽人。生於乾隆三年，卒於嘉慶六年。卒後三十一年，道光壬辰、癸巳間（十二至十三年），其子章華紱刻成《文史通義》、《校讎通義》共九卷於大梁，是爲二書的初刻本，世稱「大梁本」，有咸豐元年粤雅堂翻刻、同治十二年浙江書局補刻諸本，統稱通行本。

民國壬戌（十一年），劉承幹刻成《章氏遺書》三十卷，包括《文史通義》、《校讎通義》十三卷，世稱「嘉業堂本」或「遺書本」，民國二十五年商務印書館有鉛排本，共八册。近年有文物出版社《章學誠遺書》本，據嘉業堂刻本影印並加增補而成。

民國二十四年，葉長青所著《文史通義注》（含《校讎通義》）出版，其時「自章氏之卒」不過「一百三十四年」（沈訒《後序》），自《文史通義》、《校讎通義》大梁初刻本問世不過一百年。但在這一百年之間，章學誠的著作却由落寞無聞一躍而成爲海内顯學，《文史通義》、《校讎通義》二書迄今仍可謂是家喻户曉的「古典名著」，而「六經皆史」諸説也迄無比較公認的確解。

民國間，凡題爲《文史通義》（含《校讎通義》）的，從線裝石印、線裝鉛字到洋裝鉛印，有諸多坊本流行，均由「大梁本」而來，雖然不及《遺書》之富，也頗足以使一般學者瞭解章氏學説。至於説到求其著述篇目詳備之不易，其實却與章學誠自己的治學風格有關。按章氏一生治學，均由文獻典籍之分類、編次而出，言必稱「部次條别」（《校讎通義敘》），而其自家著述之分類、編次最雜。《文史通義》内篇之篇題似子家，並有專門翻用前人舊題者，如《説林》、《原道》、《師説》，而外篇或雜以方志之序例（大梁本收録，遺書本另題「方志略」），或雜以書劄序跋（遺書本收録，而另有「文集」）。方志既須序例而明，則序例自當與方志爲一體。章氏不僅以序例單行，亦且一卷方志而序例往往多至上中下三篇；又有序例篇幅反多於志傳正文，如《永清縣志皇言紀》僅録詩一首而序例一千餘言；序例前又作小序，序例中又加子書標題，如原譜、致用、通變、攷圖、定體、著例之類，則是史志之中又雜子體。而章氏行文，或首尾重複，似墨子；或自設問答，似公穀；忽又爲駢體，似時文。文中又偶有代作，自稱「章君雅有史識」云云（《爲畢秋帆制府撰荆州府志序》），自伐而不慚。《校讎通義》觀其題名，似與《文史通義》駢列，而其自注「外篇」，可知確在《文史》之内，則是《通義》之中又有《通義》也。章氏每以初稿抄送朋輩，而不留意於定稿（如《外篇·校讎略·著録先明大道論》爲初稿篇題），有所異同，則「亦自忘真稿果何如」（《跋酉冬戌春志餘草》）。乾隆三十八年，章學誠三十六歲，已決意「爲《文史通義》一書」（《與嚴冬友侍讀書》），而生前二三十年間不能編爲定稿。康熙四十四年（己亥）著成《校讎通義》四卷，後二年遇盜遺失，生前十餘年亦未能補出。致使後人刊刻體裁難以整齊，文字亦有訛誤。章氏生當乾嘉之世，尚且如此，假使遭逢宋末如胡三省、明末如顧亭林、清季如葉郎園，不知著述當復如何。章氏身後，學者讀其著述，必先言校勘、編次，欲爲新編者屢見不鮮。如姚名達稱：「章氏遺書的各種版本都編次得不好。」（《章實齋先生年譜・姚序》）究其原因，實在章氏自己，後人縱有新編，難得佳耳。

與清末民國間衆多坊本流行的情況相映襯，《文史通義》一書缺少良好的注本，倒是一個問題。據筆者所見，《文史通義》先有章錫琛的選注本，所選共三十篇，民國十五年由商務印書館出版，列在《學生國學叢書》及《新中學文庫》中。稍後則有石印坊本，有文瑞樓《詳注文史通義》、文瑞樓《新體注釋文史通義》（無錫宛南詳注）、鴻章書局《注釋文史通義》、真美書社《詳注文史通義》（杭縣許德厚舜屏注）等幾種（均含《校讎通義》），年代均爲民國十八年前後。其注釋均簡略，僅便初學而已。

故自嘉業堂《章氏遺書》出版以後，實際上關於《文史通義》的文字校勘可以做的工作已經不甚多，更重要的當是其書的注釋，而最重要的則是其書的解讀。

二

葉長青，原名俊生，字長卿，福建閩縣人。生於一八九九年，卒於一九四四年至一九四六年之間。此從彭丹華之説，見《葉長青及其〈漢書藝文志問答〉》。劉桂秋《無錫國專編年事輯》則定爲生於一九〇二年，卒於一九四八年。福建省立第一中學校及厦門大學教育系畢業，任厦門大學國文系助教，爲北京大學研究所國學門通訊研究生，後任金陵大學國文系教授、無錫國學專修學校教授。

葉氏治學，自舊體詩入門徑。早在福建一中時期，葉長青就有詩作，發表在民國五年《學生雜誌》的《文苑·詩》欄目中，有《感秋四詠》、《看月》、《贈友人張君子云》、《看菊口占》、《白梅》、《雪意》六首，署名福建省立第一中學校四年生葉俊生。詩句有「學非鋭志無佳境，生不成名豈丈夫。壯歲光陰如過客，一肩名教賴吾徒」，已可略見其懷抱。

在厦門大學就讀期間，葉長青協助陳衍主講文字學，「指畫翔實，聽者無間言」（陳衍《文字學名詞詮釋·序》），並有《整理國學芻議》等文。

葉長青在民國十二年至二十九年的十餘年間，著述甚富，先後有：《閩方言考》、《版本學》、《文字學名詞詮釋》、《文心雕龍雜記》、《鍾嶸詩品集釋》、《文史通義注》、《國魂集》、《漢書藝文志問答》等八种。單篇論著有《閩侯方言考證》、《論閩音》、《閩本考》、《中國之對待字》、《中國之隱語》、《論版本學與校勘學之關係》、《十五年來之校讎學》、《二十年来中国之校雠學》、《漢書藝文志四論》、《洪水以前之中國文明》、《無盡藏室詩録》、《長青隨筆》。又補輯並注《曾子輯佚》，編撰

《石遺室叢書》三十六種提要，補訂《侯官陳石遺先生年譜》等。

葉長青先後師從吴曾祺、陳衍、唐文治，問學於劉通、張爾田、陳鐘凡，而與陳柱、馮振、錢仲聯爲同門。其治學取徑稍寬，通古今，知致用，識大體。嘗自稱其治學有「六法」：「采版本，精小學，識時代，通地理，治目録，明典章。」（《版本學·自敘》）又稱：「居今學古，舍反樸莫以見功。楊子謂『今之學者非獨爲之華飾，又從而繡其鞶帨』，斯語切中時弊。文字、考據、版本、目録等樸實之學，夙所深嗜。」（《葉長青與張孟劬先生書》）吴曾祺稱葉長青：「吾鄉葉子俊生，年少嗜學，凡有述造，必期有用於世。」（《閩方言考·序》）陳鍾凡稱：「長卿於弱冠之年，俾佐教職，時歷數載，學業日新。」（《陳斠玄上陳石遺先生書》）陳衍稱葉長青「專力請業，昕夕不少倦」（《文字學名詞詮釋·序》），又稱其「劬樸學，勤述作，駸駸於古」（《送葉長青赴金陵大學教授序》），又稱「余初至厦門大學，可與言詩者惟葉生俊生、龔生達清」；「余舉充文字學教員，劬於著作，詩亦絶去俗塵，惟過求生澀」。（《石遺室詩話》）陳柱曾稱道葉長青「有力治古文之宏志」。（《守玄閣文稿選·致葉長卿教授論文書》）

陳衍在厦門大學，有《九日葉俊生龔達生两生邀余南普陀登高歸集齋頭小飲葉生有詩龔生繼作次韻和之》，詩云：「两生青眼高歌望，昕夕過從倍覺親。」

民國二十四年，「八十一叟」陳衍爲《國魂集》作序云：「嗚呼！國僅有魂，亦大可哀已，况至於並魂而無之，則直無所謂國，其可哀更何如！……讀是集者，由知國之有魂，庶幾漸復其性，而成有性之國歟？」序成，致函葉長青云：「除夕暢飲數盃，向火聽雪，竟忽忽至曉，就枕睡，一覺即醒，忽想起《國魂集》序未作，遂披衣而起，頃刻間成一篇，可謂佳文奇文，爲鄙人得意之作。若示柱尊，必狂喜，他人不敢知也。」《茹經先生自訂年譜》「民國二十四年」條又記：「閩縣葉生長青編《國魂集》，選録古來忠臣義士有關志節詩文，都若干首，激勵人心，極有裨於世道。余仿《莊子·秋水篇》爲撰《序》一首，自問恢詭之文，不作久矣，放筆爲之，頗覺光芒四射，較舊作《説龍》、《釋氣》二篇爲勝，深自喜也。」當時師友間一種相得，可以想見。

葉長青又樂與當世學者交往，多主張，擅決斷。在厦門大學，創辦國學專刊社，陳衍爲主任，葉長青自任社長，編輯出版《國學專刊》。《國學專刊》自民國十五年三月至十六年十月，共出版了四期。内設通論、專著、專載、校注、文録、詩録、詩文評、隨筆、瑣談、通訊及書目介紹等欄目。值得注意的是，刊中登載的詩文著述，厦大本校的師生只有少數。在《國學專刊》第二期上，葉長青登出了一則特别啟事説道：「第一期《專刊》付稿之時，適直年假，社員紛紛歸里，取材未富，至抱歉忱。第二期起，次第發表陳衍、唐文治、陳寶琛、吴曾祺、黄濬、陳鐘凡、王樹枬、葉玉麟、陳柱、李笠、吴士鑒、陳漢章、趙熙、奚侗、李詳、王允、古直、朱謙之、葉長青諸先生名作，陳左海、陳惕庵、劉申叔、陶騰石、陳益卿、林畏廬、沈寐叟諸先生遺著，讀者注意。」實際上，《國學專刊》的校外作者比啟事中所列的還要多。此舉可以推斷，葉長青的最初定位就是欲將《國學專刊》辦成超出厦大一校範圍的刊物。《國學專刊》創刊《宣言》有云：「中夏學術，俶落秦漢，有清一代，實綜大成。」「遜清入主中夏，垂三百祀，於文字舍己從人，其亡已舊，故不俟辛亥一役也。今夫國未亡而自滅其文字惟恐不速。」文中「自滅文字」所指，自然是主張以羅馬字母注音符號取代漢字一派學者，此主張與「整理國故」、「古史辨派」相伴隨，以易名「疑古玄同」的錢玄同最爲激進。

葉長青此舉，很快便被陳鐘凡所認同，認爲《國學專刊》與東南大學所辦《國學叢刊》堪爲同道（見《陳斠玄復石遺先生書》）。而顧實在爲《國學叢刊》所作的《發刊辭》中，則明確表示對於「復有僉壬……倡廢漢字……一切古書，拉雜摧燒」之流，十分憤慨。然而，最具諷刺意義的是，陳衍、葉長青等人所針對的北大新潮，却緊跟着就來了。

關於厦大前後兩次興辦國學的舉措，楊國楨論述道：「一九二五年，厦門大學教員學生發起與海内聞人組織『國學專刊社』，舉陳衍爲主任，其高足葉長青爲社長。該社『以整理國故、發揚文化爲己任』，在教員學生中引起共鳴，先後入社者達五十餘人。雖然陳衍於十月告假，繼而辭職，葉長青改就金陵大學，『國學專刊社』陷於停頓。……實際運作的厦門大學國學研究院……采以北京大學研究所國學門爲樣本。」（楊國楨《二十世紀二十年代的厦門大學國學研究院》）桑兵也已注意到了厦大一時的新舊之異，論述道：「二十年代以後，國學研究者繼續保持趨新態勢。」「北大的以新劃線引起外界人士的不滿。」「厦大國學院成員基本來自北大。」「厦大也有類似情形。當時任教於該校的陳衍，是著名的國學大家，並主辦《國學專刊》，先後入社者達五十餘人，却未參與國學院的籌組和學術活動。其高足葉長青此時反被金陵大學聘走。」（桑兵《晚清民國時期的國學研究與西學》）陳元勝指出：「國學專刊社與國學研究院，同一年（一九二六）出現在中國厦門鷺江之濱嘉禾嶼上的厦門大學。」「一九二六年一月『出世』的國學專刊社史實，被同年十月成立的厦門大學國學研究院淹没了。」（陳元勝《鐘嶸〈詩品〉研究論著目録辨證——陳衍〈詩品平議〉與國學專刊社考辨》）

實際上，厦大這兩次「國學」創業，只是時間上的巧合，而絶非前後承接。這也説明當時乃至今日學界所稱道的「國學」，名目雖然相同，性質却可以絶然相反。厦大的所謂「北大樣本」只聞聲調不見果實，同而不和，最終只成一場鬧劇，其負面效果足以引爲教訓。

民國十五年春，葉長青任南京金陵大學教授。其實自十四年十月，陳鐘凡已致函陳衍，有意超常聘葉爲教授。臨行，葉長青有《别厦門二章》，詩云：「中夜起裴徊，人間此何世。時屯寄情泰，身挫憑道制。表志在詩書，發憤靡巨細。石交棄仇讎，木訥淡校計。庶幾仁者意，今昔倘殊勢。」「匪曰有長志，挾策朔南走。振古三不朽，得一已成就。震響蚊爲雷，鞶帨麗藻繡。江河下愈況，舉代皆舍舊。皇矣我師友，道義勖夕晝。去去毋戀此，努力嗣絶冑。」「鞶帨麗藻繡」一語，與上文葉長青自陳引楊子同一出處。楊雄《法言·寡見》:「今之學也,非獨爲之華藻也,又從而繡其鞶帨。」章學誠《文史通義·史釋》亦曾用此典,故云「學者但誦先聖遺言,而不達時王之制度,是以文爲鞶帨絺繡之玩」,葉長青爲之作注,見本書。此典的「時義」十分明顯,既然「舉代皆舍舊」,則「鞶帨」正指「新潮」。

實際上,陳衍、葉長青對北京大學都絶不陌生。葉長青是北大國學門的通訊研究生,陳衍早在前清已是京師大學堂的教習。陳衍光緒三十三年爲京師大學堂經學教習、史學教授。所作葉長青《文字學名詞詮釋·序》云:「余教授南北學校三十年,於京師大學得中江劉復禮、象山陳漢章、諸暨徐道政、番禺黄式漁,皆精經學、小學,爲乾嘉諸老畏友無媿色。」問題在於此時的北大已非復其舊。

陳衍與新北大諸人相遇於厦門,究竟是否融洽,頗成疑問。《侯官陳石遺先生年譜》「柔兆攝提格」(丙寅,民國十五年)條緊接上年最後一句「是歲有《送葉長青赴金陵大學教授序》」,記云:「正月,厦門大學校長林文慶電摧開學,公亦擬一往,結束校事,行裝已發,意不樂而止。」何事不樂,則未詳述。至三月,又記:「厦門大學校長數電促往,不得已往爲結束,一閱月乃回。」在厦門作《林天遺詩序》,賦《只有二絶句》、《厦島書所見》、《厦樓獨坐》。」《只有二絶句》当即《只有二首》,其一云:「只有傷心月,羌無稱意花。家居猶不樂,何況是離家。」《厦島書所見》云:「萬骨不能鬼，羌無地可埋。若非葬魚腹，也築骷髏臺。」《厦樓獨坐》云：「满山儘是相思子，老乏風情只憶家。獨坐樓前誰是伴，刺桐樹與木棉花。」《厦島書所見》詠其所見，不甚可解，詠墓群則無聊，詠人群則過厲。《厦樓獨坐》不詠人而詠花木，則有避重就輕、顧左右而言他之意。雖有花木，而此間不樂，故只憶家，殆已生去意。

民國十九年八月，葉長青任無錫國學專科學校教授，主講韻文、《文心雕龍》、《詩品》。二十四年，自下學期起，無錫國專實行導師制，「葉長青先生指導史學」。二十五年，葉長青「擔任二年級級任導師」，兼任無錫國專校務主任。同年，無錫國專籌備十五周年紀念，葉長青爲籌備委員會事務股主任。

葉長青在國專所講授，以《文史通義》最爲重要。著作除《文史通義注》外，還有未完成的陳衍《石遺室詩注》與《陳石遺年譜》续编。《陳石遺年譜》「一九三七年」條云：「公詩舊有聲暨注百十條，戴禮注十之四五，均未竟而卒。葉長青繼之。」《陳石遺先生年譜》有七卷本，迄至陳衍七十五歲定居蘇州之前，題陳聲暨編，王真續編，葉長青補訂。至一九六〇年，王真又再續足爲八卷，卷題下有按語云：「日本投降後，真教學之暇，索《年譜》材料於公之長孫光度，始知其未刊遺稿盡被公門人葉長青取去，長青既逝，遺稿散失。」據此可知，葉長青補訂《年譜》當在無錫國專時期，而在七卷本刊出之後，陳衍生前，葉長青仍有續修《年譜》的計畫。此外，葉長青仍不忘爲陳衍

「助教」，一如在厦大時。寧友回忆：「葉長青是石遺先生的學生，後來又列爲唐校長的弟子。石遺先生初來國專，有隨行助教代爲板書。葉長青教授擔任總務主任後，出於尊師，替老師板書，助教也就不來了。」（寧友《陳石遺先生與無錫國專》）

但錢鍾書《石語》載陳衍評葉長青，則云：「葉長青余所不喜，人尚聰明，而浮躁不切實。其先世數代皆短壽，長青惟有修相以延年耳。」

按《石語》追記民國二十一年除夕陳衍燕談語，錢氏晚年刊之。自嚴復、林紓、章太炎、黄侃、王闓運、陳三立、黄節、鄭孝胥、陳寶琛、李詳、唐文治、陳柱以下，皆有譏評。陳衍此言當有語境，不足爲定評。以下復論女人事，尤知爲一時興語。此年陳衍七十七歲，錢鍾書二十二歲，老者晤對後生，尤無顧忌。

陳衍《石遺室詩話續編》第二十條《和除夕韻》下自注云：「葉長青方注《石遺室詩》。」此亦一除夕，而頗存喜意。詩作於蘇州（《詩話續編》即寓居蘇州時所作），而陳衍定居蘇州，任教無錫國專，與唐文治訂交，並出版新著數種，均與葉長青有間接關係。

唐文治《茹經先生自訂年譜》「民國二十年」條云：「函聘福建陳石遺名衍爲本校講師。陳君爲余壬午鄉試同年，出寶竹坡先生門下，佐張文襄公幕十餘年，學術閎通，著作詩文極夥。門人葉長青介紹來校，深爲可喜。」

《侯官陳石遺先生年譜》「一九三一年」條云：「九月，應無錫國學專修學校唐蔚芝先生聘爲講師。先生爲公壬午鄉試同年，光緒中葉曾相見於沈子培先生許，自是皓首訂交，訢合無間。」唐文治《陳石遺先生墓誌銘》云：「陳先生石遺，侯官詩文學大名家，與余鄉試同年，長余九歲，尊之曰先生。光緒中葉，相識於嘉興沈子培先師座中，其氣剛以直，其言辨以晰，其品高峻不可方物，余心折之，然蹤跡猶疏。迨辛未歲，門人葉長青介先生來無錫佐余，主國學專修學校講席，歡然道故，聚首七年。」當日唐、陳諸人一片欣喜，甚可想見。

陳衍《石遺室詩話續編》第二十九條云：「前歲余至江南，太倉唐蔚芝尚書（文治），壬午同年也，長無錫國學院，請余講學，招飲並侑以昆曲。即席賦呈，蔚老不爲詩，哲嗣謀伯（慶詒）和韻云：……雅切工整，的非易才。余與君尚各有疊韻云。」

如此所記，方與唐文治、陳衍、葉長青之熱忱相貼切。謝泳《〈石語〉中的葉長青》稱：「《石語》所談詩人詩事，絕大多數可從《石遺室詩話》及《詩話續編》中得到索解。」其實《石語》與《詩話》記載頗異，只可視爲陳氏詩話的一種「秘辛」、「別本」。

由於葉長青的聯絡，陳衍結識了不少當世學者，如張爾田、陳鐘凡、陳柱、馮振等皆是。《侯官陳石遺先生年譜》「民國十五年」條：「陳斠玄（鐘凡）、陳柱尊（柱）二君新及公門……皆精考據，柱尊兼攻詩，至是各有所著寄呈，合贈一絕句」，以後即以門人相稱。又記：「張爾田字孟劬，深於史學，著有《史微》、《玉谿生年譜會箋》二書寄贈。《會箋》考證之精，得未曾有，公有書與之。」是皆出於葉長青之牽合。即錢鍾書與陳衍得以在蘇州胭脂巷寓廬相見，亦當謂以葉長青爲因緣也。

其後陳衍《通鑑紀事本末書後》列爲《無錫國學專修學校叢書》第一種出版，《史漢文學研究法》、《石遺室論文》亦相繼列入《叢書》出版，《宋詩精華録》亦爲國專講稿而交商務印書館出版。

抗戰軍興，民國二十七年一月，葉長青帶領無錫國專遷長沙，將部分學生疏散，而後攜家回閩，棄教從政，從此離開無錫國專，無論如何都使人太感遺憾。

謝泳《〈石語〉中的葉長青》又云：葉長青「做過長汀、永安縣縣長」。洪峻峰《同光體閩派詩人龔乾義與葉長青論略》云：葉長青「於一九四〇年十一月至一九四一年十一月擔任長汀縣縣長，後調任永安縣縣長、莆田縣縣長」。陳步編《陳石遺集》《與葉長青書》題下注云：葉長青「曾任厦門大學助教、福安縣知事等職」。福建省文史研究館編《百年閩詩》云：葉長青「民國時任長汀、永安等縣縣長」。諸語均未詳，次序亦倒。實際上葉長青至少七次出任縣長，其次序爲：福安、松溪、福安、沙縣、永安、長汀、莆田。詳見彭丹華《葉長青學術年表》。

三

如果没有姚名達作訂補，胡適的《章實齋先生年譜》可能很難下臺。

葉長青與姚名達可能未曾謀面，但二人有北大同學關係，並且都研究章學誠。姚名達一九二五年入清華大學研究院爲研究生，一九二七年復入北京大學研究院爲研究生。

民國十六年九月《國學門月刊》第一卷第六號「學術消息」中有「本所新取録之研究生」，共十人，葉俊生、姚名達在名單之内。姚名達的履歷爲「清華研究院肄業」，研究題目爲「中國史籍考」。葉俊生的履歷爲「厦門大學助教」，研究題目爲「文字學名詞詮釋」、「閩音古徵」和「閩方言正續考」。在十人中，只有葉長青的研究題目是三項，其中二項出版爲專著，一項發表爲單篇論文。

此前，民國十四年十二月，葉長青曾因閲覽《北京大學研究所國學門月刊》而與董作賓討論閩語，言及葉著《閩方言考》（見《葉長青與董作賓書》、《董作賓復葉長青書》）。當時董作賓也是北大研究所國學門的研究生，資歷爲「北京大學旁聽生」，研究題目爲「歷代名人生卒年表」。

姚名達曾作胡適《章實齋先生年譜》訂補及梁啟超《中國歷史研究法》補編，其學術亦恰在梁啟超與胡適之間，一方面以歷史文獻見長，一方面也頗牽涉到新史學理論。

自稱比内藤湖南《章實齋先生年譜》「加多幾十倍」的胡適《章實齋先生年譜》（孫次舟謂胡適此語「不可靠」，見《章實齋年譜補正序》），抄録了大量章學誠著作並加以現代釋評，胡適稱之爲「頗可以算是新的體例」、「也許能替《年譜》開一個創例」（《章實齋先生年譜·胡序》），其實只是以評傳混同年譜的敗筆。如吴天任所説，「這實在是胡譜最大的缺點」，引梁啟超説，「不是做年譜的正軌」（吴天任《章實齋的史學》）。故而此譜一出，便有多人加以補正。如一士《胡著章實齋年譜贅辭》、吴孝琳《章實齋年譜補正》、范耕研《章實齋先生年譜》、吴天任《胡著姚訂章實齋年譜商榷》，以及致函給胡適的姚敬存（見姚敬存、胡適《更正〈章實齋年譜〉的錯誤》），應當也包括内藤湖南的《質胡適著章實齋年譜》。而姚名達所作的新譜《會稽章實齋先生年譜》，重在考證事蹟，不啻是對胡譜的最早的補正。但是姚名達的胡譜訂補仍然稱道胡適「摘録了譜主最重要的文章」爲「體例的革新」（《章實齋先生年譜·姚序》），以致吴孝琳稱姚名達是「懾於威勢」，「不敢有所駁正」（吴孝琳《章實齋年譜補正》）。

在代表作《中國目録學史》中，姚名達誤會《七略》「視實用之『方技』、『術數』、『兵書』與空論之『六藝』、『諸子』、『詩賦』並重，略具平等之態度」，至問「《詩賦》何以自異於《詩經》」，可見其古學未臻純厚，不免多受新學風氣薰染。但姚名達所學亦自有其難能可貴之處。如他發表的第一篇著述，在清華讀書期間所作《章實齋之史學》，探求實齋之學之淵源所自，而追論邵念魯、朱筠、戴震、邵晉涵，其治學途徑頗可稱許。同期他有《達人史話之二——史學院的需要》短文，提出將中國向來半超然、半獨立的史館，建設成超然的、獨立的史學院，「由國家的法律、力量，建設在任何學術、政治的機關以外」，「和一般大學的史學系、歐美大學院的史學門，又有不同」，亦特中肯緊。其《章實齋遺書敘目》一篇，論「所謂《文史通義》者，即文史的普通意義，亦即史意」，亦雅符章氏本意。

三十年代以後，姚名達在上海創辦女子書店，主編《女子月刊》，投入社會，務於實業。抗戰興起，更自比於「戰鬥的一員武士」，以國立中正大學研究教授的身份，擔任學校戰地服務團團長，開赴前線，以隨身小佩劍刺死一個敵人，卒至犧牲殉國（參見葉金《記姚顯微教授》）。可能是自覺到了身份的反差，姚名達寫了《我爲的是什麽》一文，陳述説：「個人與社會、國家是有最密切的關係；國家的安危，社會的治亂，直接影響到個人的身上；要想個人安樂，就不能不參加保衛國家、安定社會的工作。」

在上海和江西期間，姚名達仍有文章發表。他關切戰事，寫了《日本侵略華北的必然性》、《我們的根本態度》（對外鬥争，對内合作）、《抗日戰争序幕的開展和我國應有的戰略》（中日必戰，我國必勝）、《國難的由來和現狀》。（論述帝國主義殖民史與中國經濟）。他關心婦女和青年教育，寫了《中等學校畢業女生的前進路線》。（提出三項目標：「打倒帝國主義，打倒封建思想，打倒個人主義。」）他講授南洋史、東洋南洋史地，也研究經濟，講授本國社會經濟史，寫了《中國對外貿易的統計和分析》、《一年來的中國經濟》。不過，在姚名達生前的最後兩年，他似乎又回到了史學研究的領域上來。一九四〇年，他發表了《史字的本來意義》一篇長文，由甲骨金文訓詁而探究史官制度，指出「史的作書、正辭两項工作都以立信垂遠爲標準」，「凡做史官的人，記事説話必須真實可信」，並對古史所載董狐、齊太史良史傳統極盡表彰，「這是何等的剛强！何等的正直！」見解與其最初有關創設「史學院」的設想前後呼應。聯想到當時人們對於本国古史的普遍貶毁，姚名達關於「史官」、「制度」問題的思考不能不説是極爲卓越的。

《三民主義與史理學》是姚名達最後一篇文章，一九四二年五月刊於江西《大路月刊》，此年七月姚名達便遇難了。文中，姚名達新創了「史理學」概念，「史理學遵循三民主義的主張」，是「可以實驗的科學」。認爲史觀不是客觀的科學，而史書只是史料。主張「創立新科學」，「打破舊名詞」。姚名達「把中國通史分成如次三編：一論漢族之發展與鬥争（民族主義），二論君主底專制與民衆底反抗（民權主義），三論人民底生活與經濟進化（民生主義）。」（參見葉青《追悼三民主義歷史學者姚名達教授》）

雖然姚名達不認同「史觀」，但是他的「史理學」無疑也只能歸爲一種新的「史觀」，成爲種種「史觀」中的一派。早先，清華國學研究院學生組織北京述學社，編輯《國學月報》，其發刊《引言》有云：「中國的僞書誤書實在太多了……我們何苦保守着『信古』的態度來自誤誤人呢？」「老實説，我們是極恨這種『頑固的信古態度』及『淺薄的媚古態度』的。我們寧可冒着『離經叛道』的罪名，却不敢隨隨便便的信古；寧可拆下『學貫中西』的招牌，却不願隨隨便便的媚古。」其居於國家、社會的對立立場與輕狂態度，躍然紙上。而姚名達作爲述學社的一員，居然謹守官學、制度一義，自覺與國家、社會爲一體。如他不提「婦女解放運動」，只提「婦女運動」或「婦女自覺運動」。《我們的根本態度》說：「我們要提倡婦女自覺運動，肅清損人利己、好逸惡勞的享樂主義，改造自己成爲有益於社會的人。」葉青稱之爲「三民主義歷史學者」，說明姚名達的史學研究已別有境界，實際上正與章學誠的思想本旨暗相吻合。

這期間，姚名達在自我陳述中，評價其十年來的十幾部著作，竟然殊無擁以自重之意。他說：「最著名的，還是和胡適之先生合著的《章實齋年譜》，代梁任公先生筆記的《中國歷史研究法補編》。這兩部書，許多人都說可以不朽，可以說我個人却認爲並沒有什麽可以不朽的地方。」（姚名達《我爲的是什麽》）葉金的追憶文章還說到，抗戰中姚名達在江西國立中正大學，覺得那些已出版的著作「寫得太潦草」，「想寫過些有真正價值的東西」，並因此改名爲「姚顯微」（葉金《記姚顯微教授》）。

四

就對章學誠學術思想的新史學詮釋而言，張其昀的文章《劉知幾與章實齋之史學》（《學衡》一九二二年第五期，八節五十二頁）不僅比何炳松《讀章學誠〈文史通義〉劄記》（《史地叢刊》一九二二年第一卷第三期，二十二節二十七頁。後補充《章氏遺書》材料，易篇名爲《章學誠史學管窺》，刊《民鐸雜誌》一九二五年第六卷第二期，二十三節三十四頁）要早，見識也勝過後者。吴天任《章實齋的史學》第五章《史體的變革》即引張其昀文中對今後中華新史學的希望作結。（一九二二年張其昀就讀南京高等師範學校，爲劉伯明、柳詒徵弟子。何炳松爲北京大學史學系教授兼任北京高等師範學校史地部主任。輩分不同，而一在南高，一在北高，恰成巧合。）

何炳松稱章學誠「至於史料，獨重奏議論與詔策」，「至於史料，章氏以爲『盈天地間，凡涉著作之林皆是史學』」。（《劄記》、《管窺》二文均同）按「史料」爲西化術語，古人無此觀念，清及近代始偶言之。

何炳松又稱：「章氏解剖史之要質爲三：義、事、文是也。……三質之中，何者最重乎？章氏則以義爲最重。……所謂史義，究以理爲根據乎？抑以事爲根據乎？章氏則力主以事爲根據。」舉章學誠「古人未嘗離事而言理」爲證。下文遂解章學誠之「事」爲「當代典章」、「力主古今進化之説」、「隱将泥古之習打破」（《劄記》、《管窺》二文均同）。按其疏解頗乖。史之要質爲義、事、文，而義之根據爲事，何不曰史之要質爲二？古人解「事」爲「職」（見《説文》），「職」即王官之所守，亦即先王之政典，而六經所以爲先王之政典，即有「義」涵之其中。章學誠之意，以事與理爲一，未嘗撇開義理而專言人事。可知何炳松其實也是在原典字句解讀還没有完成的情況下，便開始其現代詮釋了，這幾乎是「新文化」時期新潮學者的通弊。

何炳松爲胡譜的姚名達訂補本所作的序文，重申《劄記》、《管窺》二文中的「史材」、「史料」說，更加直接地提出：章學誠「他所說的『記注』，不就是我們現在所說的『史料』麼？」大講「撰述」與「記注」之別，將其闡釋爲著作與材料的分別，認爲章學誠「他能夠把中國二千年來材料和著作畛域不分的習慣和流弊完全廓清了」。「我國現在的史學界要等到西洋史學原理介紹進來以後，才滿口高談『史料』二個字，真是有點不好意思呢！」（意爲應當好意思大膽西化）

在這篇二十六頁（《萬有文庫》本。《民鐸雜誌》本十九頁）的長序結語處，何炳松如是說道：「我們倘使把章實齋的史學鼓吹得過分了，那不但要使章氏和我們自己都流入腐化的一條路上去，而且容易使得讀者看不起西洋史家近來對於史學上的許多重要的供獻。所以我主張我們此後還是多做一點介紹西洋史學的工作罷！」順帶地，何炳松批駁了中國學術與「國學」概念，使用了「腐化」一語。這裏，借助古典宣揚西化的意圖已到了不加掩飾的程度。（在次年發表的《論所謂「國學」》一文中，何炳松提出整理本國學術的第一個大前提就是「推翻國學」，結論是「推翻烏煙瘴氣的國學」。）

抗戰後，一位署名嘉遂的史觀派學者在題爲《論史料的搜集和處理》的論述史料學的專文中，開頭就說：「我國有一位傑出的史學家章學誠，對於史料的搜集，曾說過一番很有意義的話，他說：『一切用文字記載的東西，都是史料。』」其中加了引號的一節白文翻譯，直接将章學誠的「史學」解釋爲「史料」，正與胡、何相承而來。

胡適《章實齋先生年譜》最先将章學誠「六經皆史」一語解釋爲「六經皆史料」。他說：「先生作《文史通義》之第一篇——《易教》——之第一句即云：『六經皆史也。』此語百餘年來，雖偶有人崇奉，而實無人深懂其所涵之意義。……其實章先生的本意只是說『一切著作，都是史料』……先生的主張以爲六經皆先王之政典，因爲是政典，故皆有史料的價值。……先生所說『六經皆史也』，其實只是說經部中有許多史料。」

是後，「六經皆史料」即成習語，幾乎成爲章學誠「六經皆史」的「正解」。如梁啟超云：「章實齋說：『六經皆史。』這句話我原不敢贊成，但從歷史家的立脚點看，說『六經皆史料』，那便通了。」（梁啟超《治國學的兩條大路》。羅志田《史料的儘量擴充與不看二十四史——民國新史學的一個詭論現象》認爲梁啟超「六經皆史料」說「不排除梁是受胡影響」。）傅斯年云：「歷史學不是著史，著史多多少少带點古世中世的意味……近代的歷史學只是史料學。」（傅斯年《歷史語言研究所工作之旨趣》）蔣伯潛云：「六經皆『史料』，還說得過去，六經皆『史』，即未免穿鑿。」（蔣伯潛《經學纂要》）劉節云：「章實齋說六經皆史，這句話應當作六經皆史料看。」（劉節《歷史論》）周予同云：「我們現在只能說『六經皆史料』而不能說『六經皆史』了」（周予同《怎樣研究經學》）；「章學誠所叫出的『六經皆史』説，在我們現在研究的階級上，也仍然感到不夠；因爲我們不僅将經分隷於史，而且要明白地主張『六經皆史料』説」（周予同《治經與治史》）。顧頡剛云：「從前學者認爲經書是天經地義，不可更改，到了章氏，六經便變成了史料，再無什麼神秘可言了。」（顧頡剛《中國古代史研究序論》）

推原實齋「六經皆史」之意，本在於升史爲經。「其事則齊桓晉文，其文則史，其義則丘竊取之矣。」事、文、史、義，合而爲一，分而爲四。六經皆事，六經皆文，六經皆史，六經皆有其義，而獨言「六經皆史」者，原史之初本與經等，經史同出史官之守，同爲天子王官之學。而方志即後世官修史書之所本，故實齋重之，欲以升史爲經也。實齋是要将史學提升到經學的地位，亦即提升到王官學的地位。故《文史通義》開篇即稱：「六經皆史也。六經皆先王之政典也。」三代四代之事不可復，而三代四代之遺義可復。其意存乎三代之際，故其書首論六經。而「六經皆史料」則是「向下」的解釋，即認爲六經只是可待加工的原材料，甚者則提出中國根本没有史學，只有史料，中國只是史料發達。近代學者對於「六經皆史」的誤解，乃至「史料」一語的運用，直至今日史料學、文獻學之盛行，完全出於以西洋學術尺度爲標準，更不思我國史學典籍堪媲全世界經典之總和，古人之日曆、起居注、實録、編年，以至各類編纂，其體制、體例之設立完全出於一種人文之創造，乃是真文化、真文明的體現。近代新潮一流貶毁其無史學價值，而只承認其爲史料，另一方面所謂「新史學」著作紛紜猥集，速成速朽，其實皆闡釋也，皆史觀也，求其有一語合於古人「良史」、「實録」之標準而不能也。不能爲一日之編年，不能出一字之褒貶，不能無北面而尚道。其作者無不自以爲客觀、科學，實則無一不是某種「史觀」的作品，罕能名副真史學之實。故予嘗言：古無史料，今世無史。而究其始作俑者，胡適對於章學誠「六經皆史」的有意誤解不能免責。

自戊戌至辛亥滿清遜位，僅只十三年，然而民元以後學界對於滿人的斥責却持續了許多年。遜清以後，民國學者有一個極有趣的現象，就是普遍地對於滿清的政治乃至文化策略加以痛責，同時又普遍地肯定清代學者的學術成績，自羅王、康梁、胡傅顧、陳寅恪、錢穆、南高、學衡等等，不論各家各派，類皆如此，只有少數人是例外。（如葉長青《國學專刊》創刊《宣言》謂遜清「於文字舍己從人，其亡已舊」，微有憐之原之之意。）按同一朝代，其政治可以極壞，而其學術可以造極，此絶不可能。民國以來學者否定滿清政治，而肯定清代學術，實爲一大弔詭。

有古典，有今典。推原清人設四庫館之意，乃是以經史子集皆入古典，而致治則別有「今典」在。當時學者務於考據，推尊漢學，雖然成績卓著，而徒有漢學不足以圖存，清朝所以亡，正在於無義理，無宋學也（邵懿辰、康有爲之今文經學乃是僞今文）。民國學者過度看重清代考據學，故民國政治即不能不一亂到底。

按古文與今文同爲本國經學傳統，古文言實事求是，今文言微言大義，治古文必遞進至於今文，治今文必以古文爲基，承古文而進，在求真中求大義。不當越乎考據訓詁，亦不當止於考據訓詁，古文今文會通，合而不離，乃成學問。凡棄今文而治古文，或棄古文而治今文，皆未臻境界。至於以古文拒今文，或以今文拒古文，則皆是僞學無疑。錢玄同爲顧頡剛《秦漢的方士與儒生導讀》作序云：「該用古文家的話來批評今文家，又該用今文家的話來批評古文家。」此語最壞。劉咸炘《左書·經今文學論·序》云：「吾宗章實齋『六經皆史』之説，於經學今古文两派皆不主之。古文家之極若章太炎，今文家之極若廖季平，吾皆以爲太過。」是爲得之。實齋之學，不只原經史之初，復且通經史之義，即今古文相兼之學，惟學者罕能闡明之耳。

由此而論，胡適表彰清代漢學，又表彰章學誠，均不免有利用清人暗行西化之嫌，其對章學誠、崔述、戴震的表彰也頗有些我自顧影的味道。

五

胡適關於章學誠制造的另外一個神話，是稱他自己首先發現了章學誠。這在《章實齋先生年譜》中有三次表述：

《胡序》：「那班『擘績補苴』的漢學家的權威竟能使他的著作遲至一百二十年後方才有完全見天日的機會，竟能使他的生平事蹟埋没了一百二十年無人知道。」

《大事索引》:「生平學術始顯於世:民國十一春,卒後一百二十一。」《年譜》末頁:「十一年春,本書初版出版,國人始知章先生。」

吴天任《胡著姚訂章實齋年譜商榷》指出:「這句話未免大言不慚了!」「實齋不爲一般漢學家所歡迎,原是事實。但説漢學家使實齋事蹟埋没了一百二十年無人知道,這又是一段笑話了!……總之,實齋事蹟,後人雖非全部瞭解,也斷不至有埋没一百二十年無人知道,而必須等到胡譜出版後才知道的道理。」(吴天任《章實齋的史學》)余英時説:「這話則未免誇張了。」(余英時《論戴震與章學誠》)

陳鵬鳴認爲:章學誠對龔自珍、魏源、李慈銘、譚獻、鄭觀應、康有爲、蔡元培、章太炎、梁啟超等人均有影響(陳鵬鳴《試論章學誠對於近代學者的影響》)。朱敬武以劉師培《國學發微》、張爾田《史微》、柳詒徵《國史要義》爲例,專章討論「章學誠對後世的影響」(朱敬武《章學誠的歷史文化哲學》)。以上參見劉巍《經典的没落與章學誠「六經皆史」説的提升》)。

錢基博認爲,爲章學嗣響者,有龔自珍、章炳麟、張爾田、孫德謙四人,指出:「其學一衍而爲仁和龔自珍定厂,作《乙丙之際著議第六》,以明一代之治即一代之學,『官師合一』之説也。又著《古史鉤沉論》,以明五經爲周史之大宗,諸子爲周史之小宗,『六經皆史』之衍也。」「其後章氏之學再衍而爲章炳麟,衍『官師合一』之説,以徵《曲禮》『宦學事師』之義,又推本章氏『六經皆史』之指，以明孔子之述而不作，而難今文家説之稱孔子作六經者。」「又一衍而爲錢唐張爾田孟劬、元和孫德謙隘堪。爾田考鏡六藝、諸子學術流派，著《史微内篇》八卷，以丕揚章氏『六經皆史』之義。而德謙則爲《漢書藝文志舉例》、《劉向校讎學纂微》兩書，以論定讎例，又著《太史公書義法》二卷，以究明史意。」「斯皆《通義》之嗣響，章學之功臣！」（錢基博《文史通義解題及其讀法》）

劉承幹刻《章氏遺書》，即孫德謙、張爾田作序。孫德謙序云：「雖先生治史，余則治子，趨向自異，要其觸類引伸，則一本乎先生爲學之方。吾師乎，吾師乎，未敢昧所自也。」

又張爾田作孫德謙《漢書藝文志舉例》序云：「至近代章實齋始深寤官師合一之旨，其所著《校讎通義》廣業甄微，傑然知言之選。……君素服膺章氏者，此書補實齋之未獲。……君書成，謂必得深於實齋之學者序我書。余之服膺實齋也與君同，曩嘗纂《史微》，闡明實齋『六經皆史』之誼，每相與拂塵而笑，莫逆於心。」張爾田作孫德謙《太史公書義法》序云：「與余同讀書廣平，舉向之聲韻訓詁，盡棄其所學，而一以會稽章氏爲歸。」張爾田《史微·凡例》云：「往與吾友孫君益葊同譚道廣平，即苦阮氏、王氏所彙刊《經解》瑣屑飽飣，無當宏旨，嗣得章實齋先生《通義》，服膺之。」張東蓀《史微·重定内篇目録敘》稱張爾田「於古師東莞、居巢，近則章實齋」。

按「章學嗣響」除此四人外，也應包括錢基博自己。《文史通義解題及其讀法》書末云：「博端頌章書，發蒙髫年，迄今四十，玩索不盡。」則錢基博攻讀《文史通義》之時當在清末光緒之際，蓋

「端頌」章氏之書已逾三十年。

孫德謙著《漢書藝文志舉例》由王國維作跋，跋云：「丙辰春，予自日本歸上海，卜居松江之側，閉户讀書，輒兼旬不出，所從談學問者，除一二老輩外，同輩惟錢唐張君孟劬，又從孟劬交元和孫君隘庵。二君所居距予居不數百步，後遂時相過從。二君爲學皆得法於會稽章實齋先生。」則章氏影響亦及王國維。

沈增植《漢書藝文志舉例·序》云：「國朝章實齋氏益推鄭氏之旨而上之，由藝文以見道原，推史以言經，而校讎之體益尊，著録去取乃愈不可以不慎。」又沈增植家藏《章氏遺書》王宗炎稿本，劉承幹據以補訂，則章氏影響亦及沈增植。

又朱一新《無邪堂答問》卷二云：「劉中壘父子成《七略》一書，爲後世校讎之祖，班《志》掇其精要，以著於篇。後惟鄭漁仲、章實齋能窺斯旨。」則章氏影響亦及朱一新。

又按章氏影響所及，至少還需列出江瑔、劉咸炘二人。

江瑔贊同章學誠「六經皆史」説，認爲六經皆出於古史。所撰《經學講義》，民國六年先在師範講習社《新體師範講義》期刊連載，民國七年由上海商務印書館出版單行本。書稱：「古者學術在官，民間無私學。『有官斯有法，故法具於官；有法斯有書，故官守其書。』本章學誠《校讎通義》。」又云：「按『六經皆史』，李卓吾、章實齋、龔定盦諸人力持其説，顛撲不磨，殆成定論。」又撰

《讀子卮言》二卷，民國六年出版。書稱：「近儒章學誠譔《校讎通義》，力言敘録藝文當有互見之例，爲校讎家不刊之名言。」又云：「按『六經皆史』之説，李卓吾、章實齋、龔定盦諸人皆堅持之，顛撲而不可移。」

劉咸炘作《文史通義識語》，又作《續校讎通義》及《校讎述林》。《文史通義識語》序稱章學誠爲「先師」，云：「先師章氏，宏識探原。明統通類，披云見天。以史御子，由合見分。《通義》百餘，會宗統元。」《續校讎通義・通古今第一》云：「章先生明四部之不可復爲七略，而欲人存七略之意於四部中。」又《學略・經略》云：「章言六經皆史，史皆官書。」又《推十書・論學韻語》云：「吾族世傳文史業，導師東浙一章君。」自注：「學問可以『文史』二字括之，實齋所以名其書爲《文史通義》也。」又《中書・認經論》云：「章實齋先生全部學問都從校讎出，我全部學問亦從校讎出。」《淺書》以實齋與其祖劉沅並稱，云：「吾塾奉槐軒以爲宗，《四書恒解》爲吾塾第一典書。……吾學方法得自會稽章君，《文史通義》爲吾塾第二典書。」其弟子徐國光作《推十書繫年録・序》云：「夫子無所不通，尤專力於史，私淑會稽章氏。」

以上諸人著述皆早於胡適。

此外，著録家如柯劭忞《清史稿》於民国三年開始編纂，民国九年編成初稿，《文苑傳》中有章學誠傳，《藝文志》著録章學誠《文史通義》八卷，《校讎通義》三卷，《文史通義補編》一卷。

張之洞《書目答問》史部著録章學誠《文史通義》八卷，《校讎通義》三卷，注云：「原刻本，粵雅堂本。以史法爲主，間及他文字。」子部著録章學誠《婦學》一卷，注云：「《文史通義》之一篇，舊别行，亦收《經世文編》中。《珠塵》本。」

葉德輝《書林清話》（自序作於宣統辛亥）言章學誠《文史通義》著《横通篇》，「亦可謂善於題目也已」。

此外，刊刻、傳抄《文史通義》、《章氏遺書》者，據姚名達《章實齋遺書敘目》，有南海伍崇曜、嘉善周爾墉、元和江標、廬江何氏（藏抄本）、豐城余氏（寶墨齋）、南匯吴省蘭（刻《藝海珠塵》）、邵陽魏源、華亭姚椿（刻《國朝文録》）、王昶（刻《湖海文傳》）、王紹基、貴池劉世珩（刻《聚學軒叢書》）、汪如瀾（刻《小方壺齋叢刻》）、鄧實（刊印《風雨樓叢書》）、神州國光社、國學扶輪社（印《國朝文匯》）、長洲彭祖賢（刻《湖北通志凡例》）、霍邱王潛剛（刻《湖北通志未成稿》）、國粹學報社（印《古學彙刊》）、浙江圖書館（印《章氏遺書》）、吴興劉承幹（刻《章氏遺書》。吴天任謂劉承幹刊刻《章氏遺書》「雖刊行於民國十一年，但劉氏在民國八年已得到章氏遺稿，籌備輯印了」）。

據吴天任，還可補出山陰杜氏、蕭穆（詳記抄本流傳）、阮元（刻《皇清經解》，又刻《两浙輶軒録補遺》，有章學誠傳）、焦循（作《讀書三十二贊》）、錢林（作「張學誠傳」入《文獻徵存録》）。

此外，新甯趙天賜校勘《文史通義》菁華閣本，跋稱《章氏遺書》「學者一見輒驚爲鴻寶」。清末李詳跋《信摭》云：「今世傾嚮實齋者夥，片言隻字先睹爲快。」諸人雖只刊刻其書，亦不可謂對章氏不加推崇。

以上諸人亦皆早於胡適，而雅好章氏之學未必不如胡氏。如譚獻爲《文史通義》浙江書局補刻本，南北訪書，「於書客故紙中搜得章實齋先生《文史通義》、《校讎通義》殘本，狂喜。……章氏之識冠絶古今，予服膺最深。」閱《文史通義》而稱「洞然於著作之故、文章之流別，實自此書」（譚獻《復堂日記》）。參見王標《譚獻與章學誠》）。章太炎《與人論國學書》又記：「譚仲修有子已冠，未通文義，遽以《文史》、《校讎》二種教之。」劉承幹稱章學誠「識足以甄疑似，明正變，提要挈綱，卓然有以見夫經史百家之支與流裔而得大原」（《章氏遺書・劉序》）。可知諸人既能刻書兼能讀書。

受到章學誠影響的學者，也包括日本的内藤湖南。内藤除《章實齋先生年譜》、《質胡適著章實齋年譜》外，還有《章學誠的史學》一篇。

實際上章學誠的學術影響在胡適之前並不微弱，只是没有成爲「名人」而已（學者而成爲「名人」，其弊極大）。其中對於張爾田、孫德謙、劉師培、江瑔、劉咸炘五人的影響尤大，差不多均到了私淑、傳薪的程度，而這五人各有著述，學術皆可稱道。這一線可謂實齋之學的正傳，足以釐爲一部實齋學案（錢基博弟子陶存熙有《章學誠學案》遺著，惜未完成，僅見卷上内篇三篇，卷下外篇論章學影響與章學評議未見)。

而胡適所謂「完全見天日」與「國人始知」的首先發現説，若非有意制造神話，便是一切棄置前人成績於不顧，惟以一己之新説謂之學。而胡適的途徑實則只是假借科學之名、暗行西化之實的誤解之途。「其人中國人也，其心則皆外國心也。」(張爾田《論僞書示諸生》)

六

山口久和在其所著《章學誠的知識論》書中，説到葉長青《文史通義注》云：「《文史通義》的注釋——清代人的著作難得有两種注釋——一是葉長青的《文史通義注》八卷和《文史通義補注》二卷，一是葉瑛的《文史通義校注》。葉長青的注幾乎全被葉瑛的《校注》所採用，學者已經没有特意參考的價值。」又云：「《文史通義注·補注》的作者葉長青，筆者除了知道他是福建閩侯縣人之外，其餘一無所知。根據其門人沈訒敬寫於『民國二十四年八月』的序文推斷，大概是民國初年的學者。葉長青還有《校讎通義》三卷。筆者所依據的是一九七一年臺北廣文書局出版的排印本。」引川勝義雄又云：「川勝氏在解讀時以葉長青的《文史通義注》爲依據，但是現在可以利用到更爲詳細而精確的葉瑛《文史通義校注》。」(日本山口久和著《章學誠的知識論：以考證學批判爲中心》，王標譯，上海古籍出版社二〇〇六年版。日本創文社一九九八年原版)

按其説雖然簡略，却有不少訛誤。「《文史通義補注》三卷」、「《文史通義注・補注》」當作《文史通義注補正》，乃是在該書排版之後所補，自卷一至卷八逐條附排在該書之末，目録及書口並無三卷之數。《文史通義注》爲「無錫國學專修學校叢書之十一」，仿宋體字樣見於原本封面，廣文書局影印本删去題簽，但葉瑛校注《出版説明》亦言之，可知作者任教於此，而山口久和却云「其餘一無所知」。「沈訊敬序文」有誤，當作「沈訒《後序》」。「還有《校讎通義》三卷」亦誤，《校讎通義》即在《文史通義》之内，民國刊本大多如此。「廣文書局排印本」亦不準確，當云影印本或「用排印本影印本」。就以上而言，似乎山口久和並没有見到過葉長青注的影印本。（日本各館藏著録有作「文史通義注内篇五卷，外篇三卷，校讎通義注三卷，文史通義注補正八卷」者，「補正八卷」亦誤。）

又按學術貴明宗旨，貴實事求是態度，前者即今文家原則，後者即古文家原則，皆學者所當取。山口久和謂葉長青注本「没有特意參考的價值」，若僅就出典而然，注文似已無疑，但其中所蘊古文求是原則已失，故仍不得不加以檢討（治學有古文，有今文，古文可以各國通用，作爲國際漢學而與世界接軌，今文則惟本國所專有，而不得援引爲通例。山口久和爲日人，只宜究古文，而與今文不相蒙，故不見葉注之宗旨，遂不察二葉之同異）。

山口久和書中也評論到葉瑛，説道：「根據葉瑛《校注》的『題記』，他供職於天津南開學校（現南開大學）之際，想給學生講《文史通義》却苦無注本，於是産生了自己來校注《文史通義》的念頭，即便在抗戰方酣之中也堅持孜孜不倦地進行寫作。」又説：「葉瑛的《文史通義校注》無疑好比是《春秋》之有《左傳》、《漢書》之有顔師古注。」這一評價比倉修良高許多。倉修良説：「爲《文史通義》最早作注的自然要首推一九三五年出版的葉長清（當作葉長青，《文史通義校注·出版説明》已誤作「葉長清」）的《文史通義注》。……其次則爲葉瑛的《文史通義校注》，此書完成於一九四八年，到了一九八三年中華書局才首次出版。這是一部比較好的注本，因爲不僅注釋詳密，而且校出了不少文字上的錯誤。」（倉修良《文史通義新編新注·序》）和山口久和對葉瑛的極高評價成反比，筆者有理由相信他對於《文史通義校注》作者葉瑛的瞭解不會太多，與對葉長青的「其餘一無所知」好不了多少。

葉瑛一九二四年至一九四二年之間履歷不詳，一九二四年至一九四七年之間著作不詳。《文史通義校注》一九四八年完稿之前不顯，一九八五年出版之前亦不顯。

據《文史通義校注》叶瑛《題記》：一九二九年秋，「爰疏記其崖略若干篇」；抗戰事起，「課暇輒取《通義》疏注之」；一九四二年秋，「任授是課，因復稍稍董理就業」；一九四八年秋，「校注既竟」。按葉瑛《文史通義校注》著述前後近二十年，成稿至出版又三十七年，事頗蹊蹺。

山口久和稱葉瑛「供職於天津南開學校（現南開大學）」一語的夾注有誤。南開學校與南開大學同爲張伯苓、嚴修創辦，南開學校爲私立中學，創辦時間早於南開大學，而南開大學自始便稱大學，與清華由「學校」升爲「大學」不同。南開中學、南開大學及南開女中、南開小學各不相蒙，而葉瑛當時是南開中學的國文教師。

一九二四年九月，葉瑛有《謝靈運文學》附《謝靈運年譜》一文，刊《學衡》第三十三期，目録及正文均注明「自武昌來稿」。迄一九五〇年病逝，葉瑛發表的學術論著只有此文。

據圖書館特藏部鄔紀明整理《武大老教師著述及相關資料篇名索引》，葉瑛還有《戴南山臨刑脱走之傳説》一文，刊《武漢日報》一九四七年三月十七日，當屬短文雜文之類。

葉瑛畢業於武昌高等師範學校（武漢大學前身），此文可能是他的畢業論文。《文史通義校注》曾稱「黄師季剛」，葉瑛可能師從黄侃，並於一九二四年畢業。據近年霍西勝《葉瑛先生雜考》一文推測：「黄侃先生任教於高師在一九一九至一九二七年間，則葉先生當也在此間就讀高師。」「一九二四年，於《學衡》發表文章《謝靈運文學（附謝靈運年譜）》。或許，此年當畢業？」（人人網・霍西勝的日誌）

葉瑛曾任教吳淞中國公學。一九二九年秋執教南開學校，則在吳淞中國公學的時間可能爲一九二四年至一九二九年。

在南開中學，葉瑛的名字是葉石甫。

就南開學生模糊追憶中的影像，葉瑛當時支持學潮，思想左傾。

七

劉清《回憶南開生活片斷》説道：「我國腐敗反動政府的無能，迫使我們青年不得不正視現實，尋求救國的途徑。在南開中學有位國文老師葉石甫先生對我們的教育幫助較大。……葉先生的教學開拓了我們對祖國的忠誠，進一步激發了我的愛國主義思想，影響推動我在以後年代裏走向進步革命的道路。」（《天津市南開中學建校九十五周年紀念專刊》）

王剛《記「一二九」運動赴南京請願的經過》説道：「南開中學當局對我們去南京請願的愛國行動，採取釜底抽薪和分化瓦解的手段，以同情和關心的面目實行阻撓。……十九日清晨，我們到達楊柳青鎮時，學校派來了張信鴻、孟志孫、鄭新亭、葉石甫、韓叔信等五名平日受同學們尊敬的老教師説服我們。他們表示欽佩同學們的愛國行動。」（《一二九運動回憶録》第一集）

葉瑛里籍，《出版説明》謂爲安徽桐城西鄉陶沖驛人。另據葉瑛之侄葉東啟所述，葉瑛爲大塘葉家灣人，「葉家灣屬於桐西革命根據地」。

葉瑛長子葉樹敏學生時期爲地下黨，一九四二年犧牲爲烈士。葉瑛二子葉樹穀於解放前參軍。這一背景與南開中學學生的回憶可以連類而觀。

葉東啟《葉樹敏烈士的烈士證希望能儘快給與更換》說道：「葉樹敏烈士是大塘葉家灣人，學生時期就［參加］我黨地下革命活動，一九四二年被國民黨逮捕殺害犧牲。他是我小叔的長子，我小叔叫葉瑛，是武漢大學文學院教授，一九四九年因病去世。小叔和朱光潛是桐城中學的同窗好友，並在武漢大學共事過。小叔二子葉樹穀，亦於解放前夕受我們的八姐（原名葉藝芷，參加革命時改名孫建中，是鍾大湖妻子）教育帶領參軍。我名叫葉東啟。」（中國桐城論壇）

葉瑛自述著書緣起亦有不實。《題記》末云：在天津南開學校「爲諸生授《文史通義》，苦無注本，閱讀弗便」，在重慶南開中學「課暇輒取《通義》疏注之」。按此語模糊。南開中學不可能開設《文史通義》課程，只能是在《國文》課程中涉及《文史通義》的一二篇目（南開中學初中及高中均有專門的《國文教本》）。而《文史通義》全書雖無注解，常見的篇目則多有單篇選注，特别是章錫琛選注的《文史通義》，專爲中學生編寫，爲《學生國學叢書》和《新中學文庫》之一，一九二六年已由商務印書館出版，内含三十篇，足敷閲覽。中學教師講授少量《文史通義》篇目可能，但與著作成一家言之志基本無關。

在學生的追憶中，没有聽到葉瑛講授《文史通義》，他只講《詩經》、《楚辭》、《史記》和其他詩文選。

趙清華《憶良錚》説道：「南開中學高中班的國文課有選科四種：國文一，諸子百家（葉石甫主講）；國文二，古代文學（孟志蓀主講）；國義三，現代文學（賴天縵主講）；國文四，應用文（關鍵南主講）。」（《穆旦逝世二十周年紀念文集》）

劉清《回憶南開生活片斷》説道：「他在高中一年級開始教我們的課，不是教一般的國文課本，而是選讀我國歷代的文學代表作品，從最早的《古詩源》，到以後的《詩經》、《楚辭》、《史記》、《昭明文選》、《古文觀止》之類。葉先生講課生動深刻，特別是《楚辭》這本書，全部講授學習，講屈原的愛國愛民、憂國憂民的純真質樸的思想感情，是感人至深的。」（《天津市南開中學建校九十五周年紀念專刊》）

鄒承魯《我成長的重要階段——重慶南開中學時期》説道：「在中學時期，中、英文老師如國文周孝若、葉石甫和英文童仰之等老師都要求背誦一些名篇。」（《重慶南開中學七十周年》）

黄宗江《我的奶師們——我中學的語文課與教師》説道：「南開高二時，國文分兩組，一組習經爲主，一組習詩文爲主。我選的後者，老師是葉石甫，人稱葉老二，大有學問。我至今還能背幾句『窈窕淑女，君子好逑……』『帝高陽之苗裔兮……』」（黄宗江《讀人筆記》）

葉瑛《文史通義校注》注《莊子》出處最好，應當也與中學國文教學有關。但在中學任教的近二十年期間，没有檢索到葉瑛的任何學術論著。

葉瑛和朱光潛是桐城中學的「同窗好友」。朱光潛一九三九年至一九四六年任國立武漢大學外文系教授，其間一九四一年至一九四四年兼任教務長。

據程千帆追述，葉瑛由中學教師直接聘任武漢大學是朱光潛推薦的。程千帆二〇〇〇年四月二十六日《致徐雁平》云：「先師黄季剛先生離北京大學後，曾在武昌高等學校任教，葉瑛先生從黄君問學當在其時。抗戰將勝利時，朱光潛先生任武漢大學教務長，葉先生以朱之介到武大中文系任教。勝利後隨校遷回武昌，不數年不幸逝世。其人性格温和，學術亦有基礎，所著《文史通義注》當在武大撰成，但生前未能出版耳。」（程千帆《閑堂書簡》）程千帆《閑堂自述》又稱葉瑛爲「亡友葉瑛教授」，但追憶其事蹟皆不詳盡。

另據葉聖陶日記，朱光潛曾推薦葉瑛的著作《詩經選注》給開明書店葉聖陶。朱光潛與葉聖陶同爲開明書店的創辦人。

一九四三年四月二十三日：「作書復孟實，答復渠介紹友人葉石甫書稿事。」

一九四三年六月四日：「寫信復孟實、葉石甫。」

一九四三年十二月四日：「葉石甫《詩經選注》校閲完畢，作廣告辭。」

葉瑛《詩經選注》已校閲並已擬出廣告辭，但最終未見出版，原因不詳。

據《武大老教師著述及相關資料篇名索引》作者下注：「葉瑛：別號石甫，安徽桐城人。曾任國立武漢大學中國文學系副教授，一九四二年到校。」鑒於葉瑛缺乏著述，生前應當仍爲副教授。

程千帆《致徐雁平·又及》云：「葉先生逝世後葬於武大公墓。我曾送葬。」但到一九五二年，有葉瑛遺囑捐贈中文圖書九百餘册給天津市人民圖書館的記載，表明他一直留有居室在天津。

據以上推測，《文史通義校注》書稿也應當是由朱光潛推薦給葉聖陶，再由葉聖陶交給中華書局由周振甫編審。

范軍《技能：編輯職業道德的一個基本要素》説道：「上個世紀八十年代初的時候，葉聖陶先生介紹給中華書局一部武漢大學已故教授葉瑛的遺著——《文史通義校注》。周先生審閲了部分書稿後，認爲作者的校注有功力，書稿具有出版價值。但原稿中也有一些明顯不足。周先生除了認真仔細審讀書稿，還對書稿進行了精心加工整理。如，對本應分段而未加分段的重新分段，對《題記》中對人只稱字未提名的地方加注補名，對注文中不易理解的作了簡注、淺釋，對原汁中不符合原意的地方重新注釋。……此外，對原稿中只注了半句的，需要修改的，應注而未注的，周先生都分别作了補充、改動，或加了新注。這部書稿，經周先生修改、删簡、重注的地方至少有一二百處。而書稿的審讀報告，更是長達四五千字。」

《文哲散記——周振甫自選集·自序》云：「要做好編輯工作，就要認識自己的知識不足，要找有關的參考書來看。這裏還有著者没有考慮到的問題，做編輯工作的要替讀者著想，要做些補充工作。比方有一部《文史通義校注》，其中有一篇《浙東學術》……對這三個疑問，《校注》裏都没有講。圍繞著書稿來做編輯工作，不能不對這三個疑問考慮一下。」所言與《文史通义校注·出版説明》吻合。

就周振甫所描述，《文史通義校注》應當算是遺稿，而非定稿。葉聖陶拿到書稿，可能是由葉瑛的子女請託朱光潛所致。

恰巧的是，周振甫一九三一年至一九三二年就讀無錫國學專修學校，師從錢基博學習《文史通義》（參見劉桂秋《無錫國專編年事輯》引徐名翬編《周振甫學術文化隨筆·周振甫年譜》）。俞曉群《周振甫：一位編輯型的學者》説道：「讀周先生的文章，他經常談到，對於學問的認知，它是從早年研讀章學誠《文史通義》起步的。」一九三二年周振甫二年級肄業，至開明書店，周振甫與葉聖陶認識當在此時，而葉長青則在一九三一年五月離開無錫國專，出任福建松溪縣長，故周振甫有可能没有見過葉長青。

周振甫本人研治《文史通義》出自無錫國專之門，但他後來精心審定葉瑛書稿，竟遺漏了與葉長青注核校，無論如何都是一大失誤。

八

《文史通义校注·出版説明》（署名「中華書局編輯部」，當由周振甫執筆）説到葉長青「有注無校」，而葉瑛用了九個本子。按《文史通義》一書，重點在編，不在校。葉瑛之書，題名「校注」，是較葉長青之「注」多出校勘一项。然觀葉瑛《例言》，詳論劉承幹《遺書》本「與通行本迥異」、「較通行本爲勝」，而「仍以通行本爲據」（第一條），可見其書本亦不能面對編次難題，可謂避重就輕矣。又觀其校注底本，專用翻刻之粵雅堂本（見第二條），而非初刻之大梁本，亦見其意不在校。書中並無校勘記，觀《題記》「其間有闕文，則於注中從別本録入」（第一條），似其書本名「注」，未必原題「校注」也。若云參用劉承幹《遺書》本便題「校注」，則葉長青亦據《遺書》本補《説林》而不名「校注」，山口久和亦认为《章氏遺書》「儘管這裏面收有衆多與實齋的思想根幹相關的資料，但葉瑛的注解則完全没有提及」。（《文史通義・質性》：「必欲信今垂後，又何爲也？有言而啟人争，不如無言之爲愈也。」「垂後」、「而啟人争」六字，通行本無。葉瑛《校注》用劉承幹《遺書》本補「而啟人争」四字，在注中説明，而非補在正文處，亦知其書重點不在校勘。並且葉瑛知補「而啟人争」，却不知補「垂後」二字，足見所校未精。又「而其無用之説將以垂教歟？」葉瑛《校注》云：「按劉刻《遺書》本，『而』字作『昂』。」實則劉本作「即」。）

《文論十箋》是程千帆的名著，一九四三年初刊於金陵大學文學院，題爲《文學發凡》；一九四八年復由開明書店出版，題爲《文論要銓》；一九八三年後再版，題爲《文論十箋》。原爲重慶金陵大學、武漢大學講稿，全書十篇，内有《文史通義》五篇，皆有注有按。程千帆至少有两次説明，謂其未見葉注，云：「今人葉長青嘗爲之注，余此書抗戰時期成於蜀中時，未見葉注，故與之頗有異同，幸覽者察之。」（程千帆《文論十箋》）「我就開始對這十篇文章作注解……後來才曉得《文史通義》也有葉長青先生的注，當時我没有看到。」（程千帆《勞生誌略》）

郭紹虞主編《中國歷代文論選》第三册清代部分《文史通義》選用《文德》、《文理》二篇，注釋中説明「近人葉長青有《文史通義注》」，書中引用共計八條，稱「葉長青注」或「葉注」。這可能與錢仲聯參加了全書校訂有關，錢氏在無錫國專與葉長青同事。

比照程、郭二家，則葉瑛校注頗有反差。

中華書局《出版説明》云：「葉瑛先生作《文史通義校注》，始於一九二九年，完成於一九四八年。……他的校注告成時，看到了葉注，把葉注的勝義採入校注，並加注明。校注比葉注更爲詳密。」

葉瑛《例言》云：「注文採自時賢者，必一一注明，不敢攘美。近有葉君長青注，於章氏之説，間有辨正，而疏略之處，時亦難免。繕稿垂成，乃始見及，兹摘其勝義，隨注標明，援引從同，則不復識别。」（第七條）

约言其意，大概有三：其一，葉瑛當時已獨立完稿。其二，凡採用葉長青處，均有標明。其三，徵引文獻，二人不約而同之處，則不必説明。

今檢葉瑛《校注》，與葉長青「援引從同」之處，數量極大。山口久和稱「葉長青的注幾乎全被葉瑛的《校注》所採用」，雖然未必正確，但亦至少説明二書徵引相同之處甚多。又書中確有採用葉長青之説並加以標明的，然全書僅有十二次；書末《引用書目》列出「所據參校諸本」、「近人著述」等三百種著述中，並無葉長青《文史通義注》一書，似乎葉注之於《校注》無關輕重。問題是既然「援引從同」，則是否《校注》出於獨得，抑或出於抄襲，便無從辨别。尤其是葉瑛《校注》徵引之文，往往比葉長青多注出篇卷，或引文增多，又往往改正葉注之誤排，似乎《校注》確較葉注優長。

但葉長青的注文既有不少誤排，甚至有注錯之處，葉瑛的校注也都相同，並且仍未標明與葉長青有關，則由這些錯訛的文字恰可暴露出葉瑛的抄襲問題，從而證明葉瑛所説的話不實。由此加以推斷，葉瑛與葉注的大量「從同」之處可能很多都源於抄襲。

由此進而推斷，葉瑛所謂「繕稿垂成」，亦不可信。假使他與葉長青「從同」之處真的是原稿所無，據葉長青而補，則在補足這些文獻之前，葉瑛的書稿應當説是非常單薄的，如此便不能算是「垂成」了。

程千帆所注《古文十弊》，今據單篇本《文史通義古文十弊篇注》及《文論要銓》、《文論十箋》，與葉瑛《文史通義校注》中《古文十弊》部分比對，單篇本有注一百九十條，葉瑛注文共計一百零七條，内有七十一條沿襲程千帆，其中包括抄錯之處。如《校注》第六十四條引朱筠《編修蔣君墓誌銘》「總裁諸公皆重倚之」，《笥河文集》商務排印本、葉長青注本均作「重倚」，程千帆皆誤「倚重」，葉瑛沿其誤。《校注》第一百零二條引《尸子・廣澤篇》，程千帆皆誤作《廣篇》，葉瑛沿其誤。《校注》第一條有夾注云：「本篇注參取程君千帆《文學發凡》。」此時葉瑛便不説「援引從同，則不復識别」，而假使没有沿襲自程千帆的這七十一條（山口久和認爲：「程氏的注解基本上被葉瑛的《文史通義校注》所採録。」），則葉瑛原稿真可謂「不成片段」，遑論「繕稿垂成」了。

九

《文史通義》二葉注中，有葉長青注訛誤，而葉瑛《校注》直抄沿誤之例。兹舉七例：

《文史通義・書教中》：「不外别集、總集二條。」葉長青注：「《隋書・經籍志》：『總集者，以建安之後，辭賦轉繁，衆家之集，日以滋廣。晉代摯虞採摘孔翠，芟剪繁蕪，自詩賦以下，各爲條貫，合而編之，謂爲《流别》。是後又集總鈔，作者繼軌，屬辭之士，以爲覃奥而取則焉。』」葉瑛《校注》與葉長青注全同。按「又集總鈔」，葉長青訛誤，《隋書・經籍志》原文作「文集總鈔」，葉瑛亦誤。「晉代摯虞」以下，葉長青節引省一句，《隋書・經籍志》原文作「晉代摯虞苦覽者之勞倦，於是採摘孔翠」，葉瑛亦節引而連讀。

《文史通義·言公上》:「曾氏鞏曰:《典》《謨》載堯、舜功績,並其精微之意而亦載之,是豈尋常所及哉?當時史臣載筆,『亦皆聖人之徒也』。」葉長青門人卞敬業補注:「《元豐類稿·南齊書目録序》:『昔者唐虞有神明之性,有微妙之德,使由之者不能知,知之者不能名,以爲治天下之本。號令之所布,法度之所設,其言至約,其體至備,以爲治天下之具。而爲至典者,推而明之,所記者豈獨其跡也,並其深微之意而傳之,小大精粗無不盡也,本末先後無不白也,使誦其説者如出乎其時,求其旨者如即乎其人。是可不謂明足以周萬事之理,道足以適天下之用,知足能通難知之意,文足以發難顯之情者乎?則方是之時,豈特任政者皆天下之士哉?蓋執簡操筆而隨者,亦皆聖人之徒也。』」章學诚引曾鞏曰原文出處不詳,是否化用其意不确知,卞敬業補注以爲出《南齊書目録序》,而僅「亦皆聖人之徒也」一句相合。《史釋篇》又曰:「曾氏以謂唐、虞、三代之盛,載筆而紀,『亦皆聖人之徒』。」亦僅一句爲原文。按此即注家之所難。而葉瑛《校注》全抄葉注。但葉注「至典」有誤,曾鞏《元豐類稿》作「二典」。葉瑛亦沿其誤,又不加書名號,僅於文末增補篇卷「《元豐類稿》卷十一」一語而已。

《文史通義·朱陸篇》:「今得陸王之僞,而自命學朱者,乃曰:『墨守朱子,雖知有毒,猶不可不食。』」又曰:「『朱子實兼孔子與顔、曾、孟子之所長。』」葉長青注:「案:皆陸隴其語,待詳。」葉瑛《校注》:「此語《陸稼書文集》未見,未詳所出。」按章學誠原文未言陸隴其,葉瑛《校注》何以忽曰

「《陸稼書文集》未見」？顯然沿襲葉長青而來，乃成補葉注也。而《朱陸篇》所引文實非陸隴其語，而爲熊賜履語。熊爲康熙五十七年進士，早於章學誠。《四庫總目提要》評熊賜履《閑道録》云：「以朱子爲兼孔子、顔子、曾子、孟子之長，而動詈象山、姚江爲異類，殊少和平之意。」此條尤可證葉瑛抄襲而沿誤。

《文史通義·文理篇》：「故斥鳳洲以爲庸妄。」葉瑛《校注》引錢謙益《題歸太僕文集》云：「……苟得一二妄庸人爲之鉅子，以詆排前人。」按錢謙益原本脱漏「争附和之」四字，歸有光《震川先生集·項思堯文集序》原文有，作「苟得一二妄庸人爲之，鉅子争附和之，以詆排前人」。葉注於歸有光、錢謙益兩引之，一有脱漏，一爲全文。葉瑛《校注》惟引錢謙益，脱漏四字，而未覺其不通，却於所引錢文中間夾注：「《項思堯文集序》。」此皆顯爲沿用葉注之證。

《文史通義·砭俗》：「中郎碑刻。」葉長青注：「《後漢書·蔡邕傳》：『蔡邕，字伯喈，陳留圉人也。辟橋玄府，稍遷中郎。』」按「中郎」誤，當作「郎中」。此節據《文選》李善注引，原注作「稍遷至郎中」。《後漢書》本文亦云「辟司徒橋玄府，召拜郎中」，至初平元年乃「拜左中郎将」。葉瑛《校注》云：「《後漢書·蔡邕傳》：『……稍遷至中郎……』」乃沿葉注用《文選》李注，而非《後漢書》本文，並且亦沿葉注之誤。

《文史通義·答問篇》：「則收點金之功。」葉長青注：「《列仙傳》：『許遊，南昌人，晉初爲旌陽令，點石化金，以足逋賦。』」葉瑛《校注》與葉長青注全同。按「許遊」誤，當作「許遜」。此條出清《御定佩文韻府》卷一百一「點石」條，文字全同。清《才調集補注》卷三《章江作》詩注云：「《一統志》：許遜，南昌人，晉初爲旌陽令，點石化金，以足逋賦。」文句全同，而出處則爲《一統志》。許遜，宋《太平廣記》、宋《云笈七籤》有條目，記載較詳，與葉長青注所引文句不同。明張文介《廣列仙傳》亦有條目，文極詳，文句又不同。清嘉慶重修《大清一統志》及明天順《大明一統志》之《南昌府·仙釋》有傳，均不載點石化金。《才調集補注》云「《一統志》」，不知何本？清《古事苑定本》卷八「神仙」類云：「許遜，字敬之，南昌人，晉初爲旌陽令，點石化金，足逋賦。」文句稍異。比對可知葉長青注所據爲《佩文韻府》，然《佩文韻府》謂見《列仙傳》，亦有誤。《列仙傳》漢劉向撰，許遜則爲三國吴及西晉間人。當作《廣列仙傳》爲是，作者爲明人張文介。《佩文韻府》似撮述《廣列仙傳》許遜事蹟，而誤記《廣列仙傳》爲《列仙傳》。葉瑛沿葉注之誤「許遜」爲「許遊」，又不察《列仙傳》之誤，直抄而沿其誤。

《文史通義·永清縣志恩澤紀序例》：「若唐《貞觀政要》、周《顯德日曆》是也。」葉長青注：「《新唐書·藝文志·雜史類》：『吴兢《貞觀政要》十卷。』《宋史·藝文志》：『《顯德日曆》一卷，周扈家、董淳、賈黄中撰。』」葉瑛《校注》與葉注全同，僅《宋志》下加「編年類」三字。按「周扈家」之「家」字誤，《宋史》作「蒙」。葉長青誤，葉瑛直抄而沿其誤。

此外，尚有葉注不誤而葉瑛抄誤之例、直抄葉注節引而不覺非全文之例、抄引葉長青按語而文字全同之例、連引古書而與葉注全同之例、補抄葉注附於文前之例、補抄葉注附於文末之例、葉長青失注而葉瑛亦失注之例、襲用葉注體例之例，另文詳論。

甚至葉瑛自述其辛勞、申明其體例，亦有抄襲葉注《後序》之嫌。沈訒《後序》云：「蓋有繙一語而究全書，檢一事而遍群籍者矣。」葉瑛《題記》則曰：「其間檢一語徵一事而究全書遍群籍者，往往而有。」（山口久和曾引此句而稱道之）蓋仅易「繙」爲「檢」、易「檢」爲「徵」而顛倒其語序。沈訒《後序》云：「蓋出處必究其最先，援引必著其篇卷，此注家之任也。」葉瑛《例言》則曰：「而出處必據其最先，援引必著其篇卷，固無論已。」（第三條）蓋惟改「究」爲「據」一字。（《文史通義・經解下》：「《女孝經》。」沈訒補注引《宋史・藝文志》，而葉瑛《校注》乃用晚出之《四庫總目》，亦知其「出處必據其最先」之語不實。）

十

葉長青《文史通義注・自敘》文末，有附言云：「唐蔚芝先生評云：『文詞博雅，意義純正，以此爲《通義》先河，庶不誤入斷港。』」

據寧友《陳石遺先生與無錫國專》回憶：「葉長青有《〈文史通義〉注》，編入《無錫國專叢》書。

他有一次在課上説：『我聞諸夫子，六經皆史之説並不始於章學誠，章氏以前早有人道及。』他所説的『夫子』，學生們認爲是石遺先生。事爲石遺先生所聞，他在某次全校性的大會上，鄭重向學生們説：『葉先生之言是聞之於唐校長，鄙人不能掠美。』石遺先生謙遜，一時傳爲美談。」這段敍述正可與唐文治評語對應。

唐評所謂純、所謂正，可謂千百年中老生常談，在古人並無解説之必要。惟近百年間傳統中斷，語境變遷，今日展讀，便不得不深刻其辭。唐評所謂純，乃是指學理純出於儒家，不雜於異説；所謂正，乃是治學持守於正道，不染於新奇。此便與「現代漢語」中的精湛、正確等等一般性描述大有不同。

民國二十四年三月，《國專月刊》第一卷第一號出版，刊有葉長青《長青隨筆》一篇，共五條，首一條曰：「六經之旨，一主性情。世徒見劉、班著録，附《太史公書》於《春秋》，遂觸發『六經皆史』之論。夫《易》掌太卜，已脩《春秋》乃孔氏自成一家之言，何預於史？四術周代所教，『問禮』、『問官』，自衛返魯，則孔氏且學且誨而已。晚年删述，獨出心裁，其文則史，其質則非也。『六經』之名，孔氏自定，抑後人隆稱，姑不具論；而孔氏以前，並世皆有經名。《周書》『教用康經』，老子説『衛生之經』，《管子》『澤其四經』，《墨子·經上下》。漢人釋經爲徑，徑，道也。各經所經，即各道所道。道本全，而諸家各得一察。有經之名，孔氏不爲尊；無經之名，孔氏不爲卑。章實齋謂經乃帝王制作，不可僭擬。夫四術固帝王制作，而删述之意則否。《經解》曰：『温柔敦厚，《詩》教也；疏通知遠，《書》教也；廣博易良，《樂》教也；絜静精微，《易》教也；恭儉莊敬，《禮》教也；屬辭比事，《春秋》教也。』此六經之所以主性情，何嘗曰『六經皆史』哉？後世擬作，如揚雄《太玄》、《法言》，胥亦步亦趨之意，《漢志》列之儒家，是也，何僭之有？」

此條又見《文史通義注·自敍》，文字小異而已。

此處「性情」一語，亦非今語「性情中人」、「情感故事」之謂。葉長青所謂性情，即儒家理學之理、心學之心。「性情」典出《易經》，《文言傳》曰：「乾元者，始而亨者也。利貞者，性情也。」王弼注云：「利而正者，必性情也。」《白虎通義·性情》云：「性情者何謂也？性者，陽之施；情者，陰之化也。人稟陰陽氣而生，故内懷五性六情。情者，静也，性者，生也，此人所稟六氣以生者也。」「五性者何？謂仁、義、禮、智、信也。」亦本《易經》而發。朱子解「興於詩」曰：「詩本性情，有邪有正。」張横渠曰：「心，統性情者也。」此即儒家所言之「性情」也，儒學之所以别稱「心學」以此。情本於性，性謂人性，而人性復本於天性，一言以蔽之，群經之大義歸本於此。（章學誠《文史通義·史德》云：「情本於性，天也；情能汩性以自恣，人也。」是也。又《文史通義·性質》篇題，王宗炎編目題爲《性情》。）

唐文治提示「六經皆史」説不始於章學誠，可謂以「六經皆史」之法破「六經皆史」。章氏謂

「六經」在漢以下爲經，在三代則爲史，欲使學者不拘泥於經典而原其初；唐文治亦謂「六經皆史」不始於章氏，而當更向上追溯，則章氏「六經皆史」之説自無法立於極端。

推原唐文治之意，乃是不欲學者自章學誠作古；推原葉長青之意，乃是規諷之使歸於純正。「六經皆史」爲章氏《文史通義》開宗明義之宗旨所在，而唐、葉二人之駁難如此，葉長青作《文史通義注》之緣起不問可知了。

蓋古人治學大義，莫大於時義。有道則見，無道則隱。「邦有道，貧且賤焉，恥也；邦無道，富且貴焉，恥也。」此之謂時義。

章學誠當乾嘉之世，官修四庫書，學者趨之不暇顧，而四庫書之宗旨乃是收天下群籍舉皆歸之於古典，至於今典則亦有聖訓、實録、會典及大清律在，故章氏言「六經皆先王之政典」，實欲回復漢以下之古典而爲三代之今典、回復漢以下之傳述而爲三代之著作，此即章氏之時義。

葉長青當民國之世，政統、學統、道統一旦中絶，群言淆亂，以非爲是，以變爲常。舉世皆倡「六經皆史」而以六經皆爲史料，「誤會『六經皆史』之旨，遂謂『流水賬簿』『儘是史料』」（章太炎斥梁啟超語），不看《二十四史》而務於史料的儘量擴充（與見羅志田《史料的儘量擴充與不看二十四史——民國新史學的一個詭論現象》），故葉長青起而駁議，此即葉長青之時義。

今觀葉長青《自敍》，一則曰「晚近世之弊多略經誥，師範時著，近附遠疏，莫究本柢。以耳代目，囂然是非，訛勢所變，不知紀極」，再則曰「自章氏之書行而學風丕變，讀者徒餔糟粕，震其新奇，仰厥師心，粗知劣解，動輒武斷」，引章太炎説「鄭樵《通志》、章氏《通義》其誤學者不少」，而深斥「此其徒章氏之罪人也」。於此便可見作者宗旨，在於辨明真知，警醒學界。

而他的學生沈訒則將這一宗旨表述得更加具體。

沈訒《後序》云：「尤有進者，當今之世章氏之學大行……然治其學者未必好也，獨於其疵駁之處，則群然同喙，以爲别識心裁，相與稱揚，學風丕變。王充、崔述遂同見推尊……然其流弊所極，疑古廢經，必有甚於二家者矣。」由是可知葉長青所謂「學風丕變」，正指疑古派而言。

又檢沈訒《緯書與古天文學之關係》一文，有云：「緯書中確有至寶存在，足以發揚國光。奈何疑古學派自胡適、顧頡剛以下，往往以之爲不足信，寖假而堯舜無其人矣，寖假而墨翟爲印度産矣，推其所極，將並祖宗父母而疑之，有是理也夫？」可知二人之「痞口嘵音」，正指胡適、顧頡剛一輩新潮學者。

按清末民初學者著述，陳義最精，紛見疊出，讀之使人目不暇接，驚其所自來，首推劉師培，同時孫德謙、張爾田、江瑔，稍後劉咸炘，著述皆相類似，大抵源出章學誠。

蓋治學亦如觀戲，戲之前臺有演者，有觀者，演者觀者皆自沉於戲中，而别有一種人，專能窺視後臺，得見演者之本來身份，及其種種裝飾，種種佈置，如今日所謂「拍攝花絮」者。此種情形在今日爲常見，甚至有吸引觀衆超過正式出品者，而在古代則向不以示人，演戲之外，一切技藝、文章、學術，率皆只出産正品。而章學誠一派治學途徑，恰是窺視後臺，即嚴復、林紓、朱一新所謂「打破後壁」、顧頡剛所謂「打破『遮眼的鬼牆』」之意。（顧頡剛曰：「自從章實齋出，拿這種『遮眼的鬼牆』（此吴諺）一概打破。」見顧頡剛《寶樹園文庫》卷一《學術編（上）》。）由此而有許多溯源，討論許多家法，推測許多「内部程式」。既爲「幕後新聞」，故有無窮話説，因此引人入勝也。此種學問途徑，不啻将戲臺翻轉給人看，故而能夠就根本處推究全局，出入内外，縱横捭闔，重新佈景。

但此舉亦有弊。究竟以後世之身，測古人之心，故戒之在妄。故葉長青責其「多涉史藩，而疏於經傳，學不足以逮厥志，又過辯求勝，喜用我法」（《文史通義注·自敍》）。章太炎尤直言「漁仲《通志》、實齋《通義》其誤學者不少」，「若讀書博雜，素無統紀，則二書適爲增病之階」。又謂學者「有子已冠，未通文義，遽以《文史》、《校讎》二種教之，其後抵掌説《莊子·天下篇》、劉歆《諸子略》，然不知其義云何」（章太炎《與人論國學書》）。蓋「六經皆史」，即使人迷於經史之分；「文史通義」，即使人迷於文史之别。而重審經史子集四部，以至於「打破後壁」，本爲非常之舉，未可尋常模仿，震其新奇，一旦播爲風氣，則難免於流弊（胡適、顧頡剛一派學問亦由此而出，且必欲推翻戲臺者），章太炎、葉長青二人蓋能先見之者。

十一

兹以探求葉長青《文史通義注》之體例，可得説明者有四。

第一，葉注以教學爲重，而無求於名利。

葉長青《文史通義注》，民國二十四年八月出版，爲《無錫國學專修學校叢書》之第十一種。書爲自印本，印刷者爲無錫民生印書館，版權頁發行者一欄注明「本校」，下有小字説明：「此書專供本校學生參考之用，校外概不發售。」葉恭綽題簽，作者署「閩侯葉長青」。

民國二十四年九月出版之《國專月刊》第二卷第一號「校聞」欄中，有「本校《叢書》第十一種已出版」一條云：「自二十三年度上學期，本校搜集教授著作，排印《叢書》，兹第十一種業於暑假中印就，爲葉長青教授之《文史通義注》。章氏《通義》頗多晦澀難通之處，葉先生爲之疏通詮釋，詳加注明，有便於讀者不少。刻由無錫民生印書館印刷數百册，專供本校同學參考。並聞開明書店已購得版權，積極排印，以應研究國學者之需求云。」（紀健生《吴孟復先生學術傳略》云：「國專所用教材皆爲經史子集名著和當時著名學者的專著，學生亦以讀專書、讀原著爲主，教師講授重在指導讀書和詩文寫作，指點治學門徑與方法。」其説與《叢書》出版説明吻合。）其書誤排特多，亦職此之故。

第二，葉注重在語源、典故。

葉注重在語源、典故，即沈訒《後序》所稱：「出處必究其最先，援引必著其篇卷。」全書隨文出注，重要處加按語「按」或「案」。有章學誠原注處則原注稱「自注」，葉注稱「青按」或「青案」。全書共有按語四百六十餘條。

其中亦有駁正，如《文史通義·言公下》：「班固倜儻以從竇，銘勒狼居。」葉長青注：「按：固有《封燕然山銘》。封狼居胥係衛青、霍去病事，章氏誤。」「莊入巫咸之座。」葉長青注：「按：此乃列子事，章氏誤。」《文史通義·辨似》：「《易》曰：『陰陽不測之謂神。』又曰：『神也者，妙萬物而爲言也。』」葉長青注：「按：此當云『王注』，不當云『又曰』。」

第三，葉注重在學理是非。

葉注重在學理是非，即沈訒《後序》所稱：「誤則挽諸正，迷則揭其本。」「以注解之體，作駁議之文。」

如《文史通義·易教上》：「六經皆史也。」葉長青注：「如謂『盈天地間一切著作皆史』，則九流四部之分誠爲多事，其然，豈其然乎？」

《文史通義·詩教上》：「戰國之文，奇衺錯出而裂於道，人知之；其源皆出於六藝，人不知也。」葉長青注：「案：《漢書·藝文志·諸子略序》：『今異家者，合其要歸，亦六經之支與流裔。』

即章氏所本，何謂不知？」

同篇：「後世之文，其體皆備於戰國，人不知也；其源多出於《詩》教，人愈不知也。」葉長青注：「案：戰國爲縱横之世，《漢書·藝文志·諸子略》：『縱横家者流，蓋出於行人之官。孔子曰：誦《詩》三百，使於四方，不能專對，雖多，亦奚以爲？』亦章氏所本，何謂愈不知？」

《文史通義·詩教下》：「《漁父》之辭未嘗諧韻，而入於賦。」葉長青注：「案：屈原《漁父》如清、醒韻，移、釃、爲韻，衣、哀韻，清、纓韻，濁、足韻，豈必全篇押韻然後謂之韻乎？」

《文史通義·文德》題下，葉長青注：「案：《文選·顔延年〈陶徵士誄〉》注引《論語讖》曰：『文德以懷邦。』《大戴禮記·衛將軍文子》曰：『成之以文德。』而王充《論衡》亦有《文德篇》。《文心雕龍·原道》有『文之爲德大矣哉』之語。兹篇謂古人未有論文德者，斯則德其所德，非章氏之所謂德歟？」

同篇：「劉勰氏出，本陸機氏説而昌論文心。」葉長青注：「按：《文心雕龍·序志篇》云：『夫文心者，言爲文之用也。昔涓子《琴心》，王孫《巧心》，心哉美矣！故用之焉。』……據此則劉氏《文心》非所取於陸氏，章氏誤矣。」

同篇：「蘇轍氏出，本韓愈氏説而昌論文氣。」葉長青注：「按蘇氏『文氣』之説明本《孟子》，而魏文《典論》亦有『文以氣爲主』之語，則不本於韓氏也。」

按學者著述，於前人批評非難，讚頌亦非難；舉世皆譽之而知非，舉世皆非之而能譽，是所難也。

第四，葉注體例有待詳、補正兩項。

今檢葉注全書，有「待詳」二十四條，在正文中；又有「補正」二百七十餘條，列於正文之後。補正一項，或補原注之遺漏，則徑補；或補原注之缺誤，則有「原注上加」、「原注下加」、「原注末加」、「按語删」、「原注删」、「正文及注俱删」等六類。

注文多引吴曾祺《涵芬樓文談·文體芻言》，稱「先師」，又多引章炳麟《與友人論國學書》。而其書最特别之處，是在版權頁傍專門劃出一欄，題爲「誌謝」，全文爲：「拙注承劉伯瀛夫子及同事楊鐵夫先生、友人張大瑩君各校訂一遍。同學陳松英、陳光漢、戴傳安、李釗、黄光燾、鄧戛鳴、王先獻、李士傑諸君間任翻檢之勞，統此誌謝。其有補注，悉列姓名，不敢掠美。」

今檢全書，内有同事學者三人，爲楊丈鐵夫、馮振同門、同門張君大瑩。又有門人共十人，爲陳松英、沈訒、陳其昌、李釗、卞敬業、陳光漢、方恭綏、謝之勃、宋硯樵、陸家雎。凡門人所注共計七十餘條，其中沈訒二十條，陳光漢十三條，最多。

陳光漢字雁迅，著作有《山谷詩任注補初稿》，及《清代詩史》、《讀詩瑣記》、《春雨樓偶談》、《漱藝室筆記》等。

沈訒於此後十年著成《文史通義内篇後案》劄記五十一條。民國二十四年五月四日，沈訒與同學、章太炎之弟章松齡於蘇州請業於章太炎，共請問了七個問題，其中第五問爲《文史通義》。章太炎答云：「章學誠《文史通義》，其病甚多，誇大自高，引證多誤。尤其大者也，如平原君朱建，班固自注已明，而實齋誤爲六國之平原君，可笑孰甚！且所謂『文史』，史則承襲《史通》，創見綦鮮，文亦非僅論文章，略於詩詞，即文亦非《古文公式》等所能了事。故近人頌之，媲美劉知幾之《史通》、劉彦和之《文心雕龍》，誠爲過譽。然其識度自不可没，初學讀之，天骨開張，未始非益。吾家先哲，一人而已。」（見章松齡、沈訒、崔龍《葑漢親聞録》）其他論述有《緯書與古天文學之關係》、《章炳麟之政治思想》、《幕府制之檢討》、《中國歷代地方行政制度之變遷及其得失》，又與崔龍編選陳柱《守玄閣文稿選》。

觀《文史通義注》體例，亦覺與葉瑛《校注》不同。

十二

葉長青《文史通義注》自民國二十四年初版以後，至一九七〇年有臺北廣文書局影印本，一九七二年有臺北國史研究室編印《文史通義彙印本》一種，内含《文史通義注》。此外别無他本。兹據民國二十四年初版本整理點校。

原書《説林篇》較通行本多出八條，可知葉注是以通行本爲底本，但曾以嘉業堂《章氏遺書》本校補，而編次則仍遵通行本。

原書前爲《文史通義》八卷，後有《校讎通義》三卷，即以《文史通義》而含《校讎通義》，與大梁本、通行本皆同。

原書不引《文史通義》全文，注則引，不注則不引。兹爲便利閲讀，補齊原文。所補原文據粤雅堂本《文史通義》、浙江書局及嘉業堂《章氏遺書》三種，並隨加校勘。

原書有補正，在書後，兹爲便利閲讀，散在全書正文相關處。其中補正有作「按語删」、「原注删」、「正文及注俱删」者，兹皆排列補正於正文之後，不删不改，以存其舊。

原書不分段，兹從粤雅堂、浙江書局及嘉業堂本分段。

原书於章氏原注，加「自注」二字，今依舊。

原書有原文两處合注、两處間加「又」字、中間别有字句間隔者，兹皆排列於下句之後。

原书正文及注文多誤排，今或已改，或未改，均出校。

張京華

於湖南科技學院濂溪研究所

二〇一二年六月

文史通義注自叙

余注《文史通義》竟，或曰：伯年以來章氏之學大明於世，吾子疏通詮釋，使讀者益明，誠章氏之功臣哉！余曰：唯唯，否否。晚近世之弊多略經詁，師範時著，近附遠疏，莫究本柢。以耳代目，囂然是非，訛勢所變，不知紀極。夫將明其學，必先解詁。使陳書若昧，何由明厥指歸？執今所謂文士，叩章氏之所以爲章氏，恐瞠目不能畣者，何啻千百！此其徒章氏之罪人也。尋章氏之書，辨章學術，考鏡流別，以蘄進於古明道立言之旨，其志甚高，其趣甚正，此暖姝囿於一先生者之藥也。然多涉史藩，而疏於經傳，學不足以逮厥志，又過辯求勝，喜用我法，徒見劉班著録附《太史公書》於《春秋》之末，遂發「六經皆史」之論。夫六經之旨，一主性情，無與《易》、《春秋》、《書》、《禮》、《詩》、《樂》也。《書》在外史，《春秋》國史，固其史矣。而《易》掌太卜，《禮》自宗伯，《詩》領大師，《樂》有司樂，何得謂史？然孔氏刪《書》，斷自唐虞；已修《春秋》，游夏莫贊；「假我數年」，《十翼》、《繫辭》；「問禮」、「問官」，自衛返魯。凡厥刪述，皆自成一家之言，異夫王官所守、四教所施者矣。馬遷紹法《春秋》，亦云自成一子，「六經」之名，孔氏自定抑後人隆稱，姑不具論，孔氏以前與並世皆有「經」名。《周書》「教用康經」，《管子》「澤其四經」，老子説「衛生之經」，《墨子·经上下》。經，常道也，各經所經，即各道所道，道本全而諸家各得一察。有「經」之名，孔氏不爲尊；無「經」之名，孔氏不爲卑。章氏謂經乃帝王制作，不可僭擬，夫《易》、《春秋》、《書》、《禮》、《詩》、《樂》固爲帝王制作，而删述以後則否，猶諸家百氏動稱古昔、述先王，不得謂史也。孔子曰：「温柔敦厚，《詩》教也；疏通知遠，《書》教也；廣博易良，《樂》教也；絜静精微，《易》教也；恭儉莊敬，《禮》教也；屬辭比事，《春秋》教也。」此六經之所以主性情，何嘗曰「六經皆史」哉！後世擬作，如揚雄《太玄》、《法言》，胥亦步亦趨之意，《漢志》列之儒家，是也，何僭之有？又據王應麟説，謂荀子未嘗非思、孟，不惜改「非十子」以翼己。夫荀卿《非十二子》乃謂它囂、魏牟、陳仲、史鰌、墨翟、宋鈃、慎到、田駢、惠施、鄧析、子思、孟子，《韓詩外傳》乃謂范睢、魏牟、田文、莊周、慎到、田駢、墨翟、宋鈃、鄧析、惠施。《韓詩》有范睢、田文、莊周，無它囂、陳仲、史鰌，安得爲據？而枚乘《七發》亦連引莊周、魏牟、楊朱、墨翟、便蜎、詹何、孔、老、孟子之徒，亦可援爲據乎？至謂鄒衍侈言天地，本於《書》教，尤爲膚論。夫鄒子五德終始之運，非《書·洪範》之五行，乃後世神仙家所昉，猶考見於《史記·封禪書》。《漢志》列之陰陽家，已失其恉，數術略之五行不與劉向《五行傳》、許商《五行傳記》並録，亦以明其非類。荀子曰：「案往舊造説，謂之五行，子思唱之，孟軻和之。」胥託古擅作，豈五行皆《書》教之遺耶？自餘舛誤，吾注略詳，不緟述。蓋自章氏之書行而學風丕變，夫章書自有精華，讀者徒餔糟粕，震其新奇，仰厥師心，粗知劣解，動輒武斷。譬《離騷》忠憤，吟諷者獵其豔辭，童蒙者拾其香草，雖仁智不同，亦可慨已。近章炳麟與人論學，每謂鄭樵《通志》、章氏《通義》其誤學者不少，昔嘗勸人流覽，惟明真僞、識條理者可爾；若讀書駁雜，素無統紀，則二書適爲增病之累。炳麟之言如此，今並讀書駁雜而未能，俾讀章氏之書，增病何如耶？然則欲明章書之指者，曷先讀吾注？欲讀吾注者，曷先讀吾序？吾序明章氏之綱領，吾注明章氏之節目。綱領從違無所逃吾序，節目正詭無所逃吾注，謂爲功臣也可，謂爲諍臣亦無不可也。改制二十四年夏，葉長青序於無錫尊經閣。

唐蔚芝先生評云：文詞博雅，意義純正，以此爲《通義》先河，庶不誤入斷港。①

① 此叙又刊《國專月刊》第一卷第四號，一九三五年六月十五日出版，題爲《文史通義注自叙》，附陳訒《後序》，無署款及唐評。

文史通義注卷一

《章氏遺書·和州志志隅自叙》：「鄭樵有史識而未有史學，曾鞏具史學而不具史法，劉知幾得史法而不得史意，此予《文史通義》所爲作也。」

内篇一

易教上

《禮記·經解》：「絜静精微，《易》教也。」按：嘉慶元年九月十二日章氏有《上朱中堂世叔書》云：「近刻數篇，呈誨。題似説經，而文實論史，議者頗譏小子攻史而强説經，以爲有意争衡，此不足辨也。」又云：「古人之於經史，何嘗有彼疆此界，妄分孰輕孰重哉？小子不避狂簡，妄謂史學不明，經師即伏、孔、賈、鄭，祇是得道之半。《通義》所争，但求古人大體，初不知有經史門户之見也。」據此則所云「題似説經」當指《易教》三篇、《詩教》三篇、《經解》三篇。

六經皆史也。《文中子·王道》：「聖人述史三焉，《書》《詩》《春秋》三者同出於史。」《唐文粹·陸魯望〈復友人論文書〉》：「記言記事，錯參前後，曰經曰史，未可定其體也。」袁枚《隨園隨筆》「古有史無經」條引劉道原曰：「歷代史原出於《春秋》，劉歆《七略》、王儉《七志》皆以《史》《漢》附《春秋》而已，阮孝緒《七録》才將經史分類，不知古有史而無經。《尚書》、《春秋》，皆史也。《詩》、《易》者，先王所傳之言；《禮》者，先王所立之法，皆史也。故漢人引《論語》、《孝經》皆稱『傳』不稱『經』也。『六經』之名，始於莊子；『經解』之名，始於戴聖。考六經並無以『經』字作書之解。」青按：據此則謂「六經皆史」之説剏於王守仁或章氏者，皆非也。特謂《易》爲史，不免牽强附會；如謂「盈天地間一切著作皆史」，則九流四部之分誠爲多事，其然，豈其然乎？補正：袁枚《隨筆》上加：王守仁《傳習録上》：「門人徐愛曰：『先儒論六經，以《春秋》爲史，史專記事，恐與五經事體終或稍異。』先生曰：『以事言謂之史，以道言謂之經。事即道，道即事。《春秋》亦史，五經亦史。《易》是包犧氏之史，《書》是堯舜以下史，《禮》、《樂》是三代史。其事同，其道同，安有所謂異？』」案語删。古人不著書，古人未嘗離事而言理，六經皆先王之政典也。

或曰：《詩》、《書》、《禮》、《樂》、《春秋》則既聞命矣，「《易》以道陰陽」，《莊子·天下篇》文。願聞所以爲政典而與史同科之義焉。曰：聞諸夫子之言矣。「夫《易》，開物成務，冒天下之道」，知來藏往，「吉凶與民同患」，其道蓋包政教典章之所不及矣。象天法地，「是興神物，以前民用」。《易·繫辭上》：「夫《易》，開物成務，冒天下之道。」又：「退藏於密，吉凶與民同患。」「神以知來，知以藏往。」又：「是興神物，以前民用。」其教蓋出政教典章之先矣。《周官》詳下《書教上》「官禮」條注。太卜「掌三《易》之法」，夏曰《連山》，殷曰《歸藏》，周曰《周易》。《周禮·春官·宗伯》下「太卜」：「掌三《易》之法，一曰《連山》，二曰《歸藏》，三曰《周易》。」注：「杜子春云：《連山》，宓羲；《歸藏》，黄帝。」疏：「杜子春云云，《鄭志·答趙商》云：『非無明文，改之無據，且從子春。近師皆以爲夏殷也。』」又疏云：「《連山易》，其卦以純《艮》爲首，艮爲山，山上山下，是名『連山』。《歸藏易》以純《坤》爲首，坤爲地，故萬物莫不歸而藏於中。《周易》以純《乾》爲首，乾爲天，天能周匝於四時，故名《易》爲《周易》也。」各有其象與數，《易·繫辭上》：「參伍以變，錯綜其數，通其變遂成天下之文，極其數遂定天下之象。」《左傳·僖十五年》：「韓簡侍曰：『龜，象也；筮，數也。物生而後有象，象而後有滋，滋而後有數。』」注：「言龜以象示，筮以數告，象數相因而生，然後有占。占所以知吉凶，不能變吉凶。」正義曰：「卜之用龜，灼以出兆，是龜以金木水火土之象而告人；筮之用蓍，揲以爲卦，是筮以陰陽蓍策之數而告人也。」

又曰：「謂象生而後有數，是數因象而生。若《易》之卦象，則因數而生。故先揲蓍而後得卦，是象從數生也。」各殊其變與占，《易·繫辭上》：「動則觀其變而玩其占。」不相襲也。然三《易》各有所本，《大傳》所謂庖犧、神農與黄帝、堯、舜，是也。自注：《歸藏》本庖羲，《連山》本神農，《周易》本黄帝。青按：《史記·自序》「《易大傳》」，張晏云：「謂《易·繫辭》。」《易·繫辭下》：「包犧氏没，神農氏作。」又：「神農氏没，黄帝、堯、舜氏作。」由所本而觀之，不特三王不相襲，三皇、五帝亦不相沿矣。《禮記·樂記》：「五帝殊時，不相沿樂；三王異世，不相襲禮。」補正：原注下加：《北堂書鈔》卷一百五引劉向《五經通義》：「五帝三皇樂所以不同何？樂以象德，有優劣，故不同。」蓋聖人首出御世，作新視聽，神道設教，《易·觀》：「聖人以神道設教，而天下服矣。」以彌綸乎禮樂刑政之所不及者，一本天理之自然，非如後世託之詭異妖祥，讖緯術數，以愚天下也。《漢書·藝文志·數術略·雜占序》：「《春秋》之説訞也，曰：人之所忌，其氣炎以取之，訞由人興也。人失常則訞興，人無釁焉，訞不自作。故曰：德勝不祥，義厭不惠。桑穀共生，大戊以興；雊雉登鼎，武丁爲宗。然惑者不稽諸躬，而忌訞之見，是以《詩》刺『召彼故老，訊之占夢』，傷其舍本而憂末，不能勝凶咎也。」《後漢書·方術傳》：樊英「少受業三輔，習京氏《易》，又善風角、算①、《河》《洛》、七緯，推步災異。」注：「七緯者，《易》緯《稽覽圖》、《乾鑿度》、《坤靈圖》、《通卦驗》、《是類謀》、《辨終備》也；《書》緯《璇璣鈐》、《考靈耀》、《刑德放》、《帝命驗》、《運期授》也；《詩》緯《推度災》、《記歷樞》、《含神務》也；《禮》緯《含文嘉》、《稽命徵》、《斗威儀》也；《樂》緯《動聲儀》、《稽耀嘉》、《叶圖徵》也；《孝經》緯《援神契》、《鉤命決》也；《春秋》緯《演孔圖》、《元命包》、《文耀鉤》、《運斗樞》、《感精符》、《合誠圖》、《考異郵》、《保乾圖》、《漢含孳》、《佐助期》、《握誠圖》、《潛譚巴》、《説題辭》也。」《張衡傳》：「初，光武善讖，及顯宗、肅宗，因祖述焉。自中興以後，儒者爭學圖讖，兼復附以妖言。衡以圖緯虛妄，非聖人之法，乃上疏曰：『臣聞聖人明審律歷以定吉凶，重之以卜筮，雜之以九宫，經天驗道，本盡於此。或觀星辰逆順，寒燠所由；或察龜筮之占，巫覡之言，其所因者非一術也。立言於前，有徵於後，故智者貴焉，謂之讖書。』」青案：疏中所引有《春秋》讖、《詩》讖諸書。

夫子曰：「我觀夏道，杞不足徵，吾得《夏時》焉。我觀殷道，宋不足徵，吾得《坤乾》焉。」夫《夏時》，夏正書也；《坤乾》，《易》類也。《禮記·禮

①「算」，《後漢書》作「星算」，此漏「星」字。

運》：「孔子曰：『我欲觀夏道，是故之杞，而不足徵也，吾得《夏時》焉。我欲觀殷道，是故之宋，而不足徵也，吾得《坤乾》焉。』」注：「得夏四時之書也，其書存者有《小正》。得殷陰陽之書也，其書存者有《歸藏》。」夫子憾夏、商之文獻無所徵矣，而《坤乾》乃與《夏正》之書同爲觀於夏、商之所得，則其所以厚民生與利民用者，《書·大禹謨》：「正德，利用，厚生。」《左傳·襄二十八年》：「夫民生厚而用利。」蓋與治憲明時，按：猶云「治歷明時」，詳《易教中》注。《漢書·藝文志·數術略·歷譜》：「歷譜者，序四時之位，正分至之節，會日月五星之辰，以考寒暑殺生之實。故聖王必正歷數。」同爲一代之法憲，而非聖人一己之心思，離事物而特著一書以謂明道也。夫懸象設教與治憲授時，天道也；《禮》《樂》《詩》《書》與刑政教令，人事也。天與人參，補正：《說文解字》第一篇上《王部》：「孔子曰：『一貫三爲王。』」王者治世之大權也。《禮記·禮運》：「故聖人參於天地，並於鬼神，以治政也。」《春秋繁露·王道通三》：「古之造文者，三畫而連其中謂之『王』。三畫者，天、地與人也；而連其中者，通其道也。取天、地與人之中以爲貫而參通之，非王者，孰能當是！」韓宣子之聘魯也，觀書於太史氏，得見《易象》、《春秋》，以爲周禮在魯。《左傳・昭二年》：「春，晉侯使韓宣子來聘，觀書於太史氏，見《易象》與《魯春秋》，曰：『周禮盡在魯矣！』」夫《春秋》乃周公之舊典，謂周禮之在魯可也；《易象》亦稱周禮，其爲政教典章，切於民用，而非一己空言，自垂昭代，而非相沿舊制，補正：《史記・自序》：「壺遂曰：『孔子之時，上無明君，下不得任用，故作《春秋》，垂空文以斷禮義，當一王之法。』」則又明矣。夫子曰：「《易》之興也，其於中古乎？作《易》者其有憂患乎？」《易・繫辭下》文。又：「《易》之興也，其當殷之末世，周之盛德邪？當文王與紂之事邪？」《史記・周本紀》：「西伯蓋即位五十年，其囚羑里蓋益《易》之八卦爲六十四卦。」顧氏炎武嘗謂《連山》、《歸藏》不名爲《易》，太卜所謂三《易》，因《周易》而牽連得名。《日知録》卷一：「《周官》：太卜『掌三《易》之法，一曰《連山》，二曰《歸藏》，三曰《周易》』。《連山》、《歸藏》非《易》也，而云『三《易》』者，後人因《易》之名以名之也。」青按：《續漢書・百官志》劉昭補注引《漢官儀》曰：「太史待詔三十七人，其三人《易》筮。」補正：按語删。今觀八卦起於伏羲，《連山》作於夏后，而夫子乃謂《易》興於中古，作《易》之人獨指文王，則《連山》、《歸藏》不名爲《易》又其徵矣。

或曰：文王拘幽，未嘗得位行道，豈得謂之作《易》以重①政典歟？《禮記·中庸》：「非天子不議禮，不制度，不考文。」又：「雖有其位，苟無其德，不敢作禮樂焉。雖有其德，苟無其位，亦不敢作禮樂焉。」鄭注：「言作禮樂者，必聖人在天子之位。」曰：八卦爲三《易》所同，文王自就八卦而繫之辭。商道之衰，文王與民同其憂患，故反覆於處憂患之道而要於無咎，非創制也。周武既定天下，遂名《周易》，而立一代之典教，青按：此語章氏自造。非文王初意所計及也。夫子生不得位，不能創制立法，以前民用，因見《周易》之於道法，美善無可復加，懼其久而失傳，故作《彖》、《象》、《文言》諸傳，以申其義蘊，《史記·自序》：「壺遂曰：『孔子之時，上無明君，下不得任用，故作《春秋》，垂空文以斷禮義，當一王之法。』」《春秋公羊傳序》疏引《孝經鉤命訣》：「孔子在庶，德無所施，功無所就。」《史記·孔子世家》：「晚而喜《易》，序《彖》、《繫》、《象》、《説卦》、《文言》。」《漢書·藝文志·六藝略》：「孔氏爲之《彖》、《象》、《繫辭》、《文言》、《序卦》之屬十篇。」所謂「述而不作」，《論語·述而》文。非力有所不能，理

① 「重」字形近而誤，粤雅堂本《文史通義》、浙江書局及嘉業堂《章氏遺書》本均作「垂」。

勢固有所不可也。

後儒擬《易》，則亦妄而不思之甚矣。彼其所謂理與數者，有以出《周易》之外邪？無以出之，而惟變其象數法式，以示與古不相襲焉，此王者宰制天下，作新耳目，殆如漢制所謂色黄數五，事與改正朔而易服色者爲一例也。《史記·屈賈列傳》：「賈生以爲漢興至孝文二十餘年，天下和洽，而固當改正朔，易服色，法制度，定官名，興禮樂，乃悉草具其事儀法，色尚黄，數用五，爲官名。」正義曰：「漢文帝時，黄龍見成紀，故改爲土也。」《漢書·董仲舒傳》：「臣聞制度文采玄黄之飾，所以明尊卑，異貴賤，而勸者有德也。故《春秋》受命所先制者，改正朔，易服色，所以應天也。」揚雄不知而作，則以九九八十一者，變其八八六十四矣。《論語·述而》：「蓋有不知而作之者。」按：《太玄經》十卷，漢揚雄擬《易》而作，以「家」準卦，以「首」準象，以「贊」準爻，以「測」準象，以《文》準《文言》，以《攡》、《瑩》、《挩》、《圖》、《告》準《繫詞》，以《數》準《説卦》，以《衝》準《序卦》，以《錯》準《離卦》，凡八十一家。《班志》入之儒家，鄭樵譏爲不類，不知此正班氏特識，不予雄以僭經也。後代大儒，多稱許之，則以其數通於治憲，而蓍揲合其吉凶也。夫數乃古今所共，凡明於憲學者皆可推尋，豈必《太玄》而始合哉？蓍揲合其吉凶，則又陰陽自然之至理，誠之所至，探籌鑽瓦皆可以知吉凶，補正：《禮記·中庸》：「至誠之道，可以前知。」何必支離其文，艱深其字，然後可以知吉凶乎？《元包》妄託《歸藏》，不足言也。按：《元包》五卷，附《元包數總義》二卷，北周衛元嵩撰。是書體例近《太玄》，序次則用《歸藏》，首《坤》而繼以《乾》、《兑》、《艮》、《離》、《坎》、《巽》、《震》卦，凡七變，合本卦共成八八六十四。司馬《潛虛》又以五五更其九九，按：《潛虛》一卷，附《潛虛發微論》一卷，宋司馬光撰，以五行爲本。不免賢者之多事矣。故六經不可擬也。先儒所論，僅謂畏先聖而當知嚴憚耳。《論語·季氏》：「畏聖人之言。」朱注：「畏者，嚴憚之意也。」此指揚氏《法言》，按：漢揚雄撰，司馬光集注，凡十卷，摹仿《論語》，徒爲貌似。王氏《中説》，按：《中説》十卷，舊本題王通撰。字字句句皆刻畫《論語》，師弟亦互相標榜，自比孔顔。誠爲中其弊矣。若夫六經，皆先王得位行道，經緯世宙之迹，而非託於空言。《春秋繁露·俞序》：「孔子曰：『吾因其行事而加乎王心焉，以爲見之空言，不如行事博切著明。』」《史記·自序》：「聞之董生曰：『子曰：我欲載之空言，不如見之於行事之深切著明也。」」故以夫子之聖，猶且述而不作。如其不知妄作，不特有擬聖之嫌，抑且蹈於僭竊王章之罪也，可不慎歟！

易教中

孔仲達《唐書·孔穎達傳》：「孔穎達，字仲達。」曰：「夫《易》者，變化之總名，改換之殊稱。」孔穎達《周易正義·論易名》文。先儒之釋《易》義，未有明通若孔氏者也。得其說而進推之，《易》爲王者改制之鉅典，事與治憲明時相表裏，其義昭然若揭矣。許叔重釋「易」文曰：「蜥易，守宮，象形。《秘書》說：『日月爲易』，象陰陽也。」許慎《說文解字》第九篇下「易」字文。《周官》：太卜「掌三《易》之法」，鄭氏注：「易者，揲蓍變易之數，可占者也。」朱子以謂《易》有交易、變易之義，是皆因文生解，各就一端而言，非當日所以命《易》之旨也。「三《易》」之名，雖始於《周官》，而《連山》、《歸藏》可並名《易》，

《易》不可附《連山》、《歸藏》而稱爲「三連」、「三歸」者，誠以《易》之爲義，實該羲農以來不相沿襲之法數也。「易」之初見於文字，則《帝典》之「平在朔易」也。《書・堯典》：「平在朔易」，注：「易謂歲改易於北方，平均在察其政，以順天常。」孔傳謂「歲改易」，而周人即取以名揲卦之書，則王者改制更新之大義顯而可知矣。《大傳》曰：「生生之謂易。」《易・繫辭上》文。韓康伯謂「陰陽轉易，以成化生」。此即朱子交易、變易之義所由出也。朱子《周易本義》：「《易》，書名也。其卦本伏羲所畫，有交易、變易之義，故謂之《易》。」按：乾、坤相交而生震、艮、離、坎、兑、巽六子，見於《周易本義》文王八卦次序圖者，是交易也；八卦變而成六十四，見於《周易本義》卦變圖者，是變易也。其說不本於韓康伯。《易・大壯》：「喪羊其易」，鄭玄注：「易，佼易也。」「佼」即「交易」之本字。又《易贊》：「易之爲名也，一言而函三義：易簡，一也；變易，二也；不易，三也。」則交易、變易之名，鄭君已具之矣。特鄭君之言變易又兼交易而言，與朱說稍有不同耳。三《易》之文雖不傳，今觀《周官》太卜有其法，《左氏》記占有其辭，如莊二十二年、閔元年、二年、僖十五年、二十五年、成十六年、襄九年、二十五年、昭五年、七年、十二年、哀九年，皆有占辭。清毛奇齡《春秋占筮書》占辭三卷，悉摭《春秋傳》所載占筮，可參閱。則《連山》、《歸藏》皆有交易、變易之義。是羲農以來《易》之名雖未立，而《易》之意已行乎其中矣。上古淳質，文字無多，固有具其實而未著其名者。後人因以定其名，則徹前後而皆以是爲主義焉，一若其名之向著者，此亦其一端也。

「欽明」之爲敬也，《書·堯典》：「欽明文思安安」，注：「欽，敬也。」「允塞」之爲誠也，《書·舜典》：「温恭允塞」，注：「舜有深智、文明、温恭之德，信允塞上下。」「憲象」之爲憲也，自注：「憲象」之「憲」作推步解，非憲書之名。皆先具其實而後著之名也。《易·革》象曰：「澤中有火，君子以治憲明時。」按：《易·革》原文「憲」作「歷」，不得輒改。正義曰：「『澤中有火，革』者，火在澤中，二性相違，必相改變，故爲《革》象也。『君子以治歷明時』者，天時變革，故須歷數，以①君子觀兹《革》象，修治歷數，以明天時也。」補正：案語刪，加：案：《易·革》原文「憲」作「曆」，疑避高宗諱改，然《書教下》等篇已有「歷代」之語，豈史遷既

① 「以」，《周易正義》作「所以」，此漏「所」字。

諱「同子」，又著「談言微中」乎？其象曰：「天地革而四時成。湯武革命，順乎天而應乎人。」憲自黄帝以來，代爲更變，補正：《史記・曆書》：「太史公曰：神農以前尚矣，蓋黄帝考定星曆，建立五行，起消息，正閏餘。」《漢書・律歷志》：「曆數之起上矣，《傳》述顓頊命南正重司天，火正黎司地，其後閏餘乖次，孟陬殄滅，攝提失方。堯復育重黎之後，使纂其業。其後以授舜，舜亦以命禹。至周武王訪箕子，箕子言大法九章，而五紀明曆法。故自殷周皆創業改制，咸正曆紀。山①代既没，五伯之末，史官喪紀，疇人子第分散，或在夷狄，其所記有黄帝、顓頊、夏、殷、周及魯曆。秦兼天下，以十月爲正。漢興，襲秦正朔，以北平侯張蒼言，用顓頊曆，比於六曆，疏闊中最爲微近。」而夫子乃爲取象於澤火，且以天地改時、湯武革命爲《革》之卦義，則《易》之隨時廢興，道豈有異乎？《易》始羲農，而備於成周；憲始黄帝，而遞變於後世。上古詳天道，而中古以下詳人事之大端也。然「卦氣」之説雖刱於漢儒，按：「卦氣」者，謂以六十四卦分配節氣。其説起於孟喜《卦氣圖》，以坎、離、震、兑爲四正卦，餘六十卦。卦主六日七分，合周天之數。内辟卦十二，

① 「山」字誤，《漢書》作「三」。

謂之消息卦。乾盈爲息，坤盈爲消，其實乾、坤兩卦十二畫周流六位也。虞翻《十二辟卦消息圖》即本孟氏家法。而卦序、卦位則已具函其終始，則疑大撓未造甲子以前，《書·舜典》疏引《世本》：「大撓作甲子。」羲農即以卦畫爲憲象，所謂天人合於一也。《大傳》曰：「古者庖羲氏之王天下也，仰則觀象於天，俯則觀法於地，觀鳥獸之文與地之宜，近取諸身，遠取諸物，於是始作八卦，以通神明之德，以類萬物之情。」《易·繫辭下》文。此黄帝未作干支之前所剏造也。觀於羲和「分命」，《書·堯典》：「分命羲仲，宅嵎夷，曰暘谷，寅賓出日，平秩東作，日中星鳥，以殷仲春，厥民析，鳥獸孳尾。申命羲叔，宅南交，平秩南訛，敬致，日永星火，以正仲夏，厥民因，鳥獸希革。分命和仲，宅西，曰昧谷，寅餞納日，平秩西成，宵中星虛，以殷仲秋，厥民夷，鳥獸毛毨。申命和叔，宅朔方，曰幽都，平在朔易，日短星昴，以正仲冬。」補正：原注末加：「厥民隩，鳥獸氄毛。」則象法文宜，其道無所不備，皆用以爲「授人時」也。是知上古聖人開天創制，立法以治天下，作《易》之與造憲，同出一源，未可强分孰先孰後。故《易》曰：「開物成務，冒天下之道。」見《易教上》注。《書》曰平秩敬授，作訛成易，皆一理也。

夫子曰：「加我數年，五十以學《易》，可以無大過矣。」《論語·述而》文。又曰：「吾學周禮，今用之，吾從周。」《禮記·中庸》文。學《易》者，所以學周禮也。韓宣子見《易象》、《春秋》，以爲周禮在魯。夫子學《易》而志《春秋》，所謂「學周禮」也。夫子語顏淵曰：「行夏之時，乘殷之輅，服周之冕，樂則《韶》舞。」《論語·衛靈公》文。補正：原注末加：注：「韶，舜樂也。畫①善盡美故取之。」是斟酌百王，損益四代，案：《大戴禮記》有《四代篇》，謂虞、夏、殷、周。爲萬世之圭臬也。憲象遞變，而夫子獨取於夏時；筮占不同，而夫子獨取於《周易》。此三代以後，至今循行而不廢者也。然三代以後，憲顯而《易》微，憲存於官守而《易》流於師傳，故儒者敢於擬《易》而不敢造憲也。憲之薄蝕盈虧，有象可驗，而《易》之吉凶悔吝，無迹可拘，是以憲官不能穿鑿於

---

①「畫」字誤，當作「盡」。

私智，而《易》師各自爲説，不勝紛紛也。《史記·天官書》：「日月薄蝕」，注：「日月無光曰薄，虧毁爲蝕。」《大戴禮記·易本命》：「與月盈虧。」青按：盈虧，猶云缺圓。故學《易》者不可以不知天。自注：觀此益知《太玄》、《元包》、《潛虚》之屬乃是萬無可作之理，其故總緣不知爲王制也。

易教下

《易》之象也，《詩》之興去聲。也，《周禮·春官·大師》：「教六詩」，注引鄭司農云：「興者，託事於物。」「則興者，起也。譬①引類，起發己心，《詩》文諸舉草木鳥獸以見意者，皆興辭也。」②變化而不可方物矣。《禮》之官也，按：《周禮》有天、地、春、夏、秋、冬六官。《春秋》之例也，杜預《春秋左傳序》：「故發傳之體有三，而爲例之情有五：一曰微而顯，二曰

① 「譬」，《周禮正義》作「取譬」，此漏「取」字。

② 鄭司農（鄭衆）語，《周禮正義》祇引至「託事於物」，全句又見《毛詩正義》所引。

志而晦，三曰婉而成章，四曰盡而不汙，五曰懲惡而勸善。」補正：原注末加：案：語本《左傳·成十四年》文。謹嚴而不可假借矣。韓愈《進學解》：「《春秋》謹嚴。」夫子曰：「天下同歸而殊塗，一致而百慮。」《易·繫辭下》文。君子之於六藝，《史記·滑稽列傳》：「孔子曰：『六藝於治一也。』」賈誼《新書·六術》：「《詩》《書》《易》《春秋》《禮》《樂》六者之術，謂之六藝。」一以貫之，補正：見《原道下》注。斯可矣。物相雜而爲之文，《易·繫辭下》：「物相雜，故曰文。」事得比而有其類。《禮記·學記》：「比物醜類」，注：「以此相況而爲之。醜，猶比也。」《周禮·春官·大師》：「教六詩」，「曰比」，鄭注：「比，見今之失，不敢斥言，取比類以言之。」知事物名義之雜出而比處也，非文不足以達之，非類不足以通之，《禮記·學記》：「知類通達。」六藝之文可以一言盡也。夫象歟，興歟，例歟，官歟，風馬牛之不相及也，《書·費誓》：「馬牛其風」，正義曰：「僖四年《左傳》云：『惟是風馬牛不相及也。』賈逵云：『風，放也。牝牡相誘謂之風。』」「《尚書》稱『馬牛其風』，此言『風馬牛』，謂馬牛風逸，牝牡相誘。」①其辭可謂文矣，其理則不過曰通於類也。故學者

① 孔穎達正義上句出《尚書》，下句出《左傳》，賈逵云作服虔云。

之要，貴乎知類。

象之所包廣矣，非徒《易》而已，六藝莫不兼之，蓋道體之將形而未顯者也。雎鳩之於好逑，《詩·關雎》：「關關雎鳩，在河之洲，窈窕淑女，君子好逑。」樛木之於貞淑，《詩·樛木·序》：「后妃逮下也，言能逮下而無嫉妬之心焉。」甚而熊蛇之於男女，《詩·小雅·斯干》：「維熊維羆，男子之祥。維虺維蛇，女子之祥。」象之通於《詩》也。五行之徵五事，《書·洪範》：「初一曰五行，次二曰敬用五事」，「一曰貌，二曰言，三曰視，四曰聽，五曰思」。補正：原注「五行」下加：「一曰水，二曰火，三曰木，四曰金，五曰土」十五字。「五曰思」下加：《五行傳》：「貌屬木，言屬金，視屬火，聽屬水，思屬土。」箕畢之驗雨風，《書·洪範》：「星有好風，星有好雨」，注：「箕星好風，畢星好雨。」甚而傅巖之入夢賚，《書·説命·序》：「高宗夢得説，使百工營求諸野，得諸傅巖。」《説命》：「命帝賚予良弼。」象之通於《書》也。古官之紀雲鳥，《左傳·昭十七年》：「黄帝氏以云紀。」又：「少皥摯之立也，凰鳥適至，故紀於鳥。」《周官》之法天地四時，以至龍翟章衣，《書·益稷》：「予欲觀古人之象，日月星辰，山龍華蟲，作會宗彝，藻火紛米，黼黻絺繡，以五采彰施於五色作服，汝明。」《禮記·禮運》：「五色六章十二衣，還相爲質也。」補正：《書·益稷》下加：《詩·鄘風·君子偕老》：「其之翟也」，傳：「翟，羽飾衣也。」箋：「侯伯夫人之服，自褕翟而下，如王后焉。」熊虎志射，《周禮·考工記》下梓人：「張皮侯而棲鵠」，注：「皮侯，以皮所飾之侯。司裘職：『王大射，則共虎侯、熊侯、豹侯，設其鵠。』謂此侯也。」疏：「張皮侯者，天子三侯，用虎、熊、豹皮飾侯之側，號曰皮侯。」象之通於《禮》也。歌協陰陽，《禮記·樂記》：「行乎陰陽。」舞分文武，《禮記·內則》：「十有三年，學樂，誦《詩》，舞勺。成童，舞象。」注：「先學勺，後學象，文武之次也。」以至磬念封疆，鼓思將帥，《禮記·樂記》：「君子聽磬聲則思死封疆之臣」，「聽鼓鼙之聲則思將帥之臣」。象之通於《樂》也。筆削不廢災異，《左氏》遂廣妖祥，案：筆削謂《春秋》。《史記·孔子世家》：「至於爲《春秋》，筆則筆，削則創①。」不廢災異者，如隱公三年二月己巳日有食之，九年三月癸酉大雨震電，庚辰大雨雪，桓公五年大雩螽，十四年春正月無冰，秋八月壬申御廩災之等，皆是也。《左氏》遂廣妖祥者，如莊公十四年：「鄭厲公自櫟侵鄭，及大陵，獲傅瑕，傅瑕曰：『苟舍我，吾請納君。』與之盟而赦之，六月甲子，傅瑕殺鄭子及其二

① 「創」字誤，當作「削」。

子而納厲公。初，內蛇與外蛇鬭於鄭南門中，內蛇死，六年而厲公入。公聞之，問於申繻曰：『猶有妖乎？』對曰：『人之所忌，其氣燄以取之，妖由人興也。人無釁焉，妖不自作。人棄常則妖興，故有妖。』厲公入，遂殺傅瑕。」僖公十六年：「春，隕石於宋五，隕星也。六鷁退飛過宋都，風也。周內史叔興聘於宋，宋襄公問焉，曰：『是何祥也？吉凶焉在？』對曰：『今茲魯多大喪，明年齊有亂，君將得諸侯而不終。』退而告人曰：『君失問。是陰陽之事，非吉凶所生也。吉凶由人，吾不敢逆君故也。』」之等皆是也。象之通於《春秋》也。《易》與天地準，故能彌綸天地之道。《易·繫辭上》文。萬事萬物，當其自靜而動，形迹未彰而象見矣。故道不可見，人求道而恍若有見者，皆其象也。

有天地自然之象，有人心營構之象。天地自然之象，《說卦》爲天爲圜諸條，《易·說卦》：「乾爲天，爲圜，爲君，爲父，爲玉，爲金，爲寒，爲冰，爲大赤，爲良馬，爲老馬，爲瘠馬，爲駁馬，爲木果。」約略足以盡之。人心營構之象，睽車之載鬼，《易·睽》：「載鬼一車。」翰音之登天，《易·中孚》：「翰音登於天」，疏：「若鳥於翰音登於天，虛聲遠聞也。」意之所至，無不可也。然而心虛用靈，人累於天地之間，不能不受陰陽之消息，心之營構則情之變易爲之也。情之變易，感於人世之接構，而乘於陰陽倚伏補正：見《質性》注。爲之也，是則人心營構之象，亦出天地自然之象也。

《易》象雖包六藝，與《詩》之比興尤爲表裏。夫《詩》之流別盛於戰國人文，所謂長於諷喻，不學《詩》則無以言也。自注：詳《詩教》篇。然戰國之文，深於比興，即其深於取象者也。《莊》、《列》之寓言也，則觸蠻可以立國，《莊子·則陽》：「有國於蝸之左角者曰觸氏，國於蝸之右角者曰蠻氏。」蕉鹿可以聽訟。《列子·周穆王》：「鄭人有薪於野者，遇駭鹿，御而擊之，斃之，恐人見之也，遽而藏諸隍中，覆之以蕉，不勝其喜。俄而遺其所藏之處，遂以爲夢焉。順塗而詠其事，傍人有聞者，用其言而取之。既歸，告其室人曰：『向薪者夢得鹿而不知其處，吾今得之，彼直真夢者矣。』室人曰：『若將是夢見薪者之得鹿邪？詎有薪者邪？今真得鹿，是若之夢真邪？』

按：自周威烈王二十三年，公元前四〇三年，韓趙魏三家分晉起，至秦王政二十六年，公元前二二一年，滅齊稱始皇帝止，爲戰國。《史記·蘇秦傳》：「凡天下戰國七，燕處弱焉。」蓋以其時諸國紛争，戰征不絶，故謂之戰國。

夫曰：『吾據得鹿，何用知彼夢我夢邪？』薪者之歸，不厭失鹿，其夜真夢藏之之處，又夢得之之主。爽旦，案所夢而尋得之，遂訟而争之。歸之士師，士師曰：『若初真得夢，妄謂之夢；真夢得鹿，妄謂之實。彼真取若鹿，而與若争鹿，室人又謂夢認人鹿，無人得鹿。今據有此鹿，請二分之。』以聞鄭君，鄭君曰：『嘻！士師將復夢分人鹿乎！』訪之國相，國相曰：『夢與不夢，臣所不能辨也。欲辨覺夢，唯黄帝、孔丘。今亡黄帝、孔丘，孰辨之哉！且恂士師之言可也。』」《離騷》之抒憤也，則帝闕可上九天，《離騷》：「指九天以爲正兮，夫惟靈修之故也。」《九歌・大司命》：「登九天兮撫彗星」，注：「九天，八方中央也。」鬼情可察九地。按：《楚辭・山鬼》無「九地」語，惟《天問》云：「地方九則，何以墳之」，注：「謂九州之地，凡有九品，禹何以能分别之乎？」章氏引此，殊爲不類。補正：原注删，改：楊雄《太玄經・玄數》：「九地：一爲沙泥，二爲澤池，三爲沚厓，四爲下田，五爲中田，六爲上田，七爲下山，八爲中山，九爲上山。」案：《易》知鬼神之情狀，《太玄》乃擬《易》而作，故曰鬼情可以察九地歟？他若縱横馳説之士，《史記・吴起傳》：「破馳説之言從横者。」《韓非子・五蠹》：「從横之黨，借力於國。縱者，合衆弱以攻一强也；衡者，事一强以攻衆弱也。」飛箝捭闔之流，按：《鬼谷子》有《飛鉗》及《捭闔》篇。徙蛇《韓非子・説林上》：「澤涸，蛇將徙，有小蛇謂大蛇曰：『子行而我隨之，人以爲蛇之行者耳，必有殺子者。子不如相銜負我以行，人必以我爲神君也。』乃相銜負以越公道，而行人皆避之曰神君也。」引虎《戰國策·楚策》：「虎求百獸而食之，得狐，狐曰：『子毋敢食我也，天帝使我長百獸，今子食我，是逆天帝命也。子以我爲不信，吾爲子先行，子隨我後，觀百獸之見我而敢不走乎？』虎以爲然，故遂與之行，獸見之皆走。虎不知獸畏己而走也，以爲畏狐也。」之營謀，桃梗土偶之問答，《戰國策·齊策》：「蘇秦謂孟嘗君曰：今者臣來，過於淄上，有土偶人與桃梗相與語。桃梗謂土偶人曰：『子，西岸之土也，挻子以爲人，至歲八月降雨，下淄水，至則汝殘矣。』土偶曰：『不然。吾西岸之土也，吾殘則復西岸耳；今子東國之桃梗也，刻削子以爲人，降雨下，淄水至，流子而去，則子漂漂者將如何耳？』」愈出愈奇，不可思議。補正：《法苑珠林》：「佛變化無量三昧力，不可思議。」然而指迷從道，固有其功；飾奸售欺，亦受其毒。故人心營構之象，有吉有凶，宜察天地自然之象，而衷之以理，此《易》教之所以範天下也。

諸子百家不衷大道，其所以持之有故而言之成理者，《荀子·非十二子》文。則以本原所出，皆不外於《周官》之典守。其支離而不合道者，師失官守，末流之學，各以私意恣其説爾。非於先王之道全無所得，而自樹一家之學也。按：《漢書·藝文志·諸子略》序某家者流，出於某官，其弊若何，皆是也。補正：原注末加：《史記·自序》：「略以拾遺補藝，成一家之言。」至於佛氏之學，來自西域，按：西域，今印度。《魏書·釋老志》：「哀帝元壽元年，博士弟子秦景憲受大月氏王使伊存口授浮屠經，中土聞之，未之信了也。」此爲佛教入中國之始。或謂始於明帝，未確。毋論彼非世官典守之遺，且亦生於中國，言語不通，没於中國，文字未達也。然其所言與其文字，持之有故而言之成理者，殆較諸子百家爲尤盛。反覆審之，而知其本原出於《易》教也。按：章炳麟《章氏叢書·文録·别録二·與人論國學書》云：「以佛書本於羲文，誕妄實甚。至謂『象通六藝』，取證尤膚，無異決科之策。」蓋其所謂心性理道，名目有殊，推其義指，初不異於聖人之言。其異於聖人者，惟舍事物而别見有所謂道爾。至於丈六金身，王注《蘇詩》引袁宏《漢記》：「西域天竺國有佛道，長丈六尺，黄金色，頂中佩日月光，變化無方，無所不入，而大濟群生。」莊嚴色相，以至天堂清明，地獄陰慘，《法華玄義》一引《釋論》云：「三界無别法，唯是一心作，心能地獄，心能天堂。」天女散花，《維摩經·觀衆生品》：「時維摩詰室有一天女，見諸大人，聞所説法，便現其身。即以天華散諸菩薩大弟子上，華至，諸菩薩即皆墮落。至大弟子，便著不墮。一切弟子，神力去華，不能令去。」夜叉玄應《音義》三：「閲叉，或云夜叉，皆訛也，正言藥叉。此譯云能噉鬼，謂能食噉人也。又云傷者，謂能傷害人也。」披髮，種種詭幻，非人所見。儒者斥之爲妄，不知彼以象教，王中《頭陀寺碑文》：「象教陵夷。」按：佛教以象形教人，故又謂之「象教」。不啻《易》之龍血玄黄，《易·坤》：「龍戰於野，其血玄黄。」張弧《易·睽①》：「先張之弧，後説之弧。」載鬼。是以閻摩變相，按：閻摩，即閻羅。《長阿含經》十九《地獄品·三界義》：「閻羅王宫晝夜三時有大銅鑊自然現出，時有大獄卒捉王，使臥熱鐵上，以鐵鉤開口，以洋銅灌之，全身無不焦爛。受此苦已後，與諸衆相娱樂，與諸大臣眷屬同受福樂。」又按：或謂係指《地獄變相圖》而言。皆即人心營構之象而言，非彼造作誑誣以惑世也。至於末流失傳，鑿而實之，夫婦之愚，補正：《禮記·中庸》：「夫婦之愚，可

① 「睽」字誤，當作「睽」。

以與知也。」偶見形於形、憑於聲者，而附會出之，遂謂堯天[①]之下補正：《宋書·樂志》：「萬國載堯天。」別有境焉。儒者又不察其本末，攘臂以爭，恍[②]若不共戴天，補正：見《申鄭》注。而不知非其實也。令彼所學與夫文字之所指擬，但切入於人倫之所日用，即聖人之道也。以象爲教，非無本也。

《易》象通於《詩》之比興，《易》辭通於《春秋》之例。嚴天澤之分，《易·履》：「上天下澤，履。君子以辯上下，定民志。」則二多譽，四多懼焉；《易·繫辭下》：「二與四同功」，注：「同陰功也。」「而異位」，注：「有内外也。」「其善不同，二多譽」，注：「二處中和，故多譽也。」「四多懼，近也」，注：「位逼於君，故多懼也。」正義曰：「此明諸卦二、三、四、五爻之功用。」謹治亂之際，則陽君子，陰小人也。《易·繫辭下》：「陽一君而二民，君子之道也。陰二君而一民，小人之道也。」杜微漸之端，胡傳《春秋》：「防微杜漸之意，其爲萬世慮，深遠矣。」姤一陰，而已惕女壯；《易·姤》：「女壯，勿用取女。」正義曰：「此卦一柔而

① 「堯天」，粵雅堂本《文史通義》、浙江書局及嘉業堂《章氏遺書》本均作「光天」。
② 「恍」，粵雅堂本《文史通義》、浙江書局及嘉業堂《章氏遺書》本均作「憤」。

遇五剛，故名爲姤。施之於人，則是一女而遇五男，爲壯至甚，故戒之曰：此女壯甚，勿用取此女也。」臨二陽，而即慮八月焉。按：《臨》：《兑》下《坤》上，䷒。二陽而已。《易・臨》：「元亨，利貞，至於八月有凶。」正義曰：「至於八月有凶者，以物盛必衰，陰長陽退。《臨》爲建丑之月，從建丑至於七月建申之時，三陰既盛，三陽方退，小人道長，君子道消，故八月有凶也。以盛不可終保，聖人作《易》以戒之也。」慎名器之假，《左傳・昭三十二年》：「慎器與名，不可以假人。」五戒陰柔，三多危懼①焉。《易・繫辭下》：「三與五同功」，注：「同陽功也。」「而異位」，注：「有貴賤也。」「三多凶，五多功，貴賤之等也。其柔危，其剛勝邪」，注：「三、五陽位，柔非其位，處之則危。居以剛健，勝其任也。」至於四德尊元而無異稱，《易・乾・文言》：「君子行此四德者，故曰『乾：元，亨，利，貞』。」亨有小亨，《易・巽》：「小亨。」利貞有小利貞，《易・既濟》：「亨，小利貞。」貞有貞吉貞凶，《易・坤》：「安貞吉。」《師》：「長子帥師，弟子輿尸，貞凶。」吉有元吉，《易・訟》：「元吉。」悔有悔亡，《易・咸》：「貞吉，悔亡。」咎有無咎。《易・乾》：「君子終日乾乾，愓若厲，無咎。」一字出入，謹嚴甚於《春秋》。蓋聖人於

① 「懼」，粤雅堂本《文史通義》、浙江書局及嘉業堂《章氏遺書》本均作「愓」。

天人之際，以謂甚可畏也。《易》以天道而切人事，《易・繫辭上》：「定天下之吉凶，成天下之亹亹者，莫大乎蓍龜。」又：「是以君子將有爲也，將有行也，問焉而以言，其受命也如嚮，無有遠近幽深，遂知來物。非天下之至精，其孰能與於此！」補正：正文及注俱删。《春秋》以人事而協天道，《漢書・董仲舒傳》：「臣謹案《春秋》之中，視前世已行之事，以觀天人相與之際，甚可畏也。」其義例之見於文辭，聖人有戒心焉。

書教上《禮記・經解》：「疏通知遠，《書》教也。」

《周官》外史「掌三皇五帝之書」，《周禮・春官》文。鄭注：「楚靈王所謂《三墳》《五典》。」今存虞、夏、商、周之策而已，五帝僅有二，而三皇無聞焉。《史記・孔子世家》：「孔子追迹三代之禮，序《書傳》，上紀唐虞之際，下至秦穆，編次其事。」《左氏》所謂《三墳》《五典》，《左傳・昭十二年》：「左史倚相趨過，王曰：『是能讀《三墳》《五典》《八索》《九丘》。』」杜注：「皆古書名。」正義曰：「孔安國《尚書序》云：『伏羲、神農、黄帝之書，謂之《三墳》，言大道也。少昊、顓頊、高辛、唐、虞之書，謂之《五典》，言常道也。』延篤言張平子說：『《三墳》，三禮，天、地、人之禮也。《五典》，五帝之常道也。』馬融說：『《三墳》，三氣，陰陽始生，天、地、人之氣也。《五典》，五行也。』此諸家者，各以意言，無正驗，杜所不信，故云『皆古書名』。」今不可知，未知即是其書否也。以三王之《誓》、《誥》、《貢》、《範》諸篇，《誓》有《甘誓》、《湯誓》、《泰誓》、《牧誓》、《費誓》、《秦誓》。《誥》有《仲虺之誥》、《大誥》、《康誥》、《酒誥》、《召誥》、《洛誥》、《康王之誥》。《貢》有《禹貢》，《範》有《洪範》。推測三皇諸帝之義例，則上古簡質，結繩未遠，《易·繫辭下》：「作結繩而爲罔罟，以佃以漁，蓋取諸《離》。」補正：原注刪「『作結①而爲罔罟，以佃以漁，蓋取諸《離》。』又：『上古結繩以治，後世聖人易之以書契，蓋取諸《夬》。』」又」十五字。文字肇興，書取足以達微隱、通形名而已矣。因事命篇，本無成法，不得如後史之方圓求備，拘於一定之名義者也。夫子敘而述之，取其疏通知遠，足以垂教矣。世儒不達，以謂史家之初祖實在《尚書》，因取後代一成之史法紛紛擬《書》者，皆妄也。補正：《案》：外史

① 「結」字下，漏「繩」字。所刪當云十六字。

掌三皇五帝之書，《尚書》詎不爲史家之初祖？《史通·六家》：《尚書》：「自宗周既殞，《書》體遂廢，迄乎漢魏，無能繼者。至晉廣陵相魯國孔衍，以爲國史所以表言行，昭法式，至於人理常事，不足備列。乃删漢魏諸史，取其美詞典言，足爲龜鏡者，定以篇第，纂成一家。由是有《漢尚書》、《後漢尚書》、《漢魏尚書》，凡爲二十六卷。至隋，祕書監太原王劭又録開皇、仁壽時事，編而次之，以類相從，各爲其目，勒成《隋書》八十卷。尋其義例，皆準《尚書》。」

三代以上之爲史，與三代以下之爲史，其同異之故可知也。三代以上，記注有成法，而撰述無定名；三代以下，撰述有定名，而記注無成法。按：謂三代以前，官司記注，各有成法，撰述者可以因事立篇，惟所意命。後世記注無成法，而史體又有編年、紀事本末之分，故云「撰述有定名」也。杜預《春秋左傳序》：「諸所記注，多違舊章。」夫記注無成法，則取材也難；撰述有定名，則成書也易。成書易，則文勝質矣；取材難，則僞亂真矣。僞亂真而文勝質，史學不亡而亡矣。良史之才，《後漢書·班固傳論》：「議者咸稱二子有良史之才。」間世一出，補偏救弊，憊且不支。非後人學識不如前人，《周官》之法亡，而《尚書》之教絶，其勢不得不然也。

《周官》三百六十，《禮記·明堂位》：「周三百」，注：「周之六卿，其屬各六十，則周三百六十官也。此云三百者，記時《冬官》亡矣。」具天下之纖析矣，然法具於官，而官守其書。《左傳·襄三十一年》：「臣能守其官職。」《昭二十年》：「守道不如守官。」觀於六卿聯事之義，《周禮·天官·大宰》：「以八法治官府」，「三曰官聯，以會官治」，注：「官聯，謂國有大事，一官不能獨共，則六官共舉之。『聯』讀爲『連』，古書『連』作『聯』，聯謂連事通職，相佐助也。小宰職曰：『以官府之六聯合邦治：一曰祭祀之聯事，二曰賓客之聯事，三曰喪荒之聯事，四曰軍旅之聯事，五曰田役之聯事，六曰斂弛之聯事。』」《天官》：「設官分職」，鄭司農云：「置冢宰、司徒、宗伯、司馬、司寇、司空。」釋曰：「此謂設天地四時之官，即六卿也。」而知古人之於典籍不憚繁複周悉，以爲記注之備也。即如六典之文繁委如是，太宰掌之，小宰副之，司會、司書、太史又爲各掌其貳，則六典之文蓋五倍其副貳，而存之於掌故焉。《周禮·天官》：「太宰之職，掌建邦之六典，以佐王治邦國：一曰治典，以經邦國，以治官府，以紀萬民。二曰教典，以安邦國，以教官府，以擾萬民。三曰禮典，以和邦國，以統百官，以諧萬民。四曰政典，以平邦國，以正百官，以均萬民。五曰刑典，以詰邦國，以刑百官，以糾萬民。六曰事典，以富邦國，以任百官，以生萬民。」「司會掌邦之六典、八法、八則之貳。」「司書掌邦之六典、八法、八則。」又：「凡税斂，掌事者受法焉。及事成，則入要貳焉。」《春官・宗伯》下：「太史掌建邦之六藝。」又：「凡邦國都鄙及萬民之有約劑者藏焉，以貳六官，六官之所登。」司馬相如《封禪文》：「宜命掌故，悉奏其儀而覽焉。」《漢書音義》曰：「掌故，太常官屬，主故事者也。」按：猶今管卷。其他篇籍，亦當稱是。是則一官失其守，一典出於水火之不虞，他司皆得藉徵於副策。斯非記注之成法詳於後世歟？漢至元成之間，典籍可謂備矣。然劉氏《七略》雖溯六典之流别，亦已不能具其官。《漢書・藝文志序》：「成帝時，以書頗散亡，使謁者陳農求遺書於天下，詔光禄大夫劉向校經傳、諸子、詩賦，步兵校尉任宏校兵書，太史令尹咸校數術，侍醫李柱國校方技。每一書已，向輒條其篇目，撮其指意，録而奏之。會向卒，哀帝復使向子侍中奉車都尉歆卒父業。歆於是總群書而奏其《七略》，故有《輯略》，有《六藝略》，有《諸子略》，有《詩賦略》，有《兵書略》，有《數術略》，有《方技略》。」而律令藏於法曹，章程存於故府，朝儀守於太常者，《史記・自叙》：「於是漢興，蕭何次律令，韓信申軍法，張蒼爲章程，叔孫通定禮儀。」《漢・成帝紀》注：「尚書四人，爲四曹，成帝置五人，有三公曹，主斷獄事。」《隋書・經籍志》：「古者朝廷之政，發號施令，百司奉之，藏於官府，各修其職守而弗忘。《春秋傳》曰：『吾視諸故府』，則其事也。」《史記・叔孫通傳》：「漢七年，長樂宮成，諸侯群臣皆朝十月。」「竟朝置酒，無敢讙譁失禮者。於是高帝曰：『吾乃今日知爲皇帝之貴也。』乃拜叔孫通爲太常。」《漢書・百官公卿表》：「奉常，秦官，掌宗廟禮儀，景帝中元六年更名太常。」不聞石渠、天禄漢《三輔黃圖》卷三：「未央宮有承明殿，著述之所也。」同書卷四：「石渠閣，蕭何造，其下礱石爲渠以導水，若今御溝，因爲閣名，所藏入關所得秦之圖籍。至於成帝，又於此藏祕書焉。」「天禄閣，藏典籍之所。《漢宮殿疏》曰：『天禄閣、麒麟閣，蕭何造，以藏祕書、處賢才也。』」①別儲副貳，以備校司之討論，可謂無成法矣。漢治最爲近古，而荒略如此，又何怪乎後世之文章典故，雜亂而無序也哉？

孟子曰：「王者之迹息而《詩》亡，《詩》亡然後《春秋》作。」《孟子・離婁下》文。蓋言王化之不行也，推原《春秋》之用也。不知《周官》之法廢而《書》亡，《書》亡而後《春秋》作。則言王章補正：《左傳・僖公十五年》：「晉侯朝王，請隧，弗許，曰：『王章也。』」之不立也，可識《春秋》之體也。何謂《周官》之法

① 二條今在《三輔黃圖》卷六。

廢而《書》亡哉？蓋官禮即《周禮》，亦稱《周官經》、《周官》。稱《周官》者，見《史記·封禪書》武帝議封禪，「群儒采封禪，尚書、周官、王制之事」是也。稱《周官經》者，《漢書·藝文志·六藝略》班氏本《七略》稱「《周官經》六篇」是也。稱《周禮》者，本荀悦《漢紀》卷二十五「劉歆以《周官經》六篇爲《周禮》」是也。此蓋兼采二名，非舊題也。制密，而後記注有成法；記注有成法，而後撰述可以無定名。以謂纖悉委備，有司具有成書，而吾特舉其重且大者筆而著之，以示帝王經世補正：見《經解下》「議而不斷」注。之大略，而《典》、《堯典》、《舜典》。《謨》、《大禹謨》、《皋陶謨》。《訓》、《伊訓》。《誥》、《貢》、《範》、《官》、《周官》。《刑》《呂刑》。之屬，詳略去取，惟意所命，不必著爲一定之例焉，斯《尚書》之所以經世也。至官禮廢，而記注不足備其全。《春秋》比事以屬辭，《禮記·經解》：「屬辭比事，《春秋》教也。」鄭注：「屬，猶合也。《春秋》多記諸侯朝聘會同，有相接之辭，罪辯之事。」正義曰：「屬，合也；比，近也。《春秋》聚合會同之辭，是

屬辭；比次褒貶之事，是比事也。」而左氏不能不取百司之掌故，與夫百國①寶書，

《公羊經傳解詁·隱公第一》疏：「孔子制《春秋》，使子夏等十四人求周史記，得百二十國寶書。」補正：原注下加：案：疑即《墨子》所謂「百國春秋」。《隋書·李德林傳》答魏收書云：「史者，編年也，故魯號『紀年』，墨子又云『吾見百國春秋』。史又有無事而書年者，是重年驗也。」《史通·六家》：《春秋》家：「墨子云：『吾見百國春秋。』」

以備其事之始末，其勢有然也。馬、班以下，演左氏而益暢其支焉，所謂記注無成法，而撰述不能不有定名也。故曰：王者迹息，而《詩》亡見《春秋》之用；《周官》法廢，而《書》亡見《春秋》之體也。

《記》曰：「左史記言，右史記動。」按：《禮記·玉藻》：「動則左史書之，言則右史書之」，正義引《藝文志》及《六藝論②》云：「右史紀事，左史紀言。」與《記》文異。

其職不見於《周官》，其書不傳於後世，殆禮家之愆文歟？後儒不察，而以《尚書》分屬

① 「百國」下，粵雅堂本《文史通義》、浙江書局及嘉業堂《章氏遺書》本均有「之」字，當補。

② 「論」字誤排在下行，今乙正。

記言，《春秋》分屬記事，《漢書・藝文志》：「左史記言，右史記事，事爲《春秋》，言爲《尚書》，帝王靡不同之。」則失之甚也。夫《春秋》不能舍傳而空存其事目，則《左氏》所記之言不啻千萬矣。《尚書》典謨之篇，記事而言亦具焉；訓誥之篇，記言而事亦見焉。古人事見於言，言以爲事，未嘗分事言爲二物也。劉知幾以《二典》、《貢》、《範》諸篇之錯出，轉譏《尚書》義例之不純，劉知幾《史通・六家》：「《書》之所主，本於號令，所以宣王道之正義，發話言於臣下，故其所載，皆典、謨、訓、誥、誓、命之文。至如《堯》《舜》二典直序人事，《禹夏》一篇唯言地理，《洪範》總述災祥，《顧命》都陳喪禮，兹亦爲例不純者也。」毋乃因後世之空言，而疑古人之實事乎！《記》曰：「疏通知遠，《書》教也。」豈曰記言之謂哉？

六藝並立，《樂》亡而入於《詩》、《禮》，沈約《宋書・樂志》：「及秦焚典籍，《樂經》用亡。」按《史記・孔子世家》：「古者《詩》三千餘篇，及至孔子，去其重，取可施於禮義」，「以求合《韶》《武》雅頌之音」。即明《樂》與《詩》、《禮》三者之關係，而真西山亦有「禮中有樂，樂中有禮」語。《書》亡而入於《春秋》，皆天時人事，不知其然而然也。《春秋》之事則齊桓、晉文，《孟子·離婁下》：「其事則齊桓、晉文，其文則史。孔子曰：『其義則丘竊取之矣。』」注：「其事則五霸所理也。桓、文，五霸之盛者，故舉之。其文，史記之文也。孔子自謂竊取之，以爲素王也。孔子人臣，不受君命，私作之，故言『竊』。」而宰孔之命齊侯，《左傳·僖九年》：「王使宰孔賜齊侯胙曰：『天子有事於文武，使孔賜伯舅胙。』齊侯將下拜，孔曰：『且有後命。天子使孔曰：以伯舅耋老，加勞賜一級，無下拜。』」王子虎之命晉侯，《左傳·僖二十八年》：「王命尹氏及王子虎、内史叔興父，策命晉侯爲侯伯。賜之大輅之服，戎輅之服，彤弓一，彤矢百，玈弓矢千，秬鬯一卣，虎賁三百人。曰：『王謂叔父：敬服王命，以綏四國，糾逖王慝。』」皆訓誥之文也，而左氏附傳以翼經，夫子不與《文侯之命》同著於篇，《書序》：「平王錫晉文侯秬鬯圭瓚，作《文侯之命》。」則《書》入《春秋》之明證也。馬遷紹法《春秋》，而删潤典謨以入紀傳；《史記·自叙》：「太史公曰：先人有言，自周公卒五百歲而有孔子，孔子卒後至於今五百歲，有能紹明世，正《易傳》，繼《春秋》，本《詩》《書》《禮》《樂》之際，意在斯乎！意在斯乎！小子何敢讓焉！」《漢書·司馬遷列①傳》：「罔羅天下放失舊聞，著十

①「列」字衍。

二《本紀》，作十《表》，八《書》，三十《世家》，七十《列傳》，凡百三十篇。」班固承遷有作，按：《漢書》本《史記》紀傳體，故云。而《禹貢》取冠《地理》，按：《漢書·地理志》：自「任土作貢」至「禹錫玄圭，告厥成功」，皆取《書·禹貢》之文。《洪範》特志《五行》，按：《漢書·五行志》間取《書·洪範》語。而《書》與《春秋》不得不合爲一矣。後儒不察，又謂紀傳法《尚書》，而編年法《春秋》，《十七史商榷》卷一：「司馬遷剏立《本紀》、《表》、《世家》、《列傳》體例，後之作史者遞相祖述，大指總在司①馬氏牢籠中。司馬取法《尚書》及《春秋》内外傳，自言述而非作，其實以述兼作者。」《史通·左傳家》：「至孝獻帝，始命荀悦撮其書爲編年體，依《左傳》著《漢紀》三十篇。自是每代國史，皆有斯作，起自後漢，至於高齊。如張璠、孫盛、干寶、徐賈、裴子野、吴均、何之玄、王邵等，其所著書或謂之「春秋」，或謂之「紀」，或謂之「典」，或謂之「志」，雖名各異，大抵皆依《左傳》以爲的准焉。」是與左言右事之强分流别又何以異哉？

① 「在司」二字誤排在下行，今乙正。

書教中

《書》無定體，故易失其傳。亦惟《書》無定體，故託之者衆。周末文勝，《禮記·表記》：「殷周之質，不勝其文。」《元命包》：「周人之立教以文，其失蕩。」官禮失其職守，而百家之學多爭託於三皇五帝之書矣。藝植託於神農，《漢書·藝文志·諸子略·農家》：「《神農》二十篇」，自注云：「六國時諸子疾時怠於農業，道耕農事，託之神農。」兵法醫經託於黃帝，《漢書·藝文志·兵書略·兵陰陽》：「《黃帝》十六篇。」《方技略①》：「《黃帝内經》十八卷，《外經》三十七卷。」好事之徒，傳爲《三墳》之逸書而《五典》之別傳矣。不知書固出於依託，旨亦不盡無所師承。《淮南子·修務訓》：「世俗之人，多尊古而賤今，故爲道者必託於神農、黃帝而後入説。」《史記·五帝本記》：「百家言黃帝，其文不雅馴，薦紳先生難言之。擇其言尤雅者，故著爲《本紀》。」揚子《法言·重黎》：「或問

① 「方技略」誤倒作「方略技」，今乙正。

黄帝終始，曰：託也。昔者姒氏治水土，而巫步多禹；扁鵲，盧人也，而醫多盧。夫欲讎僞者必假真，禹乎？盧乎？終始乎？」劉勰《文心雕龍·諸子》：「篇述者，蓋上古遺語，而戰代所記者也。」官禮政舉而存①，《禮記·中庸》：「其人存則其政舉，其人亡則其政息。」世氏師傳之掌故耳。惟三五之留遺，多存於《周官》之職守，則外史所掌之書，必其籍之別具，亦如六典各存其副之制也。左氏之所謂《三墳》、《五典》，或其概而名之，或又別爲一說，未可知也。必欲確指如何爲三皇之「墳」，如何爲五帝之「典」，則鑿矣。

《逸周書》七十一篇，多官禮之別記，《漢書·藝文志·六藝略·書》：「《周書》七十一篇」，自注云：「周史記。」師古曰：「劉向云：周時誥誓號令也。蓋孔子所論百篇之餘也。」與《春秋》之外篇，殆治《尚書》者雜取以備經書之旁證耳。劉、班以謂孔子所論百篇之餘，則似逸篇，初與《典》、《謨》、《訓》、《誥》同爲一書，而孔子

① 「存」字上，粵雅堂本《文史通義》、浙江書局及嘉業堂《章氏遺書》本均有「人」字，當補。

爲之删彼存此耳。毋論其書文氣不類，醇駁互見，即如《職方》、《時訓》諸解，明用經記之文，按：《周書・時訓解》與《禮記・月令》文同，《職方解》與《周禮・夏官・職方氏》文同。補正：《史通・六家》：《尚書》家：「至若《職方》之言與《周官》無異，《時訓》之説比《月令》多同，斯百王之正書，五經之別録者也。」《太子晉解》明取春秋時事，按：《太子晉解》亦《周書》篇名，記周靈王太子晉事。其爲外篇別記，不待繁言而決矣。而其中實有典言寶訓，識爲先王誓誥之遺者，亦未必非百篇之逸旨，而不可遽爲删略之餘也。丁黼《易①周書序》：「夫子定書爲百篇矣，孟子於《武成》取其二三策，謂『血流漂杵』等語近於誇也。今所謂《汲冢周書》，多誇詡之辭，且雜以詭譎之説，此豈文、武、周公之事而孔、孟之所取哉？然其間畏天敬民、尊賢尚德，古先聖王之格言遺制，尚多有之。至於《時訓》、《明堂》，記禮者之所采録，《克殷》、《度邑》，司馬遷之所援據，是蓋有不可盡廢者。晉狼瞫②曰：『《周志》有之：勇則害上，不登於明堂。』其語今見之篇中。此吾夫子未定之書也。漢蕭何

---

① 「易」字誤，當作「逸」。

② 「瞫」字誤，阮刻《十三經注疏》本《左傳》亦作「瞫」。《抱經堂》刻本《丁黼逸周書跋》作「瞫」。

云：『《周書》曰：天予不取，反受其咎。』此則夫子既定之後，而書無此語，意者其在逸篇乎？」夫子曰：「信而好古。」《論語·述而》文。先王典誥，衰周猶有存者，而夫子删之，豈得爲好古哉？惟《書》無定體，故《春秋》官禮之别記外篇，皆得從而附合之，亦可明《書》教之流别矣。

《書》無定體，故附之者雜。後人妄擬《書》以定體，故守之也拘。古人無空言，安有記言之專書哉？漢儒誤信《玉藻》記文，而以《尚書》爲記言之專書焉。於是後人削趾以適屨，《魏志·明帝紀》：「削趾適履。」轉取事文之合者，削其事而輯録其文，以爲《尚書》之續焉，若孔氏《漢魏尚書》、王氏《續書》《晉書·儒林傳》：「孔衍，字舒元，孔子二十二世孫。中興初，補中書郎，出爲廣陵郡。凡所撰述，百餘萬言。」《唐書·藝文志》：「孔衍《漢尚書》十卷，《後漢尚書》六卷，《後魏尚書》十四卷。」按：《後魏》，「後」字衍。王通《續書》詳《經解下》注。之類皆是也。無其實而但貌古人之形似，譬如畫餅餌之不可以充饑。《三國志·魏志·盧毓傳》：「選舉莫取有名。名如畫地作餅，不可啖也。」況《尚書》本不止於記言，則孔衍、王通之所擬，並古人之形似而不得矣。劉知幾嘗患史策記事之中，忽間長篇文筆，欲取君上詔誥，臣工奏章，別爲一類，編次紀傳史中，略如書志之各爲篇目。是劉亦知《尚書》折而入《春秋》矣。然事言必分爲二，則有事言相貫、質與文宣之際，如別自爲篇，則不便省覽；如仍然合載，則爲例不純。是以劉氏雖有是説，後人訖莫之行也。至如論事章疏，本同口奏，辨難書牘，不異面論，次於紀傳之中，事言無所分析，後史恪遵成法可也。乃若揚、馬之辭賦，原非政言，嚴、徐之上書，亦同獻頌，鄒陽、枚乘之縱横，杜欽、谷永之附會，本無關於典要。馬、班取表國華，削之則文采滅如，存之則紀傳猥濫，斯亦無怪劉君之欲議更張也。《史通·載言》：「《史》《漢》包舉，務存恢博，文辭入記，繇富爲多。是以賈誼、晁錯、董仲舒、東方朔等傳，唯上録言，罕逢載事。夫方述一事，得其紀綱，而隔以大篇，分其次序，遂令披閱之者有所懵然。後史相承，不改其轍，交錯分擾，古今是同。案遷、固列君臣於紀、傳，總遺逸於表、志，雖篇名甚廣，而言無獨録。愚謂凡爲史者，宜於表、志之外，更立一書。若人主之制册誥令，群臣之章表移檄，收之紀、傳，悉入書部，題爲

「制册」、「章表書」，以類區别。他皆放此，亦猶志之有《禮樂志》、《刑法志》者也。又詩人之什，自成一家，故風、雅、比、興非《三傳》所取。自六義不作，文章生焉。若韋孟諷諫之詩，揚雄出師之頌，馬卿之書封禪，賈誼之論過秦，諸如此文，皆施紀傳，竊謂宜從古詩例，斷入書中，亦猶《舜典》列元首之歌，《夏書》包五子之詠者也。夫能使史體如是，庶幾《春秋》、《尚書》之道備矣。」青按：《漢書·揚雄傳》載《河東》、《長楊》等賦，《反離騷》、《解嘲》等辭，《太玄》、《法言》等序；《司馬相如傳》載《大人賦》；《徐樂嚴安傳》載上書；《史記·鄒陽傳》載獄中上書；《漢書·枚乘傳》載諫吴王書；《杜欽傳》載説王鳳語，《谷永傳》載對日食、地震及黑龍見東萊語。《漢書·董仲舒傳》：「竊譬之琴瑟不調，甚者必解而更張之，迺可鼓也。」

杜氏《通典》爲卷二百，《通典》二百卷，唐杜佑撰。而《禮典》乃八門之一，補正：《案》：當云「九門」。《通典》有《食貨》、《選舉》、《職官》、《禮》、《樂》、《兵》、《刑》、《州郡》、《邊防》，九典也。已占百卷。蓋其書本官禮之遺，宜其於禮事加詳也。然叙典章制度，不異諸史之文，而禮文疑似，或事變參差，博士經生，折中詳議。或取裁而徑行，或中格而未用，入於正文，則繁複難勝；削而去之，則事理未備。杜氏並爲採輯其文，附著禮門之後，凡二十餘卷，可謂窮天地之際，而通古今之變者矣。《漢書·司馬遷傳》：「亦欲以究天人之際，通古今之變，成一家之言。」史遷之書，蓋於《秦紀》之後，存録秦史原文，按：《史記·秦本紀》：「七年春，周幽王用褒姒廢太子，立褒姒子爲適，數欺諸侯，諸侯叛之。西戎、犬戎與申侯伐周，殺幽王酈山下，而秦襄公將兵救周，戰甚力，有功。周避犬戎難，東徙雒邑，襄公以兵送周平王，平王封襄公爲諸侯，賜之岐以西之地，曰：『戎無道，侵奪我岐豐之地。秦能攻逐戎，即有其地。』與誓，封爵之。襄公於是始國，與諸侯通使聘享之禮。」《六國表》曰：「太史公讀《秦記》，至犬戎敗幽王，周東遷洛邑，秦襄公始封爲諸侯，作西畤，用事上帝，僭端見矣。」據此則《秦本紀》所載乃本《秦記》之文也。惜其義例未廣，後人亦不復踵行。斯並記言、記事之窮，別有變通之法，後之君子所宜參取者也。

濫觴《家語·三恕》：「夫江始於岷山，其源可以濫觴。」補正：原注删，加：《荀子·子道》：「昔者江出於岷山，其始出也，其源可以濫觴。」流爲江河，事始簡而終鉅也。東京以還，文勝篇富，史臣不能概見於紀傳，則彙次爲《文苑》之篇。《帝王世紀》：「漢高帝都長安，光武都洛陽，是以時人謂洛陽爲東京，長安爲西京。」按：《後漢書》始刱《文苑博》。文人行業無多，但著官階貫系，略如《文選》六十卷，梁昭明太子蕭統選。人名之注，試榜履歷之書，按：如鄉榜題名年幾歲、某縣人、何生（廩、拔、歲、優、附之類）等。本爲麗藻篇名，轉覺風華消索。則知一代文章之盛，史文不可得而盡也。蕭統《文選》以還，爲之者衆。今之尤表表者，姚氏之《唐文粹》，一百卷，宋姚鉉撰。呂氏之《宋文鑑》，一百五十卷，宋呂祖謙奉勅編。蘇氏之《元文類》，七十卷，目録三卷，元蘇天爵撰。並欲包括全代，與史相輔，此則轉有似乎言事分書，其實諸選乃是春華，正史其秋實爾。自注：史與文選，各有言與事，故僅可分華與實，不可分言與事。青按：《章氏遺書·丙辰劄記》：「韓昌黎之論文，則曰『文無難易，惟其是耳』，余亦謂『文無古今，惟其是耳』。杜工部之論文，則曰『不薄今人愛古人』，余亦謂『不棄春華愛秋實』。私自許謂起韓、杜二公於九原，固知不余疵也。」

四部既分，按：《隋書·經籍志》：「祕書監荀勖著《新簿》，分爲四部，總括群書。一曰甲部，紀六藝及小學等書；二曰乙部，有古諸子家、近世子家、兵書、兵家、術數；三曰丙部，有史記、舊事、皇覽簿、雜事；四曰丁部，有詩賦、圖讚、汲冢書。」《唐書·藝文志》：「兩都各聚書四部，以甲乙丙丁爲次，列經史子集四庫。」部次略異。集林大暢。文人當誥，則内制、外制之集，《唐書・百官志》：「制誥，天子之誥令也。」①《藝文志》史部有「治令」一門。②至明黄虞稷《千頃堂書目》始移「制誥」於集部，次於别集。歐陽修《文忠集》有内、外制集。按：君主之命，不經外朝者，謂之「内制」；經外朝者，謂之「外制」。補正：《舊唐書・職官志》：「中書省：中書舍人六員」，注：「隋曰内史舍人，掌制誥。」又：「起居舍人二員，掌録天子之制誥。」自爲編矣。宰相論思，班固《西都賦》：「朝夕論思，日月獻納。」③言官白簡，《晉書・傅玄傳》：「每月奏劾，或值日暮，捧白簡，整簪带，竦誦不寐。」卿曹各言識事，閫外料敵善謀，《史記・馮唐傳》：「閫以外者，將軍制之」，注：「此郭門之閫也。門中橛曰閫。」《易・師》疏：「閫外之事，將軍所載，臨事制宜，不必皆依君命。」陸贄《奏議》之篇，《唐書・藝文志》有《翰苑集》十卷，《郡齋讀書志》始改題《陸宣公奏議》。蘇軾進呈之策，蘇軾有《上皇帝書》等。又各著於集

---

① 「誥令」二字誤倒在下行，今乙正。　又此句《新唐書》未見。

② 「治令」，《新唐書・藝文志》未見。　又此句非引文，下文「按」字當移至此句前。

③ 「賦朝」二字誤倒，今乙正。

矣。萃合則有名臣經濟，策府議林，按：《名臣經濟録》五十三卷，明黄訓編。「策府議林」未詳。或作「名臣」、「經濟」、「策府」、「議林」四類解，亦通。連編累牘，可勝數乎！大抵前人著録，不外別集、《南史·張融傳》：「融文集數十卷行於世，自名其集爲《玉海》。」《隋書·經籍志》：「別集之名，蓋漢東京之所刱也。自靈均以降，屬文之士衆矣，然其志尚不同，風流殊別，後之君子欲觀其體勢而見其心靈，故別聚焉，名之爲『集』。」總集《隋書·經籍志》：「總集者，以建安之後，辭賦轉繁，衆家之集，日以滋廣。晉代摯虞採摘孔翠，芟剪繁蕪，自詩賦以下，各爲條貫，合而編之，謂爲《流別》。是後又①集總鈔，作者繼軌，屬辭之士，以爲覃奥而取則焉。」二條，蓋以一人文字觀也。其實應隸史部，追源當系《尚書》。但訓誥乃《尚書》之一端，不得如漢人之直以記言之史目《尚書》耳。見《書教上》注。

名臣章奏，隸於《尚書》，以擬訓誥，人所易知。《漢書·藝文志·六藝略》：「《議奏》四十二篇」，自注：「宣帝時石渠論。」同書《儒林傳》石渠論書者，林尊、歐陽、地餘、周堪、

① 「又」字誤，《隋書》作「文」。

張山拊、假倉等。青案：此云「議奏」，乃議群經而奏之，與尋常奏事不同。《藝文志》所列《議奏》，除《書》外，尚有《禮》、《春秋》、《論語》等，而「《奏事》二十篇」則列於《春秋》。章氏誤矣。補正：正文及注俱刪。撰輯章奏之人，宜知訓詁之記言，必敘其事，以備所言之本末，故《尚書》無一空言，有言必措諸事也。後之輯章奏者，但取議論曉暢，情辭慨切，以爲章奏之佳也。不備其事之始末，雖有佳章，將何所用？文人尚華之習見，不可語於經史也。《四庫全書提要·敘》：「夫涣號明堂，義無虛發，治亂得失，於是可稽，此政事之樞機，非僅文章類也。抑居詞賦，於理爲褻，《尚書》誓誥，經有明徵。」班氏董、賈二傳，則以《春秋》之學爲《尚書》也，自注：即《尚書》折入《春秋》之證也。青按：《尚書》記言，《春秋》記事。《漢書·賈誼傳》載上疏陳政事，《董仲舒傳》載賢良對策，皆記言也。而記二人生平事迹則少，故云「以《春秋》之學爲《尚書》」。其敘賈、董生平行事，無意求詳，前後寂寥數言，不過爲政事諸疏、《天人三策》備始末爾。自注：賈、董未必無事可敘，班氏重在疏策，不妨略去一切，但録其言，前後略綴數語，備本末耳。不似後人作傳，必盡生平，斤斤求備。噫！觀史裁者必知此意，而始可與言。

《尚書》、《春秋》之學，各有其至當，不似後世類鈔徵事，《文心雕龍·事類》：「事類者，蓋文章之外，據事以類義，援古以證今者也。」但知方圓求備而已也。

書教下

《易》曰：「蓍之德圓而神，卦之德方以智。」《易·繫辭上》文。注：「圓者運而不窮，方者止而有分，言蓍以圓象神，卦以方象知也。唯變所適，無數不周，故曰『圓』。卦列爻分，各有其體，故曰『方』也。」閒嘗竊取其義以概古今之載籍，「撰述欲其圓而神，記注欲其方以智」也。夫「智以藏往，神以知來」，《易·繫辭上》文。注：「明蓍卦之用，同神知也。蓍定數於始，於卦爲來；卦成象於終，於蓍爲往。往來之用相成，猶神知也。」記注欲往事之不忘，撰述欲來者之興起，故記注藏往似智，而撰述知來擬神也。藏往欲其賅備無遺，故體有一定，而其德爲方；知來欲其決擇去取，故例不拘常，而其德爲圓。《周官》三百六十，天人官曲《禮記·禮器》：「人官有能也，物曲有利也」，疏：「萬物委曲，各有所利。若麴蘖利爲酒醴，絲竹利爲琴笙，皆自然有其性，各異也。」之故可謂無不備矣。然諸史皆掌記注，而未嘗有撰述之官；自注：祝史命告未嘗非撰述，然無撰史之人。如《尚書》誓誥，自出史職，至於帝典諸篇，並無應撰之官。則傳世行遠之業，不可拘於職司，必待其人而後行。非聖哲神明，深知二帝三王精微之極致，按：二帝謂堯、舜，三王謂禹、湯、武。《書·大禹謨》：「帝曰：『予懋乃德，嘉乃丕績，天之歷數在汝躬，汝陟元后。人心惟危，道心惟微，惟精惟一，允執厥中。』」《論語·堯曰》：「堯曰：『咨爾舜！天之歷數在爾躬，允執其中，四海困窮，天祿永終。』舜亦以命禹。」不足以與此。此《尚書》之所以無定法也。

《尚書》、《春秋》皆聖人之典也。《尚書》無定法，而《春秋》有成例。故《書》之支裔折入《春秋》，而《書》無嗣音。《史通·六家》：「自宗周既殞，《書》體遂廢，迄乎漢魏，無能繼者。」有成例者易循，而無定法者難繼，此人之所知也。然圓神方智，自有載籍以還，二者不偏廢也。不能究六藝之深耳，未有不得其遺意者也。史氏繼《春秋》而有作，莫如馬、班，馬則近於圓而神，班則近於方以智也。

《尚書》一變而爲左氏之《春秋》，《尚書》無成法，而左氏有定例以緯經也。左氏一變而爲史遷之紀傳，左氏依年月，而遷書分類例以搜逸也。按：杜預《春秋傳・序》：「記事者以事繫日，以日繫月，以月繫時，以時繫年」，即所謂「依年月」。《史記・自序》：「著十二《本紀》，十《表》，八《書》，三十《世家》，七十《列傳》」，即所謂「分類例以搜逸」。遷書一變而爲班氏之斷代，《史通・六家》：「馬遷撰《史記》，終於今上，自太初已下，闕而不録。班彪因之，演成後記，以續前篇。至子固乃斷自高祖，盡於王莽。」遷書通變化，而班氏守繩墨，以示包括也。就形貌而言，遷書遠異左氏，而班史近同遷書，蓋左氏體直，自爲編年之祖，而馬、班曲備，皆爲紀傳之祖也。推精微而言，則遷書之去左氏也近，而班史之去遷書也遠。蓋遷書體圓用神，多得《尚書》之遺；班氏體方用智，多得官禮之意也。

遷書紀、表、書、傳，本左氏而略示區分，不甚拘拘於題目也。《伯夷列傳》乃七十篇之序例，非專爲伯夷傳也。《史記・伯夷列傳第一》：「夫學者載籍極博，猶考信於六藝，《詩》《書》雖缺，然虞夏之文可知也。堯將遜位，讓於虞舜；舜禹之間，岳牧咸薦，乃試之於位。典職數十年，功用既興，然後授政，示天下重器。王者大統，傳天下若斯之難也，而説者曰：『堯讓天下於許由，許由不受，恥之，逃隱。及夏之時，有卞隨、務光者，此何以稱爲？』太史公曰：余登箕山，其上蓋有許由冢云。」《屈賈列傳》所以惡絳、灌之讒，其叙屈之文非爲屈氏表忠，乃弔賈之賦也。《史記·屈原賈生列傳》：「孝文帝初即位，謙讓未遑也，諸律令所更定，及列侯悉就國，其説皆自賈生發之。於是天子議以爲賈生任公卿之位，絳、灌、東陽侯、馮敬之屬盡害之，乃短賈生曰：『雒陽之人，年少初學，專欲擅權，紛亂諸事。』於是天子後亦疏之，不用其議，乃以賈生爲長沙王太傅。賈生既辭往行，聞長沙卑濕，自以壽不得長，又以適去，意不自得。及渡湘水，爲賦以弔屈原。」《倉公》録其醫案，詳《扁鵲倉公列傳》。《貨殖》兼書物産，詳《貨殖列傳》。《龜策》但言卜筮，詳《龜策列傳》。亦有因事命篇之意，初不沾沾爲一人具始末也。《張耳陳餘》，因此可以見彼耳；詳《張耳陳餘列傳》。《孟子荀卿》，總括遊士著書耳。青案：《孟子荀卿列傳》：「孟軻，鄒人也」，「作《孟子》七篇」。「齊有三騶子」，「騶衍睹有國者益淫侈，不能尚德若大雅，整之於身施及黎庶矣，乃深觀陰陽消息，而作怪迂之變，《終始》、《大聖》之篇十餘萬言」。「自騶衍與齊之稷下先生，如淳于髡、慎到、環淵、接子、田駢、騶奭之徒，各著書言治亂之事，以干世主」，「慎到著《十二論》，環淵著《上下篇》，而田駢、接子皆有所論焉」。「騶奭者，齊諸騶子，亦頗采騶衍之術以紀文」。「荀卿，趙人」，「推儒墨道德之行事興壞，序列著數萬言而卒」。「而趙亦有公孫龍爲堅白同異之辯，劇子之言。魏有李悝，盡地力之教。楚有尸子、長盧，阿之吁子焉。自如孟子至于吁子，世多有其書，故不論其傳云」。名姓標題，往往不拘義例，僅取名篇，譬如《關雎》、《鹿鳴》，所指乃在嘉賓、淑女，《關雎》，見《易教下》注。《毛詩・鹿鳴・序》：「燕群臣嘉賓也。」而或且譏其位置不倫，自注：如孟子與三鄒子。或又摘其重複失檢，自注：如子貢已在《弟子傳》，又見於《貨殖》。不知古人著書之旨，而轉以後世拘守之成法，反訾古人之變通。亦知遷書體圓而用神，猶有《尚書》之遺者乎！

遷《史》不可爲定法，固《書》因遷之體而爲一成之義例，遂爲後世不祧之宗焉。《禮記・祭法》：「遠廟爲祧。」案：「祧有二，享嘗乃止。」「祧之爲言超也，超然上去意也。」王肅云：「天子七廟，其有殊功異德，非太祖而不毁，不在七廟之數。」孝元帝時，丞相匡衡、御史大夫貢禹始建大議，請依典禮，孝文、孝武、孝宣皆以功德茂盛爲宗，不毁。三代以下，史才不世出，而謹守繩墨，待其人而後行，勢之不得不然也。然而固《書》本撰述而非記注，則於近方、近智之中，仍有圓且神者以爲之裁制，是以能成家，而可以傳世行遠也。補正：《史通·六家》：「者①，其先出於班固。」「《漢書》究西都之首末，窮劉氏之廢興，包舉一代，撰成一書，言皆精練，事甚該密。故學者尋討，易爲其功。自爾迄今，無改斯道。」後史失班、史之意，而以紀表志傳同於科舉之程式，如題目應低兩格寫，押韻應依《佩文詩韻》，廟諱或御名應缺末筆，字不得破體，添注應標載字數之等。補正：原注下加：案：其詳可參閱道光十二年《敕修科場條例》，同治刊本《三場程式》，光緒清武陟毛昶熙《善成堂六種》：《對策款式》、《敬避字樣》、《抬頭字樣》、《磨勘條例摘要》、《朝考儀式》、《清代考試制度》等書。官府之簿書，《漢書·賈誼傳》：「大臣特以簿書不報，期會之間，以爲大故。」《周禮·天官·司會》鄭注：「書謂簿書。」疏：「漢時以簿書記事，至於餘物記事，亦謂之簿書。」則於記注、撰述兩無所似，而古人著書之宗旨不可復言矣。史不

① 「者」字上，《史通》有「《漢書》家」三字，當補。

成家，而事文皆晦，而猶拘守成法，以謂其書固祖馬而宗班也，而史學之失傳也久矣！

憲法久而[①]必差，推步《左傳·文元年》疏：「日月轉運於天，猶如人之行步，故推曆謂之『步曆』。」後而愈密，前人所以論司天也。補正：無名氏《宋史全文》：「孝宗乾道四年八月，行《乾道曆》。禮部郎李燾言：『曆久必差，自當改法。』」案：《後漢書·律曆志》：「劉洪曰：『曆不差不改，不驗不用。』」又案：「憲法」即「曆法」，避清高宗弘曆諱改。而史學亦復類此。《尚書》變而爲《春秋》，則因事命篇，不爲常例者，得從「比事屬辭」爲稍密矣；《左》、《國》《左傳》、《國語》。變而爲紀傳，則年經事緯，《左傳》之體，以年爲經，以事爲緯。不能旁通者，得從類别區分爲益密矣。紀傳行之千有餘年，學者相承，殆如夏葛冬裘，渴飲饑食，無更易矣。《史記·自序》引《墨子》：「夏日葛衣，冬日鹿裘。」韓愈《原道》：「夏葛而冬裘，渴飲而饑食。其事殊，其所以爲智一也。」然無别

① 「而」，粤雅堂本《文史通義》、浙江書局及嘉業堂《章氏遺書》本均作「則」。

識心裁，可以傳世行遠之具，而斤斤《詩·周頌·執競》：「斤斤其明」，注：「斤斤，明察也。」如守科舉之程式不敢稍變，如治胥吏猶今下級事務官及員警。補正：注中「及員警」三字删。之簿書繁不可删。以云「方智」，則冗複疏舛，難爲典據；以云「圓神」，則蕪濫浩瀚，不可誦識。蓋族史但知求全於紀表志傳之成規，而書爲體例所拘，但欲方圓求備，不知紀傳原本《春秋》、《春秋》原合《尚書》之初意也。《易》曰：「窮則變，變則通，通則久。」紀傳實爲三代以後之良法，而演習既久，先王之大經大法補正：見《和州志輿地圖序例》注。轉爲末世拘守之紀傳所蒙，曷可不思所以變通之道歟？左氏編年不能曲分類例，《史》、《漢》紀表傳志所以濟類例之窮也。族史轉爲類例所拘，以致書繁而事晦。亦猶訓詁注疏所以釋經，俗師反溺訓詁注疏而晦經旨也。《漢書·藝文志·六藝略序》：「後世經傳既已乖離，博學者又不思多聞闕疑之義，而務碎義逃難，便辭巧説，破壞形體。説五字之文，至於二三萬言。後進彌以馳逐，終以自蔽。此學者之大患也。」夫經爲解晦，當求無解之初；史爲例拘，當求無例之始。例自《春秋》、《左氏》始也，《左傳·成十四年》：「《春秋》之稱，微而顯，志而晦，婉而成章，盡而不汙，懲惡而勸善。非聖人，誰能修之！」補正：謂《春秋》之編年與《左氏》之紀事。盍求《尚書》未入《春秋》之初意歟？

「神奇化臭腐，臭腐復化爲神奇」，《莊子·知北遊》：「故萬物一也，是其所美者爲神奇，其所惡者爲臭腐，臭腐復化爲神奇，神奇復化爲臭腐，故曰：通天下一氣耳。」解《莊》書者，以謂天地自有變化，人則從而奇腐云耳。事屢變而復初，文飾窮而反質，《易·賁》：「白賁無咎」，王弼注：「處飾之終，飾終反素，故在其質素，不勞文飾，而得無咎也。」天下自然之理也。《尚書》圓而神，其於史也，可謂天之至矣。非其人不行，故折入左氏，而又合流於馬、班。蓋自劉知幾以還，莫不以謂《書》教中絶，補正：見《書教上》「世儒不達」條注。史官不得衍其緒矣。又自《隋·經籍志》著録，以紀傳爲正史，《隋書·經籍志》：「自是世有著述，皆擬班、馬以爲正史。」編年爲古史，《隋書·經籍志》：「晉太康元年，汲郡人發魏襄王冢，得古竹簡書，蓋魏國之史記也。其著書皆編年相次，文意大似《春秋經》，諸所記事多與《春秋》、《左氏》扶同，學者因之以爲

《春秋》，則古史記之正法，有所著述，多依《春秋》之體。今依其世代，編而敘之，以見作者之别，謂之『古史』。」歷代依之，遂分正附，莫不甲紀傳而乙編年。則馬、班之史，以支子《禮記·曲禮下》：「支子不祭」，正義：「支子，庶子也。」而嗣《春秋》，荀悦、袁宏以①《左氏》大宗，而降爲旁庶矣。猶云以嫡子降爲庶子。《禮記·大傳》：「有百世不遷之宗」，正義：「『百世不遷之宗』者，謂大宗也。」旁庶即支子。《後漢書·荀淑傳》：「淑孫悦，字仲豫」，獻帝時官祕書監，「帝以班固《漢書》文繁難省，乃令悦依《左氏傳》體爲《漢紀》三十篇」。《晉書·文苑傳》：「袁宏字彦伯」，謝尚鎮牛渚，「引宏參其軍事」，後「出爲東陽郡」，「撰《後漢紀》三十卷」。司馬《通鑑》病紀傳之分，《宋史·司馬光傳》：司馬光「常患歷代史繁，人主不能遍覽，遂爲《通志》八卷以獻。英宗悦之，命置祕閣，續其書。至是，神宗名之曰《資治通鑑》」。而合之以編年。袁樞《紀事本末》又病《通鑑》之合，而分之以事類。按本末之爲體也，因事命篇，不爲常格，非深知古今大體，天下經綸，不能網羅隱括，補正：見《釋通》注。無遺無濫。文省於紀傳，事豁於編年，決斷去取，體圓用

① 「以」字上，粵雅堂本《文史通義》、浙江書局及嘉業堂《章氏遺書》本均有「且」字。

神，斯真《尚書》之遺也。《宋史·袁樞傳》：「求外補，出爲嚴州教授。樞常喜誦司馬光《資治通鑑》，苦其浩博，乃區别其事而貫通之，號《通鑑紀事本末》。」《四庫簡明目録·紀事本末類》：「《通鑑紀事本末》四十二卷，宋袁樞撰。因司馬光《資治通鑑》之文，分類排纂，以一事爲一篇，各詳其起訖，使節目分明，經緯條貫，遂於史家二體之外，自爲一體，迄今不可磨滅。然溯其根柢，實則《尚書》每事爲篇先有此例，究亦六家之枝流也。」在袁氏初無其意，且其學亦未足與此，書亦不盡合於所稱，故歷代著録諸家，次其書於雜史，按：《宋史·藝文志》係列編年類，《明史·藝文志》始以《黔中平播始末》一類之書入雜史類。自屬纂録之家，便觀覽耳。但即其成法，沉思冥索，加以神明變化，則古史之原，隱然可見。書有作者甚淺，而觀者甚深，此類是也。故曰「神奇化臭腐，而臭腐復化爲神奇」，本一理耳。

夫史爲記事之書。事萬變而不齊，史文屈曲而適如其事，則必因事命篇，不爲常例所拘，而後能起訖自如，無一言之或遺而或溢也。此《尚書》之所以神明變化，不可方物。降而左氏之《傳》，已不免於以文徇例，理勢不得不然也。以上古神聖之制作，而責於晚近之史官，豈不懸絶歟！不知經不可學而能，意固可師而倣也。且《尚書》固有不可盡學者也，即《紀事本末》，不過纂録小書，亦不盡取以爲史法，而特以義有所近，不得以辭害意也。《孟子·萬章上》：「説《詩》者不以文害辭，不以辭害志。」斟酌古今之史，而定文質之中，則師《尚書》之意，而以遷《史》義例，通《左氏》之裁制焉。所以救紀傳之極弊，非好爲更張也。

紀傳雖創於史遷，然亦有所受也。觀於《太古年紀》、《漢書·藝文志·六藝略·春秋》有《太古以來年紀》，未審即此書否。《夏殷春秋》、《史通·六家》：「按《汲冢瑣語》記太丁時事，目爲《夏殷春秋》。」《竹書紀年》，杜氏《左傳後序》：「余成《春秋釋例》及《經傳集解》始訖，會汲郡汲縣有發其界内舊冢者，大得古書，皆簡編科斗文字，多雜碎怪妄，不可訓知。《紀年》最爲分了。」則本紀、編年之例，自文字以來即有之矣。《尚書》爲史文之別具，如用《左氏》之例而合於編年，即「傳」也。以《尚書》之義，爲《春秋》之傳，則《左氏》不致以文徇例，而浮文之刊落者多矣。以《尚書》

之義，爲遷《史》之傳，則八《書》、三十《世家》不必分類，皆可倣《左氏》而統名曰「傳」。或考典章制作，或叙人事終始，或究一人之行，自注：即列傳本體。或合同類之事，或録一時之言，自注：訓誥之類。或著一代之文，因事命篇，以緯本紀，則較之《左氏》翼經，可無局於年月後先之累，較之遷《史》之分列，可無歧出互見之煩。文省而事益加明，例簡而義益加精，豈非文質之適宜，古今之中道歟？至於人名事類，合於本末之中，難於稽檢，則别編爲表，以經緯之；天象地形，輿服儀器，非可本末該之，且亦難以文字著者，别繪爲圖，以表明之。蓋通《尚書》、《春秋》之本原，而拯馬《史》、班《書》之流弊，其道莫過於此。至於創立新裁，疏别條目，較古今之述作，定一書之規模，别具《圓通》之篇，此不具言。案：《圓通篇》無考。

邵氏晉涵云：紀傳史裁，參倣袁樞，是貌同心異。以之上接《尚書》家言，是貌異心同。是篇所推，於六藝爲支子，於史學爲大宗；於前史爲中流砥柱，於後學爲蠶叢開山。

詩教上《禮記·經解》：「温柔敦厚，《詩》教也。」

周衰文弊，六藝道息，而諸子争鳴。蓋至戰國而文章之變盡，至戰國而著述之事專，至戰國而後世之文體備。故論文於戰國，而升降盛衰之故可知也。戰國之文，奇衺錯出而裂於道，《莊子·天下》：「後世之學者，不幸不見天地之純，古人之大體，道術將爲天下裂。」補正：原注上加：《周禮·天官冢宰》：「宫正去其淫怠與其奇衺之民。」注：「奇衺，譎觚非常。」疏：「謂譎詐桀出，觚角非常也。」人知之；其源皆出於六藝，人不知也。案：《漢書·藝文志·諸子略序》：「今異家者，合其要歸，亦六經之支與流裔。」即章氏所本，何謂不知？後世之文，其體皆備於戰國，人不知也①；案：諸子之徒，「以立意爲宗，不以能文爲本」，人自取其文耳。其源多出於《詩》教，人愈不

① 「也」字，粤雅堂本《文史通義》、浙江書局及嘉業堂《章氏遺書》本均無。

知也。案：戰國爲縱橫之世，《漢書·藝文志·諸子略》：「縱橫家者流，蓋出於行人之官。孔子曰：『誦《詩》三百，使於四方，不能專對，雖多，亦奚以爲？』」亦章氏所本，何謂愈不知？知文體備於戰國，而始可與論後世之文；知諸家本於六藝，而後可與論戰國之文；知戰國多出於《詩》教，而後可與論六藝之文。可與論六藝之文，而後可與離文而見道；可與離文而見道，而後可與奉道而折諸家之文也。《文心雕龍·原道》：「道沿聖以垂文，聖因文而明道。」

戰國之文其源皆出於六藝，何謂也？曰：道體無所不該，六藝足以盡之。諸子之爲書，其持之有故而言之成理者，見《易教下》注。必有得於道體之一端，而後乃能恣肆其說，以成一家之言也。所謂一端者，無非六藝之所該，故推之而皆得其所本。非謂諸子果能服六藝之教，而出辭必衷於是也。老子說本陰陽，莊、列寓言假像，《易》教也。按：「《易》以道陰陽」。

《老子》「道生一，一生二，二生三，三生萬物」，「負陰而抱陽」①，即本《易》「太極」、「兩儀」之説。而《莊子》「蠻觸」、《列子》「蕉鹿」，又不啻《易·象》之「載鬼一車」及「翰音登於天」也。鄒衍侈言天地，關尹推衍五行，《書》教也。《史記·孟子荀卿列傳》：「騶衍後孟子，深觀陰陽消息，而作怪迂之變，《終始》、《大聖》之篇十餘萬言。載其機祥度制，推而遠之，至天地未生，窈冥不可考而原也。先列中國名山、大川、通谷、禽獸，水土所殖，物類所珍，因而推之及海外，至人之所不能睹。稱引天地剖判以來，五德轉移，治各有宜，而符應若茲。以爲儒者所謂中國者，於天下乃八十一分居其一分耳。」《關尹子·二柱篇》：「愛爲水，觀爲火。愛執而觀，因之爲木；觀存而愛，攝之爲金。先想乎一元之氣具乎一物，執愛之以合彼之形，冥觀之以合彼之理，則象存矣。一運之象周乎太空，自中而升爲天，自中而降爲地，無有升而不降，無有降而不升者。升者爲火，降者爲水，欲升而不能升者爲木，欲降而不能降者爲金。木之爲物，鑽之得火，絞之得水。金之爲物，擊之得火，鎔之得水。金木者，水火之交也。水爲精爲天，火爲神爲地，木爲魂爲人，金爲魄爲物。」青案：鄒子「五德」，謂五行之德。五行説本《洪範》，故曰《書》教。管、商法

① 句前當補「萬物」二字，疑涉上句而脱漏。

制，義存政典，《禮》教也。《史記・管晏傳贊》正義引《七略》云「《管子》十八篇，在法家」，而《漢書・藝文志》「《筦子》八十六篇」入道家，「《商君》二十九篇」入法家。按：《韓非子・五蠹篇》云：「藏管、商之法者家有之」，是商、管同出法家。《左傳・襄二十一年》：「禮，政之輿也。」申、韓刑名，旨歸賞罰，《春秋》教也。《史記・老子韓非列傳》：「申子之學，本於黄老而主刑名，著書二篇，號曰《申子》。韓非喜刑名法術之學，而其歸本於黄老。」《史記・孔子世家》：「吴楚之君自稱王，而《春秋》貶之曰『子』。踐土之會，實召周天子，而《春秋》諱之，曰『天王狩於河陽』。」青案：申子，名不害。其他楊、墨、尹文之言，按：《列子》有《楊朱篇》。《漢書・藝文志》「墨子七十一篇」，自注：「名翟，爲宋大夫，在孔子後。」又「《尹文子》一篇」，自注：「説齊宣王，先公孫龍。」蘇、張、孫、吴之術，《漢書・藝文志・縱横家》：「蘇子三十篇」，自注：「名秦，有列傳。」「《張子》十篇」，自注：「名儀，有列傳。」《兵書略》：「《吴孫子兵法》八十二篇。」《史記・孫武傳》：「孫子武者，齊人也。」同略：「《吴起》四十八篇。」《韓非子・五蠹篇》云：「藏孫、吴之書者家有之。」辨其源委，挹其旨趣，九流之所部分①，《七録》之所叙論，皆

①「部分」誤倒，粵雅堂本《文史通義》、浙江書局及嘉業堂《章氏遺書》本均之「分部」。

於物曲人官得其一致，而不自知爲六典之遺也。《漢書·藝文志·諸子略》：「儒家者流，蓋出於司徒之官。」「道家者流，蓋出於史官。」「陰陽家者流，蓋出作羲和之官。」「法家者流，蓋出於理官。」「名家者流，蓋出於禮官。」「墨家者流，蓋出於清廟之守。」「縱横家者流，蓋出於行人之官。」「雜家者流，蓋出於議官。」「農家者流，蓋出於農稷之官。」「小説家者流，蓋出於稗官。」案：阮孝緒《七録》已佚，僅存總叙，見《廣弘明集》卷三。《七録》者，《經典録》、《記傳録》、《子兵録》、《文集録》、《術技録》、《道録》、《佛録》也。六典，見《書教上》注。

戰國之文，既源於六藝，又謂多出於《詩》教，何謂也？曰：戰國者，縱横之世也。縱横之學本於古者行人之官。觀《春秋》之辭命，列國大夫聘問諸侯，出使專對，蓋欲文其言以達旨而已。至戰國而抵掌揣摩，騰説以取富貴，《戰國策·秦策》：「蘇秦見説趙王於華屋之下，抵掌而談，趙王大悦，封爲武安君。」《史記·蘇秦列傳》：「秦得《周書陰符》，伏而讀之，期年，以出揣摩。」裴駰集解：「《鬼谷子》有《揣摩篇》。」索隱引王劭云：「《揣情》、《摩意》，是《鬼谷》之二章名。」青按：《太平御覽》引亦作「《揣情》、《摩意》」，今本作《揣》、《摩》二篇。其辭敷張而揚厲，變其本而加恢奇焉，不可謂非行人辭命之極也。孔子曰：「誦《詩》三百，授之以政，不達；使於四方，不能專對，雖多，亦奚以爲[①]？」《論語·子路》文。是則比興之旨，諷諭之義，固行人之所肄也。縱横者流推而衍之，是以能委折而入情，微婉而善諷也。九流之學承官曲於六典，雖或原於《書》、《易》、《春秋》，其質多本於禮教，爲其體之有所該也。及其出而用世，必兼縱横，所以文其質也。古之文質合於一，至戰國而各具之質。當其用也，必兼縱横之辭以文之，周衰文弊之效也。故曰：戰國者，縱横之世也。

後世之文其體皆備於戰國，何謂也？曰：子史衰而文集之體盛，著作衰而辭章之學興。文集者，辭章不專家，而萃聚文墨以爲蛇龍之菹也。自注：詳見《文集篇》。青案：《孟子·滕文公下》：「驅龍蛇而放之菹」，注：「菹，澤生草者也。」後賢承而不廢者，江河導而其勢不容復遏也。經學不專家，而文集有經義；史學不專家，而文集有傳記；立言不專家，自注：即諸子書也。而文集

① 「亦奚以爲」，粤雅堂本《文史通義》、浙江書局及嘉業堂《章氏遺書》本均作「奚爲」，爲省略引用。

有論辨。後世之文集，舍經義與傳記、論辨之三體，其餘莫非辭章之屬也。而辭章實備於戰國，承其流而代變其體制焉。學者不知，而溯摯虞所裒之《流别》，自注：摯虞有《文章流别集①》。青案：《隋書·經籍志》：「《文章流别集》四十一卷；梁六十卷，《志》二卷，《論》二卷，晉摯虞撰。」甚且以蕭梁《文選》舉爲辭章之祖也，其亦不知古今流别之義矣。

今即《文選》諸體，以徵戰國之賅備。自注：摯虞《流别》、孔逭《文苑》今俱不傳，故據《文選》。京都諸賦，《文選》有班固《兩都賦》，張衡《西京賦》、《東京賦》、《南都賦》，左思《蜀都賦》、《吴都賦》、《魏都賦》。蘇、張縱横六國，侈陳形勢之遺也。詳《戰國策》。《上林》、《羽獵》，《文選》有司馬相如《子虚》、《上林賦》，揚雄《羽獵》、《長楊賦》。安陵之從田，龍陽之同釣也。《戰國策·楚策》：「江乙説於安陵君曰：『君無咫尺之地，骨肉之親，處尊位，受厚禄，一國之衆見君，莫不斂衽而拜，撫委而服，何以也？』曰：『王過舉而已，不

① 「集」，粵雅堂本《文史通義》、浙江書局及嘉業堂《章氏遺書》本均作「傳」。

然無以至此。』江乙曰：『以財交者，財盡而交絶；以色交者，華落而愛渝。是以嬖女不敝席，寵臣不避①軒。今君擅楚國之勢，而無以深自結於王，竊爲君危之。』安陵君曰：『然則奈何？』江乙曰：『願君必請從死，以身爲殉，如是必長得重於楚國。』曰：『謹受令。』三年而弗言，江乙復見曰：『臣所爲君道至今未效，君不用臣之計，臣請不敢復見矣！』安陵君曰：『不敢忘先生之言，未得間也。』於是楚王游於雲夢，結駟千乘，旌旗蔽日，野火之起也若云蜺，兕虎嘷之聲若雷霆。有狂兕牂車依輪而至②，王親引弓而射，壹發而殪。王抽旃旄而抑兕首，仰天而笑，曰：『樂矣，今日之遊也！寡人萬歲千秋之後，誰與樂此矣！』安陵君泣數行而進曰：『臣入則編席，出則陪乘，大王萬歲千秋之後，願得以身試黄泉，蓐螻蟻，又何如得此樂而樂之！』王大悦，乃封纏爲安陵君。君子聞之曰：『江乙可謂善謀，安陵君可謂知時矣。』」《魏策》：「魏王與龍陽君共船而釣，龍陽君得十餘魚而涕下。王曰：『有所不安乎？如是何不相告也？』對曰：『臣無敢不安也。』王曰：『然則何爲涕出？』曰：『臣爲王之所得魚也。』王曰：『何謂也？』對曰：『臣之始得魚也，臣甚喜，後得又益大，今臣直欲棄臣前之所得矣。今以臣兇惡，而得爲王拂枕席。今臣爵至人君，走人於庭，辟人於途。

---

① 《戰國策》姚宏續注云：「避」是「敝」字無疑。

② 黄丕烈劄記云：疑「牂」當爲「撞」字，音近而誤。

四海之内美人亦甚多矣，聞臣之得幸於王也，必褰裳而趨王。臣亦猶曩臣之前所得魚也，臣亦將棄矣，臣安能無涕出乎！』魏王曰：『嘻！有是心也，何不相告也！』於是布令於四境之内曰：『有敢言美人者族。』」《客難》、《解嘲》，《文選》有東方朔《客難》①、揚雄《解嘲》。屈原之《漁父》、《卜居》，莊周之惠施問難也。按：屈原《卜居》、《漁父》二篇皆對問體，爲朔、雄所本。《莊子·秋水》：「莊子與惠子遊於濠梁之上，莊子曰：『儵魚出遊從容，是魚樂也。』惠子曰：『子非魚，安知魚之樂？』莊子曰：『子非我，安知我不知魚之樂？』惠子曰：『我非子，固不知子矣；子固非魚矣，子之不知魚之樂全矣。』莊子曰：『請循其本。子曰女安知魚樂云者，既已知吾知之而問我。我知之濠上也。』」韓非《儲説》，比事徵偶，《連珠》之所肇也。自注：前人已有言及之者。青案：《北史·李先傳》：「魏帝召先讀《韓子連珠論》二十二篇。」又按：今韓非書無「連珠」之目，《文選》注：「傅玄叙《連珠》曰：『興於漢章之世，班固、賈逵、傅毅三子受詔作之。』」而或以爲始於傅毅之徒，自注：傅玄之言。非其質矣。孟子問齊王之大欲，歷舉輕煖肥甘，聲音采色，《孟子·梁惠王上》：「曰：『王之大欲可得聞與？』王笑

①《文選》卷四十五作《答客難》。

而不言。曰：『爲肥甘不足於口與？輕煖不足於體與？抑爲采色不足視於目，與聲音不足聽於耳，與便嬖不足使令於前與？王之諸臣皆足以供之，而王豈爲是哉？』曰：『否，吾不爲是也。』曰：『然則王之所大欲可知已，欲辟土地，朝秦楚，王中國而撫四夷也。以若所爲，求若所欲，猶緣木而求魚也。』」《七林》之所啟也，而或以爲創之枚乘，忘其祖矣。案：《文選》有「七」體。《文心雕龍·雜文》云：「七竅所發，發乎嗜欲，始邪末正，所以戒膏粱之子。」洪邁《容齋隨筆》：「枚乘作《七發》，剏意造耑，麗詞腴旨，上薄騷些，故爲可喜。其後繼之者，如傅毅《七激》、張衡《七辯》、崔駰《七依》、馬融《七廣》、曹植《七啓》、王粲《七釋》、張協《七命》之類，規倣太切，了無新意。傅玄又集之以爲《七林》，使人讀未終篇，往往棄之几格。」補正：《左傳·昭十五年》：「數典而忘其祖。」鄒陽辨謗於梁王，《漢書·鄒陽傳》：「陽以吴王不可説，去之梁，從孝王游。羊勝、公孫詭等疾陽，惡之於孝王，孝王怒，下陽吏，將殺之。陽乃從獄中上書奏孝王，立出之，卒爲上客。」按：《文選》有鄒陽《於[①]獄中上書自明》。江淹陳辭於建平，《梁書·江淹傳》：「宋建平王景素好士，淹隨景素在南兖州。廣陵令郭彦文得罪，辭連淹，繫州獄中，上書。」

① 《文選》無「於」字。

「景素覽書，即日出之。」按：《文選》有江淹《詣建平王上書》。蘇秦之自解忠信而獲罪也。《戰國策·燕策一》：「人有惡蘇秦於燕王者曰：『武安君，天下不信人也。王以萬乘下之，尊之於廷，示天下與小人群也。』武安君從齊來，而燕王不館也，謂燕王曰：『臣，東周之鄙人也，見足下。身無咫尺之功，而足下迎臣於郊，顯臣於廷。今臣爲足下使，利得十城，功存危燕，足下不聽臣者，人必有言臣不信，傷臣於王者。且臣之不信，是足下之福也。使臣信如尾生，廉如伯夷，孝如曾參，三者天下之高行也，而以事足下可乎？』燕王曰：『可。』曰：『有此臣，亦不事足下矣。且夫孝如曾參，義不離親一夕宿於外，足下安得使之之齊？廉如伯夷，不取素飡，汙武王之義而不臣，辭孤竹之君，餓而死於首陽之山。廉如此者，何肯步行數千里而事弱燕之危主乎？信如尾生，期而不來，抱梁柱而死。信至如此，何肯揚燕秦之威於齊而取大功乎哉？且夫信行者，所以自爲也，非所以爲人也，皆自覆之術，非進取之道也。且夫三王代興，五霸迭盛，皆不自覆也。君以自覆爲可乎？則齊不益於營丘，足下不踰境，不窺於邊城之外。且臣有老母於周，離老母而事足下，去自覆之術而謀進取之道，臣之趣固不與足下合者。足下皆自覆之君也，僕者進取之臣也，所謂以忠信得罪於君者也。』」案：《燕策二》作蘇代謂燕昭王語，記者傳聞異辭也。補正：注末加：「燕王曰：『夫忠信，又何罪之有也？』對曰：『足下不知也，臣鄰家有遠爲吏者，其妻私人，其夫且歸，其私之者憂之。其妻曰：公勿憂也，吾已爲藥酒以待之矣。後二日，夫至，妻使妾奉巵酒進之。妾知其藥酒也，進之則殺主父，言之則逐主母。乃陽僵棄酒，主父大怒而笞之。故妾一僵而棄酒，上以活主父，下以存主母也。忠至如此，然不免於笞，此以忠信得罪者也。臣之事，適不幸而有類妾之棄酒也。且臣之事足下，亢義益國，今乃得罪，臣恐天下後事足下者，莫敢自必也。且臣之説齊，曾不欺之也，使之説齊者莫如臣之言也，雖堯舜之智不敢取也。』」《過秦》、《王命》、《六代》、《辨亡》諸論，《文選》有賈誼《過秦論》、班彪《王命論》、曹冏《六代論》、陸機《辨亡論》，皆稱述先王，以儆時君。抑揚往復，詩人諷諭之旨，孟、荀所以稱述先王、儆時君也。自注：屈原上稱帝嚳、中述湯武、下道齊桓亦是。淮南賓客，《史記·淮南衡山列傳》：淮南安①「陰結賓客，拊循百姓。」高誘注書，序曰：「初，安爲人辯達，善屬文，天下方術之士多往歸焉。於是遂與蘇飛、李尚、左吴、田由、雷被、毛被、伍被、晉昌等八人，及諸儒大山、小山之徒，共講論道德，總統仁義，而著此書。」洪邁《容齋續筆》：「今所存者二十一卷，蓋《内篇》也。壽春有八公山，正安所延致賓客之處。《傳記》不見姓名，而高誘以爲蘇飛等八人，然

① 「安」字上，當補「王」字。

惟左吴、雷被、伍被見於史。」青案：《文選・招隱士》爲淮南賓客小山所作，《文選》直題淮南王安作，誤。**梁苑辭人**，《史記・梁孝王世家》：「孝王，竇太后少子也。愛之，賞賜不可勝道。於是孝王築東苑，方三百餘里，招延四方豪傑。自山以東，游説之士莫不畢至，齊人羊勝、公孫詭、鄒陽之屬。」案：鄒陽上書見前。**原、嘗、申、陵之盛舉也**。《史記・平原君列傳》：「平原君趙勝者，趙之諸公子也。諸子中勝最賢，喜賓客，蓋至者數千人。」《孟嘗君列傳》：「孟嘗君名文，姓田氏。」「孟嘗君在薛，招致諸侯賓客，及亡人有罪者皆歸孟嘗君。孟嘗君舍業厚遇之，以故傾天下之士，食客數千人，無貴賤一與文等。」《春申君列傳》：「春申君者，楚人也，名歇，姓黄氏。」「是時齊有孟嘗君，趙有平原君，魏有信陵君，方争下士，招至賓客，以相傾奪。」「春申君客三千餘人，其上客皆躡珠履。」《信陵君列傳》：「魏公子無忌者，魏昭王少子，而魏安釐王異母弟也。昭王薨，安釐王即位，封公子爲信陵君。」「公子爲人，仁而下士，士無賢不肖皆謙而禮交之，不敢以其富貴驕士。士以此方數千里争往歸之，致食客三千人。至是時，諸侯以公子賢，多客，不敢加兵謀魏十餘年。」**東方、司馬，侍從於西京**，《史記・滑稽列傳》：「褚先生曰：武帝時，齊人有東方生，名朔，初入長安，詔拜以爲郎，常在側侍中。數召至前談語，人主未嘗不説也。」《司馬相如列傳》：「常從上至長楊獵。」**徐、陳、應、劉，徵逐於鄴下**，《魏志・王粲傳》：「始，文帝爲五官將，及平原侯植皆好文學，粲與北海徐幹、廣陵陳琳、陳留阮瑀、汝南應瑒、東平劉楨，並見友善。」青按：鄴下，魏都。《文選》有此四人詩文。談天雕龍之奇觀也。《史記·田敬仲完世家》：「宣王喜文學游説之士，自如騶衍、淳于髡、田駢、接予、慎到、環淵之徒七十六人，皆賜列第，爲上大夫，不治而議論。是以齊稷下學士復盛，且數百千人。」《孟荀列傳》集解引《别録》曰：「騶衍之所言五德終始，天地廣大，盡言天事，故曰『談天』。騶奭修衍之文飾，若雕鏤龍文，故曰『雕龍』。」補正：原注《孟荀列傳》下，奪「齊人爲之頌曰：『談天衍，雕龍奭』」。遇有升沉，時有得失，畸才彙於末世，利禄萃其性靈，廊廟山林，補正：《中説·禮樂》：「在山澤而有廊廟之志。」江湖魏闕，《吕氏春秋·開春論·審爲》：「中山公子牟謂詹子曰：『身在江湖之上，心居魏闕之下，奈何？』」注：「魏闕，心下巨闕也。心下巨闕，言神内守也。一説：魏闕，象魏也，懸教象之法，浹日而收之。魏魏高大，故曰魏闕。」曠世而相感，不知悲喜之何從。韓愈《祭田横墓文》：「事有曠百世而相感者，余不自知其何心。」文人情深於《詩》、《騷》，古今一也。

至戰國而文章之變盡，至戰國而後世之文體備，其言信而有徵矣；

至戰國而著述之事專，何謂也？曰：古未嘗有著述之事也。官師守其典章，史臣録其職載。文字之道，百官以之治，而萬民以之察，《易・繫辭》：「上古結繩而治，後世聖人易之以書契，百官以治，萬民以察。」而其用已備矣。是故聖王書同文以平天下，案：《禮記・中庸》：「書同文。」未有不用之於政教典章，而以文字爲一人之著述者也。自注：詳見《外篇・校讎略・著録先明大道論》。「道不行」而師儒立其教，我夫子之所以功賢堯舜也。《孟子・公孫丑上》：「宰我曰：『以予觀於夫子，賢於堯舜遠矣。』」然而「予欲無言」，《論語・陽貨》文。「無行不與」，《論語・述而》：「吾無行而不與二三子者，是丘也。」包曰：「我所为无不與爾共之者，是丘之心。」六藝存周公之舊典，夫子未嘗著述也。《論論①》記夫子之微言，《論語崇爵讖》：「子夏六十四人共撰仲尼微言。」而曾子、子思俱有述作以垂訓，《漢書・藝文志・諸子略・儒家》：「《子思》二十三篇」，「《曾子》十八篇」。至孟子而其文然後閎肆焉，著述至戰國

---

① 「論論」誤，粤雅堂本《文史通義》、浙江書局及嘉業堂《章氏遺書》本均作「論語」。

而始專之明驗也。自注：《論語》記曾子之没，吴起嘗師曾子，則曾子没於戰國初年，而《論語》成於戰國之時明矣。春秋之時，管子嘗有書矣，自注：《鬻子》、《晏子》，後人所託。然載一時之典章政教，則猶周公之有《官禮》也。記管子之言行，則習管氏法者所綴輯，而非管仲所著述也。自注：或謂管仲之書不當稱桓公之謚，閻氏若璩又謂後人所加，非《管子》之本文，皆不知古人並無私自著書之事，皆是後人綴輯。詳《諸子篇》。兵家之有《太公陰符》，按：《戰國策·秦策一》：「蘇秦乃夜發書，陳篋數十，得《太公陰符》之謀，伏而誦之，簡練以爲揣摩。」《太公陰符》之名始此。然《漢書·藝文志》道家、兵書俱不載，《隋志》始載「《太公陰符鈐録》一卷」、「《周書陰符》九卷」，而不言「經」。《唐志》乃有「《集注陰符經》一卷」，爲太公、范蠡、鬼谷子、張良、諸葛亮、李淳風、李筌、李治、李鑒、李鋭、陽晟①十一家注。黄山谷云：「《陰符》出於李筌，熟讀其文，知非黄帝書也。」明胡應麟《四部正譌》亦云：「《陰符經》稱黄帝，唐李筌之僞也。筌嗜道，好著述，得《陰符》，注之，而託於驪山老母，以神其説。楊用修直云筌作，非也。」醫家之有《黄帝素問》，皇甫謐《甲乙經·序》：「《七略》、《藝

① 「陽晟」，《新唐書》作「楊晟」。

文志》：『《黄帝内經》十八卷』，今有《鍼經》九卷，《素問》九卷，二九十八卷，即《内經》也。」農家之《神農》、《野老》，《漢書・藝文志・諸子略・農家》：「《神農》二十篇」，「《野老》十七篇」，自注：「六國時諸子疾時怠於農業，道耕農事，託之神農。」師古曰：「劉向《别録》云：疑李悝、商君所説。」先儒以謂後人僞撰而依託乎古人，其言似是，而推究其旨，則亦有所未盡也。蓋末數小技，造端皆始於聖人，苟無微言要旨之授受，則不能以利用千古也。三代盛時，各守人官物曲之世氏，是以相傳以口耳，而孔孟以前未嘗得見其書也。至戰國而官守師傳之道廢，通其學者述舊聞而著於竹帛焉。中或不能無得失，要其所自不容遽昧也。以戰國之人，而述黄、農之説，是以先儒辨之文辭，而斷其僞託也，不知古初無著述，而戰國始以竹帛代口耳。自注：外史掌三皇五帝之書及四方之志，與孔子所述六藝舊典皆非著述一類，其説已見於前。實非有所僞託也。然則著述始專於戰國，蓋亦出於勢之不得不然矣。著述不能不衍爲文辭，而文辭不能不生其好尚。後人無前人之不得已，而惟以好尚逐於文辭焉，然猶自命爲著述。是以戰國爲文章之盛，而衰端亦已兆於戰國也。

詩教下

或曰：若是乎，三代以後，六藝惟《詩》教爲至廣也。敢問文章之用，莫盛於《詩》乎？曰：豈特三代以後爲然哉！三代以前，《詩》教未嘗不廣也。夫子曰：「不學《詩》，無以言。」《論語·季氏》文。古無私門之著述，未嘗無達衷之言語也。惟託於聲音，而不著於文字，故秦人禁《詩》、《書》，「《書》闕有間」，而《詩》篇無有散失也。《漢書·藝文志·六藝略·詩》：「孔子純取周詩，上采殷，下取魯，凡三百五篇。遭秦而全者，以其諷誦，不獨在竹帛故也。」《史記·五帝本紀贊》：「《書》缺有間矣。」後世竹帛之功，勝於口耳，而古人聲音之傳，勝於文字，則古今時異而理勢亦殊也。自古聖王以禮樂治天下，三代文質，出於一也。世之盛也，典章存於官守，《禮》之質也；情志和於聲詩，樂之文也。《禮記·樂記》：「屈伸俯仰，綴兆舒疾，樂之文也。簠簋俎豆，制度文章，禮之器也。中正無邪，禮之質也。」迨其衰也，典章散，而諸子以術鳴。故專門治術皆爲《官禮》之變也。情志蕩，而處士以横議，故百家馳説皆爲聲《詩》之變也。自注：名、法、兵、農、陰陽之類，主實用者，謂之專門治術。其初各有職掌，故歸於官，而爲禮之變也。談天、雕龍、堅白、異同之類，主虚理者，謂之百家馳説。其言不過達其情志，故歸於《詩》，而爲樂之變也。青按：《史記·孟荀列傳》：「趙亦有公孫龍爲堅白、同異之辯。」《通鑑》注引成玄英《莊子疏》云：「公孫龍著《守白論》行於世。『堅白』即『守白』也，言堅執其説，如『墨守』之義。自『堅白』之論起，辯者互執是非，不勝異説。公孫龍能合衆異而爲同，故謂之『同異』。」《莊子·齊物論》釋文云：「堅白，司馬彪謂堅石、白馬之辯也。」又云：「公孫龍有淬劍之法，謂之堅白。或曰：設茅茷之説爲堅，辨白馬之名爲白。」按：公孫龍謂堅與白爲二，堅白與石不可爲三。蓋堅與白爲石之二種屬性，離石則無所謂堅白。今存殘本《公孫子》有《堅白篇》。所謂「同異」者，即《莊子·天下篇》所謂「大同而與小同異，此之謂小同異；萬物畢同畢異，此之謂大同異。」《天下篇》又謂「别墨以堅白異同之辯相訾」，是堅白、同異爲戰國學者辯論所常用，不僅公孫龍有之矣。戰國之文章，先王禮樂之變也。自注：六藝爲《官禮》之遺，其説亦詳《外篇·校讎略》

中《著録先明大道論》。然而獨謂《詩》教廣於戰國者，專門之業少，而縱橫騰説之言多。後世專門子術之書絶自注：僞體子書，不足言也。而文集繁，雖有醇駁高下之不同，其究不過自抒其情志。故曰：後世之文體皆備於戰國，而《詩》教於斯可謂極廣也。學者誠能博覽後世之文集，而想見先王禮樂之初焉，庶幾有立而能言，自注：學問有主即是立，不盡如朱子所云「肌膚筋骸之束」而已也。按：朱子云云，見《論語·泰伯》「立於禮」注。門人陳松英補。案：朱子所云，實本《禮運》：「禮義者，人之大端也，所以講信修睦，而固人之肌膚之會，筋骸之束也。」門人沈訒補。可以與聞學《詩》、學《禮》之訓矣。《論語·季氏》：陳亢問於伯魚曰：「子亦有異聞乎？」對曰：「未也。嘗獨立，鯉趨而過庭，曰：『學《詩》乎？』對曰：『未也。』『不學《詩》，無以立。』鯉退而學《詩》。他日，又獨立，鯉趨而過庭，曰：『學《禮》乎？』對曰：『未也。』『不學《禮》，無以立。』鯉退而學《禮》。聞斯二者。」

學者惟拘聲韻爲之詩，而不知言情達志，敷陳諷諭，抑揚涵泳之文，皆本於《詩》教。是以後世文集繁，而紛紜承用之文相與沿其體，而莫由知其統要也。至於聲韻之文，古人不盡通於《詩》，而後世承用詩賦之屬，亦不盡出六藝之教也，其故亦備於戰國。是故明於戰國升降之體勢，而後禮樂之分可以明，六藝之教可以別，《七略》「九流」、諸子百家之言可以導源而濬流，两漢六朝唐宋元明之文可以畦分而塍别，官曲術業、聲詩辭說、口耳竹帛之遷變可坐而定矣。

演疇皇極，訓誥之韻者也，《書·洪範》：「天乃錫禹洪範九疇，彝倫攸叙。」「次五曰建用皇極。」「無偏無陂，遵王之義。无有作好，遵王之道。无有作恶，尊王之路。无偏无黨，王道蕩蕩。無黨無偏，王道平平。無反無側，王道正直，會其有極，歸其有極。」「曰王極之敷言①。是訓是行，以近天子之光。曰天子作民父母，以爲天下王。」按：陂、義韻，好、道韻，惡、路韻，黨、蕩韻，偏、平韻，側、直、極、極韻，言、訓、訓韻，民、行、光、王韻。所以便諷誦，志不忘也。六象贊言，爻繫之韻者也，如《易·屯》象曰：「六二之難，乘剛也。十年乃字，反常也。」

---

① 「極之敷言」下，脱漏「是彝是訓，於帝其訓。凡厥庶民，極之敷言」四句，當補。

剛、常韻。所以通卜筮，闡幽玄也。六藝非可皆通於《詩》也，而韻言不廢，則諧音協律，不得專爲《詩》教也。傳記如《左》、《國》，著説如《老》、《莊》，文逐聲而遂諧，語應節而遽協，豈必合《詩》教之比興哉？如《左傳・隱十一年》：「無滋他族，實偪處此，以與我鄭國争此土也。吾子孫其覆亡之不暇，而況能禋祀許乎？寡人之使吾子處此，不唯許國之爲，亦聊以固吾圉也。」此、土、許、此、圉韻。《國語》一：「夫民之大事在農，上帝之粢盛於是乎出，民之蕃庶於是乎生，事之共給於是乎在，和協輯睦於是乎興，財用蕃殖於是乎始，敦厖純固於是乎成。」盛、生、興、成、韻，在、始韻。《老子・六章》：「谷神不死，是謂玄牝。玄牝之門，是謂天地根。緜緜若存，用之不勤。」門、根、存、勤韻。《莊子・齊物論》：「予嘗爲女妄言之，女以妄聽之。奚旁日月，挾宇宙，爲其脗合，置其滑涽，以隸相尊。衆人役役，聖人愚芚，參萬歲而一成純。萬物盡然，而以是相蘊。」之、之、奚韻，涽、尊、芚、純、蘊韻。焦贛[①]之《易林》，按：焦氏《易林》用韻語作《易》占，蓋倣古繇辭。如《乾》云：「道陟多阪，胡言連蹇。譯瘖且聾，莫使道通。請謁不行，求事無功。」阪、蹇韻，聾、通、功韻。史游之《急

① 「焦贛」，粤雅堂本《文史通義》、浙江書局及嘉業堂《章氏遺書》本均作「焦貢」。當作「焦贛」，自唐宋已訛作「焦貢」，《藝文類聚》卷九十七汪紹楹校記：「焦貢，按當作贛。」

就》，《漢書・藝文志・六藝略・小學》：「《急就》一篇」，自注：「元帝時黄門令史游作。」青按：全書三言七言韻語。

經部韻言之不涉於《詩》也。《黄庭經》之七言，《唐書・藝文志》：「《老子黄庭經》一卷。」按：《黄庭經》有四種，一爲《黄庭内景經》，衛夫人所傳。二爲《黄帝外景經》，世傳王羲之書以换鵝者，李白詩云「山陰道士如相見，應寫《黄庭》换白鵝」是也。惟《黄庭經》於晉哀帝興寧二年降世，羲之卒於晉穆帝升平二年，安得預寫？故書史以爲六朝人所寫。三爲《黄庭遁甲緣身經》。四爲《黄庭玉軸經》。《參同契》之斷字，晁公武《郡齋讀書志》：「《周易參同契》三卷，漢魏伯陽撰。」案：如《明知两竅章》云：「内以養己，安静虚無。原本隱明，内照形軀。閉塞其兑，築固靈株。三光陸沈，温養子珠。視之不見，近而易求。黄中漸通理，潤澤達肌膚，初正則終脩。幹立末可持，一者以掩蔽，世人莫知之。」無、軀、株、珠韻，求、修韻，持、之韻。

子術韻言之不涉於《詩》也。後世雜藝百家，誦拾名數，率用五言七字，演爲歌訣，補正：物名繁多，括類爲歌，便於記憶，故曰「歌訣」，亦稱「歌括」。咸以取便記誦，皆無當於詩人之義也。而文指存乎詠歎，取義近於比興，多或滔滔萬言，少或寥寥片語，不必諧韻和聲，而識者雅賞其爲《風》《騷》遺範也。故善論文者，貴求作者之意指，而不可拘於形貌也。

傳曰：「不歌而誦謂之賦。」《漢書·藝文志·詩賦略序》：「傳曰：不歌而誦謂之賦，登高能賦可以爲大夫。」按：《詩·衛風·定之方中》毛傳有「升高能賦」及「可以爲大夫」語。「不歌而誦謂之賦」，句未詳。班氏固曰：「賦者，古詩之流。」班固《两都賦序》：「或曰：賦者，古詩之流也。」按：「《毛詩序》曰：『《詩》有六藝焉』，『二曰賦』。故賦爲古詩之流也。」①劉氏勰曰：「六藝附庸，蔚爲大國。」案：《文心雕龍·詮賦》「藝」作「義」。《詩序》：「《詩》有六義焉，一曰風，二曰賦，三曰比，四曰興，五曰雅，六曰頌。」蓋長言、詠歎之一變，《詩·大序》：「情動於中而形於言，言之不足故嗟歎之，嗟歎之不足故詠歌之。」而無韻之文可通於詩者，亦於是而益廣也。屈氏二十五篇，劉、班著録，以爲《屈原賦》也。《漢書·藝文志·詩賦略》：「《屈原賦》二十五篇。」按：班固《藝文志》係本劉歆《七略》，故云「劉、班」。《漁父》之辭未嘗諧韻，而入於賦，案：屈原《漁父》如清、醒韻，移、釃、爲韻，衣、

① 此條按語出《文選》班固《两都賦》李善注。

哀①韻，清、纓韻，濁、足韻，豈必全篇押韻然後謂之韻乎？則文體承用之流別，不可不知其漸也。文之敷張而揚厲者，皆賦之變體，不特附庸之爲大國，抑亦陳完之後離去宛丘故都，而大啟疆宇於東海之濱也。《史記·田敬仲完世家》：「陳完者，陳厲公他之子也。」「宣公十一年②，殺其太子禦寇，禦寇與完相愛，恐禍及己，完故奔齊。」「齊桓公使爲工正。」「完卒，謚爲敬仲。仲生穉孟夷。敬仲之如齊，以陳字爲田氏。田穉孟夷生湣孟莊，田湣孟莊生文子須無。田文子事齊莊公，晉之大夫欒逞作亂於晉，來奔齊，齊莊公厚客之，晏嬰與田文子諫莊公，弗聽。文子卒，生桓子無宇。田桓子無宇有力，事齊莊公甚有寵。無宇卒，生武子開與釐子乞。田釐子乞事齊景公爲大夫，其收賦税於民，以小斗受之，其粟予民，以大斗，行陰德於民，而景公弗禁。由此田氏得齊衆心，宗族益彊，民思田氏。晏子數諫，景公弗聽，已而使於晉，與叔向私語曰：『齊國之政其卒歸於田氏矣！』」後此③百家雜藝，亦用賦體爲拾誦，自注：竇氏《述書賦》、吴氏《事類賦》、醫家《藥性賦》、星卜命相《術業賦》之類。蓋與歌

① 「哀」，疑當作「埃」。
② 「十一年」，當作「二十一年」。
③ 「此」字誤，粵雅堂本《文史通義》、浙江書局及嘉業堂《章氏遺書》本均作「世」。

訣同出六藝之外矣。然而賦家者流，猶有諸子之遺意，居然自命一家之言者，其中又各有其宗旨焉，殊非後世詩賦之流，拘於文而無其質，茫然不可辨其流別也。是以劉、班《詩賦》一略，區分五類，而屈原、陸賈、荀卿定爲三家之學也。自注：説詳《外篇·校讎略》中《漢志詩賦論》。馬、班二史，於相如、揚雄諸家之著賦，俱詳著於列傳，自劉知幾以還，從而抵排非笑者，蓋不勝其紛紛矣，《史通·載文》：「夫觀乎人文，以化成天下；觀乎國風，以察興亡。是知文之爲用遠矣大矣！」「是以虞帝思理，夏后失御，《尚書》載其『元首』、『禽荒』之歌；鄭莊至孝，晉獻不明，《春秋》録其『大隧』、『狐裘』之什。其理讜而切，其文簡而要，足以懲惡勸善，觀風察俗者矣。若馬卿之《子虚》、《上林》，揚雄之《甘泉》、《羽獵》，班固《两都》，馬融《廣成》，喻過其體，詞没其義，緐華失實，流宕而忘返，無裨功①獎，有長奸詐，而前後《史》《漢》皆書諸列傳，不其謬乎！」要皆不爲知言也。蓋爲後世《文苑》之權輿，《爾雅·釋詁》：「權輿，始也。」而《文苑》必致文采之實蹟，以視范《史》宋范曄《後漢書》。而下，標《文苑》而止叙

① 「功」字誤，《史通》作「勸」。

文人行略者，爲遠勝也。然而漢廷之賦，實非苟作，長篇録入於全傳，足見其人之極思，殆與賈疏、董策，爲用不同，而同主於以文傳人也。是則賦家者流，縱横之派别，而兼諸子之餘風，此其所以異於後世辭章之士也。故論文於戰國而下，貴求作者之意指，而不可拘於形貌也。

論文拘形貌之弊，至後世文集而極矣。蓋編次者之無識，亦緣不知古人之流别，作者之意指，不得不拘貌而論文也。集文雖始於建安，自注：魏文撰徐、陳、應、劉文爲一集，此文集之始，摯虞《流别集》猶其後也。按：魏文帝《與吴質書》："「徐、陳、應、劉，一時俱逝」，「頃撰其遺文，都爲一集」。而實盛於齊、梁之際，古學之不可復，蓋至齊、梁而後蕩然矣。自注：摯虞《流别①》乃是後人集前人。人自爲集，自齊之《王文憲集》始，而昭明《文選》又爲總集之盛矣。青案：《南史·張融傳》："「融文集數十卷行於世，自名其集爲《玉海》。司徒褚彦回問其故，融曰：『蓋玉以比德，海崇上善耳。』」融後

---

① 「流别」下，粤雅堂本《文史通義》、浙江書局及嘉業堂《章氏遺書》本均有「集」字，當補。

王儉一年生，不知孰刱孰因，《隋志》謂別集之名刱於東京，則二者皆因耳。范、陳、晉、宋諸史所載文人列傳，總其撰著，必云詩、賦、碑、箴、頌、誄若干篇，而未嘗云文集若干卷，則古人文字散著篇籍，而不强以類分可知也。孫武之書，蓋有八十二篇矣，自注：説詳《外篇・校讎略》中《漢志兵書略①》。而闔閭以謂『子之十三篇吾既得而見』，《史記・孫武傳》：「孫子者，齊人也。以兵法見於吳王闔廬，闔廬曰：『子之十三篇，吾盡觀之矣。』」是始《計》以下十三篇，當日別出獨行而後世始合之明徵也。韓非之書，今存五十五篇矣，而秦王見其《五蠹》、《孤憤》恨不得與同時，《史記・韓非子傳》：「作《孤憤》、《五蠹》、《内外儲説②》、《説林》、《説難》十餘萬言，人或傳其書至秦王，見《孤憤》、《五蠹》之書，曰：『寡人得見此人與之遊，死不恨矣。』」是《五蠹》、《孤憤》當日別出獨行而後世始合之明徵也。《呂氏春秋》自序以爲「良人

① 「略」字誤，粵雅堂本《文史通義》、浙江書局及嘉業堂《章氏遺書》本均作「論」。
② 「内外儲説」，篇名，《史記》無「説」字，《韓非子》有。

問十二紀」，《吕氏春秋·序説①》：「維秦八年，歲在涒灘，秋，甲子朔。朔之日，良人問十二紀。」案：孟春紀、仲春紀、季春紀、孟夏紀、仲夏紀、季夏紀、孟秋紀、仲秋紀、季秋紀、孟冬紀、仲冬紀、季冬紀。是八覽《有始覽》、《孝行覽》、《慎大覽》、《先識覽》、《審分覽》、《審應覽》、《離俗覽》、《恃君覽》。、六論《開春論》、《慎行論》、《貴直論》、《不苟論》、《似順論》、《士容論》。未嘗入序次也。董氏《清明》、《玉杯》、《竹林》之篇，班固與《繁露》並紀其篇名，《漢書·董仲舒傳》：「《玉杯》、《蕃露》、《清明》、《竹林》之屬，復數十篇十餘萬言，皆傳於後世。」按：今其書十卷，總名《春秋繁露》，而列《玉杯》、《竹林》於篇焉。是當日諸篇未入《繁露》之書也。夫諸子專家之書，指無旁及，而篇次猶不可强繩以類例，況文集所哀，體製非一，命意各殊，不深求其意指之所出，而欲强以篇題形貌相拘哉！

賦先於②詩，按此疑謂後世詩賦《荀子》已有《賦》篇而古詩始於漢代，是賦先於詩也。

---

① 「序説」，當作「序意」。

② 「於」，補正誤作「放」。

《十九首》前雖有作者，然長短不一，詩體未立，故鍾嶸評詩、蕭統選文均首《十九首》焉。補正：原注删，加：《永清縣志·文徵序例·詩賦序録》：「賦乃六義之一，其體誦而不歌，而劉《略》所收篇第，倍蓰於詩，於是賦冠前而詩歌雜體反附於後，以致蕭《選》以下奉爲一定章程，可謂失所輕重矣。」騷别於賦，按：《文心雕龍》有《辨騷》、《銓賦》二篇。《辨騷》篇云：「軒翥詩人之後，奮飛辭家之前」，是騷者介於詩賦之間，不得謂騷即賦也。賦有問答發端，誤爲賦序，前人之議《文選》，猶其顯然者也。蘇軾《答劉沔書》：「梁蕭統《文選》，世以爲工，以予觀之，拙於文而短於識，莫統若也。宋玉賦高唐神女，其初略陳所夢之因，如子虛、亡是公相與問答，皆賦矣，而統謂之『叙』，此與兒童之見何異？」若夫《封禪》、《美新》、《典引》，皆頌也。稱符命以頌功德，而别類其體爲「符命」，則王子淵以《聖主得賢臣》而頌嘉會，亦當别類其體爲「主臣」矣。按：《文選》「符命」類有司馬相如《封禪文》、揚雄《劇秦美新》、班固《典引》，「頌」類有王褒《聖主得賢臣頌》。班固次韻，乃《漢書》之自序也。其云「述《高帝紀》第一」、「述《陳項傳》第一」者，所以自序撰書之本意，史遷有作於先，故己退居於述爾。今於史論之外，别出一體爲

「史述贊」，則遷書自序，所謂「作《五帝紀》第一」、「作《伯夷傳》第一」者，又當別出一體爲「史作贊」矣。案：《文選》「史述贊」類有班固《述高帝紀贊》、《述成紀贊》、《述韓英彭盧吴①贊》，皆四言韻語。漢武詔策賢良，即策問也，今以出於帝制，遂於策問之外別名曰「詔」，然則制策之對，當離諸策而別名爲「表」矣。案：《文選》「詔」類有漢武帝求賢良詔及《賢良詔》。按：諸策之對，即指當時董仲舒等《賢良對策》。當列「表」類者，漢承秦制，陳事曰「表」也。賈誼《過秦》，蓋《賈子》之篇目也。自注：今傳賈氏《新書》，首列《過秦》上下二篇，此爲後人輯定，不足爲據。《漢志》：「《賈誼》五十八篇」，又「《賦》七篇」，此外別無論著，則《過秦》乃《賈子》篇目明矣。因陸機《辨亡》之論規倣《過秦》，遂援左思「著論準《過秦》」之説，而標體爲論矣。自注：左思著論之説，須活看，不可泥。青按：左思《詠史詩》云：「著論準《過秦》，作賦擬《子虚》。」魏文《典論》，蓋猶桓子《新論》、案：《新論》二十九篇，漢桓譚著。王充《論衡》案：《論衡》八

①「吴」字下，《文選》有「傳」字。

十五篇，王充著。之以「論」名書耳，《論文》其篇目也。案：《文選》「論」上有魏文帝《典論·論文》。今與《六代》、《辨亡》諸篇同次於論，然則昭明《自序》所謂「老、莊之作，管、孟之流，立意爲宗，不以能文爲本」，其例不收諸子篇次者，豈以有取斯文，即可裁篇題「論」而改子爲「集」乎？《七林》之文皆設問也，今以枚生發問有七，而遂標爲「七」，則《九歌》、《九章》、《九辨》亦可標爲「九」乎？案：《文選》「騷」類有屈平《九歌》、《九章》、宋玉《九辯》。《難蜀父老》亦設問也，今以篇題爲「難」而別爲「難」體，案：《文選》「難」類有司馬相如《難蜀父老》。則《客難》當與同編，案：《文選》「設論」類有東方朔《答客難》。而《解嘲》當別爲「嘲」體，案：《文選》「設論」類有揚雄《解嘲》。《賓戲》當別爲「戲」體矣。案：《文選》「設論」類有班固《賓戲》。《文選》者，辭章之圭臬，猶云文苑之標準。集部之準繩，《漢書·律曆志》：「衡運生規，規圜生矩，矩方生繩，繩直生準。」韋昭曰：「立準以望繩，以水爲平。」又：「準者，所以揆平取正也。繩者，上下端直，經緯四通也。」而淆亂蕪穢，不可殫詰。則古人流別，作者意指，流覽諸集，孰是深窺而有得者乎？集人之文尚未得其意指，而自裒所著爲文集者，何紛紛耶？若夫「總集」、「别集」見《書教中》注。之類例，編輯撰次之得失，今古詳略之攸宜，録選評鈔之當否，别有專篇討論，不盡述也。

解經上《禮記》有《經解》篇。案：浙江圖書館所藏會稽徐氏鈔本《章氏遺書》目録《經解》上中下下注云：「庚戌鈔存《通義》。」胡適、姚名達《章實齋先生年譜》定爲前一年乾隆五十四年己酉，章氏五十二歲所作。

六經不言經，案：孔子以前未有經名。三傳不言傳，《史記·十二諸侯年表序》：「自孔子論史記，次《春秋》，七十子之徒口受其傳，魯君子左丘明懼弟子各安其意，失其真，故具論其語，成《左氏春秋》。」《漢書·劉歆傳》：「因移書太常博士，責讓之曰：『往者博士《書》有歐陽，《春秋》公羊，《易》則施、孟，然孝宣帝猶復廣立穀梁《春秋》、梁邱《易》、大小夏侯《尚書》。』」皆不稱「傳」。猶人各有我而不容我其我也。依經而有傳，對人而有我，是經傳人我之名起於勢之不得已，而非其質本爾也。《易》曰：「上古結繩而治，後世聖人易之以書契，百官以治，萬民以察。」補正：見《書教上》注。 夫爲治爲察，所以宣幽隱而達形名，布政教而齊法度也，未有以文字爲一家私言者也。《易》曰：「雲雷屯，君子以經綸。」「經綸」之言，綱紀世宙之謂也，鄭氏注謂「論撰書禮樂，施政事」，《易·屯》：「雲雷屯，君子以經綸。」釋文引鄭玄注「綸」作「論」，謂「撰書禮樂，施政事」。正義：「經謂經緯，綸謂綱綸。言君子法此屯象有爲之時，以經綸天下，約束於物。」經之命名所由昉乎！ 然猶「經緯」、「經紀」云爾，未嘗明指《詩》、《書》六藝爲經也。 三代之衰，治教既分，夫子生於東周，《史記·孔子世家》：「魯襄公二十二年而孔子生。」案：魯襄公二十二年，當周靈王二十一年。周自平王至赧王皆都洛邑，在東方，故曰「東周」。「東周」者對「西周」而言。 有德無位，懼先聖王法積道備，至於成周無以續且繼者，而至於淪失也，於是取周公之典章，《論語·八佾》：「子曰：『周監於二代，郁郁乎文哉！吾從周。』」所以體天人之撰補正：《易·繫辭下》：「以體天人之撰」，朱子本義：「撰，猶事也。」《論語·先進》：「異乎三子者之撰。」

而存治化之迹者，獨與其徒相與申而明之。此六藝之所以雖失官守，而猶賴有師教也。然夫子之時，猶不名經也。逮夫子既殁，微言絶而大義將乖，《漢書·劉歆傳》：「昔夫子没而微言絶，七十子終而大義乖。」於是弟子門人各以所見、所聞、所傳聞者，或取簡畢，或授口耳，録其文而起義。《禮記·禮運》：「禮以義起。」左氏《春秋》，子夏《喪服》諸篇，皆名爲「傳」，《漢書·藝文志》：「《左氏傳》三十卷」，自注：「左丘明，魯太史。」《儀禮·喪服第十一》，子夏傳。而前代逸文不出於六藝者，稱述皆謂之「傳」，如孟子所對湯武及文王之囿是也。《孟子·梁惠王下》：「齊宣王問曰：『文王之囿方七十里，有諸？』孟子對曰：『於傳有之。』」又：「齊宣王問曰：『湯放桀，武王伐紂，有諸？』孟子對曰：『於傳有之。』」則因「傳」而有「經」之名，猶之因子而立父之號矣。

至於官師既分，處士横議，補正：《孟子·滕文公下》：「聖王不作，諸侯放恣，處士横議。」諸子紛紛，著書立説，而文字始有私家之言，不盡出於典章政教也。儒家者流，乃尊六藝而奉以爲「經」，則又不獨對「傳」爲名也。荀子曰：

「夫學始於誦經，終於習禮。」《荀子·勸學》文。莊子曰：孔子言「治《詩》、《書》、《禮》、《樂》、《易》、《春秋》六經」，《莊子·天道》文。又曰：「繙十二[①]」以見老子。《莊子·天道篇》：「孔子西藏書於周室，子路謀曰：『由聞周之徵藏史有老聃者，免而歸居。夫子欲藏書，則試往因焉。』孔子曰：『善。』往見老聃，而老聃不許，於是繙十二經以説焉。」釋文：「説者云《詩》、《書》、《禮》、《樂》、《易》、《春秋》六經，加六緯合爲十二經也。一説云《易》上下經並《十翼》爲十二經，又一云《春秋》十二公經也。」荀、莊皆出子夏門人，楊士勳[②]《穀梁》疏：「穀梁子名俶，字元始，魯人，一名赤。受經於子夏，爲經作傳，傳孫卿。」韓愈《送王秀才壎序》：「蓋子夏之學其後有田子方，子方之後流而爲莊周，故周之書喜稱子方之爲人。」章炳麟《章氏叢書·文録·別録二·與人論國學書》：「至以莊子爲子夏門人，蓋襲唐人率爾之辭，未嘗訂實録[③]。莊生稱田子方，遂謂子方是莊子師；斯則《讓王》亦舉曾、原，而則陽、無鬼、庚桑諸子名在篇目，將一一皆是莊師矣。」而所言如是，六經之名起於孔門弟子亦明矣。

① 「十二」下當補「經」字。《莊子·天道》、粤雅堂本《文史通義》、浙江書局及嘉業堂《章氏遺書》本均有「經」字。

② 「楊士勳」，「勳」當作「勛」。

③ 「録」字衍，《章氏叢書》無。

然所指專言六經，則以先王政教典章，綱維天下，故《經解》疏別六經，以爲入國可知其教也。《禮記·經解》孔子語。《論語》述夫子之言行，《漢書·藝文志·六藝略·論語序》：「《論語》者，孔子應答弟子時人，及弟子相與言而接聞於夫子之語也。當時弟子各有所記，夫子既卒，門人相與輯而論篹①，故謂之論語。」《爾雅》爲群經之訓詁，《大戴記·小辨》：「爾雅以觀於古，足以辨言矣。」《西京雜記》卷三引揚雄曰：「孔子門徒游夏之儔所記，以解釋六藝者也。」《孝經》則爲②再傳門人之所述，與《緇衣》、《坊》、《表》諸記相爲出入者爾。按：《孝經·開宗明義章》有「仲尼居，曾子侍」，《三才章》有「曾子曰」之語，稱參爲「子」，知爲孔子再傳門人所述。又案：隋唐《音樂志》沈約奏曰：「《中庸》、《表記》、《坊記》、《緇衣》皆取《子思子》。」劉向、班固之徒，序類有九而稱藝爲六，《漢書·藝文志·六藝略》序六藝爲九種。案：《易》、《詩》、《書》、《禮》、《樂》、《春秋》、《論語》、《孝經》、小學也。則固以三者爲傳而附之於經，所謂離經之傳，不與附

---

① 「篹」字誤，當作「纂」。

② 「爲」，粵雅堂本《文史通義》、浙江書局及嘉業堂《章氏遺書》本均作「又」。

經之傳相次也。未詳。案：經傳合編，始於《易經》，詳下《傳記篇》「若二禮諸記」條注。當時諸子著書，往往自分經傳，如撰輯《管子》者之分別經言。《墨子》亦有《經》篇，《韓非》則有《儲説》經傳，如《管子·牧民篇》爲經言一，《形勢篇》爲經言二。《墨子》有《經上》、《經下》。《韓非子·内儲説》有權借一、利異二、似類三、有反四、參疑五、廢置六、廟攻、右經之等是也。蓋亦因時立義，自以其説相經緯爾，非有所擬而僭其名也。經同尊稱，其義亦取綜要，補正：玄應《一切經音義》引《三倉》：「綜，理經也，謂機縷持絲交者也，屈繩制經，令得開①也。」非如後世之嚴也。聖如夫子，而不必爲經，諸子有經，以貫其傳，其義各有攸當也。後世著録之家，因文字之繁多，不盡關於綱紀，於是取先聖之微言，與群經之羽翼，皆稱爲經。如《論語》、《孟子》、《孝經》，與夫大小《戴記》之別於《禮》，《左氏》、《公》、《穀》之別於《春秋》，皆題爲經，乃有九經、十經、十三、十四諸經，按：《釋文·序

① 「開」，《一切經音義》作「開合」。

録》:《易》、《書》、《詩》、《周禮》、《儀禮》、《禮記》、《春秋》、《孝經》、《論語》。《唐書・儒學傳》:「谷那律,魏州昌樂人」,「褚遂良嘗稱爲『九經庫』」。皮錫瑞《經學歷史》二:「唐分《三禮》、《三傳》合《易》、《書》、《詩》爲九」,則以《周禮》、《儀禮》、《禮記》、《左氏傳》、《公羊傳》、《穀梁傳》、《易》、《書》、《詩》爲九經也,與《釋文》異。《宋書・百官志》:「國子助設十人,《周易》、《尚書》、《毛詩》、《禮記》、《周官》、《儀禮》、《春秋左氏傳》、《公羊》、《穀梁》各爲一經,《論語》、《孝經》爲一經,合十經,助教分掌。」而《南史・周續之傳》:「通五經、五緯,號十經。」亦異。顧炎武《日知録》:「自漢以來儒者相傳但言『五經』,而唐時立之學官則云『九經』者,《三禮》、《三傳》分而習之,故爲九也。其刻石國子學則云『九經』,並《孝經》、《論語》、《爾雅》。宋時程朱諸大儒出,始取《禮記》中之《大學》、《中庸》,及進《孟子》以配《論語》,謂之『四書』。本朝因之,而『十三經』之名始立。」則《易》、《詩》、《書》、《周禮》、《儀禮》、《禮記》、《春秋左傳》、《公羊傳》、《穀梁傳》、《論語》、《孝經》、《爾雅》、《孟子》爲十三經。宋史繩祖《學齋佔畢》:「先時嘗併《大戴記》於十三經末,稱十四經。」以爲專部,蓋尊經而並及經之支裔也。而儒者著書,始嚴經名,不敢觸犯,則尊聖教而慎避嫌名,《禮記・曲禮》:「不諱嫌名」,注:「嫌名,謂音聲相近,若禹與雨、丘與區也。」蓋猶三代以後非人主不得稱「我」爲「朕」也。《爾雅・釋詁下》疏:「古者貴賤皆自稱朕，《大禹謨》云「帝曰朕宅帝位」，「禹曰朕德罔克」，屈原亦云「朕皇考曰伯庸」。《史記》秦始皇二十六年定爲至尊之稱，漢因不改，以迄於今。」然則今之所謂「經」，其强半皆古人之所謂「傳」也。古之所謂「經」，乃三代盛時典章法度，見於政教行事之實，而非聖人有意作爲文字以傳後世也。

經解中

事有實據，而理無定形。故夫子之述六經，皆取先王典章，未嘗離事而著理。後儒以聖師言行爲世法，則亦命其書爲「經」，此事理之當然也。然而以意尊之，則可以意僭之矣。蓋自官師之分也，官有政，賤者必不敢强干之，以有據也。師有教，不肖者輒敢紛紛以自命，以無據也。孟子時，以楊、墨爲異端矣。《孟子·滕文公下》：「楊朱、墨翟之言盈天下，天下之言不歸楊則歸墨。楊氏爲我，是無君也；墨氏兼愛，是無父也。無父無君，是禽獸也。」補正：原注上加：

《論語·爲政》：「攻乎異端，斯害也已。」楊氏無書，按：《列子》有《楊朱》篇。墨翟之書初不名經，自注：雖有《經》篇、《經説》，未名全書爲「經」。而莊子乃云「苦獲、鄧陵之屬皆誦《墨經》」，《莊子·天下》：「苦獲、已齒、鄧陵子之屬，俱誦《墨經》。」按：「此云《墨經》，不必定指全書而言，亦不必不指全書。章氏何以知其爲指全書耶？補正：案語删。則其徒自相崇奉而稱「經」矣。東漢秦景之使天竺，《四十二章》皆不名經。自注：佛經皆中國繙譯，竺書無「經」字。青按：《魏書·釋老志》：「漢明帝遣郎中蔡愔博士弟子秦景等，使於天竺，寫浮屠遺範」，「愔得佛經《四十二章》」。又：《隋書·經籍志》：「張騫使西域，蓋聞有浮屠之教。哀帝時，博士弟子秦景使伊存口授浮屠經，中土聞之，未之信也。後漢明帝夜夢金人飛行殿庭，以問於朝，而傅毅以佛對。帝遣郎中蔡愔及秦景使天竺□（青按：此字原缺，晁氏《郡齋讀書志》「《四十二章經》」下有「使天竺求之」語，當係「求」字之缺）之，得佛經四十二章，及釋迦立像，並與沙門攝摩騰、竺法蘭東還。」其後華言譯受，附會稱「經」，則亦文飾之辭矣。《老子》二篇，劉、班著録初不稱經，按：董思靖《道德經集解·序説》引

《七略》曰：「劉向定著二篇八十一章，《上經》四十七章①。」而《漢書·藝文志》有《老子鄰氏經傳》四篇、《老子傅氏經説》三十七篇、《老子徐氏經説》六篇。則元、成以前皆稱「經」也。《法苑珠林》六八引《吴書》曰：「闞澤對孫權曰：『漢景帝以《黄子》、《老子》義尤深，改子爲經，始立道學，勑令朝野采諷誦之。』」不知何據。《隋志》乃依阮《録》稱《老子經》。《廣弘明集》卷三阮孝緒《七録序》：「並方外之佛經、道經各爲一録。」《隋書·經籍志》：「《老子道德經》二卷。」意者阮《録》出於梁世，梁武崇尚異教，則佛、老皆列經科，其所倣也。而加以《道德真經》，與《莊子》之加以《南華真經》，《列子》之加以《沖虚真經》，則開元之玄教設科，《新唐書·選舉志》：「開元廿九年，始置崇玄學，習《老子》、《莊子》、《文子》、《列子》，亦曰道舉。」附飾文致，又其後而益甚者也。《唐書·藝文志》「王士元《亢倉子》二卷」下，注：「天寶元年，詔號《莊子》爲《南華真經》，《列子》爲《沖虚真經》。」案：《道藏》本有《道德真經玄德篡②疏》二十卷，唐玄宗御注並疏，《道德真經》之名始此。《道德經》則唐前已有

---

① 「《上經》四十七章」當作「《上經》三十四章，《下經》四十七章」二句，脱漏中間六字。

② 「篡」字誤，當作「纂」。

矣。韓退之曰：「道其所道，非吾所謂道。」韓愈《原道》文。案：語本《老子》「道可道，非常道」。則名教既殊，又何防於「經其所經，非吾所謂經」乎？

若夫國家制度，本爲經制。李悝《法經》，後世律令之所權輿。《漢書·藝文志·諸子略·法家》：「《李子》三十二篇」，自注：「名悝，相魏文侯，富國强兵。」按：《晉書·刑法志》：「悝撰次諸國法，著《法經》六篇」，「商君即受之以以①相秦」。又按：《唐六典》六注曰：「一《盜法》，二《賊法》，三《囚法》，四《捕法》，五《雜法》，六《具法》。」當權輿於《法經》。具法即舊律之名例，今之總則也。捕法、囚法皆手續法，捕法略如現行刑事訴訟法中勾攝之類，囚法略如現行刑事訴訟法中審判之類，盜法、賊法乃治盜賊之法，雜法則殺傷、户廄諸法也。補正：注中「當權輿於《法經》」及「殺傷」兩字俱删。唐人以律設科。《唐書·選舉志》：「唐制：取士之科」，「有明法」。明祖頒示《大誥》，《明史·太祖本紀》：「二十八年正月己丑，御奉天門，諭群臣曰：『朕起兵至今十餘年，灼見情僞，懲創奸頑，或法外用刑，本非常典。嗣後止循律與《大誥》，不許用黥刺、剕劓、閹割之刑。臣下敢以請者，置重典。』」明焦竑《國史經籍志》卷一「制書

①　衍一「以」字。

類」：「《御制大誥》一卷，《大誥續編》一卷，《大誥三編》一卷。」師儒講習，以爲功令，是即《易》取「經綸」之意，國家訓典，臣民尊奉爲經，義不背於古也。孟子曰：「行仁政，必自經界始。」《孟子·滕文公上》文。地界言經，取「經紀」之意也。是以地理之書多以經名，《漢志》有《山海經》，《漢書·藝文志·數術略·形法》：「《山海經》十三篇。」《隋志》乃有《水經》，《隋書·經籍志》：「《水經》三卷，郭璞注。」後代州郡地理多稱《圖經》，如《唐書·藝文志》「《潤州圖經》二十卷，孫處玄撰」。義皆本於「經界」，書亦自存掌故，不與著述同科，其於六藝之文固無嫌也。

至於術數諸家，均出聖門制作。周公經理垂典，皆守人官物曲而不失其傳。及其官司失守，而道散品亡，則有習其說者，相與講貫而授受，亦猶孔門傳習之出於不得已也。然而口耳之學，不能歷久而不差，則著於竹帛，以授之其人，自注：說詳《詩教上》篇。亦其理也。是以至戰國而羲、農、黄帝之書一時雜出焉。其書皆稱古聖，如天文之甘、石《星經》，方技之《靈》、《素》、《難經》，《史記·天官書》：「夫自漢之爲天數者，星則唐都，氣則王朔，占歲則魏鮮，故甘、石曆五星法。」按《漢書・藝文志・數術略・天文》無《甘石星經》，明俗刻有之，疑後人僞託也。袁枚《隨園筆記》「古書僞託」云：「《星經》，甘、石著也。有羽林、郎將等名，甘、石是周以前人，羽林、郎將乃秦漢官名。」又《方技略・醫經》有《黃帝内經》十卷，無《靈樞》、《素問》、《難經》之目，《隋志》始有《黃帝素問》九卷，王砅爲之注。砅以《漢志》有《内經》十八卷，以《素問》九卷、《靈樞經》九卷當《内經》十八卷，實附會也。《隋志》始有《難經》，《唐志》遂屬之秦越人，皆不可考。

其類實繁。則猶匠祭魯般，兵祭蚩尤，《墨子・公輸》：「公輸盤（《文選》注引作「般」）爲楚造雲梯之械，成，將以攻宋。」《孟子・離婁上》：「公輸子之巧，不以規矩不能成方員」，趙注：「公輸子魯班，魯之巧人也。或以爲魯昭公之子。」鄭玄《周禮・春官・肆師》注：「貉，師祭也，其神蓋蚩尤，或曰黃帝。」《山海經・大荒北經》：「蚩尤作兵伐黃帝，黃帝乃令應龍攻之冀州之野。」《管之①》：「葛盧之山，發而爲水，金從之，蚩尤受而制之，以爲劍鎧矛戟。」《太平御覽》二百七十引《世本》：「蚩尤以金作兵器」，注：「蚩尤，神農臣也。」案：《呂氏春秋・孟秋紀・蕩兵》：「兵之所自來者上矣，與始有民俱。」《大戴記・用兵》：「公曰：『古之戎兵，何世安起？』子曰：『傷害之生久矣！與民皆生。』公曰：『蚩尤與？』子曰：『否。蚩尤，庶人之貪者也，及利無義，不顧厥

---

①「之」字誤，當作「子」。

親，以喪厥身。蚩尤，惛慾而無厭者也，何器之能作？』」據此則謂兵刱於蚩尤者，失之不審也。

補正：原注「或以爲魯昭公之子」下加：案：古詩：「誰能刻鏤此，公輸與魯般。」則公輸與魯般非一人矣。不必著書者之果爲聖人，而習是術者奉爲依歸，則亦不得不尊以爲經言者也。

又如《漢志》以後，雜出春秋、戰國時書若師曠《禽經》，伯樂《相馬》之經，《宋史·藝文志》：「師曠《禽經》一卷，晉張華注。」但漢、隋、唐諸《志》及宋《崇文總目》皆不著録，其引用自陸佃《埤雅》始，其稱師曠亦自佃始，其稱張華注則見於左圭《百川學海》。《唐書·藝文志》：「伯樂《相馬經》一卷。」其類亦繁。不過好事之徒，因其人而附合，或略知其法者，託古人以鳴高，亦猶儒者之傳梅氏《尚書》，與子夏之《詩大序》也。《釋文》：「江左中興，元帝時，豫章内史枚賾奏上孔傳《古文尚書》。」按：梅氏所傳共五十八篇，内僞者如《大禹謨》等二十五篇。梅氏並撰僞孔安國傳，唐時列於學官者，莫辨其是非也。至宋朱子始疑其僞，迨清初閻百詩《古文尚書疏證》、江艮庭《尚書集注音疏》、王西莊《尚書後案》、孫淵如《尚書今古文注疏》始昌言排斥，而《尚書後案》辨别尤詳。又按：《漢書·藝文志·六藝略·詩》：「有毛公之學，自謂子夏所傳，而河間獻王好之，未得立。」鄭玄《詩譜》謂：「《大序》是子夏作，《小序》是子夏、毛公合作。卜商意有不盡，毛公更足成之。」陸璣《草木蟲魚疏》：「孔子刪《詩》，授之卜商，商爲之《序》。」他若陸氏《茶經》，《唐書・藝文志》：陸羽著《茶經》三卷。張氏《棊經》，《宋史・藝文志》「雜藝術類」：「張學士《棊經》一卷。」酒則有《甘露經》，待詳。貨則有《相貝經》，《唐書・藝文志・農家類》：「《相貝經》一卷。」是乃以文爲諧戲，本無當於著録之指。近人孫德謙云：「此言《茶經》、《棊經》諸書乃文人遊戲，著録家本不當收也。」青按：「收」，一本作「指」。譬猶毛穎可以爲傳，《韓愈集》有《毛穎傳》。蟹之可以爲志，《蟹志》，唐陸龜蒙撰，卷數未詳。《説郛》收此，附於宋高似孫《蟹略》後。楊丈鐵夫補。琴之可以爲史，《琴史》六卷，宋朱長文撰。荔枝、牡丹之可以爲譜耳。《宋史・藝文志》：「蔡襄《荔枝譜》一卷。」案：《天彭牡丹譜》一卷，宋陸游撰，見《渭南文集》第四十二卷。此皆若有若無，不足議也。

蓋即數者論之，異教之經如六國之各王其國，不知周天子也。而《春秋》名分，《莊子・天下篇》：「《春秋》以道名分。」人具知之，彼亦不能竊而據也。制度之經，時王之法，一道同風，《禮記・王制》：「一道德以同俗。」不必皆以經名。

而「禮，時爲大」，《禮記・禮器》文。既爲當代臣民，固當率由而不越，《詩・大雅・假樂》：「不愆不忘，率由舊章。」箋云：「愆，過也。率，循也。」即服膺補正：《禮記・中庸》：「得一善則拳拳服膺，而弗失之矣。」朱注：「拳拳，奉持之貌。服，猶著也。膺，胸也。奉持而著之心胸之間，言能守也。」六藝，亦出遵王制之一端也。術藝之經，則各有其徒相與守之，固無虞其越畔也。《左傳・襄二十五年》：「行無越思，如農之有畔。」至諧戲而亦以經名，此趙佗之所謂「妄竊帝號，聊以自娛」，《史記・南越列傳》：「老臣妄竊帝號，聊以自娛，豈敢以聞天王哉？」不妨諧戲置之。六經之道，如日中天，豈以是爲病哉！

經解下

異學稱經以抗六藝，愚也。儒者僭經以擬六藝，妄也。六經初不爲尊稱，義取「經綸」爲世法耳。六藝皆周公之政典，故立爲經。夫子之聖非逐周公，而《論語》諸篇不稱「經」者，以其非政典也。後儒因所尊而尊之，分部隸經，以爲傳固翼經者耳。補正：見《傳記》注。佛老之書，本爲一家之言，非有綱紀政事，其徒欲尊其教，自以一家之言尊之過於六經，無不可也，强加「經」名以相擬，何異優伶效楚相哉！《史記·滑稽列傳》：「楚相叔孫敖病且死，屬其子曰：『我死，汝必貧困，若往見優孟，言我孫叔敖之子也。』居數年，其子貧困，負薪，逢優孟，與言曰：『我，孫叔敖之子也。父且死時，屬我貧困往見優孟。』優孟曰：『若無遠有所之。』即爲孫叔敖衣冠，抵掌談話，歲餘，像孫叔敖，楚王及左右不能别也。莊王置酒，優孟前爲壽，莊王大驚，以爲孫叔敖復生也。」亦其愚也。揚雄、劉歆，儒之通經者也。揚雄《法言》蓋云時人有問，用法應之，抑亦可矣，乃云象《論語》者，抑何謬邪！揚子《法言》：「故人時有問雄者，常用法應之，譔以爲十三卷，象《論語》，號曰《法言》。」雖然，此猶一家之言，其病小也。其大可異者，作《太玄》以準《易》，人僅知謂「僭經」爾，不知《易》乃先王政典而非空言，雄蓋蹈於「僭竊王章」補正：見《書教上》注。之罪，弗思甚也。自注：詳《易教》篇。衛氏之《元包》，司馬之《潛虚》，方且擬《玄》而有作，不知《玄》之擬《易》已非也。詳《易教上》注。劉歆爲王莽作《大誥》，《漢書·王莽傳》：以「少阿、羲和、京兆尹、紅休侯劉歆爲國師、嘉新公」，「各策命以其職，如典誥之文」。案：《大誥》見同書《翟義傳》。其行事之得罪名教補正：見《俗嫌》注。固無可説矣，即擬《尚書》，亦何至此哉？河汾「六籍」，或謂好事者之緣飾，王通未必遽如斯妄也。案：王通，河汾人。《王無功集·北山賦》：「察俗刪《詩》，依經正史，山似尼邱，泉疑洙泗。」自注：「有吾兄仲淹續孔子六經近百餘卷，門人弟子相趨成市，故溪今號『王孔子之溪』。」又案：《唐書·隱逸·王績傳》所載略同。司馬光《文中子補傳》評曰：「余竊謂先王之六經不可勝學也，而又奚續焉？續之庸能出於其外乎？出則非經矣，苟無出而續之則贅也，奚益哉！今其『六經』皆亡，而《中説》猶存。《中説》亦出於其家，雖云門人薛收、姚義所記，然予觀其書，竊疑唐室既興，福凝與福畤輩依並時事，從而附益之也。何則？其所稱朋友門人，皆隋唐之際將相名臣，如蘇威、楊素、賀若弼、李德林、李靖、竇威、房玄齡、杜如晦、王珪、魏徵、陳叔達、薛收之徒，考諸舊史，無一人語及通名者。《隋史》，唐初爲也，亦未嘗載其名於《儒林》、《隱逸》之間，豈諸公皆忘師棄舊之人乎？何獨其家以爲名世之聖人，而外人皆莫之知也？」誠使果有其事，則「六經奴婢」之誚，宋錢易《南部新書》：「劉蕡精於儒術，嘗看

《文中子》，忿然言曰：『才非殆庶，擬上聖述作，不亦過乎！』客曰：『《文中子》於六籍何如？』賁曰：『若以人望人，《文中子》於六籍，猶奴婢之於郎主也。』後人遂以《文中子》爲六籍奴婢。」門人沈訶補。猶未得其情矣。奴婢未嘗不服勞於主人，王氏六經服勞於孔氏者又何在乎？

束晳之《補笙詩》，《詩序》：「《南陔》，孝子相戒以養也。《白華》，孝子之絜白也。《華黍》，時和歲豐，宜黍稷也。」「《由庚》，萬物得由其道也。《崇丘》，萬物得極其高大也。《由儀》，萬物之生各得其宜也。有其文而亡其辭。」案：《文選》有束晳《補亡詩》六首，五臣注引王隱《晉書》曰：「束晳，字廣微，陽平人也。賈謐請爲著作①，嘗覽周成王詩，有其義亡其辭，惜其不備，故作辭以補之。」皮日休之《補九夏》，《皮子文藪》第三卷《補周禮九夏系文》：「《周禮》：鐘師掌金奏，凡樂事以鐘鼓奏九夏。按鄭康成注云：『夏者，大也。樂之大者，歌有九也。』《九夏》者，皆詩篇名也，頌之類也。此歌之大者載在樂章，樂崩亦從而亡，是以頌不能具也。嗚呼！吾觀之魯頌，其古也亦久矣。《九夏》亡者，吾能頌乎？夫大樂既去，至音不嗣，頌於古不足以補亡，頌於今

① 「著作」下，當補「郎」字。

不足以入用，庸可頌乎？頌之亡者，俾千世下，鄭衛之內，窈窈冥冥，不獨有大卷之一章者乎！」白居易之《補湯征》，《白氏長慶集》二十九卷《補逸書》：「湯征諸侯，葛伯不祀，湯始征之，作《湯征》。」云云。以爲文人戲謔而不爲虐，《詩·衛風·淇奥》：「善戲謔兮，不爲虐兮。」稱爲擬作，抑亦可矣；標題曰「補」，則亦何取辭章家言，以綴《詩》、《書》之闕邪？至《孝經》，雖名爲「經」，其實傳也；儒者重夫子之遺言，則附之經部矣。馬融誠有志於勸忠，自以馬氏之説，援經徵傳，縱横反復，極其言之所至可也；必標《忠經》，亦已異矣，乃至分章十八，引《風》綴《雅》，一一效之，按：馬融《忠經》一卷，自隋唐《志》及《文獻通考》皆不載，《玉海》始於《孝經》後附《漢忠經》，引《崇文總目》云：「儒家有馬融《忠經》，鄭玄注。融述《孝經》之意，作《忠經》，陳事君之要道，始於立德，終於成功，凡十八章。」《經義考》云：「此必僞託扶風馬氏者。《通志·藝文略·諸子家》載有《忠經》，既云海鵬撰，下又云失其名氏，亦不言馬融作也。丁儉卿《論語孔注證僞》謂《崇文總目》有馬融《絳囊經》一卷，融乃唐居士，《忠經》序有『臣融巖野之臣』云云，馬季長貴戚豪家，安得稱『巖野』？是唐馬融所作明矣。」今案：《忠經·廣至理章》有「邦國平康」之語，漢人諱「邦」，「邦國」未有連文者，足見丁氏之言信而有徵。至疑海鵬所作，然書中諱「民」字、

「治」字，當以丁説爲正，後人誤題「南郡太守」耳。何殊張載之《擬四愁》、《文選・雜擬上》有張載《擬四愁》詩一首。按：後漢張衡有《四愁詩》四首，即孟陽所本。《七林》之倣《七發》哉！誠哉非馬氏之書，俗儒所依託也。宋氏之《女孝經》，《宋史・藝文志・儒家》：「《女孝經》一卷，唐鄭氏撰，朝散郎侯莫陳邈之妻。」門人沈訒補。鄭氏之《女論語》，《舊唐書・女學士尚宫宋氏傳》：「著《女論語》十篇，其言模倣《論語》，以韋逞母宣文君宋氏代仲尼，以曹大家等代顔、閔，其間問答悉以婦道所尚。」按章氏誤爲鄭。卷五《婦學篇》引此不誤。以謂女子有才，嘉尚其志可也；但彼如欲明女教，自以其意立説可矣，假設班氏惠姬與諸女相問答，補正：原注①上加：唐朝散郎陳邈妻鄭氏《上女孝經表》：「妾聞天地之性，貴剛柔焉；夫婦之道，重禮儀焉。仁義禮智信者，是謂五常，五常之教，其來遠矣，總而爲主，實在孝乎？妾每覽先聖垂言，觀前賢行事，未嘗不撫躬三復，歎息久之，欲緬想餘芳，遺蹤可躅。」「述經史正義，無復載乎浮詞，總一十八章，各爲篇目，名曰《女孝經》。上至皇后，下及庶人，不行孝而成名者，未之聞也。妾不敢自專，因以曹大家爲主，雖不足藏諸巖石，

① 原注，謂上文「宋氏之《女孝經》」、「鄭氏之《女論語》」之注。

亦可少補閨庭。」《女孝經・開宗明義章第一》：「曹大家閒居，諸女侍坐。」則是將以書爲訓典，而先自託於子虛、亡是之流，案：司馬相如有《子虛賦》，假託「烏有先生」與「亡是公」問答，後人因謂虛無之事曰「子虛亡是」。使人何所適從？彼意取其似經傳耳，夫經豈可似哉？經求其似，則諢諞①有卦，自注：見《輟耕録》。②《輟耕録》第十「輥各諞三卦」：「淮南淵子素純嘗作《輥卦》譏世之仕宦人，以突梯滑稽而得顯爵者，雖曰資一時謔浪調笑，不爲無補於名教。卦辭曰：『輥，亨。可小事，亦可大事。』彖曰：『輥，亨。天地輥而四時行，日月輥而晝夜明，上下輥而萬事成。輥之時義大矣哉！』象曰：『地上有木，輥，君子以容身固位。』初六：『輥出門，無咎。』象曰：『出門便輥，又何咎也？』六二：『傳於鋏轄。』『天下可行也③。』六三：『君子終日輥輥，厲，無咎。』象曰：『終日輥輥，雖危無咎也。』九四：『模棱，吉。』象曰：『模棱之吉，以隨時也。』六五：『神輥。』象曰：『六五神輥，老於事也。』上六：『或錫之高爵，天下揶揄之。』象曰：『以輥受爵，亦不足敬也。』此篇或者又謂自宋末即有，非潘所造，未審是否。後平江蔡宗魯

① 「諞」，粵雅堂本《文史通義》、浙江書局及嘉業堂《章氏遺書》本均作「騙」。按「諢」、「騙」二字均誤，當作「輥諞」。
② 自注一條脱漏。下文葉注前，當補「按」字。
③ 句前當補「象曰：傳於鋏轄」一句。

衛作《吝卦爻》配之，曰：『吝，亨，利居閒，不利有所爲。』象曰：『吝，鄙嗇也。利居間，無所求也。不利有所爲，恐致禍也。』初六：『居富，吝於周急，悔亡，無攸利。』象曰：『吝於周急，不恤其貧也。悔亡，無攸利，已終有望也。』六二：『聽婦言至吝，不養其親，不恤其弟，貞凶。』象曰：『聽婦言，昵於私也。不養親，忘大恩也。不恤其弟，失大義也。雖養弗時，亦至災也，故貞凶。』九三：『極吝其財，不吝其身，於行非宜。』象曰：『吝其財，斯致富也。不吝其身，乃輕生也。』六四：『太吝，君子吉，小人凶。』象曰：『吝於君子，雖有言，無尤也。吝於小人，雖不有言，終有悔也。』六五：『不吝於色，務所欲，終以死亡，凶。朋來，吝於酒食，弗克歡，無咎。』象曰：『不吝於色，惑於淫也。務所欲，樂其順從也。終以死亡，凶可知也。朋來，從其類也。吝於酒食，誠大謬也。雖弗克歡，而無咎也。』小九①：『居其家，不吝於內，吝於教子，弗叶，吉。』象曰：『居其家，妄自尊也。不吝於內，畏寡妻也。吝於教子，終無所成也。』近扶風馬文璧琬又作《諞卦》，曰：『諞，貞，亨。初吉，終凶。利見小人，不利於君子。』象曰：『貞，正也；亨，通也。通乎正言，諞或庶幾也。終凶，諞不由初也。利見小人，猶同類也。不利於君子，入於邪也。』象曰：『麗口掉舌，諞。君子以求干祿名。』初九：『諞於同朋，無咎。』象曰：『同朋於諞，又誰咎也？』九二：『略施於民，吉。』象曰：『九二之吉，以新

① 「小九」，當作「上九」。《南村輟耕録》作「上九」。

衆聽也。』六三：『來其論，酒食用享。』象曰：『來其論，民取則也。享其酒食，以崇功也。』九四：『飾言如簧，以娱彼心，用獲南金。』象曰：『娱人獲金，不足道也。』九五：『君子終日高論，王用徵，安車以迎，終歲弗寧，後有凶。』象曰：『以論受徵，不羞也。終歲弗寧，只足煩勞也。後有凶，不副實也。』上六：『莽論不已，四方欲殺之。』象曰：『莽論，衆怒殺之，何過也？』右三卦切中時病，真得風刺之正，因併録之。」韡始收聲，有《月令》矣。自注：皆諧謔事。青按：《禮記·月令》：「雷始收聲。」

若夫屈原抒憤，有辭二十五篇，劉、班著録，概稱之曰《屈原賦》矣；乃王逸作《注》，《離騷》之篇已有經名。王氏釋「經」爲「徑①」，《楚辭》王逸注：「經，徑也。」補正：原注删，加：《離騷經序》：「經，逕也。言已放逐離别，中心愁思，猶依道徑以風諫君也。」亦不解題爲「經」者始誰氏也。至宋人注屈，乃云「一本《九歌》以下有『傳』字」，朱子《楚辭辯證》上：「洪氏《目録》，《九歌》下注云：一本此下皆有『傳』字。晁氏本則自《九辯》以下乃有之。」雖不知稱名所始，要亦依經而立傳名，不當自宋

① 「徑」，補正誤作「經」。

始也。夫屈子之賦固以《離騷》爲重，史遷以下至取《騷》以名其全書，《史記·屈原列傳》：「屈平之作《離騷》，蓋自怨生也。《國風》好色而不淫，《小雅》怨誹而不亂，若《離騷》者，可謂兼之矣。」今猶是也；然諸篇之旨，本無分別，惟因首篇取重，而强分經傳，欲同正《雅》爲經、變《雅》爲傳之例，《章氏遺書·乙卯劄記》：「鄭氏《詩譜》：《小雅》十六篇，《大雅》十八篇，爲正經。孔穎達曰：『凡書非正者，爲之傳。①』《六月》以下，《小雅》謂②之傳。《民勞》以下，《大雅》之傳也。《離騷》爲經，而《九歌》以下爲傳，義取乎此，朱子云爾。」是《孟子》七篇當分《梁惠王》經與《公孫》、《滕文》諸傳矣。

夫子之作《春秋》，莊生以謂「議而不斷」，《莊子·齊物論》：「六合之外，聖人存而不論；六合之內，聖人論而不議。《春秋》經世先王之志，聖人議而不辯。」蓋其義寓於其事其文，補正：見《書教上》注。不自爲賞罰也。漢魏而下，倣《春秋》者蓋亦多矣。如陸賈《楚漢春秋》、趙曄《吴越春秋》、司馬彪《九州春秋》、臧嚴《棲鳳春秋》、孫盛

---

① 此句《毛詩正義》「正」作「正經」，「爲」作「謂」。

② 「謂」字衍。

《魏氏春秋》，不一而足。其間或得或失，更僕不能悉數。《禮記・儒行》：「孔子曰：『遽數之，不能終其物；悉數之，乃留更僕未可終也。』」注：「僕，擯相也。言更易擯相，尚不能盡其辭也。」後之論者，至以遷、固而下擬之《尚書》，諸家編年擬之《春秋》。補正：待詳。不知遷、固《本紀》本爲《春秋》家學，《書》、《志》、《表》、《傳》殆猶《左》、《國》内外之，相①爲終始發明耳。補正：《史通・六家》：「《國語》家者，其先亦出於左丘明。既爲《春秋》内傳，又稽其逸文，纂其别説，别爲《春秋》外傳。」「《國語》其文以方内傳，或重出而小異。」諸家《陽秋》補正：如《隋書・經籍志・史部・古史》：《漢晉陽秋》四十七卷，習鑿齒撰。《晉陽秋》三十二卷，孫盛撰。《續晉陽秋》二十卷，宋檀道鸞撰。案：《晉書・簡文宣鄭太后傳》：「簡文宣鄭太后諱阿春，咸和元年薨。太元十九年，孝武帝下詔曰：『依《陽秋》二漢孝懷皇帝故事，上太妃尊號曰簡文太后。』嘉平時，群臣希旨，多謂鄭太后應配食於元帝者。帝以問太子前率徐邈，邈曰：『臣按《陽秋》之義，母以子貴。』」皆諱「春」爲「陽」。先後雜出，或用其名而變其體，自注：《十六國春秋》之類。或避其名而擬其實，自注：《通鑑

① 「相」，粤雅堂本《文史通義》、浙江書局及嘉業堂《章氏遺書》本均作「與」，

綱目》之類。要皆不知遷、固之書本紹《春秋》之學，並非取法《尚書》者也。故明於《春秋》之義者，但當較正遷、固以下，其文其事之中其義固何如耳。若欲萃聚其事，以年分編，則荀悦、袁宏之例具在，未嘗不可法也。補正：見《書教下》注。必欲於紀傳、編年之外，别爲《春秋》，則亦王氏《元經》之續耳。《書録解題》：「《元經薛氏傳》十五卷，稱王通撰，薛收傳，阮逸補並注。」案：王氏諸書自《中説》之外，皆《唐書·藝文志》所無。又案：續經不止文中子，劉迅亦然，見《唐書》本傳及唐李肇《國史補》。夫異端抗經，不足道也。儒者服習六經，而不知經之不可以擬，則淺之乎爲儒者矣。

文史通義注卷二

内篇二

原道上

按：浙江圖書館所藏會稽徐氏鈔本《章氏遺書》目録皆注著作年月，此自注云「庚夏鈔存」，則乾隆五十五年，章氏五十三歲也。又按：《淮南鴻烈解》及《文心雕龍》、《昌黎文集》皆有《原道》篇。

「道之大原出於天」，《漢書·董仲舒傳》文。天固諄諄然命之乎？《孟子·萬章上》：「天與之者，諄諄然命之乎？」曰：天地之前，則吾不得而知也。柳宗元《封建論》：「天地果無初乎？吾不得而知也。」天地生人，斯有道矣，而未形也。三人居室，而道形矣，猶未著也。人有什伍而至百千，一室所不能容，部别班分，而道著矣。仁義忠孝之名，刑政禮樂之制，皆其不得已而後起者也。

人生有道，人不自知。三人居室，則必朝暮啟閉其門户，饔飧取給於樵汲。既非一身，則必有分任者矣。或各司其事，或番易其班，所謂不得不然之勢也，而均平秩序之義出矣。又恐交委而互争焉，則必推年之長者持其平，亦不得不然之勢也，柳宗元《封建論》：「夫假物者必争，争而不已，必就其能斷曲直者而聽命焉，其强而明者所伏必衆。」而長幼尊尊之别形矣。至於什伍千百，部别班分，亦必各長其什伍。而積至於千百，則人衆而賴於幹濟，必推才之傑者理其繁；勢紛而須於率俾，《書·武成》：「華夏蠻貊，罔不率俾恭天成命。」注：「冕服采章曰華，大國曰夏。及四夷皆相率，而使奉天成命。」必推德之懋者司其化，《書·仲虺之誥》：「德懋懋官。」是亦不得不然之勢也。而作君作師，《書·泰誓》：「天佑下民，作之君，作之師。」注：「言天佑助下民，爲立君以政之，爲立師以教之。」畫野分州，《周禮·春官宗伯》下：「保章氏以星土辨九州之地，所封封域，皆有分星，以觀妖祥。」注：「星土，星所主土也。封，猶界也。鄭司農説星土，以《春秋傳》曰『參爲晉星，商主大火』、《國語》曰『歲之所在，則我有周之分野之屬』是也。玄謂大界則曰九州，州中諸國中之封域，於星亦有分焉。其書亡矣，堪輿雖有郡國所入度，非古數也。今其存可言者，十二次之分也。星紀，吴越也。玄枵，齊也。娵訾，衛也。降婁，魯也。大梁，趙也。實沈，晉也。鶉首，秦也。鶉火，周也。鶉尾，楚也。壽星，鄭也。大火，宋也。析木，燕也。此分野之妖祥，主用客星彗孛之氣爲象。」《書・禹貢》：「禹别九州」，注：「九州，《周公職録》云：『黄帝受命風后，受圖割地，布九州。』鄹子云：『中國爲赤縣，内有九州。』」補正：原注末加：《漢書・地理志》：「昔在黄帝，畫壄分州。堯遭洪水，天下分絶爲十二州。（師古曰：「九州之外，有并州、幽州、營州，故曰十二。」）使禹治之，更制九州：冀州、兖州、青州、徐州、揚州、荆州、豫州、梁州、雍州。後受禪於虞，爲夏后氏。殷因於夏，亡所變改。周既克殷，定官分職，改禹徐、梁二州合之於雍，青分冀州之地以爲幽、并，故《周官》有職方氏，辨九州之國。」井田、封建，《周禮・小司徒》：「乃經土地，而井牧其田野。」又《地官大司徒》：「凡建邦國，以土圭土其地而制其域。諸公之地封疆方五百里，其食者半。諸侯之地封疆方四百里，其食者參之一。諸伯之地封疆方三百里，其食者參之一。諸子之地封疆方二百里，共食者四之一。諸男之地封疆方百里，其食者四之一。」學校之意著矣。《孟子・滕文公上》：設爲庠序學校以教之。庠者，養也。校者，教也。序者，射也。夏曰校，殷曰序，周曰庠，學則三代共之，皆所以明人倫也。」故道者，非聖人智力之所能爲，皆其事勢自然，漸形漸著，不得已而出之，故曰「天」也。

《易》曰：「一陰一陽之謂道」，是未有人而道已具也；「繼之者善，成之者性」，《易·繫辭上》：「一陰一陽之謂道。繼之者善也，成之者性也。」正義曰：「『繼之者善也』者，道是生物開通，善是順理養物，故繼道之功者，惟善行也。『成之者性也』者，若能成就此道者，是人之本性。若性仁者，成就此道爲仁；性知者，成就此道爲知也。」是天著於人，而理附於氣。故可形其形而名其名者，皆道之故，而非道也。道者，萬事萬物之所以然，而非萬事萬物之當然也。人可得而見者，則其當然而已矣。

人之初生，至於什伍千百，以及作君作師，分州畫野，蓋必有所需而後從而給之，有所鬱而後從而宣之，有所弊而後從而救之。羲、農、軒、顓伏羲、神農、軒轅、顓頊。之制作，初意不過如是爾。法積美備，至唐、虞而盡善焉；殷因夏監，至成周而無憾焉。《論語·爲政》：「子曰：『殷因於夏禮，所損益可知也。周因於殷禮，所損益可知也。其或繼周者，雖百世可知也。』」譬如濫觴補正：見《書教中》注。

積而漸爲江河，培塿《左傳・襄二十四年》：「部婁無松柏」，注：「部婁，小阜。」案：應劭《風俗通》、李善《文選・魏都賦》注並引作「培塿」。積而至於山嶽，亦其理勢之自然，而非堯、舜之聖過乎羲、軒，文、武之神、勝於禹、湯也。後聖法前聖，《孟子・離婁下》：「先聖、後聖，其揆一也。」非法前聖也，法其道之漸形而漸著者也。三皇無爲而自化，五帝開物而成務，三王立制而垂法，後人見爲治化不同有如是爾。當日聖人創制，則猶暑之必須爲葛，寒之必須爲裘，而非有所容心，以謂吾必如是而後可以異於聖人，吾必如是而後可以齊名前聖也。此皆一陰一陽往復循環所必至，而非可即是以爲一陰一陽之道也。一陰一陽往復循環者，猶車輪也。聖人創制，一似暑葛寒裘，猶軌轍也。

道有自然，聖人有不得不然，其事同乎？曰：不同。道無所爲而自然，聖人有所見而不得不然也。聖人有所見，故不得不然；衆人無所見，則不知其然而然。補正：《莊子・達生》：「不知所以然而然，命也。」孰爲近道？曰：不知其然而然，即道也。非無所見也，不可見也。不得不然者，聖人所以合乎道，非可即以爲道也。聖人求道，道無可見，即衆人之不知其然而然，聖人所藉以見道者也。故不知其然而然，一陰一陽之迹也。學於聖人，斯爲賢人；學於賢人，斯爲君子；學於衆人，斯爲聖人。非衆可學也，求道必於一陰一陽之迹也。自有天地，而至唐、虞、夏、商，迹既多而窮變通久之理亦大備。周公以天縱生知之聖，《論語·子罕》：「子貢曰：『固天縱之將聖』」，注：「孔曰：言天固縱大聖之德。」而適當積古留傳道法大備之時，是以經綸制作，集千古之大成，則亦時會使然，非周公之聖智能使之然也。蓋自古聖人，皆學於衆人之不知其然而然，而周公又遍閲於自古聖人之不得不然而知其然也。周公固天縱生知之聖矣，此非周公智力所能也，時會使然也。譬如春夏秋冬，各主一時，而冬令告一歲之成，亦其時會使然，而非冬令勝於三時也。故創制顯庸之聖，《國語·周語二》：「叔父若能光裕大德，更姓改物，以創制天下，自顯庸也。」韋昭注：「創，造也。庸，用也。謂爲天子造制度，自顯用於天下。」千古所同也；集大成者，周公所獨也。時會適當時而然，周公亦不自知其然也。

孟子曰：「孔子之謂集大成」，今言集大成者爲周公，毋乃悖於孟子之指歟？曰：「集」之爲言，萃衆之所有而一之也。自有天地，而至唐、虞、夏、商，皆聖人而得天子之位，經綸治化，一出於道體之適然。周公成文、武之德，適當帝全王備，殷因夏監，至於無可復加之際，故得藉爲制作典章，而以周道集古聖之成，斯乃所謂集大成也。孔子有德無位，即無從得制作之權，不得列於一成，安有大成可集乎？非孔子之聖遜於周公也，時會使然也。孟子所謂『集大成』者，乃對伯夷、伊尹、柳下惠而言之也。恐學者疑孔子之聖與三子同，無所取譬，譬於作樂之「大成」也。《孟子·萬章下》：「孟子曰：『伯夷，聖之清者也；伊尹，聖之任者也；柳下惠，聖之和者也；孔子，聖之時者也。孔子之謂集大成。集大成也者，金聲而玉振之也。金聲也者，始條理也；玉振之也者，終條理也。始條理者，智之事也；終條理者，聖之事也。』」集注：「成者，樂之一終，《書》所謂『《簫韶》九成』是也。」故「孔子大成」之説，可以對三子，而不可以盡孔子也。以之盡孔子，反小孔子矣。何也？周公集羲、軒、堯、舜以來之大成，周公固學於歷聖而集之，無歷聖之道法則固無以成其周公也。孔子非集伯夷、尹、惠之大成，孔子固未嘗學於伯夷、尹、惠，且無伯夷、尹、惠之行事，豈將無以成其孔子乎？夫孟子之言，各有所當而已矣，豈可以文害意乎？《孟子·萬章上》：「故説《詩》者不以文害辭，不以辭害志。」

達巷黨人曰：「大哉孔子！博學而無所成名。」《論語·子罕》文。今人皆嗤黨人不知孔子矣，抑知孔子果成何名乎？以謂天縱生知之聖，不可言思擬議而爲一定之名也，於是援天與神，以爲聖不可知而已矣。斯其所見，何以異於黨人乎？天地之大，可一言盡。《禮記·中庸》：「天地之道，可一言而盡也。」孔子雖大，不過天地，獨不可以一言盡乎？或問：何以一言盡之？則曰：學周公而已矣。《法言·學行》：「孔子，習周公者也。」周公之外，别無所學乎？曰：非有學，而孔子有所不至。周公既集群聖之成，則周公之外更無所謂學也。周公集群聖之大成，孔子學而盡周公之道，斯一言也足以蔽孔子之全體矣。「祖述堯、舜」，周公之志也；「憲章文、武」，周公之業也。《禮記·中庸》：「仲尼祖述堯、舜，憲章文、武。」按：此云周公，而仲尼乃學周公者也。一則曰「文王既没，文不在兹」，《論語·子罕》文。再則曰「甚矣吾衰，不復夢見周公」，《論語·述而》文。又曰「吾學《周禮》，今用之」，又曰「郁郁乎文哉！吾從周」。《論語·八佾》文。哀公問政，則曰「文、武之政，布在方策」。《禮記·中庸》文。或問「仲尼焉學」，子貢以謂「文、武之道，未墜於地」。《論語·子張》：「衛公孫朝問於子貢曰：『仲尼焉學？』子貢曰：『文、武之道，未墜於地。』」「述而不作」，周公之舊典也；「好古敏求」，《論語·述而》：「子曰：『我非生而知之者，好古，敏以求之者也。』」周公之遺籍也。黨人生同時而不知，乃謂「無所成名」，亦非全無所見矣。後人觀載籍而不知夫子之所學，是不如黨人所見矣，而猶嗤黨人爲不知，奚翅百步之笑五十步乎？《孟子·梁惠王上》：「兵刃既接，棄甲曳兵而走，或百步而後止，或五十步而後止，以五十步笑百步，則何如？曰：不可。直不百步耳，是亦走也。」故自古聖人其聖雖同，而其所以爲聖不必盡同，時會使然也。惟孔子與周公俱生法積道備無可復加之後，周公集其成以行其道，孔子盡其道以明其教，符節吻合，如出於一人，不復更有毫末異同之致也。然則欲尊孔子者，安在援天與神，而爲恍惚難憑之説哉！

或曰：孔子既與周公同道矣，周公集大成，而孔子獨非大成歟？曰：孔子之大成，亦非孟子所謂也。蓋與周公同其集羲、農、軒、頊、唐、虞、三代之成，而非集夷、尹、柳下之成也。蓋君師分而治教不能合於一，氣數之出於天者也。周公集治統之成，而孔子明立教之極，皆事理之不得不然，而非聖人異於前人，此道法之出於天者也。故隋唐以前，學校並祀周、孔，以周公爲先聖，孔子爲先師，蓋言制作之爲聖，而立教之爲師。

《禮記・文王世子》：「凡學，春，官釋奠於其先師，秋、冬亦如之。凡始立學者，必釋奠於先聖先師。及行事，必以幣。」注：「先聖，周公若孔子。」又：「天子視學，大昕鼓徵，所以警衆也。衆至，然後天子至，乃命有司行事，興秩節，祭先師先聖焉。」按：「隋制：國子寺每歲曰①仲月上丁，釋奠於先聖先師。」「唐高祖武德二年，詔國子學立周公、孔子廟各一所，四時至祭。」補正：《禮·樂記》：「作者之謂聖。」《文王世子》：「出則有師之也者，教之以事，而喻諸德者也。」故孟子曰「周公、仲尼之道」《孟子·滕文公上》文。一也。然則周公、孔子以時會而立統宗之極，聖人固藉時會歟？宰我以謂夫子「賢於堯、舜」，子貢以謂「生民未有如天子」，有若以夫子較古聖人則謂「出類拔萃」，三子皆舍周公，獨尊孔氏，朱子以謂事功有異，是也。《孟子·公孫丑上》：「宰我曰：『以予觀於孔子，賢於堯、舜遠矣。』子貢曰：『自生民以來，未有夫子也。』有若曰：『出乎其類，拔乎其萃，自生民以來未有盛於孔子也。』」朱子集注引程子曰：「語聖則不異，事功則有異。夫子異②於堯、舜，語事功也。」然而治見實事，教則垂空言矣。後人因三子之言而盛推孔子，過於堯、舜，因之崇性命而薄事功，於是千聖之經綸不足當儒生之坐論矣。自

---

① 「曰」字誤。《隋書·禮儀志》、《通典·禮十三》均作「四」。

② 「異」，朱熹《孟子章句集注》作「賢」。

注：伊川論禹、稷、顔子，謂禹、稷較顔子爲麤。朱子又以二程與顔、孟切比長短。蓋門户之見，賢者不免，古今之通患。夫尊夫子者，莫若切近人情。不知其實，而但務推崇，則玄之又玄，《老子·第一章》：「玄之又玄，衆妙之門。」聖人一神天之通號耳，世教何補焉？故周、孔不可優劣也，「塵垢、秕糠陶鑄堯、舜」，莊生且謂寓言，《莊子·逍遥遊》：「是其塵垢、粃糠將猶陶鑄堯、舜者也」，注：「堯、舜者，世事之名耳。爲名者，非名也。故夫堯、舜者，豈直堯、舜而已哉？必有神人之實焉。今所稱堯、舜者，徒名其塵垢、粃糠耳。」曾儒者而襲其説歟？故欲知道者，必先知周、孔之所以爲周、孔。

原道中

韓退之曰：「由周公而上，上而爲君，故其事行；由周公而下，下而爲臣，故其説長。」韓愈《原道》文。夫「説長」者，道之所由明，而「説長」者亦即道之所由晦也。夫子明教於萬世，夫子未嘗自爲説也。表章六籍，存周公之舊典，故曰：「述而不作，信而好古。」又曰：「蓋有不知而作之者，我無是也。」「子所雅言，《詩》、《書》執《禮》」，皆《論語·述而》文。所謂明先王之道以導之也。非夫子推尊先王、意存謙牧而不自作也，夫子本無可作也。「有德無位」，即無制作之權。空言不可以教人，所謂「無徵不信」《禮記·中庸》文。也。教之爲事，羲、軒以來蓋已有之。觀《易大傳》之所稱述，則知聖人即身示法，因事立教，而未嘗於敷政出治之外，別有所謂教法也。《易·繫辭下》：「古者包犧氏之王天下也，仰則觀象於天，俯則觀法於地，觀鳥獸之文與地之宜，近取諸身，遠取諸物。於是始作八卦，以通神明之德，以類萬物之情。作結繩而爲罔罟，以佃以漁，蓋取諸《離》。包犧氏没，神農氏作，斲木爲耜，揉木爲耒，耒耨之利，以教天下，蓋取諸《益》。日中爲市，致天下之民，聚天下之貨，交易而退，各得其所，蓋取諸《噬嗑》。神農氏没，黄帝、堯、舜氏作，通其變，使民不倦，神而化之，使民宜之。《易》，窮則變，變則通，通則久，是以自天祐之，吉無不利。黄帝、堯、舜垂衣裳而天下治，蓋取諸《乾》《坤》。刳木爲舟，剡木爲楫，舟楫之利，以濟不通，致遠以利天下，蓋取諸《涣》。服牛乘馬，引重致遠，以利天下，蓋取諸《隨》。重門擊柝，以待暴客，蓋取諸《豫》。斷木爲杵，掘地爲臼，臼杵之利，萬民以濟，蓋取諸《小過》。弦木爲弧，剡木爲矢，弧矢之利，以威天下，蓋取諸《睽》。上古穴居而野處，後世聖人易之以宫室，上棟下宇，以待風雨，蓋取諸《大壯》。古之葬者，厚衣之以薪，葬之中野，不封不樹，喪期無數，後世聖人易之以棺槨，蓋取諸《大過》。上古結繩而治，後世聖人易之以書契，百官以治，萬民以察，蓋取諸《夬》。」虞廷之教，則有專官矣。司徒之所敬敷，典樂之所咨命，《書・舜典》：「帝曰：『契，百姓不親，五品不遜，汝作司徒。敬敷五教，在寬。』」又：「帝曰：『夔，命汝典樂，教胄子。』」以至學校之設通於四代，《禮記・王制》：「有虞氏養國老於上庠，養庶老於下庠。夏后氏養國老於東序，養庶老於西序。殷人養國老於右學，養庶老於左學。周人養國老於東膠，養庶老於虞庠，虞庠在國之西郊。」司成師保之職詳於《周官》。《周禮・地官司徒》有師氏、保氏。案：《周禮》無司成。惟《禮記・文王世子》有「大司成論説在東序」語，注：「論説，課其教之深淺，才能優劣。」「大司成，司徒之屬師氏也。」然既列於有司，則肄業存於掌故，其所習者，修齊治平之道，《禮記・大學》：「古之欲明明德於天下者，先治其國。欲治其國者，先齊其家。欲齊其家者，先修其身。」而所師者，守官典法之人。治教無二，官師合一，豈有空言以存其私説哉？儒家者流，尊奉孔子，若將私爲儒者之宗師，則亦不知孔子矣。孔子立人道之極，豈有意於立儒道之極耶？儒也者，賢士不遇明良之盛，《書·益稷》：「帝庸作歌曰：『勑天之命，惟時惟幾。』乃歌曰：『股肱喜哉！元首起哉！百工熙哉！』皋陶拜不①稽首颺言曰：『念哉！率作興事，慎乃憲，欽哉！屢省乃成，欽哉！』乃賡載歌曰：『元首明哉！股肱良哉！庶事康哉！』又歌曰：『元首叢脞哉！股肱惰哉！萬事墮哉！』帝拜曰：『俞，往欽哉！』」不得位而大行，於是「守先王之道以待後之學者」，《孟子·滕文公下》文。出於勢之無可如何爾。人道所當爲者，廣矣！大矣！豈當身皆無所遇，而必出於守先待後，不復涉於人世哉？觀學《易》原於羲畫，不必同其卉服野處也；《易·繫辭下》：「上古穴居而野處。」《書》始於虞典，不必同其呼天號泣也，《書·大禹謨》：「帝初於歷山，往於田，日號泣於旻天，於父母。」《孟子·萬章上》：「長息問於公明高曰：『舜往於田，則吾既得聞命矣；號泣於旻天，於父母，則吾不知也。』」以爲所處之境各有不同也。然則學夫子者，豈曰

① 「不」字誤，《尚書》作「手」。

屏棄事功，預期道不行而垂其教邪？

《易》曰：「形而上者謂之道，形而下者謂之器。」《易·繫辭上》文。道不離器，猶影不離形。案：此意清初顏元、李塨、費密諸人已言之。後世服夫子之教者自六經，以謂六經載道之書也，而不知六經皆器也。《易》之爲書，所以開物成務，掌於《春官》太卜，則固有官守而列於掌故矣。《書》在外史，《周禮·春官宗伯》下：「外史掌書，外令掌四方之志，掌三皇五帝之書。」《詩》領大師，《周禮·春官宗伯》下：「大師掌六律、六同，以合陰陽之聲。」「教六詩：曰風，曰賦，曰比，曰興，曰雅，曰頌。以六德爲之本，以六律爲之音。」《禮》自宗伯，《周禮·春官宗伯》：「大宗伯之職，掌建邦之天神、人鬼、地示之禮，佐王建保邦國。」樂有司成，案：《周禮·春官宗伯》下：「大司樂掌成均之法，以治建國之學政，而合國之子弟焉」，以樂德、樂舞教國子。章氏「司成」之語不知何據？《春秋》各有國史。《孟子·離婁下》：「王者之迹息而《詩》亡，《詩》亡然後《春秋》作。晉之《乘》，楚之《檮杌》，魯之《春秋》，一也。」三代以前，《詩》《書》六藝未嘗不以教人，《周禮·地官司徒》下：「保氏養國子以道，乃教之六藝：一曰五禮，二曰六樂，三曰五射，四曰五馭，五曰六書，六曰九數。」不如後世尊奉六經，别爲儒學一門，案：新舊《唐書》及《元史》皆有《儒學傳》。而專稱爲載道之書者。蓋以學者所習不出官司典守、國家政教，而其爲用亦不出於人倫日用之常，是以但見其爲不得不然之事耳，未嘗别見所載之道也。夫子述六經以訓後世，亦謂先聖先王之道不可見，六經即其器之可見者也。補正：《莊子·天下》：「配神明，醇天地，育萬物，和天下，澤及百姓，明於本數，係於末度，六通四辟，小大精粗，其運無乎不在。其明而在數度者，舊法世傳之史尚多有之。其在於《詩》《書》《禮》《樂》者，鄒魯之士，縉紳先生，多能明之。」後人不見先王，當據可守之器，而思不可見之道。故表章先王政教，與夫官司典守以示人，而不自著爲説，以致離器言道也。夫子自述《春秋》之所以作，則云：「我欲託之空言，不如見諸行事之深切著明。」見《易教上》注。則政教典章，人倫日用之外，更無别出著述之道，亦已明矣。秦人禁偶語《詩》、《書》，而云「欲學法令，以吏爲師」。《史記·秦始皇本紀》：「有敢偶語《詩》《書》，棄市。若欲有學法令，以吏爲師。」夫秦之悖於古者，禁《詩》、《書》耳，至云學法令者以吏爲師，則亦道器合一，而官師治教未嘗分歧爲二之至理也。其後治學既分，不能合一，天也。官司守一時之掌故，經師傳授[①]之章句，《漢書·夏侯勝傳》：「從父子建自師事勝及歐陽高，左右采獲。又從五經諸儒問與《尚書》相出入者，牽引以次章句，具文飾說。勝非之曰：『建所謂章句小儒，破壞大體。』」亦事之出於不得不然者也。然而歷代相傳，不廢儒業，爲其所守先王之道也。而儒家者流，守其六籍，以謂是特載道之書耳。夫天下豈有離器言道、離形存影者哉？彼舍天下事物人倫日用，而守六籍以言道，則固不可與言夫道矣！《易》曰：「仁者見之謂之仁，智者見之謂之智，百姓日用而不知矣。」《易·繫辭上》文。然而不知道而道存，見、謂道而道亡。大道之隱也，不隱於庸愚，而隱於賢智之倫者紛紛有見也。蓋官師治教合，而天下聰明範於一，故即器存道，而人心無越思。官師治教分，而聰明才智不入於範圍，

① 「授」字下，粵雅堂本《文史通義》、浙江書局及嘉業堂《章氏遺書》本均有「受」字。

則一陰一陽入於受性之偏，而各以所見爲固然，亦勢也。夫禮司樂職，各守專官，雖有離婁之明、師曠之聰，不能不赴範而就律也。《孟子·離婁上》：「離婁之明，公輸子之巧，不以規矩不能成方圓。師曠之聰，不以六律不能正五音。」今云官守失傳，而吾以道德明其教，則人人皆自以爲道德矣。故夫子述而不作，而表章六藝，以存周公舊典也，不敢舍器而言道也，而諸子紛紛，則已言道矣。莊生譬之爲耳目口鼻，《莊子·天下篇》：「譬如耳目鼻口，皆有所明，不能相通。」司馬談別之爲六家，《史記·太史公自序》：「談爲太史公。太史公學天官於唐都，受《易》於楊何，習道論於黃子。太史公仕於建元、元封之間，愍學者之不達其意而師悖，乃論六家之要指曰：『夫陰陽、儒、墨、名、法、道德，此務爲治者也。』」劉向區之爲九流，見《詩教上》注。皆自以爲至極，《莊子·天下篇》：「皆以其有爲不可加矣。」而思以其道易天下者也。《孟子·滕文公上》：「夷子思以易天下。」由君子觀之，皆仁智之見而謂之，而非道之果若是易也。夫道因器而顯，不因人而名也；自人有謂「道」者，而道始因人而異其名矣，仁見謂仁、智見謂智是也。人自率道而行，道非人之所能據而有也；自人各謂其「道」，而各行其所謂，而道始得爲人所有矣，墨者之道、許子之道，《孟子·滕文公下》：「從許子之道，相率而爲僞者也，惡能治國家？」其類皆是也。夫道自形於三人居室，而大備於周公、孔子，歷聖未嘗别以道名者，蓋猶一門之内不自標其姓氏也。至百家雜出而言道，而儒者不得不自尊其所出矣。一則曰堯、舜之道，《孟子·萬章上》：「我豈若處畎畝之中，由是以樂堯、舜之道哉？」再則曰周公、仲尼之道，故韓退之謂「道與德爲虚位」也。夫「道與德爲虚位」者，韓愈《原道》文。道與德之衰也。

原道下

人之萃處也，因賓而立主之名。言之龐出也，因非而立是之名。自諸子之紛紛言道，而爲道病焉。儒家者流乃尊堯、舜、周、孔之道，以爲吾道矣。道本無吾，而人自吾之，以謂庶幾别於非道之道也。而不知各吾其吾，猶三軍之衆，可稱「我軍」，對敵國而我之也；非臨敵國，三軍又各有其我也。夫六藝者，聖人即器而存道，而三家之《易》、《史記・儒林傳》：「丁寬，梁人，從田何受《易》。」「寬授同郡碭田王孫，王孫授施讎、孟喜、梁丘、賀繇，是《易》有施、孟、梁丘之學。」《漢書・藝文志・六藝略》：「《易經》十二篇，施、孟、梁丘三家。」四氏之《詩》《漢書・儒林傳》：「言《詩》於魯則申培公，於齊則轅固生，於燕則韓太傅。」又：「毛公，趙人，治《詩》爲河間獻王博士。」攻且習者，不勝其入主而出奴也。韓愈《原道》：「入者主之，出者奴之。」不知古人於六藝，被服如衣食，人人習之爲固然，未嘗專門以名家者也。後儒但即一經之隅曲，猶謂方隅一曲。而終身殫竭其精力，猶恐不得一當焉，是豈古今人不相及哉？其勢有然也。古者道寓於器，官師合一，學士所肄，非國家之典章，即有司之故事，耳目習而無事深求，故其得之易也。後儒即器求道，有師無官，事出傳聞，而非目見，文須訓故而非質言，是以得之難也。夫六藝並重，非可止守一經也。經旨閎深，非可限於隅曲也。而諸儒專攻一經之隅曲，必倍古人兼通六藝之功能，則去聖久遠，

《孟子·盡心下》：「去聖人之世若此其未遠也。」《漢書·劉歆傳》：「去聖帝明王遐遠。」於事固無足怪也。但既竭其心思耳目之智力，《孟子·離婁上》：「聖人既竭目力焉，繼之以規矩準繩，以爲方圓平直，不可勝用也。既竭耳力焉，繼之以六律正五音，不可勝用也。既竭心思焉，繼之以不忍人之政，而仁覆天下矣。」則必於中獨見天地之高深，因謂天地之大，人莫我尚也，亦人之情也。而不知特爲一經之隅曲，未足窺古人之全體也。訓詁章句，疏解義理，考求名物，按：《爾雅》有《釋訓》、《釋詁》。《漢書·藝文志》《易》、《書》、《春秋》三經除經文外，施、孟、梁丘、歐陽、大小夏侯、公羊、穀梁皆別有《章句》。《莊子·天下》：「以義爲理。」《北史·崔浩傳》：「研精義理，時人莫及。」《周禮·庖人》：「辨其名物」，疏：「禽獸等皆有名號服色。」《近思録》卷二：「古之學者一，今之學者三，異端不與焉。一曰文章之學，二曰訓詁之學，三曰儒者之學。欲趨道，舍儒者之學不可。」注：「釋教言爲訓，釋古言爲詁。《爾雅》有《釋訓》、《釋詁》是也。儒者之學所以求道，文章訓詁皆其末流。」《通志·校讎略·原學》：「後人學術大概有二，一者義理之學，二者辭章之學。義理之學尚攻擊，辭章之學務雕搜。耽義理者則以辭章之士爲不達淵源，玩辭章者則以義理之士爲無文采。要之，辭章雖富，如朝霞晚照，徒焜耀人耳目；義理雖深，如空谷尋聲，靡所底止。二者殊塗而同歸，是皆從事於語言之末，而非爲實學也。所以學術不及三代，又不及漢者，抑有由也。以圖譜之學不傳，則實學盡化爲虛矣。」段玉裁《戴震年譜》：「先生初謂『天下有義理之源，有考竅①之源，有文章之源，吾於三者皆庶得其源。』後數年又曰：『義理即考竅、文章二者之源也，義理又何源哉？吾前言過矣。』」案：章氏此語爲戴震而發，詳《朱陸篇書後》。皆不足以言道也。取三者而兼用之，則以萃聚之力，補遥溯之功，或可庶幾耳。而經師先已不能無牴牾，傳其學者又復各分其門户，不啻儒、墨之辨焉。《孟子·盡心下》：「孟子曰：『逃墨必歸於楊，逃楊必歸於儒，歸斯受之而已矣。今之與楊、墨辯者，如追放豚，既入其苙，又從而招之。』」則因賓定主，而又有主中之賓；因非立是，而又有是中之非。門徑愈歧，而大道愈隱矣。

「上古結繩而治，後世聖人易之以書契，百官以治，萬民以察。」《易·繫辭下》文。夫文字之用，爲治爲察，古人未嘗取以爲著述也。以文字爲著述，起於官師之分職，治教之分途也。夫子曰：「予欲無言。」《論語·陽貨》

①「竅」字誤，當作「覈」。下同。

文。欲無言者，不能不有所言也。孟子曰：「予豈好辨哉？予不得已也。」《孟子·滕文公下》文。後世載筆之士，《禮記·曲禮上》：「史載筆」，注：「筆，謂書具之屬。」作爲文章，將以信今而傳後，補正：曾子固《寄歐陽舍人書》文。門人陳其昌補。其亦尚念「欲無言」之旨，與夫「不得已」之情，庶幾哉言出於我，而所以爲言，初非由我也。夫道備於六經，義藴之匿於前者，章句訓詁足以發明之。事變之出於後者，六經不能言，固貴約六經之旨，而隨時撰述以究大道也。「太上立德，其次立功，其次立言」，《左傳·襄二十四年》文。立言與立功相準。蓋必有所需而後從而給之，有所鬱而後從而宣之，有所弊而後從而救之，而非徒誇聲音采色，以爲一己之名也。《易》曰：「神以知來，智以藏往。」見《書教下》注。知來，陽也；藏往，陰也。一陰一陽，道也。文章之用，或以述事，或以明理。事逆已往，陰也；理闡方來，陽也。其至焉者，則述事而理以昭焉，言理而事以範焉，則主適不偏，《論語·里仁》：「子曰：『無適也，無莫也。』」集注：「適，專主也。莫，不肯也。」《春秋傳》曰『吾誰適從』是也。莫，不肯也。」而文乃衷於道矣。遷、固之史，董、韓之文，董仲舒、韓愈。庶幾哉有所不得已於言者乎？不知其故，而但溺文辭，其人不足道已。即爲高論者，以謂文貴明道，何取聲情色采以爲愉悦？亦非知道之言也。夫無爲之治而奏薰風，《論語·衛靈公》：「無爲而治者，其舜也歟！」《禮記·樂記》：「昔者舜作五弦之琴，以歌《南風》。」正義曰：「《聖證論》引《尸子》及《家語》難鄭曰：『昔者舜彈五弦之琴，其辭曰：南風之薰兮，可以解吾民之愠兮。南風之時兮，可以阜吾民之財兮。』」靈台①之功而樂鐘鼓，《詩·大雅·靈臺》：「於論鼓鐘，於樂辟廱。」以及彈琴遇文，《家語·辯樂解》：「孔子學琴於師襄子，襄子曰：『子於學琴，已習，可以益矣。』孔子曰：『丘未得其數也。』有間，曰：『已習其數，可以益矣。』曰：『丘未得其志也。』有間，曰：『已習其志，可以益矣。』孔子曰：『丘未得其爲人也。』有閒，有所繆然思焉，有所睪然高望而遠眺，曰：『丘迨得其爲人矣。近黮而黑，頎然長，曠如望羊，奄有四方。非文王，其孰能爲此！』師襄子避席揖拱而對曰：『子，聖人也！』其傳曰《文王操》。」風雩言志，《論語·先進》：「子曰：『何傷乎！亦各言其志也。』曰：『莫春者，春服既成，冠者五六人，童子

① 「台」，粤雅堂本《文史通義》、浙江書局及嘉業堂《章氏遺書》本均作「臺」。

六七人，浴乎沂，風乎舞雩，詠而歸。』」則帝王致治，賢聖功修，未嘗無悅目娱心之適。而謂文章之用，必無詠歎抑揚之致哉？

子貢曰：「夫子之文章可得而聞也，夫子之言性與天道，不可得而聞也。」《論語·公冶長》文。蓋夫子所言，無非性與天道，而未嘗表而著之曰「此性」、「此天道」也。故不曰「性與天道不可得聞」，而曰「言性與天道不可得聞」也。所言無非性與天道，而不明著「此性與天道」者，恐人舍器而求道也。夏禮能言，殷禮能言，皆曰「無徵不信」。《論語·八佾》：「子曰：『夏禮吾能言之，杞不足徵也。殷禮吾能言之，宋不足徵也。文獻不足故也，足則吾能徵之矣。』」則夫子所言，必取徵於事物，而非徒託空言以爲明道也。曾子真積力久，則曰「一以貫之」；《荀子·幼□①篇》：「真積力久則入，學至乎没而後止也。」《論語·里仁》：「子曰：『參乎！吾道一以貫之。』曾子曰：『唯。』」子貢多學而識，則曰「一以貫之」。《論

① 「幼□」誤，當作「勸學」。

語·衛靈公》：「子曰：『賜也，女以予爲多學而識之者與？』對曰：『然，非與？』曰：『非也，予一以貫之。』」非真積力久與多學而識，則固無所據爲一之貫也。訓詁名物，將以求古聖之迹也，而侈記誦者，如貨殖之市矣。撰述文辭，欲以闡古聖之心也，而溺光采者，如玩好之弄矣。異端曲學，道其所道，而徑其所徑①，韓愈《原道》：「其所謂道，道其所道，非吾所謂道也。其所謂徑，徑其所徑，非吾所謂徑也。②」補正：「德」誤「經③」。固不足爲斯道之得失也。記誦之學，文辭之才，不能不以斯道爲宗主，而市且弄者之紛紛忘所自也。宋儒起而争之，以謂是皆溺於器而不知道也。夫溺於器而不知道者，亦即器而示之以道，斯可矣。而其弊也，則欲使人舍器而言道。夫子教人「博學於文」，《論語·雍也》：「子曰：『君子博學於文，約之以禮，亦可以弗畔矣夫。』」而宋儒則曰「玩物而喪志」；曾子教

① 「徑其所徑」，粤雅堂本《文史通義》、浙江書局及嘉業堂《章氏遺書》本均作「德其所德」。韓愈《原道》作「德其所德」。

② 句中四「徑」字，《五百家注昌黎集》均作「德」。按正文及注之「徑」字皆當作「德」，形近而誤。

③ 「經」，當作「徑」。

人「辭遠鄙倍」，《論語・泰伯》：「曾子曰：『出辭氣，斯遠鄙倍矣。』」而宋儒則曰「工文則害道」。《近思録》卷二：「明道先生以記誦博識爲玩物喪志。」又：「問：作文害道否？曰：害道也。凡爲文，不專意則不工，若專意則志局於此，又安能與天地同其大也。《書》曰：『玩物喪志。』爲文亦玩物也。」夫宋儒之言，豈非末流良藥石哉？然藥石所以攻臟腑之疾耳，宋儒之意似見疾在臟腑，遂欲並臟腑而去之。將求性天，乃薄記誦而厭辭章，何以異乎？然其析理之精，踐履之篤，漢唐之儒未之聞也。孟子曰：「義理之悦我心，獨芻豢之悦我口。」《孟子・告子上》文。義理不可空言也，博學以實之，文章以達之，三者合於一，庶幾哉周、孔之道雖遠，不啻累譯而通矣。《漢書・平帝紀》：「重譯」，注：「師古曰：道路絶遠，風俗殊隔，故累譯而後乃通。」顧經師互詆，案：即《漢書・劉歆傳》所謂「專己守殘，黨同門，妒道真」。文人相輕，《典論・論文》：「文人相輕，自古亦然。」而性理諸儒又有朱、陸之同異。見下《朱陸篇》。從朱、從陸者之交攻，而言學問與文章者又逐風氣而不悟，莊生所謂「百家往而不反，必不合矣」，《莊子・天下》文。悲夫！

邵氏晉涵曰：是篇初出，傳稿京師，同人素愛章氏文者皆不滿意，謂蹈宋人語録習氣，不免陳腐取憎，與其平日爲文不類，至有移書相規誡者。余諦審之，謂朱少白名錫庚。曰：「此乃明其《通義》所著，一切創言別論，皆出自然，無矯强耳。語雖渾成，意多精湛，未可議也。」

族子廷楓曰：叔父《通義》，平日膾炙人口，豈盡得其心哉？不過清言高論，類多新奇可喜，或資爲掌中之談助耳。不知叔父嘗自恨其名雋過多，失古意也。是篇題目雖似迂闊，而意義實多創闢。如云：道始三人居室，而君師政教皆出乎天；賢智學於聖人，聖人學於百姓；集大成者爲周公而非孔子，學者不可妄分周孔；學孔子者，不當先以垂教萬世爲心；孔子之大，學《周禮》，一言可以蔽其全體。皆乍聞至奇，深思至確。《通義》以前，從未經人道過，豈得謂陳腐耶！諸君當日詆爲陳腐，恐是讀得題目太熟，未嘗詳察其文字耳。

原學上

自注：庚戌鈔存《通義》。按：此三篇應與《博約》三篇參閱。又《章氏遺書·答沈楓墀論學書》云：「考索之家亦不易易，大而禮辨郊社，細者雅注蟲魚，是亦專門之業，不可忽也。人生有能有不能，耳目有至有不至，雖聖人，有所不能盡也。立言之士，讀書但觀大意，專門考索名數，究於細微，二者之於大道，交相爲功。足下有志於文，正當益重精學之士。能重精學之士，則發爲文章，必無偏趨風氣之患矣。要之，文易翻空，學須摭實。今之學者雖趨風氣，競尚考訂，多非心得。然知求實而不蹈於虛，猶愈於掉虛文而不復知實學也。」附此亦資參閱。又案：《通志·校讎略》有《原學》，見《原道下》注。

《易》曰：「成象之謂乾，效法之謂坤。」《易·繫辭上》文。注：「以乾①，效坤之法。」學也者，效法之謂也；道也者，成象之謂也。夫子曰：「下學而上達。」《論語·憲問》文。蓋言學於形下之器，而自達於形上之道也。見《原道中》注。「士希賢，賢希聖，聖希天。」周子《通書·志學》文。希賢、希聖，則有其理矣；

① 「以乾」誤，《易經》韓康伯注作「擬乾之象」。

「上天之載，無聲無臭」，《詩・大雅》文。聖如何而希天哉？蓋天之生人，莫不賦之以仁義禮智之性，天德也；《易・乾》：「天德不可爲首也」，注：「天德剛健，當以柔和爲首。」《禮記・中庸》：「苟不固聰明聖知達天德者，其孰能知之！」莫不納之於君臣父子夫婦兄弟朋友之倫，天位也。《詩・大雅・大明》：「天位殷適」，朱熹集傳：「天位，天子之位也。」門人李釗補。以天德而修天位，雖事物未交隱微之地，已有適當其可，而無過與不及之準焉，所謂「成象」也。平日體其象，事至物交，一如其準以赴之，所謂「效法」也。《易・繫辭上》：「辭也者，各指其所之。」《易》與天地準。」又：「與天地相似，故不違。知周乎萬物而道濟天下，故不過，旁行而不流。」此聖人之希天也，此聖人之下學上達也。伊尹曰：「天之生斯民也，使先知覺後知，使先覺覺後覺也。」《孟子・萬章上》文。人生稟氣不齊，固有不能自知適當其可之準者，則先知先覺之人從而指示之，所謂「教」也。教也者，教人自知適當其可之準，非教之舍己而從我也。故士希賢，賢希聖，希其效法於成象，而非舍己之固有而希之也。然則何以使知適當其可之準歟？何以使知成象而效法之歟？則必觀於生民以來，備天德之純，《孟子·公孫丑上》：「自有生民以來未有孔子也。」《論語·述而》：「子曰：『天生德於予，桓魋其如予何？』」而造天位之極者，求其前言往行，所以處夫窮變通久者而多識之，《易·大畜》：「君子以多識前言往行。」案：窮變通久，見《書教上》注。而後有以自得所謂成象者而善其效法也。故效法者必見於行事。《詩》、《書》誦讀，所以求效法之資，而非可即爲效法也。然古人不以行事爲學，而以《詩》、《書》誦讀爲學者，《孟子·萬章下》：「頌其詩，讀其書，不知其人，可乎？是以論其世也，是尚友也。」①補正：《意林》引《尸子》：「孔子曰：『誦《詩》讀《書》，與古人居。讀《書》誦《詩》，與古人謀。』」案：《金樓子·自叙》引此爲曾參語，「謀」作「期」。何邪？蓋謂不格物而致知，則不可以誠意，《禮記·大學》：「欲正其心者先誠其意，欲誠其意者先致其知，致知在格物。」行則如其知而出之也。案：即王守仁所謂「知行合一」。故以誦讀爲學者，推教者之所及而言之，非謂此

① 此條注文當在上句「《詩》、《書》誦讀」之下。

外無學也。子路曰：「有民人焉，有社稷焉，何必讀書然後爲學？」夫子斥以爲佞者，蓋以子羔爲宰，《論語・先進》：「子路使子羔爲費宰，子曰：『賊夫人之子。』子路曰：『有民人焉，有社稷焉，何必讀書然後爲學？』子曰：『是故惡夫佞者。』」不若是說，非謂學必專於誦讀也。專於誦讀而言學，世儒之陋也。《荀子・勸學》：「學惡乎始？惡乎終？曰：其數則始乎誦經，終乎讀禮。」

原學中

古人之學，不遺事物。蓋亦治教未分，官師合一，而後爲之較易也。司徒敷五教，見《原道中》注。典樂教胄子，見《原道中》注。以及三代之學校，皆見於制度。《禮記・學記》：「古之教者，家有塾，黨有庠，術有序，國有學。」《孟子・滕文公上》：「學則三代共之。」彼時從事於學者，入而申其佔畢，《爾雅・釋器》：「簡謂之畢」，郭注：「今簡劄也。」《禮記・學記》：「呻其佔畢」，鄭注：「吟誦其所視簡之文。」出而即見政教典章之行事，是以學皆信而有徵，而非空言相爲授受也。然而其知易入，其行難副，則從古已然矣。堯之斥共工也，則曰「静言庸違」。《書・堯典》：「驩兜曰：『都，共工方鳩僝功。』帝曰：『吁，静言庸違，象恭滔天。』」注：「言共工自爲謀言，起用行事而違背之。」夫静而能言，則非不學者也，試之於事而有違，則與效法於成象者異矣。傅説之啟高宗也，則曰「非知之艱，行之惟艱」。《書・説命中》文。高宗舊學於甘盤，《書・説命下》序：「王曰：『來，汝説！台小子，舊學於甘盤。』」久勞於外，豈不學者哉？未試於事，則恐行之而未孚也。又曰：「人求多聞，時惟建事，學於古訓乃有獲。」《書・説命下》文。注：「王者求多聞以立事，學於古訓乃有所得。」説雖出於古文，按晉枚賾僞造古文二十五篇，有《説命》上中下三篇。其言要必有所受也。夫求多聞而實之以建事，則所謂「學古訓」者，非徒誦説，亦可見矣。夫治教一而官師未分，求知易而實行已難矣，何況官師分，而學者所肄皆爲前人陳迹哉？夫子曰：「學而不思則罔，思而不學則殆。」《論語・爲政》文。注：「包咸曰：『學不尋思其義，則罔然無所得。不學而思，終不得，徒使人精神疲殆。』」

又曰：「吾嘗終日不食，終夜不寢，以思，無益，不如學也。」《論語·衛靈公》文。夫思亦學者之事也，而別思於學，若謂思不可以言學者，蓋謂必習於事，而後可以言學，此則夫子誨人知行合一補正：王陽明《與陸元静書》：「《易》謂『知至至之』。『知至』者，知也。『至之』者，致知也。比①知行之所以一也。」門人陳其昌補。之道也。諸子百家之言，起於徒思而不學也，是以其旨皆有所承禀，而不能無敝耳。劉歆所謂某家者流，其源出於古者某官之掌，其流而爲某家之學，其失而爲某事之敝。如《漢書·藝文志》：「縱横家者流，蓋出於行人之官。孔子曰：『誦《詩》三百，使於四方，不能專對，雖多，亦奚以爲？』又曰：『使乎！使乎！』言其當權事制宜，受命而不受辭，此其所長也。及邪人爲之，則上詐諼而棄其信。」是也。夫某官之掌，即先王之典章法度也。流爲某家之學，則官守失傳，而各以思之所至自爲流別也。失爲某事之敝，則極思而未習於事，雖持之有故，言之成理，見《易教下》注。

① 「比」字誤，《王陽明集》作「此」。

而不能知其行之有病也。是以三代之隆，學出於一，所謂「學」者，皆言人之功也。統言之，「十年曰幼學」《禮記·曲禮上》：「人生十年曰幼學。」《内則》：「十年出就外傅，居宿於外，學書計。」是也；析言之，則十三學樂、二十學禮《禮記·内則》：「十有三年，學樂，誦《詩》，舞勺。成童舞象，學射御。二十而冠，始學禮。」是也。國家因人功力之名，而名其制度，則曰鄉學、國學，「學」則三代共之是也。未有以「學」屬乎人，而區爲品詣之名者。官師分而諸子百家之言起，於是學始因人品詣以名矣，所謂某甲家之學、某乙家之學是也。學因人而異名，學斯舛矣。是非行之過而至於此也，出於思之過也。故夫子言學思偏廢之弊，即繼之曰：「攻乎異端，斯害也已。」夫異端之起，皆思之過，而不習於事者也。

原學下

諸子百家之患，起於思而不學；世儒補正：《論衡・超奇》：「説經者爲世儒。」之患，起於學而不思。蓋官師分，而學不同於古人也。後王補正：《荀子・非相》：「欲觀聖王之跡，則於其粲然者矣，後王是也。」注：「後王，近時之王也。」以謂儒術不可廢，故立博士，置弟子，而設科取士，以爲誦法先王者勸焉。蓋其始也，以利禄勸儒術；而其究也，以儒術徇利禄。斯固不足言也。而儒宗碩師由此輩出，則亦不可謂非朝廷風教之所植也。《漢書・儒林傳贊》：「自武帝立五經博士，開弟子員，設科決策，勸以官禄，訖於元始，百有餘年，傳業寖盛，支葉蕃滋。一經説至百餘萬言，大師衆至千餘人，蓋禄利之路然也。」夫人之情不能無所歆而動，既已爲之，則思力致其實而求副乎名，中人以上可以勉而企焉者也。學校科舉，奔走千百才俊，豈無什一出於中人以上者哉？去古久遠，不能學古人之所學，則既以誦習儒業即爲學之究竟矣，而攻取之難，勢亦倍於古人。故於專門攻習儒業者，苟果有以自見，而非一切庸俗所可幾，吾無責焉耳。學博者長於考索，侈其富於山海①，《文心雕龍·徵聖篇贊》：「辭富山海。」豈非道中之實積，而騖於博者，終身敝精勞神以徇之，不思博之何所取也。才雄者健於屬文，矜其豔於雲霞②，《文心雕龍·原道》：「雲霞雕色，有踰化工之妙。」豈非道體之發揮，而擅於文者，終身苦心焦思以構之，不思文之何所用也。言義理者，似能思矣，而不知義理虛懸而無薄，則義理亦無當於道矣。此皆知其然，而不知所以然也。程子曰：「凡事思所以然，天下第一學問。」人亦盍求所以然者思之乎？天下不能無風氣，風氣不能無循環，一陰一陽之道，見於氣數者然也。所貴君子之學術，爲能持世而救偏，一陰一陽之道，宜

① 此句粵雅堂本《文史通義》、浙江書局《章氏遺書》本無，嘉業堂《章氏遺書》本有。
② 此句粵雅堂本《文史通義》、浙江書局《章氏遺書》本無，嘉業堂《章氏遺書》本有。

於調劑者然也。風氣之開也，必有所以取，學問文辭與義理所以不無偏重畸輕之故也。風氣之成也，必有所以敝，人情趨時而好名，徇末而不知本也。是故開者雖不免於偏，必取其精者爲新氣之迎；敝者縱名爲正，必襲其僞者爲末流之託，此亦自然之勢也。而世之言學者，不知持風氣，而惟知徇風氣，且謂非是不足邀譽補正：《孟子·公孫丑上》：「非所以邀譽於親戚朋友也。」焉，則亦弗思而已矣。

博約上

自注：庚戌鈔存《通義》。青按：《孟子·離婁下》：「博學而詳說之，將以反說約也。」

沈楓墀補正：《章實齋先生年譜》：「楓墀名在廷，業富之子。」案：《清史列傳》：「沈業富，字方穀，號既堂，江蘇高郵人，乾隆十九年進士。」「後出知安徽太平府」，「擢河東鹽運使」。「乞養歸，嘉慶十二年卒，年七十六。著有《味鐙齋詩文集》。」以書問學，自愧通人廣坐，不能與之問答。余報之以學在自立，人所能者，我不必以不能愧也。因取譬於貨殖，居布帛者不必與知粟菽，藏藥餌者不必與聞金珠，患己不能自成家耳。譬市布而或闕於衣材，售藥而或欠於方劑，則不可也。《章氏遺書·又答沈楓墀》：「足下自謂：通人廣座，不能與之問答，因而内愧。此由自信未真，不免氣奪於外也。人心不同如面，彼有所能而吾不解，情理之常，何足愧哉？但學人必有所以自恃，如市廛居貨，待人求索，貴於不匱，不貴兼也。居市布帛者不必與知米粟，市陶冶者不必愧無金珠。是以學欲其博，守欲其約。學而不博，是貨乏而不足應人求也；守而不約，是欲盡百貨而出於一門也。」按：楓墀，名在廷，乾隆舉人。父業富，號既堂，爲章氏薦師，《碑傳集》有傳。或曰：此即蘇子瞻之教人讀《漢書》法也，《丹鉛總録》：「嘗有人問於蘇文忠公云：『公之博洽，可學乎？』曰：『可。吾嘗讀《前漢書》矣，蓋數過而始盡之，如治道、人物、地理、星官、官制、兵法、貨財之類，每一過專求一事，不待數過而事事精覈矣。參伍錯綜，八面受敵，沛然應之而莫禦焉。』此言也，虞邵菴嘗舉以教人，讀書之良法也。」門人沈訒補云：蘇軾《與王庠書》：「卑意欲少年爲學者，每讀書皆作數過盡之。書富如入海，百貨皆有之，人之精力不能兼收盡取，但得其所欲求者耳。故願學者每次作一意求之，如欲求古人治亂興亡、聖賢作用，但作此意求之，勿主餘念。

又別作一次求事跡故實、典章文物之類亦如之，他皆倣此。此雖迂鈍，而他日學成，八面受敵，與涉獵者不可同日而語也。」案此不言《漢書》而旨同。今學者多知之矣。余曰：言相似而不同，失之毫釐，則謬以千里矣。《大戴禮記·禮察》：「《易》曰：『君子慎始，差若毫釐，謬以千里。』取捨之謂也。」又《保傅》：「《易》曰：『正其本，萬物理。失之毫釐，差之千里。』故君子慎始也。」《禮記·經解》：「《易》曰：『君子慎始，差若毫釐，謬以千里。』此之謂也。」正義曰：「此《易·繫辭》文也。」《史記·自序》引《易》曰：「失之毫釐，差以千里。」徐廣曰：「一云『差之毫釐，謬以千里』。」崔駰按：「今《易》無此語，《易緯》有之。」《説苑·建本》：「《易》曰：『建其本而萬物理，失之毫厘，差以千里。』」《文選·竟陵文宣王行狀》注引《易·乾鑿度》曰：「正其本而万物理，失之毫釐，差之千里。」《漢書·趙充國傳》：「失之毫釐，差之千里，是既然矣。」王先謙補注：「官本『差』下『之』作『以』。」青按：諸家所引文字小有不同，今《易》無此文，世遂謂爲緯書語。然緯書起於哀、平，而已見哀、平之前，其非出緯書可知。或古本《易·繫①》有此，今本佚之。或問蘇君曰：「公之博贍，亦可學乎？」蘇君曰：「可。吾嘗讀《漢書》矣，凡數過而盡

① 「繫」，當作「繫」。

之。如兵、農、禮、樂，按：《漢書》有《禮樂志》、《刑法志》、《食貨志》，無兵、農之目。每過皆作一意求之，久之而後貫徹。」因取譬於市貨，意謂貨出無窮，而操賈有盡，不可不知所擇云爾。學者多誦蘇氏之言，以爲良法，不知此特尋常摘句，如近人之纂類策括者爾。問者但求博贍，固無深意，蘇氏答之，亦不過經生決科之業，今人稍留意於應舉業者，多能爲之，未可進言於學問也。而學者以爲良法，則知學者鮮矣。夫學必有所專，蘇氏之意，將以班書爲學歟？則終身不能竟其業也，豈數過可得而盡乎？將以所求之禮、樂、兵、農爲學歟？則每類各有高深，又豈一過所能盡一類哉？就蘇氏之所喻，比於操賈求貨，則每過作一意求，是欲初出市金珠，再出市布帛，至於米粟、藥餌，以次類求矣。如欲求而盡其類歟？雖有[1]陶朱、猗頓之富，賈誼《新書・過秦》：「非有仲尼、墨翟之賢，陶朱、猗頓之富。」《史記・貨殖傳》：「范蠡既雪會稽之

① 「有」字，粤雅堂本《文史通義》、浙江書局及嘉業堂《章氏遺書》本均無。

恥，乃乘扁舟浮於江湖，變名易姓，適齊爲鴟夷子皮，之陶①朱公，十九年之中三致千金。」「猗頓用盬鹽起，與王者埒富。」莫能給其賈也。如約略其賈，而每種姑少收之，則是一無所成其居積也。蘇氏之言，進退皆無所據，王介甫《讀孔子世家》：「其列孔子②《世家》，奚其進退無所據耶？」門人李釗補。而今學者方奔走蘇氏之不暇，則以蘇氏之言，以求學問則不足，以務舉業則有餘也。舉業比户皆知誦習，未有能如蘇氏之所爲者，偶一見之，則固矯矯流俗之中，人亦相與望而畏之，而其人因以自命，以謂是學問，非舉業也，而不知其非也。蘇氏之學出於縱橫。宋李耆卿《文章精義》：「子瞻文學《莊子》、《戰國策》、《史記》、《楞嚴經》。」其所長者，揣摩補正：見《詩教上》注。世務，切實近於有用，而所憑以發揮者，乃策論也。策對必有條目，論鋒必援故實，苟非專門夙學，必須按册而稽。誠得如蘇氏之所以讀《漢書》者，嘗致力焉，則亦可以應猝備求，無難事矣。韓

① 「陶」字下脱「爲」字。《史記》及《漢書》有。

② 「孔子」下，王安石《臨川文集》有「爲」字。今按：「進退無所據」已見《後漢書》及《昌黎集》，早於王安石。

昌黎曰：「記事者必提其要，纂言者必鉤其元①。」韓愈《進學解》文。鉤元提要，千古以爲美談，而韓氏所自爲元要之言，不但今不可見，抑且當日絶無流傳，亦必尋章摘句，取備臨文摭拾者耳。而人乃欲倣鉤元提要之意而爲撰述，是亦以蘇氏類求誤爲學問，可例觀也。或曰：如子所言，韓、蘇不足法歟？曰：韓、蘇用其功力，以爲文辭助爾，非以此謂學也。

博約中

或曰：舉業所以覘人之學問也；舉業而與學問科殊，末流之失耳；苟有所備以俟舉，即《記》之所謂「博學强識以待問」也，《禮記·中庸》：「博學之，審問之，慎思之，明辨之，篤行之。」又《學記》：「善待問者如撞鐘。」寧得不謂之學問

① 「元」，《昌黎集》作「玄」。避諱字，下同。

歟？余曰：博學强識，儒之所有事也。以謂自立之基，不在是矣。學貴博而能約，未有不博而能約者也。以言陋儒荒俚，學一先生之言以自封域，《莊子·徐無鬼》：「學一先生之言，則暖暖姝姝而私自説也，自以爲足矣。」不得謂專家也。然亦未有不約而能博者也。以言俗儒記誦漫漶，至於無極，妄求遍物，而不知堯、舜之知所不能也。《孟子·盡心上》：「堯、舜之知而不遍物。」博學强識自可以待問耳，不知約守，而只爲待問設焉，則無問者儒將無學乎？且問者固將聞吾名而求吾實也，名有由立，非專門成學不可也，故未有不專而可成學者也。或曰：蘇氏之類求，韓氏之鉤元提要，皆待問之學也，子謂不足以成家矣。王伯厚氏搜羅摘抉，窮幽極微，其於經傳子史，名物制數，貫串旁騖，實能討先儒所未備。其所纂輯諸書，至今學者資衣被焉。豈可以待問之學而忽之哉？牟應龍《王應麟〈困學紀聞〉序》：「蓋九經諸子之旨趣，歷代史傳之事要，制度名物之源委，以至宗工鉅儒之詩文議論，皆後學所當知者。公作爲是書，各以類聚，考訂評論，皆出己意，發前人之所未發，辭約而明，理融而達，該邃淵綜，非讀書萬卷，何以能之?」案:王氏所著除《困學紀聞》外,尚有《玉海》、《漢制①》、《深寧集》、《玉②堂類稿》、《掖垣類稿》、《詩考》、《詩地理考》、《漢書藝文志考證》、《小學紺珠》等。答曰:王伯厚氏蓋因名而求實者也。昔人謂韓昌黎因文而見道,李漢編《昌黎先生集》,序:「文者,貫道之器也。不深於斯道,有至焉者不也?」既見道則超乎文矣。王氏因待問而求學,既知學則超乎待問矣。然王氏諸書,謂之纂輯可也,謂之著述則不可也;謂之學者求知之功力可也,謂之成家之學術則未可也。今之博雅君子,疲精勞神於經傳子史,而終身無得於學者,正坐宗仰王氏,而誤執求知之功力,以爲學即在是爾。學與功力實相似而不同,學不可以驟幾,人當致攻乎功力則可耳。指功力以謂學,是猶指秫黍爲③酒也。案:謂秫黍可以爲酒,不能云秫黍即酒。楊丈鐵夫補云:《說文解字》:「孔子曰:『黍可爲酒,禾入水也。』」段

① 「漢制」,當作「漢制考」。
② 「玉」,《宋史》本傳作「王」。
③ 「爲」,粵雅堂本《文史通義》、浙江書局及嘉業堂《章氏遺書》本均作「以謂」。

注：「如稉秫皆宜酒。」

夫學有天性焉，讀書服古之中，有入識最初，而終身不可變易者是也。學又有至情焉，讀書服古之中，有欣慨會心，而忽焉不知歌泣何從者是也。功力有餘而性情不足，未可謂學問也；性情自有而不以功力深之，所謂有美質而未學者也。《論語·先進》：「子路使子羔爲費宰，子曰：『賊夫人之子。』」朱注：「言子羔質美而未學，遽使治民，適以害之。」夫子曰：「發憤忘食，樂以忘憂，不知老之將至。」《論語·述而》文。不知孰爲功力，孰爲性情，斯固學之究竟。夫子何以致是？則曰：「好古，敏以求之者也。」今之俗儒，且憾不見夫子未修之《春秋》，《公羊傳·莊七年》：「夏四月辛卯，夜，恒星不見，夜中星霣如雨。」「不修《春秋》曰：『雨星不及地尺而復。』君子修之曰：『星隕如雨。』」補正：朱子《偶讀漫記》：「劉原父嘗病何休以不修『春秋百二十國寶書』、『三禮春秋』，而序反病二書之不傳，不得深探聖人筆削之意也。」案：章氏之旨不必指朱子。又憾戴公得《商頌》而不存七篇之闕目，《毛詩·商頌譜》正義曰：「微子爲商之後，得行殷之禮樂，明時《商頌》皆在宋矣。於後不具明，是政衰而失之。《那》序云：『微子至於戴公，其間禮樂廢壞』，是散亡商之禮樂也。《史記·宋世家》云：『微子啓卒，弟仲衍立。卒，子宋公稽立。卒，子丁公申立。卒，子湣公共立。卒，弟煬公熙立。湣公子鮒祀，殺煬公而自立，是爲厲公。卒，子釐公舉立。卒，子惠公覵立。卒，子哀公立。卒，子戴公立。』自微子至戴公，凡十君。除二及，餘八君，是微子之后七世至戴公也。《世家》又云：『惠公四年，周宣王即位。戴公二十九年，周幽王爲犬戎所殺。』考校其年，宣王以戴公十八年崩，是戴公當宣王時也。『正考父考校商之名頌十二篇於周之大師，以《那》爲首』，《魯語》文也。」又曰：「今《詩》是孔子所定，《商頌》止有五篇，明是孔子録《詩》之時已亡其七篇，唯得此五篇而已。」以謂高情勝致，至相讚歎，充其僻見。且似夫子删修，不如王伯厚之善搜遺逸焉。蓋逐於時趨，而誤以襞績補苴，謂足盡天地之能事也。幸而生後世也，如生秦火未燬以前，典籍具存，無事補輯，《史記·司馬相如傳》：「襞積褰縐」，集解：「駰案：《漢書音義》曰『襞積簡齰』也。」《思玄賦》：「美襞積以酷烈兮」，注：「襞積，衣縫也。」《詩品·序》：「襞積細微，專相陵架。」韓愈《進學解》：「補苴罅漏。」彼將無所用其學矣。

博約下

或曰：子言學術，功力必兼性情。爲學之方，不立規矩，但令學者自認資之所近與力能勉者，而施其功力，殆即王氏「良知」之遺意也。黄宗羲《明儒學案》：「王守仁，字伯安，學者稱爲陽明先生，餘姚人也。」「陽明先生之學，始泛濫於詞章，繼而遍讀考亭之書，循序格物。顧物理、吾心終判爲二，無所得入，於是出入於佛老者久之。及至居夷處困，動心忍性，因念聖人處此更有何道？忽悟格物致知之旨。聖人之道，吾性自足，不假外求。其學凡三變而始得其門。自此以後，盡去枝葉，一意本原。以默坐澄心爲學的。」「江右以後，專提『致良知』三字。默不假坐，心不待澄，不習不慮，出之自有天則。」夫古者教學，自數與方名，誦《詩》、舞勺，各有一定之程，《禮記·内則》：「六年，教之數與方名（方向東西）。七年，男女不同席，不共食。八年，出入門户及即席飲食，必後長者，始教之讓。九年，教之數日（朔望與六甲）。十年，出就外傅，居宿於外，學書記，衣不帛襦袴，禮帥初，朝夕學幼儀，請肄簡諒。」舞象、舞勺，見《易教下》「舞分文武」注。不問人之資近與否、力能勉否。

而子乃謂人各有能、有所不能，不相强也，豈古今人有異教與？答曰：今人不學，不能同於古人，非才不相及也，勢使然也。自官師分，而教法不合於一，學者各以己之所能私相授受，其不同者一也。且官師既分，則肄習惟資簡策，道不著於器物，事不守於職業，其不同者二也。故學失所師承，六書九數，《周禮·地官司徒》下保氏：「五曰六書，六曰九數。」注：「六書，象形、會意、轉注、處事、假借、諧聲也。九數，方田、粟米、差分、少廣、商功、均輸、方程、贏不足、旁要。今有重差、夕桀、句股也。」古人幼學，皆已明習，而後世老師宿儒，專門名家，殫畢生精力求之，猶不能盡合於古，其不同者三也。天時人事，今古不可强同，非人智力所能爲也。然而六經大義昭如日星，三代損益可推百世。《論語·爲政》：「子張問：『十世可知也？』子曰：『殷因於夏禮，所損益可知也。周因於殷禮，所損益可知也。其或繼周者，雖百世可知也。』」高明者由大略而功求，沉潛者循度數而徐達。《荀子·榮辱》：「循法則、度量、刑辟、圖籍，不如其義，謹守其數，慎不敢損益也。」資之近而力能勉者，人人所有，則人人可自得也，豈可執定格以相强歟？王氏

「致良知」之說，即孟子之遺言也。《孟子・盡心上》：「所不慮而知者，其良知也①。」良知曰致，則固不遺功力矣。朱子欲人因所發而遂明，孟子所謂「察識其端而擴充之」，胥是道也。《孟子・公孫丑上》：「惻隱之心，仁之端也。羞惡之心，義之端也。辭讓之心，禮之端也。是非之心，智之端也。凡有四端於我者，知皆擴而充之矣。」朱注：「擴，推廣之意。充，滿也。四端在我，隨處發見，知皆即此推廣而充滿其本然之量，則其日新又新，將有不能自已者矣。能由此而遂充之，則四海雖遠，亦吾度内，無難保者。不能充之，則雖事之至近而不能矣。此章所論人之性情，心之體用，本然全具，而各有條理如此。學者於此，反求默識而擴充之，則天之所以與我者，可以無不盡矣。程子曰：『人皆有是心，惟君子爲能擴而充之，不能然者皆自棄也。然其充與不充，亦在我而已矣。』」而世儒言學，輒以「良知」爲諱，無亦懲於末流之失，而謂宗指果異於古所云乎？

或曰：孟子所謂「擴充」，固得仁、義、禮、智之全體也。子乃欲人自識所長，遂以專其門而名其家，且戒人之旁騖焉，豈所語於通方之道歟？

① 「也」字誤排在上行「所不」下，今乙正。

答曰：言不可以若是其幾也。《論語・子路》文。注：「幾，期也。《詩》曰：『如幾如式。』言一言之間，未可以如此而必期其效。」道欲通方，而業須專一，其説並行而不悖也。《禮記，禮運》：「並行而不繆。」聖門身通六藝者七十二人，《史記・孔子世家》：「孔子以《詩》《書》《禮》《樂》教，弟子蓋三千焉，身通六藝者七十有二人。」然自顔、曾、賜、商，所由不能一轍。《論語・先進》：「德行，顔淵、閔子騫、冉伯牛、仲弓。言語，宰我、子貢。政事，冉有、季路。文學，子游、子夏。」再傳而後，荀卿言《禮》，孟子長於《詩》、《書》，《史記・孟子荀卿列傳》：「孟軻，鄒人也，受業子思之門人。」「序《詩》、《書》，述仲尼之意，作《孟子》七篇。」「荀卿，趙人。」陸德明《經典釋文》引陸璣曰：「子夏授曾申，申傳魏人李克，克傳魯人孟仲子，孟仲子傳根牟子，根牟子傳趙人孫卿。」近人柳詒徵《中國文化史》曰：「荀卿之師，自根牟子之外，又有虞卿，穀梁俶、馯臂子弓諸人。《左傳》正義引劉向《别録》：『左丘明授曾申，曾申授吴起，起授其子期，期授楚鐸椒，椒作《鈔撮》八卷授虞卿，卿作《鈔撮》九卷授孫卿，卿授張蒼。』是荀卿受《左傳》於虞卿也。楊士勳①《穀梁疏》：『穀梁子名俶，字元始，一名赤，魯人。受經於子夏，爲

① 「楊士勳」，「勳」當作「勛」。

經作《傳》，授孫卿。卿傳魯人申公。』是荀卿受《穀梁傳》於穀梁子也。荀書書屢累稱①仲尼、子弓，自唐韓愈以爲子弓即《仲尼弟子列傳》之馯臂子弓。」青按：《荀子》有《禮論》、《樂論》。或疏或密，途徑不同，而同歸於道也。後儒途徑所由寄，則或於義理，或於制數，或於文辭，三者其大較矣。三者致其一，不能不緩其二，理勢然也。知其所致爲道之一端，而不以所緩之二爲可忽，則於斯道不遠矣。徇於一偏，而謂天下莫能尚，見《原道下》注。則出奴入主，交相勝負，所謂物而不化者也。是以學必求其心得，業必貴於專精，類必要於擴充，道必抵於全量，性情喻於憂喜憤樂，《逸周書・官人解》：「藍之以樂，以觀其不寧。喜之以物，以觀其不輕。怒之，以觀其重。」《禮記・禮運》：「何謂人情？喜、怒、哀、懼、愛、惡、欲七者，勿學而能。」理勢達於窮變通久，博而不雜，約而不漏。庶幾學術醇固，而於守先待後之道見《原道上》注。如或將見之矣。

① 「荀書書屢累稱」誤，柳詒徵《中國文化史》作「荀卿書累稱」。

言公上《章氏遺書·答沈楓墀論學》：「明道先生之論學曰：『凡事思所以然，天下第一學問。』」二公所言，聖人復生，不能易也。」

古人之言，所以爲公也，未嘗矜於文辭，而私據爲己有也。志期於道，言以明志，文以足言。《左傳·襄二十五年》：「仲尼曰：《志》有之：『言以足志，文以足言。』不言，誰知其志？言之無文，行而不遠。」其道果明於天下，而所志無不申，不必其言之果爲我有也。《虞書》曰：「敷奏以言，明試以功。」《書·舜典》文。注：「敷，陳；奏，進也。諸侯四朝各使陳進治禮之言，明試其言，以要其功。」此以言語觀人之始也。必於試功而庸服，《書·舜典》：「車服以庸」，注：「功成則賜車服，以表顯其能用。」則所貴不在言辭也。誓、誥之體，言之成文者也。苟足立政而敷治，君臣未嘗分居立言之功也。周公曰：「王若曰多方」，《尚書·多方》：「周公曰：『王若曰：猷告爾四國多方。』」注：「周公以王命順大道，告四方。稱周公，以別王自告。」誥四國之文也。説者以爲周公將王之命，不知斯言固本於周公，成王允而行之，是即成王之言也。蓋聖臣爲賢主立言，是謂賢能任聖，是亦聖人之治也。曾氏鞏曰：《典》《謨》載堯、舜功績，並其精微之意而亦載之，是豈尋常所及哉？當時史臣載筆，「亦皆聖人之徒也」。《元豐類稿・南齊書目録序》：「昔者唐虞有神明之性，有微妙之德，使由之者不能知，知之者不能名，以爲治天下之本。號令之所布，法度之所設，其言至約，其體至備，以爲治天下之具。而爲《至典①》者，推而明之，所記者豈獨其迹也，並其深微之意而傳之，小大精粗無不盡也，本末先後無不白也，使誦其説者如出乎其時，求其旨者如即乎其人。是可不謂明足以周萬事之理，道足以適天下之用，知足能通難知之意，文足以發難顯之情者乎？則方是之時，豈特任政者皆天下之士哉？蓋執簡操筆而隨者，亦皆聖人之徒也。」門人卞敬業補。由是觀之，賢臣爲聖主述事，是謂賢能知聖，是亦聖人之言也。文與道爲一貫，言與事爲同條。猶八音相須而樂和，《書・舜典》：「八音克諧。」《周禮・春官》下：「大師播之以八音：金、石、土、革、絲、木、匏、竹。」不可分屬一器之良也；五味相調而鼎和，《禮記・禮運》：「五味、六和、十二食」，注：「五味：

① 「至典」誤，曾鞏《元豐類稿》作「二典」。

酸、苦、辛、鹹、甘也。和之者，春多酸，夏多苦，秋多辛，冬多鹹，皆有滑甘，是爲六和。」不可標識一物之甘也。故曰：古人之言所以爲公也，未嘗矜於文辭而私據爲己有也。

司馬遷曰：「《詩》三百篇，大抵賢聖發憤所爲作也。」《史記·自序》文。是則男女慕悦之辭，思君懷友之所託也；征夫離婦之怨，忠國憂時之所寄也。必泥其辭，而爲其人之質言，則《鴟鴞》實鳥之哀音，《詩·豳風》有《鴟鴞》篇。何怪鮒魚忿誚於莊周？《莊子·外物》：「莊周家貧，故往貸粟於監河侯，曰：『諾！我將得邑金，將貸子三百金，可乎？』莊周忿然作色，曰：『周昨來，有中道而呼者，周顧視，車轍中有鮒魚焉。周問之曰：鮒魚，來！子何爲者邪？對曰：我，東海之波臣也。君豈有升斗之水而活我哉？周曰：諾！我且南游吴越之天[①]，激西江之水而迎子，可乎？鮒魚忿然作色曰：吾失我常與，我無所處，吾得升斗之水然活耳。君乃言此，曾不如早索我於枯魚之肆。』」《萇楚》樂草

---

① 「天」字誤，《莊子》作「王」。

之無家，《詩・檜風》：「隰有萇楚，猗儺其華。夭之沃沃，樂子之無家。」何怪雌風慨歎於宋玉哉？宋玉《風賦》：「此所謂庶人之雌風也。」李善注：「卑惡之風。」夫詩人之旨，温柔而敦厚，主文而譎諫，言之者無罪，聞之者足戒，《詩大序》：「上以風化下，下以風刺上，主文而譎諫，言之者無罪，聞之者足以戒。」《禮記・經解》：「温柔敦厚，《詩》教也。」舒其所憤懣，而有裨於風教之萬一焉，是其所志也。補正：《書・舜典》：「詩言志。」因是以爲名，則是爭於藝術之工巧，古人無是也。故曰：古人之言所以爲公也，未嘗矜於文辭而私據爲已有也。

夫子曰：「述而不作。」見《易教上》注。六藝皆周公之舊典，夫子無所事作也。《論語》則記夫子之言矣，「不恒其德」證義巫醫，未嘗明著《易》文也；《易・恒》：「九三：不恒其德，或承之羞，貞吝。」《論語・子路》：「南人有言曰：『人而無恒，不可以作巫醫。』善夫！『不恒其德，或承之羞。』子曰：『不占而已矣。』」「不忮不求」之美季路，「誠不以富」之歎夷齊，未嘗言出於《詩》也；《論語・子罕》：「子曰：衣敝緼袍，與衣狐貉者立，而不恥者，其由也歟！『不忮不求，何用不臧？』」按：「不忮不求」二句，《衛風·雄雉》之詩，孔子引之以美子路也。《論語·顔淵》：「誠不以富，亦祇以異。」鄭曰：「此《詩·小雅》也。祇，適也。言此行誠不可以致富，適足以爲異耳。取此詩之異義以非之。」「允執厥中」之述堯言，「玄牡昭告」之述湯誓，未嘗言出於《書》也。自注：《墨子》引《湯誓》。青案：《論語·堯曰》：「『咨爾舜，天之歷數在爾躬，允執其中，四海困窮，天禄永終。』舜亦以命禹。」《書·大禹謨》：「天之歷數在汝躬，汝終陟元后。人心惟危，道心惟微，惟精惟一，允執厥中。」《論語·堯曰》曰：「予小子履，敢用玄牡，敢昭告於皇皇后帝：有罪不敢赦，帝臣不蔽，簡在帝心。朕躬有罪，無以萬方，萬方有罪，罪在朕躬。」《書·湯誥》曰：「肆台小子，將天命明威，不敢赦。敢用玄牡，敢昭告於上天神后，請罪有夏。」又曰：「其爾萬方有罪，在予一人；予一人有罪，無以爾萬方。」《墨子·兼愛下》曰：「湯曰：『惟予小子履，敢用玄牡，告於上天后：今天大旱，即當朕身履，未知得罪於上下。有善不敢蔽，有罪不敢赦，簡在帝心。萬方有罪，即當朕身，朕身有罪，無及萬方。』」《論語》記夫子之微言，而《詩》、《書》初無識别，蓋亦述作無殊之旨也。自注：王伯厚嘗[①]據古書出孔子前者，考證《論語》所記夫子之言多有所本。

---

①「嘗」，粵雅堂本《文史通義》、浙江書局及嘉業堂《章氏遺書》本均作「常」。按文義當作「嘗」。

古書或有僞託，不盡可憑，要之古人引用成説，不甚拘别。夫子之言見於諸家之稱述，自注：諸家不無真僞之參，而子思、孟子之書所引精粹之言，亦多出於《論語》所不載。而《論語》未嘗兼收，蓋亦詳略互託之旨也。夫六藝爲文字之權輿，《論語》爲聖言之薈粹，創新述故，未嘗有所庸心，蓋取足以明道而立教，而聖作明述，《禮記·樂記》：「作者之謂聖，述者之謂明。」未嘗分居立言之功也。故曰：古人之言所以爲公也，未嘗矜其文辭而私據爲己有也。

周衰文弊，諸子争鳴，蓋在夫子既殁，微言絶而大義之已乖也。然而諸子思以其學易天下，《孟子·滕文公下①》：「墨之治喪也，以薄爲其道也。夷子思以易天下，豈以爲非是而不貴也？」固將以其所謂道者，争天下之莫可加，而語言文字未嘗私其所出也。先民舊章，存録而不爲識别者，《幼官》、《弟子》之篇，《管子》有《幼官》、《幼官圖》、《弟子職》等篇。《月令》、《土方》之訓是也。自注：《管

① 「下」，當作「上」。

子・地圓》、《淮南・地形》皆土訓之遺。輯其言行，不必盡其身所論述者，管仲之述其身死後事，劉恕《通鑑外紀》引晉傅玄曰：「《管子》半爲後之好事者所加。」案《莊子》記莊子死，《列子》記列子後事，《商子》稱秦孝公，皆決傳其學者所追記，不足爲怪。韓非之載其李斯《駁議》見《韓非子・存韓》。是也。《莊子》《讓王》、《漁父》之篇，蘇氏謂之僞託，蘇軾《莊子祠堂記》：「謹案《史記》：『莊子與梁惠王、齊宣王同時，其學無所不闚，然要本歸於老子之言，故其著書十餘萬言，大抵率寓言也。作《漁父》、《盜跖》、《胠篋》以詆訾孔子之徒，以明老子之術。』此知莊子之粗者。余以爲莊子蓋助孔子者，要不可以爲法耳。楚公子微服出亡，而門者難之，其僕操箠而罵曰：『隸也不力！』門者出之。事固有倒行而逆施者，以僕爲不愛公子則不可，爲事公子之法亦不可。故莊子之言，皆實予而不予文①，陽擠而陰助之。其正言蓋無幾，至於詆訾孔子，未嘗不微見其意。其論天下道術，自墨翟、禽滑釐、彭蒙、慎到、田駢、關尹、老聃之徒，以至於其身，皆以爲一家，而孔子不與，其尊之也至矣。然余嘗疑《盜跖》、《漁父》則若真詆孔子者，至於《讓王》、《說劍》皆淺陋不入於道。反而觀之，得其《寓言》之終曰：『陽子居

---

① 「不予文」誤倒，《東坡集》作「文不予」。

西游於秦，遇老子，老子曰：而睢睢而盱盱，而誰與居？大白若辱，盛德若不足。陽子居蹙然變容。其往也，舍者將迎，其家公執席，妻執巾櫛，舍者避席，煬者避竈。其反也，舍者與之争席矣。』去其《讓王》、《説劍》、《漁父》、《盗跖》四篇，以合於《列禦寇》之篇曰：『列禦寇之齊，中道而反曰：吾驚焉，吾食於十漿而五漿先饋。』然後悟而笑曰：是固一章也。莊子之言未終，而昧者勦之以入其言，余不可以不辨。」非僞託也，爲莊氏之學者所附益爾。《晏子春秋》，柳氏以謂墨者之言，非以晏子爲墨，爲墨學者述晏子事以名其書，《柳公權集·辯〈晏子春秋〉》：「吾疑其墨子之徒有齊人者爲之。墨好儉，晏子以儉名於世，故墨子之徒尊著其事，以增高爲己術者。」補正：《柳宗元集》，「宗元」誤「公權」。猶《孟子》之《告子》、《萬章》名其篇也。《吕氏春秋》，先儒與《淮南鴻烈》之解同稱，蓋謂集衆賓客而爲之，不能自命專家，斯固然矣。然吕氏、淮南未嘗以集衆爲諱，如後世之掩人所長以爲己有也。二家固以裁定之權，自命家言，故其宗旨未嘗不約於一律，自注：吕氏將爲一代之典要，劉安託於道家之支流。青按：《史記·吕不韋列傳》：「乃使其客人人著所聞，集論以爲《八覽》、《六論》、《十二紀》，二十餘萬言，以爲備天下萬物古今之事，號曰《吕氏春秋》。」《漢書·藝文志》：「《淮南内》二十一篇，《淮南外》三十三篇」，自注：「劉安。」又按：《淮南子・要略訓》：「此鴻烈之泰族也。」《西京雜記》：「淮南王安著《鴻烈》二十一篇。鴻，大也；烈，明也。言大明禮教。號爲《淮南子》。」《漢書・景十三王傳》：「淮南王安好書，所招致率多浮辯。」補正：原注《漢書・藝文志》以下删，加：《史記・自序》：「不韋遷蜀，世傳《呂覽》。」正義：「即《呂氏春秋》。」《漢書・藝文志》：「《淮南内》二十一篇」，班固自注：「王安。」案：《要略訓》曰：「此《鴻烈》之《泰族》也。」則劉安自名曰《鴻烈》，其曰《淮南》者，高誘叙云：「其大較歸之於道，號曰《鴻烈》。鴻，大也；烈，明也。以爲大明道之言也。劉向校定撰具，名之《淮南》。」又案：劉向改定書名，不一而足，略見《繁稱》注，章氏何獨置疑於《淮南内》耶？

斯又出於賓客之所不與也。諸子之奮起，由於道術既裂，而各以聰明才力之所偏，每有得於大道之一端，而遂欲以之易天下。其持之有故而言之成理者，故將推衍其學術，而傳之其徒焉。苟足顯其術而立其宗，而援述於前與附衍於後者，未嘗分居立言之功也。故曰：古人之言所以爲公也，未嘗矜其文辭而私據爲己有也。

夫子因魯史而作《春秋》。孟子曰：「其事齊桓、晉文，其文則史。」孔子自謂竊取其義焉耳。見《書教上》注。載筆之士，有志《春秋》之業，固將惟義之求。其事與文，所以藉爲存義之資也。世之譏史遷者，責其裁裂《尚書》、《左氏》、《國語》、《國策》之文，以謂割裂而無當，自注：出蘇明允《史論》。青按：《史記》之所引用，不止《尚書》、《左氏》、《國語》、《國策》之文。《太史公自序》云：「天下遺聞古事靡不畢集太史公，太史公仍父子相續纂其職。」又：「厥協六經異傳，整齊五家①雜語。」《五帝本紀》云：「孔子所傳宰予問《五帝德》及《帝繫姓》，儒者或不傳。」《夏本紀》云：「學者多傳《夏小正》云。」《殷本紀》云：「自成湯以來，采於《書》《詩》。」《秦始皇本紀》云②述六石刻辭，又録賈生《過秦論》。《三代世表》云：「余讀諜記，黄帝以來皆有年數。」「以五帝繫諜，《尚書》集世紀黄帝以來，迄共和爲《世表》。」《十二諸侯年表》云：太史公讀《春秋譜諜》、《左氏春秋》、《鐸氏微》、《虞氏春秋》、《吕氏春秋》。《六國表》云：「《秦紀》不載日月」，「因《秦紀》踵《春秋》之後」。《秦楚之際月表》云：「太史公讀秦楚之際。」《樂書》云：「余讀《虞書》。」《曆書》云：「《曆術甲子篇》。」《吴泰伯世家》云：「余讀《春秋古文》，乃知中國之虞與荆蠻勾吴兄弟也。」《衛康叔世家》云：「余讀《世家書》。」《孔子世家》云：「余讀孔氏書，想見其爲人。」《伯夷列傳》云：「其傳曰：伯夷、叔齊，孤竹君

① 「五家」誤，《史記》作「百家」。

② 「云」字疑衍。

之二子也。」《管晏列傳》云：「吾讀管氏《牧民》、《山高》、《乘馬》、《輕重》、《九府》及《晏氏春秋》，詳哉其言之也。」《司馬穰苴傳》云：「余讀《司馬兵法》，閎廓深遠，雖三代征伐，未能竟其義、如其文也，亦少褒矣。世既多《司馬兵法》，以故不論。」《孫武吴起列傳》云：「世俗所稱道師旅，皆道《孫子》十三篇、《吴起兵法》，世多有，故弗論，論其行事所施設者。」《仲尼弟子列傳》云：「論言弟子籍，出孔氏古文近是。」《商君鞅列傳》云：「余嘗讀商君《開塞》、《耕戰書》，與其人行事相類。」《孟子荀卿列傳》云：「余讀《孟子》書至梁惠王問『何以利吾國』」，「自如孟子至於吁子，世多有其書，故不論。」《平原君列傳》云：「虞卿非窮愁不能著書，以自見於後世。」《屈原賈生列傳》云：「余讀《離騷》、《天問》、《招魂》、《哀郢》，悲其志。」《大宛列傳》云：「《禹本紀》言河出崑崙」，「言九州、九川，《尚書》近之矣。至《禹本紀》、《山海經》所有怪物，余不敢言之也。《漢書·司馬遷傳》：「言據《左氏》、《國語》，采《世本》、《戰國策》，述《漢楚春秋》，接其後事，迄於天漢。」觀上所載，則馬遷所引之文雖富，要加整齊厥協之功，非訾然割裂也。補正：原注、自注下加：案：《嘉祐集·史論下》：「遷之辭淳健簡直，足稱一家，而乃裂取六經傳記，雜於其間，以破碎汩亂其體。五帝、三代《紀》多《尚書》之文，齊、魯、晉、楚、宋、衛、陳、鄭、吴、越《世家》多《左傳》、《國語》之文，《孔子世家》、《仲尼弟子傳》多《論語》之文。夫《尚書》、《左傳》、《國語》、《論語》之文非不善也，雜之則不善也。今夫綉繪錦縠，衣服之窮美者也，尺寸而割之，錯而紉之以爲服，則綈繒之不若。遷之書無乃類是乎?」世之譏班固者,責其孝武以前之襲遷書,以謂盜襲而無恥,自注:出鄭漁仲《通志》。補正:自注下加:見《申鄭》注。此則全不通乎文理之論也。遷史斷始五帝,沿及三代、周、秦,使舍《尚書》、《左》、《國》,豈將爲憑虚、亡是之作賦乎?見《經解下》注。必謂《左》、《國》而下爲遷所自撰,則陸賈之《楚漢春秋》,高祖、孝文之《傳》,皆遷之所採摭,《漢書·司馬遷傳贊》:「漢興,伐秦定天下,有《楚漢春秋》。故司馬遷述《楚漢春秋》,接其後事,訖於天漢。」案:《漢書·藝文志·諸子略》:「《高祖傳》十三篇」,「《孝文傳》十一篇」。王應麟《漢書藝文志考證》:「《史記·文帝紀》凡詔皆稱『上曰』,以其出於帝之實意也。」其書後世不傳,而徒以所見之《尚書》、《左》、《國》怪其割裂焉,可謂知一十而不知二五者矣。《史記·越王勾踐世家》:「且王之所求者,鬭晉楚也。晉楚不鬭,越兵不起,是知二五不知十也。」固書斷自西京一代,使孝武以前不用遷史,案:《史記》終於孝武何年,衆説不一。《太史公自序》:「故述往事,思來者,卒述陶唐以來,至於麟止。」(按武帝獲麟在元狩元年冬十月。)而最末一段又云:「余述歷黄帝以來,至太初而迄。」《漢書·叙傳》亦云:「太初後闕而不録。」此一説也。

（按太初凡四年，若訖太初四年，則逾麟止之限二十二年。）《漢書・司馬遷傳贊》：「述《楚漢春秋》，接其後事，訖於天漢。」按天漢接太初以後，凡四年，若訖天漢四年，則逾麟止之限二十六年。此又一説也。《史記・建元以來侯者年表》末附褚先生曰：「太史公記事，盡於武帝之末。」此又一説也。（按武帝最末一年爲後元二年，若訖於此，則逾麟止之限三十六年。）總上三説，而自叙之中矛盾至此，實令人迷惑。然《史記》竊比《春秋》，則終於麟止爲近是。

豈將爲經生決科之同題而異文乎？必謂孝武以後爲固之自撰，則馮商、揚雄之《紀》，劉歆、賈護之《書》，皆固之所原本其書，（《漢書・藝文志・六藝略・春秋》：「馮商所續《太史公》七篇，《太古以來年紀》二篇，《漢著記》百九十卷，《漢大年紀》五篇。」《論衡・須頌》：「司馬子長紀高帝以至孝武，揚子雲録宣帝以至哀平。」《史通・雜説》：「班氏於司馬遷、揚雄，皆録其自叙以爲列傳也。」《後漢書・班彪傳》：「武帝時，司馬遷著《史記》，自太初以後缺而不録，後好事者頗或綴集時事，然多鄙俗，不足以踵繼其書。」章懷太子注：「好事者謂揚雄、劉歆、陽城衡、褚少孫、史孝山之徒也。」晉葛洪《西京雜記序》：「洪家世有劉子駿《漢書》一百卷，無首尾題目，但以甲乙丙丁記其卷數。先公傳云：歆欲撰《漢書》，編餘①漢事，不得締構而止。故書無宗本，止雜記而已，失前後之次，無事類之辨。後好事者以意次第之，始甲終癸，爲十帙，帙十卷，合爲百卷。洪家具有其書，試以此記考校班固所作，殆是全取劉書，有小異同耳。並固所不取，不過二萬許言。今鈔出爲二卷，名曰《西京雜記》，以稗《漢書》之缺。」按：賈護未詳。後人不見，而徒以所見之遷史怪其盜襲焉，可謂知白出而不知黑入者矣。補正：《韓非子·說林下第二十三》：「楊朱之弟楊布，衣素衣而出，天雨，解素衣，衣緇衣而反，其狗不知而吠之。楊布怒，將擊之。楊朱曰：『子毋擊也，子亦猶是。曩者使女狗白而往，黑而來，子豈能毋怪哉？』」以載言爲翻空歟？《文心雕龍·神思》：「意翻空而易奇，言徵實而難巧。」揚、馬詞賦，尤空而無實者也。馬、班不爲《文苑傳》，藉是以存風流文采焉，乃述事之大者也。以敘事爲徵實歟？年表、傳目，尤實而無文者也。《屈賈》、《孟荀》、《老莊申韓》之標目，見《書教下》注。《同姓侯王》、《異姓侯王》之分表，《漢書》《異姓諸侯王表第一》、《諸侯王表第二》、《王子侯表第三上下》。初無發明而僅存題目，

①「餘」，《西京雜記》作「録」。

褒貶之意默寓其中，乃立言之大者也。作史貴知其意，補正：見《朱陸》注。非同於掌故，僅求事文之末也。夫子曰：「我欲託之空言，不如見諸行事之深切著明也。」見《易教上》注。此則史氏之宗旨也。苟足取其義而明其志，而事次文篇，未嘗分居立言之功也。故曰：古人之言所以爲公也，未嘗矜其文辭而私據爲己有也。

漢初經師，抱殘守缺，《漢書·劉歆傳》：「猶欲抱殘守缺。」以其畢生之精力，發明前聖之緒言，師授淵源，等於宗支譜系，案：漢人説經重師法，如《史》《漢》《儒林傳》所著其授受淵源，猶宗支之有譜系也。觀弟子之術業，而師承之傳授，不啻凫鵠黑白之不可相淆焉，補正：《莊子·天運》：「鵠不曰①浴而白，烏不日炙而黑。」門人沈訒補。學者不可不盡其心也。公、穀之於《春秋》，後人以謂假設問答以闡其旨爾，不知古人先有口耳之授，而後著之竹帛焉，非如後人作經義，苟

① 「曰」字誤，《莊子》作「日」。

欲名家，必以著述爲功也。商瞿受《易》於夫子，其後五傳而至田何。施、孟、梁邱皆田何之弟子也。然自田何而上，未嘗有書，《漢書·儒林傳》：「漢興，田何以齊田徙杜陵，號杜田生。授東武王同子中、雒陽周王孫、丁寬、齊服生。皆著《易傳》數篇。」「言《易》者本之田何。」晁公武《郡齋讀書志》：「商瞿受《易》孔子，五傳而至田何，漢之《易》書蓋自田何始，何而上未嘗有書。」則三家之《易》著於《藝文》，皆悉本於田何以上口耳之學也。是知古人不著書，其言未嘗不傳也。治韓《詩》者不雜齊、魯，傳伏《書》者不知孔學，諸學章句訓詁有專書矣。門人弟子據引稱述，雜見傳紀章表者，不盡出於所傳之書也，而宗旨卒亦不背乎師説。則諸儒著述成書之外，别有微言緒論口授其徒，而學者神明其意，推衍變化，著於文辭，不復辨爲師之所詔與夫徒之所衍也。補正：如《詩·小序》是。而人之觀之者，亦以其人而定爲其家之學，不復辨其孰爲師説、孰爲徒説也。蓋取足以通其經而傳其學，而口耳竹帛未嘗分居立言之功也。故曰：古人之言所以爲公也，未嘗矜於文辭而私據爲己有也。

言公中

嗚呼！世教之衰也，道不足而争於文，則言可得而私矣；實不充而争於名，則文可得而矜矣。言可得而私，文可得而矜，則争心起而道術裂矣。古人之言欲以喻世，而後人之言欲以欺世。非心安於欺世也，有所私而矜焉，不得不如是也。古人之言欲以淑人，後人之言欲以炫己。非古人不欲炫而後人偏欲炫也，有所不足與不充焉，不得不如是也。孟子曰：『矢人豈不仁於函人哉？操術不可不慎也。』《孟子·公孫丑上》：「孟子曰：「矢人豈不仁於函人哉？矢人惟恐不傷人，函人惟恐傷人，巫、匠亦然，故術不可不慎也。」」古人立言處其易，後人立言處其難。何以明之哉？古人所欲通者，道也，不得已而有言，《近思録》卷二：「伊川先生答朱長文書曰：『聖賢之言，不得已也。蓋有是言則是理明，無是言則天下之理有闕焉。如彼耒耜、陶冶之器，一不制則生人之道有不足矣。聖賢之言，雖欲已，得乎？然其包涵天下之理，亦甚約也。後之人始執卷則以文章爲先，平生所爲動多於聖人，然有之無所補，無之靡所闕，乃無用之贅言也。不止贅而已，既不得其要，則離真失正，反害於道必矣。』」譬如喜於中而不得不笑，疾被體而不能不呻。豈有計於工拙敏鈍，而勉强爲之效法哉？若夫道之所在，學以趨之；學之所在，類以聚之。古人有言，先得我心之同然者，《孟子·告子上》：「聖人先得我心之所同然耳。」門人陳光漢補。即我之言也。何也？其道同也。傳之其人，《漢書·司馬遷傳》文。門人陳光漢補。能得我說而變通者，即我之言也。何也？其道同也。窮畢生之學問思辨於一定之道，《禮記·中庸》：「博學之，審問之，慎思之，明辨之，篤行之。」而上通千古同道之人以爲之藉，下俟千古同道之人以爲之輔，其立言也，不易然哉？惟夫不師之智，務爲無實之文，則不喜而强爲笑貌，《孟子·離婁上》：「恭儉豈可以聲音笑貌爲哉！」無病而故爲呻吟，《莊子·盜跖》：「丘所謂無病而自灸也。」今謂「無病呻吟」本此。已不勝其勞困矣。而況挾恐見破之私意，《漢書·劉歆傳》：「挾恐見破之私意，而無從善服義之公心。」竊據自擅之虛名，前無所藉，後無所援，處勢孤危而不可安也，豈不難哉？夫外飾之言，《文心雕龍·原道》：「夫豈外飾，蓋自然耳。」與中出之言，其難易之數可知也。不欲争名之言，與必欲争名之言，其難易之數又可知也。通古今前後，而相與公之之言，與私據獨得，必欲己出之言，其難易之數又可知也。立言之士，將有志於道，而從其公而易者歟？抑徒競於文，而從其私而難者歟？公私難易之間，必有辨矣。嗚呼！安得知言之士，《孟子·公孫丑上》：「我知言。」門人陳光漢補。而與之勉進於道哉！

古未有竊人之言以爲己有者。伯宗梁山之對，既受無後之誚，而且得蔽賢之罪矣。《國語·晉語五》：「梁山崩，以傳召伯宗，遇大車當道而覆，立而辟之曰：『辟傳！』對曰：『傳爲速也，若俟吾避，則加遲矣，不如捷而行。』伯宗喜，問其居，曰：『絳人也。』伯宗曰：『何聞？』曰：『梁山崩而以傳召伯宗。』伯宗聞曰：『乃將若何？』對曰：『山有朽壤而崩，將若何？夫國主山川，故川涸山崩，君爲之降服，出次，乘縵，不舉，策於上帝，國三日哭，以禮焉。雖伯宗，亦如是而已，其若之何！』問其名，不告。請以見，不許。伯宗及絳，以告而從之。伯宗朝，以喜歸，其妻曰：『子貌有喜，何也？』曰：『吾言於朝，諸大夫皆謂我智似陽子。』對曰：『陽子華而不實，主言而無謀，是以難及其身，子何喜焉？』伯宗曰：『吾飲諸大夫酒而與之語，爾試聽之。』曰：『諾。』既飲，其妻曰：『諸大夫莫子若也，然而民不能戴其上久矣，難必及子乎？盍亟索士，整庇州犂焉？』得畢陽。及欒弗忌之難，諸大夫害伯宗，將謀而殺之，畢陽實送州犂於荆。」補正：原注删，加：《穀梁傳·成五年》：「梁山崩，壅遏河，三日不流。晉君召伯尊而問焉。伯尊來遇輦者，輦者不辟使車，右下而鞭之，輦者曰：『所以鞭我者，其取道遠矣。』伯尊下車而問焉，曰：『子有聞乎？』對曰：『梁山崩，壅遏河，三日不流。』伯尊曰：『君爲此召我也，爲之奈何？』輦者曰：『天有山，天崩之；天有河，天壅之。雖召伯尊，如之何！』伯尊由忠問焉，輦者曰：『君親素縞，帥群臣而哭之，既而祠焉，斯流矣。』伯尊至，君問之曰：『梁山崩，壅遏河，三日不流，爲之奈何？』伯尊曰：『君親素縞，帥群臣而哭之，既而祠焉，斯流矣。』孔子聞之，曰：『伯尊其無績乎？攘善也。』」案：《國語·晉語五》作「伯宗」。古未有竊人之文以爲己有者。屈平屬草稿未定，上官大夫見而欲奪，既思欺君，而且以讒友矣。《史記·屈原列傳》：「屈平屬草稿未定，上官大夫見而欲奪之。屈平不與，因讒之曰：『王使屈平爲令，衆莫不知，每一令出，平伐其功曰，以爲非我莫能爲也。』」竊人之美，等於竊財之盜，老氏言之斷斷①然②也。《左傳·僖二十四年》：「竊人之財猶謂之盜，況貪天之功以爲己力乎？」老氏之言未詳。張君大瑩補。補正：原注下加：《史記·晉世家》：「洙泗之間，斷斷如也。」其弊由於自私其才智，而不知歸公於道也。向令伯宗薦輦者之賢，而用縞素哭祠之成説，是即伯宗興邦之言也，補正：《論語·子路》：「定公問：『一言而可以興邦，有諸？』」功不止於梁山之事也。上官大夫善屈平而贊助所爲憲令焉，是即上官造楚之言也，功不止於憲令之善也。韓琦爲相，而歐陽修爲翰林學士，或謂韓公無文章，韓謂：「琦相而用修爲學士，天下文章孰大於琦！」嗚呼！若韓氏者，可謂知古人言公之旨矣。

竊人之所言以爲己有者，好名爲甚，而爭功次之。功欺一時，而名欺

① 「斷斷」，補正同，《文史通義》各本均同。疑當作「斷斷」。
② 「然」，補正同，粵雅堂本《文史通義》、浙江書局及嘉業堂《章氏遺書》本均作「如」。

千古也。以己之所作僞託古人者，奸利爲甚，而好事次之。好事則罪盡於一身，奸利則效尤而蔽風俗矣。齊丘竊《化書》於譚峭，《列仙傳》：「譚景升以《化書》授齊丘，曰：『是書之化，其道無窮，願子序之，流於後世。』其後齊丘因奪爲己有而傳之，遂不得其死。」郭象竊《莊注》於向秀，《世説新語·文學》：「初，注《莊子》者數十家，莫能究其旨要。向秀於舊注外爲《解義》，妙析奇致，大暢玄風。唯《秋水》、《至樂》二篇未竟而秀卒，秀子幼，《義》遂零落，然猶有別本。郭象者，爲人薄行，有儁才，見秀《義》不傳於世，遂竊以爲己注，乃自注《秋水》、《至樂》二篇，又易《馬蹄》一篇，其餘衆篇或定點文句而已。後秀《義》別本出，故今有向、郭二注，其義一也。」按：今向本已亡。君子以謂儇薄無行矣。作者如有知，但欲其説顯白於天下，而不必明之自我也。然而不能不恫心於竊之者，蓋穿窬、胠篋之智，《論語·陽貨》：「其猶穿窬之盜也歟？」注：「窬，窬牆。」《莊子·胠篋篇》注：「司馬云：從旁開爲胠。」必有竄易更張以就其掩著，而因以失其本指也。劉炫之《連山》，《北史·劉炫傳》：「隋文蒐訪圖籍，炫因僞造《連山》及《魯史記》上之。」梅賾之《古文尚書》，應詔入獻，將以求禄利也。補正：見《原學下》「後王以謂儒術不可廢」條注。侮聖人之言，而竊比河間、河内之蒐討，君子以爲罪不勝誅矣。《釋文》：「江左中興元年，時豫章内史枚賾奏上孔傳古文《尚書》，亡《舜典》一篇，購不能得，乃取王肅注《堯典》，從『昚徽五典』以下分爲《舜典篇》以續之。」《漢書·河間獻王傳》：「獻王所得書皆古文先秦舊書，《周官》、《尚書》、《禮》、《禮記》、《孟子》、《老子》之屬，皆經傳説記，七十子之徒所論。」《論衡·正説》：「孝宣皇帝之時，河内女子發老屋，得逸《易》、《禮》、《尚書》各一篇，奏之。宣帝下示博士，然後《易》、《禮》、《尚書》各益一篇，而《尚書》二十九篇始定。」夫墳典既亡，而作僞者之搜輯補苴，自注：如古文之採輯逸書，散見於記傳者，幾無遺漏。亦未必無什一之存也。然而不能不深惡於作僞者，遺篇逸句，附於闕文而其義猶存，附會成書而其義遂亡也。向令易作僞之心力，而以採輯補綴爲己功，則功豈下於河間之《禮》，河内之《書》哉？自注：王伯厚之《三家詩考》，吴草廬之《逸禮》，生於宋、元之間，去古浸遠，而尚有功於經學。六朝古書不甚散亡，其爲功較之後人必更易爲力，惜乎計不出此，反藉以作僞。青按：《禮記》正義引鄭玄《六藝論》：「漢興，高堂生得《禮》十七篇，後得孔氏壁中河間獻王古文《禮》五十六篇，《記》百三十一篇。」王充《論衡·正説》：「孝宣皇帝之時，河内女子發老屋，得逸①《禮》、《尚書》各一篇，奏之。宣帝下示博士，然後《易》、《禮》、《尚書》各益一篇，而《尚書》二十九篇始定。」郭象《秋水》、《達生》之解義，非無精言名理可以爲向之亞也。向令推闡其旨，與秀之所注相輔而行，觀者亦不辨其孰向孰郭也，豈至遽等穿窬之術哉？不知言公之旨，而欲自私自利以爲功，大道隱而心術不可復問矣。

學者莫不有志於不朽，而抑知不朽固自有道乎？言公於世，則書有時而亡，其學不至遽絶也。《通志·校讎略》有「書有名亡實不亡論」。蓋學成其家，而流衍者長，觀者考求而能識别也。孔氏古文雖亡，而史遷問故於安國，今遷書具存，而孔氏之《書》未盡亡也。《漢書·儒林傳》：「孔安國有古文《尚書》」，「授廷尉朝，而司馬遷亦從安國問，故遷書載《堯典》、《禹貢》、《洪範》、《微子》、《金縢》諸篇，多古文説」。韓氏之《詩》雖亡，而許慎治《詩》兼韓氏，今《説文》具存，而韓嬰之

① 「逸」下，脱「易」字。按此條與前注重出。

《詩》未盡亡也。按：《説文解字·序》：「其稱《易》，孟氏；《書》，孔氏；《詩》，毛氏。」則毛氏者，許君學《詩》之宗也。其云兼授《韓詩》者，如《詩》「我姑酌彼金罍」，許慎《五經異義》六「罍制」：「《韓詩》説：金罍，大器也。天子以玉，諸侯、大夫皆以金，士以梓。」又《説文解字·黽部》「鼀」下云：「䵶鼀，詹諸也。《詩》曰：『得此䵶鼀。』言其行鼀鼀。」今《詩》作「得此戚施」，毛云：「戚施，不能仰者。」又：《女部》「嬒」下云：「含怒也。一曰難知也。《詩》曰：『顧大且嬒。』」今《詩》作「顧大且儼」，傳曰：「矜莊貌。」按《太平御覽》引《韓詩》「戚施」，解作「蟾蜍」，「嬒」解作「重頤」，皆許君治《詩》兼韓氏之證。門人卞敬業補。劉向《洪範五行傳》與《七略》、《別録》補正：見《篇卷》注。雖亡，而班固史學出劉歆，自注：歆之《漢記》，《漢書》所本。青按：《漢書·藝文志》：「劉向《五行傳記》十一篇。」本傳：「凡十一篇，號曰《洪範五行傳論》。」又序：「歆於是總群書而奏其《七略》，故有《輯略》，有《六藝略》，有《諸子略》，有《詩賦略》，有《兵書略》，有《數術略》，有《方技略》。今册①其要，以備篇籍。」今《五行》、《藝文》二志具存，而劉氏之學未亡也。亦有後學託之前修者。褚少孫之藉靈於馬遷，《史記·孝武

① 「册」字誤，《漢書·藝文志·序》作「删」。

紀》注：「韋稜曰：《褚顗家傳》：『少孫，宣帝時爲博士，事大儒王式，故號先生，續《太史公書》。』」按：今《史記》内有「褚先生曰」，及於正文之下空一字者，皆少孫所補。裴松之之依光於陳壽，《宋書·裴松之傳》：「太祖元嘉三年，出使湘州，轉中書侍郎，司、冀二州大中正。上使注陳壽《三國志》，松之鳩集傳記，增廣異聞。既成，奏上，上喜曰：『此爲不朽矣。』」非緣附驥，其力不足自存也。又有道同術近，其書不幸亡逸，藉同道以存者。《列子》殘闕，半述於莊生；《莊子》有《列禦寇》篇。楊朱書亡，多存於《韓子》。案：《韓子》當爲《列子》之誤。《列子》八篇，載楊朱者有《黄帝》、《仲尼》、《力命》、《楊朱》、《説符》五篇，足見其多。次見《莊子》《應帝王》、《駢拇》、《胠篋》、《天地》、《徐無鬼》、《寓言》，《孟子》《滕文公下》、《盡心下》，《吕氏春秋·不二》，《淮南子·氾論訓》諸篇。見於《韓非子》者，爲《説林上》、《八説》兩篇，然《説林》所引與《列子·黄帝篇》同，何所據多存於《韓子》？蓋莊、列同出於道家，而楊朱爲我，其術自近名法也。又有才智自騁，未足名家，有道獲親，補正：《論語·學而》：「就有道而正焉。」倖存斧琢之質者。告子杞柳、湍水之辨，藉孟子而獲傳；《孟子·告子上》：「告子曰：性猶杞柳也，義猶桮棬也。以人性爲仁義，猶以杞柳爲桮棬。」又曰：「性猶湍水也，決諸東方則東流，決諸西方則西流。人性之無分於善不善也，猶水之無分於東西也。」惠施白馬、三足之談，因莊生而遂顯。《莊子·天下》：「惠施多方，其書五車。」「雞三足」，「黄馬驪牛三」。按：《公孫龍子》有《白馬篇》。《初學記》引《别録》曰：「公孫龍持白馬之論以度關。」惠施白馬之説未詳。門人陳光漢案：「惠施」當爲「公孫龍」之誤。《天下篇》所載廿一事非惠施之説，乃辯者以此與惠施相應，而下文有「桓團、公孫龍辯者之徒」一語，則白馬之談、公孫龍之説也。雖爲射者之鵠，《周禮·考工記》：「梓人爲侯，廣與崇方，參分其廣，而鵠居一焉。」注：「崇，高也。方，猶等也。高廣等者，謂侯中也。天子侯中丈八尺，鵠所射也。以皮爲之，各如其侯也。居侯中參分之一，則此鵠方六尺。」亦見不羈之才，《漢書·司馬遷傳》：「少負不羈之才。」師古曰：「不羈，言其材質高遠，不可羈繫也。」非同泯泯也。又有瑣細之言，初無高論，而幸入會心，竟垂經訓。孺子濯足之歌，通於家國；《孟子·離婁上》：「有孺子歌曰：『滄浪之水清兮，可以濯我纓。滄浪之水濁兮，可以濯我足。』孔子曰：『小子聽之！清斯濯纓，濁斯濯足矣！自取之也。』夫人必自侮，然後人侮之；家必自毁，而後人毁之；國必自伐，而後人伐之。』」時俗苗碩之諺，證於身心。

《禮記·大學》：「故諺有之曰：『人莫知其子之惡，莫知其苗之碩。』此謂身不修不可以齊其家。」

其喻理者即淺可深，而獲存者無俗非雅也。凡若此者，非必古人易而後人難也，古人巧而後人拙也，古人是而後人非也，名實之勢殊，公私之情異，而有意於言與無意於言者不可同日語也。故曰：無意於文而文存，有意於文而文亡。

今有細民之訟，兩造具辭，有司受之，必據其辭而賞罰其直枉焉。所具之辭豈必鄉曲細民能自撰哉？而曲直賞罰不加爲之辭者，而加之訟者，重其言之之意，而言固不必計其所出也。墓田隴畝，祠廟宗支，履勘碑碣，不擇鄙野，以謂較論曲直，舍是莫由得其要焉。豈無三代鐘鼎，秦漢石刻，款識奇古，文字雅奥，爲後世所不可得者哉？取辨其事，雖庸而不可廢；無當於事，雖奇而不足爭也。然則後之學者，求工於文字之末，而欲據爲一己之私者，其亦不足與議於道矣。

或曰：指遠辭文，《大傳》之訓也；《易·繫辭下》：「其旨遠，其辭文。」辭遠鄙倍，賢達之言也。見《原道下》注。「言之不文，行之不遠」，補正：見《言公上》注。辭之不可以已也。今曰求工於文字之末者非也，其何以爲立言之則歟？曰：非此之謂也。《易》曰：「修辭立其誠。」《易·乾·文言》文。誠不必於聖人至誠之極致，始足當於修辭之立也。學者有事於文辭，毋論辭之如何，其持之必有其故，補正：見《易教下》注。而初非徒爲文具者，皆誠也。有其故而修辭以副焉，是其求工於是者，所以求達其誠也。「《易》奇而法，《詩》正而葩」，韓愈《進學解》文。「《易》以道陰陽」，見《易教上》注。《詩》以道性情也。其所以修而爲奇與葩者，則固以謂不如是則不能以顯陰陽之理與性情之發也。故曰：非求工也，無其實而有其文，即六藝之辭猶無所取，而況其他哉！

文，虛器也；道，實指也。《周子通書·文辭》：「文辭，藝也；道德，實也。」文欲其工，猶弓矢欲其良也。弓矢可以禦寇，亦可以爲寇，非關弓矢之良與不良也。文可以明道，亦可以叛道，非關文之工與不工也。陳琳爲袁紹草檄，聲曹操之罪狀，辭采未嘗不壯烈也。他日見操，自比矢之不得不應弦焉。《文選·爲袁紹檄豫州》李善注引《魏志》：「琳避難冀州，袁紹使典文章。袁氏敗，琳歸太祖，太祖謂曰：『卿昔爲本初移書，但可罪狀孤而已，惡惡止其身，何乃上及父祖邪？』琳謝罪曰：『矢在弦上，不可不發。』曹公愛其才，不責之。」按：門人陳光漢云：《文選》李善注引《魏志》有「矢在弦上，不得不發」之語，今考《魏志》無此文。《通志》同。《後漢書·袁紹傳》注引《魏志》則曰：「流俗本此下有陳琳之辭者，非也。」《太平御覽·文部》十三引《魏書》及《淵鑑類函》引《獻帝春秋》皆有此二語。使爲曹操檄袁紹，其工亦必猶是爾。然則徒善文辭而無當於道，譬彼舟車之良，洵便於乘者矣，適燕與粤未可知也。

聖人之言，賢人述之，而或失其指。賢人之言，常人述之，而或失其指。「人心不同，如其面焉」，《左傳·襄二十八年》：「人心不同，有如其面。」①門人方恭綬補。而曰言託於公，不必盡出於己者，何也？蓋謂道同而德合，其究終不至於背馳也。且賦詩斷章，不啻若自其口出，《左傳·襄二十八年》：「賦詩斷

① 注文有誤，當作「人心之不同，如其面焉」，在襄公三十一年。

章。」《書·秦誓》:「不啻若自其口出。」而本指有所不拘也。引言互辨,與其言意或相反,而古人並存不廢也。前人有言,後人援以取重焉,是同古人於已也。前人有言,後人從而擴充焉,是以已附古人也。「仁者見仁,知者見知」,見《原道中》注。言之從同而異、從異而同者,殆如秋禽之毛,不可遍舉也。是以後人述前人,而不廢前人之舊也。以爲並存於天壤,而是非失得,自聽知者之別擇,乃其所以爲公也。君子惡夫盜人之言,而遽鏟去其跡,以遂掩著之私也。若夫前人已失其傳,不得已而取裁後人之論述,是乃無可如何。譬失祀者得其族屬而主之,亦可通其魂魄爾。非喻言公之旨,不足以知之。

言公下

於是泛濫文林,迴翔藝苑,韓愈《復志賦》:「朝馳騖乎書林兮,夕翺翔乎藝苑。」離形得似，《世説新語・排調》：「桓豹奴是王丹陽外生，形似其舅，桓甚諱之。宣武云：『不恒相似，時似耳。恒似是形，時似是神。』桓逾不説。」弛羈脱韅。《急就篇》注：「羈絡頭，謂勒之無銜者也。」《廣韻》：「在背曰韅。」《釋名》：「韅，經也，横經其腹下也。」上窺作者之指，下挹時流之撰。口耳之學既微，竹帛之功斯顯。窟巢託足，遂啟璇雕，《易・繫辭下》：「上古穴居而野處，後世聖人易之以宮室。」《孟子・滕文公下》：「當堯之時，水逆行，氾濫於中國，蛇龍居之，民無所定，下者爲巢，上者爲營屈①。」謝靈運《山居賦》：「宮室以瑶璇致美。」毛葉御寒，終開組纂。《禮記・禮運》：「未有麻絲，衣其羽皮。」《招魂》：「纂組綺縞，結綺黄②些。」注：「纂組，綬類也。」名言忘於太初，流别猶云「派别」。見《詩教上》注。生於近晚。譬彼觱沸酌於觴竇，《詩・小雅》：「觱沸檻泉。」注：「觱沸，泉出貌。」斯褰裳以厲津；《詩・鄭風》：「子惠思我，褰裳涉溱。」《衛風》：「深則厲」，注：「以衣涉水，由带以上曰厲。」隄防拯於横流，必方舟而濟亂。《爾雅・釋水》：「大夫方舟」，注：「併两船。」又《釋

① 「屈」字誤，《孟子》作「窟」。
② 「黄」，《楚辭》及《文選》作「璜」。

水》：「水正絶流曰亂」，注：「横流而濟之也。」推言公之宗旨，得吾道之一貫。見《原道下》注。惟日用而不知，《易·繫辭上》文。鴞炙忘乎飛彈。《莊子·齊物論》：「且女亦太早計，見卵而求時夜，見彈而求鴞炙。」試一攬夫沿流，蔚春畦之蔥蒨。

若乃九重高拱，《楚辭·九辨》：「君之門兮九重」，注：「天子有九門，謂關門、遠郊門、近郊門、城門、臯門、庫門、雉門、應門、路門也。」《史記·蘇秦傳》：「今君高拱而兩有之，此臣之所以爲君願也。」六合同風。補正：《莊子·齊物論》：「六合之外，聖人存而不論。」梁元帝《纂要》：「天地四方曰六合。」案：謂六合之内，同其風俗也。王言綸綍，《禮記·緇衣》：「王言如綸，其出如綍。」疏：「漸大出如綍，綍又大於綸。」元氣寰中。《莊子·則陽》：「冉相氏得其環中以隨成。」注：「虚静無爲之處。」秉鈞燮鼎之臣，《詩·小雅·節南山》：「秉國之均」，毛傳：「均，平也。」箋云：「持國政之平。」又通作「鈞」。白居易詩：「爲問三丞相，如何秉國鈞。」《書·説命下》：「若作和羹，爾惟鹽梅。」《爾雅》：「燮，和也。」襄謨殿柏；按：殿前植柏，故曰殿柏。庾信詩：「非是金爐氣，何關柏殿香。」珥筆曹植《求通親親表》：「執鞭珥筆」，李善注：「珥筆，戴筆也。」執簡之士，承旨宸楓。魏何晏《景福殿賦》：「楓槐被宸」，注：「漢宫殿前多植楓，故曰楓宸。宸者，上帝之居。」於是西掖揮麻，《漢官儀》：「左右曹受尚書事，前世文士以中書在右，因謂中書爲右曹，又稱西掖。」李肇《翰林志》：「故事，中書舍人專掌詔誥，開元始置學士，大事直出禁中，不由两省。凡制用白麻紙，詔用白藤紙，書用黃麻紙。」北門視草，《唐書・百官志》：「自太宗時，名儒學士時時召以草詔，然猶未有名號。乾封以後，始號『北門學士』。」《漢書・淮南王傳》：「武帝以安辯博，善爲文辭，每爲報書及賜，帝召司馬相如等視草迺遣。」《翰林志》：「太子召學士於禁中草書詔，雖宸翰所揮，亦資檢校，謂之『視草』。」天風四方，《易・姤》：「天下有風，姤，后以施命誥四方。」正義曰：「風行天下，則無物不遇，故爲遇象。『后以施命誥四方』者，風行草偃，天之威令，故人君法此以施教，命誥於四方也。」淵雷八表。《漢書・成帝紀贊》：「臨朝淵默，尊嚴若神，可謂穆穆天子之容者矣。」《神異經》：「八方之荒，有石鼓，其徑千里，撞之，其音即雷也。天以此爲喜怒之威。」《文心雕龍・詔策篇》：「皇帝御寓，其言也神，淵默黼扆，而響盈四表，唯詔策乎！」敷洋溢之德音，《禮記・中庸》：「是以聲名洋溢乎中國。」述憂勤之懷抱。《詩・魚麗・序》：「文武以《天保》治内，《采薇》治外，始於憂勤，終於逸樂。」崇文則山《韶》海《濩》，《莊子・天下》：「舜有《大韶》，湯有《大濩》。」厲武則泰𥝩汎驅。《說文解字》「汃」字下引《爾雅》：「東至於泰遠，西至於汃國，謂之四極。」按：此秣馬之意。敷政則雲龍就律，《易・乾・文言》：「風從虎，云從龍。」《禮記・樂記》：「八風從律而不奸。」恤災則鳩鵠迴腴。《通鑑》：「梁簡文時，江南百姓乏食，皆鳩形鵠面。」斯並石室金縢，《史記・自序》：「遷爲太史令，紬史記、石室、金匱之書。」索隱：「按石室、金匱皆國家藏書之處。」史宬尊掌藏故[①]，《字彙補》：「宬，藏書之室也。」明大內有皇史宬，貯列聖御筆、實録、祕典。亦作「宬」。掌故，見《書教上》注。補正：原注上加：《國史經籍志・序》：「累朝通集庫、皇史宬，所在充牣。」而縹函緗軸，《隋書・經籍志》：「荀勖分爲四部，總括群書，盛以縹囊，書用緗青[②]。」學士輯爲家書。左史右史之紀，補正：見《詩教上》注。王者無私；內制外制見《書教中》注。之集，詞臣非擅。雖木天《六典》：「內閣司舍，惟祕閣最宏壯，穹窿高敞，謂之『木天』。」清閟，公言自有專官，而竹簟茅簷，存互何妨於外傳也。

---

① 「尊掌藏故」誤倒，粵雅堂本《文史通義》、浙江書局及嘉業堂《章氏遺書》本均作「尊藏掌故」。

② 「青」字誤，《隋書》作「素」。

自注：制誥之公。歐陽修①《内制集序》：「若夫涼竹簟之暑風，曝茅簷之冬日。」門人沈訒補。

至於右文稽古，《漢書・武帝紀贊》：「高祖發亂反正，文、景務在養民，至於稽古禮文之事，猶多闕焉。」較前②門人沈訒補。購典延英，鸞臺述史，案：鸞臺、鳳閣乃唐制掌詔令之所，「述史」未詳，疑爲「蘭臺」之誤。虎觀談經。《後漢書・儒林・魏應傳》：「時會京師諸儒於白虎觀，講論五經同異，帝親臨稱制，如石渠故事。」議簣校幟，六天、五帝、三統、九疇之論，專家互執；《周禮・春官・小宗伯》：「兆五帝於四郊」，注：「五帝：蒼曰靈威仰，太昊食焉；赤曰赤熛怒，炎帝食焉；黄曰含樞紐，黄帝食焉；白曰白招拒，少昊食焉；黑曰汁光紀，顓頊食焉。黄帝亦於南郊。」《禮記・郊特牲》疏：「鄭氏以爲天有六天，丘、郊各異。」「大微宫有五帝坐星，青帝曰靈威仰，赤帝曰赤熛怒，白帝曰白招拒，黑帝曰汁光紀，黄帝曰含樞紐，是五帝與天帝六也。」《書・微子之命》：「統承先王」，正義：「《書傳》云：『王者存二王之後，與己爲三，所以通三統、立三正。周人以日至爲正，殷人以日至後三十日爲正，夏人以日至後六十日爲正。天有

① 「歐陽修」以下爲葉注，句前當補「按」字。
② 「較前」二字疑爲衍文。

三統，土有三王。三王者，所以統天下也。』《禮運》云：『杞之郊也，禹也；宋之郊也，契也。』是二王后，爲郊祭天，以其祖配之。鄭云所存二王後者，命使郊天，以天子禮祭其始祖，受命之王自行其正朔服色，此謂通天三統，是立二王后之義也。」《洪範》：「天乃錫禹洪範九疇，彝倫攸叙。」正義：「要①疇是輩類之名，故爲類也。言其每事自相類者有九，九者各有一章，故《漢書》謂之爲『九章』。此謂九類，是天之常道。」又曰：「《易·繫辭》云：『河出圖，洛出書，聖人則之。』九類各有文字，即是書也。而云『天乃錫禹』，知此天與禹者即是洛書也。《漢書·五行志》：「劉歆以爲伏羲繫天而王，河出圖，則而畫之，八卦是也。禹治洪水，錫洛書，法而陳之，洪範是也。」先達共爲此説。龜負洛書，經無其事，《中候》及諸緯多説黄帝、堯、舜及禹、湯、文、武受圖書之事，皆云『龍負圖，龜負書』，不知誰作。通人討覈，謂起哀、平。」《禮》仇《書》訟，案：疑作「《書》讎《禮》訟」。《文選·魏都賦》李善注引劉向《別録》：「讎校：一人讀書，校其上下，得謬誤爲校。一人持本，一人讀書，若怨家相對爲讎。」《後漢書·曹褒傳》：「褒具陳禮樂之本，制改之意，班固曰：『京師諸儒多能説《禮》，宜廣招集，共議得失。』帝曰：『諺言：作舍道邊，三年不成。會禮之家，名爲聚訟，互生異議，筆不得下。』」齊言、魯故、孔壁、梁壤之説，《公羊傳·莊二十八年》：

① 「要」字衍。

「《春秋》：伐者爲客，伐者爲主。」注：「伐人者爲客，讀『伐』長言之，齊人語也。見伐者爲主，讀『伐』短言之，齊人語也。」《漢書・六藝略・詩》：「《魯故》二十五卷」，師古注：「故者，通其指義也。它皆類此。今俗流《毛詩》改《故訓傳》爲『詁』字，失真耳。」《漢書・劉歆傳》：「漢興已七八十年，離於全經固已遠矣，及魯恭王壞孔子宅，欲以爲宮，而得古文於壞壁之中。」《晉書・束皙傳》：「太康二年，汲郡人不準發魏襄王墓，或言安釐王冢，得竹書數十車。」案：魏都大梁，故曰「梁墳」。

稱制以平。《正義》定著乎一家，《晉史》約删以百卷。六百年之解詁章疏，

自注：《五經正義》取兩漢六朝專家之説而定於一。青案：《日知録》：「十三經注：《書》則孔安國傳，《詩》則毛萇傳、鄭玄箋，《周禮》、《儀記》、《禮記》則鄭玄注，《公羊》則何休學，《孟子》則趙岐注，皆漢人；《易》則王弼注，魏人；《繫辭》韓康伯注，晉人；《論語》則何晏集解，魏人；《左氏》則杜預注，《爾雅》則郭璞注，《穀梁》則范甯集解，皆晉人；《孝經》則唐明皇御注。其後儒辨釋之書，名曰『正義』，今通謂之『疏』。《舊唐書・儒學傳》：『太宗以經籍去聖久遠，文字多訛謬，詔顔師古考定五經，頒於天下。又以儒學多門，章句繁雜，詔孔穎達與諸儒撰定五經義疏，凡一百七十卷，名曰《五經正義》，令天下傳習。』《高宗紀》：『永徽中，賈公彦始撰《周禮》、《儀禮》義疏。』《宋史・李至傳》：『判國子監，上言：五經書既已板行，惟《二傳》、《二禮》、《孝經》、《論語》、

《爾雅》七經疏未修，望令直講崔頤正、孫奭、崔偓佺等，重加讎校，以備刊刻。從之。』今人但知《五經正義》爲孔穎達作，不知非一人之書也。」**十八家之編年紀傳。**自注：《晉史》一十八家。青案：《郡齋讀書志》：「《晉書》一百三十卷，唐房喬等撰。貞觀中，以何法盛等十八家晉史未善，詔喬與褚遂良、許敬宗再加撰次。」浦起龍曰：「《晉史》十八家，隋唐二《志》正史部凡八家，其撰人則王隱、虞預、朱鳳、何法盛、謝靈運、臧榮緒、蕭子雲、蕭子顯也。編年部凡十一家，其撰人則陸機、干寶、曹嘉之、習鑿齒、鄧粲、張盛、劉謙之、王韶之、徐廣、檀道鸞、郭季産也。據《志》蓋十九家，豈緣習氏書獨主漢斥魏，以爲異議，遂廢不用歟？」**譬彼漳分江合，濟伏河横，淮中沔曲，汨兮朝宗於谷王；**《禹貢》：「至江、漢宗於海①。」《老子·六十六章》：「江海所以能爲百谷王者，以其善下之。」**翡翠空青，**《異物志》：「翠鳥形如燕赤，而雄曰翡青，而雌曰翠。」陶穀《清異録》：「契丹東丹王突買巧石數峰，曰空青府。」補正：原注删，加：《本草綱目》：「空青」，集解：「李時珍曰：　張杲《玉洞要訣》云：『空青似楊梅，受赤金之精，甲乙陰靈之氣，近泉而生，久而含潤，新從坎中出，鑽破中有水，久即乾如珠，金星燦燦。』《庚辛玉册》云：『空青，陰石

---

① 當作「江、漢朝宗於海」。

也。産上饒，似鐘乳者佳。大片含紫色，有光采。次出蜀嚴道及北代山，生金坎中，生生不已。故青爲之丹。有如拳大及卵形者，中空有水如油，治盲立效。出銅坑者亦佳，堪畫。又有楊梅青石，青皆是一體，而氣有精粗點化。以曾青爲上，空青次之，楊梅青又次之。』《造化指南》云：『銅得紫陽之氣而生緑，緑二百年而生石緑。銅始生其中焉，曾空、二青則石緑之得道者，均謂之鑛。又二百年得青陽之氣，化爲鍮石。』觀此諸説，則空青有金坑、銅坑二種，或大如拳卵，小如豆粒，或成片塊，或若楊梅。雖有精粗之異，皆以有漿爲上，不空無漿者爲下也。方家以藥塗銅物，生青括下，僞作空青者，終是銅青，非石緑之得道者也。」蔚藍芝紫，水碧砂丹，爛兮章施於采絢。凡以統車書而一視聽，補正：「統車書」，見《釋通》注。《書・泰誓中》：「天視自我民視，天聽自我民聽。」齊鈞律而抑邪温①，補正：《前漢書・律曆志》：「律有十二，陽六爲律，陰六爲吕，黄帝之所作也。黄帝史伶倫自大夏之西，昆侖之陰，取竹之解谷，生其竅厚均者，斷兩節間而吹之，以爲黄鐘之宫。制十二筩，以聽鳳之鳴，其雄鳴爲六，雌鳴亦六，比黄鐘之宫，而皆可以生之。是爲律本。」《禮・樂記》：「流辟、邪散、狄成、滌濫之音作，而民淫亂。」《文心

① 「温」字誤，粤雅堂本《文史通義》、浙江書局及嘉業堂《章氏遺書》本均作「濫」。注文不誤。

雕龍·樂府》：「夫樂本心術，故響浹肌髓，先王慎焉，務塞淫濫。」案：「均」通「鈞」。雖統名乎敕定，實舉職於儒臣。領袖崇班，表進勒名首簡；群工集事，一時姓氏俱湮。蓋新廟獻功，豈計衆匠奔趨而將作用紀？明禋成禮，何論庖人治俎而尸祝辭陳？自注：館局之公。補正：《莊子·逍遥遊》：「庖人雖不治庖，尸祝不越樽俎而代之矣。」

爾其三台八座，《史記·天官書》：「斗官六星两相比者，爲三台、三公之象。」《文選》注引《春秋漢含孳》：「三公象五岳，在天法三能。台、能同。」《初學記》：「光武分尚書爲六曹，并一令一僕射，謂之『八座』。魏有五曹與二僕射一令，謂之『八座』。」隋以六尚書、左右僕射合爲八座，唐同。百職庶司，節鎮統部。補正：見《地志統部》。郡縣分治。平聲。羅群星於秋旻，《爾雅·釋天》：「秋爲旻天。」茁百穀於東菑。《爾雅·釋地》：「田一歲曰菑。」王維詩：「蒸藜炊黍餉東菑。」簿書稠匝，卷牒紛披。文昌武庫，《漢書·天文志》：「斗魁六星曰文昌宫，故六部尚書曰文昌天府。」《晉書·天文志》：「西方奎十六星，天之武庫也。一曰主家，主以兵禦暴。」張衡《西京賦》：「武庫禁兵」，李善注：「武庫，天子主兵器之官也。」禮司樂署之燦爛，老①輻湊而運軸於車輪；補正：《老子·十一章》：「三十輻共一轂，當其無，有車之用。」注：「古者車三十輻，法月數也。共一轂者，轂中有孔，故衆輻共輳之。」甲兵犴訟，《説文解字》第九篇下：「豻，或從犬。」引《詩》：「宜犴宜獄。」按：今《詩·小雅》作「宜岸宜獄」，《釋文》：「《韓詩》作『犴』。鄉亭之繫曰犴，朝廷曰獄。」錢貨農田之條理，若棋置而列枰以方罫。韋曜《博弈論》：「其所志不出一枰之上，所務不過方罫之間。」李善注：「《方言》曰：『投博謂之枰。』皮兵切。」桓譚《新論》曰：「世有圍棋之戲，或言是兵法之類也。及爲之，上者遠棋疏張，置以會圍，因而伐之，成多得道之勝。中者則務相絶遮要，以争便求利，故勝負狐疑，須計數而定。下者則守邊隅，趨作罫目，以自生於小地，然亦必不如。察薛公之言黥布反也，上計云『取吴楚並齊魯及燕趙』者，此廣地道之謂也。其中計云『取吴楚並韓魏，塞成皋，據敖倉』，此趨遮要争利者也。下計云『取吴下蔡，據長沙以臨越』，此守邊隅趨作罫目者也。更始帝將相不能防衛，而合罫中死棋皆生也。」《集韻》：「罫，古買切，音柺，博局方目。」雁行進藍田之牒，准令式而文行；韓愈《藍田縣丞廳壁記》：「文書行，吏抱成案詣丞，卷其前，鉗以左手，右手摘紙尾。雁鶩行

①「老」字誤，粤雅堂本《文史通義》、浙江書局及嘉業堂《章氏遺書》本均作「若」。

以進，平立睨丞曰：『當署。』丞涉筆占位置①，惟謹。」牛耳招平原之徒，奉故事而畫諾。《左傳・定八年》：「衛人請執牛耳」，正義曰：「盟用牛耳，卑者執之，尊者涖之。」《周禮》：「戎右曰盟，則贊牛耳」，鄭玄云：「謂尸盟者割牛耳取血助爲之」，「尸盟者執之」。《史記・平原君傳》：「平原君與楚合從，楚王曰：『定矣！』毛遂謂楚王之左右曰：『取雞狗馬之血來！』毛遂奉銅盤而跪進之楚王，曰：『王當插②血而定從，次者吾君，次者遂。』」《後漢書・黨錮傳序》：「南陽宗資主畫諾。」按：畫諾猶今於公文稿上判行或簽名也。是則命筆爲刀，《史記・蕭何世家》：「何於秦時爲刀筆吏。」補正：原注加：《劉盆子傳》注：「古者記事③於簡策之謬誤者，以刀削而除之，故曰刀筆。」稱書曰隸。《漢書・藝文志・六藝略・小學》六體有隸書，師古注：「隸程邈所獻，主於徒隸，從簡易也。」遣言出自胥徒，得失歸乎長吏。猶今公務員擬稿，送由主管長官判行，而長官胥負其責也。蓋百官治而萬民察，所以易結繩而爲書契。見《詩教上》注。昧者徒争於末流，知者乃通其初意。自注：文移之公。

① 「置」字誤，《昌黎集》作「署」。

② 「插」字誤，《史記》作「歃」。

③ 「古者記事」，原書誤倒作「記者古事」，據《後漢書》李賢注乙正。

若夫侯王將相，岳牧群公，鈴閣啟事，《晉書·羊祜傳》：「鈴閣之下，侍衛者不過數百人。」《魏志·董卓傳》：「公卿見卓，謁拜車下，卓不爲禮。召呼三台尚書以下，自詣卓府啓事。」戟門治戎，《史記·項羽本紀》：「噲即帶劍擁盾入軍門，交戟之衛士欲止不内。」稱崇高之富貴，具文武之威風。則有書記翩翩，魏文帝《與吴質書》：「元瑜書記翩翩。」風流名士，《世説新語·傷逝》：「此君風流名士，海内所瞻。」幕府賓客，文學掾史。文學與掾及史皆古佐治之官。補正：原注删，加：《漢書·倪寬傳》：「補廷尉文學卒史」，注：「蘇林曰：『秩六百石，舊郡亦有也。』」《後漢書·百官志》：「太尉掾史屬二十四人」，注：「正曰掾，副曰屬。」鷄擊海濱，仲連飛書於沙漠；《史記·魯仲連傳》：「燕將攻下聊城，聊城人或讒之燕，燕將懼誅，因保守聊城，不敢歸齊。田單攻聊城歲餘，士卒多死，聊城不下。魯連乃爲書，約之矢以射城中，遺燕將。」「燕將得書，泣三日，乃自殺。聊城亂，田單遂屠聊城。歸而言魯連，欲爵之，魯連逃隱於海上。」《昌黎先生集·嘲魯連子》：「魯連細而黠，有似黄鷄子。」鷹揚河朔，孔璋馳檄於當塗。曹植《與楊德祖書》：「孔璋鷹揚於河朔。」李善注：「孔璋，廣陵人，在冀州爲袁紹記室，故曰河朔。」王粲慷慨而依劉，賦傳荆闕；《魏志·王粲傳》：「王粲，字仲宣，山陽高平人。有異才，西京擾亂，乃之荆州依劉表。」按：王粲有《登樓賦》，李善引盛弘之《荆州記》：「當陽縣城樓，王仲宣登之而作賦。」又按：闕，城闕，即城樓也。班固倜儻補正：《説文解字·人部》新附：「倜儻，不羈也。」以從竇，銘勒狼居。《後漢書·班固傳》：「固字孟堅。年九歲，能屬文，誦詩賦。及長，遂博貫載籍，九流百家之言，無不窮究。所學無常師，不爲章句，舉大義而已。性寬和容衆，不以才能高人，諸儒以此慕之。永元初，大將軍竇憲出征匈奴，以固爲中護軍，與參議。及竇憲敗，固先坐免官。」按：固有《封燕然山銘》。封狼居胥係衛青、霍去病事，章氏誤。芻毁塗摧，死魄感惠連之弔；《禮記·檀弓下》：「塗車芻靈，自古有之。」注：「芻靈，束茅爲人、馬。謂之靈者，神之類。」謝惠連《祭古冢文》：「芻靈已毁，塗車既摧。」門人謝之勃補。補正：上奪「芻毁塗摧」四字。鶯啼花發，生魂歸希範之書。《梁書》：「丘遲，字希範，吴興烏程人也。」有《與陳伯之書》云：「暮春三月，江南草長，雜花生樹，群鶯亂飛。」斯或精誠貫金石之堅，《新序·雜事》：「熊渠子見其誠心，而金石爲之開，況人心乎？」楊丈鐵夫補。忠烈奮風雲之氣。《後漢書·二十八將傳論》：「咸能感會風雲，奮其智勇。」楊丈鐵夫補。輸情則青草春生，騰説則黄濤夏沸，補正：《吴船録》：「眉州城外江，即玻璃江也。冬時水色如此，方夏潦怒濤漲，皆高①流耳。」感幽則山鬼夜啼，顯明則海靈朝霽。韓愈《南海神廟碑》：「將事之夜，天地開除，月星明概。五鼓既作，牽牛正中，公乃盛服執笏以入，即事。」「海之百靈祕怪，慌惚畢出。」並能追杳入冥，傳心達志。變化從人，曲屈如意。蓋利禄之途既廣，則揣摩之功微至。中晚文人之集，按：宋嚴羽《滄浪詩話》云：「論詩如論禪，漢、魏、晉與盛唐之詩則第一義也，大歷以還之詩則小乘禪也，已落第二義矣，晚唐之詩則聲聞辟支果也。」至元楊士宏所選《唐音》又增出初唐、中唐名目。强半捉刀之技，《世説新語·容止》：「魏武將見匈奴使，自以形陋，不足雄遠國，使崔季珪代，帝自捉刀立床頭。既畢，令間諜問曰：『魏王何如？』匈奴使答曰：『魏王雅望非常，然床頭捉刀人，此乃英雄也。』」既合馭而和鸞，《詩·小雅·蓼蕭》：「和鸞雝雝」，注：「在軾曰和，在鑣曰鸞。」豈分途而争幟？自注：書記之公。

蓋聞富貴願足，則慕神仙。如秦皇、漢武是。黄白之術既紬，文章之尚斯

①「高」字誤，《吴船録》作「黄」。

專，度生人之不朽，久視弗若名傳，案：道士煉丹，化成金銀，故曰黄白之術。蓋謂神仙無驗，欲求壽世，惟文章耳。猶《典論·論文》所云「文章者經國之大業，不朽之盛事。年壽有時而盡，榮樂止乎其身，二者必至之常期，未若文章之無窮」也。補正：原注删，加：《抱朴子·黄白》：「抱朴子曰：《神仙經》黄白之方二十五卷，千有餘首。黄者，金也；白者，銀也。古人秘重其道，不欲指斥，故隱之云爾。余曾諮於鄭君曰：『老君云：不貴難得之貨。而至治之世皆投金於山，捐玉於谷，不審古人何用金玉爲貴而遺其方也？』鄭君答余曰：『真人作金，自欲餌服之，致神仙，不以致富也。故經曰：金可作也，世可度也。銀亦可餌服，但不及金耳。』余難曰：『何不明世間金銀，而化作之，作之則非真，非真則詐僞也。』鄭君答余曰：『世間金銀皆善，然道士率皆貧，又不能遠行採取，故宜作也。又化作之金，乃是諸藥之精，勝於自然者也。』」《老子·第五十九章》：「有國之母，可以長久，是謂深根固蒂，長生久視之道。」既懲愚而顯智，遂以後而勝前。則有爵擅七貂，左思《詠史》：「七葉珥漢貂」，李善注：「班固《漢書·金日磾贊》曰：『夷狄亡國，羈虜漢庭，七葉内侍，何其盛也！』七葉，自武至平也。珥，插也。董巴《輿服志》曰：『侍中、中常侍冠武弁，貂尾之飾。』」抑或户封十萬，當退食之委蛇，《詩·召南·羔羊》：「委蛇委蛇，退食自公。」箋：「委蛇，委曲自得之貌。」或休沐之閒宴，《初學記》：「漢律：

吏五日得一休沐，言休息以洗沐也。」《漢書·東方朔傳》：「得賜清讌之閒。」恥汩没於世榮，乃雅羡乎述贊。於是西園集雅，曹植《公讌》：「清夜遊西園，飛蓋相追隨。」門人沈訒補。補正：原注上加：張衡《東京賦》：「大閲西園」，薛綜注：「西園，上林苑也。」東閣賓儒，《漢書·公孫弘傳》：「公孫弘爲丞相，封平津侯，開東閣以延賢人。」列鉛置槧，《西京雜記》第三：「揚雄懷鉛提槧，訪殊方絶俗之語，作《方言》。」按：鉛所以書。槧，木板也。紛墨披朱。求藝林之勝事，遂合力而並圖。或抱荆山之璞，《韓非子·和氏》：「楚人和氏得玉璞楚山中，奉而獻之厲王。厲王使玉人相之，玉人曰：『石也。』王以和爲誑，而刖其左足。及厲王薨，武王即位，和又奉其璞而獻之武王。武王使玉人相之，又曰：『石也。』王又以和爲誑，而刖其右足。武王薨，文王即位，和乃抱其璞而哭於楚山之下，三日三夜，淚盡而繼之以血。王聞之，使人問其故曰：『天下之刖者多矣，子奚哭之悲也？』和曰：『吾非悲刖也，悲夫寶玉而題之以石，貞士而名之以誑，此吾所以悲也。』王乃使玉人理其璞而得寶焉，遂命曰『和氏之璧』。」或矜隋侯之珠，《搜神記》：「隋侯行見大蛇傷，以藥傳而塗之。其後蛇於江中銜珠以報隋侯，徑寸純白，而夜光可燭室，故歷世稱『隋珠』焉。」或寶燕市之石，《韓非子·内儲説》：「宋之愚人得燕石於梧台之側，藏之以爲大寶。周客聞而觀焉，笑曰：『此燕石也，與瓦甓同。』」或濫齊門之竽，《韓非子・内儲説》：「齊宣王使吹竽，必三百人。南郭先生請爲王吹竽，宣王説之。宣王死，湣王立，好一一吹之，處士逃。」皆懷私而自媚，補正：《文賦》：「水懷珠而川媚。」視匠指而奔趨。既取多而用閎，譬峙糧而聚橐①，《詩・大雅・崧高》：「以峙其粻」，箋：「粻，糧也。峙其糧者，令廬市有止宿之委積。」《詩・大雅・公劉》：「於橐於囊」，箋：「乃裹糧食於囊橐之中。」補正：「稿」誤「橐」。原注《詩・大雅・公劉》以下删。藉大力以賅存，供善學之搜討。立功固等乎立言，何嘗少謝於專家之獨造也哉？自注：募集之公。

至如《詩》、《騷》體變，樂府登場。《文心雕龍・辨騷》：「自風雅寢聲，莫或抽緒，奇文鬱起，其《離騷》哉！」案：此謂詩之變爲騷也。《史記・樂書》：「高祖《過沛詩》，三侯之章，令小兒歌之。高祖崩，令沛得以四時歌儛宗廟，孝惠、孝文、孝景無所增，更於樂府習常肄舊而已。至武帝即位，作十九章，令侍中李延年次序其聲，拜爲協律都尉。」《朱鷺》、《悲翁》、《上邪》、《如張》之篇題，學士無徵於詮解；《古今樂録》：「漢鼓吹鐃歌十八曲，字多

① 「橐」，補正同，粵雅堂本《文史通義》、浙江書局及嘉業堂《章氏遺書》本均作「槖」。

訛誤。一曰《朱鷺》，二曰《思悲翁》，三曰《艾如張》，十五曰《上邪》。」呼豨、《古樂府・有所思》：「妃呼豨秋風颯颯晨風颸」，注：「妃呼，方言。豨，走也。」王士禎《池北偶談》：「江南士人擬古樂府，有「妃來呼豨豨知」之句，蓋樂府「妃」「呼」「豨」皆有聲而無字，今誤以妃爲女，呼爲唤，豨爲豕，湊泊成句，是何文理？因於《論詩絶句》著其説。」瑟二、待詳。存吾、《古樂府・臨高臺》末云：「令吾主壽萬年，收中吾。」劉履曰：「篇末『收中吾』三字其義未詳，疑曲之餘聲，如《樂録》所謂『羊無夷』、『伊那何』之類。」幾令待詳。之音拍，工師惟記乎鏗鏘。《漢書・禮樂志》：「漢興，樂家有制氏，以雅樂聲律世世在大樂官，但能紀其鏗鎗鼓舞，而不能言其義。」則有擬議形容，敷陳推表，好事者爲之説辭，傷心人别有懷抱。金羈白馬，曹植《白馬篇》：「白馬飾金羈。」酒市釵樓，年少之樂也；關山楊柳，王之涣詩：「羌笛何須怨楊柳，春風不度玉門關。」行李風煙，離别之情也；草蒨禽肥，馬驕弓逸，遊獵之快也；隴水嗚咽，《隴頭歌》：「隴頭流水，嗚聲幽咽。遥望秦川，肝腸斷絶。」塞日昏黄，征戍之行也。或以感憤而申征夫之怨，或以悒鬱而抒去妾之悲，謂《王明君》詞。或以曠懷而恢遊宴之興，如魏武《短歌行》等。或以古意而託豔冶之詞。謂樂府有以「古意」命題者，皆寫豔冶之詞。蓋傳者未達其旨，遂謂《子夜》乃女子之號，《唐書·樂志》：「《子夜歌》者，晉曲也。晉有女子名夜，造此聲。」《木蘭》爲自叙之詩。古辭《木蘭詩》二首，《古今樂録》曰：「《木蘭》，不知名。浙江西道觀竇使兼御史中丞韋元甫續附入。」案：詩中乃自叙代父從軍之事。苟不背於六藝之比興，作者豈欲以名姓而自私。自注：樂府之公。

別有辭人點竄，略倣史刪。自注：因襲成文，或稍加點竄，惟史家義例有然。詩文集中本無此例，間有同此例者，大有神奇臭腐之别，不可不辨。鳳困荆墟，悲迷陽於南國；自注：莊子改《鳳兮歌》。青案：《論語·微子》：「楚狂接輿歌而過孔子曰：『鳳兮鳳兮，何德之衰！往者不可諫，來者猶可追。已而已而，今之從政者殆而！』」《莊子·人間世》：「孔子適楚，狂接輿遊其門曰：『鳳兮，何如德之衰也！來世不可待，往世不可追也。天下有道，聖人成焉；天下無道，聖人生焉；方今之時，僅免刑焉。福輕乎羽，莫之知載；禍重乎地，莫之知避。已乎已乎，臨人以德；殆乎殆乎，畫地而趨；迷陽迷陽，勿傷吾行。吾行卻曲，無傷吾足。』」補正：《左傳·成十六年》：「六月，晉楚遇於鄢陵。公筮之史曰：『吉。其卦遇《復》，曰：南國蹙，射其元王，中厥目。』」案：南國指楚，荆亦楚也。鹿鳴萍野，誦《宵雅》於《東山》。自注：魏武用《小雅》詩。青按：《宵雅》即《小雅》。《詩·小雅·鹿鳴》：「呦呦鹿鳴，食野之苹。我有嘉賓，鼓瑟吹笙。」魏武帝《短歌行》曾用此四句。補正：原注「青案」以下五字删，加：《詩·小雅·鹿鳴之什》下引《學記》曰：「宵雅肄三，官其始也。」鄭氏曰：「宵之言小也。肄，習也。習小雅之三。」董氏曰：「古者宵小同，故謂小人爲宵人。」原注「曾用此四句」下加：案：「青青子衿」二語，亦用《鄭風·子衿》原文。又《豳風·東山·序》：「周公東征也。」魏武帝《苦寒行》：「悲彼東山詩，悠悠使我哀。」女蘿薜荔，陌上演山鬼之辭；綺紵流黄，狹斜襲三婦之豔①。自注：樂府《陌上桑》與《三婦豔》之辭也。青案：屈原《九歌·山鬼》：「若有人兮山之阿，被薛②荔兮帶女蘿，既含睇兮又宜笑，子慕予兮善窈窕。乘赤豹兮從文貍，辛夷車兮結桂旗，被石蘭兮帶杜衡，折芳馨兮遺所思。余處幽篁兮終不見，天路險難兮獨後來，表獨立兮山之上，雲容容兮而在下。杳冥冥兮羌晝晦，東風飄兮神靈雨，留靈修兮憺忘歸，歲既晏兮孰華予。采三秀兮於山間，石磊磊兮葛蔓蔓，怨公子兮悵忘歸，君思我兮不得閒。山中人兮芳杜若，飲石泉兮蔭松柏，君

---

① 「三婦之豔」，粤雅堂本《文史通義》、浙江書局及嘉業堂《章氏遺書》本均作「婦豔之故」。
② 「薛」字誤，當作「薜」。

思我兮然疑作。雷填填兮雨冥冥，猨啾啾兮狖夜鳴，風颯颯兮木蕭蕭，思公子兮徒離憂。」《樂府・陌上桑》：「云今有人山之阿，被服薜荔帶女蘿。既含睇，又宜笑，子戀慕兮善窈窕。乘赤豹，從文貍，辛夷車駕結桂旂。被石蘭，帶杜衡，折芳拔荃遺所思。處幽室，終不見，天路險艱獨後來。表獨立，山之上，雲何容容而在下。杳冥冥，羌晝晦，東風飄飄神靈雨。風瑟瑟，木槮槮，思念公子徒以憂。」《古辭・長安有狹斜行》末云：「大婦織綺紵，中婦織流黄，小婦無所爲，挾琴上高堂，丈夫且徐徐，調絃詎未央。」王融《三鰛婦詩》：「大婦織綺羅，中婦織流黄，小婦獨無事，挾瑟上高堂，丈夫且安坐，調弦詎未央。」梁人改《隴頭》之歌，自注：增減古辭爲之。青按：《隴頭流水歌辭》：「隴頭流水，流離西下，念吾一身，飄零曠野。西上隴阪，羊腸九回，山高谷深，不覺腳酸。手攀弱枝，足踰弱泥。」《古今樂録》曰：「《樂府》有此歌曲，解多於此。」韓公删《月蝕》之句，自注：删改盧仝之詩。青案：《玉川子集》卷第一《月蝕詩》：「新天子即位五年，歲次庚寅，斗柄插子，律調黄鐘。森森萬本夜殭立，寒氣贔屓頑無風。爛銀盤從海底出，出來照我草屋東。天色紺滑凝不流，冰光交貫寒瞳曨。初疑白蓮花，浮出龍王宫。八月十五夜，比並不可雙。此時怪事發，有物吞食來。輪如壯士斧斫壞，桂似雪山風拉摧。百鍊鏡，照見膽，平地埋寒灰。火龍珠，飛出腦，卻入蚌蛤胎。摧環破璧眼看盡，當天一搭如煤炲。磨蹤滅跡須臾間，便似萬古不可開。不料至神物，有此大狼狽。星如撒沙出，争頭事光大。奴婢炷暗燈，揜鳥感荧如玳瑁。今夜吐餤長如虹，孔隙千道射户外。玉川子，涕泗下，中庭獨自行。念此日月者，太陰太陽精。皇天要識物，日月乃化生。走天汲汲勞四體，與天作眼行光明。此眼不自保，天公行道何由行？吾見陰陽家有説，望日蝕月月光滅，朔月掩日日光缺。兩眼不相攻，此説吾不容。又孔子師老子云：『五色令人目盲。』吾恐天似人，好色即喪明。幸且非春時，萬物不嬌榮。青山破瓦色，緑水冰峥嶸。花枯無女豔，鳥死沉歌聲。頑冬何所好，偏使一目盲。傳聞古老説，蝕月蝦蟆精。徑圓千里入汝腹，汝此癡骸阿誰生？可從海窟來，便解緣青冥。恐是眶睫間，掩塞所化成。黄帝有二目，帝舜重瞳明。二帝懸四目，四海生光輝。吾不遇二帝，滉漭不可知。何故瞳子上，坐受蟲豸欺。長嗟白兔搗靈藥，恰似有意防奸非。藥成满臼不中度，委任白兔夫何爲？憶昔堯爲天，十日燒九州。金爍水銀流，玉燬丹砂焦。六合烘爲黨①，堯心增百憂。帝見堯心憂，勃然發怒決洪流。立擬沃殺九日妖，天高日走沃不及，但見萬國赤子䲜䲜生魚頭。此時九御導九日，争持節幡麾幢旒。駕車六九五十四頭蛟螭虬，掣電九火輈。汝若蝕開齱齵輪，御轡執索相爬鉤，推蕩轟訇入汝喉。紅鱗餤鳥燒口快，翎鬣倒側聲醆鄒。撑腸拄肚礧傀如山丘，自可飽死更不偷。不獨填飢坑，

① 「黨」字誤，當作「窯」。

亦解堯心憂。恨汝時當食，藏頭擫腦不肯食。不當食，張唇哆觜食不休。食天之眼養逆命，安得上帝請汝劉？嗚呼！人養虎，被虎齧；天媚蟆，被蟆瞎。乃知恩非類，一一自作孽。吾見患眼人，必索良工訣，想天不異人，愛眼固應一。安得常娥氏，來習扁鵲術，手操舂喉戈，去此睛上物。其初猶朦朧，既久如抹漆。但恐功業成，便此不吐出。玉川子又涕泗下，心禱再拜，額榻砂土中。地上蟣虱臣，仝告愬帝天皇：臣心有鐵一寸，可刳妖蟆癡腸，上天不爲臣立梯磴，臣血肉身無由飛上天揚天光。封詞付與小心風，颰排閶闔入紫宫，密邇玉几前擘坼，奏上臣仝頑愚胸。敢死横干天，代天謀其長。東方蒼龍角，插戟尾戟①風。當心開明堂。統領三百六十鱗蟲，坐理東方宫。月蝕不救援，安用東方龍？南方火鳥赤潑血，項長尾短飛跋躠，頭戴井冠高逵枿。月蝕鳥宫十三度，鳥爲居停主人不覺察，貪向何人家？行赤口毒舌，毒蟲頭上吃卻月不啄殺。虚眨鬼眼明突窗②，鳥罪不可雪。西方攫虎立踦碕③，斧爲牙，鑿爲齒，偷犧牲，食封豕。大蟆一臠，固當軟美，見似不見，是何道理？爪牙根天不念天，天若准擬錯准擬。北方寒龜被蛇縛，藏頭入殼如入獄，蛇

① 「戟」字涉上而誤，《全唐詩》作「捭」。
② 「突窗」誤，《全唐詩》作「突窩」。
③ 「踦碕」，誤，《全唐詩》作「踦踦」。

筋束緊束破殼，寒龜夏鱉一種味。且當臞其肉，一底板没信處①，唯堪支床脚，不堪鑽灼與天卜。歲星主福德，官爵奉董秦，忍使黔婁生，覆尸無衣巾。天失眼不吊，歲星胡其仁？熒惑矍鑠翁，執法太不中，月明無罪過，不紀②蝕月蟲。年年十月朝太微，支盧謫罰何災凶！土星與土性相背，反養福德生禍害，到人頭上死破敗，今夜月蝕安可會？太白真將軍，怒激鋒鋩生，恒州陣斬酈定進，項骨脆甚春蔓菁。天唯兩眼失一眼，將軍何處行天兵？辰星任廷尉，天律自主持，人命在盆底，固應樂見天盲時。天若不肯信，試喚皋陶鬼一問，一如今日三台文昌宮，作上天紀綱。環天二十八，磊磊尚書郎，整頓排班行，劍握他人將。一四太陽側，一四天市傍，操斧代大匠，兩手不怕傷。弧矢引满反射人，天狼呀啄明煌煌。癡牛與騃女，不肯勤農桑，徒勞含淫思，旦夕遥相望。蚩尤籲箕③弄旬朔，始搥天鼓鳴璫琅。枉矢能蛇行，眊目森森張。天狗下舐地，血流何滂滂！譎險萬萬黨，架④何可當？眯目釁成就，害我光明王。請留北斗一星相北極，指麾萬國懸中央，此外盡掃除，堆積如山岡，贖我父母光。當時常星没，殞雨如迸漿，似天會事發，叱喝誅奸强。何故中道

---

①「且當臞其肉，一底板没信處」，《全唐詩》作「且當以其肉充臞，死殼没信處」，注：「一作『且當臞其肉，一底板没信處』」。
②「紀」，《全唐詩》作「糺」。
③「籲箕」，《全唐詩》作「簸旗」。
④「架」字下，《全唐詩》有「構」字。

廢，自遺人①日殃。善善又惡惡，郭公所以亡，願天神聖心，無信他人忠。玉川子詞訖，風色緊格格。近月黑暗邊，有似動劍戟。須臾癡蟆精，兩吻自決坼。初露半箇璧，漸吐満輪魄。衆星盡原赦，一蟆獨誅磔。腹肚忽脱落，依舊掛穹碧。光彩未蘇來，慘澹一片白。奈何萬里光，受此吞吐厄！再得見天眼，感荷天地力。或問玉川子，孔子修《春秋》，二百四十年，月蝕盡不收，今子咄咄詞，頗合孔意不？玉川子笑答，或請聽逗留：孔子父母魯，諱魯不諱周，書外書大惡，故月蝕不見收。予命唐天，口食唐土，唐禮過三，唐樂過五，小猶不説，大不可數。災沴無有小大愈，安得引衰周，研覈其可否！日分晝，月分夜，辨寒暑。一主刑，二主德，政乃舉。孰謂人面上，一目偏可去？願天完兩目，照下萬方土，萬古更不瞽。萬萬古，更不瞽，照萬古。」《昌黎集·月蝕詩效玉川子作》：「元和庚寅斗插子，月十四日三更中。森森萬木夜僵立，寒氣贔屭頑無風。月形如白盤，完完上天東。忽然有物來啗之，不知是何蟲？如何至神物，遭此狼狽凶？星如撒沙出，攢集争强雄。油燈不照席，是夕吐燄如長虹。玉川子，涕泗下，中庭獨行。念此日月者，爲天之眼睛，此猶不自保，吾道何由行？嘗聞古老言，疑是蝦蟆精，徑圓千里納女腹，何處養女百醜形？杷沙脚手鈍，誰使女解緣青冥？黄帝有四目，帝舜重其明，今天祇兩目，何故許食使偏盲？堯呼大水浸十

① 「人」字誤，《全唐詩》作「今」。

日，不惜萬國赤子魚頭生，女於此時若食日，雖食八九無嚵名。赤龍黑鳥燒口熱，翎鬣倒側相搪撑，婪酣大肚遭一飽，飢腸徹死無由鳴。後時食月罪當死，天羅磕帀何處逃汝形①。玉川子，立於庭，而言曰：地行賤臣仝，再拜敢告上天公。臣有一寸刃，可刳凶蟆腸，無梯可上天，天階無由有臣蹤。寄箋東南風，天門西北祈風通。丁寧附耳莫漏泄，薄命正值飛廉慵。東方青色龍，牙角何呀呀，從官百餘座，嚼啜煩官家。月蝕汝不知，安用爲龍窟天河？赤鳥司南方，尾禿翅觰沙，月蝕於汝頭，汝口開呀呀。蝦蟆掠汝兩吻過，忍學省事不以汝嘴啄蝦蟆。於菟蹲於西，旗旄衛毿㲪，既從白帝祠，又食於蠟禮有加。忍令月被惡物食，枉於汝口插齒牙。烏龜怯奸，怕寒縮頸，以殼自遮。終令夸蛾抉汝出，卜師燒錐鑽灼滿板如星羅。此外內外官，瑣細不足科，臣請悉掃除，慎勿許語令啾嘩。併光全耀歸我月，盲眼鏡淨無纖瑕。弊蛙拘送主府官，帝箸下腹嘗其皤。依前使兔操杵臼，玉階桂樹閑婆娑。姮娥還宮室，太陽有室家。天雖高，耳屬地。感臣赤心，使臣知意。雖無明言，潛喻厥旨，有氣有形，皆吾赤子。雖忿大傷，忍殺孩稚？還女月明，安行於次。盡釋衆罪，以蛙磔死。」陳齊之注：「退之效玉川子《月蝕詩》，乃删盧仝冗語耳，非效玉川也。」豈惟義取斷章，補正：見《言公下》注。不異賓筵奏賦。自注：歌古人詩，見己意也。青案：

①「形」，《昌黎集》同，《全唐詩》作「刑」。

春秋列國交際往來，賓筵之上各歌古人詩相贈答。以至河分岡勢，乃聯春草青痕；自注：宋詩僧用唐句。青案：《詩話總龜》卷三十七引《閒居詩話》：「惠崇詩，自負有「河分岡勢斷，春入燒痕青」。時人或有疑，譏其犯古者，嘲之云：「河分岡勢司空曙，春入燒痕劉長卿，不是師兄多古句，古人詩句似師兄。」」積雨空林，爰入水田白鷺。《石林詩話》：「『水田飛白鷺，夏木囀黃鸝』，爲李嘉祐詩。王摩詰添『漠漠』、『陰陰』四字，爲嘉祐點化，自見其妙。」案：摩詰，盛唐人。嘉祐，中唐人。故胡元瑞云是李翦王句，非王演李語，石林誤矣。又按：王維詩「積雨空林煙火遲，蒸藜炊黍餉東菑。漠漠水田飛白鷺，陰陰夏木囀黃鸝。山中習靜觀朝槿，松下清齋折露葵。野老與人爭席罷，海鷗何事更相疑。」譬之古方今效，神加減於刀圭；《本草綱目·序例》：「一刀圭爲十分方寸匕之一。」《池北偶談》：「《署①里雜存》云：賈得古錯刀，三枚形似今之剃刀，其上一圈如圭璧之形，中一孔，即貫索之處。蓋服食家舉刀取藥，僅滿其上之圭，言其少耳。」補正：原注上加：古量藥之器。趙壁漢師，變旌旗於節度。《史記·淮陰侯列傳》：「趙空壁爭漢鼓旗，逐韓信、張耳，韓信、張耳已入水上軍，軍皆殊死戰，不可敗。信所出奇兵

① 「署」字誤，當作「碧」。

二千騎，共候趙空壁逐利，則馳入趙壁，皆拔趙旗，立漢赤幟。」門人下敬業補。藝林自有雅裁，條舉難窮其數者也。苟爲不然，效出於尤。《左傳·莊二十一年》：「鄭伯效尤。」案：謂知不善而效之也。補正：原注删，加：《左傳·定六年》：「尤人而效之，非禮也。」倣《同谷》之七歌，自注：宋後詩人頗多。青按：杜甫有《同谷七歌》。擬河間之《四秋》，自注：傅玄、張載，尚且爲之，大可駭怪。青按：張衡有《四愁詩》。非由中以出話，如隨聲而助謳。直是孩提學語，良爲有識所羞者矣。自注：點竄之公。

又有詩人流别，懷抱不同，變韻言兮裁文體，擬古事兮達私衷。旨原諸子之寓辭，文人沿襲而成風，後人不得其所自，因疑作僞而相攻。蓋傷心故國，斯傳塞外之書；自注：李陵《答蘇武書》，自劉知幾以後，衆口一辭，以爲僞作。以理推之，僞者何所取乎？當是南北朝時，有南人羈北，而事類李陵，不忍明言者，擬此書以見志耳。灰志功名，乃託河邊之喻；自注：世傳鬼谷子《與蘇秦張儀書》，言河邊之樹，處非其地，故招剪伐，託喻以招二子歸隱，疑亦功高自危之人所託言也。青案：杜光庭《録異記》及《真隱傳》均載此，惟略有不同耳。讀者以意逆志，不異騷人之賦。自注：出之本人，其意反淺；出之擬作，其意甚深，同於騷也。其後詞科取士，用擬文爲掌故。莊嚴則詔誥章表，《易·姤》：「天下有風，后以施命誥四方。」正義：「『后以施命誥四方』者，風行草偃，天之威令，故人君法此，以施教命誥於四方也。」《後漢書·左雄傳》：「自雄掌納言，多所匡肅，每有章表奏議，台閣以爲故事。」《文心雕龍·章表》：「章以謝恩，表以陳請。」威猛則文檄露布，《說文》第六篇上：「檄，尺二書。」段玉裁曰：「李賢注《光武紀》曰：『《說文》以木簡爲書，長尺二寸，謂之檄，以徵召也。』」《文章緣起》：「露布，漢賈洪爲馬超伐曹操作。」《封氏聞見記》：「露布者，謂不封檢，露而宣布，欲四方速知，亦謂之露版者。魏武奏事云『事有警急，輒露版插羽』是也。」作頌準於王褒，見《詩教下》注。著論裁於賈傅。《史記·屈賈列傳》：「拜賈生爲梁懷王太傅。」案：著論指《過秦》。茲乃爲矩爲規，亦趨亦步，《莊子·田子方》：「夫子步亦步，夫子趨亦趨。」庶幾他有心而予忖，《詩·小雅·巧言》：「他人有心，余忖度之。」亦足闡幽微而互著。自注：擬文之公。青案：互著，詳《校讎通義》。

又如文人假設，變化不拘。《詩》通比興，《易》擬象初。莊入巫咸之座，《莊子·應帝王》：「鄭有神巫曰季咸，知人之生死存亡、禍福壽夭，期以歲月旬日若神，鄭人見之皆棄而走，列子見之而心醉。」按：此乃列子事，章氏誤。屈造詹尹之廬。屈原《卜居》：「屈原既放，三年不得復見。竭智盡忠，蔽鄣於讒，心煩意亂，不知所從。乃往見太卜鄭詹尹曰：『余有所疑，願因先生決之。』」楚太子疾，有客來吴。枚乘《七發》：「楚太子有疾，而吴客往問之。」烏有、子虛之徒，争談於較獵；《漢書·司馬相如傳》：「相如遊梁，乃著《子虛》。後蜀人楊得意爲狗監侍上，上讀《子虛賦》曰：『朕獨不得與此人同時哉？』得意曰：『臣邑人司馬相如自言爲此賦。』上驚，乃召問相如，相如曰：『有是，然此乃諸侯之事，未足觀。請爲天子遊獵之賦。』相如以子虛，虛言也；爲楚稱烏有先生者，烏有此事也；爲齊難亡是公者，亡是人也。虛藉此三人爲辭，以推天子、諸侯之苑囿。」補正：《史記·司馬相如傳》，《史記》誤《漢書》。憑虛、安處之屬，講議於京都。《文選·張衡〈西京賦〉》：「有馮虛公子者，心奓體忲，雅好博古。學乎舊史氏，是以多識前代之載，言於安處先生。」注：「馮，依託也；虛，無也。言無有此公子也。安，猶烏也；處，處也。言何處有此先生。」《解嘲》、《客難》、《賓戲》之篇衍其緒，見《詩教下》注。鏡機、玄微、沖漠之類濬其途。曹植《七啟》：「玄微子居大荒之庭，飛遯離俗，澄神定靈，輕祿傲貴，與物無營，耽虛好靜，羡此永生。獨馳思於天雲之際，無物象而能傾。於是鏡機子聞而將往説焉。」張協《七命》：「沖漠公子，含華隱曜，嘉遯龍蟠，翫世高蹈。

游心於浩然，玩志乎衆妙。絶景乎大荒之遐阻，呑響乎幽山之窮奥。於是徇華大夫聞而造焉。」此則寓言十九，《莊子·寓言》：「寓言十九」，郭注：「寄之他人，則十言而九見信。」詭説萬殊者也。乃其因事著稱，緣人生義，譬若酒襲杜康之名，《書·酒誥》正義引《世本》：「杜康作酒。」魏武帝《短歌行》：「何以解憂，惟有杜康。」李善注：「《博物志》曰：『杜康作酒。』王著《與杜康絶交書》曰：『康字仲甯，或云皇帝時宰人，號酒泉太守。』」補正：原注「《世本》：杜康作酒」下加：《焦贛易林》。錢用鄧通之字。《史記·鄧通傳》：「上使善相者相鄧通，曰：『當貧餓死。』文帝曰：『能富通者在我也，何謂貧乎？』於是賜通蜀嚴道銅山，得自鑄錢，鄧氏錢布天下。」案：錢用鄧通之字未詳，疑今所謂「通寶」。空槐落火，桓温發歎於仲文之遷；自注：庾信《枯樹賦》所借用者。其實殷仲文遷東陽，在桓温久卒之後。青按：庾子山《枯樹賦》云：「殷仲文風流儒雅，海内知名，世異時移，出爲東陽太守，常忽忽不樂，顧庭槐而歎曰：『此樹婆娑生意盡矣！』」又：「火入空心，膏流斷節。」又：「桓大司馬聞而歎曰：『昔年種柳，依依漢南；今看摇落，悽悽江潭。樹猶如此，人何以堪！』」素月流天，王粲抽毫於應、劉之逝。自注：謝莊《月賦》所借用者，其實王粲卒於應、劉之前。青按：謝莊《月賦》：「陳王初喪應、劉，端憂多暇。緣苔生閣，芳塵凝榭，悄焉疚懷，不怡中夜。迺清蘭路，肅桂苑。騰吹寒山，弭蓋秋阪。臨澹壑而怨遥，登崇岫而傷遠。於時斜漢左界，北陸南躔，白露曖空，素月流天。沈吟齊章，殷勤陳篇，抽毫進牘，以命仲宣。」又按：《日知録》卷十九「假設之辭」：「古人爲賦多假設之辭，序述往事以爲點綴，不必一一符同也。「子虚」、「亡是①」、「烏有先生」之文，已肇始於相如矣。後之作者，實祖此意。謝莊《月賦》：『陳王初喪應、劉，端憂多暇。』又曰：『抽毫進牘，以命仲宣。』按王粲以建安二十一年從征吴，二十二年春遇病卒。『徐、陳、應、劉，一時俱逝』，亦是歲也。至明帝太和六年，植封陳王。豈可掎摭史傳，以議此賦之不合哉？庾信《枯賦②》既言殷仲文出爲『東陽太守』，乃復有『桓大司馬』，亦同此例。而《長門賦》所云『陳皇后復得幸』者，亦本無其事。俳偕之文，不當與之莊論矣。陳后復幸之云，正如馬融《長笛賦》所謂『屈平適樂國，介推還受禄』也。」補正：應瑒、劉楨。

斯則善愁即爲宋玉，豈必楚廷？《史記·屈原列傳》：「屈原既死之後，楚有宋玉、唐勒、景差之徒，皆好辭而以賦見稱。」案：宋玉《九辨》多悲秋語，故曰善愁。

曠達自是劉伶，何論晉世？《世説新語·容止》注引梁祚《魏國統》曰：「劉伶字伯倫，形貌醜陋，身長六尺。然肆意放蕩，悠焉獨暢，自得一時，常以宇宙爲狹。」又：《文學》注引《名士

① 「亡是」下，《日知録》有「公」字。

② 「枯賦」，《日知録》作「枯樹賦」。

傳》曰：「伶字伯倫，沛郡人。肆意放蕩，以宇宙爲狹。常乘鹿車，揣一壺酒，使人荷鍤隨之，云：『死便掘地以埋。』土木形骸，遨遊一世。」案：劉伶身兼兩代，故或爲魏爲晉。善讀古人之書，尤貴心知其意。愚者介介而争，《後漢書·馬援傳》：「介介獨惡是耳」，注：「介介，猶耿耿也。」古人不以爲異也已。自注：假設之公。

及夫經生制舉，演義爲文，雖源出於訓故，實解主於餐新。截經書兮命題，制變化兮由人。長或連篇累章，短或片言隻字，補正：陸機《謝平原内史表》文。脱增減兮毫氂，即步移兮影徒。爲聖賢兮立言，或庸愚兮申志，並欲描情摩態，設身處地。或語全而意半，或神到而形未，如雲去而尚留，如馬躍而未逝，縱收俄頃之間，刻畫幾希之際。水平劑量，案：水平即水準。何足喻其充周；曆算交躔，以曆算推天之度數。補正：原注刪，加：楊子《方言》：「躔，逡循也。」又：「曆行也，日運爲躔。」《説文解字》第二篇下《足部》：「躔，踐也。」徐曰：「星之躔次，星所履行也。」曾莫名其微至。《易》奇《詩》正，韓愈《進學解》：「《易》奇而法，《詩》正而葩。」案：謂《易》變化甚奇，而正理可法；《詩》之義理甚正，而詞藻華美。禮節樂和，《史記·

自序》：「是故禮以節人，樂以發和。」以至《左》誇《莊》肆，《屈》幽《史》潔之文理，韓愈《進學解》：「《左氏》浮誇。」柳宗元《答韋中立書》：「參之《莊》《老》，以肆其端。參之《離騷》，以致其幽。參之《太史》，以著其潔。」無所不包。天人性命，經濟閎通，以及儒紛墨儉，名釽法深之學術，案：儒紛，猶司馬談《六家要指》所謂「儒者博而寡要」。《漢書·藝文志》：「墨家者流，蓋出於清廟之守，茅屋采椽，是以貴儉。」「名家者流，蓋出於禮官」，「及警者爲之，則苟鉤釽析亂而已」。師古注：「釽，破也。音普革反，又音普狄反。」「法家者流，蓋出於理官」，「及刻者爲之，則無教化，去仁愛，專任刑法」。青案：刻，猶深也。無乎不備。惟制頒於功令，按：《明史》：永樂十二年，敕學士胡廣等修《五經》、《四書》成，成①名曰《大全》，頒行天下，考試用之，一遵定制。按《大全》書全摭宋、元諸儒成説，類聚成編，鮮所折衷焉。門人下敬業補。而義得於師承。嚴民生之三事，《國語·晉語一》：「民生於三，事之如一。父生之，師教之，君食之。」約智力於規繩。守共由之義法，申各盡之精能。體會爲言，曾何嫌乎擬聖；因心作則，《詩·大雅·文王之什·皇矣》：「因心則友。」豈必

① 下「成」字衍。

縱己説而成名。自注：制義之公。

凡此區分類別，鱗次補正：《張華詩》：「四氣鱗次。」部周。夭華媚春，碩果酣秋，極淺深之殊致，標左右之分流。其匿也幾括，其爭也寇讎，其同也交譽，其異也互糾，其合也沾沾①自喜，《史記·魏其傳》：「魏其者沾沾自善耳」，注：「沾沾，多言自整頓也。」其違也耿耿而孤憂。孰鴻鵠而高舉，孰鷃鵲而啁啾，《禮記·三年問》：「至於燕雀，獨有啁噍之頃焉」，注：「啁，張留反。噍，子流反。啁噍，聲。」孰梧桐於高岡，孰茅葦於平洲。補正：見《知難》注。衆自是而人非，喜伐異而黨儔。謂黨同類而攻異己。周邦彦文：「黨同伐異」。飲齊井而相捽，曾不知伏泉之在幽。《莊子·列禦寇》：「齊人之井飲者相捽也」，郭注：「捽，才骨反。言穿井之人，爲己有造泉之功，而捽飲者，不知泉之天然也。捽，一音子晦反。」②門人沈訒補。由大道而下覽夫

① 「沾沾」下，粵雅堂本《文史通義》、浙江書局及嘉業堂《章氏遺書》本均有「而」字。

② 此條爲陸德明釋文，非郭象注。

群言，奚翅激、謞、叱、吸、叫、譹、宎、咬之殊聲，而醞釀於鼻、口、耳、枅、圈、臼、洼、污之異竅，厲風濟而爲虚。《莊子·齊物論》：「子綦曰：『夫大塊噫氣，其名爲風。是唯無作，作則萬竅怒號。而獨不聞之翏翏乎？山林之畏佳，大木百圍之竅穴，似鼻、似口、似耳、似枅、似圈、似臼、似洼、似污者，激者、謞者、叱者、吸者、叫者、譹者、宎者，咬者，前者唱于而隨者唱喁，泠風則小和，飄風則大和，厲風濟則衆竅爲虚。』」知所據而有者，一土囊之噫嘯。宋玉《風賦》：「夫風生於地，起於青蘋之末，侵淫谿谷，盛怒於土囊之口。」李善注：「土囊，大穴也。盛弘之《荆州記》曰：『宜都佷山縣有山，山有穴，口大數尺，爲風井。』土囊當此之類也。」能者無所競其名，黠者無所事其剽，覈者無所恃其辨，誇者無所争其耀。識言公之微旨，庶自得於道妙。自注：或疑著述不當入辭賦，不知著述之體初無避就。荀卿有《賦篇》矣，但無實之辭賦自不宜溷著述爾。補正：《孟子·離婁下》：「君子深造之以道，欲其自得之也。」

文史通義注卷三

内篇三

史德案此篇爲辛亥草之一，時乾隆五十六年，章氏五十四歲。題旨似從曾鞏《寄歐陽舍人書》「畜道①」、「能文章」二語擴充而來。補正：原注「題旨似從曾鞏《寄歐陽舍人書》「蓄道德」、「能文章」二語擴充而來」，删。

才、學、識三者，得一不易，而兼三尤難。《新唐書·劉知幾傳》：「禮部尚書鄭惟忠嘗問：『自古文士多，史才少，何耶？』對曰：『史有三長，才、學、識，世罕兼之，故史才少。夫有學無才，猶愚賈操金，不能殖貨；有才無學，猶巧匠無楩柟斧斤，弗能成室；善惡必書，使驕君

① 「畜道」下，脱「德」字。曾鞏《元豐類稿》卷十六作「畜道德」。

賊臣知懼，此爲無可加者。』時以爲篤論。」千古多文人而少良史，職是故也。昔者劉氏子玄蓋以是説謂足盡其理矣，雖然，史所貴者義也，而所具者事也，所憑者文也。孟子曰：「其事則齊桓、晉文，其文則史，義則夫子自謂竊取之矣。」見《書教上》注。非識無以斷其義，非才無以善其文，非學無以練其事，三者固各有所近也，其中固有似之而非者也。補正：見《感遇》注。記誦以爲學也，辭采以爲才也，擊斷以爲識也，非良史之才、學、識也。雖劉氏之所謂才、學、識，猶未足以盡其理也。夫劉氏以謂有學無識，如愚估操金，不解貿化，補正：《書·益稷》：「懋遷有無化居。」傳：「化，易也。居，謂所宜居積者。勉勸天下徙有之無，魚鹽徙山，林木徙川澤，交易其所居積。」《唐書·龜兹傳》：「貿遷有無，商賈樂也。」推此説以證劉氏之指，不過欲於記誦之間，知所決擇以成文理耳。故曰：古人史取成家，補正：《史通·書事》：「蓋班固之譏司馬遷也：『論大道則先黄老而後六經，序遊俠則退處士而進奸雄，述貨殖則崇勢利而羞賤貧，此其所蔽也。』又傅玄之貶班固也：『論國體則飾主闕而折忠臣，叙世教則貴取容而賤直節，述時務則謹辭章而略事實，此其所失也。』尋馬、班二史，咸擅一家，而各自彈射，互相瘡痏。夫雖自卜者審，而自見爲難，可謂笑他人之未工，忘己事之已拙。上智猶其若此，而況庸庸者哉？」退處士而進奸雄，排死節而飾主闕，亦曰一家之道然也。此猶文士之識，非史識也。能具史識者，必知史德。德者何？謂著書者之心術也。夫穢史者所以自穢，謗書者所以自謗，素行爲人所羞，文辭何足取重？魏收之矯誣，《史通·外篇·古今正史》：「北齊魏收博采舊聞，勒成一史」，「自上①道武，下終孝靖，紀傳與志，凡百三十卷。收諂齊氏，於魏室多不平。既黨北朝，又厚誣江左。性憎勝己，喜念舊惡。甲門盛德與之有怨者，莫不被以醜言，没其善事，遷怒所至，毁及高曾」，「由是世薄其書，號爲『穢史』」。沈約之陰惡，《後漢書·蔡邕傳》：「王允曰：『昔武帝不殺司馬遷，使作謗書，流於後世。』」按：此指沈約。《史通·採選》：「沈氏著書好誣先代，於晉則故造奇説，在宋則多出謗言，前史所載已譏其謬矣。而魏收黨附北朝，尤苦南國，承其詭妄，重以加諸。遂云馬叡出於牛金，劉駿上淫路氏，可謂助桀爲虐，幸人之災。尋其生絶胤嗣，死遭剖斲，蓋亦陰過之所致也。」青按：沈約《晉書》雖不傳，而《宋書·符瑞志》中

①「自上」誤倒，當乙正。《魏書》作「上自」。

尚存此説。讀其書者先不信其人，其患未至於甚也。所患夫心術者，謂其有君子之心，而所養未底於粹也。夫有君子之心而所養未粹，大賢以下所不能免也。此而猶患於心術，自非夫子之《春秋》，不足當也。以此責人，不亦難乎？是亦不然也。蓋欲爲良史者，當慎辨於天人之際，見《書教上》注。盡其天而不益以人也。盡其天而不益以人，雖未能至，苟允知之，亦足以稱著述者之心術矣。而文史之儒，競言才、學、識，而不知辨心術以議史德，烏乎可哉？

夫是堯、舜而非桀、紂，人皆能言矣。崇王道而斥霸功，又儒者之習故矣。至於善善而惡惡，褒正而嫉邪，凡欲託文辭以不朽者，莫不有是心也。然而心術不可不慮者，則以天與人參，其端甚微，非是區區之明所可恃也。夫史所載者事也，事必藉文而傳，故良史莫不工文，而不知文又患於爲事役也。蓋事不能無得失是非，一有得失是非，則出入予奪相奮摩矣，奮摩不已，而氣積焉。事不能無盛衰消息，一有盛衰消息，則往復憑弔生流連矣，流連不已，而情深焉。凡文不足以動人，所以動人者，氣也。凡文不足以入人，所以入人者，情也。氣積而文昌，情深而文摯。氣昌而情摯，天下之至文也。然而其中有天、有人，不可不辨也。氣得陽剛，而情合陰柔。人麗陰陽之間，不能離焉者也。案：以陰陽剛柔論文，始於桐城姚姬傳，見《海愚詩鈔序》及《復魯絜非書》，後曾國藩大暢其旨，見於《與張廉卿書》及《日記》、《古文四象》者皆是也。氣合於理，天也；氣能違理以自用，人也。情本於性，天也；情能汩性以自恣，人也。史之義出於天，而史之文不能不藉人力以成之。人有陰陽之患，而史文即忤於大道之公，其所感召者微也。按：卷四《説林篇》云：「道，公也；學，私也」，至「故曰：道公而學私」，與此相發。夫文非氣不立，而氣貴於平。人之氣，燕居莫不平也。因事生感，而氣失則宕、氣失則激、氣失則驕，毗於陽矣。補正：《莊子・在宥》：「大怒邪？毗於陽；大喜邪？毗於陰。」注：「宣云：偏附也。俞云：喜屬陽，怒屬陰。故大喜則傷陰①。毗陰毗陽，言傷陰陽之和也。《淮南·原道訓》：『人大怒破陰，大喜墜陽。』與此義同。」文非情不深，而情貴於正。人之情，虛置無不正也。因事生感，而情失則流、情失則溺、情失則偏，毗於陰矣。陰陽伏沴之患，乘於血氣而入於心知，其中默運潛移，似公而實逞於私，似天而實蔽於人。發爲文辭，至於害義而違道，其人猶不自知也。故曰：心術不可不慎也。

夫氣勝而情偏，猶曰動於天而參於人也。才藝之士，則又溺於文辭，以爲觀美之具焉，而不知其不可也。史之賴於文也，猶衣之需乎采、食之需乎味也。采之不能無華樸，味之不能無濃淡，勢也。華樸爭而不能無邪色，濃淡爭而不能無奇味。邪色害目，奇味爽口，補正：《老子·第十二章》：「五味令人口爽。」注：「爽，傷也。」門人宋硯樵補。起於華樸濃淡之爭也。文辭有工

① 「故大喜則傷陰」誤，當作「故大喜則傷陽，大怒則傷陰」二句。

拙，而族史方且以是爲競焉，是舍本而逐末矣。補正：《淮南子》：「守道順理者，不免於饑寒之患，而欲民之去末反本，是猶發其源而壅其流也。」以此爲文，未有見其至者。以此爲史，豈可與聞古人大體乎？補正：見《詩教上》「戰國之文」條注。

韓氏愈曰：「仁義之人，其言藹如。」韓愈《答李翊書》文。仁者，情之普；義者，氣之遂也。程子嘗謂：「有《關雎》、《麟趾》之意，而後可以行《周官》之法度。」見程子《告吕與叔書》，又見《近思録》卷八。葉采注：「《關雎》詠文王妃姒氏，有幽閒正静之德。《麟趾》詠文王子孫宗族，有仁愛忠厚之性。」吾則以謂通六藝比興之旨，而後可以講春王正月之書。《毛詩·關雎序》：「故《詩》有六義焉：一曰風，二曰賦，三曰比，四曰興，五曰雅，六曰頌。」《左傳·隱元年》：「春王正月。」案：謂《詩》與《春秋》言婉而風，其相通之旨也。蓋言心術貴於養也。史遷百三十篇，見《書教上》注。《報任安書》所謂「究天地之際，通古今之變，成一家之言」，見《書教上》注。《自序》以謂「紹名世，正《易傳》，本《詩》、《書》、《禮》、《樂》之際」，其本旨也。所云「發憤」著書，不過叙述窮愁而假以爲辭耳。《史記·自序》：「先人有言：『自周公卒五百歲而有孔子，孔子卒後至於今五百歲，有能紹明世，正《易傳》，繼《春秋》，本《詩》、《書》、《禮》、《樂》之際。』意在斯乎！意在斯乎！小子何敢讓焉！」又曰：「夫《詩》、《書》隱約者，欲遂其志之思也。昔西伯拘羑里，演《周易》；孔子戹陳蔡，作《春秋》；屈原放逐，著《離騷》；左丘失明，厥有《國語》；孫子臏脚，而論《兵法》；不韋遷蜀，世傳《吕覽》；韓非囚秦，《説難》、《孤憤》。《詩》三百篇，大抵聖賢發憤之所爲作也。此人皆意有所鬱結，不得通其道也，故述往事，思來者。」《史記·虞卿傳》：「然虞卿非窮愁，亦不能著書以自見於後世云。」後人泥於「發憤」之説，遂謂百三十篇皆爲怨誹所激發，案：自班固、王允、傅玄以下，皆有貶辭。王允亦斥其言爲謗書。於是後世論文，以史遷爲譏謗之能事，以微文爲史職之大權，按：微文，猶云「微言」。或從羡慕而倣效爲之，是直以亂臣賊子之居心，《孟子·滕文公下》：「孔子成《春秋》，而亂臣賊子懼。」而妄附《春秋》之筆削，不亦悖乎？《章氏叢書·文録·别録二·與人論國學書》：「《史德》一篇，謂子長非作謗書，將以究天人之際，通古今之變，語亦諦審。至謂微文譏謗爲亂賊之居心，寧知史本天成，君過則書，不爲訕上；又述朱元晦以爲《離騷》不甚怨君，是則屈平哀歌徒自悲身世耳。逐臣失職，類能爲之，何當與日月争光，而《古今人表》列二人於孟荀之伍哉？劉子玄云：『懷、襄不道，其惡存於楚賦』，斯爲至言。章氏之論徒教人以謟耳！」今觀遷所著書，如《封禪》之惑於鬼神，《史記·封禪書》：「今上封禪，其後十二歲而還，遍於五嶽四瀆矣。而方士之候祠神人，入海求蓬萊，終無有驗。而公孫卿之候神者，猶以大人之跡爲解，無有效。天子益怠厭方士之怪迂語矣，然羈縻不絶，冀遇其真。自此之後，方士言神祠者彌衆，然其效可睹矣。」《平準》之算及商販，《史記·平準書》：「卜式言曰：『縣官當食租衣稅而已，今弘羊令吏坐市列肆，販物求利。亨弘羊，天乃雨。』」孝武之秕政也。按：以上二事皆武帝時事。後世觀於相如之文，《史記·司馬相如傳》：「長卿未死時，爲一卷書，曰：『有使者來求書，奏之。』無他書，其遺劄書言封禪事。」桓寬之論，《漢書·藝文志·諸子略·儒家》：「桓寬《鹽鐵論》六十篇。」《食貨志》：「昭帝即位六年，詔郡國舉賢良文學之士，問以民所疾苦，教化之要，皆對願罷鹽、鐵、酒榷、均輸官，毋與天下爭利，視以節儉，然後教化可興。御史大夫桑弘羊難，以爲此國家大業，所以制四夷、安邊足用之本，不可廢也。迺與丞相千秋共奏罷酒酤。」何嘗待史遷而後著哉？《遊俠》、《貨殖》諸篇，不能無所感慨，賢者好奇，亦洵有之。《漢書·司馬遷傳贊》：「序《遊俠》則退處士而進奸雄，述《貨殖》則崇勢利而羞賤貧，此其所蔽也。」餘皆經緯古今，折衷六藝，

《史記・世家》：「言六藝者折中於夫子。」何嘗敢於訕上哉？朱子嘗言，《離騷》「不甚怨君」，後人附會有過。補正：朱熹《楚辭集注・目録序》：「原之爲人，其志行雖或過於中庸，而不可以爲法，然皆出於忠君愛國之誠心。原之爲書，其辭旨雖或流於跌宕怪神、怨懟激發，而不可以爲訓，然皆生於繾綣惻怛不能自已之至意，足以增夫三綱五典之重。然自原著此詞，至漢未久，而説者已失其趣。如太史公，蓋未能免。東京王逸《章句》與近世洪興祖《補注》，其於訓詁名物之間，則已詳矣，至其大義，則又皆未嘗沉潛反復，嗟歎詠歌，以尋其文詞指意之所出。而遽欲取喻立説，旁引曲證，以强附於其事之已然，是以或以迂滯而遠於性情，或以迫切而害於義理，使原之所爲壹鬱而不得申於當年者，又晦昧而不見白於後世。」吾則以謂史遷未敢謗主，讀者之心自不平耳。夫以一身坎軻，補正：即埳軻。東方朔《七諫》：「年既已過大半兮，然埳軻而留滯。」怨誹及於君父，且欲以是邀千古之名，此乃愚不安分，名教中之罪人，天理所誅，又何著述之可傳乎？夫《騷》與《史》，千古之至文也。其文之所以至者，皆抗懷於三代之英，《禮記・記運》：「孔子曰：『大道之行也，與三代之英，丘未之逮也。』」而經緯乎天人之際者也。補正：見《書教中》

注。所遇皆窮，固不能無感慨。補正：《史記·屈原傳》：「上官大夫與之同列，爭寵而心害其能，因讒之。王怒，而疏屈平。屈平疾王聽之不聰也，讒諂之蔽明也，邪曲之害公也，方正之不容也，故憂愁幽思，而作《離騷》。」「屈平正道直行，竭忠盡智，以事其君，讒人間之，可謂窮矣。信而見疑，忠而被謗，能無怨乎？」《漢書·司馬遷傳》：「遭李陵之禍，幽於縲絏」，「被刑之後，故人任安與遷書，遷報之曰：『自以爲身殘處穢，動而見尤，欲益反損，是以抑鬱而無誰語。』『左丘明無目，孫子斷足，終不可用。退論書策，以舒其憤。僕竊不遜，近自託於無能之辭，草創未就，適會此禍。』」而不學無識者流，且謂誹君謗主，不妨尊爲文辭之宗焉，大義何由得明，心術何由得正乎？夫子曰：「《詩》可以興。」《論語·陽貨》文。注：「孔曰：興，引譬連類。」説者以謂興起好善惡惡之心也。江永《近思録集注》卷三注：「朱子曰：『《詩》本性情，有邪有正。其爲言既易知，而吟詠之間抑揚反復，其感人又易入。故學者之初，所以興起其好善惡惡之心，而不能自已者。』」門人陳光漢補。好善惡惡之心，懼其似之而非，故貴平日有所養也。《騷》與《史》，皆深於《詩》者也，言婉多風，皆不背於名教，而梏於文者不辨也。故曰：必通六藝比興之旨，而後可以講「春王正月」之書。

史釋自注：庚戌鈔存《通義》。按：乾隆五十四年庚戌。

或問：《周官》府史之史，與内史、外史、太史、小史、御史之史，有異義乎？曰：無異義也。府史之史，庶人在官供書役者，今之所謂「書史①」是也。《周禮·天官》：「府六人，史十有二人。」鄭注：「府治藏，史掌書者。凡府、史皆其官長所自辟除。」疏：「府，治府藏。史，主造文書也。」五史，則卿、大夫、士爲之，所掌圖書、紀載、命令、法式之事，《周禮·春官宗伯》下：「大史掌建邦之六典，以逆邦國之治。掌法，以逆官府之治。掌則，以逆都鄙之治。凡辨法者考焉，不信者刑之。凡邦國都鄙，及萬民之有約劑者藏焉，以貳六官。」「小史掌邦國之志，奠繫世，辨昭穆。」「内史掌王之八枋之法，以詔王治」，「執國法及國令之貳，以考政事，以逆會計。掌敍事之法，受訥訪，以詔王聽治」。「外史掌書外

① 「書史」誤，粵雅堂本《文史通義》、浙江書局及嘉業堂《章氏遺書》本均作「書吏」。

令，掌四方之志，掌三皇五帝之書，掌達書名於四方。」「御史掌邦國都鄙，及萬民之治令，以贊冢宰。凡治者，受法令焉。掌贊書，凡數從政者。」今之所謂「内閣六科」、「翰林中書」之屬是也。案：清制：内閣大學士滿、漢各二人，正一品，兼殿閣及六部尚書銜。殿三：曰保和、文華、武英。閣三：曰體仁、文淵、東閣。正七品中書，滿七十人，蒙古十六人，漢軍八人，漢三十人。六科，即六部吏部、户部、禮部、兵部、刑部、工部。部各置尚書，滿、漢各一人，從一品。翰林院掌院學士，兼禮部侍郎，滿、漢各一人，從二品。補正：原注删，加：《大清會典·内閣》：「大學士掌議天下之政，宣布絲綸，釐治憲典，總鈞衡之任，以贊上理庶務。凡大典禮，則率百寮以將事。」《都察院》：「六科：吏科掌印給事中，户科掌印給事中，禮科掌印給事中，兵科掌印給事中，刑科掌印給事中，工科掌印給事中，掌發科抄稽察在京各衙門之政事，而註銷其文卷，皆任以言事。」《翰林院》：「學士掌論撰文史之事，率在院之列而勵其學行，以備任使，以充侍從。」《中書科》：「掌書誥勅。清字，滿洲中書書焉。漢字，漢中書書焉。」官役之分，高下之隔，流别之判，如天壤矣。然而無異義者，則皆守掌故，而以法存先王之道也。

史守掌故而不知擇，猶府守庫藏而不知計也。先王以謂太宰制國用，《周禮·天官冢宰》：「大宰之職，掌邦之六典。」「六曰事典，以富邦國，以任百官，以生萬民。」

司會質歲之成，《周禮·天官冢宰》下：司會「以九貢之法致邦國之財用，以九賦之法令田野之財用，以九功之法令民職之財用，以九式之法均節邦之財用。掌國之官府、郊野、縣都之百物財用，凡在書契版圖者之貳，以逆群吏之治，而聽其會計。以參互考日成，以月要考月成，以歲會考歲成，以周知四國之治，以詔王及冢宰廢置」。皆有調劑盈虛、均平秩序之義，非有道德賢能之選不能任也，故任之以卿士、大夫之重。若夫守庫藏者，出納不敢自專，庶人在官足以供使而不乏矣。然而卿士、大夫討論國計，得其遠大，若問庫藏之纖悉，必曰府也。

五史之於文字，猶太宰司會之於財貨也。典、謨、訓、誥，曾氏以謂唐、虞、三代之盛，載筆而紀，「亦皆聖人之徒」，見《言公上》注。其見可謂卓矣。五史以卿士、大夫之選推論精微，史則守其文誥、圖籍、章程、故事而不敢自專。然而問掌故之委折，必曰史也。

夫子曰：「民可使由之，不可使知之。」《論語·泰伯》文。先王道、法非有二也，卿士、大夫能論其道，而府、史僅守其法。人之知識，有可使能與不可使能爾，非府、史所守之外，別有先王之道也。夫子曰：「俎豆之事，則嘗聞之矣。」《論語·衛靈公》文。曾子乃曰：「君子所貴乎道者三」，「籩豆之事，則有司存」。《論語·泰伯》：「君子所貴乎道者三：動容貌，斯遠暴慢矣；正顏色，斯近信矣；出辭氣，斯遠鄙倍矣。籩豆之事，則有司存。」非曾子之言異於夫子也，夫子推其道，曾子恐人泥其法也。子貢曰：「文武之道，未墜於地，在人。」「夫子焉不學？亦何常師之有？」《論語·子張》：「衛公孫朝問於子貢曰：『仲尼焉學？』子貢曰：『文、武之道，未墜於地，在人。賢者識其大者，不賢者識其小者，莫不有文、武之道焉。夫子焉不學？而亦何常師之有？』」「入太廟，每事問。」《論語·八佾》文。則有司賤役，巫祝百工，皆夫子之所師矣。「問禮」、「問官」，《史記·老子韓非列傳》：「孔子適周，將問禮於老子。」《左傳·昭十七年》：「秋，郯子來朝，公與之宴。昭子問焉，曰：『少皞氏以鳥名官，何故也？』郯子曰：『吾祖也，我知之。』」「仲尼聞之，見於郯子而學之。」門人卞敬業補。豈非學於掌故者哉？故道不可以空詮，文不可以空著。三代以前未嘗以道名教，而道無不存者，無空理也。三代以前未嘗以文爲著作，而文爲後世不可及者，無空言也。蓋自官師治教分，而文字始有私門之著述，於是文章學問乃與官司掌故爲分途，而立教者可得離法而言道體矣。《易》曰：「苟非其人，道不虛行。」《易・繫辭下》文。學者崇奉六經，以謂聖人立言以垂教，不知三代盛時，各守專官之掌故，而非聖人有意作爲文章也。

《傳》曰：「禮，時爲大。」見《經解中》注。又曰：「書同文。」見《詩教上》注。蓋言貴時王之制度也。學者但誦先聖遺言，而不達時王之制度，是以文爲鞶帨絺繡之玩，《法言・寬見①》：「古之學者耕且養，三年通一經。今之學者非獨爲華藻也，又從而繡其鞶帨。」按：《禮・内則》：「男鞶革，女鞶絲。」注：「小囊，盛帨巾者。」而學爲鬬奇射覆之資，《前漢書・東方朔傳》：「上嘗使諸數家射覆，置守宫盂下，射之皆不能中。」師古曰：「數家，術數之家也。於覆器之下而置諸物，令闇射之，故云射覆。」不復計其實用也。故道隱而難知，士大夫之學問文章，未必足備國家之用也；法顯而易守，

① 「寬見」誤，當作「寡見」。

書吏所存之掌故，實國家之制度所存，亦即堯、舜以來因革損益之實迹也。故無志於學則已，君子苟有志於學，則必求當代典章，以切於人倫日用；必求官司掌故，而通於經術精微。則學爲實事，而文非空言，所謂有體必有用也。不知當代而言好古，不通掌故而言經術，則鞶帨之文，射覆之學，雖極精能，其無當於實用也審矣。

孟子曰：「力能舉百鈞，而不足舉一羽。明足察秋毫之末，而不見輿薪。」《孟子·梁惠王上》文。難其所易，而易其所難，謂失權度之宜也。學者昧今而博古，荒掌故而通經術，是能勝《周官》卿士之所難，而不知求府、史之所易也。故舍器而求道，見《原道中》注。舍今而求古，舍人倫日用而求學問精微，皆不知府、史之史通於五史之義者也。

以吏爲師，見《原道中》注。三代之舊法也。秦人之悖於古者，禁《詩》、《書》而僅以法律爲師耳。三代盛時，天下之學無不以吏爲師。《周官》三百六十，天人之學備矣。其守官舉職，而不墜天工者，皆天下之師資也。

東周見《經解上》注。以還，君師政教不合於一，於是人之學術不盡出於官司之典守。秦人以吏爲師，始復古制。而人乃狃於所習，轉以秦人爲非耳。秦之悖於古者多矣，猶有合於古者，以吏爲師也。

孔子曰：「生乎今之世，反古之道，裁及其身者也。」《禮記·中庸》：「子曰：『生乎今之世，反古之道，如此者裁及其身者也。』」李斯請禁《詩》、《書》，以謂儒者是古而非今，《史記·李斯列傳》：「古者天下散亂，莫能相一，是以諸侯並作，語皆道古以害今，飾虛言以亂實。人善其所私學，以非上所建立。今陛下並有天下，辨白黑而定一尊，而私學乃相與非法教之制，聞令下即各以其私學議之，入則心非，出則巷議，非主以爲名，異趣以爲高，率群下以造謗。如此不禁，則主勢降乎上，黨與成乎下，禁之便。臣請諸有文學、《詩》、《書》、百家語者，蠲除去之。」其言若相近，而其意乃大悖，後之君子不可不察也。夫三王不襲禮，五帝不沿樂。見《易教上》注。不知禮時爲大，而動言好古，必非真知古制者也。是不守法之亂民也，故夫子惡之。案：即上文所謂「愚而好自用，賤而好自專」。若夫殷因夏禮，百世可知。見《原道上》注。損益雖曰隨時，未有薄堯、舜，而詆斥禹、湯、文、武、周公，而可以爲治者。李斯請禁《詩》、《書》，君子以謂愚之首也。後世之去唐、虞、三代則更遠矣，要其一朝典制，可以垂奕世而致一時之治平者，未有不於古先聖王之道，得其彷彿者也。故當代典章，官司掌故，未有不可通於《詩》、《書》六藝之所垂。而學者昧於知時，動矜博古，譬如考西陵之蠶桑，《大戴禮記·帝繫》：「黄帝居軒轅之丘，娶於西陵氏，西陵氏之子謂之嫘祖。」《路史》注引《皇圖要覽》：「伏羲化蠶，西陵氏始養蠶。」講神農之樹藝，《白虎通德論·號》：「神農因天之時，分地之利，制耒耜，教民農作。」《孟子·滕文公上》：「樹藝五穀。」以謂可禦饑寒而不須衣食也。

史注 自注：庚戌鈔存《通義》。

昔夫子之作《春秋》也，筆削既具，復以微言大義口授其徒。《三傳》之作，因得各據聞見，推闡經藴，於是《春秋》以明。《漢書·藝文志·六藝略·

春秋序》：「仲尼思存前聖之業，以魯周公之國故，與左丘明觀其史記，有所褒諱貶損，不可書見，口授弟子。丘明論本事而作《傳》，及末世口說流行，故有公羊、穀梁、鄒、夾之《傳》。」諸子百家既著其說，亦有其徒相與守之，然後其說顯於天下。至於史事，則古人以業世其家，學者就其家以傳業。自注：孔子問禮必於柱下史。蓋以域中三大，《老子·第二十五章》：「道大，天大，地大，王亦大。域中有四大。」案：當云「四大」。非取備於一人之手，程功於翰墨之林者也。史遷著百三十篇，自注：《漢書》爲《太史公》，《隋志》始曰《史記》。乃云「藏之名山，傳之其人」，《史記·自序》文。補正：原注刪，加：《漢書·司馬遷傳》文。其後外孫楊惲始布其書。《前漢書·司馬遷傳》：「遷既死，後其書稍出。宣帝時，遷外孫平通侯楊惲祖述其書，遂宣布焉。」班固《漢書》自固卒後，一時學者未能通曉，馬融乃伏閣下，從其女弟受業，然後其學始顯。《後漢書·曹世叔妻列傳》：「扶風曹世叔妻者，同郡班彪之女也，名昭，字惠班，一名姬。博學高才。世叔早卒，有節行法度。兄固著《漢書》，其《八表》及《天文志》未及竟而卒。和帝詔就東觀藏書閣踵而成之，特封子成關内侯，官至齊相。時《漢書》始出，多未能通者，同郡馬融伏於閣下從昭受讀，後又詔融兄續繼昭成之。」夫馬、班之書，今人見之悉矣，而當日傳之必以其人，受讀必有所自者，古人專門之學，必有法外傳心，筆削之功所不及。則口授其徒，而相與傳習其業，以垂永久也。遷書自裴駰爲注，《宋書·裴松之傳》：「松之子駰，南中郎參軍。注司馬遷《史注①》，行於世。」固書自應劭作解，《隋書·經籍志》：《漢書集解》二百十五卷②，又《漢書集解音義》二十四卷，漢應劭撰。其後爲之注者猶若干家，按：《史記》注除裴駰外，尚有徐廣、鄒誕生、劉伯莊、王元感、徐堅、李鎮、陳伯宣、韓琬、司馬貞、張守節、裴安時、許子儒、姚寬、趙瞻、蕭常、張洪諸家。《漢書》應劭外，尚有服虔、韋昭、孟康、晉灼、崔浩、孔文祥、劉嗣、夏侯泳、劉顯、劉孝標、梁元帝、蕭該、包愷、項岱、劉寶、陸澄、韋稜、姚察、顏遊、秦僧務靜、李喜、姚挺、唐高宗、郝處俊、顧引、顏師古、劉伯莊、敬播、元懷景、沈遵、李善、趙抃、余靖、張泌、劉敞、劉攽、劉奉世、富弼、劉巨容諸家。則皆闡其家學者也。

① 「史注」誤，當作「史記」。《宋書》及《南史》均作「史記」。

② 「二百十五卷」誤，《隋書》作「一百十五卷」。

魏、晉以來，著作紛紛，前無師承，後無從學。且其爲文也，體既濫漫，絶無古人筆削謹嚴之義，旨復淺近，亦無古人隱微難喻之故，自可隨其詣力孤行於世耳。至於史籍之掌，代有其人，而古學失傳，史存具體。《孟子·公孫丑上》：「具體而微」，注：「謂有其全體，但未廣大耳。」惟於文誥案牘之類次，月日記注之先後，不勝擾擾，而文亦繁蕪複沓，盡失遷、固之舊也。是豈盡作者才力之不逮，抑史無注例，其勢不得不日趨於繁富也。古人一書而傳者數家，如《史》、《漢》是。門人陳光漢補。後代數人而共成一書。如唐、宋諸史是。門人陳光漢補。夫傳者廣，則簡盡微顯之法存；作者多，則牴牾複沓之弊出。復流而日忘其源，古學如何得復，而史策何從得簡乎？是以《唐書》倍漢，《宋史》倍唐，案：《前漢書》一百卷，《後漢書》一百二十卷，《舊唐書》二百二十卷，《新唐書》二百二十五卷，《宋史》四百九十六卷。檢閱者不勝其勞，傳習之業安得不亡？

夫同聞而異述者，見崎而分道也；源正而流别者，歷久而失真也。

九師之《易》，《漢書·藝文志》：「《淮南道訓》二篇」，自注：「淮南王安聘明《易》者九人，號『九師說』。」劉向《別録》曰：「所校讎中《易》傳《淮南九師道訓》，除復重，定著二十篇。淮南王聘善爲《易》者九人，從之採獲，故中書著曰『淮南九師言』。」青按：高誘《淮南鴻烈解序》：「天下方術之士多往歸焉，於是遂與蘇飛、李尚、左吳、田由、雷被、毛被、伍被、晉昌等八人，及諸儒大山、小山之徒，共議論道德。」然則《道訓》之「九師」亦其流。陳氏《書録解題》以荀爽「九家」當之，誤矣。四氏之《詩》，見《原道下》注。師儒林立，傳授已不勝其紛紛。士生三古而後，能自得於古人，勒成一家之作，方且徬徨乎兩間，孤立無徒，而欲抱此區區之學，待發揮於子長之外孫、孟堅之女弟，必不得之數也。太史《自敘》之作，近人孫德謙云：「各本『自叙』。《史記》卻無《凡例》，然僅言《自序》，則通篇有敘論者，於義不能該。鈔本既作『叙例』，故仍之。下云『自注權輿』，又『皆百三十篇之宗旨』當非指《自叙》言也。」其自注之權輿乎？明述作之本旨，見去取之從來，已似恐後人不知其所云，而特筆以標之。所謂「不離古文」，《史記·五帝本紀贊》：「不離古文者近是。」乃「考信六藝」《史記·伯夷列傳》：「猶考信於六藝。」云云者，皆百三十篇之宗旨，或殿卷末，或冠篇端，未嘗不反復自明也。班《書》年表十篇，按：《漢書》有《異姓諸侯王表》、《諸侯王表》、《王子侯表》上、《王子侯表》下、《高惠高后孝文功臣表》、《景武昭宣元成哀功臣表》、《外戚恩澤侯表》、《百官公卿表上》、《百官公卿表下》、《古今人物表》。與《地理》、《藝文》二志皆自注，則又大綱、細目之規矩也。其陳、范二史，尚有松之、章懷爲之注。見《言公中》注。至席惠明注《秦記》，《隋書·經籍志·霸史類》：「《秦記》十一卷，宋殿中將軍裴景仁撰，梁雍州主簿席惠明注。」劉孝標注《世説新語》，《隋書·經籍志·子部·小説類》：「《世説》十卷，劉孝標注。」則雜史支流，猶有子注，《史通·補注》：「列爲子注」，浦起龍曰：「注列行中，如子從母。」是六朝史學家法未亡之一驗也。自後史權既散，紀傳浩繁，惟徐氏《五代史注》，《宋史·藝文志》：「歐陽修《新五代史》七十五卷，徐無黨注。」亦已簡略，尚存餼羊於一綫。《論語·八佾》：「子貢欲去告朔之餼羊，子曰：『子愛其羊，我愛其禮。』」而唐、宋諸家，則茫乎其不知涯涘焉。宋范沖修《神宗實録》，别爲《考異》五卷以發明其義，《宋史·儒林傳·范沖傳》：「沖之修《神宗實録》也，爲《考異》一書。明示去取舊文者以黑書，删去者以黄書，新修者以朱書。世號「朱黑史」。」是知後無可代之人，而自爲之解，當與《通鑑舉要》、《考異》《宋史·藝文志》：「司馬光《資治通鑑舉要歷》八十卷。」案：《資治通鑑考異》三十卷，本傳及《藝文志》俱未著録。之屬同爲近代之良法也。

劉氏《史通》畫「補注」之例爲三條，其所謂「小書」、「人物」之《三輔決録》、《華陽士女》，與所謂史臣自刊之《洛陽伽藍》、《關東風俗》者，雖名爲二品，實則一例。皆近世議史諸家之不可不亟復者也。惟所謂思廣異聞之松之《三國》、劉昭《後漢》一條，《史通·補注》：「如韓、戴、服、鄭，鑽仰六經；裴、李、應、晉，訓解三史。開導後學，發明先義，古今傳授，是曰儒宗。既而史傳小書，人物雜記，若摯虞之《三輔決録》，陳壽之《季漢輔臣》，周處之《陽羡風土》，常璩之《華陽士女》，文言美辭列於章句，委曲敘事存於細書。此之注釋異夫儒士者矣。次有好事之子，思廣異聞，而才短力微，不能自達，庶憑驥尾，千里絶群。遂乃掇衆史之異辭，補前書之所缺。若裴松之《三國志》，陸澄、劉昭兩《漢書》，劉彤《晉紀》，劉孝標《世説》之類是也。」按：以上即補注之例三條，一爲注經之家，二爲注史之家，三爲補史之家。又《書志》：「或問曰：子以都邑、氏族、方物宜各纂次，以志名篇。夫史之有志，多憑舊説，苟世無其録，則缺而不編，此都邑之流所以不果列志也。對曰：案帝王建國，本無恒所，作者記事，亦在相時。遠則漢有《三輔典》，近則隋有《東都記》，於南則有宋《南徐州記》、《晉宮闕名》，於北則有《洛陽伽藍記》、《鄴都故事》。蓋都邑之事盡在是矣。譜諜之作，盛於中古。漢有趙岐《三輔決録》，晉有摯虞《族姓記》，江左有兩王《百家譜》，中原有《方司殿格》。蓋氏族之事盡在是矣。自沈瑩著《臨海水土》，周處撰《陽羨風土》，厥類衆夥，諒非一族。是以地理爲書，陸澄集而難盡；《水經》加注，酈元編而不窮。盡方物之事盡在是矣。」按：章氏之意，謂以上雖分二篇，實則一例，因所舉大半相同也。又按：《後漢書·趙岐傳》：岐字邠卿，著《三輔決録》。吕大防《華陽國志引》：「晉常璩作《華陽國志》」，「自先漢至晉初踰四百歲，士女可書者四百人」。晁公武《郡齋讀書志》：「《洛陽伽藍記》三卷，元魏羊衒之撰。」則史家之舊法，與《索隱》、《正義》《史記索隱》三十卷，唐司馬貞撰。《史記正義》一百三十卷，唐張守節撰。之流大同而小異者也。

夫文史之籍，日以繁滋，一編刊定，則徵材所取之書，不數十年，嘗失亡其十之五六，宋、元修史之成規可覆按焉。使自注之例得行，則因援引所及，而得存先世藏書之大概，因以校正《藝文》著録之得失，是亦史法之一助也。且人心日漓，風氣日變，缺文之義不聞，《論語·衛靈公》：「吾猶及史之闕文」,「今亡矣夫!」補正:原注加:包注:「古文①良史,於書字有疑則缺之,以待知者。」而附會之習且愈出而愈工焉。在官修書惟冀塞責,私門著述苟飾浮名,或剽竊成書,或因陋就簡,使其術稍黠,皆可愚一時之耳目,而著作之道益衰。誠得自注以標所去取,則聞見之廣狹,功力之疏密,心術之誠僞,灼然可見於開卷之頃,而風氣可以漸復於質古,是又爲益之尤大者也。然則考之往代,家法既如彼;揆之後世,繫重又如此。夫翰墨省於前,而功效多於舊,孰有加於自注也哉?

傳記

傳記之書,其流已久,蓋與六藝先後雜出。古人文無定體,經、史亦

---

① 「文」字誤,何晏《論語集解》引包咸作「之」。

無分科。見《易教上》「六經皆史」注。《春秋》三家之傳，各記所聞，依經起義，雖謂之「記」可也。《經禮》二戴之記，各傳其説，附經而行，雖謂之「傳」可也。《漢書·儒林傳》：「漢興，魯高堂生傳《士禮》十七篇。」又：「孟卿授沛聞人通漢子方、梁戴德廷君、戴聖次君，沛慶普孝公。德號『大戴』，聖號『小戴』」，「由是《禮》有大戴、小戴、慶氏之學」。《禮記》正義引曰鄭玄《六藝論》曰：「漢興，高堂生得《禮》十七篇，後得孔氏壁中河間獻王古文《禮》五十六篇，《記》百三十一篇。」又曰：「傳《禮》者十三家，惟高堂生及五傳弟子戴德、戴聖名在也。戴德傳①八十五篇，戴聖傳《記》四十九篇。」青按：二記本名「傳記」，無所謂「雖謂之『傳』可也」。其後支分派别，至於近代，始以録人物者區爲之「傳」，《史記·伯夷列傳》索隱曰：「列傳者，謂叙列人臣事跡，今②可傳於後世，故曰列傳。」叙事蹟者區爲之「記」。蓋亦以集部繁興，人自生其分别，不知其然而然，遂若天經地義之不可移易。《孝經·三才章》：「子曰：『夫孝，天之經也，地之義也。』」此類甚多，學者生於後

① 「傳」下當補「記」字。
② 「今」字誤，當作「令」。

世，苟無傷於義理，從衆可也。然如虞預《妒記》、《襄陽耆舊記》之類，《隋唐・經籍志》：虞預「《妬記》二卷，虞通之撰」。「《襄陽耆舊記》五卷，習鑿撰。」按：《唐書・藝文志》作《襄陽耆舊傳》。叙人何嘗不稱記？《龜策》、《西域》諸傳，述事何嘗不稱傳？按：《史記》有《龜策列傳》、《西域列傳》。大抵爲典爲經，皆是有德有位，綱紀人倫之所制作，今之六藝是也。夫子有德無位，見《易教上》注。則述而不作，見《易教上》注。故《論語》、《孝經》皆爲傳而非經，按：《漢書・藝文志・六藝略》有《論語傳》十九篇，《燕傳説》三卷，《石渠議奏》十八篇，《孝經雜傳》四篇。則漢人已尊二書爲經矣。而《易・繫》亦止稱爲「大傳」。見《易教上》注。其後悉列爲經，諸儒尊夫子之文，而使之有以別於後儒之傳記爾。周末儒者及於漢初，皆知著述之事不可自命經綸，蹈於妄作，又自以立説當稟聖經以爲宗主，遂以所見所聞各筆於書而爲傳記。若二《禮》諸記，《詩》、《書》、《易》、《春秋》諸傳是也。蓋皆依經起義，其實各自爲書，與後世箋注自不同也。案：二禮，謂《儀禮》、《周禮》。考《漢書・藝文志・六藝略》，自《尚書》以下皆經、傳分離，惟《易》則否。

同書《儒林傳》：「費直治《易》，長於卦筮，亡章句，徒以《彖》、《象》、《繫辭》十篇、《文言》解説上下《經》。」而《藝文志·六藝略》：《易經》施、孟、梁丘三家亦十二篇，師古曰：「上下《經》及《十翼》。」按：司馬遷《自序》稱《繫辭》爲《大傳》，則以傳合經之證。劉、班以傳爲經者，尊聖人之言也。大抵終西漢之世，除《易經》外，皆經傳別行。東漢以後，則經傳相合。何以明之？《舊唐書·文宗紀》唐之石經乃依蔡邕所刻，而《舊五代史·唐明宗紀》國子監九經本又依唐石經。唐石經雖單刊經文，其所據乃經傳相合本，如《周易》前題「王弼注」，《尚書》題「孔氏傳」，《毛詩》題「鄭氏箋」，《周禮》、《儀禮》、《禮記》並題「鄭氏注」。《左氏傳》上題「春秋經傳集解」，下題「杜氏」，《公羊傳》上題「春秋經傳解詁」，下題「何休學」。《穀梁傳》題「范甯集解」，《孝經》題「御製序及注」，《論語》題「何氏集解」，《爾雅》題「郭璞注」。雖不能遽信唐石經悉本蔡刻而無所修改，然六朝以後行世者皆經傳本，則無可疑，杜氏《集解》其顯例也。後世專門學衰，集體日盛，叙人述事，各有散篇，亦取傳記爲名，附於古人傳記專家之義爾。明自嘉靖而後，論文各分門户，案：嘉靖，明世宗年號。《明史·文苑》：「弘、正之間，李東陽出入宋元，溯流唐代，擅聲館閣。而李夢陽、何景明倡言復古，文自西京，詩自中唐，而下一切吐棄，操觚談藝之士翕然宗之，明之詩文於斯一變。迨嘉靖時，王慎中、唐順之輩，文宗歐、曾，詩倣初唐。李攀龍、王世貞輩，文主秦漢，詩規盛唐。王、李之持論大率與夢陽、景明相倡和也。歸有光頗後出，以司馬、歐陽自命，力排李、何、王、李，而徐渭、湯顯祖、袁宏道、鍾惺之屬亦各争鳴一時，於是宗李、何、王、李者稍衰。至啓、禎時，錢謙益、艾南英準北宋之矩矱，張溥、陳子龍擷東漢之芳華，又一變矣。」其有好爲高論者，輒言傳乃史職，身非史官，豈可爲人作傳？世之無定識而强解事者，群焉和之，《日知録》卷①：「列傳之名，始於太史公，蓋史體也。不當作史之職，無爲人立傳者。故有碑、有誌、有狀而無傳。」姚鼐《古文辭類纂・序目》：「傳狀類者，雖原於史氏，而義不同。劉先生云：『古之爲達官名人傳者，史官職之。文士作傳，凡爲圬者、種樹之流而已。其人既稍顯，即不當爲之傳。爲之行狀，上史氏而已。』余謂先生之言是也。雖然，古之國史立傳，不甚拘品位，所紀事猶詳。又實録書人臣卒，必撮序其平生賢否。今實録不紀臣下之事，史館凡仕非賜謚及死事者不得爲傳。乾隆四十年，定一品官乃得賜謚，然則史之傳者亦無幾矣。余録古傳狀之文，並紀前義，使後之文士得擇之。」以謂於古未之前聞。夫後世文字，於古無有而相率而爲之者，集部紛紛，大率皆是。若傳則本非

① 「卷」字下空一格。今按所引「古人不爲人立傳」條，《日知録》刻本在卷十九，抄本在卷二十一。

史家所剏，馬、班以前，早有其文。自注：孟子答苑囿、湯武之事，皆曰：「於傳有之。」彼時並未有紀傳之史，豈史官之文乎？今必以爲不居史職不宜爲傳，試問傳、記有何分别？不爲經師，又豈宜更爲記耶？記無所嫌，而傳爲厲禁，則是重史而輕經也。文章宗旨，著述體裁，稱爲例義。今之作家昧焉而不察者多矣，獨於此等無可疑者輒爲無理之拘牽，殆如村俚巫嫗，妄説陰陽禁忌，愚民舉措爲難矣。明末之人思而不學，其爲瞽説，可勝唾哉！今之論文章者，乃又學而不思，反襲其説，以矜有識，是爲古所愚也。

辨職之言，尤爲不明事理。《章氏叢書·文録·别録二·與人論國學書》：「於文人作傳則斥辨職之言，準是爲例，范曄作《後漢書》、習鑿齒作《漢晉春秋》，亦非身居左史，奉敕編定者也。史可私作，不嫌僭竊王章，上擬麟筆，獨於《太玄》、《潛虚》謂其非分，適自相攻伐矣。」如通行傳記，盡人可爲，自無論經師與史官矣。必拘拘於正史列傳而始可爲傳，則雖身居史職，苟非專撰一史，又豈可别自爲私傳耶？若但爲應人之請，便與撰傳，無以異於世人所撰。惟他人不居是官，例不得爲，已居其官，即可爲之，一似官府文書之須印信者然，是將以史官爲胥吏，而以應人之傳爲倚官府而舞文之具也，説尤不可通矣。道聽之徒乃謂此言出大興朱先生，《章氏遺書·朱先生墓誌銘》：「先生諱筠，字竹君，一字美叔，學者稱爲笥河先生。其先浙江蕭山人。曾祖諱必名，始家京師。祖諱登俊，中書科，中書舍人。父諱文炳，陝西盩厔知縣。先生以乾隆癸酉舉人，甲戌進士，歷翰林編修，右贊善，日講起居注官，翰林侍讀學士，協辦内閣批本事務，提督安徽學政。吏議降級，再授翰林院編修，提督福建學政。」不知此乃明末之矯論，持門户以攻王、李王世貞、李攀龍。者也。

朱先生嘗言：「見生之人，不當作傳。」自是正理。但觀於古人，則不盡然。按《三國志》龐淯母趙娥爲父報仇殺人，注引皇甫《烈女傳》云：「故黄門侍郎安定梁寬爲其作傳。」是生存之人，古人未嘗不爲立傳。李翱撰《楊烈婦傳》，按：《傳》云：「楊氏至兹猶存。」又云：「予懼其行事湮滅不傳，故皆序之，將告於史官。」彼時楊尚生存。恐古人似此者不乏。蓋包舉一生而爲之傳，《史》、《漢》列傳體也；隨舉一事而爲之傳，《左氏》傳經體也。朱先生言乃專指列傳一體爾。

邵念魯《章氏遺書·邵與桐別傳》：「餘姚邵氏，先世多講學。至君從祖廷采，善古文辭，著《思復堂文集》，發明姚江之學，與勝國遺聞軼事，經緯成一家言，蔚然大家。惜終老諸生，其書不顯於世。事詳大興朱先生筠所撰墓表。」注：「貽選謹按：廷采號念魯。先生《思復堂文集》之外，尚有《東南紀事》、《西南紀事》、《姚江書院志略》等書，大抵講性命而又長史學者也。」與家太詹補正：《思復堂文集》卷六《章氏宗社詩序》：「會稽章泰占者，年弱冠，便爲詩，詩即工。嘗與余論詩。康熙壬午正月，偕其宗人十輩，爲《道墟十八詠》。書來，使余序。追惟庚戌、辛亥間，余年二十二，讀書章氏，與因培、芬木昆弟游，此時泰占尚未生也。無何，於今三十二年矣。余孑孑同因培、芬木，皓首一經，無所獲，而泰占年氣方盛，九人者亦多與泰占同時先後生，乃能磨光砥垢，大起古學，於其先人登遊詠嘯之地，作爲歌詞，以紀其事。嗚呼！其可感已。」案：泰占事僅見此及《章氏遺書》卷二十一《家太詹庶母不入祠堂辨書後》。邵念魯與辨古人撰私傳事，未詳。嘗辨古人之撰私傳，曰：「子獨不聞鄧禹之傳，范氏固有本歟？」按：本《東觀記》。按此不特范氏，陳壽《三國志》裴注引東京、魏、晉諸家私傳相證明者，凡數十家。按：《三國志》裴注所引，如《獻帝傳》、《曹瞞傳》、《江表傳》等，不下數十家。即見於隋、唐《經籍》、《藝文志》者，如《東方朔傳》、《陸先生傳》之類，亦不一而足，《隋書・經籍志》：《東方朔傳》八卷，不著撰人名氏。《陸先生傳》一卷，孔稚珪撰。《唐書・藝文志》亦載《東方朔傳》八卷，不載《陸傳》。事固不待辨也。彼挾《兔園》之册，《困學記聞・考史》：「《兔園册府》三十卷，唐蔣王惲令僚佐杜嗣先倣應科目策，自設問對，引經史爲訓注。惲，太宗子，故用梁王「兔園」名其書。馮道『《兔園册》』謂此也。」青案：《五代史・劉岳傳》：「馮道世本田家，狀貌質野，朝士多笑其陋。旦入朝，兵部侍郎任贊與岳在其後。道行數反顧，贊問岳：『道反顧何爲？』岳曰：『遺下《兔園册》耳。』《兔園册》者，鄉校俚儒教田夫牧子之所誦也，故岳舉以誚道。」但見昭明《文選》、唐宋八家《四庫全書總目》別集類：「明朱佑，字伯賢，臨海人，自號鄮陽子。爲文不矯語秦漢，惟以唐宋爲宗，嘗選韓、柳、歐陽、曾、王、三蘇爲《八先生文集》，『八家』之目實權輿於此。」《明史・茅坤傳》：「茅坤字順甫，善古文，最心折唐順之。順之喜唐宋諸大家文，所著《文編》，唐宋人自韓、柳、歐、三蘇、曾、王八家外，無所取。故坤選《八大家文鈔》，其書盛行海內。」鮮入此體，遂謂天下之書不復可旁證爾。

往者聘撰《湖北通志》，胡適、姚名達《章實齋先生年譜》：「乾隆五十八年癸丑，先生五十六歲。是年有《與廣濟黄大尹論修志書》。（據内籐目：題下有「癸丑録存」四字。）自壬子以來，先生任《湖北通志》事。《通志》不知起於何年，按先生代毕沅作《通志序》，所说年代甚不分明。初看来好像《通志》始於乾隆五十四年己酉，但下文又说『凡再逾年而始得卒業』，據此則又似《通志》始於壬子。先生壬子任《志》事屢見於《遺書》中，如《李清臣哀辭》、《孝義合祠碑記》等，以『再逾年』之語推之，當成於癸丑、甲寅之間。」因恃督府深知，遂用别識心裁，勒爲三家之學。江標靈鶼閣《文史通義補編·爲畢制府擬進湖北三書序》云：「昔隋儒王通嘗謂古史有三，《詩》、《書》與《春秋》也。臣愚以爲方志義本百國春秋，掌故義本三百官禮，文徵義本十五國風。古者各有師授淵源，各有官司典守，後世浸失其旨，故其爲書，離合分併，往往不倫。然歷久推衍，其法漸著。故唐、宋以來，正史而外，有《會要》、《會典》，以法官禮；《文鑑》、《文類》，以倣風詩。蓋不期而合於古也。惟方志釐剔未清，義例牽混，前後一轍，難爲典則，不足以備國史要删。臣忝爲舊史官，用是兢兢，與從事諸臣丁寧往復，爲三家之書，以庶幾於行人五物之義。他日柱下發藏，未必無所取也。」《人物》一門全用正史列傳之例，撰述爲篇。而隋唐以前史傳昭著，無可參互詳略、施筆削者，則但揭姓名，爲《人物表》。自注：說詳本篇《序例》。其諸史本傳，悉入《文徵》，以備案檢。自注：所謂三家之學，《文徵》以擬《文選》。其於撰述義例，精而當矣。時有僉人，窮於宦拙，求余薦入書局，無功，冒餐給矣。值督府左遷，小人涎利搆讒，群刺蜂起，當事惑之，檄委其人校正。《章氏遺書·方志辨體》：「余撰《湖北通志》，初恃督府一人之知，竟用別裁獨斷。後爲小人讒毁，乘督府入覲之隙，諸當道憑先人①之言，委人磨勘，而向依督府爲生計者，衹窺數十金之利，一時騰躍而起，無不得蒙弓而反射，名士習氣然也。如斯學識，豈直置議？然所指摘督府，需余登復。今存《駁議》一卷，見者皆胡盧絶倒也。」余方恃其由余薦也，而不虞其背德反噬，昧其平昔所服膺者，而作譸張以罔上也，自注：別有專篇辨例。《禮記②·中庸》：「得一善，則拳拳服膺而弗失之矣」，集注：「奉持而著之心胸之閒，言能守也。」《書·無逸》：「民無或胥譸張爲幻」，注：「譸張，誑也。」《論語·雍也》：「罔之生也幸而免」，何晏注：「誣罔」，朱注：「不直也」。乃曰：《文徵》例倣《文選》、《文苑》，《文選》、《文苑》本無傳體。因舉《何蕃》、《李赤》、《毛穎》、《宋清》諸傳按：韓愈有《何蕃傳》、《毛穎傳》，柳宗元有《李赤傳》、《宋清傳》。出於遊戲投贈，不可入正傳

① 「人」字誤，當作「入」。
② 「禮記」以下爲葉注，句前當補「按」字。

也。上官乃亟贊其有學識也，而又陰主其説，匿不使余知也。噫！《文苑英華》《宋史·藝文志》總集類有李昉、扈蒙《文苑英華》一千卷。有傳五卷，蓋七百九十有二至於七百九十有六，其中正傳之體，公卿則有兵部尚書梁公李峴，節鉞則有東川節度盧坦，自注：皆李華撰傳。文學如陳子昂，自注：盧藏用撰傳。節操如李紳，自注：沈亞之撰傳。貞烈如楊婦、自注：李翺。竇女，自注：杜牧。合於史家正傳例者凡十餘篇，而謂《文苑》無正傳體，真喪心矣！宋人編輯《文苑》，類例固有未盡，然非僉人所能知也。即傳體之所采，蓋有排麗如碑誌者，自注：庾信《邱乃敷郭①崇傳》之類。青按：《庾子山集》作「邱乃敦崇」。自述非正體者，自注：《陸文學自傳》之類。立言有寄託者，自注：《王承福傳》之類。借名存諷刺者，自注：《宋清傳》之類。投贈類序引者，自注：《强居士傳》之類。俳諧爲遊戲者，自注：《毛穎傳》之類。亦次於諸正傳中，不如李漢集韓

① 「郭」，粤雅堂本《文史通義》、浙江書局及嘉業堂《章氏遺書》本均作「敦」。

氏文，以《何蕃傳》入雜著，以《毛穎傳》入雜文，義例乃皎然矣。

習固自注：庚戌鈔存《通義》。

辨論烏乎起？起於是非之心也。是非之心烏乎起？起於嫌介疑似之間也。烏乎極？極於是堯非桀也。世無辨堯、桀之是非，世無辨天地之高卑也。目力盡於秋毫，《孟子·梁惠王上》：「明足以察秋毫之末」，注：「秋毫之末，毛至秋而末鋭小，而難見也。」耳力窮乎穴蟻。《莊子》：「耳能聽穴之蟻。」能見泰山不爲明目，能聞雷霆不爲聰耳。劉伶《酒德頌》：「静聽不聞雷霆之音，熟視不見泰山之形。」故堯、桀者，是非之名，而非所以辨是非也。嫌介疑似，未若堯、桀之分也。推之而無不若堯、桀之分，起於是非之微，而極於辨論之精也。故堯、桀者，辨論所極；而是非者，隱微之所發端也。

隱微之創見，辨者矜而寶之矣。推之不至乎堯、桀，無爲貴創見焉。

推之既至乎堯、桀，人亦將與固有之堯、桀而安之也。故創得之是非，終於無所見是非也。

堯、桀，無推者也。積古今之是非而安之如堯、桀者，皆積古今人所創見之隱微而推極之者也。安於推極之是非者，不知是非之所在也。不知是非之所在者，非竟忘是非也，以謂固然而不足致吾意焉爾。

觸乎其類而動乎其思，於是有見所謂誠然者，非其所非而是其所是，矜而寶之，以謂隱微之創見也。推而合之，比而同之，致乎其極，乃即向者安於固然之堯、桀也。向也不知所以，而今知其所以，故其所見有以異於向者之所見，而其所云實不異於向之所云也。故於是非而不致其思者，所矜之創見皆其平而無足奇者也。

酤家釀酒而酸，大書「酒酸減直」於門，以冀速售也。有不知書者，入飲其酒而酸，以謂主人未之知也。既去而遺其物，主家追而納之，又謂主人之厚己也。屏人語曰：「君家之酒酸矣，盍減直而急售？」主人聞之而啞然也。故於是非而不致其思者，所矜之創見乃告主家之酒酸也。

堯、桀固無庸辨矣。然被堯之仁必有幾，幾於不能言堯者，乃真是堯之人也。遇桀之暴必有幾，幾於不能數桀者，乃真非桀之人也。千古固然之堯、桀，猶推始於幾，幾不能言與數者，而後定堯、桀之固然也。故真知是非者，不能遽言是非也。真知是堯非桀者，其學在是非之先，不在是堯非桀也。

是堯而非桀，貴王而賤霸，韓愈《與孟尚書》文。尊周孔周公、孔子。而斥異端，正程朱而偏陸王，吾不謂其不然也。習固然而言之易者，吾知其非真知也。《章氏遺書·丙辰劄記》：「程朱之學，乃爲人之命脈也。陸王非不甚偉，然高明易啓流弊。若謂陸王品遜程朱，則又門户之見矣。但程朱流弊雖較陸王爲輕，而迂怪不近人情，則與狂禪相去亦不甚遠。如陸當湖最爲得程朱之深矣，猶附和『砒霜可喫』之謬論，況他人遠不若當湖先生者乎？餘干貢生張時亦講程朱，而荒陋不學，又喜附會穿鑿，言之令人噴飯滿案。程朱有靈，則當操杖而搏逐之矣。如云明道先生《春日偶成》詩『雲淡風輕近午天』四句當分屬春夏秋冬，已可詫已，又云每句又各包春夏秋冬，如「云淡」二字屬春，「風輕」二字屬夏，「近午」二字屬秋，「天」字屬冬，下三句亦視此例。此等見解，不知具何肺腸？然此等不足貶程朱，則狂禪末流又豈足貶損陸王乎？」

朱陸自注：「庚戌鈔存《通義》。」《章氏遺書①·書朱陸篇後》云：「戴君學問深見古人大體，不愧鉅儒，而心術未醇，頗爲近日學者之患，故余作《朱陸篇》正之。」

天人性命之理，經傳備矣。經傳非一人之言，而宗旨未嘗不一者，其理著於事物，而不託於空言也。見《原道中》。師儒釋理以示後學，惟著之於事物，則無門户之争矣。理譬則水也，事物譬則器也。器有大小淺深，水如量以注之，無盈缺也。今欲以水注器者，姑置其器，而論水之挹注盈虚，與夫量空測實之理，争辨窮年，未有已也，而器固已無用矣。

① 「章氏遺書」以下爲葉注，句前當補「按」字。

子夏之門人問交於子張，《論語·子張》：「子夏之門人問交於子張，子張曰：『子夏云何？』對曰：『子夏曰：可者與之，其不可者拒之。』子張曰：『異乎吾所聞。君子尊賢而容衆，嘉善而矜不能。我之大賢與？於人何所不容？我之不賢與？人將拒我，如之何其拒人也？』」治學分而師儒尊，《周禮·太宰》：「太宰之職，以九兩繫邦國之民。」曰「師以賢得民」，曰「儒以道得民」。知以行聞，自非夫子，其勢不能不分也。高明沉潛之殊致，《禮記·中庸》：「高明柔克，沉潛剛克。」補正：原注删，加：《書·洪範》：「次六曰乂用三德。一曰正直，二曰剛克，三曰柔克。平康正直，强弗友，剛克。燮友，柔克。沈潛，剛克。高明，柔克。」譬則寒暑晝夜，知其意者，交相爲功，不知其意，交相爲厲也。宋儒有朱、陸，千古不可合之同異，亦千古不可無之同異也。末流無識，争相詬詈，與夫勉爲解紛，調停兩可，皆多事也。然謂朱子偏於道問學，故爲陸氏之學者，攻朱氏之近於支離，謂陸氏之偏於尊德性，故爲朱氏之學者，攻陸氏之流於虚無，各以所畸重者争其門户，是亦人情之常也。但既自承朱氏之授受，而攻陸王，必且博學多聞，通經服古，若西山、鶴山、東發、伯厚諸公之勤業，然後充其所見，當以空言德性爲虚無也。今攻陸王之學者，不出博洽之儒，而出荒俚無稽之學究，則其所攻與其所業相反也。問其何爲不學問，則曰支離也；詰其何爲守專陋，則曰性命也。是攻陸王者，未嘗得朱之近似，即僞陸王以攻真陸王也，是亦可謂不自度矣。《象山年譜》：「淳熙二年乙未，吕伯恭約先生與季兄復齋，會朱元晦諸公於信之鵝湖寺。」又曰：「鵝湖之會論及教人，元晦之意欲令人泛觀博覽而後歸之約，二陸之意欲先發明人之本心而後使之博覽，朱以陸之教人爲太簡，陸以朱之教人爲支離，此頗不合。先生更欲與元晦辯，以爲堯舜之前何書可讀，復齋止之。」《象山語録》：「六經注我，我不注六經。」全祖望《象山學案》：「象山之學，先立乎其大者，本於孟子，足以砭末俗口耳支離之學。但象山天分高，出語驚人，或失於偏而不自知，是則其病也。或因其偏而更甚之，若世之耳食雷同，固自以爲能羽翼紫陽者，竟詆象山爲異學，則吾未之敢信。」《明儒學案》：「王陽明守仁示人以求端用力之要，曰：『致良知。』自孔孟以來未有若此之深切著明者也。特其與朱子之説不無牴牾，而所極力表章者乃在陸象山。」按：真德秀，字西山。魏了翁，字鶴山。黄震，字東發。王應麟，字伯厚，又字厚齋。《宋史》皆有傳。

荀子曰：「辨生於末學。」韓愈《讀墨子》：「余以爲辯生於末學，各務售其師之説，非二師之道本然也。」此云《荀子》，誤。馮振同門補。朱、陸本不同，又況後學之曉曉乎？但門户既分，則欲攻朱者必竊陸王之形似，欲攻陸王必竊朱子之形似。朱之形似必繁密，陸王形似必空靈，一定之理也。而自來門户之交攻，俱是專己守殘，見《公言上》注。束書不觀，而高談性天之流也。則自命陸王以攻朱者固僞陸王，即自命朱氏以攻陸王者，亦僞陸王，不得號爲僞朱也。同一門户，而陸王有僞，朱無僞者，空言易而實學難也。黄、蔡、真、魏，皆承朱子而務爲實學，全祖望《晦翁學案》：「晦翁門人：文節蔡西山先生元定，文肅黄勉齋先生榦」，「晦庵私淑：文靖魏鶴山先生了翁。」則自無暇及於門户異同之見，亦自不致隨於消長盛衰之風氣也。是則朱子之流別，優於陸王也。然而僞陸王之冒於朱學者，猶且引以爲同道焉，吾恐朱氏之徒叱而不受矣。

《傳》言：有美疢，亦有藥石焉。《左傳·襄二十三年》：「臧孫曰：『美①季孫之愛我，疾疢也；孟孫之惡我，藥石也。美疢不如惡石。』」案：美疢，謂美嗜爲病。陸王之攻朱，足以相成而不足以相病。僞陸王之自謂學朱而奉朱，朱學之憂也。蓋性命、事功、學問、文章合而爲一，朱子之學也。求一貫於多學而識，而約禮於博文，「一貫」云云，見《原道下》注。博約，見《論語·子罕》。是本末之兼該也。諸經解義不能無得失，訓詁考訂不能無疏舛，是何傷於大禮哉？且傳其學者，如黃、蔡、真、魏，皆通經服古，躬行實踐之醇儒，其於朱子有所失，亦不曲從而附會，是亦足以立教矣。乃有崇性命而薄事功，棄置一切學問文章，而守一二章句集注之宗旨，因而斥陸譏王，憤若不共戴天，以謂得朱之傳授，是以通貫古今、經緯世宙之朱子，而爲村陋無聞、傲狠自是之朱子也。且解義不能無得失，考訂不能無疏舛，自獲麟絕筆以來，未有免

①「美」字衍。

焉者也。曹植《與楊德祖書》：「昔尼父之不辭與人通流，至於制作《春秋》，游、夏之徒乃不能措一辭。過此而言不病者，吾未之見也。」今得陸王之僞，而自命學朱者，乃曰：「墨守朱子，雖知有毒，猶不可不食。」又曰：「朱子實兼孔子與顏、曾、孟子之所長。」案：皆陸隴其語，待詳。噫！其言之是非，毋庸辨矣。朱子有知，憂當何如邪？

告子曰：「不得於言，勿求於心；不得於心，勿求於氣。」「不動心」者，不求義之所安，此千古墨守之權輿也。「是非之心，人皆有之。」《孟子·公孫丑上》及《告子上》文。不能充之以義理，而又不受人之善，此墨守之似告子也。按：朱注：「告子謂於言有所不達，則當舍置其言，而不必反求其理。於心於心①有所不安，則當力制其心，而不必更求其助於氣。此所以固守其心而不動之速也。」章氏謂其「不動心」者，不求義之所安，此告子之仁内義外所以被斥於孟子也。故曰「墨守之似告子也」。門人陳光漢

① 下「於心」二字衍。

補。然而藉人之是非以爲是非，不如告子之自得矣。

藉人之是非以爲是非，如傭力佐鬭，知争勝而不知所以争也。故攻人則不遺餘力，而詰其所奉者之得失爲何如，則未能悉也。故曰：「明知有毒，而不可不服也。」

末流失其本。朱子之流别，以爲優於陸王矣，然則承朱氏之俎豆必無失者乎？曰：奚爲而無也。今人有薄朱氏之學者，即朱氏之數傳而後起者也。《章氏遺書・書朱陸篇後》云：「戴君學術實自朱子道問學而得之，故戒人以鑿空言理，其説深探本原，不可易矣。顧以訓詁名義偶有出於朱子所不及者，因而醜貶朱子，至斥以悖謬，詆以妄作。且云：『自戴氏出，而朱子徽倖爲世所宗已五百年，其運亦當漸替。』此則謬妄甚矣！戴君筆於書者，其於朱子有所異同，措辭與顧氏寧人、閻氏百詩相似，未敢有所譏刺，固承朱學之家法也。其異於顧、閻諸君，則於朱子間有微辭，亦未敢公然顯非之也。而口談之謬，乃至此極，害義傷教，豈淺鮮哉！或謂言出於口而無蹤，其身既殁，書又無大牴牾，何必欲摘之以傷厚道？不知誦戴遺書而興起者尚未有人，聽戴口説而加厲者滔滔未已，至今徽、歙之間，自命通經服古之流，不薄朱子則不得爲通人，而詆聖排賢，毫無顧忌，流風大可懼也。」其與朱氏爲難，學百倍於陸王之末流，思更深於朱門之從學，充其所極，朱子不免先賢之畏後生矣。《論語》：「子曰：『後生可畏。』」杜甫詩：「不覺前賢畏後生。」門人沈□①補。然究其承學，實自朱子數傳之後起也，其人亦不自知也。而世之號爲通人達士者，亦幾幾乎褰裳以從矣。案：猶云摳衣。有識者觀之，齊人之飲井相捽也。見《言公下》注。性命之説，易入虛無，朱子求一貫於多學而識，寓約禮於博文，其事繁而密，其功實而難。雖朱子之所求，未敢必謂無失也。然沿其學者，一傳而爲勉齋、九峰，再傳而爲西山、鶴山、東發、厚齋，三傳而爲仁山、白雲，按：金履祥，元蘭谿人，字仁山。許謙，元金華人，號白雲。四傳而爲潛溪、義烏，按：宋濂，明潛溪人。王禕，明義烏人。五傳而爲寧人、百詩，按：顧炎武，明崑山人，字寧人。閻若璩，清太原人，字百詩。則皆服古通經，學求其是，而非專己

①「沈」下空一格，當是「訒」字。

守殘，空言性命之流也。自是以外，文則入於辭章，學則流於博雅，求其宗旨之所在，或有不自知者矣。生乎今世，因聞寧人、百詩之風，上溯古今作述，有以心知其意，《史記·五帝本紀贊》：「非好學深思，心知其意，固難爲淺見寡聞道也。」此則通經服古之緒又嗣其音矣。無如其人慧過於識，而氣蕩乎志，反爲朱子詬病焉，則亦忘其所自矣。夫實學求是，與空談性天不同科也。考古易差，解經易失，如天象之難以一端盡也。曆象之學，見《易教上》注。後人必勝前人，勢使然也。因後人之密而貶羲和，見《易教中》注。不知即羲和之遺法也。今承朱氏數傳之後，所見出於前人，不知即是前人之遺緒，是以後歷而貶羲和也。蓋其所見能過前人者，慧有餘也。抑亦後起之智慮所應爾也。不知即是前人遺蘊者，識不足也。其初意未必遂然，其言足以懾一世之通人達士，而從其井捽者，氣所蕩也。其後亦遂居之不疑者，志爲氣所動也。攻陸王者，出僞陸王，其學猥陋，不足爲陸王病也。貶朱者之即出朱學，其力深沉，不以源流互質，言行交推，世有好學而無真識者，鮮不從風而靡矣。

古人著於竹帛，皆其宣於口耳之言也。言一成，而人之觀者千百其意焉，故不免於有向而有背。今之黠者則不然，以其所長，有以動天下之知者矣；知其所短，不可以欺也，則似有不屑焉。徙澤之蛇，且以小者神君焉。見《易教下》注。其遇可以知而不必且爲知者，則略其所長，以爲未可與言也；而又飾所短，以爲無所不能也。雷電以神之，鬼神以幽之，鍵箧以固之，標幟以市之，於是前無古人，而後無來者矣。陳子昂《登幽州臺歌》：「前不見古人，後不見來者。」天下知者少，而不必且爲知者之多也。知者一定不易，而不必且爲知者之千變無窮也。故以筆信知者，而以舌愚不必深知者，天下由是靡然相從矣。夫略所短而取其長，遺書具存，强半皆當遵從而不廢者也。天下靡然從之，何足忌哉！不知其口舌遺厲，深入似知非知之人心，去取古人，任惼衷而害於道也。語云：「其父殺人報仇，其子必且行劫。」蘇軾《荀卿論》文。其人於朱子蓋已飲水而忘源，庾信《徵調曲》：「飲其水者懷其源。」及筆之於書，僅有微辭隱見耳，未敢居然斥之也。此其所以不見惡於真知者也。而不必深知者，習聞口舌之間，肆然排詆而無忌憚，《禮記·中庸》：「小人而無忌憚也。」以謂是人而有是言，則朱子真不可以不斥也。故趨其風者，未有不以攻朱爲能事也。非有惡於朱也，懼其不類於是人，即不得爲通人也。《史記·田敬仲世家贊》：「非通人達方，孰能注意焉？」《論衡·超奇》：「博覽古今者爲通人。」夫朱子之授人口實，强半出於《語録》。《書·説命》：「予恐來世以台爲口實。」按：《朱子語類》一百四十卷，門人所編纂。別有葉子龍之《朱子語録類要》十八卷。補正：原注《仲虺之誥》誤《説命》。《語録》出於弟子門人雜記，未必無失初旨也。然而大旨實與所著之書相表裏，則朱子之著於竹帛，即其宣於口耳之言，是表裏如一者，古人之學也。即以是義責其人，亦可知其不如朱子遠矣，又何爭於文字語言之末也哉？

文德 自注：丙辰山中草。案：嘉慶元年丙辰，章氏五十九歲。又案：《文選·顏延年〈陶徵士誄〉》注引《論語讖》曰：「文德以懷邦。」《大戴禮記·衛將軍文子》曰：「成之以文德。」而王充《論衡》亦有《文德篇》。《文心雕龍·原道》有「文之爲德大矣哉」之語。兹篇謂古人未有論文德者，斯則德其所德，非章氏之所謂德歟？

凡言義理，有前人疎而後人加密者，不可不致其思也。古人論文，惟論文辭而已矣。劉勰氏出，本陸機氏説而昌論文心；《文選》本善①注引臧榮緒《晉書》曰：「陸機字士衡，吴郡人。與弟雲勤學積十一年，譽流京華，聲溢四表。被徵爲太子洗馬，與弟雲俱入洛，司徒張華素重其名，相見如舊識。以文呈華，天才綺練，當時獨絶。新聲妙句，係蹤張、蔡。機妙解情理，識②文體，故作《文賦》。」《文賦·序》曰：「余每觀才士之所作，竊有以得其用心。」注：「作，謂作文也。用心，言士用心於文。」《南史·劉勰傳》：「勰字彦和，東莞莒人也。」「篤學志好③」，「撰《文心雕龍》五十篇」。按：《文心雕龍·序志篇》云：「夫文心者，言爲文之

① 「本善」誤，當作「李善」。
② 「識」字上，《文選》注有「心」字。
③ 「篤學志好」誤倒，《南史》作「篤志好學」。《梁書》本傳同。

用也。昔涓子《琴心》，王孫《巧心》，心哉美矣！故用之焉。」又曰：「陸機《文賦》，仲洽《流別》，宏範《翰林》，各照隅隙，鮮觀衢路。」「陸《賦》巧而碎亂，《流別》精而少巧①，《翰林》淺而寡要。」據此則劉氏《文心》非所取於陸氏，章氏誤矣。蘇轍氏出，本韓愈氏説而昌論文氣。韓愈《答李翊書》：「氣，水也。言，浮物也。水大而物之浮者大小畢浮，氣之與言猶是也，氣盛則言之短長與聲之高下者皆宜。」蘇轍《上韓太尉書》：「轍生好爲文，思之至深。以爲文者，氣之所形，然文不可以學而能，氣可以養而致。孟子曰：『我善養吾浩然之氣。』今觀其文章，寬厚宏博，充乎天地之間，稱其氣之大小。太史公行天下，周覽四海名山大川，與燕趙間豪俊交游，故其文疏蕩，頗有奇氣。此二子者，豈嘗執筆爲如此之文哉？其氣充乎其中而溢乎其貌，動乎其言而見乎其文，而不自知也。」按蘇氏「文氣」之説明本《孟子》，而魏文《典論》亦有「文以氣爲主」之語，則不本於韓氏也。可謂愈推而愈精矣。未見有論文德者，學者所宜於深省也。夫子嘗言：「有德必有言。」《論語·憲問》文。又言：「修辭立其誠。」見《言公中》注。孟子嘗論「知言」、「養氣」本乎「集義」。《孟子·公孫丑上》曰：「『我知言，我善養吾

① 「巧」字誤，《文心雕龍》及《梁書》本傳均作「功」。

浩然之氣。』『敢問：何謂浩然之氣？』曰：『難言也。至大至剛，以直養而無害，則塞於天地之間。其爲氣也，配義與道，無是，餒也。是集義所生者，非義襲而取之也。』」注：「集，雜也。密聲取敵曰襲。言此浩然之氣與義雜生，從内而出，人生受氣，所自有者。」韓子亦言「仁義之途」、「《詩》、《書》之源」，韓愈《答李翊書》：「雖然，不可以不養也。行之乎仁義之途，游之乎《詩》、《書》之源，無迷其途，無絕其源。終吾身而已矣。」皆言德也。今云未見論文德者，以古人所言皆兼本末，包内外，猶合道德文章而一之，見《史德》題注。未嘗就文辭之中言其有才、有學、有識，見《史德》注。又有文之德也。凡爲古文辭者，必敬以恕。臨文必敬，非修德之謂也；論古必恕，非寬容之謂也。敬非修德之謂者，氣攝而不縱，縱必不能中節也；恕非寬容之謂者，能爲古人設身而處地也。嗟乎！知德者鮮，知臨文之不可無敬恕，則知文德矣。

昔者陳壽《三國志》紀魏而傳吴、蜀，習鑿齒爲《漢晉春秋》正其統矣。司馬《通鑑》仍陳氏之説，朱子《綱目》又起而正之。「是非之心，人皆有之。」不應陳氏誤於先，而司馬再誤於其後，而習氏與朱子之識力偏居於優也。而古今之譏《國志》與《通鑑》者，殆於肆口而罵詈，則不知起古人於九原肯吾心服否邪？陳氏生於西晉，司馬生於北宋，苟黜曹魏之禪讓，將置君父於何地？而習與朱子則固江東南渡之人也，惟恐中原之爭天統也。自注：此說前人已言。青案：王應麟《困學紀聞·考史》：「習鑿齒《漢晉春秋》以蜀漢爲正，朱文公謂『《晉史》自帝魏，後賢合更張』，然晉人已有此論。三國鼎峙，司馬公《通鑑》以魏爲正統，本陳壽；朱子《綱目》以蜀漢爲正統，本習鑿齒。然稽於天文，則『熒惑守心，魏文帝殂而吳、蜀無他』，此黃權對魏明帝之言也，若可以魏爲正矣；『月犯心大星，王者惡之』，漢昭烈殂而魏、吳無他。（案：此論本唐庚《三國雜事》上篇。）權將何辭以對？」《四庫提要》：《三國志》「以魏爲正統，至習鑿齒作《漢晉春秋》，始主異議。自朱子以來，無不是鑿齒而非壽。然以理而論，壽之謬萬萬無辭；以勢而論，則鑿齒帝漢順而易，壽欲帝漢逆而難。蓋鑿齒時晉已南渡，其事有類乎蜀，爲偏安者爭正統，此乎於常代之論者也。壽則身爲晉武之臣，而晉武承魏之統，僞魏是僞晉矣，其能行於常代哉？」諸賢易地則皆然，《孟子·離婁上》文。未必識遜今之學究也。案：唐時取士科目，有「學究一經」科者，即謂之「學究」，後用爲陋儒之通稱。是則不知古人之世，不可妄論古人文辭也。知其世矣，不知古人之身處，亦不可以遽論其文也。見《原學上》注。身之所處，固有榮辱隱顯、屈伸憂樂之不齊，而言之有所爲而言者，雖有子不知夫子之所謂，《禮記·檀弓》：「有子問於曾子曰：『問喪於夫子乎？』曰：『聞之矣。喪欲速貧，（聞謂喪仕失位也。）死欲速朽。』有子曰：『是非君子之言也。』曾子曰：『參也注①諸夫子也。』有子又曰：『是非君子之言也。』曾子曰：『參也與子游聞之。』有子曰：『然，然則夫子有爲言之也。』曾子以斯言告於子游，子游曰：『甚哉，有子之言似夫子也！昔者夫子居於宋，見桓司馬自爲石槨，三年而不成，夫子曰：若是其靡也，死不如速朽之愈也。死之欲速朽，爲桓司馬言之也。南宮敬叔反，必載寶而朝。夫子曰：若是其貨也，喪不如速貧之愈也。喪之欲速貧，爲敬叔言之也。』曾子以子游之言告於有子，有子曰：『然，吾固曰非夫子之言也。』曾子曰：『子何以知之？』有子曰：『夫子制於中都，四寸之棺，五寸之槨，以是知不欲速朽也。昔者夫子失魯司寇，將之荆，蓋先之以子夏，又申之以冉有，以斯知不欲速貧也。』」況生千古以後乎？聖門之論恕也，「己所不欲，勿施於人」，《論語·顏淵②》：「其

①「注」字誤，當作「聞」。

②「顏淵」，當作「衛靈公」。《顏淵篇》無「其恕乎」三字，《衛靈公篇》有。

恕乎！己所不欲，勿施於人。」其道大矣！今則第爲文人，論古必先設身，以是爲文德之恕而已爾。

韓氏論文，「迎而拒之，平心察之」，韓愈《答李翊書》：「迎而距之，平心而察之，其皆醕也，然後肆焉。」喻氣於水，言爲浮物。柳氏之論文也，「不敢輕心掉之」、「怠心易之」、「矜氣作之」、「昏氣出之」。柳宗元《答韋中立書》：「吾每爲文章，未嘗敢以輕心掉之，懼其剽而不留也；未嘗敢以怠心易之，懼其弛而不嚴也；未嘗敢以昏氣出之，懼其昧没而雜也；未嘗敢以矜氣作之，懼其偃蹇而驕也。」夫諸賢論心論氣，未即孔、孟之旨，及乎天人、性命之微也。然文繁而不可殺，語變而各有當。要其大旨，則「臨文主敬」，一言以蔽之矣。主敬則心平而氣有所攝，自能變化從容以合度也。夫史有三長，才、學、識也。古文辭而不由史出，是飲食不本於稼穡也。夫識生於心也，才出於氣也；學也者，凝心以養氣，煉識而成其才者也。心虚難恃，氣浮易弛。主敬者，隨時檢攝於心氣之間，而謹防其一往不收之流弊也。夫「緝熙敬止」，聖人所以成始而成終也，其爲義也廣矣。《詩·大雅·文王》：「穆穆文王，於緝熙敬止，假哉天命，有商孫子。」注：「穆穆，美也。緝熙，光明也。假，固也。」箋云：「穆穆乎文王，有天子之容於美乎，又能敬其光明之德堅固哉！天爲此命之，使臣有殷之子孫。」今爲臨文檢其心氣，以是爲文德之敬而已爾。

文理

偶於良宇案間，《章實齋先生年譜》：「乾隆五十四年己酉，先生五十二歲。三月之杪，游太平，館於安徽學使署中。學使徐立綱方輯《宗譜》，請先生經紀其事。張小今、左良宇皆一時名俊，比屋而處，暇則聚談，談亦不必皆文字，而引機觸發，則時有感會。《文理篇》因見良宇案上的《史記》録本而作，自是這年在太平作品。」見《史記》録本，取觀之，乃用五色圈點，各爲段落，反覆審之，不解所謂。詢之良宇，啞然失笑，以謂己亦厭觀之矣。其書云出前明歸震川氏，五色標識，各爲義例，不相混亂。若者爲全篇結構，若者爲逐段精彩，若者爲意度波瀾，若者爲精神氣魄，以例分類，便於拳服見《經解中》注。揣摩，補正：見《詩教上》注。號爲古文秘傳。歸有光《評點史記・例意》：「《史記》起頭處來得勇猛者圈，緩些者點。然須見得，不得不圈、不得不點處乃得。黄圈點者人難曉，硃圈點者人易曉。硃圈點處總是意句與叙事好處，黄圈點處總是氣脈。亦有轉折處用黄圈，而事乃聯下去者。墨擲是背理處，青擲是不好要緊處，硃擲是好要緊處，黄擲是一篇要緊處。事跡錯綜處，太史公叙得來，如大塘上打繂，千船萬船，不相妨礙。曉得文章掇頭，千緒萬端，文字就可做了。作文如畫，全要界畫。起頭、交接處，謂之起伏、掇頭，《本紀》多，《列傳》少。」前輩言古文者，所爲珍重授受，而不輕以示人者也。補正：《新唐書・楊綰傳》：「楊綰字公權，華州華陰人。」「不好立名，有所論著，未始示人。」又云：「此如五祖傳燈，唐釋法海《六租①大師法寶壇經略序》：「年二十有四，聞經悟道，往黄梅求印可，五祖器之，付衣法，令嗣祖位。」《傳燈録》三十卷，宋真宗景德元年吳僧道原纂。《維摩詰經・菩薩品》：「無盡燈者，譬如一燈然百千燈，冥者皆明，明終不盡。如是諸姊，夫一菩萨开导百千衆生，令發

① 「租」字誤，當作「祖」。

阿耨多羅三藐三菩提心，於其道意亦不滅盡，隨所説法而自增益一切善法，是名無盡燈也。」「傳燈」之意當出此。門人沈訒補。靈素受籙。《宋史·林靈素傳》：「靈素，温州人。」「政和末，賜號通達真靈①先生。」「假帝誥、天書、雲篆，務以欺世惑衆，令吏民詣宫受神霄祕録，朝士之嗜進者亦靡然趨之。」由此出者，乃是正宗；不由此出，縱有非常著作，釋子所譏爲『野狐禪』也。《四家玄録》：「百丈大智禪師，一老人聽法，曰：『僧住此山，有人問：大修行底人還落因果也無？遂對曰：不落因果，墮在野狐禪。請和尚代一轉語。』師曰：『汝但問。』老人便問，師曰：『不昧因果。』老人大悟曰：『今已免老狐身，只在山後住，乞依亡僧例焚燒。』巖中果見一死狐，積薪化之。」余幼學於是，及遊京師，聞見稍廣，乃知文章一道，初不由此。然意其中或有一二之得，故不遽棄，非珍之也。」

余曰：文章一道，自元以前，衰而且病，尚未亡也。明人初承宋、元之遺，粗存規矩。至嘉靖、隆慶之間，嘉靖，見《傳記》注。隆慶，明穆宗年號。晦否塞，補正：《易·蒙》正義：「蒙者，微昧闇弱之名。」《否》正義：「内柔而外剛者，欲取否塞之

① 「通達真靈」誤倒，當作「通真達靈」。

義。」而文幾絶矣。歸震川氏生於是時，力不能抗王、李之徒，而心知其非，故斥鳳洲以爲庸妄。《震川先生集·項思堯文集序》：「今世之所謂文者，難言矣！未始爲古人之學，而苟得一二妄庸人爲之，巨子争附和之，以詆排前人。韓文公云：『李杜文章在，光焰萬丈長，不知群兒愚，那用故謗傷，蚍蜉撼大樹，可笑不自量。』文章至於宋、元諸名家，其力足以追數千載之上而與之頡頏，而世直以蚍蜉撼之，可悲也。無乃一二妄庸人爲之，巨子以倡道之歟！」錢謙益《列朝詩集·震川先生小傳》：「熙甫爲文，原本六經，而好太史公書，能得其風神義理。其於八大家，自謂可肩隨歐、曾，臨川則不難抗行。當是時，王弇州踵二李之後，主盟文壇，聲華烜赫，奔走四海。熙甫一老舉子，獨抱遺經於荒江虚市之間，樹牙頰相搘拄，不少下。嘗爲人文序，詆誹俗學，以爲苟得一二妄庸人爲之，巨子①。弇州聞之曰：『妄則有之，庸則未敢聞命。』熙甫曰：『惟妄故庸，未有妄而不庸者也。』」案：王、李見《傳記》「論文各分門户」條注。謂其創爲秦漢僞體，至併官名地名而改用古稱，使人不辨作何許語，故直斥之曰文理不通，補正：《明史·文苑傳序》：「李夢陽、何景明倡言復古，文自西京、詩自中唐而下，

①「巨子」下，《震川先生小傳》原本疑脱漏「争附和之」四字，見上《項思堯文集序》。

一切吐棄，操觚談藝之士翕然宗之，明之詩文於斯一變。迨嘉靖時，李攀龍、王世貞輩文主秦漢，詩規盛唐，王、李之持論大率與夢陽、景明相倡和也。」《李夢陽傳》：「後有譏夢陽詩文者，則謂其模擬剽竊，得史遷、少陵之似而失其真。」非妄言也。然歸氏之文，氣體清矣，而按其中之所得，則亦不可强索。故余嘗書識其後，以爲先生所以砥柱中流者，《書》：「底柱析城」，注：「底柱，山名，在河水中。」特以文從字順，韓愈《樊宗師墓誌銘》文。「文從字順各識職。」不汩没於流俗；而於古人所謂「閎中肆外」，韓愈《進學解》：「先生之於文，可謂閎於中而肆其外矣。」言以聲其心之所得，則未之聞爾。然亦不得不稱爲彼時之豪傑矣。但歸氏之於制藝，《明史·選舉志》：「科目者，沿唐、宋之舊而稍變。其試士之法，專取四子書及《易》、《書》、《詩》、《春秋》、《禮記》五經，命題試士。其文略仿宋經義，然代古人語氣爲之。體用排偶，謂之『八股』，通謂之『制義』。」又《歸有光傳》：「有光制舉制義，湛深經術，卓然大家。」則猶漢之子長，唐之退之，補正：司馬遷、韓愈。百世不祧之大宗也。見《書教下》注。故近代時文家之言古文者，多宗歸氏。唐宋八家之選，見《傳記》注。人幾等於五經、四子朱子《書臨漳所刊四子書後》：「河南程夫子之教人，必先使之用力乎《大學》、《論語》、《中庸》、《孟子》之言，然後及乎六經。」案：「四子書」之名始此。所由來矣。惟歸、唐之集，案：明唐順之有《荆川集》，歸有光有《震川先生集》。其論説文字皆以《史記》爲宗，而其所以得力於《史記》者，乃頗怪其不類。蓋《史記》體本蒼質，而司馬才大，故運之以輕靈。今歸、唐之所謂「疎宕頓挫」，見《評點史記》中。其中無物，遂不免於浮滑，而開後人以描摩淺陋之習。故疑歸、唐諸子得力於《史記》者，特其皮毛，而於古人深際未之有見。今觀諸君所傳五色訂本，然後知歸氏之所以不能至古人者，正坐此也。

夫立言之要，在於有物。《易·家人》：「言有物。」古人著爲文章，皆本於中之所見，初非好爲炳炳烺烺，如錦工繡女之矜誇采色已也。柳宗元《答韋中立書》：「始吾幼且少，爲文章以辭爲工。及長，乃知文者以明道是，固不苟爲炳炳烺烺，務采色、誇聲音而以爲能也。」富貴公子，雖醉夢中，不能作寒酸求乞語。按：此即前人所謂「王謝子弟雖不端正者，亦奕奕有一種風致」也。疾痛患難之人，雖置之絲竹華宴之場，不能易其呻吟而作歡笑。此聲之所以肖其心，而文之所以不能彼此相易，各自成家者也。今舍己之所求，而摩古人之形似，是杞梁之妻善哭其夫，《孟子·告子下》：「華周、杞梁之妻善哭其夫，而變國俗。」而西家偕老之婦亦學其悲號，案：此「東施效顰」之意。屈子自沉汨羅，《史記·屈原傳》：「上官大夫短屈原於頃襄王，王怒而遷之。屈原至於江濱，被髮行吟澤畔，顔色憔悴，形容枯槁，於是懷石遂自投汨羅以死。」而同心一德《書·泰誓》：「予有亂臣十人，同心同德。」之朝其臣亦宜作楚怨也，不亦傎乎？至於文字，古人未嘗不欲其工。孟子曰：「持其志，無暴其氣。」《孟子·公孫丑上》文。學問爲立言之主，猶之志也；文章爲明道之具，猶之氣也。求自得於學問，固爲文之根本；求無病於文章，亦爲學之發揮。故宋儒尊道德而薄文辭，伊川先生謂「工文則害道」，明道先生謂「記誦爲玩物喪志」。見《原道下》注。雖爲忘本而逐末者言之，然推二先生之立意，則持其志者不必無暴其氣，而出辭氣之遠於鄙倍，見《原道下》注。辭之欲求其達，《論語·衛靈公》：「辭達而已矣。」孔、曾皆爲不聞道矣。但文字之佳勝，正貴讀者之自得，如飲食甘旨，衣服輕暖，衣且食者之領受，各自知之而難以告人。如欲告人衣食之道，當指膾炙而令其自嘗，可得旨甘；指狐貉而令其自被，可得輕暖，則有是道矣。必吐己之所嘗而哺人以授之甘，摟人之身而置懷以授之暖，則無是理也。

韓退之曰：「記事者必提其要，纂言者必鉤其玄。」見《博約上》注。其所謂鉤玄提要之書，不特後世不可得而聞，雖當世籍、湜之徒，張籍，字文昌，烏江人。皇甫湜，字持正，新安人。皆學於韓愈。亦未聞其有所見，果何物哉？蓋亦不過尋章摘句，《三國志・吴主權傳》注：「不效諸生尋章摘句。」以爲撰文之資助耳。此等識記，古人當必有之。如左思十稔而賦《三都》，門庭藩溷，皆著紙筆，得即書之。《文選・三都賦序》李善注：「臧榮緒《晉書》曰：左思字太沖，齊國人。少博覽文史，欲作《三都賦》，乃詣著作郎張載訪岷卭之事，遂搆思十稔，門庭、藩溷皆著紙筆，遇得一句即疏之。徵爲祕書。賦成，張華見而咨嗟，都邑豪富競相傳寫」，紙爲之貴①。門人陳光漢補。今觀其賦，並無奇思妙想，動心駴魄，補正：《詩品上》：「驚心動魄，可謂幾乎一字千金。」當藉十年苦思力索而成。其所謂得即書者，亦必標書誌義，先掇古人菁英，而後足以供驅遣爾。然觀書有得，存乎其人，補正：見《砭俗》注。各不相涉也。故古人論文，多言讀書養氣之功，博古通經之要，親師近友之益，取材求助之方，則其道矣。至於論及文辭工拙，則舉隅反三，《論語・述而》：「舉一隅不以三隅反。」稱情比類。如陸機《文賦》，劉勰《文心雕龍》，鍾嶸《詩品》，《文賦》、《文心雕龍》，均見《文德》注。《梁書・鍾嶸傳》：「嶸字仲偉，潁川長社人，與兄岏、弟嶼並好學，有思理。嘗品古今五言詩，論其優劣，名爲《詩評》。」按：鍾嶸《詩評》自隋、唐著録，皆稱《詩評》，宋後始稱《詩品》。或偶舉精字善句，或品評全篇得失，令觀之者得意文中，會心言外，其於文辭思過半矣。《易・繫辭下》文。至於不得已

① 「紙爲之貴」一句爲陳光漢所加。「洛陽爲之紙貴」，見《晉書》本傳。

而摘記爲書，標識爲類，是乃一時心之所會，未必出於其書之本然。比如懷人見月而思，月豈必主遠懷？久客聽雨而悲，雨豈必有愁況？然而月下之懷，雨中之感，豈非天地至文？而欲以此感此懷，藏爲秘密，或欲嘉惠後學，以謂凡對明月與聽霖雨，補正：《爾雅·釋天》：「久雨謂之淫，淫謂之霖。」必須用此悲感，方可領略，則適當良友乍逢，及新昏宴爾之人，《詩·邶風·谷風》：「宴爾新昏，如兄如弟。」必不信矣。是以學文之事，可授受者規矩方圓；其不可授受者心營意造。《孟子·盡心下》：「梓匠輪輿能與人規矩，不能使人巧。」至於纂類摘比之書，標識評點之册，本爲文之末務，不可揭以告人，祇可用以自誌。父不得而與子，師不得以傳弟。蓋恐以古人無窮之書，而拘於一時有限之心手也。

律詩當知平仄，古詩宜知音節。顧平仄顯而易知，音節隱而難察，能熟於古詩，當自得之。執古詩而定人之音節，則音節變化殊非一成之詩所能限也。趙伸符氏取古人詩爲《聲調譜》，通人譏之，余不能爲趙氏解矣。《碑傳集》：「按：趙執信，清益都人，字仲符，號秋谷，晚號飴山老人。康熙進士。」《四庫全書總目》詩文評類：「執信嘗問聲調於王士禎，士禎靳不肯言。執信乃發唐人諸集，排比鉤稽，竟得其法，因著《聲調譜》。」補正：原注《碑傳集》一段刪，加：錢木庵《唐音審體》：「律詩始於初唐，至沈、宋而其格始備。律者，六律也，謂其聲之協律也，如用兵之紀律，用刑之法律，嚴不可犯也。齊梁體二句一聯，四句一絶，律詩因之，加以平仄相儷，用韻必雙，不用單韻。」案：欲詳近體詩律，可閲翁方綱《五言詩平仄舉隅》、《七言詩平仄舉隅》、《七言詩三昧舉隅》。汪由敦《趙先生執信墓誌銘》：「先生名執信，字仲符，號秋谷，又號飴山，博山縣人。方先生館選，時召試博學鴻儒之士，拔授館職，當世所稱能詩者麇集輦下，新城王尚書久以詩古文雄長壇坫，聲華傾動朝右，一時鴻生俊才多出門下。先生掉臂其間，自樹一旗，古詩自漢魏六朝以至唐初諸大家，各成韻調，談藝者多忽不講，往往聱牙，與古人戾。新城公自負妙契，先生著爲《聲韻譜》以發其秘，至所著《談龍録》持論顯與新城齟齬，而新城心折先生才，首肯之，不以爲亢也。」然爲不知音節之人言，未嘗不可生其啟悟，特不當舉爲天下之式法爾。時文當知法度，古文亦當知有法度。時文法度顯而易言，古文法度隱而難喻，能熟於古文，當自得之。執古文而示人以法度，則文章變化非一成之文所能限也。歸震川氏取《史記》之文，五色標識，以示義法，今之通人如聞其事，必竊笑之，余不能爲歸氏解也。然爲不知法度之人言，未嘗不可資其領會，特不足據爲傳授之秘爾。據爲傳授之秘，則是郢人寶燕石矣。案：「郢」當作「宋」。見《言公下》注。夫書之難以一端盡也，仁者見仁，智者見智。見《原道中》注。詩之音節，文之法度，君子以謂可不學而能，如啼笑之有收縱，歌哭之有抑揚。必欲揭以示人，人反拘而不得歌哭啼笑之至情矣。然使一己之見不事穿鑿過求，而偶然流覽，有會於心，筆而誌之，以自省識，未嘗不可資修辭之助也。乃因一己所見，而謂天下之人皆當範我之心手焉。後人或我從矣，起古人而問之，乃曰：「余之所命不在是矣！」毋乃冤歟？

文集自注：庚戌鈔存《通義》。

集之興也，其當文章升降之交乎？詳《詩教》篇。古者朝有典謨，官存法令，風詩采之閭里，《方言》末附劉歆《與揚雄書》：「三代周秦，軒車使者、逌人使者以歲八月巡路，求代語僮謡歌戲。」《漢書·食貨志》：「春、秋之月，群居者將散，行人振木鐸徇於路以采詩，獻之太師，比其音律，以聞於天子。」敷奏登之廟堂，未有人自爲書，家存一説者也。自注：劉向校書，叙録諸子百家，皆云出於古者某官某氏之掌，是古無私門著述之徵也。餘詳《外篇》。自治學分途，百家風起，周秦諸子之學，不勝紛紛，識者已病道術之裂矣。見《詩教上》注。然專門傳家之業，未嘗欲以文名，苟足顯其業，而可以傳授於其徒，自注：諸子俱有學徒傳授，《管》、《晏》二子書多記其身後事，《莊子》亦記其將死之言，《韓非·存韓》之終以李斯駁議，皆非本人所撰，蓋爲其學者，各據聞見而附益之爾。則其説亦遂止於是，而未嘗有參差龐雜之文也。兩漢文章漸富，爲著作之始衰。然賈生奏議編入《新書》，自注：即《賈子書》。唐《集賢書目》始有《新書》之名。相如詞賦但記篇目，自注：《藝文志》「《司馬相如賦》二十九篇」，次「《屈原賦》二十五篇」之後，而叙録總云：「詩賦一百六家，一千三百一十八篇。」蓋各爲一家言，與《離騷》等。皆成一家之言，與諸子未甚相遠。初未嘗有彙次諸體，裒焉而爲文集者也。自東京以降，訖乎建安、黄初之間，案：東京，謂東漢。建安，漢獻帝年號。黄初，魏文帝年號。文章繁矣。然范、陳二史，自注：《文苑傳》始於《後漢書》。按：范曄《後漢書》，陳壽《三國志》。所次文士諸傳，識其文筆，見《書教中》注。皆云所著詩、賦、碑、箴、頌、誄若干篇，而不云文集若干卷，則文集之實已具，而文集之名猶未立也。自注：《隋志》：「別集之名，東京所創。」蓋未深考。青按：《隨園隨筆》卷十：「《隋・經籍志》曰：『集之名，漢東京所創。』蓋指班史『某人文幾篇』、『某人詩幾篇』而言，實後人集之，非自爲集也。」自摯虞創爲《文章流別》，學者便之，於是別聚古人之作，標爲別集，則文集之名，實仿於晉代。自注：陳壽定《諸葛亮集》二十四篇，本云《諸葛亮故事》，其篇目載《三國志》，亦子書之體。而《晉書・陳壽傳》云「定《諸葛集》」，壽於目録標題亦稱「《諸葛氏集》」，蓋俗誤云。而後世應酬牽率之作，《爾雅・釋言》：「淪，率也。」疏：「謂相牽率。」任昉《奉勅示七夕詩啟》：「謹輒牽率庸陋，式酬天獎。」決科俳擾之文，見《原學下》注。亦汎濫横裂，而争附別集之名。是誠劉《略》見《詩教上》注。所不能收，班《志》見《詩教下》注。所無可附。而所爲之文，亦矜情飾貌，矛盾參差，非復專門名家之語無旁出也。夫治學分而諸子出，公私之交也；言行殊而文集興，誠僞之判也。勢屢變則屢卑，文愈繁則愈亂。苟有好學深思之士，因文以求立言之質，因散而求會同之歸，則三變而古學可興。

案：《釋通篇》云：「夫師法失傳，而人情怯於復古，末流浸失，而學者囿於見聞，訓詁流而爲經解，一變而入於子部儒家，再變而入於俗儒語録，三變而入於庸師講章。不知者習而安焉，知者鄙而斥焉，而不知出於經解之通而失其本旨者也。載筆彙而有通史，一變而流爲史鈔，再變而流爲策士之括類，三變而流爲《兔園》之摘比。不知者鄙而安焉，知者鄙而斥焉，而不知出於史部之通而亡其大原者也。」惜乎！循流者忘源，而溺名者喪實，二缶猶且以鍾惑，《莊子·天地》：「以二缶鍾惑，而所適不得矣。」郭嵩燾曰：「缶、鍾皆量器。」据《小爾雅》：「釜二有半謂之藪，藪二有半謂之缶，缶二謂之鍾。」「缶受四斛，鍾受八斛。『以二缶鍾惑』者，不辨缶、鍾二者所受多寡也，持以爲量，茫乎無所適從矣。」況滔滔之靡有底極者！

昔者向、歆父子之條別，其《周官》之遺法乎？見《詩教上》及《篇卷》注。聚古今文字而別其家，合天下學術而守於官，非歷代相傳有定式，則西漢之末無由直溯周秦之源也。自注：《藝文志》有録無書者，亦歸其類，則劉向以前必有傳授矣。且《七略》分家，亦未有確據，當是劉氏失其傳。班《志》而後，紛紛著録者，或合或離，不知宗要。其書既不盡傳，則其部次之得失，叙録之善否，亦無從而悉考也。荀勖《中經》有四部，詩賦、圖贊與汲冢之書歸丁部。見《書教中》注。王儉《七志》以詩賦爲《文翰志》，而介於諸子、軍書之間，則集部之漸日開，而尚未居然列專目也。按：齊王儉《七志》：經典志一，紀六藝、小學、史記、雜傳。諸子志二，紀古今諸子。文翰志三，紀詩賦。軍書志四，紀兵書。陰陽志五，紀陰陽、圖緯。術藝志六，紀方技。圖譜志七，紀地域及圖書、道、佛。至阮孝緒撰《七録》，惟技術、佛、道分三類，而經典、紀傳、子兵、文集之四録，已全爲唐人經、史、子、集之權輿。按：梁阮孝緒《七録》：經典録内篇一，紀《易》、《尚》、《書》、《詩》、《禮》、《春秋》、《論語》、《孝經》、小學。記傳録内篇二，紀國史、注曆、舊事、職官、儀典、法制、僞史、雜傳、鬼神、土地、譜狀、簿録。子兵録内篇三，紀儒、道、陰陽、法、名、墨、縱横、雜、農、小説、兵。文集録内篇四，楚辭、别集、總集、雜文。術技録内篇五，天文、讖諱、曆筭、五行、卜筮、雜占、刑法、醫經、經方、雜藝。佛法録三卷外篇一，紀戒律、禪定、智慧、疑似、論記。仙道録外篇二，紀經戒、服餌、房中、符圖也。又案：唐人四部，甲部爲經，與經典録等。乙部爲史，與記傳録等。丁部爲集，與文集録等。惟丙部子，則合子兵、術技、仙道、佛法而一耳。是集部著録，實仿於蕭梁，按：蕭衍受齊和帝禪，國號梁。此指昭明太子蕭統。而古學源流至此爲一變，亦其時勢爲之也。嗚呼！著作衰而有文集，典故窮而有類書。《四庫全書目録叙》：「類事之書，兼收四部而非經、非史、非子、非集。《皇覽》始於魏文，《隋志》載入子部，歷代相承，莫之或易。」案：《新唐書·藝文志·子部》始立「類書」一門。學者貪於簡閱之易，而不知實學之衰；狃於易成之名，而不知大道之散。江河日下，豪傑之士從狂瀾既倒之後，而欲障百川於東流，韓愈《進學解》：「障百川而東之，迴狂瀾於既倒。」其不爲舉世所非笑，而指目牽引爲言詞，何可得耶？

且名者，實之賓也。類者，例所起也。古人有專家之學，而後有專門之書；有專門之書，而後有專門之授受。自注：鄭樵蓋嘗云爾。青案：《通志·校讎略·圖譜》：「且有專門之書，則有專門之學；有專門之學，則其學必傳。」即類求書，因流溯源，部次之法明，雖《三墳》、《五典》可坐而致也。《通志·校讎略·求書之道有八論》：「凡星曆之書求之靈臺，即樂律之書求之太常樂工。靈臺所無，然後訪民間之知星曆者。太常所無，然後訪民間之知音律者。眼目之方，多眼科家或有之。疽瘍之方，多外醫家或有之。紫堂之書多亡，世有傳紫堂之學者。九曜之書多亡，世有傳九星之學者。列仙傳之類，《道藏》可求。此之謂即類以求。」自校讎失傳，而文集、類書之學書，一編之中先自不勝其龐雜，後之興者何從而窺古人之大體哉？夫《楚詞》，屈原一家之書也。按：《漢書·藝文志·詩賦略》，屈賦之屬，自唐勒、宋玉、趙幽王以下，十九家皆屬焉。自《七録》初收於集部，《隋志》特表《楚詞類》，因並總集、別集爲三類，遂爲著録諸家之成法。《四庫全書提要·楚辭類叙》：「《隋志·集部》以《楚辭》別爲一門，歷代因之。」青按：《楚辭》別爲一門，阮孝緒已然，不始於《隋志》，章氏沿《四庫叙》，誤。充其義例，則相如之賦，《漢書·藝文志·辭賦略》：「《司馬相如賦》二十九篇。」蘇、李之五言，按：《文選·雜詩》有李陵《與蘇武》詩三首、蘇武《古詩》四首。《古文苑》有李陵《録別詩》八首、蘇武《答李陵》詩、《别李陵》各一首。枚乘[①]之《七發》，見《詩教上》注。亦當别標一目，而爲「賦類」、「五言類」、「七發類」矣。「總集」、「别集」之稱，見《書教中》注。何足以配之？其源之濫，實始詞賦不列專家，而文人有别集也。《文心雕龍》，劉勰專門之書也。自《集賢書目》收爲總集，自注：《隋志》已然。《唐志》乃併《史通》、《文章龜鑑》、《史漢異義》爲一類，遂爲鄭《略》、馬《考》諸子之通規。自注：鄭《志》以《史通》入通史類，以《雕龍》入文集類。夫漁仲《校讎》，義例最精，猶舛誤若此，則俗學之傳習已久也。充其義例，則魏文《典論》，葛洪《史鈔》，張騭《文士傳》，自注：《典論·論文》如《雕龍》，《史鈔》如《史漢異義》，《文士傳》如《文章龜鑑》，類皆相似。亦當混合而入總集矣。史部、子部之目何得而分之？自注：《典論》，子類也。《史鈔》、《文士傳》，史類也。其例之混實由文集難定專門，而似者可亂真也。著録既無源流，作者標題遂無定法。郎蔚之《諸州圖經

① 「枚乘」，粤雅堂本《文史通義》、浙江書局及嘉業堂《章氏遺書》本均作「枚生」。

集》，則史部地理而有集名矣；自注：《隋志》所收。王方慶《寶章集》，則經部小學而有集名矣；自注：《唐志》所收。元覺《永嘉集》，則子部釋家而有集名矣。自注：《唐志》所收。百家雜藝之末流，識既庸闇，文復鄙俚，或抄撮古人，或自明小數，本非集類，而紛紛稱「集」者，何足勝道？自注：雖曾氏《隆平集》，亦從流俗。當改爲傳志，乃爲相稱。然則三集既興，九流必混，學術之迷，豈特黎丘有鬼、《呂氏春秋·慎行論·疑似》：「梁北有黎邱部，有奇鬼焉，喜效人之子姪昆弟之狀。邑丈人有之市而醉歸者，黎邱之鬼效其子之狀，扶而道苦之。丈人歸，酒醒而誚其子曰：『吾爲汝父也，豈謂不慈哉？我醉，汝道苦我，何故？』其子泣而觸地曰：『孽矣！無此事也。昔也往責於東邑人，可問也。』其父信之，曰：『譆！是必夫奇鬼也，我固嘗聞之矣。』明日，端復飲於市，欲遇而刺殺之。明旦之市而醉，其真子恐其父之不能反也，遂逝迎之。丈人望其真子，拔劍刺之。」按：黎丘在今河南虞城縣北黎丘村。歧路亡羊而《列子·楊朱》：「楊子之鄰人亡羊，既率其黨，又請楊子之豎追之。楊子曰：『嘻！亡一羊，何追者之衆？』鄰人曰：『多歧路。』既反，問：『獲羊乎？』曰：『亡之矣！歧路之中又有歧焉，吾不知所之，是以反也。』」已耶？

篇卷

《易》曰：「艮其輔，言有序。」《易・艮》正義曰：「輔，頰車也。能止於輔頰也。以處其中，故『口無擇言』也。言有倫序，能亡其悔，故曰『艮其輔，言有序，悔亡』。」《詩》曰：「出言有章。」《詩・小雅・都人士》文。古人之於言，求其有章有序而已矣。著之於書，則有簡策。《書・序》正義引顧氏曰：「策長二尺四寸，簡長一尺二寸。」標其起訖，是曰篇章。孟子曰：「吾於《武城》，取二三策而已矣。」《孟子・盡心下》文。是連策爲篇之證也。《易・大傳》曰：「二篇之策，萬有一千五百二十。」《易・繫辭上》文。是首尾爲篇之證也。左氏引《詩》，舉其篇名而次第引之，則曰某章云云，如僖二十四年：「召穆公思周德之不類，故糾合宗族於成周，而作詩曰：『常棣之花，鄂不韡韡，凡今之人，莫如兄弟。』其四章曰：『兄弟鬩於牆，外禦其侮。』」是篇爲大成，而章爲分闋之證也。《孟子・離婁下》：「孔子謂集大成」，注：「成者，樂之一終。」《文王世子》：「有司告以樂闋」，注：「闋，終也。」要在文以足言，成章有序，取其行遠可達而已，《左傳·襄廿五年》：「行而不遠可達。」見《文理》注。篇章簡策非所計也。後世文字繁多，爰有校讎之學，見《言公下》注。而向、歆著録，阮孝緒《七録序》：「劉向《别集録》，謂之《别録》。子歆撮其指要，著爲《七略》。」《漢書·藝文志序》：「會向卒，歆於是總群書而奏其《七略》。今删其要，以備篇籍。」多以篇卷爲計。大約篇從竹簡，卷從縑素，因物定名，無他義也。而縑素爲書，後於竹簡，故周秦稱「篇」，入漢始有「卷」也。第彼時竹素並行，《東觀漢紀》：「劉向校書，先書竹，易刊定，可繕寫者以上素。」按：據此則西京之末，猶竹素並行也。而名篇必有起訖。卷無起訖之稱，往往因篇以爲之卷。故《漢志》所著幾篇，即爲後世幾卷，其大較也。然《詩經》爲篇三百，而爲卷不過二十有八。《尚書》、《禮經》亦皆卷少篇多，則又知彼時書入縑素，亦稱爲「篇」。篇之爲名，專主文義起訖，而卷則繫乎綴帛短長。此無他義，蓋取篇之名書古於卷也。故異篇可以同卷，而分卷不聞用以標起訖。至班氏《五行》之志·《元后》之傳，篇長卷短，則分子卷，是篇不可易，而卷可分合也。嗣是以後，訖於隋唐，書之計卷者多，計篇者少。著述諸家所謂一卷，往往即古人之所謂一篇，則事隨時變，人亦出於不自知也。惟司馬彪《續後漢志》，八篇之書，分卷三十，割篇徇卷，大變班《書》子卷之法，作俑唐、宋史傳，失古人之義矣。自注：《史》、《漢》之書，十二本紀、七十列傳、八書、十志之類，但舉篇數，全書自了然也。《五行志》分子卷五，《王莽傳》分子卷三，而篇目仍合爲一，總卷之數仍與相符，是以篇之起訖爲主，不因卷帙繁重而苟分也。自司馬彪以八志爲三十卷，遂開割篇徇卷之例，篇卷混淆，而名實亦不正矣。歐陽《唐志》五十，其實十三志也；年表十五，其實止四表也。《宋史》列傳二百五十有五，《后妃》以一爲二，《宗室》以一爲四，李綱一人傳分二卷，再併《道學》、《儒林》，以至《外國》、《蠻夷》之同名異卷，凡五十餘卷，其實不過一百九十餘卷耳。青案：《漢書·藝文志·六藝略》：「孔子純取周詩，上采殷，下取魯，凡三百五篇。」「《詩經》二十八卷。」又：「《尚書》古文經四十六卷」，自注：「爲五十七篇。」又：《禮經》無卷少篇多者，不知章氏何據而云然也？《漢書·五行志》有《五行志第七上》、《五行志上①七中

① 「上」字誤，當作「第」。

之上》、《五行志第七中之下》、《五行志第七下之上》、《五行志第七下之下》等目。又《元后傳》僅一卷，不分子卷，惟《王莽傳》分上中下三卷，「元后」當爲「王莽」之誤。又《直齋書録解題》：「《後漢志》三十卷，晉司馬彪撰，梁昭注。蔚宗本《書》隋唐《志》皆九十七卷，令①《書》紀、傳共九十卷，蓋未有志。劉昭所志②乃司馬彪《續漢書》之八卷耳。」

至於其間名小異而實不異者。道書稱「弓」，即卷之别名也，元人《説郛》用之。楊慎《丹鉛録·轉注古音》：「弓音樛，即《説文》『糾』字。道經借爲卷帙之卷。」張玉書案：「《説文》『糾』當作『弓』，相糾繚也。道經卷當作『弓』，《真誥》謂一卷爲一弓，不知《真誥》所謂『弓』即『卷』字，蓋從省文，非弔弓。」青按：《説郛》乃元末陶宗儀所編，章氏所據已後。蒯通《雋永》稱「首」，則章之别名也，梁人《文選》用之。《漢書·蒯通傳》：「通論戰國時説士權變，亦自序其説，凡八十一首，號曰《雋永》。」注：「雋，字兖反。雋，肥肉也。永，長也。言其所論甘美而義源長也。」青案：梁昭明太子《文選》如賦、詩、騷、七、詔册、令、教、文、表、上書、啟、彈事、牋、奏記、書、移、檄、對問、設論、辭、序、頌、贊、符命、史論、史述贊、論、連珠、箴、

① 「令」字誤，當作「今」。
② 「志」字誤，當作「注」。

銘、誄、哀文、哀策、碑文、墓誌、行狀、弔文、祭文等，皆稱「首」。此則標新著異，名實故無傷也。唐、宋以來，卷軸之書又變而爲紙册，則成書之易，較之古人蓋不啻倍蓰已也。《孟子·滕文公上》：「或相倍蓰」，趙岐注：「蓰，五倍也。」古人所謂簡帙繁重，不可合爲一篇者，自注：分上中下之類。今則再倍其書，而不難載之同册矣。故自唐以前分卷甚短，六朝及唐人文集，所爲十卷，今人不過三四卷也。自宋以來分卷遂長，以古人卷從捲軸，勢自不能過長，後人紙册爲書，不過存卷之名，則隨其意之所至，不難鉅册以載也。以紙册而存縑素爲卷之名，亦猶漢人以縑素而存竹簡爲篇之名，理本同也。然篇既用以計文之起訖矣，是終古不可改易，雖謂不從竹簡起義可也。卷則限於軸之長短，《隋志·經籍志》：「宋武入關，收其圖籍，府藏所有，纔四千卷。赤軸青紙，文字古拙。」按：古無鏤版，卷軸之制，乃用於縑紙之時。以軸爲心，書字於縑紙，從而捲之。卷者捲也，故曰「卷」。而並無一定起訖之例。今既不用縑素而用紙册，自當量紙册之能勝而爲之界。其好古而標卷爲名，從質而標册爲名，自無不可，不當又取卷數與册本故作參差，使人因卷尋篇，又復使人挾册求卷，徒滋擾也。夫文之繁省起訖，不可執定，而方策之重，今又不行，自注：古人寂寥短篇，亦可自爲一書，孤行於世。蓋方策體重，不如後世片紙難爲一書也。青案：《禮記·中庸》：「文武之政，布在方册。」按：方，木版。册，竹簡。則篇自不能孤立，必依卷以連編，勢也。卷非一定而不可易，既欲包篇以合之，又欲破册而分之，使人多一檢索於離合之外，又無關於義例焉，不亦擾擾多事乎？故著書但當論篇，不當計卷。自注：卷不關於文之本數，篇則因文計數者也。故以篇爲計，自不憂其有闕卷；以卷爲計，不能保其無缺①篇也。必欲計卷，聽其量册短長而爲銓配可也。不計所載之册，而銖銖分卷，以爲題籤著録之美觀，皆是泥古而忘實者也。《崇文》、《宋志》《宋史·藝文志》：「《崇文總目》六十六卷，王堯臣撰。」案：《郡齋讀書志》作六十四卷，《直齋解題》作十卷。清錢東垣輯繹②五卷，補一卷，附一卷。《宋史·藝文志》，元托克托

① 「缺」，粵雅堂本《文史通義》、浙江書局及嘉業堂《章氏遺書》本均作「闕」。

② 「繹」字誤，當作「釋」。

修。間有著册而不詳卷者，明代《文淵閣目》《千頃堂書目》：「《文淵閣書目》十四卷，明楊士奇撰。《續通考》、《通志》、《四庫提要》皆作四卷，《讀書齋叢書》作二十卷。」則但計册而無卷矣。是雖著録之闕典，然使卷册苟無參差，何至有此弊也？自注：古人已成之書，自不宜强改。

天喻

自注：庚戌鈔存《通義》。

夫天，渾然而無名者也。三垣、《星官書》：「三垣，紫微垣、太微垣、天市垣。」七曜、《穀梁傳》：「七曜爲之盈縮」，注：「日月五星。」二十八宿、《淮南子·天文訓》：「星分度，角十二，亢九，氐十五，房五，心五，尾十八，箕十一四分一，斗二十六，牽牛八，須女十二，虚十，危十七，營室十六，東壁九，奎十六，婁十二，胃十四，昴十一，畢十六，觜巂二，參九，東井三十三，輿鬼四，柳十五，星七，張、翼各十八，軫十七，凡二十八宿也。」補正：原注上加：《周髀算經》卷下：「天與地協，乃以置二十八宿。」十二次、《禮·月令》：「日窮於次」，注：「次，舍也。」正義曰：

「謂去年季冬，日次於玄枵，從此以來，每引移次他辰，至此月窮盡，還次玄枵，故云「日窮於此」。又：天有十二次，地有十二辰，次之與辰上下相值。如星紀在丑，斗牛之次；玄枵在子，虚危之次。」三百六十五度，《雒書·甄曜度》：「周天三百六十五度四分度之一。」《玉堂筆紀①》：「天之有度，猶之②有里也，一度略度三千里。」黄道、赤道，《漢書·天文志》：「日有中道，月有九行。中道者，黄道，一日③光道。」「月有九行者，黑道二，出黄道北；赤道二，出黄道南；白道二，出黄道西；青道二，出黄道東。」歷④家强名之以紀數爾。古今以來，合之爲文質損益，分之爲學業事功、見《原道上》⑤。文章性命。當其始也，但有見於當然，而爲乎其所不得不爲，渾然無定名也。其分條别類，而名文名質，名爲學業事功、文章性命，而不可合併者，皆因偏救弊，有所舉而詔示於人，

① 「玉堂筆紀」，《四庫提要》作「玉堂漫筆」，三卷，明陸深撰。
② 「之」字上，脱「地」字。《玉堂漫筆》有，當據補。
③ 「日」字誤，當作「曰」。
④ 「歷」，本篇共五見，嘉業堂《章氏遺書》本同，浙江書局《章氏遺書》本作「厤」，粤雅堂本《文史通義》作「歷」，中华書局《文史通义校注》本作「曆」。
⑤ 《原道上》下，當補「注」字。下同。

不得已而强爲之名，定趨向爾。後人不察其故而徇於其名，以謂是可自命其流品，而紛紛有入主出奴之勢焉。見《原道下》注。漢學、宋學之交譏，見《原道下》。訓詁、辭章之互詆，見《原學下》①。德性、學問之紛争，見《朱陸》。是皆知其然而不知其所以然也。

學業將以經世也，見《書教上》注。如治歷者，盡人功以求合於天行而已矣，初不自爲意必也。《論語·子罕》：「子絶四：毋意，毋必，毋固，毋我。」集注：「意，私意也。必，期必也。」其前人所略而後人詳之，前人所無而後人創之，前人所習而後人更之，譬若《月令》中星《禮記·月令》：「孟春之月，日在營室，昏參中，旦尾中。」「仲春之月，日在奎，昏孤中，旦建星中。」「季春之月，日在胃，昏七星中，旦牵牛中。」「孟夏之月，日在毕，昏翼中，旦婺女中。」「仲夏之月，日在东井，昏亢中，旦危中。」「季夏之月，日在柳。昏火中，旦奎中。」「中央土②。」「孟秋之月，日在翼，昏建星中，旦毕中。」「仲秋之月，日在角，昏牵牛中，旦觜

① 《原學下》，當作《原道下》。

② 「中央土」，三字誤引。

觿中。」「季秋之月，日在房，昏虛中，旦柳中。」「孟冬之月，日在尾，昏危中，旦七星中。」「仲冬之月，日在斗，昏東壁中，旦軫中。」「季冬之月，日在婺女，昏婁中，旦氐中。」正義曰：「孟春者，夏正建寅之月也。」**不可同於《堯典》**，《書·堯典》：「乃命羲和，欽若昊天，曆象日月星辰，敬授人時。分命羲仲，宅嵎夷，曰暘谷，寅賓出日，平秩東作，日中，星鳥，以殷仲春。厥民析，鳥獸孳尾。申命羲叔，宅南交，平秩南訛，敬致，日永，星火，以正仲夏。厥民因，鳥獸希革。分命和仲，宅西，曰昧谷，寅餞納日，平秩西成，宵中，星虛，以殷仲秋。厥民夷，鳥獸毛毨。申命和叔，宅朔方，曰幽都，平在朔易，日短，星昴，以正仲冬。厥民隩，鳥獸氄毛。帝曰：『咨汝羲暨和，期三百有六旬有六日，以閏月定四時成歲。』」按：《月令》以月占，《堯典》以季占，故曰不同也。又中星歲久則必差，故《月令》不同於《堯典》，《太初》不同於《月令》。**太初歷法**《漢書·律歷志》：「漢武帝元封元年，詔御史曰：『廼者有司言歷未定，廣延宣問，以考星度，未能讎也。蓋聞古者黃帝合而不死，名察發斂，定清濁，起五部，建氣物分數，然而上矣。書缺樂弛，朕甚難之。依違以惟未能修明，其以七年爲元年。』遂詔公孫卿、壺遂、司馬遷與侍郎等、大典星射姓等，議造漢曆。廼定東西，立晷儀，下漏刻，以追二十八宿相距於四方。舉終以定晦朔分至，躔離弦望。廼以前曆上元泰初四千六百一十七歲，至於元封七年，復得閼逢攝提格之歲，中冬十一月甲子朔旦冬至，日月在建星，太歲在子。已得太初本星度新正。姓等奏不能爲算，願募治歷者更造密度，各自增減，以造《漢太初曆》。」不可同於《月令》，要於適當其宜而可矣。周公生①文、武之後，而身爲冢宰，故制作禮樂，爲一代成憲。《史記·周本紀》：「武王即位，太公望爲師，周公旦爲輔，召公、畢公之徒左右王師，修文王緒業。」孔子生於衰世，有德無位，故述而不作，見《易教上》注。以明先王之大道。孟子當處士横議之時，故力距楊、墨，以尊孔子之傳述。「處士横議」，見《經解上》注。《孟子·滕文②下》：「聖王不作，諸侯放恣，放淫辭，楊朱、墨翟之言盈天下，吾爲此懼困先聖之道。我亦欲正人心，息邪説，距詖行，以承三聖者。」韓子當佛老熾盛之時，故推明聖道，以正天下之學術。《唐書·韓愈傳》：「憲宗遣使者往鳳翔迎佛骨入禁中，三日乃送佛祠，王公士人奔走膜唄，至爲夷法灼體膚，委珍貝，騰沓係路。愈聞惡之，乃上表。」「乞以此骨付之水火，永絶根本。」「表入，帝大怒」，「乃貶潮州刺史」。按：韓愈文如《送高閑上人序》、《與孟尚書書》、《原道》等，皆闢佛者。

① 「生」，粤雅堂本《文史通義》、浙江書局及嘉業堂《章氏遺書》本均作「承」。
② 「滕文」，當作「滕文公」。

程、朱當末學忘本之會，故辨明性理，以挽流俗之人心。《宋史·道學傳》：「宋中葉，周敦頤得聖賢不傳之學。」「仁宗明道初年，程顥及弟頤實生，及長，受業周氏，已乃擴大其所聞，表章《大學》、《中庸》二篇，與《語》、《孟》并行。」「迄宋南渡，新安朱熹得程氏正傳，其學加親切焉。大抵以格物致知爲先，明善誠身爲要，凡《詩》《書》六藝之文，與夫孔孟之遺言，顛錯於秦火，支離於漢儒，幽沉於魏晉六朝者，至是皆煥然天①大明，秩然而各得其所。此宋儒之學所以度越諸子而上接孟子者歟！」其事與功皆不相襲，而皆以言乎經世也。故學業者，所以闢風氣也。風氣未開，學業有以開之；風氣既弊，學業有以挽之。人心風俗，不能歷久而無弊，猶羲和、保章之法，羲和，見《易教中》注。《周禮·春官宗伯》下：「保章氏掌天星，以志星辰日月之變動，以觀天下之遷，辨其吉凶。」不能歷久而不差也。因其弊而施補救，猶歷家之因其差而議更改也。歷法之差，非過則不及；風氣之弊，非偏重則偏輕也。重輕過不及之偏，非因其極而反之，不能得中正之宜也。好名之士，方且趨風氣而爲學業，是以火救火

① 「天」字誤，《宋史》作「而」。

而水救水也。

天定勝人，人定亦能勝天。《逸周書·文傳解》：「人强勝天。」《歸潛志》：「天定能勝人，人定亦能勝天。」二十八宿、十二次舍，以環天度數盡春秋中國都邑。見《原道上》注。夫中國在大地中，東南之一隅耳，而周天之星度，屬之占驗，未嘗不應，此殆不可以理推測，蓋人定之勝於天也。且如子平《已瘧編》：「宋徐子平有《珞琭子賦注》二卷行於世，故謂其術曰「子平」。或謂子平名居易，五季人，與麻衣道者、陳圖南、吕洞賓俱隱華山，今之推子平者皆祖宋末徐彦昇，其實非子平也。」之推人生年月日時，皆以六十甲子分配五行生克。案：自甲子至癸亥，爲六十甲子。五行生剋者，水生木，木生火，火生土，土生金，金生水；水剋火，火剋金，金剋木，木剋土，土剋水。十干之中，甲乙屬木，丙丁屬火，戊己屬土，庚辛屬金，壬癸屬水。十二支之中，子水，丑土，寅卯木，辰土，巳午火，未土，申酉金，戌土，亥水也。夫年月與時並不以甲子爲紀，古人未嘗有是言也。《爾雅·釋天》：太歲在甲曰閼逢，在乙曰旃蒙，在丙曰柔兆，在丁曰强圉，在戊曰著雍，在己曰屠維，在庚曰上章，在辛曰重光，在壬曰玄黓，在癸曰昭陽。歲陽。太歲在寅曰攝提格，在卯曰單閼，在辰曰執徐，在巳曰大荒落，在午曰敦牂，在未曰協洽，在申曰涒灘，在酉曰作噩，在戌曰閹茂，在亥曰大淵獻，在子曰困敦，在丑曰赤奮若。月在甲曰畢，在乙曰橘，在丙曰修，在丁曰圉，在戊曰厲，在己曰則，在庚曰窒，在辛曰塞，在壬曰終，在癸曰極。月陽。正月爲陬，二月爲如，三月爲寎，四月爲余，五月爲皋，六月爲且，七月爲相，八月爲壯，九月爲玄，十月爲陽，十一月爲辜，十二月爲涂。月名。而後人既定其法，則亦推衍休咎《書·洪範》：「一極備，凶。一極無，凶。曰休徵。」「曰咎徵。」傳：「休徵，叙美行之驗。咎徵，驗惡行之驗。」而無不應，豈非人定之勝天乎？《易》曰：「先天而天弗違」，《易·乾·文言》文。蓋以此也。

學問亦有人定勝天之理。理分無極太極，《太極圖說》：「無極而太極。」《朱子語録》：「太極只是天地萬物之理。」數分先天後天，《周易本義》：「伏羲六十四卦方位，所謂先天之學也。文王八卦方位，邵子曰此後天之學也。」圖有《河圖》、《洛書》，《易·繫辭上》：「河出《圖》，洛出《書》，聖人則之。」《漢書·五行志》曰：「劉歆以爲虙羲氏繼天而王，受《河圖》，則而畫之，八卦是也。禹治洪水，賜《洛書》，法而陳之，《洪範》是也。」又曰：「初一曰五行」已下，「凡六十五字皆《洛書》本文」。性分義理氣質。《近思録》：「形而後，有氣質之性。善反之，則天地之性存焉。故氣質之性，君子有弗性者焉。德不勝氣，性命於氣；德勝其氣，性命於德。窮理盡性，則性天德，命天理，氣之不可變者獨死生修天①而已。」聖人之意，後賢以意測之，遂若聖人不妨如是解也。率由其説，亦可以希聖，亦可以希天，見《原學上》注。豈非人定之勝天乎？尊信太過，以謂真得聖人之意固非，即辨駁太過以爲諸儒詬詈，亦豈有當哉？

師説自注：庚戌鈔存《通義》。

韓退之曰：「師者，所以傳道、受業、解惑者也。」又曰：「師不必賢於弟子，弟子不必不如師。」「道之所存，師之所存也。」又曰：「巫醫百工之人，不恥相師。」韓愈《師説》文。而因怪當時之人以相師爲恥，而曾巫醫百工之不如。《師説》：「巫醫、樂師、百工之人，君子不齒，今其智乃反不能及，其可怪也歟？」韓氏

① 「天」字誤，當作「夭」。

蓋爲當時之敝俗而言之也，未及師之究竟也。《記》曰：「民生有三，事之如一：君、親、師也。」見《言公下》注。此爲傳道言之也。授業、解惑，則有差等矣。業有精粗，惑亦有大小，授且解者之爲師，固然矣，然與傳道有間矣。巫醫百工之相師，亦不可以概視也。蓋有可易之師，與不可易之師，其相去也不可同日語矣。知師之説者，其知天乎？《禮記·中庸》：「質諸鬼神而無疑，知天也。」蓋人皆聽命於天者也。天無聲臭，《詩·大雅·文王》：「上天之載，無聲無臭。」而俾君治之。見《原道上》注。人皆天所生也，天不物物而生，而親則生之。人皆學於天者也，天不諄諄而誨，見《原道上》注。而師則教之。然則君子而思事天也，亦在謹事三者而已矣。

人失其道，則失所以爲人，猶無其身則無所以爲生也。故父母生而師教，其理本無殊異。此七十子之服孔子，所以可與之死、可與之生，《孫子·始計》文。東西南北不敢自有其身，《孟子·公孫丑上》：「以德服人者，中心悦而誠服也，如七十子之服孔子也。《詩》云：『自西自東，自南自北，無思不服。』此之謂也。」《韓非子·

五蠹》：「仲尼，天下聖人也。修行道明，以游海内，海内説其仁，美其義，而爲服役者七十人。」《禮記·坊記》：「父母在，不敢有其身。」非情親也，理勢不得不然也。若夫授業、解惑，則有差等矣。經師授受，章句訓詁，見《原道下》注。史學淵源，筆削義例，按：謂史學源於《春秋》五例。皆爲道體所該。《莊子·天下》：「天下之治方術者多矣，皆以其有爲不可加矣。古之所謂道術者果惡乎在？曰：無乎不在。」古人「書不盡言，言不盡意」，《易·繫辭》文。竹帛之外，别有心傳，口耳轉受，必明所自，不啻宗支譜系不可亂也，按：如《史》《漢》《儒林傳》所載是。此則必從其人而後受，苟非其人，即已無所受也，是不可易之師也。學問專家，文章經世，補正：魏文帝《典論·論文》：「文章經國之大事，不朽之盛事。」門人陸家騅補。其中疾徐甘苦，可以意喻，不可言傳。補正：《莊子·天道》：「輪扁曰：『臣也以臣之事觀之。斲輪，徐則甘而不固，疾則苦而不入。不徐不疾，得之於手而應於心，口不能言，有數存焉於其間。』」注：「徐，緩也，寬也。甘，鬆滑也。寬則鬆滑而不堅。疾，急也，緊也。苦，滯澀也。緊則滯澀而難入。」此亦至道所寓，必從其人而後受，不從其人，即已無所受也，是不可易之師也。苟如是者，生則服勤，左右無方，《禮記·檀弓》：「事師無犯無隱，左右就養無方，服勤至死，心喪三年。」沒則尸祝俎豆，如七十子之於孔子可也。案：自有其事，記無明文。惟子貢廬墓之事，見《孟子·滕文公下》。孔子夢坐兩楹之間事，見《禮記·檀弓上》。又《莊子·庚桑楚》：「老聃之役有庚桑楚者，偏得老聃之道，以北居畏壘之山。其臣之畫然知者去之，其妾之挈然仁者遠之，擁腫之與居，鞅掌之爲使。居三年，畏壘大壤。畏壘之民相與言曰：『庚桑子之始來，吾洒然異之。今吾日計之而不足，歲計之而有餘，庶幾其聖人乎！子胡不相與尸而祝之，社而稷之乎？』庚桑子聞之，南面而不釋然。弟子異之，庚桑子曰：『弟子何異於予！夫春氣發而百草生，正得秋而萬寶成。夫春與秋豈無得而然哉？天道已行矣。吾聞至人，尸居環堵之室，而百姓猖狂，不知所如往。今以畏壘之細民，而竊竊焉欲俎豆予於聖人之間，我其杓之人邪？吾是以不釋於老聃之言。』」至於講習經傳，旨無取於別裁，斧正文辭，義未見其獨立，人所共知共能，彼偶得而教我，從甲不終，不妨去而就乙，甲不我告，乙亦可詢，此則不究於道，即可易之師也。雖學問文章，亦末藝耳，其所取法，無異梓人之惎琢雕，《周禮·考工記》：「梓人爲筍虡。」又：「謂之小蝕①之屬，以爲雕琢。」紅女之傳絺繡，《漢書·酈食其傳》：「紅女下機」，師古注：「紅，讀曰工。」《書·益稷》：「黼黼②絺繡。」以爲一日之長，《論語·先進》：「子曰：『以吾一日長乎爾，毋吾以也。』」拜而禮之，隨行隅坐，《禮記·王制》：「父之齒隨行。」《檀弓上》：「童子隅坐而執燭。」愛敬有加可也。必欲嚴昭事之三，而等生身之義，則責者罔而施者亦不由衷矣。

巫醫百工之師，固不得比於君子之道，然亦有説焉。技術之精，古人專業名家，亦有隱微獨喻，得其人而傳，非其人而不傳者，見《史釋》注。是亦不可易之師，亦當生則服勤，而没則尸祝者也。古人飲食，必祭始爲飲食之人，不忘本也。《禮記·曲禮上》：「祭食，祭所先進敎。③之序，徧祭之。」況成我道德術藝，而我固無從他受者乎？至於弟子不必不如師，師不必賢於弟子，

---

①「蝕」字誤，《周禮》作「虫」。

②「黼黼」誤，《尚書》作「黼黻」。

③「敎」字誤，當作「殽」。

則觀所得爲何如耳。所爭在道，則技曲藝業之長，又何沾沾而較如不如哉？

嗟夫！師道失傳久矣。有志之士求之天下，不見不可易之師，而觀於古今，中有怦怦動者，《楚辭·九辨》：「心怦怦兮諒直。」不覺囅然而笑，《莊子·達生》：「桓公囅然而笑。」索焉不知涕之何從，是亦我之師也。不見其人，而於我乎隱相授受，譬則孤子見亡父於影像，雖無人告之，夢寐必將有警焉。而或者乃謂古人行事不盡可法，不必以是爲尸祝也。夫禹必祭鯀，《禮記·祭法》：「夏后氏亦祀黃帝而郊鯀，祖顓頊而宗禹。」《喪服小記》：「王者禘其祖之所自出也。」尊所出也；兵祭蚩尤，見《經解中》注。宗創制也。若必選人而宗之，周、孔乃無遺憾矣。人子事其親，固有論功德而祧禰以奉大父者耶？《周禮·春官》：「守祧：掌守先王先公之廟祧。」注：「遷主所藏曰祧。」《公羊傳·隱元年》秋七月注：「生稱父，死稱考，入廟稱禰。」按：謂豈有因祖之功德勝父，遂遷其父之主以奉其祖也。門人卞敬業補。

假年

自注：庚戌鈔存《通義》。青按：《論語·述而》：「子曰：『假我數年以學《易》，可以無大過矣。』」

客有論學者，以謂書籍至後世而繁，人壽不能增加於前古，是以人才不古若也。今所有書，如能五百年生，學者可無遺憾矣。計千年後，書必數倍於今，則亦當以千年之壽副之。或傳以爲名言也，余謂此愚不知學之言也。必若所言，造物雖假之以五千年，而猶不達者也。

學問之於身心，猶饑寒之於衣食也。不以飽煖慊其終身，而欲假年以窮天下之衣食，非愚則罔也。傳曰：「至誠能盡其性，則能盡人之性；能盡人之性，則能盡物之性。」《禮記·中庸》：「唯天下至誠，爲能盡其性；能盡其性，則能盡人之性；能盡人之性，則能盡物之性；能盡物之性，則可以贊天地之化育；則可以與天地參矣。」人之異於物者，仁義道德之粹，明物察倫之具，《孟子·離婁下》：「孟子曰：「人之所以異於禽獸者幾希，庶民去之，君子存之。舜明於庶物，察於人倫，由仁義行，非行仁義也。」參天贊地之能，非物所得而全耳。若夫知覺運動，心知血氣之稟於天者，與物豈有殊哉？夫質大者所用不得小，質小者所資不待大，物各有極也。人亦一物也。鯤鵬之壽十億，雖千年其猶稚也。蟪蛄不知春秋，《莊子·逍遥遊》文。朞月其大耋也。人於天地之間，百年爲期之物也。心知血氣足以周百年之給欲，而不可强致者也。

夫子「十五志學」，「七十而從心所欲不逾矩」。《論語·爲政》：「子曰：『吾十有五而志於學，三十而立，四十而不惑，五十而知天命，六十而耳順，七十而從心所欲不踰矩。』」聖人，人道之極也。《孟子·離婁上》：「聖人，人倫之至也。」人之學爲聖者，但有十倍百倍之功，未聞待十倍、百倍之年也。一得之能，一技之長，亦有「志學」之始與「不逾矩」之究竟也。其不能至於聖也，質之所限也，非年之所促也。顔子三十而夭，《史記·仲尼弟子列傳》：「回年二十九髮盡白，早死。」夫子曰：「惜乎！吾見其進也，未見其止也。」《論語·子罕》文。蓋痛其不足盡百年之究竟也。又曰：「後生可畏。四十、五十而無聞焉，斯不足畏。」《論記①·子罕》文。人生固有八十、九十至百年者，今不待終其天年，而於四十、五十謂其不足畏者，亦約之以百年之生，度其心知血氣之用，固可意計而得也。五十無聞，雖使更千百年亦猶是也。

神仙長生之説，誠渺茫矣。《史記·封禪書》：「自齊威宣之時，騶子之徒論著終始五德之運，及秦帝，而齊人奏之，故始皇采用之，而宋毋忌、正伯僑、充尚、羨門高最後皆燕人，爲方仙道，形解銷化，依於鬼神之事。騶衍以陰陽主運顯於諸侯，而燕、齊海上之方士傳其術不能通，然則怪迂阿諛苟合之徒自此興，不可勝數也。自威宣、燕昭使人入海，求蓬萊、方丈、瀛洲，此三神山者，其傳在勃海中，去人不遠。患且至，則船風引而去。蓋嘗有至者，諸仙人及不死之藥皆在焉。未至，望之如雲；及到，三神山反居水下。臨之，風輒引去，終莫能至云。」同類殊能，則亦理之所有，故列仙洞靈之説，案：劉向有《列仙傳》。《魏書·釋老志》：「至於丹書紫字，昇玄飛步之經；玉石金光，妙有靈洞之説。如此之人，不可勝紀其爲教也。」或有千

① 「記」字誤，當作「語」。

百中之十一，不盡誣也。然而千歲之神仙，不聞有能勝於百歲之通儒，則假年不足懋學之明徵也。禹「惜分陰」。《晉書・陶侃傳》：「常語人曰：『大禹，聖者，乃惜寸陰。至於衆人，當惜分陰。』」孔子「發憤忘食，樂以忘憂，不知老之將至」。又曰：「假我數年，五十以學《易》。」《論語・述而》文。蓋懼不足盡百年之能事，以謂人力可至者，而吾有不至焉，則負吾生也。蟪蛄縱得鯤鵬之壽，其能止於啾啾之鳴也。蓋年可假，而質性不可變，是以聖賢愛日力，《曾子立事》：「君子愛日以學。」《唐書・魏元忠傳》：「古者茆茨採①椽，以儉約遺子孫，所以愛力也。」而不能憾百年之期蹙，所以謂之「盡性」也。世有童年早慧，誦讀兼人之倍蓰而猶不止焉者，宜大異於常人矣。及其成也，較量愚柔百倍之加功，不能遽勝也。則敏鈍雖殊，要皆畫於百年之能事，而心知血氣可以理約之明徵也。今不知爲己，而騖博以炫人，天下聞見不可盡，而人之好尚不可

①「採」，當作「采」。《漢書》顔師古注：「采，柞木也。字作棌，本從木。」

同，以有盡之生而逐無窮之聞見，《莊子·養生主》：「以有涯逐無涯，殆已。」以一人之身而逐無端之好尚，堯、舜有所不能也。孟子曰：「堯、舜之智，而不遍物。堯、舜之仁，不遍愛人。」見《博約中》注。今以凡猥之資，而欲窮堯、舜之所不遍，且欲假天年於五百焉。幸而不可能也，如其能之，是妖孽而已矣。

族子廷楓曰：叔父每見學者，自言苦無記性，書卷過目輒忘，因自解其不學。叔父輒曰：「君自不善學耳。果其善學，記性斷無不足用之理。書卷浩如煙海，雖聖人猶不能盡。古人所以貴博者，正謂業必能專，而後可與言博耳。蓋專則成家，成家則已立矣。宇宙名物，有切己者，雖錙銖不遺；不切己者，雖泰山不顧。如此用心，雖極鈍之資，未有不能記也。不知專業名家，而泛然求聖人之所不能盡，此愚公移山之智，而同斗筲之見也。」此篇蓋有爲而發，是亦爲誇多鬬靡者下一針砭。故其辭亦莊亦諧，令人自發深省，與向來所語學者足相證也。

感遇自注：庚戌鈔存《通義》。

古者官師政教出於一，秀民不藝其百畝則飩於庠序，不有恒業，自注：謂學業。必有恒産，無曠置也。周衰官失，道行私習於師儒，於是始有失職之士，孟子所謂「尚志」者也。《孟子·盡心上》：「王子墊問曰：『士何事？』孟子曰：『尚志。』『何謂尚志？』曰：『仁義而已矣。』」進不得禄享其恒業，退不得耕獲其恒産，處世孤危，所由來也。自注：士與公、卿、大夫皆謂爵秩，未有不農不秀之間可稱「尚志」者也。孟子所言，正指爲官失師分，方有此等品目。聖賢有志斯世，則有際可、公養之仕，《孟子·萬章下》：「孔子有見行可之仕，有際可之仕，有公養之仕。於季桓子，見行可之仕也。於衛靈公，際可之仕也。於衛孝公，公養之仕也。」注：「行可，冀可行道也。魯卿季桓子秉國之政，孔子仕之，冀可得因之行道也。際，接也。衛靈公接遇孔子以禮，故見之也。衛孝公以國君養賢者之禮養孔子，孔于①故留宿以答之也。」三就三去之道，《孟子·告子下》：「陳子曰：『古之君子何如則仕？』孟子曰：『所就三，所去三。迎之致敬以有禮，言，將行其言也，則就之；禮貌未衰，言弗行也，則去之。其次雖未行其言也，迎之致敬以有禮，則就之；禮貌衰，則去之。』遇合之際，蓋難言也。『夫子將之荆，先之以子夏，申之以冉有。』《禮記·檀弓上》：『昔者夫子失魯司寇，將之荆，蓋先之以子夏，又申之以冉有。』」「泄柳、申詳無人乎繆公之側，則不能安其身。」孟子去齊，時子致矜式之言，有客進留行之説。《孟子·公孫丑下》：「孟子致爲臣而歸，王就見孟子曰：『前日願見而不可得，得侍同朝甚喜，今又棄寡人而歸，不識可以繼此而得見乎？』對曰：『不敢請耳，固所願也。』他日，王謂時子曰：『我欲中國而授孟子室，養弟子以萬鐘，使諸大夫國人皆有所矜式，子盍爲我言之？』」又：「孟子去齊，宿於晝，有欲爲王留行者，坐而言。不應，隱几而卧。客不悦，曰：『弟子齊宿而後敢言，夫子卧而不聽，請勿復敢見矣。』曰：『坐！我明語子：昔者魯繆公無人乎子思之側，則不能安子思；泄柳、申詳無人乎繆公之側，不能安其身。子爲長者慮，而不及子思。子絶長者乎？長者絶

① 「于」字誤，當作「子」。

子乎?』」相需之殷，而相遇之疏，則有介紹旁通，維持調護，時勢之出於不得不然者也。聖賢進也以禮，退也以義，無所攖於外，故自得者全也。士無恒産，《孟子·梁惠王上》:「無恒産而有恒心者，惟士爲能。若民，則無恒産因無恒心，苟無恒心，放辟邪侈，無不爲已。」「學也禄在其中」，非畏其耕之餒，勢有不暇及也。《論語·衛靈公》:「子曰:『君子謀道不謀食，耕也餒在其中矣，學也禄在其中矣。君子憂道不憂貧。』」雖然，三月無君，則死無廟祭，生無宴樂，《孟子·滕文公下》:「周霄問曰:『古之君子仕乎?』孟子曰:『仕。傳曰:孔子三月無君，則皇皇如也，出疆必載質。』公明儀曰:『古之人，三月無君則弔。』三月無君則弔，不以急乎?」曰:『士之失位也，猶諸侯之失國家也。《禮》曰:諸侯耕助以供粢盛，夫人蠶繅以爲衣服。犧牲不成，粢盛不絜，衣服不備，不敢以祭。惟士無田，則亦不祭。牲殺、器皿、衣服不備，不敢以祭，則不敢以宴，亦不足弔乎?』」霜露怛心，淒涼相弔，《禮記·祭義》:「霜露既降，君子履之，心有悽愴之心，非其寒之謂也。」聖賢豈必遠於人情哉?「君子固窮」，《論語·衛靈公》文。枉尺直尋，羞同詭御，非争禮節，蓋恐不能全其所自得耳。《孟子·滕文公下》:「且夫枉尺而直尋者，以利言也。

如以利，則枉尋直尺而利，亦可爲與？昔者趙簡子使王良與嬖奚乘，終日而不獲一禽。嬖奚反命曰：『天下之賤工也。』或以告王良，良曰：『請復之。』强而後可，一朝而獲十禽。嬖奚反命曰：『天下之良工也。』簡子曰：『我使掌與汝乘。』謂王良，良不可，曰：『吾爲之範我馳驅，終日不獲一；爲之詭遇，一朝而獲十。《詩》云：不失其馳，舍矢如破。我不貫與小人乘，請辭。』御者且羞與射者比，比而得禽獸，雖若丘陵，弗爲也。如枉道而從彼，何也？且子過矣，枉己者未有能直人者也。」

古之不遇時者，隱居下位，後世下位不可以幸致也。古之不爲仕者，躬耕樂道，後世耕地不可以幸求也。古人廉退之境，後世竭貪幸之術而求之，猶不得也。故責古之君子，但欲其明進退之節，不苟慕夫榮利而已。責後之君子，必具志士溝壑、勇於喪元之守而後可。《孟子·滕文公下》：「志士不忘在溝壑，勇士不忘喪其元。」聖人處遇，固無所謂難易也。大賢以下，必盡責其喪元、溝壑而後可，亦人情之難者也。

商鞅浮嘗以帝道，賈生詳對於鬼神，或致隱几之倦，或逢前席之迎，意各有所爲也。然而或有遇不遇者，商因孝公之所欲，而賈操文帝之所難也。《史記·商君列傳》：「公孫鞅聞秦孝公下令國中求賢者，將修繆公之業，東復侵地，廼遂西入秦，因孝公寵臣景監以求見孝公。孝公既見衛鞅，語事良久，孝公時時睡，弗聽。罷，而孝公怒景監曰：『子之客妄人耳，安足用邪！』景監以讓衛鞅，衛鞅曰：『吾説公以常①道，其志不開悟矣。後五日，復求見鞅。』鞅復見孝公，益愈，然而未中旨。罷，而孝公復讓景監，景監亦讓鞅，鞅曰：『吾説公以王道，而未入也，請復見鞅。』鞅復見孝公，孝公善之，而未用也，罷而去，孝公謂景監曰：『汝客善，可與語矣。』鞅曰：『吾説公以霸道，其意欲用之矣。誠復見我，我知之矣。』衛鞅復見孝公，公與語，不自知厀之前於席也，語數日不厭。景監曰：『子何以中吾君？吾君之驩甚也。』鞅曰：『吾説君以帝王之道比三道②，而君曰：久遠，吴不能待。且賢君者，各及其身顯名天下，安能邑邑待數十百年以成帝王乎？故吾以强國之術説君，君大説之耳。』」《史記·賈生列傳》：「賈生徵見，孝文帝方受釐，坐宣室。上因感鬼③事，而問鬼神之本。賈生因具道所以然之狀，至夜半，文帝前席。既罷，曰：『吾久不見賈生，自以爲過之，今不及也。』居頃之，拜賈生爲梁懷王太傅。梁懷王，文帝之少子，愛，而好書，故令賈生傳之。文帝復封淮南厲王子四人皆爲列侯，賈生

---

①「常」字誤，《史記》作「帝」。
②「道」字誤，《史記》作「代」。
③「鬼」下脱漏一字，《史記》作「鬼神」。

諫，以爲患之興自此起矣。賈生數上疏，言諸侯或連數郡，非古之制，可稍削之，文帝不聽。」韓非致慨於《説難》，曼倩託言於諧隱，蓋知非學之難，而所以申其學者難也。然而韓非卒死於説，而曼倩尚畜於俳，何也？一則露鍔而遭忌，一則韜鋒而幸①全也。《史記·韓非列傳》：「韓非知説之難，爲《説難》書甚具，終死於秦。」《漢書·東方朔傳》：「朔好詼諧，武帝以俳優畜之。」故君子不難以學術用天下，而難於所以用其學術之學術。古今時異勢殊，不可不辨也。古之學術簡而易，問其當否而已矣。後之學術曲而難，學術雖當，猶未能用，必有用其學術之學術，而其中又有工拙焉。身世之遭遇，未責其當否，先責其工拙。學術當而趨避不工，見擯於當時。工於遇而執持不當，見譏於後世。溝壑之患逼於前，而工拙之效驅於後。嗚呼！士之修明學術，欲求寡過，而能全其所自得，豈不難哉！

①「幸」，粤雅堂本《文史通義》、浙江書局及嘉業堂《章氏遺書》本均作「悻」。

且顯晦，時也；窮通，命也。才之生於天者有所獨，而學之成於人者有所優。一時緩急之用，與一代風尚所趨，不必適相合者，亦勢也。劉歆經術而不遇孝武，《漢書·劉歆傳》：「少以通《詩》、《書》能屬文召見成帝，待詔宦者署，爲黄門郎。河平中，受詔與父向領校秘書，講六藝、傳記、諸子、詩賦、數術、方技，無所不究。」按：此謂使歆之經術得生於孝武之朝，必蒙特擢。然後帝未嘗不特擢之也。深所未解，語或另有所本。李廣飛將而不遇高皇，《史記·李將軍列傳》：「李將軍廣者，隴西成紀人也。」「嘗從行，有所衝陷折關，及格猛獸，文帝曰：『惜乎，子不遇時！如令子當高帝時，萬户侯豈足道哉！』」千古以爲惜矣。周人學武而世主尚文，改而學文主又重武。方少而主好用老，既老而主好用少。白首泣塗，固其宜也。《論衡·逢遇》：「昔周人有仕數不遇，年老白首，泣涕於塗者。人或問之：『何爲泣乎？』對曰：『吾仕數不遇，自傷年老失時，是以泣也。』人曰：『仕奈何不一遇也？』對曰：『吾年少之時，學爲文。文德成就，始欲仕宦，人君好用老。用老主亡，後主又用武。吾更爲武，武節始就，武主又亡。少主始立，好用少年，吾年又老。是以未嘗一遇。』仕宦有時，不可求也。」楊丈鐵夫補。若夫下之所具即爲上之所求，相須綦亟而相遇終疏者，則又不可勝道也。孝文拊髀而思頗、牧，而魏尚不免於罰作；《史記·馮唐列傳》：「上既聞廉頗、李牧爲人，良説，而搏髀曰：『嗟乎！吾獨不得廉頗、李牧時爲吾將，吾豈憂匈奴哉！』唐曰：『主臣！陛下雖得廉頗、李牧，弗能用也。』」「『臣愚，以爲陛下法太明，賞太輕，罰太重。且云中守魏尚坐上功首虜差六級，陛下下之吏，削其爵，罰作之。由此言之，陛下雖得廉頗、李牧，弗能用也。』」理宗端拱而表程、朱，而真、魏不免於疏遠。《宋史·理宗本紀》：淳祐元年正月，「甲辰，詔：『朕惟孔子之道，自孟軻後不得其傳，至我朝周惇頤、張載、程顥、程頤，真見實踐，深探聖域，千載絶學，始有指歸。中興以來，又得朱熹精思明辨，表裏渾融。其令學官列諸從祀，以示崇獎之意。』」按：贊謂「理宗四十年之間，若李宗勉、崔與之、吴潛之賢，皆弗究於學①」。於真德秀、魏了翁無辭。則非學術之爲難，而所以用其學術之學術良哉其難也。望遠山者，高秀可挹，入其中而不覺也；追往事者，哀樂無端，處其境而不知也。漢武讀相如之賦，歎其飄飄凌雲，恨不得與同時矣；及其既見相如，未聞加於一時侍從諸臣之右也。

①「學」字誤，《宋史》作「用」。

見《言公下》注。人固有愛其人而不知其學者，亦有愛其文而不知其人者。唐有牛、李之黨，惡白居易者，緘置白氏之作，以謂見則使人生愛，恐變初心，《通鑑目録》：「穆宗長慶元年，李德裕、李宗閔始爲朋黨。」《通鑑》：「長慶三年，以牛僧孺爲中書侍郎同平章事。時僧孺與李德裕皆有入相之望，德裕出爲浙西觀察使，八年不遷，以爲李逢吉排己，引僧孺爲相，由是牛、李之怨愈深。」《全唐詩話》：「樂天不爲贊皇公所喜，每寄文章，李緘之一篋，未嘗開。劉夢得或請之，曰：『見詞則迴我心矣。』」是於一人之文行殊愛憎也。鄭畋之女，諷詠羅隱之詩，至欲委身事之，後見羅隱貌寢，因之絶口不道，《全唐詩話》：「隱字昭諫，餘杭人。隱池之梅根浦，自號江東生，爲唐相鄭畋、李蔚所知。畋女覽隱詩，諷誦不已，畋疑有慕才意。隱貌寢陋，一日簾窺之，自此絶不詠其詩。」是於一人之才貌分去取也。文行殊愛憎，自出於黨私，才貌分去取，則是婦人女子之見也。然而世以學術相貴，讀古人書，常有生不並時之歎，脱有遇焉，則又牽於黨援異同之見，甚而效鄭畋女子之别擇於容貌焉，則士之修明學術，欲求寡過，而能全其所自得，豈不難哉？

淳于量飲於斗石，《史記・滑稽列傳》：「威王置酒後宮，召髡，賜之酒，問曰：『先生能飲幾何而醉？』對曰：『臣飲一斗亦醉，一石亦醉。』威王曰：『先生飲一斗而醉，惡能飲一石哉！其說可得聞乎？』髡曰：『賜酒大王之前，執法在傍，御史在後，髡恐懼俯伏而飲，不過一斗徑醉矣。若親有嚴客，不𦢊，侍酒於前，時賜餘瀝，奉觴上壽，數起，飲不過二斗徑醉矣。若朋友交遊，久不相見，卒然相覩，歡然道故，私情相語，飲可五六斗徑醉矣。若乃州閭之會，男女雜坐，行酒稽留，六博投壺，相引爲曹，握手無罰，目眙不禁，前有墮珥，後有遺簪，髡竊樂此，飲可八斗而醉二參。日暮酒闌，合尊促坐，男女同席，履舄交錯，杯盤狼藉，堂上燭滅，主人留髡而送客，羅襦襟解，微聞薌澤，當此之時，髡心最歡，能飲一石。』」無鬼論相於狗馬，《莊子・徐無鬼》：「徐無鬼曰：『嘗語君吾相狗也：下之質，執飽而止，是狸德也；中之質，若視日；上之質，若亡其一。吾相狗又不若吾相馬也，吾相馬：直者中繩，曲者中鉤，方者中矩，圓者中規，是國馬也，而未若天下馬也；天下馬有成材，若卹若佚，若喪其一，若是者，超軼絶塵，不知其所。』」所謂賦《關雎》而興淑女之思，見《書教下》注。詠《鹿鳴》而致嘉賓之意也。見《書教下》注。

有所託以起興，將以淺而入深，不特詩人微婉之風，實亦世士羔雁之贄①。《禮記·曲禮下》：「凡贄，卿羔，大夫雁。」欲行其學者，不得不度時人之所喻以漸入也。然而世之觀人者，聞《關雎》而索河洲，言《鹿鳴》而求苹野，淑女、嘉賓則棄置而弗道也。中人之情，樂易而畏難，喜同而惡異。聽其言而不察其言之所謂者，十常八九也。有賤丈夫者，知其遇合若是之難也，則又舍其所長，而强其所短，力趨風尚，不必求愜於心。風尚豈盡無所取哉？其開之者嘗有所爲，而趨之者但襲其僞也。夫雅樂不亡於《下里》，而亡於鄭聲，宋玉《答楚王問》：「客有歌於郢中者，其始曰《下里巴人》，國中屬而和者數千人。」《論語·陽貨》：「惡鄭聲之亂雅樂也。」鄭聲工也；良苗不壞於蒿萊，而壞於莠草，莠草似也；學術不喪於流俗，而喪於僞學，揚雄《法言》：「重黎欲讎僞者必假真。」《漢書·藝文志序》：「戰國從衡，真僞分爭。」案：後世僞學之名本此。僞學巧也。天下不知

① 「贄」，粤雅堂本《文史通義》、浙江書局及嘉業堂《章氏遺書》本均作「質」。今按：「贄」亦作「質」，又作「摯」。

學術，未嘗不虛其心以有待也。僞學出，而天下不復知有自得之真學焉。此孔子之所以惡鄉愿，而孟子之所爲深嫉似是而非也。《論語・陽貨》：「子曰：『鄉原，德之賊也。』」《孟子・盡心下》：「孔子曰：『過我門而不入我室，我不憾焉者，其惟鄉原乎！鄉原，德之賊也。』曰：何以是嘐嘐也？言不顧行，行不顧言，則曰：古之人，古之人！行何爲踽踽涼涼？生斯世也，爲斯世也，善斯可矣。閹然媚於世也者，是鄉原也。』萬子曰：『一鄉皆稱原人焉，無所往而不爲原人，孔子以爲德之賊，何哉？』曰：『非之無舉也，刺之無刺也。同乎流俗，合乎汙世，居之似忠信，行之似廉絜，衆皆悦之，自以爲是，而不可與入堯舜之道，故曰德之賊也。』孔子曰：『惡似是而非者；惡莠，恐其亂苗也；惡佞，恐其亂義也；惡利口，恐其亂信也；惡鄭聲，恐其亂樂也；惡紫，恐其亂朱也；惡鄉原，恐其亂德也。』」然而爲是僞者，自謂所以用其學術耳。昔者夫子未嘗不獵較，而簿正之法卒不廢，兆不足行而後去也。《孟子・萬章下》：「孔子之仕於魯也，魯人獵校，孔子亦獵校。獵校猶可，而況受其賜乎？曰：『然則孔子之仕也，非事道與？』曰：『事道也。』『事道奚獵校也？』曰：『孔子先簿正祭器，不以四方之食供簿正。』曰：『奚不去也？』曰：『爲之兆也。兆足以行矣，而不行，而後去，是以未嘗有所終三年淹也。』」注：「獵校者，田獵相較，奪禽獸得之以祭，時俗所尚，以爲吉祥。孔子不違而從之，所以小同於世也。」又注：「孔子仕於衰世，不可卒暴改戾，故以漸正之，先爲簿書以正其宗廟祭祀之器，即其舊禮取備於國中，不以四方珍食供其所簿正之器，度珍食難常有，乏絶則爲不敬，故獵較以祭也。」又注：「兆，始也。孔子每仕，常爲之正本造始，欲以次治之，而不見用。占其事始，而退足以行之矣，而君不行也，然後則孔子去矣。」然則所以用其學術之學術，聖賢不廢也。學術不能隨風尚之變，則又不必聖賢，雖梓匠輪輿《孟子·滕文公下》：「梓匠輪輿」，注：「梓匠，木工也。輪人、輿人，作車者也。」亦如是也。是以君子假兆以行學，而遇與不遇聽乎天。昔揚子雲早以彫①蟲獲薦，而晚年草玄寂寞；劉知幾先以詞賦知名，而後因述史減譽。《舊唐書·劉知幾傳》：「嘗自比楊雄者四：雄好彫蟲小技，老而爲悔；吾幼喜詩賦，而壯不爲，期以述者自名。雄準《易》作《經》，當時笑之；吾作《史通》，俗以爲愚。雄著書見尤于人②，作《解嘲》；吾亦作《釋蒙》。雄少爲范逡、劉歆所器，及聞作《經》，以爲必覆醬瓿；吾始以文章得譽，晚談史傳，由是減價。」誠知

---

①「彫」，粤雅堂本《文史通義》、浙江書局及嘉業堂《章氏遺書》本均作「雕」。

②「于人」二字誤排在「劉」字下，今乙正。

其不可奈何而安之若命也！

辨似

人藏其心，不可測度也。《禮記·禮運》文。言者心之聲也[①]，揚雄《法言·問神》：「言，心聲也。」善觀人者，觀其所言而已矣。如《易·繫辭下》：「將叛者其辭慚，中心疑者其辭枝，吉人之辭寡，躁人之辭多，誣善之人其辭遊，失其守者其辭屈。」《論語·學而》：「巧言令色鮮矣仁。」《孟子·公孫丑上》：「詖辭知其所蔽，淫辭知其所陷，邪辭知其所離，遁辭知其所窮。」皆是。人不必皆善，而所言未有不託於善也。善觀人者，察其言善之故而已矣。夫子曰：「始吾於人也，聽其言而信其行；今吾於人也，聽其言而觀其行。」《論語·公冶長》文。恐其所言不出於意之所謂誠然也。夫言不由中，《左傳·隱三年》：「信不由中。」如無情之訟。辭窮而情易見，非君子

① 「也」字，粵雅堂本《文史通義》、浙江書局及嘉業堂《章氏遺書》本均無。

之所患也。學術之患，莫患乎同一君子之言，同一有爲言之也，求其所以爲言者，咫尺之間而有天壤之判焉，似之而非也。

天下之言本無多也。自注：言有千變萬化，宗旨不過數端可盡，故曰言本無多。人則萬變不齊者也。以萬變不齊之人，而發爲無多之言，宜其迹異，而言則不得不同矣。譬如城止四門，城内之人千萬，出門而有攸往必不止四途，而所從出者止四門也。然則趨向雖不同，而當其發軔，《楚辭·離騷》：「朝發軔於蒼梧兮」，注：「軔，搘車木也。」不得不同也。非有意以相襲也，非投東而僞西也，勢使然也。

樹藝五穀，《孟子·滕文公上》文。注：「五穀，謂稻、黍、稷、麥、菽也。」所以爲烝民粒食《書·益稷》：「烝民我①粒」，注：「米食曰粒。言天下由此爲治本。」計也。儀狄曰：「五穀不可不熟也。」問其何爲而祈熟，則曰：「不熟無以爲酒漿也。」《御覽》

① 「我」字誤，《尚書》之「乃」。

八百四十三引《世本》：「帝女儀狄作酒。」注：「夏禹之臣。」教民蠶桑，所以爲老者衣帛計也。《孟子·梁惠王上》：「五畝之宅，樹之以桑，五十者可以衣帛矣。」蚩尤曰：「蠶桑不可不植也。」詰其何爲而欲植，則曰：「不植無以爲旌旗也。」案《元名苞》，蚩尤旗乃星名。《管子》曰：「舜有進善之旌。」《列子》曰：「黄帝與炎帝戰以鵰鶡鷹鸇爲旗幟。」夫儀狄、蚩尤豈不誠然須粟帛哉？然而斯民衣食不可得而賴矣。

《易》曰：「陰陽不測之爲①神。」《易·繫辭上》文。又曰：「神也者，妙萬物而爲言也。」王弼《易》注：「神也者，變化之極，妙萬物而爲言，不可以形詰。」按：此當云「王注」，不當云「又曰」。孟子曰：「大而化之之謂聖，聖而不可知之之謂神。」《孟子·盡心下》文。此「神化」、「神妙」之説所由來也。夫陰陽不測，不離乎陰陽也；妙萬物而爲言，不離乎萬物也；聖不可知，不離乎充實光輝也。《孟子·盡心下》：「充實之謂美，充實而有光輝之謂大。」然而曰「聖」、曰「神」、曰「妙」

① 「爲」，浙江書局及嘉業堂《章氏遺書》本同，粵雅堂本《文史通義》作「謂」。《周易》作「謂」。

者，使人不滯於迹，即所知見以想見所不可知見也。學術文章有神妙之境焉。末學膚受，張衡《東京賦》文。薛綜注：「末學，謂不經根本。膚受，謂皮膚之不經於心胸。」泥迹以求之。其真知者以謂中有神妙，可以意會而不可以言傳者也。不學無識者，窒於心而無所入，窮於辨而無所出，亦曰「可意會而不可言傳也」。故君子惡夫似之而非者也。

伯昏瞀人謂列禦①寇曰：「人將保汝矣，非汝能使人保也，乃汝不能使人毋汝保也。」《莊子·列禦寇》文。然則不能使人保者下也，能使人毋保者上也，中則爲人所保矣。故天下惟中境易别，上出乎中，而下不及中，恒相似也。學問之始，未能記誦；博涉既深，將超記誦。故記誦者，學問之舟車也。人有所適也，必資乎舟車，至其地，則舍舟車矣。一步不行者，則亦不用舟車矣。不用舟車之人，乃託舍舟車者爲同調焉。故君了惡夫似

① 「禦」粤雅堂本《文史通義》、浙江書局及嘉業堂《章氏遺書》本均作「御」。按當作「禦」。

之而非者也。自注：程子見謝上蔡多識經傳，便謂「玩物喪志」，畢竟與孔門一貫不似。

理之初見，毋論智愚與賢不肖，不甚遠也。再思之，則恍惚而不可恃矣。三思之，則眩惑而若奪之矣。《文心雕龍·養氣》：「神之方昏，再三愈黷。」非再三之力轉不如初也，初見立乎其外，故神全，再三則入乎其中，而身已從其旋折也。必盡其旋折，而後復得初見之至境焉，故學問不可以憚煩也。然當身從旋折之際，神無初見之全，必時時憶其初見，以爲恍惚眩惑之指南焉，庶幾哉有以復其初也。吾見今之好學者，初非有所見而爲也，後亦無所期於至也。發憤攻苦，以謂吾學可以加人而已矣。泛焉不繫之舟，《莊子·列禦寇》：「巧者勞而智者憂，無能者無所求，飽食而遨遊，汎若不繫之舟，虛而遨遊者也。」雖日馳千里，何適於用乎？乃曰：學問不可以憚煩。《孟子·滕文公上》：「何許子之不憚煩？」故君子惡夫似之而非者也。

夫言所以明理，而文辭則所以載之之器也。虛車徒飾，而主者無聞，《通書·文辭》：「文所以載道也。輪轅飾而人弗庸，徒飾也，況虛舟乎？」故溺於文辭者不足與言文也。《易》曰：「物相雜①曰文。」見《易教下》注。又曰：「其旨遠，其辭文。」見《言公中》注。《書》曰：「政貴有恒，辭尚體要。」《書·畢命》文。《詩》曰：「辭之輯矣，民之洽矣。」《詩·大雅·板》文。《記》曰：「毋勦説，毋雷同，則古昔，稱先王。」《禮記·曲禮上》文。傳曰：「辭達而已矣。」《論語·衛靈公》文。曾子曰：「出辭氣，斯遠鄙倍矣。」見《原道下》注。經傳聖賢之言，未嘗不以文爲貴也。蓋文固所以載理，文不備，則理不明也。且文亦自有其理，妍媸好醜，人見之者，不約而有同然之情，又不關於所載之理者，即文之理也。故文之至者，文辭非其所重爾，非無文辭也。而陋儒不學，猥曰：「工文則害道。」見《原道下》注。故君子惡夫似之而非者也。陸士衡曰：「雖杼軸於予懷，怵他人之我先，苟傷廉而愆義，亦雖愛而必捐。」陸機《文賦》文。蓋言文章之士，極其心之所得，常恐古人先我而有是

① 「雜」字下，粵雅堂本《文史通義》、浙江書局及嘉業堂《章氏遺書》本均有「故」字，與《周易》同。

言。苟果與古人同，便爲傷廉愆義，雖可愛之甚，必割之也。韓退之曰：「惟古於文必己出，降而不能乃剽賊①。」韓愈《南陽樊紹述墓誌銘》文。亦此意也。立言之士，以意爲宗，案：即《文選序》所謂「以立意爲宗，不以能文爲本」。蓋與辭章家流不同科也。人同此心，心同此理。宇宙遼擴，故籍紛揉，安能必其所言古人皆未言邪？此無傷者一也。人心又有不同，如其面焉。見《言公中》注。苟無意而偶同，則其委折輕重，必有不盡同者，人自得而辨之。此無傷者二也。著書宗旨無多，其言則萬千而未有已也，偶與古人相同不過一二，所不同者足以概其偶同。此無傷者三也。吾見今之立言者，本無所謂宗旨，引古人言而申明之，申明之旨則皆古人所已具也。雖然，此則才弱者之所爲，人一望而知之，終歸覆瓿，《漢書·揚雄傳》：「劉歆謂雄曰：『空自苦。今學者有祿利然，尚不能明《易》，又如《玄》何？吾恐後人用以覆醬瓿也。』」師古曰：

① 「剽賊」，粤雅堂本《文史通義》、浙江書局及嘉業堂《章氏遺書》本均作「勦襲」。《韓昌黎集》作「剽賊」。

「訿，小毁也。」於事固無所傷也。乃有黠者，易古人之貌而襲其意焉。同時之人有創論者，申其意而諱所自焉。或聞人言其所得，未筆於書，而遽竊其意以爲己有，他日其人自著爲書，乃反出其後焉。且其私智小慧，足以彌縫其隙，使人瞢然莫辨其底藴焉。自非爲所竊者覿面質之，且窮其所未至，其欺未易敗也。又或同其道者，亦嘗究心反覆勘其本末，其隱始可攻也。然而盜名欺世，《荀子·不苟》：「是奸人将以盜名於晻世者也。」已非一日之厲矣。而當時之人，且曰某甲之學不下某氏，某甲之業勝某氏焉。故君子惡夫似之而非者也。

萬世取信者，夫子一人而已。夫子之言不一端，而賢者各得其所長，《孟子·公孫丑上》：「昔者竊聞之：子夏、子游①皆有聖人之一體，冉牛、閔子、顏淵則具體而微。」韓愈《送王塤序》：「孔子之道，大而能博，門弟子不能偏觀而盡識也，故學焉而皆得其性之所近。」

---

① 「子游」下，《孟子》有「子張」。

不肖者各誤於所似。「誨人不倦」，《論語・述而》文。非瀆蒙也。《易・蒙》：「瀆則不告」、「瀆蒙也」。「予欲無言」，見《原道下》注。非絶教也。「好古敏求」，見《原道上》注。非務博也。「一以貫之」，見《原道下》注。非遺物也。蓋一言而可以無所不包，雖夫子之聖，亦不能也。得其一言，不求是而求似，賢與不肖，存乎其人，夫子之所無如何也。孟子，善學孔子者也。《孟子・公孫丑上》：「乃所願，則學孔子也。」夫子言「仁知」，如「知者不惑，仁者不憂」及「仁者樂山，知者樂水」等，皆「仁知」相提並論。而孟子言「仁義」；如對梁惠王「亦有仁義而已矣」是也。《近思録》卷二：「程子曰：『仲尼只説一個仁字，孟子開口便説仁義。』」夫子爲東周，而孟子王齊、梁；《論語・陽貨》：「如有用我者，吾其爲東周乎！」注：「興周道於東方，故曰東周。」《孟子・梁惠王上》：「黎民不飢不寒，然而不王者，未之有也。」又：「齊宣王問曰：『齊桓、晉文之事，可得聞乎？』孟子對曰：『仲尼之徒無道桓、文之事者，是以後世無傳焉，臣未之聞也。無以，則王乎？』」夫子「信而好古」，孟子乃曰「盡信書則不如無書」。《孟子・盡心下》文。而求孔子者，必自孟子也。韓愈《送王塤序》：「故求觀聖人之道者，必自孟子始。」故得其是者不求似也，求得似者必非其是者也。然而天下之誤於其似者皆曰：「吾得其是矣。」

文史通義注卷四

説林

案：《韓非子》有《説林》。《史記》索隱：「謂廣説諸事，其多若林也。」

道，公也。學，私也。「君子學以致其道」，《論語·子張》文。將盡人以達於天也。《禮記·中庸》：「能盡人之性，則能盡物之性；能盡物之性，則可以贊天地之化育；可以贊天地之化育，則可以與天地參矣。」人者何？聰明才力，分於形氣之私者也。天者何？中正平直，本於自然之公者也。故曰：道公而學私。

道同而術異者，韓非有《解老》、《喻老》之書，《解老》、《喻老》，皆《韓非子》篇名。《列子》有《楊朱》之篇，見《言公中》注。墨者述晏嬰之事。見《墨子·毀譽篇》。作用不同，而理有相通者也。術同而趣異者，子張難子夏之交，見《朱陸》注。荀卿非孟子之説，《荀子・非十二子》：「略法先王而不知其統，猶然而材劇志大，聞見雜博，案往舊造説，謂之五行。甚僻遠①而無類，幽隱而無説，閉約而無解，案飾其辭而祗敬之曰：此真先君子之言也。子思唱之，孟軻和之，世俗之溝猶瞀儒嚾嚾然不知其所非也，遂受而傳之，以爲仲尼、子弓②爲兹厚於後世，是則子思、孟軻之罪也。」又《性惡》：「孟子曰：人之學者其性善。曰：是不然。是不及知人之性，而不察乎人之性僞之分者也。」張儀破蘇秦之從。《史記・張儀列傳》：「今從者，一天下約爲昆弟，刑白馬以盟洹水之上以相堅也，而親昆弟同父母尚有争錢財，而欲恃詐僞③反覆蘇秦之餘謀，其不可成亦明矣。」宗旨不殊，而所主互異者也。

渥洼之駒《史記・樂書》：「嘗得神馬渥洼水中。」案：渥洼，水名，在今甘肅安西縣。可以負百鈞而致千里，合两渥洼之力終不可致一千里。言乎絶學孤詣，性

① 「遠」字誤，《荀子》作「違」。
② 「子弓」，《荀子》作「子游」。郭嵩燾謂「子游」當是「子弓」之誤。
③ 「僞」字誤排在上句，今乙正。

靈獨至，縱有偏闕，非人所得而助也。兩渥洼駒不可致二千里，合兩渥洼之力未始不可負二百鈞而各致千里。言乎鴻裁絶業，各效所長，縱有牴牾，非人所得而私據也。

文辭非古人所重，草創討論，修飾潤色，固已合衆力而爲辭矣。《論語・憲問》：「子曰：『爲命，裨諶草創之，世叔討論之，行人子羽脩飾之，東里子産潤色之。』」期於盡善，不期於矜私也。丁敬禮使曹子建潤色其文，以謂「後世誰知定吾文者」，曹植《與楊德祖書》：「昔丁敬禮常作小文，使僕潤色之。僕自以才不過若人，辭不爲也。敬禮謂僕：『卿何所疑難？文之佳惡，吾自得之，後世誰相知定吾文者邪？』」向注：「但爲我潤飾之，後代誰知子建改定吾文也。」是有意於欺世也。存其文而兼存與定之善否，是使後世讀一人之文而獲兩善之益焉，所補豈不大乎？才之長短不可揜，而時之今古不可强。司馬遷述《尚書》、《左》、《國》之文，孑孑而不足，述戰國楚漢之文，恢恢而有餘，補正：《莊子・養生主》：「恢恢乎，其於遊刃必有餘地矣。」《説文解字》第十一篇下《心部》：「恢，大也。」非特限於才，抑亦拘於時也。惟其並存而無所私，故聽人抉擇，而已不與也。①

司馬遷襲《尚書》、《左》、《國》之文，非好同也，理勢之不得不然也。司馬遷點竄《尚書》、《左》、《國》之文，班固點竄司馬遷之文，非好異也，理勢之不得不然也。《文心雕龍·序志》：「及其品列成文，有同乎舊談者，非雷同也，勢自不可異也。有異乎前論者，非苟異也，理自不可同也。」有事於此，詢人端末，豈必責其親聞見哉？張甲述所聞於李乙，豈盜襲哉？人心不同，如其面也。張甲述李乙之言，而聲容笑貌，不能盡爲李乙，見《言公中》注。豈矯異哉？

孔子學周公，見《原道上》注。周公監二代，《論語·八佾》：「周監於二代。」二代本唐虞，見《原道上》注。唐虞法前古，故曰：「道之大原出於天。」見《原道上》注。蓋嘗觀於山下出泉，沙石隱顯，流注曲直，因微漸著，而知江河舟楫之原始也。觀於孩提嘔啞，白居易《琵琶行》：「嘔啞嘲哳難爲聽。」有聲無言，形揣意求，

① 自「才之長短不可揜」至此一節，粤雅堂本《文史通義》、浙江書局《章氏遺書》本無，嘉業堂《章氏遺書》本有。

而知文章著述之最初也。

有一代之史，有一國之史，有一家之史，有一人之史。整齊故事與專門家學之義不明，自注：詳《釋通》、《答客問》。而一代之史鮮有知之者矣。州縣方志與列國史記之義不明，自注：詳《方志篇》。而一國之史鮮有知之者矣。譜牒不受史官成法，自注：詳《家史篇》。而一家之史鮮有知之者矣。諸子體例不明，文集各私撰者，而一人之史鮮有知之者矣。

展喜受命於展禽，則卻齊之辭謂出展禽可也，謂出展喜可也。《左傳·僖二十六年》：「夏，齊孝公伐我北鄙。衛人伐齊，洮之盟故也。公使展喜犒師，使受命於展禽。齊侯未入竟，展喜從之，曰：『寡君聞君親舉玉趾，將辱於敝邑，使下臣犒執事。』齊侯曰：『魯人恐乎？』對曰：『小人恐矣，君子則否。』齊侯曰：『室如縣罄，野無青革①，何恃而不恐？』對曰：『恃先王之命。昔周公、大公股肱周室，夾輔成王，成王勞之而賜之盟曰：世世子孫，無相害也。載在盟府，大師職之。桓公是以糾合諸侯而謀其不協，彌縫其闕而匡救其災，昭舊職也。及君即位，

① 「革」字誤，《左傳》作「草」。

諸侯之望曰：其率桓之功！我敝邑用不敢保聚，曰：豈其嗣世九年而棄命廢職，其若先君何？君必不然！恃此以不恐。』齊侯乃還。」弟子承師説而著書，友生因咨訪而立解，後人援古義而敷言，不必諱其所出，亦自無愧於立言者也。

子建好人譏訶其文，「有不善者，應時改定」，曹植《與楊德祖書》：「僕嘗好人譏彈其文，有不善者，應用改定。」譏訶之言可存也，改定之文亦可存也。意卓而辭躓者，潤丹青於妙筆；辭豐而學疏者，資卷軸於腹笥。卷軸，見《篇卷》注。《後漢書·邊昭傳》：「腹便便，五經笥。」要有不朽之實，見《原道下》注。取資無足諱也。

陳琳爲曹洪作書上魏太子，言破賊之利害，此意誠出曹洪，明取陳琳之辭收入曹洪之集可也。今云：「欲令陳琳爲書，琳頃多事，故竭老夫之思。」又云：「怪乃輕其家邱，謂爲倩人。」陳琳《爲曹洪與魏文帝書》：「得九月二十日書，讀之喜笑，把玩無厭，亦欲令陳琳作報。琳頃多事，不能得爲，念欲遠以爲歡，故自竭老夫之思。」又：「怪乃輕其家邱，謂爲倩人。」李善注：「《邴原别傳》曰：『原遊學，詣孫崧，崧曰：『君以鄭君而舍之，以鄭君爲東家邱也。』原曰：『君以鄭君爲東家邱，以僕爲西家愚夫邪？』」補正：原注「故自竭老夫之思」下，加：「辭多不可一二，麄舉大綱，以當談笑。漢中地形，實自險固，四獄三塗，皆不及也。彼有精甲數萬，臨高守要，一人揮戟，萬夫不得進。而我軍過之，若駭禽之決細網，奔兕之觸魯縞，未足以喻其易。」此掩著之醜也，不可入曹洪之集矣。

譬彼禽鳥：志識，其身；文辭，其羽翼也。有大鵬千里之身，而後可以運垂天之翼。《莊子·逍遥遊》：「北冥有魚，其名爲鯤。鯤之大，不知其幾千里也。化而爲鳥，其名爲鵬。鵬之背，不知其幾千里也。怒而飛，其翼若垂天之雲。」鷃雀假雕鶚之翼，勢未舉而先躓矣，況鵬翼乎？故修辭補正：見《言公中》注。不忌夫暫假，而貴有載辭之志識，與己力之能勝而已矣。噫！此難與溺文辭之末者言也。

諸子，一家之宗旨，文體峻潔，而可參他人之辭。文集，雜撰之統彙，體製兼該，而不敢入他人之筆。其故何耶？蓋非文采辭致不如諸子，而志識卓然、有其離文字而自立於不朽者不敢望諸子也。果有卓然成家之文集，雖入他人之代言，何傷乎！

集之始於《流别》也，見《詩教上》注。後人彙聚前人之作欲以覽其全也。亦猶撰次諸子，即人以名其書之意也。諸子之書載其言，並記其事，以及他人之言其言者，而其人之全可見也。文集萃其文，自注：《文章流别論》。青按：當云《文章流别集》，見《詩教上》注。别著其事，自注：《文章志》。以及他人之論其文者，自注：《文章論》。青案：此注不知所據。故摯虞之《流别》本與《文章志》、《論》三書相輔而行也，案：《文章流别集》及《志》、《論》皆摯虞所撰，故曰相輔而行。則其人之全亦可見也。今無摯氏之三書，而編次卓然不朽之文集，則關於其人之行事，與人之言其言與論其人與文者，故當次於其書，以備其人之本末也。是則一人之史之説也。①

莊周《讓王》、《漁父》諸篇，辨其爲真爲贋；見《言公上》注。屈原《招魂》、《大招》之賦，争其爲玉爲瑳。案：謂屈原《招魂》、《大招》两篇，或云宋玉、景差

① 自「集之始於《流别》也」至此一節，粤雅堂本《文史通義》、浙江書局《章氏遺書》本無，嘉業堂《章氏遺書》本有。

所作也。朱子《楚辭集注》:「《大招》不知何人所作,或曰屈原,或曰景差,自王逸時已不能明矣。」葉樹藩曰:「《招魂》一篇,自王叔師定爲宋玉所作,千餘年來未有異議。至明,黄維章始取二《招》歸之於原。近世頗有宗其説者,論雖未醕,亦足廣學者之識。」固矣夫,文士之見也!

醴泉,水之似醴者也。補正:《禮記·禮運》:「故天降膏露,地出醴泉。」天下莫不飲醴,而獨恨不得飲醴泉,甚矣!世之貴夫似是而非補正:見《感遇》注。者也。

著作之體,援引古義,襲用成文,不標所出,非爲掠美,補正:《左傳·昭十四年》:「己惡而掠美爲昏。」體勢有所不暇及也。亦必視其志識之足以自立,而無所藉重於所引之言,且所引者並懸天壤,而吾不病其重見焉,乃可語於著作之事也。考證之體,一字片言,必標所出。所出之書,或不一二而足,則必標最初者。自注:譬如馬、班並有,用馬而不用班。最初之書既亡,則必標所引者。自注:譬如劉向《七略》既亡,而部次見於《漢·藝文志》;阮孝緒《七録》既亡,而闕目見於《隋·經籍志》注。則引《七略》、《七録》之文,必云《漢志》、《隋注》。乃是「慎言其餘」《論語・爲政》文。補正：原注加：包注：「疑則缺之，其餘不疑猶慎言之。」之定法也。書有並見而不數其初，陋矣。引用逸書而不標所出，自注：使人觀其所引，一似逸書猶存。罔矣。以考證之體而妄援著作之義，以自文其剽竊之私焉，謬矣。

文辭猶三軍也，志識其將帥也。補正：《論語・子罕》：「三軍可奪帥也，匹夫不可奪志也。」李廣入程不識之軍，而旌旗壁壘一新焉，固未嘗物物而變、事事而更之也。按：《唐書・李光弼傳》：「初，與郭子儀齊名，世稱『李郭』，而戰功推爲中興第一。其代子儀朔方也，營壘士卒麾幟無所更，而光弼一號令之，氣乃益精明云。」李廣，未聞。補正：原注上加：《史記・李將軍傳》：「廣以上郡太守爲未央衛尉，而程不識亦爲長樂衛尉。程不識故與李廣俱以邊太守將軍屯，及出擊胡，而廣行無部伍，行陣就善水草屯舍止，人人自便，不擊刁斗以自衛，幕府省約文書籍事，然亦遠斥候，未嘗遇害。程不識正部曲行伍營陳，擊刁斗，士吏治軍簿至明，軍不得休息，然亦未嘗遇害。不識曰：『李廣軍極簡易，然虜卒犯之，無以禁也；其士卒亦佚樂，咸樂爲之死。我軍雖煩擾，然虜亦不得犯我。』是時漢邊郡李廣、程不識皆爲名將，然匈奴畏李廣之略，士卒亦多樂從李廣，而苦程不識。」知此意者，可以襲用成文，而不必己出者矣。

文辭猶舟車也，志識其乘者也。輪欲其固，帆欲其捷，凡用舟車，莫不然也。東西南北，存乎其乘者矣。知此義者，可以以我用文，而不致以文役我者矣。

文辭猶品物也，志識其工師也。橙橘樝梅，庖人得之，選甘脆以供籩實也；《莊子·天運》：「故譬三皇五帝之禮義法度，其猶樝梨橘柚耶？其味相反而皆可於口。」按：橙橘不登籩豆。醫師取之，備藥毒以療疾疢補正：見《朱陸》注。也。知此義者，可以同文異取，同取異用，而不滯其迹者矣。自注：古書斷章取義，各有所用。拘儒不達，介介而爭。

文辭猶金石也，志識其爐錘也。神奇可化臭腐，臭腐可化神奇。知此義者，可以不執一成之説矣。自注：有所得者即神奇，無所得者即臭腐。青按：見《書教下》注。

文辭猶財貨也，志識其良賈也。人棄我取，人取我與，宋俞成《螢雪叢説》「徐積悟作文之法」條云：「節孝先生徐積因讀《史記·貨殖傳》，見『人棄我取，人取我與』，遂悟作文之法。」則賈術通於神明。知此義者，可以斟酌風尚而立言矣。自注：風尚偏趨，貴有識者持之。

文辭猶藥毒也，志識其醫工也。療寒以熱，熱過而厲甚於寒；療熱以寒，寒過而厲甚於熱。良醫當實甚而已有反虛之憂，故治偏不激，而後無餘患也。知此義者，可以拯弊而處中矣。補正：案：中醫治病，有邪正、虛實之分。指病因①，正者指元氣。邪盛爲實，氣衰爲虛。《内經》：「無虛虛，無實實。」

轉桔槔之機者，必周上下前後而運之。《莊子·天運》：「桔槔者，引之則俯，舍之則仰。」上推下挽，力所及也。正前正後，力不及也。倍其推則前如墜，倍其挽則後如躍，倍其力之所及，以爲不及之地也。人之聰明知識，必有力

①「指病因」上，疑漏「邪者」二字。

所不及者，不可不知所倍以爲之地也。

五味見《言公上》注。之調，八音見《言公上》注。之奏，貴同用也。先後嘗之，先後聽之，不成味與聲矣。郵傳之達，《孟子·公孫丑上》：「速於置郵而傳命。」刻漏《隋書·天文志》：「昔黃帝創觀漏水，制器取則，以分晝夜。」蜀馬鑒《續事始》：「刻漏起於軒轅，《周禮》挈壺氏掌之。」補正：《説文解字》第十一篇上《水部》：「漏，以銅受水刻節，晝夜百節。」《文選》注引司馬彪曰：「孔壺爲漏，浮箭爲刻。」之直，貴接續也。並馳同止，並直同休，不成郵與漏矣。書有數人共成者，歷先後之傳而益精，獲同時之助而愈疏也。先後無爭心，而同時有勝氣也。先後可授受，而同時難互喻也。先後有補救，而同時鮮整暇也。《左傳·成十六年》：「子重問晉國之勇，臣對曰：『好以衆整。』曰：『又何如？』臣對曰：『好暇。』」注：「暇，閑也。」

人之有能有不能者，無論凡庶聖賢，有所不免者也。以其所能而易其不能，則所求者可以無弗得也。主義理者拙於辭章，能文辭者疎於徵實，三者交譏而未有已也。義理存乎識，辭章存乎才，徵實存乎學，劉子玄所以有三長難兼之論也。見《史德》注。一人不能兼，而咨訪以爲功，未見古人絶業不可復紹也。私心據之，惟恐名之不自我擅焉，則三者不相爲功，而且以相病矣。

所謂好古者，非謂古之必勝乎今也，正以今不殊古，而於因革異同求其折衷也。古之糟魄可以爲今之精華，非貴糟魄而直以爲精華也，因糟魄之存而可以想見精華之所出也。自注：如類書本無深意，古類書尤不如後世類書之詳備，然援引古書，爲後世所不可得者，藉是以存，亦可貴寶矣。古之疵病可以爲後世之典型，非取疵病而直以之爲典型也，因疵病之存而可以想見典型之所在也。自注：如《論衡》最爲偏駁，然所稱説有後世失其傳者，未嘗不藉以存。是則學之貴於考徵者，將以明其義理爾。

「出辭氣，斯遠鄙悖矣。」見《原道下》注。悖者，修辭之罪人，鄙則何以必遠也？不文則不辭，辭不足以存，而將並所以辭者亦亡也。諸子百家，悖於理而傳者有之矣，未有鄙於辭而傳者也。理不悖而鄙於辭，力不能勝；辭不鄙而悖於理，所謂「五穀不熟，不如荑稗」也。《孟子·告子下》：「孟子曰：『五穀者，種之美者也。苟爲不熟，不如荑稗。』」理重而辭輕，天下古今之通義也。然而鄙辭不能奪悖理，則妍媸好惡之公心亦未嘗不出於理故也。

波者水之風，風者空之波，夢者心之華，文者道之私。止水無波，補正：《莊子·德充符》：「人莫鑒於流水，而鑒於止水。」靜空無風，至人無夢，《列子》：「古之真人，其覺自忘，其寢不夢。」至文無私。

演口技者，能於一時並作人、畜、水火、男婦、老稚千萬聲態，非真一口能作千萬態也。千萬聲態，亦稱「隔壁戲」，以多障隔爲之也。其源甚古，古謂之嘯。《詩·召南》：「其嘯也歌」，鄭玄《毛詩箋》曰：「嘯，蹙口而出聲也。」成公綏《嘯賦》曰：「因形刱聲，隨事造曲。」案：古來最擅此技者，稱孫登，見《世説新語》及《晉書·阮籍傳》。又《虞初新志》卷一林嗣環《秋聲詩自序》：「京中有善口技者，會賓客大宴，於廳事之東北角施八尺屏障，口技人坐屏障中，一桌、一椅、一扇、一撫尺而已。衆賓團坐，少頃，但聞屏障中撫尺二下，滿坐寂然，無敢嘩者。遙聞深巷犬吠聲，便有婦人驚覺欠伸，摇其夫，語猥褻事。夫囈語，初不甚應，婦摇之不止，則二人語漸間雜，牀又从中戛戛。既而兒醒，大啼。夫令婦撫兒，乳兒含乳啼，婦拍而嗚之。夫起溺，婦亦抱兒起，溺牀上。又一大兒醒，狺狺不止。當是時，婦手拍兒聲，口中嗚聲，兒含乳啼聲，大兒初醒聲，牀聲，夫叱大兒聲，溺缾中聲，溺桶中聲，一齊凑發，衆妙畢備。満坐賓客無不伸頸側目，微笑嘿歎，以爲妙絶也。既而夫上床寢，婦又呼大兒溺畢，都上床寢，小兒亦欲睡。夫齁聲起，婦拍兒，亦漸拍漸止。微聞有鼠作作索索，盆器傾側，婦夢中咳嗽之聲。賓客意少舒，稍稍正坐。忽一人大呼火起，夫起大呼，婦亦起大呼，两兒齊哭。俄而百千人大呼，百千兒哭，百千犬吠。中間力拉崩倒之聲，火爆聲，呼呼風聲，百千齊作。又夾女子求救聲，曳屋許許聲，搶奪聲，潑水聲。凡所應有，無所不有。雖人有百手，手有百指，不能指其一端；人有百口，口有百舌，不能名其一處也。於是賓客無不變色離席，奮袖出臂，两股戰戰，幾欲先走。而忽然撫尺一下，群響畢絶。撤屏視之，一人、一桌①、一扇、一撫尺而已。」齊於人耳，勢必有所止也。取其齊於耳者以爲止，故操約而致聲多也。工繪事者，能於尺幅並見遠近、淺深、正側、回互千萬形狀，非真尺幅可具千萬狀也。千萬形狀齊於

①「一桌」下，《虞初新志》有「一椅」，當補。

人目，勢亦有所止也。取其齊於目者以爲止，故筆簡而著形衆也。夫聲色齊於耳目，義理齊於人心，等也。誠得義理之所齊，而文辭以是爲止焉，可以與言著作矣。

天下有可爲其半，而不可爲其全者。偏枯之藥可以治偏枯，倍其偏枯之藥，不可以起死人也。自注：此説見《吕氏春秋》。青案：見《似順論·别類》。天下有可爲其全，而不可爲其半者。樵夫擔薪兩鈞，捷步以趨，去其半而不能行，非力不足，勢不便也。風尚所趨，必有其弊，君子立言以救弊，歸之中正而已矣。懼其不足奪時趨也，而矯之或過，則是倍用偏枯之藥而思起死人也。僅取救弊，而不推明斯道之全量，則是擔薪去半，而欲恤樵夫之力也。

厲風可以拔百圍之木，而不可以折徑寸之草；錢鎛《詩·周頌》：「庤乃錢鎛」，注：「皆田器也。」可以刈蔓野之草，《詩·召南·野有死麕》：「野有蔓草。」而不可以伐拱把之木。《孟子·告子上》：「拱把之桐梓」，集注：「拱，兩手所圍也。把，一手所握也。」

大言炎炎，《莊子·齊物論》文。不計小辨；《大戴禮記·小辨》注：「小辨，爲小辨給也。」小智察察，不究大道。①

十寸爲尺，八尺曰尋。《説文解字》第八：「尺，十寸也。」《周禮·地官·媒氏》注：「八尺曰尋。」度八十尺而可得十尋，度八百寸而不可得十尋者，積小易差也。枚乘《上書諫吴王》：「夫銖銖而稱之，至石必差；寸寸而度之，至丈必過。石稱丈量，徑而寡失。」一夫之力，可耕百畝，合八夫之力而可耕九百畝者，集長易舉也。補正：《孟子·萬章下》：「一夫百畝。」《滕文公上》：「方里而井，井九百畝，其中爲公田。八家皆私百畝，同養公田，公事畢，然後敢治私事。」學問之事，能集所長，而不泥小數，《淮南子》：「釋大道而任小數。」善矣。

風會所趨，庸人亦能勉赴；風會所去，豪傑有所不能振也。漢廷重經術，卒史補正：《漢書·黄霸傳》：「補左馮翊二百石卒史」，如淳曰：「三輔郡得仕用他郡人，

---

① 自「厲風可以拔百圍之木」至此一節，粤雅堂本《文史通義》、浙江書局《章氏遺書》本無，嘉業堂《章氏遺書》本有。

而卒史獨二百石，所謂尤異者也。」亦能通六書，吏民上書，訛誤輒舉劾。《説文解字・序》：「《周禮》：八歲入小學，保氏教國子，先以六書。一曰指事。指事者，視而可識，察而見意，二二是也。二曰象形。象形者，畫成其物，隨體詰詘，日月是也。三曰形聲。形聲者，以事爲名，取譬相成，江河是也。四曰會意。會意者，比類合誼，以見指撝，武信是也。五曰轉注。轉注者，建類一首，同意相受，考老是也。六曰假借。假借者，本無其事，依聲託事，令長是也。」又：「尉律：學僮十七已上，始試諷籀書九千字，乃得爲吏。又以八體試之，郡移太史，並課最者，以爲尚書史書。或不正，輒舉劾之。」後世文學之士，不習六書之義者多矣。自注：羲之俗書，見譏韓氏。韓氏又云：「爲文宜略識字。」青案：韓愈《石鼓歌》：「羲之俗書趁姿媚，數紙猶可博白鵝。」豈後世文學之士，聰明智力不如漢廷卒史之良哉？風會使然也。越人相矜以燕語，能爲燕語者必其熟遊都會，長於閲歷，而口舌又自調利過人者也。及至燕，則庸奴賤婢，稚女髫童，皆燕語矣。以是矜越語之丈夫豈通論哉？仲尼之門，五尺童子羞稱五霸。《孟子・梁惠王上》：「仲尼之徒，無道桓文之事者。」《荀子・仲尼篇》：「仲尼之門人，五尺之竪子，言羞稱乎五伯。」必謂五尺童子其才識過於管仲、狐、趙齊管仲，晉狐偃、趙衰。諸賢焉，夫子之所不許也。五穀之與稊稗，其貴賤之品有一定矣。然而不熟之五穀，猶遜有秋之稊稗焉。而託一時風會所趨者，詡然自矜其途轍，以謂吾得寸木實勝彼之岑樓焉，補正：見《説林》注。其亦可謂不達而已矣。自注：尊漢學，尚鄭、許，今之風尚如此，此乃學古，非即古學也。居然唾棄一切，若隱有所恃。青案：《孟子·告子下》：「方寸之木，可使高於岑樓。」

王公之僕圉，《説文解字》：「僕，給事者。」「圉人，掌馬者。」未必貴於士大夫之親介也。而是僕圉也，出入朱門甲第，《韓詩外傳》：九錫：「六錫朱户。」按：朱户，猶云朱門，蓋封諸侯之有功者，得朱其門也。張衡《西京賦》：「北闕甲第」，薛綜注：「第，館也。甲，言第一也。」善曰：《漢書》曰：「賜霍光甲第一區。」音義曰：「有甲乙次第，故曰第也。」詡然負異而驕士大夫曰：「吾門大。」不知士大夫者固得叱而繫之，以請治於王公，王公亦必撻而楚之，以謝閑家《易·家人》：「閑有家」，注：「防閑其家。」之不飭也。學問不求有得，而矜所託以爲高，王公僕圉之類也。

人生不飢，則五穀可以不藝也；天下無疾，則藥石可以不聚也。學問所以經世，而文章期於明道，非爲人士樹名地也。①

漢廷治河必使治《尚書》者，如《漢書·溝洫志》：「博士許商治《尚書》，善爲算，能度功，用遣行視。以爲屯氏河盈溢，所爲方用度不足，可且勿浚。後三歲，河果決於館陶。」《尚書》豈爲治河設哉？學術固期於經世也，文史之儒以爲《尚書》所載經緯天地，今祇用以治河，則是道大而我小之也，此則後世之士務求該徧而不切實用之通病也。得一言而致用，愈於通萬言而無用者矣。②

「喪欲速貧，死欲速朽」，有子以謂非君子之言。見《文德》注。然則有爲之言，不同正義，聖人有所不能免也。今之泥文辭者，不察立言之所謂，而遽斷其是非，是欲責人才過孔子也。

① 自「人生不飢」至此一節，粵雅堂本《文史通義》、浙江書局《章氏遺書》本無，嘉業堂《章氏遺書》本有。

② 自「漢廷治河必使治《尚書》者」至此一節，粵雅堂本《文史通義》、浙江書局《章氏遺書》本無，嘉業堂《章氏遺書》本有。

樊遲問仁，子曰：「愛人。」問知，子曰：「知人。」他日問仁，子曰：「仁者先難而後獲。」問知，子曰：「務民之義，敬鬼神而遠之。」同一樊遲，同一問仁問知，而所言先後各殊，則言豈一端而已哉？必有所爲而不可以强執也。幸而其言出於夫子也，出之他人，必有先後矛盾之誚矣。①

《春秋》譏佞人。自注：《公羊傳》。青按：莊十四年：「秋，鄭瞻自齊逃來，何以書？書甚佞也。曰：佞人來矣！佞人來矣！」夫子嘗曰「惡佞口之覆邦家」者，《論語·陽貨》文。案：「利」誤「佞」。是佞爲邪僻之名矣。或人以爲「雍也仁而不佞」，《論語·雍也》文。或人雖甚愚，何至惜仁人以不能爲邪僻？且古人自謙稱「不佞」，《國語·晉語》：「夷吾不佞。」豈以不能邪僻爲謙哉？是則「佞」又聰明才辨之通稱也。荀子著《性惡》，以謂聖人爲之「化性而起僞」。《荀子·性惡》文。「僞」於六書，「人爲」之正名也。《論語·子路》：「子曰：『必正名乎！』」案：《荀子》有《正名

① 自「樊遲問仁」至此一節，粵雅堂本《文史通義》、浙江書局《章氏遺書》本無，嘉業堂《章氏遺書》本有。

篇》，闢公孫龍、惠施之徒亂名改作，以是爲非。補正：原注删，加：《説文解字》第八篇上《人部》：「僞，詐也。從人，爲聲。」徐曰：「僞者，人爲之，非天真也。故『人爲』爲『僞』。」《論語·子路》：「必也正名乎！」荀卿之意，蓋言天質不可恃，而學問必藉於人爲，非謂虚誑欺罔之僞也。而世之罪荀卿者，以謂誣聖爲欺誑，是不察古人之所謂，而遽斷其是非也。

古者文字無多，轉注通用，義每相兼。補正：《説文解字·叙》：「五曰轉注。」「轉注者，建類一首，同意相受，考老是也。」諸子著書，承用文字，各有主義。如軍中之令，官司之式，猶今所謂「公文程式」。自爲律例，律謂法律，例謂判例。其所立之解，不必彼此相通也。屈平之「靈修」，《雕①騷》：「傷靈修之數化。」注：「言其有明智而善修飾，蓋婦悦其夫之稱，亦託詞以寓意於君也。」莊周之「因是」，《莊子·齊物論》：「因是因非，因非因是，是以聖人不由，而照之於天，亦因是也。」注：「夫懷豁者，因天下之是非而自無是

① 「雕」字誤，當作「離」。

非也。」韓非子①之「參伍」，《韓非子·揚權》：「參任②比物，事之形也。參之以比物，伍之以合虛。根幹不革，則動泄不失矣。」注：「參，三也。伍，五也。謂所陳之事，或三之以比物之情，或五之以合虛之數。常令根幹堅植，不有移貫，如此則動之散之，皆無所失泄也。」鬼谷之「捭闔」。《鬼谷子·捭闔》：「故捭者，或捭而出之，或捭而納之。闔者，或闔而取之，或闔而去之。捭闔者，天地之道。捭闔者以變動，陰陽四時，開閉以化萬物。縱横，反出，反覆，反忤，必由此矣。捭闔者，道之大化，説之變也。」蘇張之「縱衡」，《史記·蘇秦傳》：「夫衡人者，皆欲割諸侯之地以予秦。故竊爲大王計，莫如一韓、魏、齊、楚、燕、趙以從。」索隱：「案：衡人者，即游説縱横之士也。東西爲横，南北爲從。秦地形東西横長，故張儀相秦，爲秦連横。」案：縱横不始於蘇張，見《易教下》注。皆移置他人之書而莫知其所謂者也。自注：佛家之根、塵、法、相，法律家之以、准、皆、各、及、其、即、若，皆是也。案：《困學紀聞·考史》：「范蜀公曰：『律之例有八：以、准、皆、各、其③、即、若，若《春秋》之凡。』」《集證》：「律疏『以』者，與真犯同。『准』者，

① 「子」字，粵雅堂本《文史通義》、浙江書局及嘉業堂《章氏遺書》本均無。
② 「任」字誤，《韓非子》作「伍」。
③ 「其」字下，脱「及」字，當補。見《困學紀聞》卷十三。

與真犯有間。「皆」者，不分首從，一等科罪。「各」者，彼此各同科此罪。「其」者，變於先意。「及」者，事情連後。「即」者，意盡而復明。「若」者，文雖殊而會上意。」

韓子曰「博愛之謂仁」，韓愈《原道》文。宋儒譏之，如程子曰：「仁，性也。愛，情也。豈可便以愛爲仁？」而朱子《仁説》及《答張欽夫論仁書》皆致譏於「博愛謂仁」之説。門人陳光漢補。以爲必如周子所言「德愛曰仁」而後可，數百年來，莫不奉宋儒爲篤論矣。今考周子，初無「德愛曰仁」之説也。《通書·誠幾德篇》有曰：「誠，無爲；幾，善惡；德，愛曰仁，宜曰義」，曰禮、曰智、曰信，皆有説焉。周子之意若曰：誠者何謂？無爲是也。幾者何謂？善惡是也。德者何謂？在愛曰仁，在宜曰義，禮智與信俱在德也。德有五者，韓子《原性》之篇已明著矣，韓愈《原性》：「其所以爲性者五，曰仁、曰禮、曰信、曰義、曰智。」與周子無殊旨也。「博愛曰仁」，即周子之「愛曰仁」也。合《原性》而觀之，則韓子之説較周子爲尤備也。以其出於韓子則删去《原性》，而摘「博愛」之爲偏；出於周子則割截句讀，而以「德愛」爲至論。同一言也，不求至是，而但因人而異聽，不啻公甫之母與妻焉。《國語·魯語下》：「公父文伯卒，其母戒其妾曰：『吾聞之：好内，女死之；好外，士死之。今吾子夭死，吾惡其以好内聞也，二三婦之辱。共先者祀，請無瘠色，無洵涕，無掐膺，無憂容，有降服，無加服，從禮而静，是昭吾子也。』仲尼聞之曰：『女知莫若婦，男知莫若夫。公父氏之婦，智也。夫欲明其子之令德。』」案：又見《禮記·檀弓下》及《孔子家語·曲禮子夏問》。章氏引此，蓋謂凡婦人之情，愛其子，欲令妻妾思慕而已，敬姜乃反割抑欲以明德，所謂「因人而異」也。此論古之深患也。①

李漢序韓氏文曰：「文者，貫道之器也。」其言深有味也。宋儒譏之，以爲道無不在，不當又有一物以貫之。然則「率性之謂道」，《禮記·中庸》文。不當又有一物以率之矣。②

馮諼③問孟嘗君：收責反命，何市而歸？則曰：「視吾家所寡有者。」《戰國策·齊策》：「齊人有馮諼者，貧乏不能自存，使人屬孟嘗君，願寄食門下。」「後孟嘗君出記，

① 自「韓子曰『博愛之謂仁』」至此一節，粤雅堂本《文史通義》、浙江書局《章氏遺書》本無，嘉業堂《章氏遺書》本有。
② 自「李漢序韓氏文曰」至此一節，粤雅堂本《文史通義》、浙江書局《章氏遺書》本無，嘉業堂《章氏遺書》本有。
③ 「諼」，粤雅堂本《文史通義》、浙江書局及嘉業堂《章氏遺書》本均作「煖」。

問門下諸客：「誰習計會，能爲文收責於薛乎？」（注：責、債同。）馮諼署曰：『能。』」「於是約車治裝，載券契而行。辭曰：『責畢收，以何市而反？』孟嘗君曰：『視吾家所寡有者。』驅而之薛，使吏召諸民當償者，悉來合券。券徧合，起，矯命以責賜諸民，因燒其券，民稱萬歲。長驅到齊，晨而求見。孟嘗君怪其疾也，衣冠而見之曰：『責畢收乎？來何疾也？』曰：『收畢矣。』『以何市而反？』馮諼曰：『君云視吾家所寡有者，臣竊計君宮中積珍寶，狗馬實外廄，美人充下陳。君家所寡有者以義耳，竊以爲君市義。』孟嘗君曰：『市義奈何？』曰：『今君有區區之薛，不拊愛子其民，因而賈利之。臣竊矯君命以責賜諸民，因燒其券，民稱萬歲。乃臣所以爲君市義也。』孟嘗君不説，曰：『諾，先生休矣！』」學問經世，文章垂訓，如醫師之藥石偏枯，亦視世之寡有者而已矣。以學問文章徇世之所尚，是猶既飽而進粱肉，既煖而增狐貉也。非其所長而强以徇焉，是猶方飽粱肉而進以糠秕，方擁狐貉而進以裋褐也。《戰國策·宋策》：「墨子曰①見楚王曰：『今有人於此，舍其錦繡，鄰有短褐，而欲竊之；舍其粱肉，鄰有糟糠，而欲竊之。此爲何若人也？』」其有暑資裘而寒資葛者，

① 「曰」字衍，《戰國策》無。

吾見亦罕矣。

寶明珠者，必集魚目。《考靈曜》：「魚目入珠」，宋均注：「言僞亂真也。」尚美玉者，必競碔砆。《戰國策・魏策一》：「武夫似玉，白骨疑象，此皆似之而非也。」案：武夫即碔砆。是以身有一影，而罔兩居二三也。自注：罔兩乃影旁微影，見《莊子》注。青案：見《齊物論》注。然而魚目、碔砆之易售，較之明珠、美玉爲倍捷也。珠玉無心，而碔砆有意，有意易投也；珠玉難變，而碔砆能隨，能隨易合也；珠玉自用，而碔砆聽用，聽用易愜也。珠玉操三難之勢而無一定之價，碔砆乘三易之資而求價也廉，碔砆安得不售，而珠玉安得不棄乎？

鴆之毒也，犀可解之。瘴之厲也，檳榔蘇之。《本草綱目》：檳榔「禦瘴癘」，犀角「殺鉤吻、鴆羽、蛇毒」。有鴆之地，必有犀焉。瘴厲之鄉，必有檳榔。天地生物之仁，亦消息制化之理有固然也。漢儒傳經貴專門，專門則淵源不紊也，其弊專己守殘而失之陋。詳《漢書・劉歆傳》。劉歆《七略》論次諸家流別，而推《官禮》之遺焉，見《詩教上》注。所以解專陋之瘴厲也。唐世修書置館局，館局則各效所長也，其弊則漫無統紀而失之亂。《史通・史官建置》：「暨皇家之建國也，乃別置史館，通籍禁門。西京則與鸞渚爲鄰，東都則與鳳池相接，而館宇華麗，酒饌豐厚，得廁其流者實一時之美事。至咸亨年，以職司多濫，高宗喟然而稱曰：『朕甚懵焉！』乃命所司曲加推擇，如有居其職而闕其才者，皆不得預於修撰。由是史臣拜職多取外司，著作一曹殆成虛設，凡有筆削，畢歸於餘館。始自武德，迄乎長壽，其間若李仁實以直辭見憚，敬播以叙事推工，許敬宗之矯妄，牛鳳及之狂惑，此其美惡尤著者也。」劉知幾《史通》揚搉古今利病，而立法度之準焉，《新唐書・劉知幾傳》：「自以爲見用於時而志不遂，乃著《史通》內外四十九篇，譏評今古。徐堅讀之，歎曰：『爲史氏者宜置此坐右也。』」所以治散亂之瘴厲也。學問文章隨其風尚所趨，而瘴厲時作者，不可不知檳榔、犀角之用也。

所慮夫藥者，爲其偏於治病，病者服之可愈，常人服之，或反致於病也。夫天下無全功，聖人無全用。《列子》：「天有所短，地有所長，聖有所否，物有所通。」補正：原注删，加：《列子・天端》：「子列子曰：天地無全功，聖人無全能，萬物無全用。」

五穀至良貴矣，食之過乎其節，未嘗不可以殺人也。是故知養生者，百物皆可服。知體道者，諸家皆可存。六經三史，《十七史商榷》：「自唐以前通行人間者，惟班、馬、范之《史記》、《前漢》、《後漢》三史而已。」補正：原注刪，加：《十駕齋養新録》卷六：「《續漢書·郡國志》：『今録中興以來郡縣改異，及《春秋》三史會同征伐地名。』三史，謂《史記》、《漢書》及《東觀記》也。《吴志·吕蒙傳》注引《江表傳》：『權謂蒙曰：孤統軍以來，省三史、諸家兵法，大有益。』又《孫峻傳》注引《吴書》：『留贊好讀兵書及三史。』《晉書·傅休奕傳》：『撰論三史故事，評斷得失。』《隋書·經籍志》有《三史略》二十九卷，吴太子太傅張温撰。皆指此。」《十七史商榷》卷四十二：「《吕蒙傳》注『三史』，似指《戰國策》、《史記》、《漢書》。彼時不但未有范尉宗書，並謝承、華嶠、司馬彪之書皆未有，則三史自不得指爲《史記》、前後《漢》。」青案：《史通·表歷》：「班、東二史」，原注：「東謂《東觀漢記》。」又《六家》不及《國策》，《古今正史》亦僅於《國語》之後附叙《國策》，三史之説似以錢氏爲勝。又《日知録》卷六「史學」條：「唐穆宗長慶二年三月，諫議大夫殷侑言：『司馬遷、班固、范曄三史爲書，勸善懲惡，亞於六經。於是立三史科。』則唐代之三史乃以《史記》、前後《漢》當之矣。學術之淵源也。吾見不善治者之瘴厲矣。

學問文學、聰明才辨不足以持世，所以持世者，存乎識也。所貴乎識者，非特能持風尚之偏而已也，知其所偏之中，亦有不得而廢者焉。非特能用獨擅之長而已也，知己所擅之長，亦有不足以該者焉。不得而廢者，嚴於去僞。自注：風尚所趨不過一偏，惟僞託者，並其偏得亦爲所害。而慎於治偏，自注：真有得者，但治其偏足矣。則可以無弊矣。不足以該者，闕所不知，而善推能者。無有其人，則自明所短，而懸以待之，自注：人各有能有不能。充類至盡，聖人有所不能，庸何傷乎？今之僞趨逐勢者，無足責矣。其間有所得者，遇非己之所長，則强不知爲知，否則大言欺人，以謂此外皆不足道。夫道大如天，彼不見天者，曾何足論？己處門內，偶然見天，而謂門外之天皆不足道，有是理乎？曾見其人，未暇數責。亦可以無欺於世矣。夫道公而我獨私之，不仁也。風尚所趨，循環往復，不可力勝，乃我不能持道之平，亦入循環往復之中，而思以力勝，不智也。不仁不智，不足以言學也。不足言學而囂囂言學者，乃紛紛也。

知難自注，庚戌鈔存《通義》。

爲之難乎哉？知之難乎哉？夫人之所以謂知者，非知其姓與名也，亦非知其聲容之與笑貌也。讀其書，知其言，知其所以爲言而已矣。讀其書者，天下比比矣；知其言者，千不得百焉。知其言者，天下寥寥矣；知其所以爲言者，百不得一焉。然而天下皆曰「我能讀其書，知其所以爲言矣」，此知之難也。人知《易》爲卜筮之書矣，見《易教上》注。夫子讀之而知作者有憂患，見《易教上》注。是聖人之知聖人也。人知《離騷》爲詞賦之祖矣，《文心雕龍·辨騷》：「文辭雅麗，爲詞賦之宗。」司馬遷讀之而悲其志，《史記·屈賈列傳》：「余讀《離騷》、《天問》、《招魂》、《哀郢》，悲其志。」是賢人之知賢人也。夫不具司馬遷之志而欲知屈原之志，不具夫子之憂而欲知文王之憂，則幾乎罔矣。然則古之人有其憂與其志，不幸不得後之人有能憂其憂、志其志，而因以湮没不章者，蓋不少矣。

劉彦和曰：「《儲説》始出，《子虚》初成，秦皇、漢武，恨不同時。既同時矣，韓囚馬輕。」《文心雕龍·知音》文。蓋悲同時之知音不足恃也。夫李斯之嚴畏韓非，見《感遇》注。孝武之俳優司馬，見《感遇》注。乃知之深、處之當，而出於勢之不得不然，所謂迹似不知而心相知也。賈生遠謫長沙，其後召對宣室，文帝至云「久不見生，自謂過之」，見之乃知不及，君臣之際可謂遇矣。然不知其治安之奏，而知其鬼神之對，《史記·屈賈列傳》：「乃以賈生爲長沙王太傅。」「後歲餘，賈生徵見，孝文帝方受釐，坐宣室。上因感鬼神事，而問鬼神之本。賈生因具道所以然之狀。」「賈生數上疏，言諸侯或連數郡，非古之制，可稍削之。文帝不聽。」所謂迹似相知而心不知也。劉知幾負絶世之學，見輕時流，及其三爲史臣，再入東觀，可謂遇矣。然而語史才則千里降追，議史事則一言不合，《舊唐書①·劉知幾傳》：「累遷鳳閣舍人，兼修國史。中宗時，擢太子率更令。介直自守，累歲不遷。會天子西還，子玄自乞留東都。三年，或言子玄身史臣而私著述，驛召至京，領史事。遷秘書少監。時宰相韋巨源、紀處訥、楊再思、宗楚客、蕭至忠皆領監修，子玄病長官多，意尚不一，而至忠數責論次無功，又仕偃蹇，乃奏記求罷去。因爲至忠言『五不可』，曰：『古之國史，皆出一家，未聞藉功於衆。唯漢東觀集群儒，纂述無主，條章不建。今史司取士滋多，人自爲荀、袁，家自爲政、駿。每記一事，載一言，閣筆相視，含毫不斷，頭白可期，汗青無日。一不可。前漢郡國計書，先上太史，副上丞相。後漢公卿所撰，先集公府，乃上蘭臺。故史官載事爲廣。今史臣唯自詢采，二史不注起居，百家弗通行狀。二不可。史局深籍禁門，所以杜顔面，防請謁也。今作者如林，儻示褒貶，曾未絶口而朝野咸知。孫盛取嫉權門，王劭見讎貴族，常人之情，不能無畏。三不可。古者史氏各有指歸，故司馬遷退處士，進奸雄，班固抑忠臣，飾主闕。今史官注記，類稟監修，或須直辭，或當隱惡，十羊九牧，其令難行。四不可。今監者不肯指授，修者又不遵奉，務相推避，以延歲月。五不可。』又言朝廷厚用其才而薄其禮。至忠得書，悵惜不許。楚客等惡其言訐切，謂諸史官曰：『是子作書，欲致吾何地？』始，子玄修《武后實録》，有所改正，而武三思等不聽。自

① 「舊唐書」誤，所引爲《新唐書》文。

以爲見用於時而志不遂，乃著《史通》內外四十九篇，譏評今古。」所謂迹相知而心不知也。夫迹相知者，非如賈之知而不用，即如劉之用而不信矣。心相知者，非如馬之狎而見輕，即如韓之讒而遭戮矣。丈夫求知於世，得如韓、馬、賈、劉，亦云盛矣。然而其得如彼，其失如此。若可恃，若不可恃；若可知，若不可知。此遇合之知所以難言也。

莊子曰：「天下之治方術者，皆以其有爲不可加矣。」《莊子·天下》文。夫「耳目口鼻，皆有所明，而不能相通」，見《原道中》注。而皆以己之所治爲不可加，是不自知之過也。天下鮮自知之人，故相知者少也。自注：凡對己護前不服善者，皆不甚自知者也。世傳蕭穎士能識李華《古戰場文》，《新唐書·李華傳》：「李華字遐叔，趙州贊皇人。」「文辭緜麗，少宏傑氣。時謂不及蕭穎士，而華自疑過之。因作《弔古戰場文》，極思研搉。已成，汙爲故書，雜置梵書之皮①。他日，與穎士讀之，稱工。華問：

① 「皮」字誤，《新唐書》作「庋」。

『今誰可及？』穎士曰：『君加精思，便能至矣。』華愕然而服。」以謂文章有真賞。夫言根於心，其不同也如面。穎士不能一見而決其爲華，而漫云華足以及此，是未得謂之真知也。而世之能具蕭氏之識者，已萬不得一，若夫人之學業，固有不止於李華者，於世奚賴焉？凡受成形者，不能無殊致也；凡稟血氣者，不能無争心也。有殊致，則入主出奴，見《原道下》注。黨同伐異見《原道下》注。之弊出矣；有争心，則挾恐見破，見《言公中》注。嫉忌詆毁之端開矣。惠子曰：「奔者東走，追者亦東走，東走雖同，其東走之心則異。」《韓非子·説林》引。今同走者衆矣，亦能知同走之心歟？若可恃，若不可恃；若可知，若不可知。此同道之知所以難言也。

歐陽修嘗慨《七略》、四部目存書亡，以謂其人之不幸，《新唐書·藝文志序》：「自漢以來，史官列其名字篇第，以爲六藝、九種、七略，至唐始分爲四類，曰經、史、子、集。而藏書之盛，莫盛於開元，其著録者，五萬三千九百十五卷，而唐之學者自爲之書，又二萬八千四百六十九卷。」「然凋零磨滅，不可勝數，豈其華文少實不足以行遠歟？而俚言俗説，猥有存者，亦其幸不幸與？」蓋傷文章之不足恃也。然自獲麟以來，《春秋左傳·哀十四年》：「西狩獲麟。」著作之業，得如馬遷、班固爲盛矣。遷則藏之名山，而傳之其人，《史記·自序》：「整齊以百家雜語，藏之名山，副在京師，俟後世聖人君子。」固則女弟卒業，而馬融伏閤以受其書，見《史注》注。於今猶日月也。然讀《史》、《漢》之書，而察徐廣、裴駰、服虔、應劭諸家之詁釋，見《史注》注。其間不得遷、固之意者，十常三四焉。以專門之攻習，猶未達古人之精微，況泛覽所及愛憎由己耶？夫不傳者有部目空存之慨，其傳者又有推求失旨之病，與愛憎不齊之數。若可恃，若不可恃；若可知，若不可知。此身後之知所以難言也。

人之所以異於木石者，情也。情之所以可貴者，相悦以解也。賢者不得達而相與行其志，亦將窮而有與樂其道；不得生而隆遇合於當時，亦將殁而俟知己於後世。然而有其理者不必有其事，接以迹者不必接以心。若可恃，若不可恃；若可知，若不可知。「後之視今，亦猶今之視昔。」王羲之《蘭亭序》文。嗟乎！此伯牙之所以絶弦不鼓，《吕氏春秋·孝行覽·本味》：「伯牙鼓琴，鍾子期聽之。方鼓琴而志在太山，鍾子期曰：『善哉乎鼓琴！巍巍乎若太山！』少選之間而志在流水，鍾子期又曰：『善哉乎鼓琴！湯湯乎若流水！』鍾子期死，伯牙破琴絶弦，終身不復鼓琴。」而卞生之所以抱玉而悲號者也。見《言公下》注。夫鶡鵲啁啾，見《言公中》注。和者多也。茅葦黄白，蘇軾《答張文潛書》：「地之美者，同於生物，不同於所生。惟荒瘠斥鹵之地，彌望皆黄茅白葦。」靡者衆也。鳳高翔於千仞，桐孤生於百尋，知其寡和無偶，而不能屈折以從衆者，亦勢也。是以君子發憤忘食，闇然自修，不知老之將至，《論語·述而》文。所以求適吾事而已。安能以有涯之生，而逐無涯之毁譽哉？見《假年》注。

釋通自注：庚辛間草。青案：乾隆五十五年庚戌，五十六年辛亥，章氏五十三歲、五十四歲。

《易》曰：「惟君子爲能通天下之志。」説者謂君子以文明爲德，同人之時，能達天下之志也。《易·同人》文。注：「君子以文明爲德。」疏：「惟君子之人，於同人之時，能以正道通達天下之志。」《書》曰：「乃命重黎，絶地天通。」説者謂人神不擾，各得其序也。《書·呂刑》文。注：「重即羲，黎即和。堯命羲和，世掌天地四時之官，使人神不擾，各得其序。」夫先王懼人有匿志，於是乎以文明出治，見卷七《永清縣志選舉表序例》注。通明倫類，而廣同人之量焉。先王懼世有棼治，《左傳·隱四年》：「猶治絲而棼之也。」於是乎以人官分職，絶不爲通，見《書教下》注。而嚴畔援之防焉。《詩·大雅》：「無然畔援」，注：「無是畔道，無是援取。」自六卿分典，見《書教上》注。五史治書，自注：内史、外史、太史、小史、御史。學專其師，官守其法，是絶地天通之義也。數會於九，書要於六，《周禮·地官司徒·保氏》：「五曰六書，六曰九數。」注：「六書：象形、會意、轉注、處事、假借、諧聲也。」「九數：方田、粟米、差分、少廣、商功、均輸、方程、贏不足、旁要。」「今有重差、夕桀、句股也。」雜物撰德，《易·繫辭下》文。正義曰：「言雜聚天下之物，撰數衆人之德。」同文共軌，《禮記·中庸》：「今天下車同軌，書同文。」是達天下志之義也。夫子没而微言絶，七十子喪而大義乖。見《經解上》注。

漢氏之初，《春秋》分爲五，《詩》分爲四，見《原道下》注。然而治《公羊》者不議《左》、《穀》，業韓《詩》者不雜齊、魯，專門之業，斯其盛也。案：春秋戰國儒者多通群經，孔子删述以後，如孟子、荀子皆不專一經，漢初始謹守一先生之言，西漢末以迄東漢又兼治數經。觀史遷之兼采今古文，石渠之諸經《議奏》，許慎之《五經異義》，鄭玄之徧注群經可證。自後師法漸衰，學者聰明旁溢，異論紛起。於是深識遠覽之士，懼《爾雅》訓詁之篇見《原道下》注。不足以盡絶代離辭，案：揚雄有《輶軒使者絶代語釋别國方言》十五篇。同實殊號，而綴學之徒《漢書·劉歆傳》：「往者綴學之士。」無由彙其指歸也，於是總五經之要，辨六藝之文，石渠《雜議》之屬，自注：班固《藝文志》、《五經雜議》十八篇。青案：《漢書·韋玄成傳》：「宣帝召拜玄成爲淮陽中尉，是時，王未就國，玄成受詔與太子太傅蕭望之及五經諸儒雜論同異於石渠閣，條奏其對。」同書劉向、施讎兩傳亦載其事。始離經而别自爲書，則通之爲義所由倣也。劉向總校五經，編録《三禮》，補正：案：《儀禮·士冠禮》疏云：「此劉向《别録》十七篇之次。」《隋書·經籍志》：「漢初，河間獻王得仲尼弟子及後學者所記一百三十一篇，獻之時亦無傳之者，至劉向考校經籍，檢得一百三十篇，向因第而叙之。而又得《明堂陰陽記》三十三篇，《孔子三朝記》七篇，《王氏史氏記》二十一篇，《樂記》二十三篇，凡五種，合二百十四篇。戴德删其繁重，合而記之，爲八十五篇，謂之《大戴禮》。」《禮記》四十九篇，《釋文叙録》云：「劉向《别録》有四十九篇，其篇次與今《禮記》同」。其於戴氏諸記，標分品目，以類相從，而義非專一。若《檀弓》、《禮運》諸篇，俱題「通論」，則「通」之定名所由著也。自注：《隋志》有「《五經通義》八卷」，注：「梁有九卷」，不著撰人。《唐志》有劉向「《五經通義》九卷」。然唐以前記傳無考。青案：《小戴禮記》《檀弓》、《禮運》兩篇篇目，正義俱引鄭《目録》云：「此於《别録》屬通論。」《五經通義》爲一書，《别録》又爲一書。

班固承建初之詔，作《白虎通義》。自注：《儒林傳》稱《通義》，固本傳稱《通德論》。後人去「義」字，稱《白虎通》，非是。青案：建初，漢章帝年號。應劭愍時流之失，作《風俗通義》。《漢泰山太守南頓應劭風俗通義自序》：「昔仲尼没而微言闕，七十喪而大義乖，重遭戰國，約從連横，好惡殊心，真僞紛争，故《春秋》分爲五，《詩》分爲四，《易》有數家之傳，並以諸子百家之言，紛然散亂，莫知所從。漢興，儒者競復，比誼會意，爲之章句。家有五六，皆析文便辭，彌以馳遠。綴文之士，雜襲龍麟，訓注説難，傳①相陵高，積如丘山，可謂繁富者矣。而至於俗間行語，衆所共傳，積非習貫，莫能原察。今王室大壞，九州幅裂，亂靡有定，生民無幾。私懼後進益以迷昧，聊以不才，舉爾所知，方以類聚，凡一十卷，謂之《風俗通義》。」蓋章句訓詁末流浸失，見《原道下》注。而經解論議家言補正：《容齋五筆》六卷「經解之名」：「晉唐至今，諸儒訓釋六經，否則自立佳名，蓋各以百數，其書曰傳、曰解、曰章句而已。若戰國迨漢，則其名簡雅。一曰故，故者，通其指義也。《書》有《夏侯解故》，《詩》有《魯故》、《后氏故》、《韓故》也。《毛詩故訓傳》顔師古謂流俗改『故訓傳』爲『詁』字，失真耳。小學有《杜林倉頡故》。二曰微，謂釋其微指。如《春秋》有《左氏微》、《鐸氏微》、《張氏微》、《虞卿微傳》。三曰通，如洼丹《易通論》名爲《洼君通》。班固《白虎通》，應劭《風俗通》，唐劉知幾《史通》，韓滉《春秋通》，凡此諸書，唯《白虎通》、《風俗通》僅存耳。又如鄭康成作《毛詩箋》，申明其義，他書無用此字者。《論語》之學，但曰《齊論》、《魯論》、《張侯論》，後來皆不然也。」起而救之。二子爲書是後世標「通」之權輿也。自是依經起義，則有集解、自注：杜預《左傳》、范甯《穀梁》、何

①「傳」字誤，《風俗通義》作「轉」。

晏《論語》。青按：《隋書·經籍志》：「《春秋左氏經傳集解》三十卷，杜預撰。」「《春秋穀梁傳》十二卷，范甯集解。」「《集解論語》十卷，何晏集。」集注、自注：荀爽《九家易》、崔靈恩《毛詩》、孔倫、裴松之《喪服經傳》。青案：《隋書·經籍志》：「《周易荀爽九家注》十卷。」「《集注毛詩》二十四卷，梁桂州刺史崔靈恩注。」「《集注喪服經傳》一卷，晉盧陵太守孔倫撰。」「《集注喪服經傳》一卷，晉宋太中大夫裴松之撰。」異同、自注：許慎《五經異義》、賀瑒《五經異同評》。青案：《隋書·經籍志》：「《五經異義》十卷，後漢太尉祭酒許慎撰。」又：梁有《五經異同評》一卷，賀瑒撰，亡。然否自注：何休《公羊墨守》、鄭玄《駁議》、譙周《五經然否論》。青案：《隋書·經籍志》：「《春秋公羊墨守》十四卷，何休撰。」「《駁何氏漢議》二卷，鄭玄撰。」「《五經然否論》五卷，晉散騎常侍譙周撰。」諸名。離經爲書，則有六藝、自注：鄭玄《論》。青案：《隋書·經籍志》：「《六藝論》一卷，鄭玄撰。」聖證、自注：王肅《論》。青案：《隋書·經籍志》：「《聖證論》十二卷，王肅傳。」匡謬、自注：唐顔師古《匡謬正俗》。青案：《舊唐書·經籍志》：「《匡謬正俗》八卷，顔師古撰。」兼明自注：宋邱光庭《兼明書》。青案：《宋史·藝文志》：「宋邱光庭《兼明書》三卷。」諸目。其書雖不標「通」，而體實存通之義。經部流别，不可不辨也。若夫堯、舜之《典》統名《夏書》，自注：《左傳》稱《虞書》爲《夏書》，馬融、鄭玄、王肅三家首篇皆題《虞夏書》，伏生《大傳》首篇亦題《虞夏傳》。《國語》、《國策》不從周記，《太史》百三十篇自名一子，自注：本名《太史公書》，不名《史記》也。青案：謂《太史公書》爲「自名一子」，此論極是。班固《五行》、《地理》上溯夏周，自注：《地理》始《禹貢》，《五行》合《春秋》，補司馬遷之闕略，不必以漢爲斷也。古人一家之言，文成法立，離合銓配，惟理是視，固未嘗別爲標題，分其部次也。梁武帝以遷、固而下，斷代爲書，於是上起三皇，下訖梁代，撰爲《通史》一編，欲以包羅衆也，史籍標「通」，此濫觴也。《隋書·經籍志》：「《通史》四百八十卷，梁武帝撰，起三皇，迄梁。」青案：濫觴，見《書教中》注。嗣是而後，源流漸別。總古今之學術，而紀傳一規乎史遷，鄭樵《通志》作焉。自注：《通志》精要在乎義例。蓋一家之言，諸子之學識，而寓於諸史之規矩，原不以考據見長也。後人議其疎陋，非也。統前史之書志，而撰述取法乎官《禮》，杜佑《通典》作焉。自注：《通典》本劉秩《政典》。合紀傳之互文，自注：紀傳之文，互爲詳略。而編次總括乎荀、袁，自注：荀悦《漢紀》三十卷，袁宏《後漢紀》三十卷，皆易紀傳爲編年。司馬光《資治通鑑》作焉。見《書教下》注。彙公私之述作，而銓録略倣乎孔、蕭，自注：孔逭《文苑》百卷、昭明太子蕭統《文選》三十卷。裴潾《太和通選》作焉。《唐書·裴潾傳》：「嘗裒古今辭章，續昭明太子《文選》，自號《太和通選》。」此四子者，或存正史之規，自注：《通志》是也。自《隋志》以後，皆以紀傳一類爲正史。或正編年之的，自注：《通鑑》。或以典故爲紀綱，自注：《通典》。或以詞章存文獻，自注：《通選》。史部之通，於斯爲極盛也。自注：大部總選、意存掌故者，當隸史部，與論文家言不一例。至於《高氏小史》、自注：唐元和中，高峻及子迥。青案：《新唐書·藝文志》：「《高氏小史》一百二十卷，高峻初六十卷，其子迥釐益之。」姚氏《統史》自注：唐姚康復。青案：《新唐書·藝文志》：「姚康復《統史》二百卷。」之屬，則撙節繁文，自就隱括者也。羅氏《路史》、自注：宋羅泌。青案：羅泌《路史》四十七卷。鄧氏《函史》自注：明鄧元錫。青案：《明史·藝文志》：「鄧元錫《函史》，上編九十五卷，下編二十卷。」之屬，則自具別裁，成其家言者也。自注：譙周《古史考》、蘇轍《古史》、馬驌《繹史》之屬，皆採摭經傳之書，與通史異。青案：《隋書·經籍志》：「《古史考》二十五卷，晉義陽亭侯譙周撰。」《宋史·藝文志》：「蘇轍《古史》六十卷。」又案：清馬驌《繹史》一百六十卷。**范氏《五代通録》**，自注：宋范質以編年體紀梁、唐、晉、漢、周事實。青案：《宋史·藝文志》：「范質《五代通録》六十五卷。」**熊氏《九朝通略》**，自注：宋熊克合吕夷簡《三朝國史》、王珪《两朝國史》、李燾、洪邁等《四朝國史》，以編年體爲九朝書。青案：《宋史·藝文志》：「熊克《九朝通略》一百六十八卷。」**標「通」而限以朝代者也。**自注：易姓爲代，傳統爲朝。**李氏南北《史》**，自注：李延壽。青案：《舊唐書·經籍志》：「《南史》八十卷，《北史》一百卷，李延壽撰。」**薛、歐《五代史》**，自注：薛居正、歐陽修俱有《五代史》。青案：《宋史·藝文志》：「薛居正《五代史》一百五十卷。歐陽修《新五代史》七十四卷。」**斷代而仍行通法者也。**自注：已上二類雖通數代，終有限斷，非如梁武帝之《通史》統合古今。青案：《隋書·經籍志》：「《通史》四百八十卷，梁武帝撰，起三皇，訖梁。」①**其餘紀傳故事之流**，補正：《隋書·經籍志·史部·雜傳序》：「古之史官必廣其所記，非獨人君之舉，窮居側陋之士，言行必達，皆有史傳。自史官曠絶，其道廢壞，司馬遷、班固股肱輔弼之臣，扶義倜儻之士，皆有記録，而操

① 《通史》一條注文，原書誤排在薛、歐《五代史》之下，今乙正。又此條已見上文梁武帝撰爲《通史》之下，此處重出當删。

行高潔、不涉於世者，皆略而不記。劉向始作《列仙》、《列士》、《列女》之傳，光武始詔南陽撰作《風俗》，故沛、三輔有《耆舊》、《節士》之序，魯廬江有《名德》、《先賢》之讚，魏文帝又作《列異》以序鬼物奇怪之事，嵇康作《高士傳》以叙聖賢之風。因其事類，相繼而作者甚廣，亦史官之末事也。今取其見存部而類之，謂之雜傳。」案：《新唐書・藝文志》始有「雜傳記」之目。「故事」，見《校讎通義・宗劉》注。補緝纂録之策，紛然雜起，雖不能一律以繩，要皆倣蕭梁《通史》之義。而取便耳目，史部流别，不可不知也。夫師法失傳，而人情怯於復古；末流浸失，而學者囿於見聞。訓詁流而爲經解，一變而入於子部儒家，自注：應劭《風俗通義》、蔡邕《獨斷》之類。青案：蔡邕《獨斷》一卷。再變而入於俗儒語録，自注：程、朱《語録》，記者有未别擇處，及至再傳而後浸失，故曰俗儒。三變而入於庸師講章。自注：「蒙存」、「淺達」之類，支離蔓衍，甚於語録。不知者習而安焉，知者鄙而斥焉，而不知出於經解之通，而失其本旨者也。載筆彙而有通史，一變而流爲史鈔，自注：《小史》、《統史》之類，但節正史，並無别裁，當入史鈔。向來著録入於通史，非是。史部有史鈔，始於《宋史》。再變而流爲策士之括類，自

注：《文獻通考》之類，雖倣《通典》，而分析次比，實爲類書之學。書無別識通裁，便於對策敷陳之用。三變而流爲《兔園》之摘比，自注：《綱鑑合纂》及《時務策括》之類。青案：《兔園》，見《傳記》注。不知者習而安焉，知者鄙而斥焉，而不知出於史部之通，而亡其大原者也。案：《文集篇》云：「夫治學分而諸子出，公私之交也；言行殊而文集興，誠僞之判也。勢屢變則屢卑，文愈繁則愈亂。苟有好學深思之士，因文以求立言之質，因散而求會同之歸，則三變而古學可與。惜乎！循流者忘源，而溺名者喪實。二缶猶且以鐘惑，況滔滔之靡有底極耶！」且《七略》流而爲四部，類例顯明，見《書教》上、中注。無復深求古人家法矣。然以語録、講章之混合，則經不爲經，子不成子也。策括、類摘之淆雜，則史不成史，集不爲集也。四部不能收，九流無所別，紛紜雜出，妄欲附於通載，不可不嚴其辨也。夫古人著書，即彼陳編，就我創制，所以成專門之業也。後人併省凡目，取便檢閲，所以入記誦之陋也。夫經師但殊章句，即自名家，自注：費直之《易》，申培之《詩》，《儒林傳》言其別無著述訓詁，而《藝文志》有《費氏説》、《申公魯詩》，蓋即口授章句也。史書因襲相沿，無妨並

見；自注：如史遷本《春秋》、《國策》諸書，《漢書》本史遷所記及劉歆所著者，當時兩書並存，不以因襲爲嫌。專門之業，別具心裁，不嫌貌似也。勦襲講義，沿習久而本旨已非；自注：明人修《大全》，改先儒成説以就己意。摘比典故，原書出而舛訛莫掩。記誦之陋，漫無家法，易爲剽竊補正：見《辨似》注。也。然而專門之精與剽竊之陋，其相判也蓋在幾希之間，則别擇之不可不慎者也。

通史之修，其便有六：一曰免重複，二曰均類例，三曰便銓配，四曰平是非，五曰去牴牾，六曰詳鄰事。其長有二：一曰具翦裁，二曰立家法。其弊有三：一曰無短長，二曰仍原題，三曰忘標目。何謂免重複？夫鼎革《易·雜卦》：「革，去故也。鼎，取新也。」之際，人物事實同出並見。勝國《周禮·秋官司寇》士師：「若祭勝國之社稷」，疏：「據周勝殷，謂之勝。」無徵、新王興瑞即一事也，前朝草竊、新主前驅即一人也。董卓、吕布，范、陳各爲立傳；《後漢書》：《董卓傳》第六十二，《吕布傳》第六十五。《三國志》：卷六《董卓傳》，卷七《吕布傳》。禪位册詔，梁、陳並載全文，《梁書·武帝紀》：「丙辰，齊帝禪位於梁王，詔曰」云云。「四月壬戌，策曰」云云。《陳書·高帝紀》：「辛未，梁帝禪位於陳，詔曰」云云，「策曰」云云，均載全文。所謂複也。《通志》總合爲書，事可互見，文無重出，不亦善乎！何謂均類例？夫馬立《天官》，司馬遷《史記》有《天官書》。班創《地理》；班固《漢書》始刱《地理志》。《齊志·天文》蕭子顯《齊書》有《天文志》。不載推步，見《書教下》注。《唐書·藝文》《舊唐書》有《經籍志》，《新唐書》有《藝文志》。不叙淵源。依古以來，參差如是。鄭樵著《略》，鄭樵《通志》有十五略。雖變史志章程，自成家法，但六書七音，原非沿革，昆蟲草木，何嘗必欲易代相仍乎？鄭樵《通志》有《六書略》、《七音略》、《昆蟲略①草木略》。惟通前後而勒成一家，則例由義起，自就隱括。《尸子》：「孔子曰：『自娛於檃括之中。』」《公羊傳》何休序：「故遂隱括，使就繩墨焉。」疏：「隱謂隱審，括謂檢括。繩墨，猶規矩也。何氏言已隱審檢括《公羊》，使就規矩也。」《隋書》五代史志自注：梁、陳、北齊、周、隋。終勝沈、蕭、魏氏之書矣！自注：沈約《宋志》、蕭子顯

---

①「略」字衍，當删。

《南齊志》、魏收《魏志》，皆參差不齊也。何謂便銓配？包羅諸史，制度相仍。惟人物挺生，各隨時世。自后妃宗室，標題著其朝代。至於臣下，則約略先後，以次相比。自注：南北《史》以宗室分冠諸臣之上以爲識別，歐陽《五代史》始標別朝代。然子孫附於祖父，世家會聚宗支。自注：南北《史》王、謝諸傳不盡以朝代爲斷。一門血脈相承，時世盛衰亦可因而見矣。即楚之屈原將漢之賈生同傳，《史記》屈原、賈生同傳。周之太史偕韓之公子同科，《史記》老子、韓非子同傳。古人正有深意，相附而彰，義有獨斷。末學膚受，見《感遇》注。豈得從而妄議耶？何謂平是非？夫曲直之中，定於易代。然晉史終須帝魏，晉受魏禪故。而周臣不立韓通，《困學紀聞·考史》：「宋藝祖贈韓通中書令制曰：『易姓受命，王者所以徇至公；臨難不苟，人臣所以明大節。』大哉王言，表忠義以勵臣節，英主之識遠矣。歐陽公《五代史》不爲韓通立傳，劉原父譏之曰：『如此是第二等文字。』」雖作者挺生，而國嫌補正：避異國之嫌。宜慎，則亦無可如何者也。惟事隔數代，而衡鑒至公，庶幾筆削平允，而折衷定矣。何謂去牴牾？斷代爲書，各有裁制，詳略去取，亦不相、妨。惟首尾交錯，互有出入，則牴牾之端從此見矣。居攝之事，班殊於范；案：《後漢書》無《王莽傳》。二劉始末，自注：劉表、劉焉。范異於陳。補正：案：《後漢書·劉表傳》："及李傕入長安，冬，表遣使奉貢，傕以表爲鎮南將軍、荆州牧，封成武侯，假節。"《三國志》謂"李、郭入長安，欲連表爲援，乃以表爲鎮南將軍、荆州牧，封武成侯，假節。天子都許，表始遣使貢獻"。《後漢書》謂"江夏太守黄祖爲孫權所殺，琦遂求代其任"。《三國志》謂"表及妻愛少子琮，欲以爲後，乃出長子琦爲江夏太守"。又《後漢書·劉焉傳》："會益州刺史郤儉賦斂煩擾，謡言遠聞。"《三國志》"郤儉"作"郗儉"。《後漢書》謂"備遷璋於公安，歸其財寶，後以病卒"。《三國志》並謂"孫權殺關羽，取荆州，以璋爲益州牧，駐秭歸"。《後漢書·焉傳》張魯附傳，《三國志》魯别有傳。統合爲編，庶幾免此。何謂詳鄰事？僭國載紀，《四庫全書提要叙·史部·載記類》："案《後漢書·班固傳》稱撰平林、新市、公孫述事爲載記，《史通》亦稱平林、下江諸人，《東觀》列爲載記，又《晉書》附叙十六國亦云載記。是實立乎中朝，以叙述列國之名。今採録《吴越春秋》以下，述偏方僭亂遺蹟曰①，準《東觀漢記》、《晉書》之例，總題曰

① "曰"字誤，《四庫提要》作"者"。

「載記」。四裔外國，勢不能與一代同其終始，而正朔紀傳斷代爲編，則是中朝典故居全，而藩國載紀乃參半也。惟南北統史，則後梁、東魏悉其端；《北史》有《魏紀》稱「東魏孝静皇帝」，又《僭僞附庸列傳》有「梁帝蕭詧」。而五代彙編，斯吴越、荆、潭終其紀也。《五代史》有《吴越世家》、《南平世家》、《楚世家》。按：《南平世家》，高季興據荆州；《楚世家》，馬殷據湘潭。故曰「荆、潭」。凡此六者，所謂便也。何謂具翦裁？通合諸史，豈第括其凡例，杜預《左傳序》：「其發凡以言例，皆經國之常制。」亦當補其缺略，截其浮辭，平突填砌，乃就一家繩尺。若李氏南北二《史》，文省前人，事詳往牒，曾公佑《進新唐書表》：「其事則增於前，其文則省於舊。」故稱良史。蓋生乎後代，耳目聞見自當有補前人，所謂憑藉之資易爲力也。何謂立家法？陳編具在，何貴重事編摩？專門之業，自具體要。若鄭氏《通志》，卓識名理，獨見別裁。古人不能任其先聲，後代不能出其規範，雖事實無殊舊録，而辨名正物，諸子之意寓於史裁，終爲不朽之業矣。凡此二者，所謂長也。何謂無短長？纂輯之書，略以次比，本無增損，但易標題，則劉知幾所謂「學者寧習本書，怠窺新録」者矣。《史通·六家》：「通史以降，蕪累尤深，遂使學者寧習本書，而怠窺新録。」何謂仍原題？諸史異同，各爲品目，作者不爲更定，自就新裁。《南史》有《孝義》而無《列女》，自注：詳《列女篇》。《通志》稱《史記》以作時代，自注：《通志》漢、魏諸人皆標「漢」、「魏」，稱時代非稱史書也。而《史記》所載之人亦標「《史記》」而不標時代，則誤仍原文也。一隅三反，見《文理》注。則去取失當者多矣。何謂忘題目？帝王、后妃、宗室、世家標題朝代，其別易見。臣下列傳自有與時事相值者，見於文詞，雖無標別，但玩叙次，自見朝代。至於《獨行》、《方伎》、《文苑》、《列女》諸篇，案：均始自范曄《後漢書》。其人不盡涉於世事，一例編次，若《南史》吴逵、韓靈敏諸人，幾何不至於讀其書不知其世邪[①]？案：《南史》吴逵、韓靈敏諸人，皆不詳爲何代人。讀書知世，見《文德》注。凡此三者，所謂弊也。

① 「邪」，粤雅堂本《文史通義》、浙江書局及嘉業堂《章氏遺書》本均作「耶」。

《説文》訓「通」爲「達」，《説文解字》第二篇「辵部」：「通，達也。从辵，甬聲。」自此之彼之謂也。通者，所以通天下之不通也。讀《易》如無《書》，讀《書》如無《詩》。李翺《答王載言書》：「六經之詞也，創意造言，皆不相師。故其讀《春秋》也，如未嘗有《詩》也；其讀《詩》也，如未嘗有《易》；其讀《易》也，如未嘗有《書》也。」《爾雅》治訓詁，小學明六書，通之謂也。見《經解上》注。古人離合撰著，不言而喻。漢人以「通」爲標目，如《隋書·經籍志》「《風俗通義》三十一卷，應劭撰」。梁世以「通」入史裁，如《新唐書·藝文志》「梁武帝《通史》六百二卷」。則其體例蓋有截然不可混合者矣。杜佑以劉秩《政典》爲未盡，而上達於三五，《典》之所以名「通」也。《直齋書録解題·典故類》：「《通典》二百卷，唐宰相京兆杜佑君卿撰。初，劉秩爲《政典》三十五篇，佑以爲未盡，廣而成之。」奈何魏了翁取趙宋一代之掌故，亦標其名謂之《國朝通典》乎？《直齋書録解題·典故類》：「《國朝通典》二百卷，不著名氏，或言魏鶴山所爲，似方草創未成書也。凡《通典》、《會要》、前志及館閣書目皆列之類書。按《通典》載古今制度沿革，《會要》專述典故，非類書也。」既曰「國朝」，畫代爲斷，何通之有！是亦循名而不思其義者也。六卿聯事，見《書教上》注。職官之書補正：見《校讎通義・宗劉》注。亦有通之義也。奈何潘迪取有元御史之職守，亦名其書謂之《憲臺通紀》耶？盧文弨《補遼金元藝文志》：「潘迪《憲臺通紀》二十三卷。」門人沈訒補。又地理之學，自有專門，州郡志書，當隸外史。自注：詳《外篇・亳州志議》。前明改元代行省爲十三布政使司，《明史・地理志》：「洪武初，建都江表，革元中書省，以京畿應天諸府直隸京師，後乃盡革行中書省，置十三布政使司，分領天下府州縣。」「布政使司十三：曰山東，曰山西，曰河南，曰陝西，曰四川，曰湖廣，曰浙江，曰江西，曰福建，曰廣東，曰云南，曰貴州。」所隸府州縣衛補正：《大清會典・吏部》：「司道分其治於府、於直隸廳、於直隸州，府分其治於廳、州、縣。」《兵部》：「分武職官之缺，三曰衛缺。直隸、山東、江南、江西、浙江、湖廣各衛所官，專職漕務。」各有本志。使司幅員既廣，所在府縣懼其各自爲書，未能一轍也，於是裒合所部，別爲《通志》。通者，所以通府州縣衛之各不相通也。奈何修《通志》者，取府、州、縣、山川、人物，分類爲編，以府領縣，以縣領事實人文，摘比分標，不相聯合？如是爲書，則讀者但閲府縣本志可矣，又何所取於通哉？夫通史人文，上下千年，然而義例所通，則隔代不嫌合撰。使司所領不過數十州縣，而斤斤見《書教下》注。分界，惟恐越畔爲虞，見《經解中》注。良由識乏通材，遂使書同胥史矣。

横通

「通人」見《朱陸》注。之名，不可以概擬也。有專門之精，有兼覽之博。各有其不可易，易則不能爲良；各有其不相謀，《論語·衛靈公》：「道不同，不相爲謀。」謀則不能爲益。然「通」之爲名，蓋取譬於道路，四衝八達，無不可至，謂之通也。亦取其心之所識，雖有高下、偏全、大小、廣狹之不同，而皆可以達於大道，故曰通也。然亦有不可四衝八達，不可達於大道，而亦不得不謂之通，是謂「横通」。横通之與通人，同而異，近而遠，合而離。

老賈善於販書，舊家富於藏書，好事勇於刻書，皆博雅名流所與把臂入林者也。《世説・賞譽》：「謝公道豫章：『若遇七賢，必自把臂入林。』」禮失求野，《文選・劉歆〈移書太常博士〉》：「禮夫求之於野。」李善注引《漢書》班固曰：「仲尼有言：『禮失而求諸野。』」其聞見亦頗有可以補博雅名流所不及者，固君子之所必訪也。然其人不過琴工碑匠，藝業之得接於文雅者耳。所接名流既多，習聞清言名論，而胸無智珠，則道聽塗説，《漢書・藝文志・諸子略・小説家》：「街談巷語，道聽塗説者之所造。」補正：原注上加：《論語・陽貨》：「道聽塗説，德之棄也。」根底之淺陋亦不難窺。周學士長發清浙江山陰人，字蘭坡，號石帆。雍正進士，選庶吉士，改教論。乾隆初，召試博學鴻詞，授編修。入直上書房，官至侍講學士。才思敏贍，有《賜書堂文集》。以此輩人謂之「横通」，其言奇而確也。故君子取其所長，而略其所短，譬琴工碑匠之足以資用而已矣。無如學者陋於聞見，接横通之議論，已如疾雷之破山，《莊子・齊物論》：「疾雷破山。」遂使魚目混珠，見《説林》注。清流無別。《五代史・李振傳》：「振謂太祖曰：『此輩嘗自言清流，可投之河，使爲濁流也。』」而其人亦遂囂然自命，不自知其通之出於横也。江湖揮麈，别開琴工碑匠家風，君子所宜慎流别也。

徐生善禮容，制氏識鏗鏘。《史記·儒林傳》：「諸學者多言禮，而魯高堂生最本。禮固自孔子時而其經不具，及至秦焚書，書散亡益多，於今獨有《士禮》。高堂生能言之。而魯徐生善爲容，（索隱曰：「《漢書》作『頌』，亦音『容』也。」）孝文帝①，徐生以容爲禮官大夫，傳子至孫徐延、徐襄，襄其天姿善爲容，不能通禮經。延頗能，未善也。襄以容爲漢禮官大夫，至廣陵内史。延及徐氏弟子公户满意、桓生、單次皆常爲漢禮官大夫，而瑕丘蕭奮以禮爲淮陽太守。是後能言禮爲容者，由徐氏焉。」《漢書·藝文志·六藝略》：「漢興，制氏以雅樂聲律，世在樂官。但能紀其鏗鏘鼓舞，而不能言其義。」同書《禮樂志》注：「服虔曰：『制氏，魯人，善樂事也。』」按：此即《荀子》所謂「不知其義，謹守其教②，父子世傳，以持王公」者也。漢廷討論禮樂，雖宿儒耆學，有不如徐生、制氏者矣，議禮樂者，豈可不與相接？然石渠、天禄之議論，見《書教上》注。非徐生、制氏所得參也。此亦禮樂之横通者也。

①「孝文帝」下，脱「時」字，當補。

②「教」字誤，《荀子》作「數」。

橫通之人可少乎？不可少也。用其所通之橫，以佐君子之縱也。君子亦不没其所資之橫也。則如徐生之禮容，制氏之鏗鏘，爲補於禮樂豈少也哉？無如彼不自知其橫也，君子亦不察識其橫也，是禮有玉帛，《論語·陽貨》：「禮云禮云，玉帛云乎哉？」而織婦琢工可參高堂之座，按：此謂織婦琢工能爲禮之器物，而不必知禮。高堂，見上「徐生善禮容」條注。樂有鐘鼓，而鎔金制革可議河間之《記》也。按：此謂鐘鼓皆樂，而制鐘鼓者不必知樂也。《詩·關雎》：「鐘鼓樂之。」《漢書·藝文志》：「武帝時，河間獻王好儒，與毛生等共采諸官及諸子言樂事者，以作《樂記》。」故君子不可以不知流別，而橫通不可以强附清流，斯無惡矣。

評婦女之詩文，則多假借；作橫通之序跋，則多稱許。一則憐其色，一則資其用也。案：此譏袁枚。設如試院之糊名易書，糊名者，隱其姓名，防請託也。然猶防以書跡爲認識之具，故將原卷謄寫方呈考官，是易書也。《新唐書·選舉志》：「初試，選人皆糊名，令學士考判。武后以爲非委任之方，罷之。」《宋史·選舉志》：「初，貢士踵唐制，猶用公卷，多假他人文字，或傭人書之。」俾略知臭味之人詳晰辨之，有不可欺者矣。

雖然，婦女之詩文不過風雲月露，其陋易見；橫通之序跋則稱許學術，一言爲智爲不智，君子於斯，宜有慎焉。《論語·子張》：「子貢曰：『君子一言以爲知，一言以爲不知，言不可以不慎也。』」

橫通之人無不好名。好名者，陋於知意者也。其所依附，必非第一流也。《世説新語·品藻》：「桓（桓温）曰：『第一流復是誰？』劉（真長）曰：『正是吾輩。』」有如師曠之聰，《孟子·離婁下》文。辨别通於鬼神，《孝經·感應章》：「通於神明。」斯惡之矣。故君子之交於橫通也，不盡其歡，不竭其忠，《禮記·曲禮上》：「君子不盡人之歡，不竭人之忠，以全交也。」爲有試之譽，《論語·衛靈公》：「如有所譽者，其有所試矣。」留不盡之辭，見《師説》注。則亦足以相處矣。

繁稱

嘗讀《左氏春秋》，而苦其書人名字不爲成法也。宋黄徹《蛩溪詩話》：「諸史列傳首尾一律，惟左氏傳《春秋》則不然。千變萬狀，有一人而稱目至數次異者，族、氏、名、字、爵、邑、號、謚，皆密布其中。」門人沈訒補。夫「幼名，冠字，五十以伯仲，死謚，周道也」。《禮記·檀弓上》文。按：《曲禮》：「男子二十，冠而字。」《儀禮·士冠禮》：「冠而字之，敬其名也。」「君父之前稱名，他人則稱字也。」①又：「女子許嫁，笄而字。」②注：「亦成人之道也。」③《風俗通義》：「凡氏於字，伯仲叔季是也。」《白虎通論》：「五十乃稱伯仲者，五十知天命，思慮定也。」《汲冢周書》：「維周公旦、太公望開嗣王業，攻於牧野之中，終葬，乃制謚。叙法④：大行受大名，細行受細名，行出於己，名生於人。」《周禮·春官》：太史「小喪賜謚」，疏：「賜謚之制，實始於周也。」此則稱於禮文之言，非史文述事之例也。左氏則隨意雜舉，而無義例，且名、字、謚、行以外，更及官爵、封邑，一篇之中，錯出互見。如「晉侯重耳」之名見於經，而定四年祝佗述踐土之盟其載書止曰「晉重」。僖三十三年「獲百里孟明視、西

---

① 「君父之前稱名」二句，出賈公彥疏。
② 「女子許嫁」二句，出《禮記·曲禮上》。
③ 「亦成人之道也」一句，出陳澔注。
④ 「叙法」，《逸周書》作「遂叙謚法」。

乞術、白乙丙以歸」，則名、字兼舉。又十二公皆稱稱①謚，其以行稱者如文十一年長狄兄弟四人僑如、焚如、榮如、簡如，稱官爵者如隱二年「司空無駭入極」，稱封邑者如隱元年「費伯帥師城郎」，是也。苟非注釋相傳，有受授至今，不復識爲何如人。是以後世史文莫不鑽仰左氏，而獨於此事不復相師也。

史遷創列傳見《傳記》注。之體，「列」之爲言，排列諸人爲首尾，所以標異編年見《書教中》注。之傳也。然而列人名目亦有不齊者，或爵，自注：淮陰侯之類。或官，自注：李將軍之類。或直書名，雖非左氏之錯出，究爲義例不純也。或曰：「遷有微意焉。」夫據事直書，善惡自見，《春秋》之意也。必標目以示褒貶，何怪沈約、魏收諸書直以標題爲戲哉！案：沈約《宋書》第五十五《索虜傳》即指北魏，第五十九《二凶傳》謂元凶劭及始興王濬，均以標題爲戲。《史通·題目》：「自兹以降，多師蔚宗。魏收因之，則又甚矣。其有魏世鄰國編於魏史者，於其人姓名之上又列之以邦域，申之以職官。至如江東帝主，則云『僭晉司馬叡』、『島夷劉裕』，河西酋長則云『私署涼

① 下「稱」字衍。

州牧張實」、「私署涼王李暠」。此皆篇中所具，又於卷首具列。蓋「法令滋張」，古人所慎。若范、魏之裁篇目，可謂滋章之甚者乎？」況七十列傳，稱官爵者偶一見之，餘並直書姓名，而又非例之所當貶，則史遷創始之初，不能無失云爾。必從而爲之辭，則害於道矣。

唐末五代之風詭矣，稱人不名不姓，多爲諧隱寓言，觀者乍覽其文，不知何許人也。如李曰「隴西」，王標「琅琊」，雖頗乖忤，猶曰著郡望也。

《日知録》引何孟春《餘冬序録》曰：「今人稱人姓必易以世望，稱官必用前代職名，稱府州縣必用前代郡邑名，欲以爲異。不知文字間著此，何益於工拙？此不惟於理無取，且於事復有礙矣。李姓者稱『隴西公』，杜曰『京兆』，王曰『琅琊』，鄭曰『滎陽』，以一姓之望而概衆人，可乎？此其失自唐末五季間孫光憲輩始。《北夢瑣言》稱馮涓爲『長樂公』，《冷齋夜話》稱陶穀爲『五柳公』，類以昔人之號而概同姓，尤是可鄙。官職、郡邑之建置，代有沿革，今必用前代名號而稱之，後將何所取焉？此所謂於理無取而復有礙者也。」

牛姓乃稱「太牢」，莊姓則稱「漆園吏」。

《舊唐書·牛僧孺傳》：「僧孺爲德裕所惡，目爲『太牢公』，其相憎

《史記·莊子列傳》：「嘗爲蒙漆

恨如此。」則詼嘲諧劇，不復成文理矣。凡斯等類，始於駢麗華詞，漸於尺牘小說，而無識文人乃用之以記事，宜乎試牘之文流於茁軋，沈括《夢溪筆談》：「嘉祐中，劉幾爲文好爲險怪之語，歐公（陽修）深惡之。會公主試，有一舉人論曰：『天地軋，萬物茁，聖人發。』公曰：『此必劉幾！』戲續之曰：『秀才剌，試官刷。』以大朱筆橫抹之，謂之『紅勒帛』。」而文章一道入混沌矣。

自歐、曾諸君，擴清唐末五季之詭僻，而宋、元三數百年，文辭雖有高下，氣體皆尚清真，斯足尚矣。而宋人又自開其纖詭之門者，則盡人而有號，一號不止，而且三數未已也。夫上古淳質，人止有名而已。周道尚文，幼名冠字，故卑行之於尊者多避名而稱字。故曰「字以表德」。《顏氏家訓·風操第六》：「古者，名以正體，字以表德，名終則諱之。」不足而加之以號，《周禮·春官》：「太祝掌辨六號」，注：「號，謂尊其名更爲美稱。」則何說也？流及近世，風俗日靡。始則去名而稱字，漸則去字而稱號。於是卑行之於所尊，不但諱名，且諱其字，以爲觸犯，豈不諂且瀆乎？孔子曰：「名不正，則言不順。」《論語·子路》文。稱號諱字，其不正不順之尤者乎？

號之原起不始於宋也，春秋、始周平王四十九年，終周景王三十九年。戰國見《易教下》注。蓋已兆其端矣。陶朱、鴟夷子皮，有所託而逃焉者也。《史記·貨殖傳》：「范蠡既雪會稽之恥，乃乘扁舟浮於江湘，變名易姓。適齊爲鴟夷子皮，之陶爲朱公。」案：第五倫客河東，自稱王伯齊，梁鴻適齊，姓運期名耀，亦是。鶡冠、鬼谷諸子，自隱姓名，人則因其所服所居而加之號也。《漢書·藝文志·諸子略》：「《鶡冠子》一篇。」自注：「楚人，居深山，以鶡爲冠。」《太平御覽》五百三十引《鬼谷子》曰：「周有豪士，居鬼谷，號曰『鬼谷先生』。」皆非無故而云然也。唐開元間宗尚道教，則有真人賜號，自注：「南華」、「沖虛」之類。法師賜號，自注：「葉靖法師」之類。女冠賜號，自注：「太真」、「玉妃」之類。僧伽賜號，自注：「三藏法師」之類。三藏在太宗時，不始開元，今以類舉及之。此則二氏之徒所標榜，案：二氏，謂佛家、道家。《後漢書·黨錮傳》：「海內希風之流，遂共相標榜①。」注：「標搒，猶相稱揚也。搒與榜②同，古字通。」後乃逮於隱逸，自注：陳摶、林逋之類。尋播及於士流矣。然出朝廷所賜，雖非典要，猶非本人自號也。度當日所以榮寵之意，已死者同於謚法，未死者同於頭銜，蓋以空言相賞而已矣。

自號之繁，倣於郡望，而沿失於末流之已甚者也。蓋自六朝門第爭標郡望，凡稱名者，不用其人所居之本貫，而惟以族姓著望冠於題名，此劉子玄之所以反見笑於史官也。《史通·邑里》：「觀周隋二史，每述王庾諸事、高楊數公，必云瑯琊王褒、新野庾信、弘農楊素、渤海高熲，以此成言，豈曰省文？從而可知也。」按：「反見笑於史官」，見《感遇》「述史減譽」注。沿之既久，則以郡望爲當時之文語而已矣。既以文語相與鮮新，則爭奇弔詭，《莊子·齊物論》：「是其言也，其名爲弔詭。」注：「謂至異於俗也。」名隨其意，自爲標榜。故別號之始多從山泉林藪以得

① 「榜」當作「搒」，《後漢書》作「搒」。
② 「搒」當作「榜」，《後漢書》作「榜」。

名，此足徵爲郡望之變，而因託於所居之地者然也。漸乃易爲堂軒亭苑，則因居地之變而反託於所居之室者然也。初則因其地，而後乃不必有其地者，造私臆之山川矣；初或有其室，而後乃不必有其室者，構空中之樓閣矣。《通俗編》：「《夢溪筆談》：『登州四面臨海，春夏時，遥見空際有城市樓臺之狀，士人謂之海市。』今稱言行虚構者曰空中樓閣，用此事。」識者但知人心之尚詭，而不知始於郡望之濫觴，是以君子惡夫作俑也。《孟子·梁惠王上》：「孔子曰：『始作俑者，其無後乎？』」注：「俑，偶人也，用之送死。」

峰泉溪橋，樓亭軒館，亦既繁複而可厭矣，乃又有出於諧聲隱語，此則宋元人之所未及開，而其風實熾於前明至近日也。自注：或取字之同音者爲號，或取字形離合者爲號。夫盜賊自爲號者，將以惑衆也；自注：赤眉、黄巾，其類甚多。娼優自爲號者，將以媚客也。自注：燕、鶯、娟、素之類甚多。而士大夫乃反不安其名字，而紛紛稱號焉，其亦不思而已矣。《日知録》卷二十三「以姓取名」條：「嗟乎！以士大夫而效伶人之命名，則自嘉靖以來然矣。」

逸囚多改名，懼人知也；出婢必更名，易新主也。故屢逸之囚，轉賣之婢，其名必多，所謂無如何也。文人既已架字而立號，苟有寓意，不得不然，一已足矣。顧一號不足，而至於三且五焉。噫！可謂不憚煩矣。《孟子·滕文公上》：「何許子之不憚煩？」

古人著書，往往不標篇名。後人校讎，見《篇卷》注。即以篇首字句名篇。不標書名，後世校讎，即以其人名書。此見古人無意爲標榜也。其有篇名、書名者，皆明白易曉，未嘗有意爲弔詭也。然而一書兩名，案：周秦著述止有篇名，後人彙集成書，以意追題，遂滋異稱。如《戰國策》一書，中書本號已有《國策》、《國事》、《短長》、《事語》、《修書》之殊稱，而中《易傳》①、《古五子》之爲《古五子》②，《吕氏春秋》之爲《吕覽》，其整齊劃一則自向歆父子始也。先後文質未能一定，則皆校讎。諸家易名著録，相沿不察，遂開岐異。初非著書之人自尚新奇爲弔詭也。

① 「中易傳」疑誤，《初學記》及《太平御覽》引劉向《别録》作「所校讎中易傳」。

② 「古五子」疑誤，《初學記》及《太平御覽》引劉向《别録》謂《易傳》、《古五子》又有《淮南九師道訓》、《淮南九師書》之稱。

有本名質而著録從文者，有本名文而著録從質者，有書本全而爲人偏舉者，有書本偏而爲人全稱者，學者不可不知也。本名質而著録從文者，《老子》本無經名，而書尊《道德》；《莊子》本以人名，而書著《南華》之類是也。自注：漢稱《莊子》。唐則勅尊《南華真經》，在開元時《隋志》已有《南華》之目。本名文而著録從質者，劉安之書本名《鴻烈解》，而《漢志》但著《淮南内外》；蒯通之書本名《雋永》，而《漢志》但著《蒯通》本名之類是也。自注：《雋永》八十一首，見本傳，與《志》不符。書名本全而爲人偏舉者，《吕氏春秋》有十二紀、八覽、六論，而後人或稱《吕覽》；見《言公上》注。《屈原》二十五篇，《離騷》特其首篇，而後世竟稱《騷賦》之類是也。自注：劉向名之《楚辭》，後世遂爲專部。書名本偏而爲人全稱者，《史記》爲書策紀載總名，而後人專名《太史公書》；案：《史記·周本紀》：「太史伯陽讀史記。」《十二諸侯年表》：「孔子論文記①舊聞」，

①「文記」字誤，《史記》作「史記」。

「左丘明因孔子史記具論其語」。《六國表》：「秦燒天下書，諸侯史記尤甚」，「史記獨藏周室」。《天官書》：「余觀史記，考行事。」《孔子世家》：「乃因魯史記作《春秋》。」《太史公自序》：「紬史記石室金匱之書。」是「史記」爲古史書之總名，初非遷《史》之專稱也。以《史記》專稱遷《史》，蓋起於魏晉之間。《三國志・王肅傳》：「帝問：『司馬遷以受刑之故，内懷隱切，著《史記》，非貶孝武。』」《隋書・經籍志》：「《史記》百三十卷，司馬遷撰。」後來著述咸用此稱矣。其在两漢之時，名稱亦不一致。《太史公自序》：「爲太史公書。」劉《略》、班《志》則謂《太史公》。《漢書・楊惲傳》謂之《太史公記》，應劭《風俗通》同。但有時亦稱《太史記》。孫武八十餘篇，有圖有書，而後人即十三篇稱爲《孫子》之類是也。《漢書・藝文志・兵書略》：「《齊孫子》八十九篇，圖四卷。」此皆校讎著録之家所當留意。自注：已詳《校讎通義》。雖亦質文升降，時會有然，而著録之家不爲別白，則其流弊無異別號稱名之弔詭矣。

子史之書，名實同異，誠有流傳而不能免者矣。集部之興，皆出後人綴集，故因人立名，以示誌別，東京訖於初唐，無他歧也。中葉文人自定文集，往往標識集名，《會昌一品》、元白《長慶》之類，《會昌一品集》二十卷，唐李德裕撰。《元氏長慶集》，唐元稹撰。按：白居易作稹墓誌銘，稱一百卷，今存六十六卷。《白氏長慶集》七十一卷，白居易撰。長慶，穆宗年號。會昌，武宗年號。抑亦支矣。然稱舉年代，猶之可也。或以地名，自注：杜牧《樊川集》、獨孤及《毘陵集》之類。青案：《新唐書·藝文志》：「杜牧《樊川集》二十卷。」「獨孤及《毘陵集》二十卷。」或以官名，自注：韓偓《翰林集》。青案：《新唐書·藝文志》：「韓偓《入翰林後詩》①一卷。」猶有所取。至於詼諧嘲弄，信意標名，如《錦囊》、自注：李松。青案：《宋史·藝文志》：「李松《錦囊集》三卷。」《忘筌》、自注：楊懷玉。青案：《宋史·藝文志》：「楊懷玉《忘筌集》三卷。」《披沙》、自注：李咸用。《屠龍》、自注：熊噭②。青案：《宋史·藝文志》：「熊噭《屠龍集》五卷。」《聲③書》、自注：沈顔。青案：《新唐書·藝文志》：「沈顔《聲書》十卷。」《漫編》，自注：元結。青案：《新唐書·藝文志》：「《元結集》④十卷。」紛紛標目，而大雅之風不可復作矣。李白《古風》：「大雅久不作。」

① 《入翰林後詩》，見《宋史·藝文志》。

② 「噭」，粤雅堂本《文史通義》同，浙江書局及嘉業堂《章氏遺書》本作「噭」。

③ 「聲」字誤，注文同誤，當作「聱」。

④ 《元結集》，見《宋史·藝文志》。《新唐書·藝文志》有《漫説》七篇及《元結文編》十卷。

子史之書，因其實而立之名，蓋有不得已焉耳。集則傳文之散著者也。篇什散著，則皆因事而發，各有標題，初無不辨宗旨之患也。故集詩集文，因其散而類爲一人之言，則即人以名集，足以識矣。上焉者，文雖散而宗旨出於一，是固子史專家之遺範也。次焉者，文墨之佳，而萃爲一，則亦雕龍技曲之一得也。其文與詩既以各具標名，則固無庸取其會集之詩文而别名之也。人心好異而競爲標題，固已侈矣。至於一名不足，而分輯前後，離析篇章，如《隋書·經籍志》「梁金紫光祿大夫《江淹集》九卷，梁二十卷」、「《江淹後集》十卷」是。或取歷官資格，如《隋志①·經籍志》「梁太子洗馬《王筠集》十一卷，王筠《中書集》十一卷，王筠《臨海集》十一卷，王筠《左佐集》十一卷，王筠《尚書集》九卷」是。或取歷游②程途，如王士禎《蜀道集》、李楝《楚遊草》是。富貴則奢張榮顯，卑微則醞釀寒酸，巧立名目，横分字號，遂使一人詩文集名無數，標題之録靡

① 「隋志」誤，當作「隋書」。
② 「歷游」，粵雅堂本《文史通義》、浙江書局及嘉業堂《章氏遺書》本均作「遊歷」。

於文辭，篇卷詳《篇卷篇》。不可得而齊，著録不可從而約，而問其宗旨，核其文華，黄茅白葦，見《知難》注。毫髮無殊。是宜概付丙丁，豈可猥塵甲乙者乎？自注：歐、蘇諸集已欠簡要，猶取文足重也。近代文集逐狂更甚，則無理取鬧矣。按：此謂凡斯等集，皆宜付火，不可列入四部。丙丁屬火。四部有甲乙丙丁之分也。

匡謬自注：庚戌鈔存《通義》。

書之有序，所以明作書之旨也，非以爲觀美也。序其篇者，所以明一篇之旨也。至於篇第相承，先後次序，古人蓋有取於義例者焉，亦有無所取於義例者焉，約其書之旨而爲之，無所容勉强也。《周易》《序卦》二篇《周易》：《序卦第十》。正義曰：「《序卦》者，文王既繇六十四卦分爲上下二篇，其先後之次，其理不見，故孔子就上下二經各序其相次之義，故謂之《序卦》焉。」次序六十四卦相承之義，《周易·序卦第十》：「有天地，然後萬物生焉。盈天地之間者唯萬物，故受之以《屯》。屯者，盈也；屯者，物之始生也。物生必蒙，故受之以《蒙》。蒙者，蒙也，物之穉也。物穉不可不養也，故受之以《需》。需者，飲食之道也。飲食必有訟，故受之以《訟》。訟必有衆起，故受之以《師》。師者，衆也。衆必有所比，故受之以《比》。比者，比也。比必有所畜，故受之以《小畜》。物畜然後有禮，故受之以《履》。履而泰，然後安，故受之以《泰》。泰者，通也。物不可以終通，故受之以《否》。物不可以終否，故受之以《同人》。與人同者，物必歸焉，故受之以《大有》。有大者不可以盈，故受之以《謙》。有大而能謙，必豫，故受之以《豫》。豫必有隨，故受之以《隨》。以喜隨人者必有事，故受之以《蠱》。蠱者，事也。有事而後可大，故受之以《臨》。臨者，大也。物大然後可觀，故受之以《觀》。可觀而後有所合，故受之以《噬嗑》。嗑者，合也。物不可以苟合而已，故受之以《賁》。賁者，飾也。致飾然後亨則盡矣，故受之以《剥》。剥者，剥也。物不可以終盡剥，窮上反下，故受之以《復》。復則不妄矣，故受之以《无妄》。有无妄，物然後可畜，故受之以《大畜》。物畜然後可養，故受之以《頤》。頤者，養也。不養則不可動，故受之以《大過》。物不可以終過，故受之以《坎》。坎者，陷也。陷必有所麗，故受之以《離》。離者，麗也。有天地然後有萬物，有萬物然後有男女，有男女然後有夫婦，有夫婦然後有父子，有父子然後有君臣，有君臣然後有上下，有上下然後禮義有所錯。夫婦之道不可以不久也，故受之以《恒》。恒者，久也。物不可以久居其所，故受之以《遯》。遯者，退也。物不可以終遯，故受之以《大壯》。物不可以終壯，故受之以《晉》。晉者，進也。進必有所傷，故受之以《明夷》。夷者，傷也。傷於外者必反於家，故受之以《家人》。家道窮必乖，故受之以《睽》。睽者，乖也。乖必有難，故受之以《蹇》。蹇者，難也。物不可以終難，故受之以《解》。解者，緩也。緩必有所失，故受之以《損》。損而不已必益，故受之以《益》。益而不已必決，故受之以《夬》。夬者，決也。決必有遇，故受之以《姤》。姤者，遇也。物相遇而後聚，故受之以《萃》。萃者，聚也。聚而上者謂之升，故受之以《升》。升而不已必困，故受之以《困》。困乎上者必反下，故受之以《井》。井道不可不革，故受之以《革》。革物者莫若鼎，故受之以《鼎》。主器者莫若長子，故受之以《震》。震者，動也。物不可以終動，止之，故受之以《艮》。艮者，止也。物不可以終止，故受之以《漸》。漸者，進也。進必有所歸，故受之以《歸妹》。得其所歸者必大，故受之以《豐》。豐者，大也。窮大者必失其居，故受之以《旅》。旅而無所容，故受之以《巽》。巽者，入也。入而後説之，故受之以《兑》。兑者，説也。説而後散之，故受之以《涣》。涣者，離也。物不可以終離，故受之以《節》。節而信之，故受之以《中孚》。有其信者必行之，故受之以《小過》。有過物者必濟，故受之以《既濟》。物不可窮也，故受之以《未濟》，終焉。」《乾》、《坤》、《屯》、《蒙》而下，承受各有説焉。《易》義雖不盡此，此亦《易》義所自具，而非强以相加也。吾觀後人之序書，則不得其解焉。書之本旨初無篇第相仍之義列，觀於古人而有慕，則亦爲之篇序焉。猥填泛語，强結韻言，以爲「故作某篇第一」、「故述某篇第二」。自謂淮南、太史、班固、揚雄，何其惑耶！夫「作之」、「述之」，誠聞命矣；「故一」、「故二」，其説又安在哉？且如《序卦》，《屯》次《乾》、《坤》必有其義，「盈天地間惟萬物」，《屯》次《乾》、《坤》之義也。「故受之以《屯》」者，蓋言不可受以《需》、《訟》諸卦，而必受以《屯》之故也，《蒙》、《需》以下亦若是焉而已矣，此《序卦》之所以稱次第也。後人序篇，不過言斯篇之不可不作耳。必於甲前乙後，强以聯綴爲文，豈有不可互易之理，如《屯》、《蒙》之相次乎？是則慕《易·序》者，不如序《詩》、《書》之爲得也。《詩》、《書》篇次，豈盡無義例哉？然必某篇若何而承某篇，則無是也。六藝垂教，見《經解上》注。其揆一也，見《原道上》注。何必優於《易·序》而歉於《詩》、《書》之序乎？自注：趙岐《孟子篇序》尤爲穿①鑿無取。

夫書爲象數見《易教上》注。而作者，其篇章可以象數求也。其書初不關乎象數者，必求象數以實之，則鑿矣。《易》有兩儀四象，八八相生，其卦六十有四，皆出天理之自然也。《易·繫辭上》：「是故《易》有太極，是生兩儀，兩儀生四象，四象生八卦。八卦成列，象在其中矣。因而重之，爻在其中矣。」《太玄》九九爲八十一，見《易教上》注。《潛虛》五五爲二十五，見《易教上》注。擬《易》之書，其數先定而後摛文，故其篇章同於兵法之部伍，《史記·李廣傳》：「廣行無部伍行陳」，「程不識正部曲行伍營陳」。可約而計也。司馬遷著百三十篇，自謂「紹名世而繼《春秋》」，見《書教上》注。信哉！三代以後之絶作矣。然其自擬則亦有過焉者也，本紀十二隱法《春秋》之十二公也。《秦紀》分割莊襄以前别爲一卷，而末終漢武之世，爲作《今上本紀》，明欲分占篇幅，欲副十二之數也。

① 「窮」字誤，粤雅堂本《文史通義》、浙江書局及嘉業堂《章氏遺書》本均作「穿」。

夫子《春秋》文成法立，紀元十二，時世適然，初非十三已盈、十一則歉也。漢儒求古多拘於迹，識如史遷猶未能免，此類是也。然亦本紀而已，他篇未必皆有意耳。而治遷書者之紛紛好附會也，則曰十二本紀法十二月也，八書法八風，十表法十干，三十世家法一月三十日，七十列傳法七十二候，百三十篇法一歲加閏，《史記正義》：「太史公作本紀十二，象十二月也。作表十，象天之剛柔十日，以記封建世代終始也。作書八，象一歲八節，以記天地日月山川禮樂也。作世家三十，象一月三十日，三十輻共一轂，以記世禄之家、輔弼股肱之臣忠孝得失也。作列傳七十，象一行七十二日。言七十者，舉全數也，餘二日象閏餘也。以記王侯將相英賢略立功名於天下，可序列也。合百三十篇，講①一歲一二月②及閏餘也。」司馬貞《補史記序》：「本紀十二，象歲星之一周。八書有八篇，法天時之八節。十表倣剛柔十日，三十世家比月有三旬，七十列傳取懸車之暮齒，百三十篇象閏餘而成歲。」此則支離而難喻者矣。就如其説，則表法十干，

①「講」字誤，《史記正義・論史例》作「象」。
②「一二月」，《史記正義・論史例》作「十二月」。

紀當法十二支，豈帝紀反用地數，而王侯用天數乎？歲未及三，何以象閏？七十二候，何以缺一？循名責實，觸處皆矛盾矣。補正：見《和州志前志列傳序例下》注。然而子史諸家多沿其説，或取陰陽奇偶，或取五行生成，補正：疑當云「生尅」。孤陰孤陽爲奇陰陽，相合爲偶。「五行生尅」，見《天喻》注。少則併於三五，多或配至百十，寧使續鳧斷鶴，《莊子·駢拇》：「長者不爲有餘，短者不爲不足。是故鳧脛雖短，續之則憂；鶴脛雖長，斷之則悲。」要必象數相符。孟氏七篇，必依七政；《孟子題辭解》正義曰：「篇所以七者，蓋天以七紀璿璣運度，七政分離，聖以布曜，故法之也。」屈原《九歌》，難合九章。按：《九歌》、《九章》皆屈原所作。補正：原注删，加：案：此章氏譬解屈原《九歌》難合《九章算術》。又案：王逸《楚辭章句·九辯章句第八》：「九辯者，陽之數，道之綱紀也。故天有九星，以正璣衡；地有九州，以成萬邦；人有九竅，以通精明。屈原懷忠貞之性，而被讒邪，傷君闇蔽，國將危亡，乃援天地之數，列人形之要，而作《九歌》《九章》之頌，以諷諫懷王，明己所言與天地合度，可履而行也。」亦同此附會。近如鄧氏《函史》之老陽少陽，《章氏遺書》卷九《家書三》：「祖父嘗辨《史記索隱》，謂十二本紀法十二月、十表法十干諸語，斥其支離附會。吾時年未弱冠，即覺鄧氏《函史》上下篇卷分配陰陽老少爲非，特未能遽筆爲説耳。」案：《函史》一百三卷，明鄧元錫纂。補正：案語刪，加：見《釋通》注。《景岳全書》之八方八陣，明會稽張介賓《景岳全書·傳忠録上·明理一》：「吾心之理明，則陰者自陰，陽者自陽，焉能相混？陰陽既明，則表與裏對，虚與實對，寒與熱對。明此六變，明此陰陽，則天下之病固不能出此八者。是編也，列門爲八，列方亦爲八。蓋古有兵法之八門，予有醫家之八陣。一而八之，所以神變化；八而一之，所以溯淵源。故予於此録首言明理，以統陰陽。諸論詳中求備，用陣八門。又古方八陣目録圖集，一曰補陣：存亡之幾，幾在根本，元氣既虧，不補將何以復？故方有補陣。二曰和陣：病有在虚實氣血之間，補之不可，攻之又不可者，欲得其平，須從緩治，故方有和陣。三曰攻陣：邪固疾深，勢如强寇，速宜伐之，不可緩也，故方有攻陣。四曰散陣：邪在肌表，當逐於外，拒之不早，病必日深，故方有散陣。五曰寒陣：陽亢傷陰，陰竭則死。或去其火，或壯其水，故方有散陣。六曰熱陣：陰極亡陽，陽盡則斃，或祛其寒，或助其火，故方有熱陣。七曰固陣：元氣既傷，虚而且滑，漏泄日甚，不盡不已，故方有固陣。八曰因陣：病有相同，治有相類，因證用方，亦有不必移易者，故方有因陣。」青案：八方即依上八陣，所立之方非方位之謂。則亦幾何其不爲兒戲耶？

古人著書命篇，取辨甲乙，非有深意也。六藝之文，今具可識矣。蓋有一定之名與無定之名，要皆取辨甲乙，非有深意也。一定之名，《典》、《謨》、《貢》、《範》之屬是也。自注：《帝典》、《皋陶謨》、《禹貢》、《洪範》，皆古經定名。他如《多方》、《多士》、《梓材》之類，皆非定名。無定之名，《風》詩、《雅》、《頌》之屬是也。自注：皆以章首二字爲名。諸子傳記之書，亦有一定之名與無定之名，隨文起例，不可勝舉。其取辨甲乙，而無深意，則大略相同也。自注：象數之書不在其例。夫子没而微言絶，見《經解上》注。《論語》二十篇，固六藝之奥區矣。見《經解上》注。張衡《西京賦》：「實惟地之奥區神皋」，李善注：「《漢書》曰：『自古以雍州積高，神明之隩，故立畤，郊上帝，諸神祠皆聚之。』」然《學而》、《爲政》諸篇目，皆《論語》篇名。皆取章首字句標名，無他意也。《孟子》七篇，或云萬章之徒所記，或云孟子自著，趙岐《孟子題辭》：「此書孟子之所作也，故總謂之《孟子》。」正義曰：「唐林慎思《續孟子》書二卷，以謂孟子七篇非軻自著，乃弟子共記其言。韓愈亦云：『孟軻之書非軻自著，軻既没，其徒萬章、公孫丑相與記軻所言焉。』」要亦誦法《論語》之書也。《梁惠王》與

《公孫丑》之篇名，則亦章首字句，取以標名，豈有他哉？説者不求篇内之義理，而過求篇外之標題，則於義爲鑿也。師弟問答，自是常事，偶居章首而取以名篇，何足異哉？説者以爲《衛靈公》與《季氏》乃當世之諸侯大夫，孔子道德爲王者師，故取以名篇，與《公冶》、《雍也》諸篇等於弟子之列爾。《孟子》篇名有《梁惠王》、《滕文公》，皆當世之諸侯，而與《萬章》、《公孫丑》篇同列，亦此例也。此則可謂穿鑿而無理者矣。《孟子》趙岐注：「聖人及大賢有道德者，王公侯伯及卿大夫咸願以爲師。孔子時諸侯問疑質禮，若弟子之問師也，魯、衛之君皆專事焉，故《論語》或以弟子名篇，而有《衛靈公》、《季氏》之篇。孟子亦以大儒爲諸侯師，是以《梁惠王》、《滕文公》題篇，以《公孫丑》等而爲之，一例者也。」就如其説，則《論語》篇有《泰伯》，古聖賢也；《堯曰》，古聖帝也。豈亦將推夫子爲堯與泰伯之師乎？微子，孔子祖也；《史記·孔子世家》：「其先宋人也」，索隱：「《家語》：孔子，宋微子之後。」門人陳光漢補。《微子》名篇，豈將以先祖爲弟子乎？且諸侯之中，如齊桓、晉文豈不賢於衛靈？自注：弟子自是據同時者而言，則魯哀與齊景亦較衛靈爲賢，不應取此也。晏嬰、蘧瑗豈不賢於季氏？同在章中，何不升爲篇首，而顧去彼取此乎？孟子之於告子，蓋卑之不足道矣，乃與公孫、萬章躋之同列，則無是非之心矣。《孟子·公孫丑上》：「無是非之心，非人也。」執此義以説書，無怪後世著書妄擬古人而不得其意者，滔滔未已也。

或曰：附會篇名，强爲標榜，蓋漢儒説經，求其説而不免太過者也。然漢儒所以爲此，豈竟全無所見，而率然自伸其臆歟？余曰：此恐周末賤儒《荀子·非十二子》：「是子張氏之賤儒也」，「是子夏氏之賤儒也」，「是子游氏之賤儒也」。已有開其端矣。著書之盛，莫甚於戰國。以著書而取給，爲干禄之資，蓋亦始於戰國也。故屈平之草稿，上官欲奪，見《言公中》注。而《國策》多有爲人上書，案：《國策》有不知名爲人上①，如《趙策四》「爲齊獻書趙王」，《魏策四》「獻書秦王」，《燕策二》「獻書燕王」。則文章重而著書開假借之端矣。《五蠹》、《孤憤》之

① 「上」字下空一格，當補「書」字。

篇，秦王見之至恨不與同生，見《詩教下》注。則下以是干，上亦以是取矣。求取者多則矜榜起，而飾僞之風亦開。《説文解字叙》：「飾僞萌生。」余覽《漢・藝文志》，儒家者流則有《魏文侯》與《平原君》書。讀者不察，以謂戰國諸侯公子何以入於儒家？不知著書之人自託儒家，而述諸侯公子請業質疑，因以所問之人名篇居首。其書不傳，後人誤於標題之名，遂謂文侯、平原所自著也。夫一時逐風會而著書者，豈有道德可爲人師，而諸侯卿相漫無擇決，概焉相從而請業哉？必有無其事而託於貴顯之交，以欺世者矣。章炳麟《章氏叢書・文録・別録二・與人論國學書》：「以《藝文志》『《平原君》七篇』謂是著書之人自托儒家，而述諸侯公子請益質疑，因以名篇居首，不曉『平原』固非趙勝，《藝文》本注謂是朱建。建與酈生、陸賈、婁敬、叔孫通同時，陸、婁之書亦在儒家，《漢書》明白，猶作狐疑。以此匡謬，其亦自謬云爾。」《國策》一書多記當時策士智謀，劉向《戰國策序》：「戰國之時，君德淺薄，爲謀策者不得不因勢而爲資，據時而爲畫。」然亦時有奇謀詭計一時未用，而著書之士愛不能割，假設主臣問難以快其意。如蘇子之於薛公及楚太子事，《戰國策·齊策三》：「楚王死，太子在齊質。蘇秦謂薛公曰：『君何不留楚太子以市其下東國？』薛公曰：『不可。我留太子，郢中立王，然則是我抱空質而行不義於天下也。』蘇秦曰：『不然。郢中立王，君因謂其新王曰：與我下東國，吾爲王殺太子；不然，吾將與三國共立之。然則下東國必可得也。』蘇秦之事可以請行，可以令楚王亟入下東國，可以益割於楚，可以忠太子而使楚益入地，可以爲楚王走太子，可以忠太子使之亟去，可以惡蘇秦於薛公，可以爲蘇秦請封於楚，可以使人説薛公以善蘇子，可以使蘇子自解於薛公。蘇秦謂薛公曰：『臣聞謀泄者事無功，計不決者名不成。今君留楚太子者，以市下東國也。非亟得下東國者，則楚之計變，變則是君抱空質而負名於天下也。』薛公曰：『善。爲之奈何？』對曰：『臣請爲君之楚，使亟入下東國之地。楚得成，則君無敗矣。』薛公曰：『善。』因遣之。故曰：可以請行也。謂楚王曰：『齊欲奉太子而立之，臣觀薛公之留太子者，以市下東國也。今王不亟入下東國，則太子且倍王之割而使齊奉己。』楚王曰：『謹受命。』因獻下東國。故曰：可以使楚亟入地也。謂薛公曰：『楚之勢可多割也。』薛公曰：『奈何？』『請告太子其故，使太子謁之君，以忠太子。使楚王聞之，可以益入地。』故曰：可以益割於楚。謂太子曰：『齊奉太子而立之，楚王請割地以留太子，齊少其地。太子何不倍楚之割地而資齊，齊必奉太子。』太子曰：『善。』倍楚之割而延齊。楚王聞之，恐，益割地而獻之，尚恐事不成。故曰：可以使楚益入地也。謂楚王曰：『齊之所以敢多割地者，挾太子也。今已得地而求不止者，以太子權王也故。臣能去太子，太子去，齊無辭，必不倍於王也。王因馳強齊而爲交，齊辭必聽王，然則是王去讎而得齊交也。』楚王大悅，曰：『請以國因。』故曰：可以爲楚王使太子亟去也。謂太子曰：『夫剬楚者，王也。以空名市者，太子也。齊未必信太子之言也，而楚功見矣。楚交成，太子必危矣。太子其圖之？』太子曰：『謹受命。』乃約車而暮去。故曰：可以使太子急去也。蘇秦使人請薛公曰：『夫勸留太子者，蘇秦也。蘇秦非誠以爲君也，且以便楚也。蘇秦恐君之知之，故多割楚以滅跡也。今勸太子者，又蘇秦也，而君弗知。臣竊爲君疑之。』薛公大怒於蘇秦。故曰：可以使人惡蘇秦於薛公也。又使人謂楚王曰：『夫使薛公留太子者，蘇秦也；奉王而代立楚太子者，又蘇秦也；割地固約者，又蘇秦也；忠王而走太子者，又蘇秦也。今人惡蘇秦於薛公，以其爲齊薄而爲楚厚也。願王知之。』楚王曰：『謹受命。』因封蘇秦爲武貞君。故曰：可以爲蘇秦請封於楚也。又使景鯉請薛公曰：『君之所以重於天下者，以能得天下之士而有齊權也。今蘇秦，天下之辯士也，世與少有。君固不善蘇秦，則是圍塞天下士而不利說途也。夫不善君者且奉蘇秦，而於君之事殆矣。今蘇秦善於楚王，而君不蚤親，則是與楚爲讎也。故君不如因而親之，貴而重之，是君有楚也。』薛公因善蘇秦。故曰：可以爲蘇秦說薛公以善蘇秦。」其明徵也。然則貧賤而託顯貴交言，愚陋而附高明爲伍，策士誇詐之風，又值言辭相矜之際，天下風靡久矣。而説經者目見當日時事如此，遂謂聖賢道德之隆必藉諸侯卿相相與師尊，而後有以出一世之上也。嗚呼！此則囿於風氣之所自也。

假設問答以著書，於古有之乎？曰：有從實而虛者，《莊》、《列》寓言，稱述堯、舜、孔、顏之問答，《莊子·齊物論》：「昔者堯問於舜曰：『我欲伐宗、膾、胥敖，南面而不釋然，其故何也？』舜曰：『夫三子者，猶存乎蓬艾之間，若不釋然何哉？昔者十日並出，萬物皆照，而況德之進乎日者乎！』」《列子·仲尼》：「仲尼閒居，子貢入侍，面有憂色。子貢不敢問，出告顏回，顏回援琴而歌。孔子聞之，果召回入，問曰：『若奚獨樂？』回曰：『夫子奚獨憂？』孔子曰：『先言爾志。』曰：『吾昔聞之夫子曰：樂天知命，故不憂。回所以樂也。』」望而知其爲寓也。有從虛而實者，《屈賦》所稱漁父、詹尹，見《言公下》注。本無其人，而入以屈子所自言，是彼無而屈子固有也，亦可望而知其爲寓也。有從文而假者，楚太子與吴客，見《言公下》注。烏有先生與子虛見《經解下》注。有也。有從質而假者，《公》、《穀》傳經，見《經解下》注。設爲問難，而不著人名是也。後世之士摛詞掞藻，率多詭託，知讀者之不泥迹也。考質疑難，必知真名；不得其人而以意推之，則稱「或問」，恐其以虛構之言誤後人也。近世著述之書，余不能無惑矣。理之易見者，不言可也；必欲言之，直筆於書，其亦可也；作者必欲設問，則已迂矣。必欲設問，或託甲乙，抑稱或問，皆可爲也；必著人以實之，則何說也？且所託者又必取同時相與周旋，而少有聲望者也，否則不足以標榜也。至取其所著而還詰問之，其人初不知也，不亦誣乎？且問答之體，問者必淺而答者必深，問者有非而答者必是。今僞託於問答，是常以深且是者自予，而以淺且非者予人也，不亦薄乎？君子之於著述，苟足顯其義，而折是非之中，雖果有其人，猶將隱其姓名而存忠厚，況本無是説而强坐於人乎？誣人以取名，與劫人以求利何以異乎？且文有起伏，往往假於義有問答，是則在於文勢則然，初不關於義有伏匿也。倘於此而猶須問焉，是必愚而至陋者也。今乃坐人愚陋，而以供己文之起伏焉，則是假推官以叶韻也。昔有居下僚而吟詩謗上官者，上官召之，適與某推官者同見。上官詰之，其人復吟詩以自解，而結語云問某推官。推官初不知也，惶懼無以自白，退而詰其何爲見誣，答曰：「非有他也，借君銜以叶韻爾。」徐釚《詞苑叢談》：「王齊叟，字彥齡，元祐樞密彥霖之弟也。任俠有聲，初官太原，作詞數十曲，嘲府邑同僚，並及府帥。帥怒甚，因群吏入謁，面數折之曰：『君恃爾兄，謂吾不能治爾耶？』彥齡斂板頓首謝，且請其故。帥告之，復趨進，微聲吟曰：『官①居下位，即恐被人讒，昨日但吟《青玉案》，幾時曾唱《望江南》？』下句不屬，目②顧適見兵官，乃曰：『請問馬都監。』帥不覺失笑，衆亦匿笑而退。時都監倉惶失措，伺其出，詰之：『素不相識，何故以③作證？』王笑曰：『不過借公叶韻耳。』」案：章云「推官」，疑爲「都監」之誤。門人沈訒補。

問難之體，必屈問而申答，故非義理有至要，君子不欲著屈者之姓氏也。孟子拒楊、墨，見《經解中》注。必取楊、墨之説而闢之，則不惟其人而惟

---

① 「官」字，《詞苑叢談》無。

② 「目」，《詞苑叢談》作「回」。

③ 「以」字下，《詞苑叢談》有「我」字。

其學。故引楊、墨之言，但明楊、墨之家學，而不必專指楊朱、墨翟之人也。是其拒之之深，欲痛盡其支裔也。蓋以彼我不兩立，不如是不足以明先王之大道也。彼異學之視吾儒，何獨不然哉？韓非治刑名之説，則儒、墨皆在所擯矣。《韓非子·顯學》：「世之顯學，儒、墨也。儒之所至，孔丘也。墨之所至，墨翟也。孔子、墨子俱道堯、舜，而取捨不同，皆自謂真堯、舜，非愚則誣也。」墨者之言少，而儒則《詩》《書》六藝皆爲儒者所稱述，故其歷詆堯、舜、文、周之行事，必藉儒者之言以辨之。故諸《難》之篇多標儒者，以爲習射之的焉。如《韓非子·難二》：「昔者文王侵盂、克莒、舉酆，三舉事而紂惡之。文王乃懼，請入洛西之地、赤壤之國方千里，以請解炮烙之刑，天下皆説。」「仲尼以文王爲智也，不亦過乎？夫智者，知禍難之地而辟之者也，是以身不及於患也。使文王所以見惡於紂者，以其不得人心耶？則雖索人心以解惡可也。紂以其大得人心而惡之，已又輕地以收人心，是重見疑也。固其所以桎梏囚於羑里也。鄭長者有言：『體道，無爲無見也。』此最宜於文王矣，不使人疑之也。仲尼以文王爲智，未及此論也。」此則在彼不得不然也，君子之所不屑較也。然而其文華而辨，其意刻而深，後世文章之士多好觀之。惟其文而不惟其人，則亦未始不可參取也。王充《論衡》則效諸《難》之文而爲之。效其文者，非由其學也，乃亦標儒者而詰難之，且其所詰傳記錯雜，亦不盡出儒者也，强坐儒説而爲志射之的焉，王充與儒何仇乎？且其《問孔》、《刺孟》諸篇之辨難，以爲儒説之非也。案：《論衡》《問孔》在卷九，《刺孟》在卷十。其文有似韓非矣，韓非絀儒將以申刑名也，王充之意將亦何申乎？觀其深斥韓非鹿馬之喻以尊儒，且其自叙辨别流俗傳訛，欲正人心風俗，此則儒者之宗旨也。《韓非子·外儲説》："衛嗣公曰：『夫馬似鹿者而題之千金，然而有百金之馬而無一金①之鹿者何也？馬爲人用而鹿不爲人用也。』"王充《論衡·非韓》："韓子之術，明法尚②。賢無益於國不加賞；不肖無害於治不施罰。責功重賞，任刑用誅。故其論儒也，謂之不耕而食，比之於一蠹，詣③有益與無益也。比之於鹿馬，馬之似鹿者千金，天下有千金之馬，無千金之鹿，鹿無益、馬有用也。儒者猶鹿，有用

① 「一金」誤，《韓非子》作「千金」。
② 「尚」字下空一格，當補「功」字。
③ 「詣」，《論衡》作「論」。

之吏猶馬也。夫韓子知以鹿馬喻，不知以冠履譬。使韓子不冠，徒履而朝，吾將聽其言也。加冠於首而立於朝，受無益之服，增無益之仕①，言與服相違，行與術相反。吾是以非其言而不用其法也。」補正：《論衡·自紀》：「世書俗説，多所不安。幽居獨處，考論實虚。」「俗性貪進忽退，收成棄敗。志俗人之寡恩，故閒居作《譏俗》、《節義》十二篇。」「充既疾俗情，作《譏俗》之書。又閔人君之政，徒欲治人，不得其宜，不曉其務，愁精苦思，不睹所趨，故作《政務》之書。又傷僞書俗文，多不實誠，故爲《論衡》之書。」然則王充以儒者而拒儒者乎？韓非宗旨固有在矣，其文之雋不在能斥儒也。王充泥於其文，以爲不斥儒則文不雋乎？

凡人相詬，多反其言以詬之，情也。斥名而詬，則反詬者必易其名，勢也。今王充之斥儒，是彼斥反詬而仍用己之名也。

① 「仕」，黄暉《論衡校釋》云：「仕」字无义，疑为「行」之壞字。

質性

《洪範》三德，正直協中，剛柔互克，《書·洪範》：「次六曰乂用三德」，「一曰正直，二曰剛克，三曰柔克」。以劑其過與不及。《論語·先進》：「過猶不及。」是約天下之心知血氣，聰明才力，無出於三者之外矣。孔子之教弟子，不得中行則思狂、狷，《論語·子路》：「子曰：『不得中行而與之，必也狂狷乎！狂者進取，狷者有所不爲也。』」《孟子·盡心下》：「萬章問曰：『孔子在陳曰：盍歸乎來！吾黨之小子狂簡，進取不忘其初。孔子在陳何思魯之狂士？』孟子曰：『孔子不得中道而與之，必也狂狷乎！狂者進取，獧者有所不爲也。孔子豈不欲中道哉？不可必得，故思其次也。』『敢問何如斯可謂狂矣？』曰：『如琴張、曾皙、牧皮者，孔子之所謂狂矣。』『何以謂之狂也？』曰：『其志嘐嘐然，曰：古之人，古之人！夷考其行而不掩焉者也。狂者又不可得，欲得不屑不絜之士而與之，是獧也，是又其次也。』」是亦三德之取材也。然而鄉愿者流，貌似中行而譏狂狷，則非三德所能約也。

孔、孟惡之爲德之賊，蓋與中行、狂、狷亂而爲四也。乃人心不古，而流風下趨，不特僞中行者亂三爲四，謂鄉愿、中行、狂、狷也。抑且僞狂僞狷者流亦且亂四而爲六。謂鄉愿、中行、狂、狷、僞狂、僞狷也。不特中行不可希冀，即求狂、狷之誠然，何可得耶？孟子之論知言，以爲生心發政，害於其事，《孟子·公孫丑上》：「生於其心，害於其政；發於其政，害於其事。」吾蓋於撰述諸家深求其故矣。其曼衍爲書，《莊子·天下》：「以卮言爲曼衍。」《齊物論》：「因之以曼衍。」司馬注：「曼衍，無極也。」本無立言之旨，可弗論矣。乃有自命成家，按其宗旨，不盡無謂，而按以三德之實，則失其本性，而無當於古人之要道，所謂似之而非也。見《感遇》注。學者將求大義於古人，而不於此致辨焉，則始於亂三而六者，究且因三僞而亡三德矣。嗚呼！質性之論豈得已哉？

《易》曰：「言有物而行有恒。」《易·家人》文。《書》曰：「詩言志。」《書·舜典》文。吾觀立言之君子，歌咏之詩人，何其紛紛耶？求其物而不得也，探其志而茫然也，然而皆曰吾以立言也，吾以賦詩也。無言而有言，無詩而有詩，即其所謂物與志也。然而自此紛紛矣。有志之士，矜其心，作其意，柳宗元《答韋中立書》：「懼其昧没而雜也，未嘗敢以矜氣作之。」以謂吾不漫然有言也。學必本於性天，趣必歸①於仁義，韓愈《答李翊書》：「行之乎仁義之途。」稱必歸於《詩》《書》，柳宗元《答韋中立書》：「本之《書》以求其質，本之《詩》以求其恒。」功必及於民物。是堯、舜而非桀、紂，尊孔、孟而拒楊、墨。其所言者，聖人復起，不能易也。求其所以爲言者，宗旨茫然也。譬如《彤弓》、《湛露》，奏於賓筵，聞者以謂肄業及之也。《左傳·文四年》：「衛甯武子來聘，公與之宴，爲賦《湛露》及《弓弓②》。不辭，又不答賦。使行人私焉，對曰：『臣以爲肄業及之也。』」或曰：「宜若無罪焉。」《孟子·離婁下》：「公明儀曰：『宜若無罪焉。』」然而子莫於焉執中，《孟子·盡心上》：「子莫執中。」《説苑》：「公孟子高見顓孫子莫曰：『敢問君子之禮何如？』子莫曰：『去而外厲，與爾内色勝，而心自取之。去三者而可矣。』」鄉愿於焉無刺

① 「歸」，粤雅堂本《文史通義》、浙江書局及嘉業堂《章氏遺書》本均作「要」。
② 「弓弓」誤，當作「彤弓」。

也。惠子曰：「走者東走，逐者亦東走。東走雖同，其東走之情則異。」見《知難》注。觀斯人之所言，其爲走之東歟？逐之東歟？是未可知也。然而自此又紛紛矣。

豪傑者出，以謂吾不漫然有言也，吾實有志焉，物不得其平則鳴也。韓愈《送孟東野序》：「大凡物不得其平則鳴。」觀其稱名指類，《史記·屈賈列傳》：「其稱文小，而其指極大；舉類邇，而見義遠。」案：此馬遷取劉安《離騷傳》之文。或如詩人之比興，如《毛詩·周南·關雎》「關關雎鳩，在河之洲」，傳曰：「興也」；《大雅·板蕩》：「如蜩如螗，如沸如羹」爲比，是也。或如説客之諧隱，《文心雕龍·諧隱》：「諧之言皆也。辭淺會俗，皆悦笑也。昔齊威酣樂，而淳于説甘酒；楚襄宴集，而宋玉賦《好色》。意在微諷，有足觀者。及優旃之諷漆城，優孟之諫葬馬，並譎辭飾説，抑止昏暴。是以子長編史，列傳《滑稽》，以其辭雖傾回，意歸義正也。」「讔者，隱也。遯辭以隱意，譎譬以指事也。」「伍舉刺荆王以大鳥，齊客譏薛公以海魚」，「隱語之用，被於紀傳。大者興治濟身，其次弼違曉惑。蓋意生於權譎，而事出於機急，與夫諧辭可相表裏者也」。即小而喻大，張華《鷦鷯賦》：「類有微而可以喻大。」弔古而傷時，嬉笑甚於裂眦，悲歌可以當泣，《古辭》。誠有不得已於所言者。以謂賢者不得志於時，發憤著書以自表見也，蓋其旨趣不出於《騷》也。吾讀騷人之言矣：「紛吾有此内美，又重之以修能。」《離騷》文。太史遷曰：「余讀《離騷》，悲其志。」又曰：「明道德之廣崇，治亂之條貫，其志潔，其行廉，皭然泥而不滓，雖與日月争光可也。」《史記·屈原賈生列傳》文。此賈之所以弔屈，而遷之所以傳賈也，《史記·屈原賈生列傳》：「太史公曰：余讀《離騷》、《天問》、《招魂》、《哀郢》，悲其志。適長沙，觀屈原所自沈淵，未嘗不垂涕，想見其爲人。及見賈生弔之，又怪屈原以彼其材游諸侯，何國不容，而自令若是。讀《服鳥賦》，同死生，輕去就，又爽然自失矣。」斯皆三代之英也。見《史德》注。若夫託於《騷》以自命者，求其所以牢騷之故而茫然也。嗟窮歎老，人富貴而己貧賤也，人高第而己擯落也，投權要而遭按劍也，争勢利而被傾軋也，爲是不得志而思託文章於《騷》、《雅》，以謂古人之志也，不知中人以①下，《論語·雍也》：「中人以下，不可以語上也。」所謂「齊心同所願，含意猶②未伸」《古詩十九首》文。原文「猶」作「俱」。者也。夫科舉擢百十高第，必有數千賈誼，痛哭以弔湘江，江不聞矣。吏部敘千百有位，必有盈萬屈原，搔首以賦《天問》，屈原有《天問篇》。天厭之矣。《論語·雍也》文。孟子曰：「有伊尹之志則可，無伊尹之志則篡也。」《孟子·盡心上》文。吾謂牢騷者，有屈、賈之志則可，無屈、賈之志則鄙也。然而自命爲騷者，且紛紛矣。

有曠觀者，從而解曰：「是何足以介也。吾有所言，吾以適吾意也。人以吾爲然，吾不喜也；人不以吾爲然，吾不愠也。《周書·官人解》：「順予之弗爲喜。」《論語·學而》：「人不知而不愠。」古今之是非，不欲其太明也；人我之意

① 「以」，粵雅堂本《文史通義》、浙江書局及嘉業堂《章氏遺書》本均作「而」。

② 「猶」，粵雅堂本《文史通義》、浙江書局及嘉業堂《章氏遺書》本均作「而」。

見，不欲其過執也。必欲信今垂後，又何爲也？有言而啟人争，不如無言之爲愈也。」是其宗旨蓋欲託於莊周之齊物也。《莊子》有《齊物論》。吾聞莊周之言曰：「内聖外王之學，暗而不明也」，「百家往而不反，道術將裂也」，見《詩教上》注。「寓言十九，卮言日出」，《莊子·寓言》：「寓言十九」，陸注：「寓，寄也。以人不信己，故託之他人，十言而九見信也。」又：「卮言日出」，郭注：「卮，满則傾，空則仰，非持故也。況之於言，因物隨變，唯彼之從，故曰『日出』。日出，謂日新也。日新則盡其自然之分，自然之分盡則和也。」然而「稠適上遂」，「充實而不可以已」，《莊子·天下》：「可謂稠適而上遂矣。」又：「彼其充實不可以已。」則非無所持，而漫爲達觀以略世事也。今附莊而稱達者，其旨果以言爲無用歟？雖其無用之説可不存也。而其無用之説將以垂教歟？則販夫皁隸亦未聞其必蘄有用也。豕腹饕饕，韓愈《石鼎聯句詩序》：「因高吟曰：龍雖①縮菌蠢，豕復②漲彭亨。」羊角戢戢，《詩·小雅·無羊》：「爾

① 「雖」字誤，《昌黎集》作「頭」。
② 「復」字誤，《昌黎集》作「腹」。

羊來思，其角濈濈。」注：「聚其角而息，濈濈然。」箋云：「言此者，美畜産得其所。」何嘗欲明古今之是非，而執人我之意見也哉？怯之所以勝勇者，力有餘而不用也。訥之所以勝辨者，智有餘而不競也。蛟龍戰於淵，而螾蟻不知其勝負；虎豹角於山，而狌狸不知其强弱。乃不能也，非不欲也。以不能而託於不欲，則夫婦之愚可齊上智也。《禮記·中庸》：「夫婦之愚可以與知，及其至也，雖聖人亦有所不知。」然而遁其中者，又紛紛矣。

《易》曰：「一陰一陽之謂道。」見《原道上》注。陽變陰合，循環而不窮者，天地之氣化也。人秉中和之氣以生，則爲聰明睿智。毗陰毗陽，見《史德》注。是宜剛克柔克，所以貴學問也。驕陽沴陰，中於氣質，學者不能自克，而以似是之非爲學問，則不如其不學也。孔子曰：「不得中行而與之，必也狂狷乎！狂者進取，狷者有所不爲。」莊周、屈原，其著述之狂狷乎？屈原不能以身之察察，受物之汶汶，屈原《漁父》：「焉能以身之察察，受物之汶汶者乎？」

不屑不潔之狷也。莊周獨與天地精神相往來，而不敖[①]倪於萬物，《莊子·天下》文。《文選·郭璞〈江賦〉》注：「敖睨，自寬縱不正之貌。」進取之狂也。昔人謂莊、屈之文[②]，哀樂過人。待詳。蓋言性不可見，而情之奇至，如莊、屈狂狷，之所以不朽也。鄉愿者流，託中行而言性天，剽僞易見，不足道也。於學見其人，而以情著於文，庶幾狂狷可與乎！然而命騷者鄙，命莊者妄。狂狷不可見，而鄙且妄者紛紛自命也。夫情本於性也，才率於氣也。累於陰陽之間者，不能無盈虛消息之機。張衡《西京賦》：「夫人在陽時則舒，在陰時則慘，此牽乎天者也。」才情不離乎血氣，無學以持之，不能不受陰陽之移也。陶舞慍戚，《禮記·檀弓下》：「人喜則斯陶，陶斯詠，詠斯猶，猶斯舞，舞斯慍，慍斯戚，戚斯歎，歎斯辟，辟斯踴矣。」一身之內，環轉無端而不自知。苟盡其理，雖夫子憤樂相尋，《論

① 「敖」，粵雅堂本《文史通義》、浙江書局及嘉業堂《章氏遺書》本均作「傲」。

② 「文」，粵雅堂本《文史通義》、浙江書局及嘉業堂《章氏遺書》本均作「書」。

語·述而》：「發憤忘食，樂以忘憂。」不過是也。其下焉者各有所至，亦各有所通。《莊子·天下》：「譬如耳目鼻口，皆有所明，不能相通。猶百家衆技也，皆有所長，時有所用。」大約樂至沉酣，而惜光景，必轉生悲，《史記·滑稽列傳》：「酒極則亂，樂極則悲。」而憂患既深，知其無可如何，則反爲曠達。屈原憂極，故有輕舉遠游、餐霞飲瀣之賦；《史記·屈原列傳》：「『離騷』者，離憂也。」《楚辭·遠游》：「餐六氣而飲沆瀣兮，漱正陽而含朝霞。」王注：「沆瀣，北方夜半氣。」案：《遠遊》自來誤傳爲屈原文，實西漢時道家擬《騷》而作，後人已辨之，章氏沿誤。莊周樂至，故有後人不見天地之純、古人大體之悲。《莊子》有《至樂篇》。「天地之純」，見《詩教上》注。此亦倚伏之至理也。《老子·五十八章》：「禍兮福之所倚，福兮禍之所伏。」若夫毗於陰者妄自期許，感慨橫生，賊夫騷者也；毗於陽者倡狂無主，動稱自然，賊夫莊者也。然而亦且循環未有已矣。

族子廷楓曰：論史才史學，而不論史德，論文情文心，而不論文性，前人自有缺義。此與《史德》篇俱足發前人之覆。

黠陋

取蒲於董澤，《左傳·宣十二年》：「非子之求而蒲之愛，董澤之蒲可勝既乎？」注：「聞喜縣東北有董池。」承考於《長楊》，《爾雅·釋親》：「父爲考。」案：揚雄有《長楊賦》。矜謁者之通，著卜肆之應。《章氏遺書·乙卯雜記》：「《池北偶談》引王秋澗論文，謂《西漢書》諸列傳加以銘辭，便是絶好碑誌。此正與予《黠陋篇》所論「著卜肆之應」一條可以反證。王秋澗亦號大家，漁洋亦號古文通才，而所見之陋乃如郵荒學究，則時文之害人不淺矣。」人謂其黠也。非黠也，陋也。「名者實之賓」，見《文集》注。徇名而忘實，並其所求之名而失之矣，質去而文不能獨存也。太上忘名，《顏氏家訓·名實第十》：「上士忘名。」知有當務而已，《孟子·盡心上》：「當務之爲急。」不必人之謂我何也。其次顧名而思義，天下未有苟以爲我樹名之地者，因名之所在而思其所以然，則知當務而可自勉矣。其次畏名而不妄爲，盡其所知所能，而不强所不知不能。黠者視之，有似乎拙也。非拙也，交相爲功也。最下徇名而忘實。

取蒲於董澤，何謂也？言文章者宗《左》、《史》。《左》、《史》之於文，猶六經之删述也。《左》因百國寶書，見《書教上》注。《史》因《尚書》、《國語》，及《世本》、《國策》、《楚漢春秋》諸記載，見《言公上》注。己所爲者十之一，删述所存十之九也，君子不以爲非也。彼著書之旨，本以删述爲能事，所以繼《春秋》而成一家之言者，見《書教上》注。於是兢兢焉，事辭其次焉者也。古人不以文辭相矜私，史文又不可以憑虛而別構。且其所本者並懸於天壤，觀其入於删述之文辭，猶然各有其至焉，斯亦陶鎔同於造化矣。吾觀近日之文集而不能無惑也。傳記之文，古人自成一家之書，不以入集，後人散著以入集，文章之變也。既爲集中之傳記，即非删述專家之書矣，筆所聞見，以備後人之删述，庶幾得當焉。黠於好名而陋於知意者，窺見當世之學問文章而不能無動矣，度己之才力不足以致之，於是有見史家之因襲，而黠次其文爲傳記，將以淵海其集焉，而不知其不然也。

宣城梅氏之曆算，家有其書矣。裒録《曆議》，書盈一卷，以爲傳而入文集，何爲乎？清杭世駿《道古堂文集》有《梅文鼎傳》，悉録梅氏《曆議》，書盈二卷，文長不録。《四庫全書總目提要·子部·天文算法類》：「《曆術全書》六十卷，國朝梅文鼎撰。文鼎字定九，宣城人。篤志嗜古，尤精歷術之學。」「所著《曆術》諸書」，「凡二十九種，名之曰《曆術全書》」。「皆以推闡算法。或衍《九章》之未備，或著今法之面形，或論中西形體之變化，或釋弧矢、句股、八線之比例。蓋曆算之術至是而大備矣。」退而省其私，未聞其於律算有所解識也。丹溪朱氏之醫理，人傳其學矣。節鈔醫案，文累萬言，以爲傳而入文集，何爲乎？戴良《九靈山房集》卷十《丹溪翁傳》：「丹溪翁者，婺之義烏人也，姓朱氏，諱震亨，字彦修，學者尊之曰丹溪翁。著《格致餘論》、《局方發揮》、《傷寒辨疑》、《本草衍義補遺》、《外科精要新論》諸書。」案此傳全載醫方，文長不録。進而求其説，未聞其於方術有所辨别也。班固因《洪範》之傳而述《五行》，見《書教上》注。因《七略》之書而叙《藝文》。見《詩教上》注。班氏未嘗深於災祥、精於校讎也，而君子以謂班氏之删述其功有補於馬遷，又美班氏之删述善於因人而不自用也。《文心雕龍·

史傳》：「及班固述史，因循前業，觀司馬遷之辭，思實過半。」蓋以《漢書》爲廟堂，諸家學術比於大鏞鼖鼓之陳也。杜甫詩：「金鐘大鏞在東序。」《爾雅·釋樂》：「大鐘謂之鏞。」《書·顧命》：「鼖鼓在西房。」注：「鼖鼓長八尺。」今爲梅、朱作傳者，似羨宗廟百官之美富，《論語·子張》：「不見宗廟之美，百官之富。」而竊取庭燎反坫，《禮記·郊特牲》：「庭燎之百，由齊桓始也。」《論語·八佾》：「邦君爲兩君之好，有反坫。管氏亦有反坫。」鄭曰：「反坫，反爵之坫，在两楹之間。若與鄰國爲好會，其獻酢之禮更酌，酌畢，則各反爵於坫上。」以爲蓬户之飾也。雖然，亦可謂拙矣。經師授受，子術專家，古人畢生之業也。苟可獵取菁華，以爲吾文之富有，則四庫典籍見《書教中》注。猶董澤之蒲也，又何沾沾於是乎？

承考於《長楊》，何謂也？「善則稱親，過則歸己」，《禮記·坊記》文。此孝子之行，亦文章之體也。《詩》、《書》之所稱述，遠矣。三代而後，史遷、班固俱世爲史，而談、彪之業亦略見於遷、固之叙矣。《史記·太史公自序》：「太史公執遷手而泣曰：『余先周室之太史也，自上世常顯功名於虞夏，典天官事，後世中衰，絶於予乎？汝復爲太史，則續吾祖矣。』『爲太史，無忘吾所欲論著矣。』『夫天下稱誦周公，言其能論歌文武之德，宣周召之風，達太王、王季之思慮，爰及公劉，以尊后稷也。幽厲之後，王道缺，禮樂衰，孔子修舊起廢，論《詩》《書》，作《春秋》，則學者至今則之。自獲麟以來四百有餘歲，而諸侯相兼，史禮①放絶。今漢興，海内一統，明主賢君、忠臣死義之士，余爲太史而弗論載，廢天下之史文，余甚懼焉，汝其念哉！』遷俯首流涕曰：『小子不敏，請悉論先人所次舊聞，弗敢闕。』」《漢書·叙傳》：彪「學不爲人，博而不俗，言不爲華，述而不作」。後人乃謂固盜父書，《文心雕龍·史傳》：「遺親攘美之罪，徵賄鬻筆之愆，公理辨之究矣。」案：後漢仲長統字公理，辨班固文已佚。而《顔氏家訓·文章篇》亦云「班固盜竊父書」。而遷稱親善，由今觀之，何必然哉？談之緒論，僅見六家宗旨，見《原道中》注。至於留滯周南，父子執手欷歔，以史相授，僅著空文，無有實跡。《史記·自序》：「是歲天子姓②建漢家之封，而太史公留滯周南，不得與從事，故發憤且卒。」集解：「徐廣曰：『摯虞曰：古之周南，今之洛陽。』」索隱：「張晏曰：『自陝以東，皆周南之地也。』」至若彪著《後傳》，原委具存，而三紀論贊，明

① 「禮」字誤，《史記》作「記」。
② 「姓」字誤，《史記》作「始」。

著彪説，《後漢書・班彪傳》：「記彪採前史遺事，傍貫異聞，作後傳數十篇。」《漢書・元帝紀贊》應劭注稱「元、成帝紀皆班固父彪所作」，贊中之「臣」係彪自稱之辭。又韋賢、翟方進、元后三傳亦俱稱「司徒掾班彪曰」。見家學之有所授受，何得如後人之所言，致啟鄭樵誣班氏以盜襲之嫌哉？見《申鄭》注。第史遷之叙談既非有意爲略，而班固之述彪亦非好爲其詳，孝子甚愛其親，取其親之行業而筆之於書，必肖其親之平日，而身之所際不與也。吾觀近日之文集，而不能無惑焉。其親無所稱述歟？闕之可也。其親僅有小善歟？如其量而録之，不可略而爲漏，溢而爲誣可也。黠於好名而陋於知意者，侈陳己之功績，累牘不能自休，而曲終奏雅，《漢書・司馬相如傳》：「揚雄以爲靡麗之賦，勸百而諷一，猶聘①鄭衛之聲，曲終而奏雅，不已戲乎？」則曰吾先人之教也。甚至敷張己之榮遇，津津有味其言，而賦卒爲亂，《國語・魯語下》：「昔正考父校商之名頌十二篇於周太師，以《那》爲首。

---

① 「聘」字誤，《漢書》作「騁」。

其輯之亂曰：『自古在昔，先民有作。温恭朝夕，執事有恪。』」韋注：「輯，成也。凡作篇章，章義既成，撮其大要爲亂辭。詩者，歌也，所以節儛者也。如今三節儛矣，曲終乃更變章亂節，故謂之亂也。」案：「賦卒爲亂」如《離騷》「亂曰」云云，王逸注：「亂，理也，所以發理詞旨，總撮其要也。屈原舒肆憤懣，極意陳辭，或去或留，文采紛華，然後結括一言，以明所趣也。」則曰吾先德之報也。夫自叙之文過於揚厲，劉知幾猶譏其言志不讓，率爾見哂矣，《史通·叙傳》：「夫自媒自衒，士女之醜行，然則人莫我知，君子不恥。案孔氏《論語》有云：『十室之邑必有忠信，不如丘之好學也。』又曰：『吾之先友嘗從事於斯矣。』則聖達之立言也，時亦揚露己才。或託諷以見其情，或選辭以顯其跡，終不盱衡自伐，攘袂公言。且命諸門人『各言爾志』，由也不讓，見哂無禮。」況稱述其親，乃爲自詡地乎？夫張湯有後，史臣爲薦賢者勸也，出之安世之口則悖矣；《史記·酷吏列傳》：「張湯，杜人也。」「是時上方鄉文學，湯決大獄，欲傅古義，乃請博士弟子治《尚書》、《春秋》補廷尉史，亭疑法。奏讞疑事，必豫先爲上分別其原，上所是，受而著讞決法廷尉絜令，揚主之明。奏事即譴，湯應謝，上意所便，必引正、監、掾史賢者，曰：『固爲臣議，如上責臣，臣弗用，愚抵於此。』罪常釋聞。即奏事，上善之，曰：『臣非知爲此奏，乃正、監、掾史某爲之。』其欲薦吏，揚人之善、蔽人之過如此。」又：「上惜湯，稍遷其子安世。」伯起世德，史臣爲清忠者幸也，出之秉、賜之書則舛矣。《後漢書·楊震傳》：「楊震，字伯起，弘農華陰人也。」子秉，孫賜，曾孫彪，玄孫脩，皆貴顯。「贊曰：楊氏載德，仍世柱國。震畏四知，秉去三惑。賜亦無諱，彪誠匪忒。脩雖才子，渝我淳則。」昔人謂《長楊》、《上林》諸賦揚雄《長楊賦》，司馬相如《上林賦》。侈陳遊觀，而末寓箴規，以謂諷一而勸百。斯人之文，其殆自詡百而稱親者一歟？

矜謁者之通，何謂也？國史叙《詩》，申明六藝。見《史德》注。蓋詩無達言，作者之旨非有序説，則其所賦不辨。何謂也？今之《詩序》，以謂傳授失其義則可也，謂無待於序，則①不可也。見《婦學》注。《書》之有序，案：《書序》，孔安國作，今所傳乃僞《序》。《小序》則冠於每篇之首，如「昔在帝堯，聰明文思，光被天下。將遜於位，讓於虞舜，作《堯典》」是也。或者外史掌三皇五帝之書，見《書教上》注。當有篇目歟？今之《書序》意亦經師授受之言，倣《詩序》而爲者歟？讀者終

①「則」字，粵雅堂本《文史通義》、浙江書局及嘉業堂《章氏遺書》本均無。

篇則事理自見，故《書》雖無序，而書義未嘗有妨也。且《書》故有序矣，訓誥之文終篇記言，則必書事首簡，以見訓誥所由作。是記事之《書》無需序，而記言之《書》本有序也。如《書·伊訓》序云：「成湯既没，太甲元年，伊尹作《伊訓》、《肆命》、《徂后》。」《湯誥》序云：「湯既黜夏命，復歸於亳，作《湯誥》。」是也。由是觀之，序之有無本於文之明晦，亦可見矣。吾觀近日之文集，而不能無惑也。樹義之文，或出前人所已言也，或其是非本易見也，其人未嘗不知之，而必爲之論著者，其中或亦有微意焉，或有所託而諷焉，或有所感而發焉。既不明言其故矣，必當序其著論之時世，與其所見所聞之大略，乃使後人得以參互考質，而見所以著論之旨焉。是亦《書》序訓誥之遺也。乃觀論著之文，論所不必論者，十常居七矣。其中豈無一二出於有爲之言乎？然如風《詩》之無序，何由知其微旨也？且使議論而有序，則無實之言類於經生帖括者，《唐書·選舉志》：「明經者但記帖括。」亦可稍汰焉，而人多習而不察也。《孟子·盡心上》：「習矣而不察焉。」至於序事之文，古人如其事而出之也。

乃觀後世文集，應人請而爲傳誌，則多序其請之之人，且詳述其請之之語。偶然爲之固無傷也，相習成風，則是序外之序矣。雖然，猶之可也。黠於好名而陋於知意者，序人請乞之辭，故爲敷張揚厲以諛己也。一則曰：吾子道德高深，言爲世楷，不得吾子爲文，死者目不瞑焉。再則曰：吾子文章學問，當代宗師，苟得吾子一言，後世所徵信焉。已則多方辭讓，人又搏顙固求。凡斯等類，皆入文辭，於事毫無補益，而借人炫己，何其厚顏之甚邪？且文章不足當此，是誣死也；請者本無是言，是誣生也。若謂事之緣起，不可不詳，則來請者當由門者通謁，刺揭先投，入座寒温，包苴後饋，《荀子·大略》：「苞苴通歟」，注：「貨賄必以物裹，故總謂之苞苴。」鄭注《禮記》云：「苞苴，裹魚肉者，或以葦，或以茅也。」亦緣起也，曷亦詳而誌之乎？而謂一時請文稱譽之辭有異於是乎？

著卜肆之應，何謂也？著作降而爲文集，有天運焉，有人事焉。道德不修，學問無以自立，《論語·述而》：「德之不修，學之不講。」根本蹶而枝葉萎，此人事之不得不降也。世事殊而文質變，人世酬酢、禮法制度古無今有者，皆見於文章。故惟深山不出則已矣，苟涉乎人世，則應求取給，文章之用多而文體分，分則不能不出於文集。其有道德高深、學問精粹者，即以文集爲著作，所謂因事立言也。然已不能不雜酬酢之事，與給求之用也。若不得爲子史專家，語無泛涉也。其誤以酬酢給求之文爲自立，而紛紛稱集者，蓋又不知其幾矣。此則運會有然，不盡關於人事也。吾觀近日之文集，而不能無惑也。史學衰，而傳記多雜出，若東京以降，《先賢》、《耆舊》諸傳，《拾遺》、《搜神》諸記，皆是也。《隋書·經籍志》：《海内先賢傳》四卷，魏明帝撰。《四海耆舊傳》一卷，《兗州先賢傳》一卷，《徐州先賢傳》一卷，皆不著撰者。《交州先賢傳》三卷，晉范瑗撰。《益部耆舊傳》十四卷，陳長壽撰。《續益部耆舊傳》二卷，不著撰者。《魯國先賢傳》二卷，晉大司農白褒撰。《汝南先賢傳》五卷，魏周斐撰。《陳留耆舊傳》一卷，魏散騎侍郎蘇林撰。《濟北先賢傳》一卷，不著撰者。《東萊耆舊傳》一卷，王基撰。《會稽先賢傳》七卷，謝承撰。《吴先賢傳》四卷，吴左丞相陸凱撰。《零陵先賢傳》一卷，不著撰者。《搜神記》三十卷，干寶撰。《唐書·藝文志》：王嘉《拾遺記》十卷。史學廢，而文集入傳記，若唐、宋以還，韓、柳誌銘，歐、曾序述，韓愈、柳宗元、歐陽修、曾鞏。皆是也。負史才者不得身當史任，以盡其能事，亦當搜羅聞見，覈其是非，自著一書，以附傳記之專家。至不得已，而因人所請，撰爲碑、銘、序、述諸體，即不得不爲酬酢應給之辭，以雜其文指，韓、柳、歐、曾之所謂無可如何也。黠於好名而陋於知意者，度其文采不足以動人，學問不足以自立，於是思有所託以附不朽之業也，則見當世之人物事功群相誇詡，遂謂可得而藉矣。藉之亦似也，不知傳記專門之撰述，其所識解又不越於韓、歐文集也，以謂是非碑誌不可也。碑誌必出子孫之所求，而人之子孫未嘗求之也，則虛爲碑誌以入集，似乎子孫之求之，自謂庶幾韓、歐也。夫韓、歐應人之求而爲之，出於不得已，故歐陽自命在五代之史，《直齋書録解題》：「《新五代史》七十四卷，歐陽修撰。其爲説曰：『昔孔子作《春秋》，因亂世而立法；余爲本紀，以治法而正亂君。』」而韓氏欲誅姦諛於既死，發潛德之幽光，作唐之一經，尚恨託之空言也。韓愈《答崔立之書》：「求國家之遺事，考賢人哲士之終始，作唐之一經，垂之於無窮，誅姦諛於既死，發潛德之幽光。」空言，見《易教上》注。今以人所不得已而出之者，仰窺有餘羨，乃至優孟以摩之，見《經解下》注。則是詞科之擬誥非出於絲綸，《禮記·緇衣》：「子曰：『王言如絲，其出如綸。』」案：謂詞章一科，所出題目有擬制誥之文。此乃考驗應科者能否制作誥詞，非真出於王言之絲綸也。七林之答問不必有是言也，見《詩教上》注。將何以徵金石、昭來許乎？碑誌文字常勒金石也。夫舍傳記之直達，而效碑誌之旁通，取其似韓、歐耶？則是矉里也。取其應人之求爲文望邪？則是卜肆也。昔者西施病心而矉，里之醜婦美而效之，富者閉門不出，貧者挈妻子而去之。《莊子·天運》：「西施病心而矉其里，其里之醜人見而美之，歸亦捧心而矉其里。其里之富人見之，堅閉門而不出。貧人見之，挈妻子而去之走。」賤工賣卜於都市，無有過而問者，則曰：某王孫厚我，某貴卿神我術矣。

俗嫌

文字涉世之難，俗諱多也。退之遭李愬之毁，自注：《平淮西碑》本末略李愬功。青按：《舊唐書·韓愈傳》：「宰相裴度爲淮西宣慰處置等使，愈爲行軍司馬。蔡平，隨度還朝，詔撰《平淮西碑》。愈多歸美於度，而李愬以入蔡功第一。愬妻唐安公主訴碑不實，詔斫其文，更命翰林學士段文昌爲之。」歐陽辨師魯之誌，歐陽修《尹師魯墓誌銘》：「師魯，河南人，姓尹氏，諱洙。世之知師魯者，或推其文學，或高其議論，或多其材能，至其忠義之節，處窮達，臨禍福，無愧於古君子，則天下之稱師魯者未必盡知之。」又：「初，師魯在渭州，將吏有違其節度者，欲按軍法斬之而不果。其後吏至京師，上書訟師魯以公使錢貸部將，貶崇信軍節度副使。」從古解人鮮矣。往學古文於朱先生，《章氏遺書·跋甲乙賸稿》：「甲申、乙酉，沈先生始薦其文，而朱先生始言於衆。」案：朱先生，見《傳記》注。先生爲吕舉人誌。吕久困不第，每夜讀甚苦。鄰婦語其夫曰：「吕生讀書聲高，而音節淒悲，豈其中有不自得邪？」其夫告吕，吕哭失聲曰：「夫人知我！假主文者能具夫人之聰，我豈久不第乎？」由是每讀則向鄰牆三揖。《笥河文集·庚午科舉人吕君行狀》：「君諱元龍，字麟洲，一字慕堂，順天大興人。辛未，試禮部不第，乃益發憤讀書。其出聲如鐘，君所善韓生者亦喜讀書，居比鄰，旦旦夜夜，牆以東西，咿唔相倡答也。其妻韓夫人賢，而喜品藻，聞書聲，謂其夫曰：『此子聲大而中淒以悲，其心有不自得者乎？』韓生以告，君叫然曰：『夫人知我！』既而曰：『脱世知我如夫人者，我豈不第哉？』即又慟哭。每早起，則望其家頓首再拜，或以爲狂。」其文深表吕君不遇傷心，而當時以謂佻薄，無男女嫌，則聚而議之。又爲某夫人誌。其夫教甥讀書不率，撻之流血。太夫人護甥而怒，不食。夫人跪勸進食，太夫人怒，批其頰。夫人怡色有加，卒得姑歡。《笥河文集·王母高太夫人行狀》：「夫人静海高氏，寶坻王舜夫先生名詢之元配也。逮事王舅王姑，其事君舅北台先生諱枚士，暨君姑解太夫人，尤盡婦職。」「舜夫先生召諸甥於家，爲之延師讀書，間或督過之，予以杖。會甥病，而解太夫人以愛外孫甚，聞之不樂，曰：『兒奈何病若甥？』爲之罷食至再。舜夫先生聞太夫人怒，則惶恐至不敢見，於是夫人長跪太夫人前，爲夫謝過，固勸太夫人進食。太夫人怒不解，語且責夫人，至批其頰。夫人怡色承受無忤，固勸太夫人食，良久，太夫人色少解，進食，乃敢退。」其文於慈孝友睦，初無所間，而當時以謂婦遭姑撻，恥辱須諱；又笞甥撻婦，俱乖慈愛，則削而去之。余嘗爲《遷安縣修城碑》，《章氏遺書》卷十六《遷安縣重修城垣碑》：「惟乾隆四十二年某月日，直隸永平府遷安縣知縣喬鐘吴爲請修城垣事：竊照卑縣封域，界在邊陲，隸縣村落，毗連塞外，近者百里，遠者至數百里，累舍始達。而縣治控扼要衝，城隍保障，實爲一方重鎮。惟是城垣建自前明，歲久頹圮。又滦河远自塞外馳數千里磅礴而來，城西北隅首當其衝，每夏秋交飄風，時霖日夕發作，諸山峽水一時暴漲，灤河挾横決諸流建瓴直下，驕悍剽疾，平吞東南，而孤城屹立中間，斗攖其鋒，蹙浪批濤，風霆戰搏，良久不勝，乃始逶迤順流，循城東南而去。方勢正急，居民囊土塞城四門，捍衛官廨倉獄，登陴環顧，縣治如一扁舸汎濫洪濤，轉仄不定。至水漸殺，町畦徐出，乃復爲縣。以故遷安一城，平居爲衛，遇水爲坊，一物二用，積勞成憊，剥膚日久，至於鑿骨。若不及時繕緝，後此益難爲功。謹按乾隆十三年，前通州理事通判富某奉檄勘議。又二十七年，前灤州知州奉檄偕前知縣顧某同勘，需銀六萬两餘。會二十八年，前總督直隸、兵部尚書方諱觀承，彙奏所屬城工緩急，遷安與昌黎、樂亭同列緩工，自此因循未果。訖今又十五年，積久頹廢，日以益甚。不特官廨倉獄當備非常，即廬舍民居藉城保障。卑職於三十九年任事，即見紳士軍民紛紛籲請，卑職復勘無異。惟以初至未諳，又工費最鉅，未敢遽議興修。今三年來，請者益衆，詳視利害愈悉，允宜刻日建工，無庸疑貳。但既藉城爲堤，宜度水勢所及，撤去舊埏，甃以鉅石，乃資捍禦。又前勘需銀六萬有奇，今承敝餘末流，毀圮尤甚，工費視前不啻倍蓰。惟念七年之病，須艾三年，及今爲之，猶不坐貽他日鉅患，官司幸甚，士民幸甚。事上永平府、直隸布政使司，總督直隸、兵部尚書周公元理據呈引奏，詔下工部議如所請。」文中叙城久頽廢，當時工程更有急者，是以大吏勘入緩工，今則爲日更久，圮壞益甚，不容更緩。此乃據實而書，宜若無嫌。而當時閲者以謂碑叙城之宜修，不宜更著勘緩工者以形其短。初疑其人過慮，其後質之當世號知文者，則皆爲是説，不約而同。又嘗爲人撰《節婦傳》，《章氏遺書》卷十八《書董節婦事》：「昌黎高彙征述其外姑董節婦事，請余書實以備采風。」「外姑戴氏，同縣監生天挺女也。」「年二十一歸外舅繼述。」「外舅没世，外姑時年二十七，内憂外患，猝起非常，門内茕茕，無拯援者。」則叙其生際窮困，親族無係援者，乃能力作自給，撫孤成立。而其子則云：「彼時親族不盡窮困，特不我母子憐耳。今若云云，恐彼負慚，且成嫌隙。請但述母氏之苦，毋及親族不援。」自注：此等拘泥甚多，不可更僕數矣。亦間有情形太逼，實難據法書者，不盡出拘泥也。

又爲朱先生撰壽幛題辭云：「自癸巳罷學政歸，門下從遊始爲極盛。」案：癸巳爲乾隆三十八年，朱珪①年四十五歲。《章氏遺書》卷廿三《朱先生五十初度屏風題辭》：「乾隆戊戌季夏上旬六日，爲笥河朱先生五十初度之辰，門弟子一時居京師者相與奉觴上壽，俾學誠勉爲之辭。」又：「前此十年爲戊子，則先生自贊善晉學士，其間典試八閩，視學皖歙。出則輶軒購典，入則都邑徵書。遊歷名山大川，發舒志氣，披剔金石，搜羅逸獻遺文。而東南一時所謂沈溺枯槁與夫磊落奇偉、魁閎寬通之士，莫不景合雲從。於是門下從遊始稱極盛。」而同人中有從遊於癸巳前者，或憤作色曰：「必於是後爲盛，是我輩不足重乎？」又爲梁文定較注《年譜》朱珪《梁公國治墓誌銘》：「公諱國治，字階平，號瑶峰。」「其先出於伯翳，由新昌而遷於豐山之梁巷村者，曰國鎮公，稱東梁，至公十有七世，爲會稽人。」「十九舉乾隆辛酉科鄉試。」「戊辰會試中式，殿試一甲第一名，賜進士及第，投②職修撰。」「五十年夏，授東閣大學

①「朱珪」誤，當作「朱筠」。

②「投」字誤，《碑傳集》作「授」。

士，兼户部尚書。」「五十一年仲冬望日疾作，越月十三日壬子考終，晉贈太子太傅①，賜謚文定。」《章氏遺書》卷廿一《梁文定公年譜書後》：「文定下世今七年，門下之士落落如晨星之相望，昔居京師送文定歸喪諸孤方輯《年譜》，正於學誠，間亦附商一二。覺《年譜》有未盡，擬別爲文以誌。」云：「公念嫂夫人少寡，終身禮敬如母，遇有拂意，必委曲以得其歡。」而或乃曰：「嫂自應敬，今云念其少寡而敬，則是防嫂不終其節，非真敬也。」其他瑣瑣爲人所摘議者，不可具論，姑撮大略於此，亦可見文章涉世，誠難言矣。夫文章之用，内不本於學問，外不關於世教，已失爲文之質。而或懷挾偏心，詆毁人物，甚而攻發隱私，誣涅清白，此則名教《左傳序》疏：「教之所存，謂名教善惡，義存於此事。」中之罪人，縱幸免刑誅，天譴所必及也。至於是非所在，文有抑揚，比擬之餘，例有賓主。厚者必云不薄，醇者必曰無疵，殆如賦詩必諧平仄，然後音調，措語必用助辭，然後辭達。今爲醇厚著

---

① 「太傅」誤，《碑傳集》作「太保」。《清史稿·列傳》亦作「太保」。

説，惟恐疵薄是疑。是文句必去焉哉乎也，而詩句須用全仄全平，雖周、孔復生，不能一語稱完善矣。嗟乎！經世之業，不可以爲涉世之文。不虞之譽，求全之毀，《孟子·離婁下》：「孟子曰：『有不虞之譽，有求全之毀。』」集注引吕氏曰：「行不足以至譽而偶得譽，是謂『不虞之譽』。求免於毀而反致毀，是謂『求全之毀』。言毀譽之言未必皆實，修己者不以遽爲憂喜，觀人者不可以是輕爲進退。」從古然矣。讀古樂府，形容蜀道艱難，太行詰屈，李白有《蜀道難》樂府，魏武帝有《苦寒行》樂府。案：《苦寒行》起句云「北上太行山，艱哉何巍巍」。以謂所向狹隘，喻道之窮，不知文字一途乃亦崎嶇如是。是以深識之士黯然無言，自勒名山之業，將俟知者發之，見《知難》注。豈與容悦之徒①《孟子·盡心上》：「有事君人者，事是君則爲容悦者也。有安社稷臣者，以安社稷爲悦者也。」較甘苦見《師説》注。哉！

①「徒」，粵雅堂本《文史通義》、浙江書局及嘉業堂《章氏遺書》本均作「流」。

鍼名

「名者實之賓。」見《文集》注。實至而名歸，自然之理也，非必然之事也。君子順自然之理，不求必然之事也。君子之學知有當務而已矣，見注《點陋》①。未知所謂名，安有見其爲實哉？好名者流徇名而忘實，於是見不忘者之爲實爾。識者病之，乃欲使人後名而先實也。雖然，猶未忘夫名實之見者也。君子無是也，君子出處當由名義。凡事物所從得名之義也。明周祈有《名義考》。先王所以覺世牖民，不外名教。見《俗嫌》注。伊古以來，未有舍名而可爲治者也。何爲好名乃致忘實哉？曰：義本無名，因欲不知義者由於義，故曰「名義」。教本無名，因欲不知教者率其教，故曰「名教」。揭而

① 「注《點陋》」誤倒，當作「《點陋》注」。

爲名，求實之謂也。譬猶人不知食，而揭樹藝見《書教中》注。之名以勸農；人不知衣，而揭盆繅①《禮記・祭儀②》：「夫人繅，三盆手。」注：「三盆手者，三淹也。凡繅，每淹，大總而手振之，以出緒也。」之名以勸蠶。煖衣飽食者，不求農蠶之名也。今不問農蠶，而但以飲煖相矜耀，必有輟耕織而忍饑寒，假借糠秕以充飽，隱裹敗絮以僞煖，斯乃好名之弊矣。故名教、名義之爲名，農蠶也。好名者之名，飽煖也。必欲鶩飽煖之名，未有不强忍饑寒者也。

然謂好名者喪名，自然之理也，非必然之事也。昔介之推不言禄，禄亦弗及。《左傳・僖廿四年》文。實至而名歸，名亦未必遽歸也。天下之名定於真知者，而羽翼於似有知而實未深知者。夫真知者必先自知，天下鮮自知之人，故真能知人者不多也。似有知而實未深知者則多矣。似有

① 「繅」，粵雅堂本《文史通義》、浙江書局及嘉業堂《章氏遺書》本均作「繰」。
② 「儀」字誤，當作「義」。

知，故可相與爲聲名；實未深知，故好名者得以售其欺。又況智干術馭，竭盡生平之思力，而謂此中未得一當哉？故好名者往往得一時之名，猶好利者未必無一時之利也。

且好名者固有所利而爲之者也。如賈之利市《易·説卦》：「爲近利市三倍。」焉，賈必出其居積《論衡》：「子貢善居積。」而後能獲利，好名者亦必澆漓《漢書·循吏傳》：「澆淳散樸」，師古曰：「不雜爲淳，以水澆之則味漓薄。」其實，而後能徇一時之名也。蓋人心不同如其面，見《言公中》注。故務實者不能盡人而稱善焉，好名之人則務揣人情之所向，不必出於中之所謂誠然也。且好名者必趨一時之風尚也。風尚循環，如春蘭秋菊①《楚辭·九歌·禮魂》：「春蘭兮秋菊，長無絶兮終古。」注：「古語：春蘭秋菊，各一時之秀也。」之互相變易而不相襲也，人生其間，才質所優，不必適與之合也，好名者則必屈曲以徇之，故於心術多不

① 「菊」，嘉業堂《章氏遺書》本同。粤雅堂本《文史通義》、浙江書局《章氏遺書》本作「鞠」。

可問也。脣亡則齒寒，魯酒薄而邯鄲圍，《左傳・僖五年》：「晉侯復假道於虞以伐虢，宮之奇諫曰：『虢，虞之表也。虢亡，虞必從之。晉不可啟，寇不可翫，一之謂甚，其可再乎！諺所謂「輔車相依，脣亡齒寒」者，其虞、虢之謂也。』」《莊子・胠篋》：「故曰：脣竭則齒寒。魯酒薄而邯鄲圍，聖人生而大盜起。」注：「夫竭脣非以寒齒而齒寒，魯酒薄非以圍邯鄲而邯鄲圍，聖人生非以起大盜而大盜起，此自然相生，必至之勢也。」案：《淮南子》①：「楚會諸侯，魯、趙俱獻酒於楚王。主酒吏求酒於趙，趙不與，吏怒，乃以趙厚酒易魯薄者。楚王以趙酒薄，遂圍邯鄲。故曰：魯酒薄而邯鄲圍。」此言勢有必至、理有固然也。《戰國策・齊策四》：「譚拾子曰：『事有必至，理有固然，君知之乎？』」學問之道與人無忮忌，見《言公上》注。而名之所關，忮忌有所必至也。學問之道與世無矯揉，《增韻》：「矯揉，曲直之也。」而名之所在，矯揉有所必然也。故好名者，德之賊也。見《感遇》注。

若夫真知者，自知之確，不求人世之知之矣。韓愈《與馮宿書》：「以此而言，作者不祈人之知也明矣，直百世以竢聖人而不惑，質諸鬼神而不疑耳。」其於似有知、實未

①《淮南子》，當作許慎《淮南》注。

深知者，不屑同道矣。或百世而上得一人焉，弔其落落無與儔也，未始不待我爲後起之援也；或千里而外得一人焉，悵其遥遥未接迹也，未始不與我爲比鄰之洽也。以是而問當世之知，則寥寥矣，而君子不以爲患焉。浮氣息，風尚平，天下之大，豈無真知者哉！至是而好名之伎亦有所窮矣。故曰：實至而名歸，好名者喪名，皆自然之理也，非必然之事也。卒之事，亦不越於理矣。

砭異

古人於學求其是，未嘗求異於人也。學之至者，人望之而不能至，乃覺其異耳，非其自有所異也。夫子曰：「儉，吾從衆。泰也，雖違衆，吾從下。」《論語·子罕》：「子曰：『麻冕，禮也，今也純，儉，吾從衆。拜下，禮也，今拜乎上，泰也，雖違衆，吾從下。』」集注引程子曰：「君子處世事之無害於義者，從俗可也。害於義則不可從矣。」

聖人方且求同於人也，有時而異於衆，聖人之不得已也。天下有公是，成於衆人之不知其然而然也，《莊子·達生》：「不知所以然而然，命也。」聖人莫能異也。賢智之士深求其故而信其然，庸愚未嘗有知而亦安於然，而負其才者恥與庸愚同其然也，則故矯其説以謂不然。譬如善割烹者，甘旨得人同嗜，不知味者未嘗不以謂甘也。今恥與不知味者同嗜好，則必啜糟棄醴，屈原《漁父》：「哺其糟而啜其釃。」去膾炙而尋藜藿，《禮記·曲禮上》：「膾炙處外。」《説文解字》第四篇下《肉部》：「膾，細切肉也。」第十篇上《炙部》：「炙，炮肉也。」《漢書·司馬遷傳》：「墨者糲粱之食，藜藿之羹。」乃可異於庸俗矣。語云：「後世苟不公，至今無聖賢。」萬世取信者，夫子一人而已矣。夫子之可以取信，又從何人定之哉？公是之不容有違也。夫子論列古之神聖賢人衆矣，伯夷求仁得仁，《論語·述而》：「入曰：『伯夷、叔齊，何人也？』曰：『古之賢人也。』曰：『怨乎？』曰：『求仁而得仁，又何怨？』」泰伯以天下讓，《論語·泰伯》：「子曰：『泰伯其可謂至德也已矣！三以天下讓，民無得而稱焉。』」非夫子闡幽表微，人則無由知爾。堯、舜、禹、湯、文、武、周公，雖無夫子之稱述，人豈有不知者哉？以夫子之聖，而稱述堯、舜、禹、湯、文、武、周公，不聞去取有異於衆也，則天下真無可以求異者矣。「是非之心，人皆有之。」《孟子·告子上》文。至於聲色臭味，天下之耳目口鼻皆相似也。「心之所同然者，理也，義也。」《孟子·告子上》文。然天下歧趨皆由争理義，而是非之心亦從而易焉，豈心之同然不如耳目口鼻哉？聲色臭味有據，而理義無形。有據則庸愚皆知率循，無形則賢智不免於自用也。故求異於人，未有不出於自用者也。治自用之弊，莫如以有據之學，實其無形之理義，而後趨不入於歧途也。夫内重則外輕，實至則名忘。凡求異於人者，由於内不足也。自知不足，而又不勝其好名之心，斯欲求異以加人，而人亦卒莫爲所加也。内不足，不得不矜於外；實不至，不得不鶩於名，又人情之大抵類然也。以人情之大抵類然，而求異者固亦不免於出此，則求異者何嘗異人哉？特異於坦蕩之君子爾。《論語·述而》：「子曰：『君子坦蕩蕩。』」程子曰：「君子循理，故常舒泰。」又曰：「『君子坦蕩蕩』，心寬體胖。」夫馬，毛鬣相同也，齕草飲水，秣芻飼粟，且加之鞍韉，而施以箝勒，無不相同也。或一日而百里，或一日而千里，從同之中而有獨異者，聖賢豪傑所以異於常人也。不從衆之所同而先求其異，是必詭銜竊轡，踶趹噬齕，不可備馳驅之用者也。《莊子·馬蹄》：「夫馬，陸居則食草飲水，喜則交頸相靡，怒則分背相踶。馬知已此矣。夫加之以衡扼，齊之以月題，而馬知介倪、闉扼、鷙曼、詭銜、竊轡。」

砭俗

文章家言及於壽屏、祭幛，通俗壽文多十二幅懸列如屏，故曰壽屏。祭幛則挽軸也。幾等市井間架，不可入學士之堂矣。其實時爲之也。涉世不得廢應酬故事，而祝嘏後世稱祝壽曰祝嘏。陳言，哀輓《顔氏家訓·文章第九》：「挽歌辭者，或曰古者虞殯之歌（案：見《左傳·哀十一年》），或曰出自田横之客（案：見崔豹《古今注》），皆爲生者悼往告哀之意，陸平原多爲死人自歎之言。」案：以聊爲輓，相傳起於宋時。習語，亦無從出其性靈，而猶於此中斤斤焉，計工論拙，何以異於夢中之占夢歟？見《易教上》注。夫文所以將其意也，意無所以自申，而概與從同，則古人不别爲辭。如冠男之祝，《儀禮·士冠禮》：「始加，祝曰：『令月吉日，始加元服。棄爾幼志，順爾成德。壽考惟祺，介爾景福。』再加，曰：『吉月令辰，乃申爾服。敬爾威儀，淑慎爾德。眉壽萬年，永受胡福。』三加，曰：『以歲之正，以月之令，咸加爾服。兄弟具在，以成厥德。黄考無疆，受天之慶。』」醮女之命，《孟子·滕文公下》：「女子之嫁也，母命之曰：『往之汝家，必敬必戒，毋違夫子。』」但舉成文故牘而已矣。文勝之習，必欲爲辭，爲之而豈無所善？則遂相與矜心作意，見《文德》注。相與企慕倣效，濫觴流爲江河，見《書教中》注。不復可堙閼猶云壅塞。矣。夫文生於質也，始作之者未通乎變，故其數易盡。沿而襲之者之所以無善步也，既承不可遏之江河，則當相度宣防，《史記·河渠書》：「自河決瓠子，後二十餘歲，歲因以數不登，天子乃使汲仁、郭昌發卒數萬人塞瓠子決。」「築宫其上，名曰宣房宫。」案：《漢書·溝洫志》「房」作「防」。資其灌溉，通其舟楫，乃見神明通久之用焉。文章之道，凡爲古無而今有者，皆當然也。稱壽不見於古，《日知録》卷十三《生日》：「生日之禮，古人所無。《顏氏家訓》曰：『江南風俗，兒生一朞，爲制新衣，盥浴裝飾。男則用弓矢紙筆，女則刀尺鍼縷，並加飲食之物，及珍寶服玩，置之兒前。觀其發意所取，以驗貪廉智愚，名之爲試兒。親表聚集，因成宴會。自兹以後，二親若在，每至此日，常有飲食之事。無教之徒，雖已孤露，其日皆爲供頓，酣暢聲樂，不知有所感傷。梁孝元年少之時，每八月六日載誕之辰，嘗設齋講。自阮脩容薨後，此事遂絶。』是此禮起於齊梁之間。逮唐宋以後，自天子至於庶人，無不崇飾此日，開筵召客，賦詩稱壽，而於昔人反本樂生之意，去之遠矣。」而叙次生平一用記述之法，以爲其人之不朽，則史傳竹帛之文也。輓祭本出辭章，而歷溯行實一用誄謚《禮記·曾子問》注：「誄，累也。累列生時行迹，讀之以作謚也。」之意，以爲其人之終始，則金石刻畫之文也。文生於質，視其質之如何而施吾文焉，亦於世教未爲無補，又何市井間架之足疑而學士之不屑道哉？

夫生有壽言，而死有祭輓，近代亡於禮者之禮也。《禮記·檀弓上》文。「禮從宜，使從俗。」《禮記·曲禮上》文。苟不悖乎古人之道，君子之所不廢也。文章之家卑視壽輓，不知神明《易・繫辭上》：「神而明之，存乎其人。」其法弊固至乎此也。其甚焉者，存祭輓而恥録壽言。近世文人自定其集，不能割愛而問存者，亦必別爲卷軸，一似《雅》、《鄭》之不可同日語也。自注：汪鈍翁以古文自命，動輒呵責他人，其實有才無識，好爲無謂之避忌，反自矜爲有識，大抵如此。此則可謂知一十而昧二五也。見《言公上》注。彼徒見前人文集有哀誄而無壽言，以謂哀誄可通於古，而祝嘏之辭爲古所無也。不知墓誌始於六朝，《文選》墓誌類李善注：吴均《齊春秋》：「王儉曰：『石誌不出禮典，起宋元嘉顏延之爲王琳石誌。』」案：《西京雜記》三：「杜于①夏葬長安北四里，臨終作文曰：『魏郡杜鄴立志忠款，犬馬未陳，奄先草露，骨肉歸於后土，氣魂不知所之，何必故丘然後即化，封於長安北郭，此焉宴息。』及死，命刊石埋於墓側。」據此，則墓誌始於前漢，不始於六朝也。碑文盛於東漢，《文心雕龍・誄碑》：「碑者，碑②也。上古皇帝紀號封禪，樹石碑嶽，故曰碑也。周穆紀跡於弇山之石，亦古碑之

---

① 「于」字誤，《西京雜記》作「子」。

② 「碑」字誤，《文心雕龍》作「埤」。

意也。又宗廟有碑，樹之两楹，事止麗牲，未勒勳績。而庸器漸缺，故後代用碑，以石代金，同乎不朽。自廟徂墳，猶封墓也。」《文選》碑文類注，藩按：「劉熙《逸雅》云：『碑，被也。此本王莽①時，所設施轆轤，以繩被其上以引棺也。臣子追述君父之功美，以書其上，後人因焉，故每暨於道陌之所。』」歐陽修《集古録》云：「後漢以後，始有碑文。欲前漢時碑碣，不可得。是則冢墓碑自後漢以來始有之。」於古未有行也。中郎碑刻，昌黎志銘，學士盛稱之矣。《後漢書·蔡邕傳》：「蔡邕，字伯喈，陳留圉人也。辟橋玄府，稍遷中郎。」②《文心雕龍·誄碑》：「自後漢以來，碑碣雲起，才鋒所斷，莫高蔡邕。觀楊賜之碑，骨鯁訓典；陳郭二文，詞無擇言；周胡衆碑，莫非清允。其敍事也該而要，其綴采也雅而澤。清詞轉而不窮，巧義出而卓立。察其爲才，自然而至。」按：韓愈集中銘墓之文多於他文，皆能各盡其妙。歐陽修云：「退之與樊紹述作銘，便似樊文。」王安石云：「退之善爲銘，如王適、張徹銘尤奇也。」之等是也。今觀蔡、韓二氏之文集，其間無德而稱，但存詞致，所與周旋而俯仰者，有以異於近代之

① 「王莽」誤，劉熙《釋名》作「葬」。

② 《後漢書·蔡邕傳》此節據《文選》李善注引，注引作「稍遷至郎中」。《後漢書》本文亦云「辟司徒橋玄府，召拜郎中」，至初平元年乃「拜左中郎將」。

壽言歟？寬於取古，而刻以繩今，君子以爲有耳而無目也。必以銘誌之倫實始乎古，則祝嘏之文未嘗不始於《周官》。六祝之辭，所以祈福祥也。

《周禮·春官宗伯》下：「大祝掌六祝之辭，以事鬼神示，祈福祥，求永貞。一曰順祝，二曰年祝，三曰吉祝，四曰化祝，五曰瑞祝，六曰筴祝。」按：先師《涵芬樓文談·文體芻言》云：「史稱帝堯時有華封人三祝，『祝』字始見，而非籲神之語。《金縢》有『册祝』，祝文權輿於此。」又云：「祝嘏辭，即祝文也。謂之祝嘏，嘏，福也，因祝而祈福也。漢代有之，後之傳者少矣。宋劉敞偶倣爲之。」

以其文士爲之之晚出，因而區別其類例，豈所語於知時之變者乎？

夫文生於質，壽祝哀誄，因其人之質而施以文，則變化無方，後人所闢可以過於前人矣。夫因乎人者，人萬變而文亦萬變也。因乎事者，事不變而文亦不變也。醮女之辭，冠男之頌，一用成文故典，古人不別爲辭，載在傳記，蓋亦多矣。揖讓之儀文，鼓吹之節奏，禮樂之所不廢也。然而其質不存焉，雖有神聖制作，無取儀文節奏，以爲特著之奇也。後人沿其流而不辨其源者，則概爲之辭，所爲辭費也。進士題名之碑，必有記焉；自注：明人之弊，今則無矣。科舉拜獻之録，必有序焉；自注：此則今尚有之。似可請改用一定格式，如賀表例。自唐宋以來，秋解春集，進士登科等於轉漕上計，非有特出別裁之事也。題名進録，故事行焉；《舊唐書①·選舉志》：「初，舉人既及第」，「有曲江會、題名集②」。又：「命吏部據内外員三分之，計闕集人，歲以爲常。是時河西、隴右没於虜，河南、河北不上計。」《宋史·選舉志》：「初，禮部貢舉皆秋取解，冬集禮部，春考試，合格及第者列名放榜於尚書省，又列叙名氏、鄉貫、三代之類書之，謂之小録。」《史記·蕭相國世家》：「轉漕給軍」，索隱：「漕，水運也」。《漢書·朱買臣傳》：「後數歲，買臣隨上計吏爲卒將，重車至長安。」雖使李斯刻石，自注：指題名碑。劉向奏書，自注：指進呈録。豈能於尋常行墨之外別著一辭哉？而能者矜焉，拙者愧焉，惟其文而不惟其事，所謂惑也。成室上梁，必有文焉；《禮記·檀弓下》：「晉獻文子成室，晉大夫發焉。張老曰：『美哉，輪焉！美哉，奂焉！歌於斯，哭於斯，聚國族於斯。』」《文體芻言》：「上梁文不知始於何

① 「舊唐書」，當作「新唐書」。
② 「集」，《新唐書》作「席」。

時，宋以後此體屢見，楊里萬①、王安石集中皆有之。文用駢語，皆寓頌禱之意，實《小雅·斯干》之遺。末附詩，上下東西南北凡六章，每章冠以「兒郎偉」三字，亦有不用者。」婚姻通聘，必有啟焉。案：男家曰行聘，女家曰受聘，皆有請帖。同此堂構，同此男女，雖使魯般見《經解中》注。發號，高禖紹賓，《禮記·月令》：「是月也，玄鳥至。至之日，以大牢祠於高禖。」注：「燕以施生，時來巢人堂宇，而孚乳嫁娶之象也。媒氏之官以爲候，高辛氏之出，玄鳥遺卵，娀簡吞之而生契，後王以爲媒官嘉祥，而立其祠焉。變媒言禖，神之池②。」按：紹賓，謂紹介賓客。豈能於尋常行墨之外別著一辭哉？而能者矜焉，拙者愧焉，惟其文而不惟其事，所謂惑也。而當世文人，方且劣彼而優此，何哉？國家令典，郊廟祝版，郊天及祭廟之祝辭。歲舉常事，則有定式，無更張見《書教中》注。也。推恩循例，群臣誥勅，官秩相同，則有定式，無更張也。萬壽慶典，嘉辰令節，群臣賀表，咸有定式，無更張也。聖人制作，爲之禮經，宜質宜

① 「楊里萬」誤倒，當作「楊萬里」。
② 「池」字誤，《禮記正義》作「也」。

文，必當其可。文因乎事，事萬變而文亦萬變，事不變而文亦不變，雖周、孔制作，豈有異哉？揖讓之儀文，鼓吹之節奏，常人之所不能損者，神聖之所不能增。而文人積習相尋，必欲誇多而鬭靡，韓愈文：「讀書以爲學，纘言以爲文，非以誇多而鬭靡也。」宜乎文集之紛紛矣。

《禮》曰：「君子未葬讀喪禮，既葬讀祭禮，喪復常讀樂章。」《禮記·曲禮下》文。喪禮遠近有別，而文質以分，所以本於至情也。近世文人則有喪親成服之祭文矣，葬親堂祭之祭文矣，分贈弔客之行述矣。按：即行狀。漢時祇謂之狀，如胡幹作《楊原伯狀》。自六朝以後謂之行狀，晚近謂之行述，所以述死者之行誼，及其爵里、生卒年月，爲乞人撰文而作。傳曰：「孝子之喪親也，哭不偯，禮無容，言不文，茕茕苫塊之中，杖而後能起，朝夕哭無時。」《孝經·喪親章》文。尚有人焉，能載筆而摛文，以著於竹帛，何以異於蒼梧人之讓妻，《孔子家語·六本》：「蒼梧嬈娶妻而美，讓與其兄。讓則讓矣，然非禮之讓也。」華大夫之稱祖歟？《左傳·文十五年》：「宋華耦來盟，公與之宴，辭曰：『君之先臣督，得罪於宋殤公，名在諸侯之策。臣承其祀，其敢辱君？請承命於亞旅。』魯人以爲敏。」或曰：未必其文之自爲，相喪者之代辭也。夫文生於質也，代爲之辭，必其人之可以有是言也。鴟鴞既處飄搖，《詩・豳風・鴟鴞》：「風雨所漂摇。」不爲睍睆之好音；《詩・邶風・凱風》：「睍睆黄鳥，載好其音。」鮒魚故在涸轍，不無憤然之作色。見《言公上》注。雖代禽魚立言，禽謂鴟鴞，魚謂鮒魚。亦必稱其情也。豈曰代爲之辭，即忘孝子之所自處歟？

或謂代人屬草，有父母者，不當爲人述考妣也。顔氏著訓，蓋謂孝子遠嫌，聽無聲而視無形，至諄諄也。《顔氏家訓・文章第九》：「凡代人爲文，皆作彼語，理宜然矣。至於哀傷凶禍之辭，不可輒代。蔡邕爲胡金盈作《母靈表頌》曰：『悲母氏之不永，然委我而夙喪。』又爲胡顥作其父銘曰：『葬我考議郎君。』《袁三公頌》曰：『猗歟我祖，出自有嬀。』王粲爲潘文則《思親詩》云：『躬此勞悴，鞠予小人。庶我顯妣，克保遐載。』而并載乎邕、粲之集，此例甚衆。古人之所行，今世以爲諱也。」《禮記・曲禮上》：「聽於無聲，視於無形。」雖然，是未明乎代言之體也。嫌之大者莫過君臣，周公爲成王詔臣庶，則不以南面爲嫌。見《言公上》注。嫌之甚者莫過於男女，谷永爲元帝報許后，即不以内親爲忌。《漢書·谷永傳》：「上嘗賜許皇后書，采永言以責之，語在《外戚傳》。」伊古名臣，擬爲册祝制誥，則追謚先朝，册后建儲，以至訓敕臣下，何一不代帝制以立言，豈有嫌哉？必謂涉世遠嫌，不同官守。樂府孤兒之篇，《樂府詩集·相和歌辭·瑟調曲》有《古辭孤兒行》。豈必素冠之棘人？《詩·檜風·素寇①》：「庶見素冠兮，棘人欒欒兮。」古人寡婦之歎，《文選》有潘岳《寡婦賦》。何非鬚眉之男子？文人爲子述其親，必須孤子而後可，然則爲夫述其妻，必將閹寺而後可乎？夫非禮之禮，非義之義，大人②弗爲，《孟子·離婁下》文。蓋以此哉！

① 「寇」字誤，當作「冠」。
② 「大人」，粤雅堂本《文史通義》、浙江書局及嘉業堂《章氏遺書》本均作「君子」。《孟子》作「大人」。

文史通義注卷五

内篇五

申鄭

子長、司馬遷。孟堅班固。氏不作，而專門之史學衰。陳壽范曄而下，或得或失，粗足名家。至唐人開局設監，整齊晉、隋故事，亦名其書爲一史。見《説林》注。而學者誤承流别，不復辨正其體，於是古人著書之旨晦而不明。至於辭章家舒其文辭，記誦家精其考核，其於史學似乎小有所補，而循流忘源，不知大體，用功愈勤，而識解所至亦去古愈遠而愈無所當。鄭樵生千載而後，慨然有見於古人著述之源，而知作者之旨，不徒以詞采爲文、考據爲學也。於是遂欲匡正史遷，益以博雅，貶損班固，譏其因襲，鄭樵《通志·總序》：「漢建元、元封之後，司馬氏父子出焉。司馬氏世司典籍，工於制作，故能上稽仲尼之意，會《詩》、《書》、《左傳》、《國語》、《世本》、《戰國策》、《楚漢春秋》之言，通黄帝、堯、舜至於秦漢之世，勒成一書，分爲五體。本紀紀年，世家傳代，表以正歷，書以類事，傳以著人，使百代而下，史官不能易其法，學者不能舍其書，六經之後，惟有此作。故謂周公五百歲而有孔子，孔子五百歲而在斯乎？是其所以自待者已不淺。然大著述必深於博雅，而盡見天下之書，然後無遺恨。當遷之時，挾書之律初除，得書之路未廣，亘三千年之史籍而跼蹐於七八種書。所可爲遷恨者，博不足也。凡著書雖採前人之書，必自成一家言。左氏，楚人也，所見多矣，而其書盡楚人之辭。公羊，齊人也，所聞多矣，而其書皆齊人之語。今遷書全用舊文，間以俚語，良由採摭未備，筆削不遑，故曰『予不敢墮先人之言，乃述故事，整齊其傳，非所謂作也』。劉知幾亦譏其多聚舊記，時插雜言。所可爲遷恨者，雅不足也。大抵開基之人，不免草刱，全屬繼志之士爲之彌縫。『晉之《乘》，楚之《檮杌》，魯之《春秋》，其實一也。』《乘》、《檮杌》無善後之人，故其書不行。《春秋》得仲尼挽之於前，左氏推之於後，故其書與日月並傳。不然，則一卷事目，安能行於世？自《春秋》之後，惟《史記》擅制作之規模。不幸班固非其人，遂失會通之旨，司馬氏之門户自此衰矣。班固者，浮華之士也，全無學術，專事剽竊。肅宗問以制禮作樂之事，固對以在京諸儒必能知之，儻臣鄰皆如此，則顧問何取焉？及諸儒各有所陳，固惟竊叔孫通十二篇之儀以塞白而已，儻臣鄰皆如此，則奏議何取焉？肅宗知其賤陋，故語竇憲曰：『公愛班固而忽崔駰，此葉公之好龍也。』固於當時已有定價，如此人材，將何著述？《史記》一書，功在十表，猶衣裳之有冠冕，木水之有本原。班固不通旁行邪上，以古今人物强立差等，且謂漢紹堯運，自當繼堯，非遷作《史記》廁於秦、項，此則無稽之談也。由其斷漢爲書，是致周、秦不相因，古今成間隔。自高祖至武帝凡六世，之前盡竊遷書，不以爲慚。自昭帝至平帝凡六世，資於賈逵、劉歆，復不以爲恥。況又有曹大家終篇，則固之自爲書也幾希。往往出固之胸中者，《古今人表》耳，他人無此謬也。後世衆手修書，道傍築室，掠人之文，竊鐘掩耳，皆固之作俑也。」而獨取三千年來遺文故册，運以別識心裁。蓋承通史家風，見《釋通》注。而自爲經緯，成一家言者也。見《書教中》注。學者少見多怪，不究其發凡起例，見《易教下》注。絶識曠論，所以斟酌群言，爲史學要删，《史記·十二諸侯年表贊》：「爲成學治古文者要删焉。」而徒摘其援據之疎略，裁翦之未定者，紛紛攻擊，勢若不共戴天。《禮記·曲禮上》：「父之讎，勿與共戴天。」古人復起，奚足當吹劍之一吷乎？《莊子·則陽》：「惠子曰：『夫吹管也，猶有嗃也；吹劍首者，吷而已矣。堯、舜，人之所譽也；道堯、舜於戴晉人之前，譬猶一映也。』」疏：「嗃，大聲；嗃①，小聲也。夫吹竹管，聲猶高大；吹劍環，聲則微小。唐堯，俗中所譽者，於晉人之前盛談斯道者，亦可②異乎吹劍首聲？曾無足可聞也。」若夫二十略中，《六書》、《七音》與《昆蟲草木》三略，所謂以史翼經，鄭樵《通志總序》：「書契之本，見於文字。獨體爲文，合體爲字。文有子母，主類爲母，從類爲子。凡爲字書者，皆不識子母。文字之本，出於六書。象形、指事，文也。會意、諧聲、轉注，字也。假借者，文與字也。原此一家之學，亦倡於左氏。然『止戈爲武』，不識諧聲；『反正爲乏』，又昧象形。左氏既不別其源，後人何能別其流？是致小學一家，皆成鹵莽。經旨不明，穿鑿蠭起，盡由於此。臣於是驅天下文字，盡歸六書。軍律既明，士乃用命。故作《六書略》。天籟之本，自成經緯。縱有四聲以成經，横有七音以成緯。皇頡制字，深達此機，江左四聲，反没其旨。凡爲韻書者，皆有經無緯。字書，眼學；韻書，耳學。眼學以母爲主，耳學以子爲主。母主形，子主聲。二家俱失所主。今欲明七音之本，擴六合之情，然後能宣仲尼之教，以及人面之俗，使裔夷之俘皆知禮義。故作《七音略》。」「語言之理易推，名物之狀難識。農圃之人，識田野之物，而不達《詩》《書》之旨；儒生達《詩》《書》之

① 「嗃」字誤，當作「映」。
② 「可」字誤，當作「何」。

旨，而不識田野之物。五方之名本殊，萬物之形不一。必廣覽動植，洞見幽潛，通鳥獸之情狀，察草木之精神，然後参之載籍，明其品彙。故作《昆蟲草木略》。」本非斷代爲書、可以遞續不窮者比，誠所謂專門絶業，漢唐諸儒不可得聞者也。剏條發例，鉅製鴻編，即以義類明其家學。其事不能不因一時成書，粗就隱括，原未嘗與小學專家特爲一書者絜長較短，章炳麟《文録·别録·與友人論國學書》：「鄭樵《通志》、章氏《通義》其誤學者不少。昔嘗勸人流覽，惟明真僞、識條理者可爾。若讀書駁雜，素無統紀，則二書適爲增病之階。鄭樵所長猶在校讎、圖譜、氏族數事，其他皆無可采，六書尤謬。章氏欲護其短，則云『創條發例』『未嘗與小學專家絜長較短』，若爾，但作略例可矣，焉用繁辭曲爲邪？」亦未嘗欲後之人守其成説不稍變通。夫鄭氏所振在鴻綱，而末學吹求《漢書·中山靖王傳》：「吹毛求疵。」則在小節，是何異譏韓、彭名將不能鄒、魯趨蹌，韓，韓信。彭，彭越。鄒、魯，禮義之邦。繩伏、孔巨①儒伏生、孔安國。不善作雕蟲篆刻見《感遇》注。耶？

① 「巨」，粤雅堂本《文史通義》、浙江書局及嘉業堂《章氏遺書》本均作「鉅」。

夫史遷絶學，《春秋》之後，一人而已。其範圍千古、牢籠百家者，惟創例發凡，卓見絶識，有以追古作者之原，自具《春秋》家學耳。見《書教上》①。若其事實之失據，去取之未當，議論之未醇，使其生唐宋而後，未經古人論定，或當日所據石室金匱之藏，及《世本》、《諜記》、《楚漢春秋》之屬不盡亡佚，見《言公下》注。後之溺文辭而泥考據者相與錙銖而校，尺寸以繩，不知更作如何掊擊也。今之議鄭樵者何以異是？孔子作《春秋》，蓋曰「其事則齊桓、晉文，其文則史，其義則孔子自謂有取乎爾」。見《學②教上》注。夫「事」即後世考據家之所尚也，「文」即後世詞章家之所重也，然夫子所取不在彼而在此，則史家著述之道豈可不求義意所歸乎？自遷、固而後，史家既無别識心裁，所求者徒在其事其文。惟鄭樵稍有志乎求

① 「書教上」下，當補「注」字。
② 「學」字誤，當作「書」。

義，而綴學之徒見《釋通》注。囂然起而争之。然則充其所論，即一切科舉之文詞，胥吏見《書教下》注。之簿籍，其明白無疵，確實有據，轉覺賢於遷、固遠矣！

雖然，鄭君亦不能無過焉。馬、班父子傳業，見《黠陋》注。終身史官，固無論矣。司馬温公《資治通鑑》見《書教下》注。前後一十九年，書局自隨，自辟僚屬，所與討論又皆一時名流，故能裁成絶業，爲世宗師。鄭君區區一身，僻處寒陋，獨犯馬、班以來所不敢爲者而爲之，立論高遠，實不副名。又不幸而與馬端臨之《文獻通考》《文獻通考》三百四十八卷，元馬端臨撰。並稱於時，而《通考》之疎陋轉不如是之甚。末學膚受，見《辨似》注。本無定識，從而抑揚其間，妄相擬議，遂與比類纂輯之業同年而語，而衡短論長，岑樓寸木見《説林》注。且有不敵之勢焉，豈不誣哉？

答客問上

癸巳在杭州，案：乾隆三十八年癸巳，章氏三十六歲。《章實齋先生年譜》：「先生由寧波返和州，道過杭州，聞戴震與吴穎芳談次，痛詆鄭樵《通志》。」聞戴徵君震《先正事略·戴東原先生事略》：「戴先生震，字東原，休甯人。」「舉康熙壬午鄉試。」「乾隆三十八年詔開四庫全書館，于文襄敏中以紀文達昀、裘文達曰修①，薦先生於朝，上素聞其名，遂以舉人特召，充纂修官。」「積勞致疾，卒於官，年五十有五。」補正：原注删，加：錢大昕《戴先生傳》：「戴先生震，字東原，休甯人。少從婺源江慎修游。」「年三十餘，至京師。」「金匱秦文恭公蕙田延主其邸，高郵王文肅公安國亦延致先生家塾，令其子念孫師之。一時館閣通人，河間紀太史昀、嘉定王編修鳴盛、青浦王舍人昶、大興朱太史筠，先後與先生定交。乾隆壬午，中江南鄉試。明年，試禮部，不第。會汾州修郡志，朱方伯珪請先生任其事。」「癸巳歲，天子開四庫館，總裁諸公疏薦先生，以鄉貢士入

---

①「修」字下，《國朝先正事略》有「之言」二字。

館充纂修官，特命與會試中式者同赴廷對。乙未夏，授翰林院庶吉士。」「丁酉夏，卒於官，年五十五。」與吴處士穎芳王昶《吴先生穎芳小傳》：「吴先生穎芳，字西林，居仁和之臨江鄉，故自號臨江鄉人。先世居徽州休寧。年十五，赴童子試，爲隸所訶，曰：『是求榮而先辱也。』自是不復應試。嘗怪鄭氏樵《通志》務與先儒爲難，於是取《六書》、《七音》、《樂略》，一一從流而溯其源。」談次，痛詆鄭君《通志》，其言絶可怪笑，《戴東原集·與任孝廉幼植書》：「曏病同鄉學者多株守古人，今於幼植反是。凡學未至貫本，未徹精粗，徒以意衡量，就令載籍極博，猶所謂『思而不學則殆』也。遠如鄭漁仲，近如毛大可，祇賊經害道而已矣。」又《與是仲明論學書》：「前人之博聞强識，如鄭漁仲著書滿家，淹博有之，精審未也。」以謂不足深辨，置弗論也。其後學者頗有訾謷，因假某君叙説，辨明著述源流。自謂習俗浮議，頗有摧陷廓清之功。李漢《昌黎集序》：「先生於文，摧陷廓清之功，比於武事，可謂雄偉不常者矣。」然其文上溯馬、班，下辨《通考》，見《申鄭》①。皆史家要旨，不盡爲《通志》發也。而不知者又更端以相詰難，因作《答客問》三篇。

① 《申鄭》下，當補「注」字。

客有見章子《續通志叙書後》者，問於章子曰：《通志》之不可輕議，則既聞命矣。先生之辨也，文繁而不可殺，其推論所及，進退古人，多不與世之尚論者同科。豈故爲抑揚以佐其辨歟？抑先生別有説歟？夫學者皆稱二十二史，《四庫全書提要》：「『正史』之名，見於《隋志》。至宋而定，著有十七①。明刊監板，合宋、遼、金、元史爲二十有一。皇上欽定《明史》，又詔增《舊唐書》爲二十有三。近蒐羅四庫，薛居正《舊五代史》得裒集成編，欽稟睿裁，與歐陽修書並列，共爲二十有四。」案：《明史》以上爲二十二史。著録之家皆取馬、班而下，至於元、明而上，區爲「正史」一門矣。如《四庫全書目録》等。今先生獨謂唐人整齊晉、隋故事，亦名其書爲一史，而學者誤承流別，不復辨正其體焉。豈晉、隋而下不得名爲一史歟？觀其表志成規，紀傳定體，與馬、班諸史未始有殊。開局設監，見《説林》注。集衆修書，亦時勢使然耳。求於其實，則一例也。今云學者誤承流別，敢

① 「著有十七」，浙江本《四庫全書總目》作「著十有七」。

問晉、隋而下，其所以與陳、范而上截然分部者安在？

章子曰：史之大原本乎《春秋》，見《易教上》「六經皆史」條注。《春秋》之義昭乎筆削。見《易教下》注。筆削之義，不僅事具始末，文成規矩已也。以夫子「義則竊取」之旨觀之，見《書教上》注。固將綱紀天人，推明大道，所以通古今之變而成一家之言者，見《書教中》注。必有詳人之所略，異人之所同，重人之所輕，而忽人之所謹。繩墨之所不可得而拘，類例之所不可得而泥，而後微茫杪忽之際，有以獨斷於一心。及其書之成也，自然可以參天地而質鬼神，契前修而俟後聖。《禮記·中庸》：「可以贊天地之化育，則可以與天地參矣。」又：「質諸鬼神而無疑，百世以俟聖人而不惑。質諸鬼神而無疑，知天也；百世以俟聖人而不惑，知人也。」此家學之所以可貴也。陳、范見《文集》注。以來，律以《春秋》之旨，則不敢謂無失矣。然其心裁别識，家學具存，縱使反唇相議，《漢書·賈誼傳》：「婦姑不相悦，則反脣而稽。」至謂遷書「退處士而進奸雄」，見《史德》注。固書

「排忠節而飾主闕」，《晉書·傅玄傳》：「字休奕。」「御史中丞①」，「遷太僕」。「撰論經國、九流及三史故事，評斷得失，各爲區例，名爲《傅子》，爲内外中篇。」《史通·書事》：「傅玄之貶班固也，論國體同飾主闕而折忠臣，叙世教則貴取容而賤直節，述時務則謙辭章而略事實。」要其離合變化，義無旁出，自足名家學而符經旨。初不盡如後代纂類之業，相與效子莫之執中，見《質性》注。求鄉愿見《感遇》注。之無刺，侈然自謂超遷軼固也。若夫君臣事蹟，官司典章，王者易姓受命，綜核前代，纂輯比類，以存一代之舊物，是則所謂「整齊故事」之業也。開局設監，集衆修書，正當用其義例，守其繩墨，以待後人之論定則可矣。豈所語於專門著作之倫乎？

《易》曰：「苟非其人，道不虚行。」見《史釋》注。史才不世出，而時世變易不可常，及時纂輯所聞見，而不用標别家學、決斷去取爲急務，豈特晉、

① 「御史中丞」上，宜補「爲」字。

隋二史爲然哉？班氏以前則有劉向、劉歆、揚雄、賈逵之《史記》，見《言公上》注。賈逵《史記》未詳。范氏以前則有劉珍、李尤、蔡邕、盧植、楊彪之《漢記》，《後漢書·文苑傳》：「李尤，字伯仁。」「和帝時，召詣東觀，拜蘭臺令。安帝時，爲諫議大夫，詔與謁者僕射劉珍等俱撰《漢紀》。」「盧植，字子幹。」「拜議郎，與馬日磾、蔡邕、楊彪、韓説等補續《漢紀》。」①其書何嘗不遵表志之成規，不用紀傳之定體？然而守先待後之故事，與筆削獨斷之專家，其功用足以相資，而流別不能相混，則斷如也。溯而上之，百國寶書之於《春秋》，見《書教上》注。《世本》、《國策》之於《史記》，見《言公上》注。其義猶是耳。

唐後史學絶，而著作無專家。後人不知《春秋》之家學，而猥以集衆官修之故事，乃與馬、班、陳、范諸書並列正史焉。於是史文等於科舉之程式，胥吏之文移，見《書教下》注。而不可稍有變通矣。間有好學深思之

① 盧植事，見《後漢書》卷六十四《吴延史盧趙列傳》。「漢紀」，《後漢書》均作「漢記」。

士，能自得師於古人，標一法外之義例，著一獨具之心裁，而世之群怪聚罵，指目牽引爲言詞，譬若猵狙見冠服，不與齕決毀裂、至於盡絶不止也。《莊子·天運》：「故禮義法度者，應時而變者也。今取猵狙而衣以周公之服，彼必齕齧挽裂，盡去而後慊。觀古今之異，猶猨狙之異乎周公也。」鄭氏《通志》之被謗，凡以此也。《四庫全書簡明目録》：「《通志》紀傳及譜，皆勦襲舊史，略爲删潤，殊無可觀。」

嗟乎，道之不明久矣！六經皆史也。見《易教上》注。「形而上者謂之道，形而下者謂之器。」見《原道中》注。孔子之作《春秋》也，蓋曰：「我欲託之空言，不如見諸行事之深切著明。」見《易教上》注。然則典章事實，作者之所不敢忽，蓋將即器而明道耳。其書足以明道矣，「籩豆之事，則有司存」，《論語·泰伯》文。君子不以是爲瑣瑣也。道不明而爭於器，實不足而競於文，其弊與空言制勝、華辯傷理者，相去不能以寸焉，而世之溺者不察也。太史公曰：「好學深思，心知其意。」《史記·五帝本紀贊》：「非好學深思，心知其意，固難爲淺見寡聞道也。」當今之世，安得知意之人而與論作述之旨哉？

答客問中

客曰：孔子自謂：「述而不作，信而好古。」見《易教上》注。又曰：「好古，敏以求之。」見《原道上》注。夏、殷之禮，夫子能言，然而無徵不信，慨於文獻之不足也。見《原道下》注。今先生謂作者有義旨，而籩豆器數見《史釋》注。不爲瑣瑣焉，毋乃悖於夫子之教歟？馬氏《通考》見《申鄭》注。之詳備，鄭氏《通志》見《釋通》注。之疎舛，三尺童子所知也。先生獨取其義旨，而不責其實用，遂欲申鄭而屈馬，其説不近於偏耶？

章子曰：天下之言，各有攸當。經傳之言，亦若是而已矣。讀古人之書，不能會通其旨，而徒執其疑似之説，以争勝於一隅，則一隅之言不可勝用也。天下有比次之書，有獨斷之學，有考索之功，三者各有所主，而不能相通。六經之於典籍也，猶天之有日月也。讀《書》如無《詩》，讀

《易》如無《春秋》，見《釋通》注。雖聖人之籍，不能於一書之中備數家之攻索也。《易》曰「不可爲典要」，《易·繫辭下》：「不可爲典要，惟變所適。」而《書》則偏言「辭尚體要」焉。見《辨似》注。讀《詩》「不以辭害志」，見《書教下》注。而《春秋》則正以一言定是非焉。《春秋序》：「一字爲褒貶」，疏：「褒則書字，貶則稱名，褒貶在於一字。」向令執龍血鬼車之象，見《易教下》注。而徵奥①若稽古之文，《書·堯典》：「奥若稽古帝堯，曰放勳。」託熊蛇魚旐之夢，《詩·小雅·斯干》：「維熊維羆，男子之祥。維虺維蛇，女子之祥。」又：「衆維魚矣，實維豐年。旐維旟矣，室家臻臻。」以紀春王正月之令，見《史德》注。則聖人之業荒，而治經之旨悖矣。若云好古敏求，文獻徵信，吾不謂往行前言見《原學上》注。可以滅裂也。多聞而有所擇，《論語·述而》：「多聞，擇其善者而從之。」博學而要於約，見《博約》注。其所取者有以自命，而不可概以成説相拘也。大道既隱，諸子争鳴，皆得先王之一端，莊生所

①「奥」字誤，當作「粤」。注同。

謂「耳目口鼻，皆有所明，不能相通」者也。目察秋毫，而不能見雷霆；耳辨五音，而不能窺泰山。秋毫之末，目能察之；雷霆之聲，非目能察，須耳辨之。五音之聲，耳能辨之；泰山之形，非耳能辨，須目察之。此言五官各有功能，不能相通。謂耳目之有能有不能則可矣，謂耳聞目見之不足爲雷霆山岳，其可乎？

由漢氏以來，學者以其所得託之撰述以自表見者，蓋不少矣。高明者多獨斷之學，沉潛者尚考索之功，高明、沉潛，見《朱陸》注。天下之學術不能不具此二途。譬猶日晝而月夜，暑夏而寒冬，以之推代而成歲功，則有相需之益，以之自封而立畛域，則有兩傷之弊。故馬、班史祖，司馬遷、班固爲史之祖。而伏、鄭經師，伏應作服。服虔、鄭玄。遷乎其地而弗能爲良，《周禮·考工記》："「遷地爲良。」亦並行其道而不相爲背者也。見《博約下》注。使伏、鄭共注一經，必有牴牾之病；使馬、班同修一史，必有矛盾之嫌。以此知專門之學未有不孤行其意，《史記·酷吏列傳》："「孤立行一意而已。」雖使同儕爭之而不疑，舉世非之而不顧，韓愈《答李翊書》："「其觀於人，不知其非笑之爲非笑也。」此史遷之所以必欲傳之其人，見《言公中》注。而班固之所以必待馬融受業於其女弟，見《史注》注。然後其學始顯也。遷書有徐廣、裴駰諸家傳其業，見《史注》注。固書有服虔、應劭諸家傳其業，見《史注》注。專門之學，口授心傳，不啻經師之有章句矣。然則《春秋》經世之意，見《經解下》注。必有文字之所不可得而詳，繩墨之所不可得而準。見《詩教下》注。而今之學者，凡遇古人獨斷之著述，於意有不愜，囂然紛起而攻之，亦見其好議論而不求成功矣。

若夫比次之書，則掌故令史之孔目，掌故，見《書教上》注。令史、孔目皆官名。唐有集賢殿，孔目蓋主勾稽文牘者也。簿書記注之成格，見《書教上》注。其原雖本柱下之所藏，《史記·老子列傳》：「老子者，周守藏室之史也。」索隱：「《張湯傳》：『老子爲柱下史』，即藏室之柱，因以爲官名。」[①]其用止於備稽檢而供采擇，初無他奇也。然而獨斷之學非是不爲取裁，考索之功非是不爲按據，如旨酒之不離乎糟粕，

① 《張湯傳》誤，當作《張蒼傳》。《史記·張丞相列傳》云：「張蒼乃自秦時爲柱下史」，未云「老子」，司馬貞索隱有誤。

嘉禾之不離乎糞土，是以職官、故事、案牘、圖牒之書不可輕議也。然獨斷之學，考索之功欲其智，而比次之書欲其愚。亦猶酒可實尊彝，而糟粕不可實尊彝；禾可登簠簋，而糞土不可登簠簋，理至明也。古人云：「言之不文，行之不遠。」見《言公上》注。「文不雅馴，薦紳先生難言之。」見《書教中》注。爲職官、故事、案牘、圖牒之難以萃合而行遠也，於是有比次之法。不名家學，不立識解，以之整齊故事見《説林》注。而待後人之裁定，是則比次欲愚之效也。舉而登諸著作之堂，亦自標名爲家學，談何容易《文選·東方朔〈非有先生傳〉》文。邪？且班固之才可謂至矣，然其與陳宗、尹敏之徒撰《世祖本紀》與《新市》、《平林》諸列傳，不能與《漢書》並立，《後漢書·班固傳》：「明帝始詔班固與睢陽令陳宗、長陵令尹敏、司隸從事孟異共成《世祖本紀》，遷爲郎，典校祕書。固又撰功臣平林、新市、公孫述事，作列傳、載記二十八篇，奏之，帝乃復使終成前所著書。固以爲漢紹堯運，以建帝業。至於六世，史臣乃追述功德，私作本紀，編於百王之末，廁於秦、項之列。太初以後，缺而不録，故採撰前記，綴集所聞，以爲《漢書》。」而必以范蔚宗書爲正宗，《宋書・范曄傳》：「曄字蔚宗」，「彭城王義康冠軍參軍」，「遷尚書郎」，「左遷宣城太守，乃删衆家《後漢書》爲一家之作」。則集衆官修之故事與專門獨斷之史裁不相綴屬，又明矣。

自是以來，源流既失，鄭樵無考索之功，而《通志》足以明獨斷之學，君子於斯有取焉。馬貴與無獨斷之學，而《通考》不足以成比次之功，謂其智既無所取，而愚之爲道又有未盡也。且其就《通典》而多分其門類，見《釋通》注。取便翻檢耳；因史志而裒集其論議，易於折衷耳。此乃經生決科之策括，見《原學下》注。補正：原注加：《法言・學行》：「發策決科」，注：「射以決科，經以策試。」不敢抒一獨得之見，標一法外之意，而奄然媚世爲鄉愿。至於古人著書之義旨，不可得聞也。俗學便其類例之易尋，喜其論説之平善，相與翕然交稱之，而不知著作源流之無似。此嘔啞啁哳之曲見《説林注》。所以屬和萬人也。司馬相如《上林賦》：「奏陶唐之舞，聽葛天之歌，千人唱，萬人和。」

答客問下

客曰：獨斷之學與考索之功則既聞命矣，敢問比次之書？先生擬之糟粕與糞土，何謂邪？

章子曰：斯非貶辭也。有璞而後施雕，《增韻》：「璞，玉未琢。」有質而後運斤，《莊子·徐無鬼》：「郢人堊慢其鼻端若蠅翼，使匠石斲之。運斤成風，聽而斲之，盡堊而鼻不傷，郢人立不失容。宋元君聞之，召匠石曰：『嘗試爲寡人爲之。』匠石曰：『臣嘗能斲之，雖然，臣之質死久矣。自夫子之死也，吾無以爲質矣，吾無與言之矣。』」先後輕重之間，其數易明也。夫子未刪之《詩》、《書》，未定之《易》、《禮》、《春秋》，皆先王之舊典也。然非夫子之論定，則不可以傳之學者矣。李燾謂「左氏將傳《春秋》，先聚諸國史記，國別爲語，以備《內傳》之採摭」。案：《漢書·司馬遷傳贊》：「孔子因魯史記而作《春秋》，而左邱明論輯其本事以爲之傳。」又：「纂異同爲《國語》。」而司馬光亦謂

「左氏欲傳《春秋》，先作《國語》」。章氏引李燾之言已後。是雖臆度之辭，然古人著書未有全無所本者，以是知比次之業不可不議也。比次之道大約有三：有及時撰集，以待後人之論定者，若劉歆、揚雄之《史記》，見《言公上》注。班固、陳宗之《漢書①》見《答客問上》。是也；有有志著述，先獵群書以爲薪槱者，若王氏《玉海》，《玉海》，書名，二百卷，宋王應麟撰。司馬《長編》《直齋書録解題》：「《長編》云者，温公之爲《通鑑》也，先命其屬爲叢書，既成，乃修《長編》，然後删之，以爲成書。唐《長編》六百卷，今《通鑑》惟八十卷爾。」之類是也；有陶冶專家，勒成鴻業者，若遷録倉公技術，見《書教下》注。固裁劉向《五行》見《言公中》注。之類是也。夫及時撰集以待論定，則詳略去取，精於條理而已。先獵群書以爲薪槱，則辨同考異，慎於覈核而已。陶冶專家，勒成鴻業，則鉤玄提要，見《博約上》注。達於大體而已。比次之業既有如是之不同，作者之旨亦有隨

① 「漢書」誤，當作「漢記」。粤雅堂本《文史通義》、浙江書局及嘉業堂《章氏遺書》本均作「漢記」。

宜之取辨。而今之學者，以謂天下之道在乎較量名數之異同，辨别音訓之當否，如斯而已矣，案：謂乾嘉時注重考據之習。是何異觀坐井之天，韓愈《原道》：「老子之小仁義非毀之也，其見者小也，坐井而觀天曰天小者，非天小也。」測坳堂之水，《莊子・逍遥遊》：「夫水之積也不厚，則其負大舟也無力。覆杯水於坳堂之上，則芥爲之舟，置杯焉則膠，水淺而舟大也。」而遂欲窮六合見《經解下》「議而不斷」注。之運度，量四海之波濤，以謂可盡哉？

夫漢帝春秋，自注：年壽也。青按：本書名，此借用。具於《别録》；自注：臣瓚注。伏生、文翁之名，徵於石刻；《漢書・伏生傳》：張晏曰：「名勝，伏生碑云也。」①同書《循吏傳》：「文翁，廬江舒人也。」沈欽韓曰：「《寰宇記・廬州・人物》云：『文翁名黨，字仲翁。』」石刻待詳。高祖之作新豐，詳於劉記；自注：《西京雜記》。青案：《西京雜記》卷二：「太上皇徙長安，居深宮，悽愴不樂。高祖竊因左右問其故，以平生所好皆屠販少年，酤酒賣餅、鬬雞蹴踘，以此爲懽，今皆無此，故以不樂。高祖乃作新豐，移諸故人實之，太上皇乃悦。故新豐

① 張晏曰，見顔師古注引。

多無賴，無衣冠子弟故也。高祖少時常祭枌榆之社，及移新豐，亦還立焉。高帝既作新豐，並移書舊社，衢巷棟宇，物色惟舊。士女老幼相攜路首，各知其室。放犬羊雞鴨於通途，亦競識其家。其匠人吴寬所營也，移者皆悦其似而德之，故競加賞贈，月餘致累百金。」又案：《西京雜記》乃劉歆所編，故云「劉記」。孝武之好微行，著於外傳。自注：《漢武故事》。青案：班固《漢孝武故事》：「常輕服微行，時丞相公孫弘數諫，不從。弘謂其子曰：『吾年已八十餘，陛下擢爲宰相，士猶爲知己死，況不世之君乎？今陛下微行不已，社稷必危。吾雖不逮史魚，冀萬一能以尸諫。』因自殺。上聞而悲之，自爲誄。」而遷、固二書未見采録，則比次之繁，不妨作者之略也。曹丕《讓表》，詳《獻帝傳》；《三國志·魏志·文帝紀》注引《獻帝傳》詳載曹丕《讓表》。甄后懿行，盛稱《魏書》；《三國志·魏志·文昭甄皇后紀》：「文昭皇后膺天靈符，誕育明聖，功濟生民，德盈宇宙。開諸後嗣，乃道化之所興也；寢廟特祀，亦姜嫄之閟宫也。文昭廟宜世世享祀奏樂，與祖廟同，著不毀之典。」哀牢之傳，徵於計吏；自注：見《論衡》。青案：《後漢書·西南夷傳》：「哀牢夷者，其先有婦人名沙壹，居牢山，至皆刻畫其身，象龍文，衣著尾一段。」章懷太子注云：「自此以上，並見《風俗通》也。」又：「九隆死，世世相繼」下，注引《哀牢傳》曰云云。今《隋志》無此傳，不知作者誰氏。《論衡》《宣漢》、《恢國》兩篇僅記哀牢之名，章氏自注「見《論衡》」，疑爲《風俗通》之誤。先賢之表，著於黄初。自注：見《華陽國志》①。青案：《華陽國志》卷十《先賢士女總讚》，凡蜀郡士女讚五十五人，廣漢士女讚五十六人，犍爲士女讚三十人，漢中士女讚四十四人，梓潼士女讚十八人。讚曰：「二州人士，自漢及魏，可謂衆矣。」而陳、范二史不以入編，則比次之私，有待作者之公也。然而經生習業，遂纂典林；辭客探毫，因收韻藻。晚近澆漓之習，取便依檢，各爲兔園私册，見《傳記》注。以供陋學之取攜。是比次之業雖欲如糟粕、糞土，冀其化朽腐而出神奇，見《書教下》注。何可得哉？

夫村書俗學，既無良材，則比次之業難於憑藉者一矣。所徵故實，多非本文，而好易字句，漓其本質，以致學者寧習原書，怠窺新録，則比次之業難於憑藉者二矣。比類相從，本非著作，而彙收故籍，不著所出何書，一似己所獨得，使人無從徵信，則比次之業難於憑藉者三矣。傳聞異辭，

① 自注一条，粤雅堂本《文史通義》、浙江書局及嘉業堂《章氏遺書》本均無。

記載別出，不能兼收並録，以待作者之决擇，而私作聰明，自定去取，則比次之業難於憑藉者四矣。圖繪之學，不入史裁，金石之文，但徵目録，後人考核，徵信無從，則比次之業難於憑藉者五矣。專門之書，已成鉅編，不爲采録，大凡預防亡逸，而聽其孤行，漸致湮没，則比次之業難於憑藉者六矣。拘牽類例，取足成書，不於法律之外多方購備，以俟作者之辨裁，一目之羅，得鳥無日，《文子·上德》：「有鳥將來，張羅而待之，得鳥者羅之一目也。今爲一目之羅，即無時得鳥矣。」案：又見《淮南·説山訓》。則比次之業難於憑藉者七矣。凡此多端，並是古人未及周詳，而後學尤所未悉。苟有志於三月聚糧，《莊子·逍遥遊》：「千里者，三月聚糧。」① 則講習何可不豫？而一世之士，不知度德量力，《左傳·隱十一年》：「不度德，不量力。」咸囂囂以作者自命，不肯爲是筌蹄、《莊子·外物》：「筌者所以在魚，得魚而忘筌。蹄者所以在兔，得兔而忘蹄。」嚆矢《莊子·

① 「千里」上，當補「適」字。

在宥》：「焉知曾、史之不爲桀、跖嚆矢也。」宣云：「嚮箭，射之先聲也。」之功程，劉歆所謂「挾恐見破之私意，而無從善服義之公心」者也。術業如何得當，而著作之道何由得正乎？見《言公中》注。

答問

或問：前人之文辭，可改竄爲己作歟？答曰：何爲而不可也。古者以文爲公器，前人之辭如已盡，後人述而不必作也。見《易教上》注。賦詩斷章，不啻若自其口出也。見《言公中》注。重在所以爲文辭，而不重文辭也。苟得其意之所以然，不必有所改竄，而前人文辭與己無異也。無其意而求合於文辭，則雖字句毫無所犯，而陰倣前人之所云，君子鄙之曰竊矣。或曰：陳琳爲曹洪報魏太子，諱言陳琳爲辭。見《説林》注。丁敬禮求曹子建潤色其文，則曰「後世誰知定吾文者」。見《説林》注。唐韓氏云：「惟古於文必己出，降而不能乃剽竊。」見《辨似》注。古人必欲文辭自己擅也，豈曰重其意而已哉？答曰：文人之文與著述之文，不可同日語也。著述必有立於文辭之先者，假文辭以達之而已。譬如廟堂行禮，必用錦紳玉佩，彼行禮者不問紳佩之所成，著述之文是也。錦工玉工未嘗習禮，惟藉製錦攻玉以稱功，而冒他工所成爲己製，則人皆以爲竊矣，文人之文是也。故以文人之見解而議著述之文辭，如以錦工玉工議廟堂之禮典也。

或曰：古人辭命草刱，加以修潤；見《説林》注。後世詩文，亦有一字之師。《唐詩紀事》卷七十五：「鄭谷改僧齊己《早梅詩》「數枝開」作「一枝開」，齊己下拜，人以谷爲一字師。」《容齋五筆》第五卷：「范文正公建嚴先生祠堂，自爲記，其歌詞云：『雲山蒼蒼，江水泱泱，先生之德，山高水長。』既成，以示李泰伯，泰伯請改『德』字爲『風』字，希文凝坐頷首，殆欲下拜。」如所重在意，而辭非所計，譬如廟堂行禮，雖不計其紳佩，而紳佩敝裂，不中制度，亦豈可行邪？答曰：此就文論文，别自爲一道也。就文論文，先師有「辭達」之訓，見《辨似》注。曾子有「鄙倍①」之戒。見《原道下》注。聖門設科，文學、言語並有②，見《博約下》注。説辭亦貴有善爲者，《論語·雍也》：「善爲我辭焉。」補正：原注上加：《孟子·公孫丑上》：「宰我、子貢善爲説辭。」古人文辭未嘗不求工也。而非所論於此疆彼界，爭論文必己出以矜私耳。自魏晉以還，論文亦自有專家矣。樂府改舊什之鏗鏘，《文心雕龍·樂府》：「陳思稱左延年閑於增損古辭，多之③則宜減之，明貴約也。」案：「增損古辭」者，取古辭入樂，增損以就句度也。例見《言公下》。鏗鏘，見《言公下》注。《文選》裁前人之篇什，並主聲情色采，非同著述科也。《會昌制集》之序，鄭亞削義山之腴；按：鄭亞改李義山《太尉衛公會昌一品集序》，見《全唐文》。李序見《李義山文集》卷四，代桂府滎陽公作。元和《月蝕》之歌，韓公擢玉川之怪。見《言公下》注。或存原款以歸其人，或改標題以入己

① 「鄙倍」，嘉業堂《章氏遺書》本同。粵雅堂本《文史通義》、浙江書局《章氏遺書》本作「鄙悖」。《論語》作「鄙倍」。

② 「有」字誤，粵雅堂本《文史通義》、浙江書局及嘉業堂《章氏遺書》本均作「存」。

③ 「之」，《文心雕龍》作「者」。

集，雖論文末技，有精焉者，所得既深，亦不復較量於彼我字句之瑣也。

或曰：昔者樂廣善言，而摯虞妙筆，樂談摯不能封，摯筆樂不能復，《晉書·摯虞傳》：「性愛士人，有表薦者，恒爲其辭。東平太叔廣樞機清辯，廣談虞不能對，虞筆廣不能答，更相嗤笑，紛然於世云。」人各有偏長矣。然則有能言而不能文者，不妨藉人爲操筆邪？答曰：潘岳亦爲樂廣撰讓表矣，《世説·文學》：「樂令善於清言，而不長於手筆。將讓河南尹，請潘岳爲表，潘云：『可作耳，要當得君意。』樂爲述己所以爲讓，標位二百許語，潘直取錯綜，便成名筆。」必得廣之辭旨而後次爲名筆，史亦未嘗不兩稱之。兩漢以下，人少兼長，優學而或歉於辭，善文而或疎於記。以至學問之中又有偏擅，文辭一道又有專長，本可交助爲功，而世多交譏互詆，是以大道終不可得而見也。文辭，末也，苟去封畛而集專長，猶有卓然之不朽，而況由學問而進求古人之大體乎？然而自古至今無其人焉，是無可如何者也。

或曰：誠如子言，文章學問可以互託，苟有黠者，本無所長而謬爲公義，以濫竽其中，見《言公下》注。將何以辨之？答曰：千鈞之鼎，兩人舉之，不能勝五百鈞者仆且蹶矣。李廣入程不識之軍，見《説林》注。而旂旌壁壘爲之一新。才智苟遜於程，一軍亂矣。富人遠出不持一錢，有所需而稱貸，人争與之，他人不能者何也？惟富於錢，而後可以貸人之錢也。故文學苟志於公，彼無實者不能冒也。

或曰：前人之文不能盡善，後人從而點竄以示法，亦可爲之歟？答曰：難言之矣。著述改竄前人，其意别有所主，故無傷也。論文改竄前人，文心不同，亦如人面，《文心雕龍·序志》：「文心者，言爲文之用心也。」「不同如面」，見《言公中》注。未可以己所見遽謂勝前人也。劉氏《史通》著《點煩》之篇矣，《史通·外篇》有《點煩篇》。左、馬以降並有塗改，人或譏其知史不知文也，然劉氏有所爲而爲之，得失猶可互見。若夫專事論文，則宜慎矣。今古聰敏智慧亦自難窮，今人所見未必盡不如古。大約無心偶會，則收點金之功；《列仙傳》：「許遊①，南昌人，晉初爲旌陽令，點石化金，以足逋賦。」有意更張，見《書教中》注。必多畫墁之誚。《孟子·滕文公下》：「毁瓦畫墁」，注：「破碎瓦畫地，則復墁滅之。」蓋論文貴於天機自呈，不欲人事爲穿鑿耳。

或問：近世如方苞氏雷鋐《方望溪先生苞行狀》：「先生姓方氏，諱苞，字靈皋，號望溪，先世桐城人。」沈廷芳《方望溪先生傳書後》：「閒示近文曰：『生視吾文於古文何似？』某曰：『先生文追韓軼王，不媿古作者。』」删改唐宋大家，亦有補歟？夫方氏不過文人，所得本不甚深，況又加以私心勝氣，非徒無補於文，而反開後生小子無忌憚之漸也。見《朱陸》注。小慧私智，一知半解，未必不可攻古人之間，拾前人之遺，此論於學術，則可附於不賢識小之例，《論語·子張》：「賢者識其大者，不賢者識其小者。」存其説以備後人之采擇可也。若論於文辭，則無關大義，皆可置而不論。即人心不同如面，不必强齊之意也。果於是非得失，後

① 「許遊」誤，當作「許遜」。此條出清《佩文韻府》，然《佩文韻府》謂見《列仙傳》，有誤。《列仙傳》漢劉向撰，許遜則爲三國吴及西晉間人。疑當作《廣列仙傳》。

人既有所見，自不容默矣，必也出之如不得已，詳審至再而後爲之。如國家之議舊章，名臣之策利弊，非有顯然什百之相懸，寧守舊而毋妄更張矣。苟非深知此意，而輕議古人，是庸妄之尤，即未必無尺寸之得，而不足償其尋丈之失也。方氏删改大家，有必不得已者乎？有是非得失顯然什百相懸者乎？有如國家之議舊章，名臣之策利弊，寧守舊而毋妄更張之本意者乎？在方氏亦不敢自謂然也。然則私心勝氣，求勝古人，此方氏之所以終不至古人也。凡能與古爲化者，必先於古人繩度尺寸不敢逾越者也。蓋非信之專而守之篤，則入古不深，不深則不能化。譬如人於朋友，能全管、鮑通財之義，《史記·管晏列傳》：「管仲夷吾者，潁上人也。少時常與鮑叔牙游，鮑叔知其賢。管仲貧困，常欺鮑叔，鮑叔終善遇之，不以爲言。」非嚴一介取與之節《孟子·萬章上》：「一介不以與人，一介不以取諸人。」者必不能也。故學古而不敢曲泥乎古，乃服古而謹嚴之至，非輕古也。方氏不知古人之意，而惟徇於文辭，且所得於文辭者本不甚深，其私智小慧又適足窺見古人之當然，而不知其有所不盡然，宜其奮筆改竄之易易也。

古文公式

古文體制源流，初學入門，當首辨也。案：先師吴翌亭先生《滿香山館文集·文體芻言》於文章體制源流叙述甚詳。蘇子瞻《表忠觀碑》全録趙抃奏議，案：《東坡先生全集録》卷五《表忠觀碑》自「資政殿大學士、右諫議大夫、知杭州軍州事臣抃言」起，迄「臣昧死以聞」止，直録全疏。文無增損，其下即綴銘詩。此乃漢碑常例，見於金石諸書者，不可勝載。即唐宋八家文中，如柳子厚《壽州安豐孝門碑》亦用其例，《唐柳先生集》卷二十《壽州安豐縣孝門銘》自「壽州刺史臣承思言」，迄「昧死上請」止，亦直録全疏。本不足奇。王介甫詫謂是學《史記》諸侯王年表，《宋稗類鈔》：「《冷齋夜話》：東坡初爲趙清獻公作《表忠觀碑》，或持以示王荆公，公讀之，沉吟曰：『此何語耶？』時有客在旁，遽詆訿之，公不答。讀至再三，又攜之而起，且行且讀，忽歎曰：『此《三王世家》也。』客大慚。」案：章氏謂學諸侯王年表，疑緣《文章精義》誤。真學究之言也。李耆卿謂其文學《漢書》，李耆卿《文章精義》：「子瞻《表忠觀碑》終篇述趙清獻公奏，不增損一字，是學《漢書》。但王介甫以爲諸侯王年表，則非也。」門人沈訒補。亦全不可解。此極是尋常耳目中事，諸公何至怪怪奇奇，補正：韓愈《送窮文》文。門人陸家雎補。看成骨董？且如近日市井鄉閭，如有利弊得失，公議興禁，請官約法，立碑垂久，其碑即刻官府文書告諭原文，毋庸增損字句，亦古法也。豈介甫諸人於此等碑刻猶未見耶？當日王氏門客之訾摘駭怪，更不直一笑矣。

以文辭而論，趙清獻請修表忠觀原奏，未必如蘇氏碑文之古雅。史家記事記言，因襲成文，原有點竄塗改之法。如孔子改未修《春秋》爲「星霣如雨」之類是也。蘇氏此碑雖似鈔繕成文，實費經營裁制也。第文辭可以點竄，而制度則必從時。此碑篇首「臣抃言」三字，篇末「制曰可」三字，恐非宋時奏議上陳、詔旨下達之體，而蘇氏意中揣摩《秦本紀》「丞相臣斯昧死言」及「制曰可」等語太熟，則不免如劉知幾之所譏，「貌同而心異」也。《史通·擬模》：「古者列國命官，卿與大夫爲别，必於國史所記，則卿亦呼爲大夫，此《春秋》之例也。當秦有天下，地廣殷周，變諸侯爲帝王，目宰輔爲丞相。而譙周撰《古史考》，思欲擯抑馬《記》，師放孔《經》，其書李斯之棄市也，乃云「秦殺其大夫李斯」。夫以諸侯之大夫名天子之丞相，以此而擬《春秋》，所謂貌同而心異也。」余昔修《和州志》，有《乙亥義烈傳》，專記明末崇禎八年闖賊攻破和州，官吏、紳民、男婦殉難之事，用記事本末之例，以事爲經，以人爲緯，詳悉具載。《章實齋先生年譜》：「乾隆三十八年，先生三十六歲。二月，由寧波過會稽、太平，至和州，似因朱筠之介，應知州劉長城之聘，編摩《和州志》。」案：《乙亥義烈傳》佚。而州中是非閧起。蓋因闖賊怒拒守而屠城，被屠者之子孫歸咎於創議守城者陷害滿城生命，又有著論指斥守城者部署非法，以致城陷，甚至有誣創議守城者縋城欲逃，爲賊擒殺，並非真殉難者。余搜得鳳陽巡撫朱大典奏報和州失陷，官紳殉難情節，乃據江防州同申報，轉據同在圍城逃脱難民口述親目所見情事，官紳忠烈均不可誣。余因全録奏報，以爲是篇之序。中間文字點竄，甚有佳處。然篇首必云：「崇禎九年二月日，巡撫鳳陽提督軍務、都察院右副都御史臣朱大典謹奏，爲和城陷賊，官紳殉難堪憐，乞賜旌表，以彰義烈事。」其篇末云：「奉旨：覽奏憫惻，該部察例施行。」此實當時奏陳詔報式也。案：朱大典奏報和州失陷文佚。補正：原注末加：《明史·朱大典傳》：「朱大典字延之，金華人。」「登萬曆四十四年進士，除章丘知縣。天啟二年，擢兵科給事中。」「出爲福建副使」，「代山東巡撫」。「八年二月，流賊陷鳳陽，皇陵總督楊一鵬被逮，詔大典總督漕運，兼巡撫廬、風①、淮、揚四郡，移鎮鳳陽。」或謂中間奏文既已删改古雅，其前後似可一例潤色。余謂奏文辭句並無一定體式，故可點竄古雅，不礙事理；前後自是當時公式，豈可以秦、漢之衣冠，繪明人之圖像耶？蘇氏《表忠觀碑》，前人不知，而相與駭怪，自是前人不學之過，蘇氏之文本無可議。至人相習而不以爲怪，其實不可通者惟前後不遵公式之六字耳。夫文辭不察義例，而惟以古雅爲徇，則「臣抃言」三字

① 「風」字誤，《明史》作「鳳」。

何如「岳曰於」案：《書・舜典》：「夔曰：『於！』」此云「岳曰於」，疑誤。三字更古？「制曰可」三字何如「帝曰俞」《書・堯典》文。孔傳：「俞，然也。」三字更古？舍唐、虞而法秦、漢，未見其能好古也。

汪鈍翁撰《睢州湯烈婦旌門頌序》，首録巡按御史奏報，本屬常例，無可訾，亦無足矜也。但汪氏不知文用古法，而公式必遵時制，秦、漢奏報之式不可以改今文也。篇首著「監察御史臣粹然言」，此又讀《表忠觀碑》「臣抃言」三字太熟，而不知蘇氏已非法也。近代章奏，篇首叙銜無不稱姓，亦公式也。粹然何姓，汪氏豈可因摩古而删之？且近代章奏，銜名之下必書「謹奏」，無稱「言」者。一語僅四字，而兩違公式，不知何以爲古文辭也？婦人有名者稱名，無名者稱姓，曰張曰李可也。近代官府文書，民間詞狀，往往舍姓而空稱曰氏，甚至有稱爲「該氏」者，誠屬俚俗不典。然令無明文，胥吏苟有知識，仍稱爲張爲李，官所不禁，則猶是通融之文法也。汪氏於一定不易之公式，則故改爲秦、漢古款，已是「貌同而心異」

矣。至於正俗通行之稱謂，則又偏舍正而徇俗，何顛倒之甚耶？結句又云「臣謹昧死以聞」，亦非今制。汪氏平日以古文辭高自矜詡，而庸陋如此，何耶？汪之序文，於「臣粹然言」句下，直起云「睢州諸生湯某妻趙氏，值明末李自成之亂」云云，是亦未善。當云「故明睢州諸生湯某妻趙氏，值李自成之亂」，於辭爲順。蓋突起似現在之人，下句補出「值明末李自成」，文氣亦近滯也。學文者當於此等留意辨之。《堯峰文鈔》卷三十七《睢州烈婦旌門頌》起句云：「順治十七年，巡按河南、監察御史臣粹然言：睢州諸生湯祖契妻趙氏，值明末李自成之亂。」結句云：「臣謹昧死以聞。」

古文十弊

余論古文辭義例，自與知好諸君書，凡數十通。補正：如《與縣①淵如觀察

① 「縣」字誤，當作「孫」。

論學十規》、《駁張符驤論文》、《與邵二雲論學》、《與胡雒君論文》、《與朱滄湄中臣論學書》、《答沈楓墀論學》、《與陳鑑亭論學》、《與周永清論文》等，凡數十通。筆爲論著，又有《文德》、《文理》、《質性》、《黠陋》、《俗嫌》、《俗忌》諸篇，亦詳哉其言之矣。然多論古人，鮮及近世。兹見近日作者所有言論與其撰著，頗有不安於心，因取最淺近者，條爲十通，思與同志諸君相爲講明。若他篇所已及者不複述，覽者可互見焉。此不足以盡文之隱，然一隅三反，見《文理》注。亦庶幾其近之矣。

一曰：凡爲古文辭者，必先識古人大體，而文辭工拙又其次焉。不知大體，則胸中是非不可以憑，其所論次未必俱當事理。而事理本無病者，彼反見爲不然而補救之，則率天下之人而禍仁義矣。有名士投其母氏行述，請大興朱先生作誌。未詳。叙其母之節孝，則謂乃祖衰年病廢卧床，溲便無時，家無次丁，乃母不避穢褻，躬親薰濯。其事既已美矣，又述乃祖於時蹙然不安，乃母肅然對曰：「婦年五十，今事八十老翁，何嫌何疑？」嗚呼！母行可嘉，而子文不肖甚矣！本無芥蔕，《漢書·賈誼傳》：「蔕芥何足以疑？」注：「小鯁也。」何有嫌疑？節母既明大義，定知無是言也。此公無故自生嫌疑，特添注以斡旋補正：《説文解字》第十四篇《斗部》：「斡，蠡柄也。」楊雄、杜林説皆以爲軺車輪斡。」《增韻》：「旋也，運也。」其事，方自以謂得體，而不知適如冰雪肌膚剜成瘡痏，不免愈濯愈痕瘢矣。人苟不解文辭，如遇此等，但須據事直書，補正：吴徵《春秋諸國統記序》：「朱子謂據事直書，而善惡自見，其旨一也。」不可無故妄加雕飾。妄加雕飾謂之「剜肉爲瘡」，聶夷中詩：「醫得眼前瘡，剜却心頭肉。」此文人之通弊也。

二曰：《春秋》書，内不諱小惡。《公羊傳·隱十年》：「《春秋》録内而略外。於外，大惡書，小惡不書；於内，大惡諱，小惡書。」「歲寒知松柏之後彫」，《論語·子罕》文。然則欲表松柏之貞，必明霜雪之厲，理勢之必然也。自世多嫌忌，將表松柏，而又恐霜雪懷慚，有慚節操也。則觸手皆荆棘矣。但大惡諱，小惡不諱，《春秋》之書内事，自有其權衡也。江南舊家輯有宗譜，有群從先世爲子聘某氏女，後以道遠家貧，力不能婚，恐失婚時，僞報子殤，俾女别聘。其女遂不食死，不知其子故在。是於守貞、殉烈，兩無所處，而女之行事實不愧於貞烈，不忍泯也。據事直書，於翁誠不能無歉然矣。第《周官》媒氏禁嫁殤，《周禮·地官·媒氏》：「禁遷葬者與嫁殤者。」注：「殤，十九以下，未嫁而死者。生不以禮相接，死而合之，是亦亂人倫者也。鄭司農云：『嫁殤者，謂嫁死人也。今時娶會是也。』」是女本無死法也。《曾子問》：娶女有日，而其父母死，使人「致命女氏」，注謂恐失人「嘉會之時」。《禮記·曾子問》：「曾子問曰：『昏禮：既納幣，有吉日，女之父母死，則如之何？』孔子曰：『壻使人弔。如壻之父母死，則女之家亦使人弔。父喪稱父，母喪稱母。父母不在，則稱伯父、世母。壻已葬，壻之伯父致命女氏曰：某之子有父母之喪，不得嗣爲兄弟，使某致命。女許氏諾①，而弗敢嫁，禮也。』」注：「必致命者，敢不②以累年之喪，使人失嘉會之時。」是古有辭昏之禮也。今制：壻遠遊，三年無聞，聽婦告官别嫁。是

① 「女許氏諾」誤倒，《禮記正義》作「女氏許諾」。
② 「敢不」誤倒，《禮記正義》作「不敢」。

律有遠絶離昏之條也。是則某翁詭託子殤，比例原情，尚不足爲大惡而必須諱也。而其族人動色相戒，必不容於直書，則匿其辭曰：「書報幼子之殤，而女家誤聞以爲壻也。」《大清律例·出妻》：「一：期約已至五年，無過不娶，及夫逃亡三年不還者，並聽經官告給執照，别行改嫁，亦不追財禮。」夫千萬里外無故報幼子殤，而又不道及男女昏期，明者知其無是理也，則文章病矣。人非聖人，安能無失？《孟子·公孫丑下》：「然則聖人且有過歟？」古人叙一人之行事，尚不嫌於得失互見也。今叙一人之事，而欲顧其上下左右前後之人皆無小疵，難矣。是之謂「八面求圓」，又文人之通弊也。

三曰：文欲如其事，未聞事欲如其人者也。嘗見名士爲人撰誌，其人蓋有朋友氣誼，誌文乃倣韓昌黎之誌柳州也，韓愈有《柳子厚墓誌銘》。一步一趨，見《言公下》注。惟恐其或失也。中間感歎世情反復，已覺無病費呻吟矣。見《言公中》注。末叙喪費出於貴人，及内親竭勞其事。詢之其家，則貴人贈賻稍厚，非能任喪費也，而内親則僅一臨穴而已，亦並未任其事也。

且其子俱長成，非若柳州之幼子孤露，必待人爲經理者也。詰其何爲失實至此？則曰：「倣韓誌柳墓，終篇有云：『歸葬費出觀察使裴君行立。』又：『舅弟盧遵』，『既葬子厚，又將經紀其家』。附紀二人，文清深厚，今誌欲似之耳。」余嘗舉以語人，人多笑之。不知臨文摹古，遷就重輕，又往往似之矣。是之謂「削趾適屨」，見《書教中》注。又文人之通弊也。

四曰：仁智爲聖，夫子不敢自居；《論説①·述而》：「若聖與仁，則吾豈敢！」《孟子·公孫丑上》：「子貢曰：『學不厭，智也；教不倦，仁也。仁且智，夫子既聖矣！』」聖，孔子不居，是何言也？」瑚璉名器，子貢安能自定？《論語·公冶長》：「子貢問曰：『賜也何如？』子曰：『器也。』曰：『何器也？』曰：『瑚璉也。』」稱人之善，尚恐不得其實；自作品題，豈宜誇耀成風耶？嘗見名士爲人作傳，自云：「吾鄉學者鮮知根本，惟余與某甲爲功於經術耳。」所謂某甲固有時名，亦未見必長經術也。作者乃欲援附爲名，高自標榜，恧矣！《説文解字》第十篇下：「恧，慙也。」又有江湖遊士，以詩著名，實亦未足副也。然有名實遠出其人

① 「論説」誤，當作「論語」。

下者，爲人作詩集序，述人請序之言曰：「君與某甲齊名，某甲既已弁言，君烏得無題品？」夫齊名本無其説，則請者必無是言，而自詡齊名，藉人炫己，顔頰不復知忸怩矣。《國語·晉語》：晉平公欲殺豎襄，「叔向曰：『君其必速殺之，勿令遠聞。』君忸怩顔①，乃趣赦之」。注：「忸怩，慙貌。」且經援服、鄭，服虔、鄭玄。詩攀李、杜，李白、杜甫。猶曰高山景仰，《詩·小雅·車舝》：「高山仰止，景行行止。」若某甲之經、某甲之詩本非可恃，而猶藉爲名，是之謂「私署頭銜」，又文人之通弊也。

五曰：物以少爲貴，人亦宜然也。天下皆聖賢，孔、孟亦弗尊尚矣。清言自可破俗，然在典午，補正：《蜀志·譙周傳》：「典午忽兮月西没」，注：「典午，謂司馬也。」則滔滔皆是也。《世説新語》注引《續晉陽秋》：「正始中，王弼、何晏好《老》《莊》玄勝之談，而世遂貴焉。」前人譏《晉書》列傳同於小説，《史通·採撰》：「晉世雜書，諒非一

---

①「顔」字上，當補「於」字。通行本《國語》作「君忸怩」，柳宗元《非國語》引作「君忸怩於顔」。

族。若《語林》、《世説》、《幽明録》、《搜神記》之徒，其所載或恢諧小辯，或神鬼怪物。其事非聖，揚雄所不觀；其言亂神，宣尼所不語。皇朝新撰《晉史》多採以爲書，夫以干、鄧之所糞除，王、虞之所糠粃，持爲逸史，用補前傳，此何異魏朝之撰《皇覽》，梁世之修《徧略》，務多爲美，聚博爲功？雖取説於小人，終見嗤於君子矣。」正以採掇清言多而少擇也。立朝風節，强項《後漢書·董宣傳》：「帝使宣叩頭謝主，宣不從。强使頓之，宣兩手據地，終不肯俯。主曰：『文叔爲白衣時，藏亡匿死，吏不敢至門。今爲天子，威不能行一令乎？』帝笑曰：『天子不與白衣同。』因勅强項令出。」敢言，前史侈爲美談。明中葉後，門户朋黨聲氣相激，誰非敢言之士？見《傳記》注。觀人於此，君子必有辨矣。不得因其强項申威，便標風烈，理固然也。我憲皇帝澄清吏治，裁革陋規，整飭官方，懲治貪墨，實爲千載一時。雍正朝《東華録》：雍正四年七月：「宗人府議奏：『平郡王訥爾素在西寧軍前貪婪受賄，應永停俸禄。』得旨：『訥爾素行止卑污，貪劣素著，及署大將軍印務，更肆婪贓，索詐地方官銀兩。著將訥爾素多羅郡王革退，在家圈禁。』」四年十月壬申：「諭户部：『錢糧之有火耗，原非應有之項，但以相沿日久，地方官員非此無以養贍，故姑且存之。而各省舊例亦有輕重之不同，儻地方官員於應取之外稍有加重者，朕必訪問重治其罪。』」戊寅：「諭九卿等：『各部漢司官實能辦事者，不過一二人，其餘庸碌無能之人，偷惰安閒，實屬冗濫。此等之人，既不能爲國家效力，而反以不得即升爲怨，又復多占員缺，阻塞後人升補之路，甚非整飭官方之道。著各部堂官將所屬司官詳加甄別，凡有才具平常，目前不能辦事，將來不堪升用者，盡行舉出，與應留辦事人員一同帶領引見請旨。各部堂官不得瞻徇情面，稍有容隱。』」五年三月壬子：「户部議准署湖廣總督福敏等奏：『查楚省向有各衙門鹽規銀十六萬兩，經前督臣楊宗仁裁革。殆楊宗仁故後，各衙門仍復，明裁暗收。臣蒙皇上高厚隆恩，萬無收受絲毫之理。而觀感之下，各衙門自不敢收受。以此項銀兩買貯穀石，自可備用。』從之。」彼時居官，大法小廉，殆成風俗，貪冒之徒莫不望風革面，時勢然也。今觀傳誌碑狀之文，叙雍正年府州縣官，盛稱杜絶饋遺，搜除積弊，清苦自守，革除例外供支，其文洵不愧於循吏傳矣。案：《史記》有《循吏傳》。索隱：「謂奉法循理之吏也。」不知彼時逼於功令，不得不然，千萬人之所同，不足以爲盛節。豈可見閹寺，而頌其不好色哉？補正：班固《西都賦》：「閹尹閹寺。」《廣韻》：「閹，男無勢精閉者。」《前漢書・叙傳》：「閹尹之呰」，注：「謂宫人爲閹者，言其精氣奄閉不洩也。一曰主閹閉門者。」山居而貴薪木，涉水而寶魚蝦，人知無是理也，而稱人者乃獨不然，是之謂「不達時勢」，又文人之通弊也。

六曰：史既成家，文存互見。有如《管晏例傳》，而勳詳於《齊世家》；詳見《史記·齊世家》及《管晏列傳》。張耳分題，而事總於《陳餘傳》。見《書教注下》。非惟命意有殊，抑亦詳略之體所宜然也。若夫文集之中，單行傳記，凡遇牽聯所及，更無互著見《校讎通義·互著篇》。之篇，勢必加詳，亦其理也。但必權其事理，足以副乎其人，乃不病其繁重爾。如唐平淮西，韓碑歸功裴度，可謂當矣。後中讒毀，改命於段文昌，千古爲之嘆惜。見《俗嫌》注。但文昌徇於李愬，愬功本不可沒，其失猶未甚也。假令當日無名偏裨，《漢書·馮奉世傳》：「典屬國任立、護軍都尉韓昌爲偏裨。」青案：《司馬法》：「車戰二十五人爲偏。」《漢書·項籍傳》：「籍爲裨將」，注：「裨，相輔助也。」不關得失之人，身後表阡侈陳淮西功績，則無是理矣。朱先生嘗爲故編修蔣君撰誌，中叙國家前後平定準回要略，則以蔣君總修《方略》，獨力勤勞，書成身死，而不得叙功故也。《笥河文集·編例①蔣君墓誌銘》：「君諱雍植，字秦樹，號漁村，又號待園。先世出宜興函亭之望，自歙遷潛山，自潛山遷懷甯。」「辛巳，以二甲第一人賜進士，改庶吉士，充《平定準噶爾方略》館纂修官。」「君之在館閣也，矻矻獨勤。君故通六書，雖一字之失不假藉。凡日月先後，地理、職官，必窮搜旁諮，求得其當然後已。以故總裁諸公皆重倚之，令總辦《方略》一書。《方略》者，載西事始末，自東楞、車楞烏巴什②、阿睦爾撒納款關以來，至擒達瓦齊、耆定、伊黎爲正編。其先後誅大小和卓木，回部悉平，經理西南屯田諸務爲續編。中間歷時五年，闢地二萬餘里，端緒千百，事實人名，累譯而後具。館中用車載箱致，君家檔册充屋，莫能竟其首尾。君早起坐書室，夕燒膏以繼，肌分孔決，終始一貫。午食列盤飧，或不暇啜，寒則以火酒數杯自温。比竟，茫如也。書成久之，而君之精殆銷亡於此矣。書既上，同修者皆得優叙，而君名以卒不與。館中諸公議，欲如故侍讀楊公述曾贈銜例，爲之請，已而未果。」然誌文雅健，學者慕之。後見某中書舍人死，有爲作家傳者，全襲蔣誌原文。蓋其人嘗任分纂數月，於例得列銜名者耳，其實於書未寓目也。是與無名偏裨居淮西功，又何以

① 「例」字誤，當作「修」。

② 「東」字誤，當作「車」。二「車楞」，《平定準噶爾方略》卷首作「策凌」。

異？而文人喜於摭事，幾等軍吏攘功，何可訓也？是之謂「同里銘旌」。昔有夸夫，終身未膺一命，好襲頭銜，將死，遍召所知，籌計銘旌題字。或徇其意，假藉、例封、待贈、修職、登仕諸階，補正：《欽定大清會典事例·吏部》：「順治初年，定覃恩及三年考滿，例統封贈，一品至五品皆授以誥命，六品至九品皆授以敕命，正八品修職郎，從八品修職佐郎，正九品登仕郎，從九品登仕佐郎。」「例封」、「待贈」，見《永清縣志皇言紀序例》注。彼皆掉頭不悦。最後有善諧者，取其鄉之貴顯，大書勳階「師保、殿閣、部院、某國、某封、某公、同里某人之柩」，人傳爲笑。吴修齡《圍爐詩話》：「今人作詩，動稱盛唐。曾在蘇州見一家舉殯，其銘旌云：『皇明少師、文淵閣大學士申公間壁、荳腐店王阿奶之靈柩。』可以移贈諸公。」門人沈訒補。故凡無端而影射①《博物志》：「江南山谿中水射工蟲，甲類也。口中有弩，形氣射人影，隨所著處，發瘡不治。」者，謂之「同里銘旌」，不謂文人亦效之也。是又文人之通弊也。

① 「影射」，粵雅堂本《文史通義》、浙江書局及嘉業堂《章氏遺書》本均作「影附」。

七曰：陳平佐漢，志見社肉；《史記·陳丞相世家》：「陳丞相平者，陽武户牖鄉人也。」「里中社，平爲宰，分肉食甚均。父老曰：『善，陳孺子之爲宰！』平曰：『嗟乎，使平得宰天下，亦如是肉矣！』李斯亡秦，兆端廁鼠。《史記·李斯列傳》：「李斯者，楚上蔡人也。年少時爲郡小吏，見吏舍廁中鼠食不潔，近人犬，數驚恐之。斯入倉，觀倉中鼠食積粟，居大廡之下，不見人犬之憂。於是李斯乃歎曰：『人之賢不肖譬如鼠矣，在所自處耳！』乃從荀卿學帝王之術。學已成，度楚王不足事，而六國皆弱，無可爲建功者，欲西入秦。辭於荀卿曰：『斯聞得時無怠。今萬乘方争時，游者主事。今秦王欲吞天下，稱帝而治，此布衣馳騖之時而游説者之秋也。處卑賤之位而計不爲者，此鹿①視肉，人面而能彊行者耳。故詬莫大於卑賤，而悲莫甚於窮困。久處卑賤之位，困苦之地，非世而惡利，自託於無爲，此非士之情也。故斯將西説秦王矣。』」推微知著，固相士之玄機；搜間傳神，亦文家之妙用也。但必得其神志所在，則如圖畫名家，頰上妙於增毫。苟徒慕前人文辭之佳，强尋猥瑣，以求其似，則如見桃花而有悟，《花史》：「志勤禪師在溈山，因桃花悟道，偈曰：『自從一見桃花

① 「鹿」字上，《史記》有「禽」字，當補。

後，直到如今更不疑。』」王安石詩：「若見桃花生聖解，不疑還自有疑心。」門人陳光漢補。補正：原注刪，待詳。遂取桃花作飯，其中豈復有神妙哉？又近來學者喜求徵實，每見殘碑斷石，餘文剩字，不關於正義者，往往藉以考古制度，補史缺遺。斯固善矣，因是行文，貪多務得，補正：韓愈《進學解》文。門人陸家睢補。明知贅餘非要，卻爲有益後世，推求不憚辭費，是不特文無體要，補正：見《辨似》注。抑思居今世而欲備後世考徵，正如董澤矢材，可勝暨乎？見《黠陋》注。夫傳人者文如其人，述事者文如其事，足矣。其或有關考徵，要必本質所具，即或閒情逸出，正爲阿堵傳神。《世説新語·巧藝》：「顧長康畫人，或數年不點目精。人問其故，顧曰：『四體妍蚩，本無關於妙處；傳神寫照，正在阿堵中。』」不此之務，但知市菜求增，《高士傳·嚴光》：「司徒侯霸遣嚴子道奉書嚴光，子道求報書，光口授之。嫌少，光曰：『買菜乎？求益也。』」是之謂「畫蛇添足」，《戰國策·齊策》昭陽爲楚伐魏章：「人有遺其舍人一卮酒者，舍人相謂曰：『數人飲此，不足以徧。請遂畫地爲蛇，蛇先成者獨飲之。』一人曰：『吾蛇先成。』举酒而起曰：『吾能爲之足。』及其爲之足而後成，人奪之酒而飲之，曰：『蛇固無足，今爲之足，是非蛇也。』」又文人之通弊也。

八曰：文人固能文矣，文人所書之人不必盡能文也。叙事之文，作者之言也，爲文爲質，惟其所欲，期如其事而已矣。記言之文，則非作者之言也，爲文爲質，期於適如其人之言，非作者所能自主也。貞烈婦女，明詩習禮，固有之矣。其有未嘗學問，或出鄉曲委巷，甚至傭嫗鬻婢，貞節孝義，皆出天性之優，是其質雖不愧古人，文則難期於儒雅也。每見此等傳記，述其言辭，原本《論語》、《孝經》，出入《毛詩》、《内則》，劉向之《傳》，《顔氏家訓·書證》：「《列女傳》亦向所造，其子歆又作頌。」《隋志》：「《列女傳》十五卷，劉向撰，曹大家注。」「《列女傳頌》一卷，劉歆撰。」曹昭之《誡》，《後漢書·曹世叔妻班昭傳》：「昭作《女誡》七篇。」不啻自其口出，見《言公》注。可謂文矣。抑思善相夫者，何必盡識鹿車、鴻案？《後漢書·鮑宣妻傳》：「勃海鮑宣妻者，桓氏之女也，字少君。宣嘗就少君父學，父奇其清苦，故以女妻之，裝送資賄甚盛。宣不悦，謂妻曰：『少君生富驕，習美飾，而吾實貧賤，不敢當禮。』妻曰：『大人以先生修德守約，故使賤妾侍執巾櫛。即奉承君子，唯命是從。』宣笑曰：『能如是，是吾志也。』妻乃悉歸侍御飾，更著短布裳，與宣共挽鹿車歸鄉里。拜姑禮畢，提甕出汲，修行婦道，鄉邦稱之。」《後漢書·梁鴻傳》：「每歸，妻爲具食，不敢於鴻前仰視，舉案齊眉。」善教子者，豈皆熟記畫荻、丸熊？《宋史·歐陽修傳》：「四歲而孤，母鄭親誨之學。家貧，至以荻畫字學書。」《孔帖》：「柳仲郢嗜學，母韓丸熊膽以助其勤。」自文人胸有成竹，《東坡畫竹記》：「畫竹必先得成竹於胸中。」遂致閨修皆如板印。與其文而失實，何如質以傳真也？由是推之，名將起於卒伍，義俠或奮閭閻，言辭不必經生，記述貴於宛肖。而世有作者，於斯多不致思，是之謂「優伶演劇」。蓋優伶歌曲，雖耕氓役隸，矢口皆叶宫商，是以謂之戲也。而記傳之筆從而效之，又文人之通弊也。

九曰：古人文成法立，未嘗有定格也。傳人適如其人，述事適如其事，無定之中有一定焉。知其意者，旦暮遇之；不知其意，襲其形貌，神弗肖也。往余撰和州故給事成性志傳，性以建言著稱，故采録其奏議。然性少遭亂離，全家被害，追悼先世，每見文辭。而《猛省》之篇尤沈痛，

《章氏遺書・和州志・成性傳》:「成性字我存，初名宗儒。自少遭凶閔，追念先世，未嘗不歔欷。著《百思草》及《先節》、《家烈》、《猛省》諸篇以致其意，文多不載。録其《猛省篇》曰：『秋夜不寐，委體於筦簟之上。顧此六尺，思我二人，輾轉興懷，喟然長歎。嗟乎！非父母，安有此身？今有此身，又安有父母哉？念此身庇賴妻孥，衣食臧獲，至於族屬戚黨，及居同里閈之人，亦迭有乾餱以相遺問，哀哀我父我母，生我劬勞，昊天罔極，而曾不得我一帛之温，半菽之養，然則父母奚樂乎有子也？古人朋友相念，則托以《蒹葭》之詩，申以《雞鳴》之候，即偶所止宿，他日追維，猶念其村墟草木，不能去懷。而以我屬毛離裏之人，九原莫作，黄壤長埋，風雨晦冥之夕，寒鴟嘯乎松楸，野狐走其壙穴，此其爲情，殆不堪憶矣。而爲之子者，非賓筵高會，即偃息在牀；非博塞嬉遊，即徵租築室。自私自利，蚩蚩若將終身，亦曾思我父我母鞠之育之遂有今日耶？或曰：揚名可以顯親，奚其憾？無論齷齪之名未必揚也，即使主父五鼎，蘇秦六印，於以自奉則得矣，其於父母何與焉？昔人有言曰：使我有身後名，不如生前一杯酒。夫名之於身，達者猶以爲無益，而況上之能及吾親乎？且名莫盛於孔子矣，孔子先人葬於五父之衢，及長而始知其處，至於合葬於防，墓崩之涕，生事之禮，不可復追矣。後即世世稱爲聖父，於身何有耶？不若曾子養曾皙，曾元養曾子，觴酒豆肉，左右就養無方，爲得天之厚也。由此觀之，又何有於區區之名也？嗟乎！父母不可得而見矣，得父母同生之人而敬焉，得與我同生於父母之人而愛焉，得父之執、母之黨而加吾意焉，得父母所使令之人而終始焉，得父母平昔所御之物而寓目焉，得與父母之貌相似、齒相若者而致吾繾綣焉，凡若此者，皆其不得已者也。求之而又不可得，則慟哭繼之，是又無可如何者也。今人有父母在，是孔子之所不能得而已得之矣，有此天幸，則以父母所生之身，竭力以事父母，何憚而不爲？何忍而竟不爲乎？且吾未有稱觴上壽，有亟於子女婚嫁者也；居廬展墓，有亟於受命捧檄者也；朝暮寢門，有亟於遷拜除授者也。抑更有異者，一子能勉事父母，則衆子則交相委焉，是問安視膳之道，等於里均都派之徭也。貧者或絀於時，富者欲同於衆，父母不獲一日之安，尤末俗之至惡者也。古謂行樂當及時，秉燭夜游。吾謂行孝當及時，秉燭夜侍。何也？父母之年促，而吾身之歲月長也。今有貴人於此，睇眄則人從其目之所視，喜怒則人隨其心之所慮，汲汲皇皇，猶恐不得一當。乃嚴君在室，慈母在堂，呼左而右，令東而西，何不以諂人之情，而爲孝子之心乎？是又世俗之可長歎者也。』辭旨斐惻，聞者莫不悲其志云。」可以教孝，故於終篇全録其文。其鄉有知名士賞余文曰：「前載如許奏章，若無《猛省》之篇，譬如行船，鷁首《淮南子》：「龍舟鷁首，浮吹以娱，此遁於水也。」注：「鷁，大鳥也。畫其象於船頭也。」重而舵樓輕矣。今此婁尾，《仇池筆記》：「蘇鶚云：『以酒巡匝爲婁尾。一作藍尾。』侯白《酒律》謂：『酒巡匝，末坐者連飲三杯，爲婁尾酒。』」可謂善謀篇也。」余戲詰云：「設成君本無此篇，此船終不行耶？」蓋塾師講授《四書》文義，謂之時文，必有法度以合程式。而法度難以空言，則往往取譬以示蒙學。擬於房室，則有所謂間架結構；擬於身體，則有所謂眉目筋節；擬於繪畫，則有所謂點睛添毫；《拾遺記》：「始皇元年，騫霄國獻刻玉善畫，又名裔使刻玉。爲百獸之形，毛髮宛若真。又：畫就鳳騫翥若飛，皆不可點睛，點之必飛走。始，以淳漆點两玉虎一眼睛，旬日失之，不知所至。明年，西方獻两白虎，各無一目。」擬於形家，則有所謂來龍結穴。形家即堪輿家，以相度地形，辨其吉凶，爲人定宅墓，故又稱形家。《漢書·藝文志》謂之「形法」。《形法序》云：「形法者，大舉九州之勢，以立城郭宮舍形，人及六畜骨法之度數，器物之形容，以求其聲氣貴賤吉凶。猶律有長短而各徵其聲，非有鬼神，數自然也。然形與氣相首尾，亦有其形而無其氣，有其氣而無其形，此精微之獨異也。」案：形家稱山勢爲「龍」，其趨向之勢爲「來龍」。其山勢蓄住，而左右有矗起擁護，所謂聚氣藏風者，謂之「結穴」。行文之勢，如山脈之連接不斷，結穴則握住題旨，精神會萃之處也。隨時取譬，然爲初學示法，亦自不得不然，無庸責也。惟時文結習，深錮腸腑，進窺一切古書古文，皆此時文見解。動操塾師啟蒙議論，則如用象棋枰，布圍棋子，案：象棋傳爲武王所作。斲木爲圓形，紅白各十六，刻將、士、相、車、馬、砲、兵卒等字於其上，亦有鑲牙爲之。劃局道爲二，以爲攻守。將、士、相、車、馬、砲、兵卒行動各有一定方式。圍棋者，《路史》謂帝堯所作，以教丹朱。古皆謂之弈，漢始稱爲圍棋。枰，棋局也。縱横十七道，唐後增爲十九道，共三百六十一道。棋子黑白各一百八十。弈譜甚多，以宋張擬之《棋經》及元晏天章《元元集》爲最古。象棋與圍棋局道大異，奕法亦不同。圍棋子不能布於象棋之枰，猶言方枘圓鑿不相入也。必不合矣。是之謂「井底天文」，《尸子》：「因井中視星，所見不過數星。自丘上以望，則見其始出，又見其入。非明益也，勢使然也。夫私心，井中也；公心，丘上也。」又文人之通弊也。

十曰：時文可以評選，古文經世之業，不可以評選也。前人業評選之，則亦就文論文可耳。但評選之人，多非深知古文之人。夫古人之書，今不盡傳，其文見於史傳，評選之家多從史傳采録。而史傳之例，往往删節原文，以就隱括，見《釋通》注。故於文體所具不盡全也。評選之家不察其故，誤謂原文如是，又從而爲之辭焉。於引端不具，而截中徑起者，詡謂發軔補正：《離騷》：「朝發軔於蒼梧兮，夕余至乎縣圃。」注：「軔，楮車木也，將行則發之。」之離奇；於刊削餘文，而遽入正傳者，詫爲篇終之嶄峭。於是好奇而寡識者，轉相歎賞，刻意追摹，殆如左氏所云「非子之求而蒲之愛[①]」矣。補正：見《黠陋》注。有明中葉以來，一種不情不理、自命爲古文者，起不知所自來，收不知所自往，專以此等出人思議，誇爲奇特，於是坦蕩之塗生荆棘矣。見《傳記》篇。夫文章變化，侔於鬼神，斗然而來，戛然而止，何嘗無此景象？何嘗不爲奇特？但如山之岩峭，水之波瀾，氣積勢盛，發於自然。必欲作而致之，無是理矣。文人好奇，易於受惑，是之謂誤學邯鄲，《莊子·秋水》：「子獨不聞夫壽陵餘子之學行於邯鄲與？未得國能，又失其故行矣。」又文人之通弊也。

① 補正作「愛」，粤雅堂本《文史通義》、浙江書局及嘉業堂《章氏遺書》本均作「覓」。按《左傳》作「愛」。

浙東學術

浙東之學雖出婺源，朱熹，宋婺源人。然自三袁之流，《宋元學案·絜齋學案》：「元燮字和叔，鄞縣人。」「登淳熙癸丑進士，策授江陰尉。寧宗即位，爲大學正。」「後知温州，進直學士，奉祀卒。」「初，先生遇象山於都城，象山即指本心，洞徹通貫，先生遂師事。而研精覃思，有所未洽，不敢自信。居一日，豁忽大悟。」「學者稱絜齋先生，賜謚正獻。」「袁肅號晉齋，絜齋之子也。從廣平於新安，其後知名於世。」「袁甫字廣徽，絜齋之子也。嘉定七年進士第一，系①官權兵部尚書，卒贈通奉大夫，謚正肅。少服父訓。」「著有《蒙齋中庸講義》四卷，所闡多陸氏宗旨。」多宗江西陸氏，《宋元學案·象山學案》：「陸九淵，字子静，金谿人。」「乾道八年登進士第。」「淳熙元年授靖安主簿，丁憂，服闋調崇安。九年，以侍從薦除國子正。輪對，除將作監丞，主管台州崇道觀。既歸，結茅象山，學徒大集。紹熙二年，除知荆門軍。」「三年，卒官，年五十四。

① 「系」字誤，《宋元學案》作「累」。

嘉定十年，賜謚文安。」「先生之學以尊德性爲宗，謂：『先立乎其大，而後大之所以與我者，不爲小者所奪。夫苟本體不明，而徒致功於外索，是無源之水也。』」而通經服古，絶不空言德性，故不悖於朱子之教。至陽明王子，揭孟子之良知，復與朱子牴牾。《明史·王守仁傳》：「王守仁，字伯安，餘姚人。」「其爲教專以致良知爲主，謂宋周、程二子後，惟象山陸氏簡易直捷，有以接孟氏之傳，而朱子《集注》、《或問》之類乃中年未定之説。學者翕然從之，世遂有陽明學云。王守仁既卒，桂萼奏其『事不師古，言不稱師，欲立異以爲高，則非朱熹格物致知之論』云云。」蕺山劉氏本良知而發明慎獨，黄宗羲《明儒學案》：「蕺山先生以慎獨爲宗。儒者人人言慎獨，惟先生始得其真。」《蕺山語録》：「陽明先生言良知，即物以言知也。若早知有格物義在，即止言致知亦得。朱子言獨知，對睹聞以言獨也。若早知有不睹不聞義在，即止言慎獨亦得。」案：蕺山，江陰人，名宗周，字起東，號念臺。萬歷進士，天啟初爲禮部主事，劾魏忠賢、客氏，削籍歸。補正：《明儒學案·蕺山學案》：「先生之學以慎獨爲宗。儒者人人言慎獨，唯先生始得其真。」「性體原自周流，不害其爲中和之德。學者但證得性體分明，而以時保之，即是慎矣。慎之功夫只在主宰上，覺有主，是曰意，離意根一步便是妄，便非獨矣。」與朱子不合，亦不相詆也。梨洲黄氏出蕺山劉氏之門，而開萬氏弟兄經史之學。

案：黄宗羲，字梨洲。全祖望《梨洲先生神道碑》：「忠端先生之被逮也，謂公曰：『學者不可不通知史事，可讀《獻徵録》。』公遂自明十三朝《實録》上溯二十一史，靡不容①心，而歸宿於諸經。既治經，則旁求之九流百家，於書無所不窺者。公謂明人講學，襲語録之糟粕，不以六經爲根柢，束書而從事於游談。故受業者必先窮經，經術所以經世，方不爲迂儒之學，故兼令讀史。」李元度《國朝先正事略》：「萬生生斯大，字充宗，浙江鄞縣人。户部主事泰，先生父也。户部八子，皆受業梨洲先生之門，稱高座弟子，先生其第六子也。生逢喪亂，不事科舉業，湛思諸經，以爲非盡通諸經不能通一經，非悟傳注之失不能通經，非以經釋經亦無由悟傳注之失。於是融會考證，奉正朔以批閏位，百注遂無堅城。舉諸家聚訟，條分而縷析之，劃如也。尤精《春秋》、《三禮》。」「斯同，字季野，學者稱石園先生。户部郎泰第八子，從梨洲先生遊，爲高第弟子。與聞蕺山劉氏之學，以慎獨爲主，以聖賢爲必可及。時甬江有五經會，先生最少，遇疑義輒片言折之。嘗守先儒戒，以謂無益之書不必觀，無益之文不必作，遂專意古學，博通諸史，尤熟於明代掌故。」以至全氏祖望輩，尚存其意，《國朝先正事略》：「先生姓全氏，名祖望，字紹衣，一字謝山，浙江鄞縣人。先生負氣忤俗，有節概。其學淵博無涯涘，於書靡不貫穿。在翰林，與臨川共借《永樂大

①「容」字誤，《鮚埼亭集》卷十一作「究」。

典》讀之，每日各盡二十册。時開明史館，復爲書六通遺之。南歸後，修南雷黄氏《宋元學案》。先後答弟子董秉純、張炳、蔣學鏞、盧鎬等所問經史，録爲《經史問答》凡十卷。又所著有《漢書地理志稽①》、《古今通史年表》。」宗陸而不悖於朱者也。惟西河毛氏，發明良知之學，頗有所得，而門户之見，不免攻之太過，《清史列傳·儒林傳下一》：「毛奇齡，字大可，浙江蕭山人。」「康熙十八年以廩監生薦舉博學鴻詞科，試列第二等，授翰林院檢討，充明史館纂修官。尋假歸，得痺疾，遂不復出。」「奇齡淹貫群書，詩文皆推倒一世，而自負者在經學。縱横博辨，肆爲排擊，漢以後人俱不得免。而最詆者爲宋人，宋人之中所最詆者爲朱子。」雖浙東人亦不甚以爲然也。

世推顧亭林氏爲開國儒宗，然自是浙西之學。《清史列傳·儒林傳下一》：「顧炎武，初名絳，字寧人，江南崑山人。」「嘗謂：『經學即理學。自有舍經學以言理學者，而邪説以起，不知舍經學則其所謂理學者禪也。』」不知同時有黄梨洲氏，出於浙東，雖與顧氏並峙，而上宗王、劉，下開二萬，較之顧氏源遠而流長矣。顧氏宗朱，而

① 「稽」字下，當補「疑」字。

黄氏宗陸。蓋非講學專家，世稱講理學者爲講學家。各持門户之見者，故互相推服而不相非詆。學者不可無宗主，而必不可有門户，故浙東、浙西道並行而不悖也。見《博約下》注。浙東貴專家，浙西尚博雅，各因其習而習也。

天人性命之學，不可以空言講也。故司馬遷本董氏天人性命之説，而爲經世之書。見《易教下》及《書教上》注。儒者欲尊德性，而空言義理以爲功，此宋學之所以見譏於大雅也。夫子曰：「我欲託之空言，不如見諸行事之深切著明也。」見《易教上》注。此《春秋》之所以經世也。見《書教上》注。聖如孔子，言爲天鐸，《論語・八佾》：「天將以夫子爲木鐸。」猶且不以空言制勝，況他人乎？故善言天人性命，未有不切於人事者。三代學術，知有史而不知有經，詳①人事也。補正：案：孔子以前無六經之名。經詳人事，西漢之世尚有遺風。「《易》則施、孟、梁邱，皆能以占變知來。《書》則大小夏侯、歐陽、兒寬，皆能以《洪範》匡世主。

---

①「詳」，粤雅堂本《文史通義》、浙江書局及嘉業堂《章氏遺書》本均作「切」。

《詩》則申公、轅固生、韓嬰、王吉、韋孟、匡衡，皆以《三百篇》當諫書。《春秋》則董仲舒、雋不疑之決獄。《禮》則魯諸生、賈誼、韓元成之議制度。蕭望之等皆以《孝經》、《論語》保傳①輔道。其文章述作，則陸賈《新語》以《詩》《書》説高祖，賈誼《新書》爲漢定制作，《春秋繁露》、《尚書大傳》、《韓詩外傳》、劉向《五行》、揚雄《太玄》，皆以其自得之學，範陰陽，矩聖學，規皇極，斐然與三代同風。」後人貴經術，以其即三代之史耳。近儒談經，似於人事之外別有所謂義理矣。浙東之學，言性命者必究於史，此其所以卓也。

朱陸異同，見《朱陸》注。干戈門户，千古桎梏之府，亦千古荆棘之林也。究其所以紛綸，則惟騰空言而不切於人事耳。知史學之本於《春秋》，見《易教上》「六經皆史」條注。知《春秋》之將以經世，則知性命無可空言，而講學者必有事事，不特無門户可持，亦且無以持門户矣。浙東之學雖源流不異，而所遇不同，故其見於世者，陽明得之爲事功，蕺山得之爲節義，梨洲得之爲隱逸，萬氏兄弟得之爲經術史裁。授受雖出於一，而面目迥殊，以

---

① 「傳」字誤，當作「傅」。此節出魏源《兩漢經師今古文家法考》，原文作「傅」。

其各有事事故也。彼不事所事，而但空言德性，空言問學，則黃茅白葦，見《言公下》注。極面目雷同，見《辨似》注。不得不殊門户以爲自見地耳。故惟陋儒則爭門户也。

或問：事功、氣節，果可與著述相提並論乎？曰：史學所以經世，固非空言著述也。且如六經同出於孔子，先儒以爲其功莫大於《春秋》，《孟子·滕文公下》：「孔子成《春秋》，而亂臣賊子懼。」正以切合當時人事耳。後之言著述者，舍今而求古，舍人事而言性天，則吾不得而知之矣。學者不知斯義，不足言史學也。自注：整輯排比，謂之史纂。參互搜討，謂之史考。皆非史學。

婦學《章實齋先生年譜》：「先生攻擊袁枚之文，凡有五篇。一《婦學》，二《婦學篇書後》，三《詩話》，四《書坊記刻詩話後》，五《論文辨僞》。攻袁之端，始見於嘉慶丁巳。《章氏遺書·丁巳劄記》云：『近有無恥妄人，以風流自命，蠱惑士女。大率以優伶雜劇所演才子佳人惑人，大江以南名門大家閨閣，多爲所誘。徵詩刻稿，標榜聲名，無復男女之嫌，殆忘其身之雌矣。此等閨娃，婦學不修，豈有真才可取？而爲邪人播弄，浸成風俗，人心世道大可憂也。』」

《周官》有女祝女史，《周禮·天官冢宰》下：「女祝掌王后之内祭祀。凡内禱祠之事，掌以時招梗禬禳之事，以除疾殃。女史掌王后之禮職。掌内治之貳，以詔后治内政，逆内宫，書内令，凡后之事以禮從。」漢制有内起居注，《隋書·經籍志》：「起居注者，録紀人君言行動止之事。漢武帝有《禁中起居注》，後漢明德馬后撰《明帝起居注》，然則漢時起居似在宫中，爲女史之職。然皆零落，不可復知。今之存者，有漢獻帝及晉代已來起居注，皆近侍之臣所録。」婦人之於文字，於古蓋有所用之矣。「婦學」之名，見於《天官》内職，德、言、容、功，所該者廣，《周禮·冢宰》：「九嬪掌婦學之法，以教九御。婦德，婦言，婦容，婦工。」非如後世衹以文藝爲學也。然《易》訓「正位乎内」，《易·家人》：「彖曰：家人：正位乎内①。」《禮》職「婦功絲枲」，《周禮》「九嬪」鄭注：「婦功，謂絲枲。」疏：「案《内則》

① 「正位乎内」，句前當補「女」字。

云：『姆教婉娩聽從，執麻集①，治絲繭，織紝組紃。』」《春秋傳》稱「賦事」「獻功」，《國語·魯語下》：「社而賦事，蒸而獻功。」韋注：「社，春分祭社也。事，農桑之屬也。冬祭而蒸，蒸而獻，五穀、布帛之屬也。」案：《國語》爲《春秋》外傳。《小雅》篇言「酒食是議」，《詩·小雅·斯干》：「無非無儀，唯酒食是議，無父母詒罹。」則婦人職業亦約略可知矣。自注：男子弧矢，女子鞶帨，自有分別。至於典禮文辭，男婦皆所服習。蓋后妃、夫人、内子、命婦，於賓享喪祭皆有禮文，非學不可。

婦學之目，德、言、容、功。鄭注「言」爲「辭令」。《周禮》「九嬪」注：「婦言，謂辭令。」自非嫻於經禮，習於文章，不足爲學。乃知誦《詩》習《禮》，古之婦學略亞丈夫。後世婦女之文雖稍偏於華采，要其淵源所自，宜知有所受也。

婦學掌於九嬪，教法行乎宮壼。《爾雅·釋宮》：「宮中衖謂之壼。」内而臣采，

① 「集」字誤，《周禮正義》及《禮記》均作「枲」。

《書・堯典》：「帝曰：『疇咨若予采。』」傳：「馬云：『官也。』」外及侯封，補正：諸侯封域。六典見《書教上》注。未詳，自可例測。《葛覃》師氏，著於風詩；自注：侯封婦學。青案：《詩・周南・葛覃》：「言告師氏，言告言歸。」注：「師，女師女①。古者女師教以婦德、婦言、婦容、婦功。祖廟未毁，教於公宫三月。祖廟既毁，教於宗室。」婉娩姆教，垂於《内則》。自注：卿士大夫。青案：《禮記・内則》：「女子十年不出，姆教婉娩聽從。」注：「婉爲②言語也。娩之言媚也，媚謂容貌也。」歷覽《春秋》内外諸傳，諸侯夫人、大夫内子並能稱文道故，斐然有章。《論語・公冶長》：「斐然成章。」若乃盈满之祥，鄧曼詳推於天道；《左傳・桓十三年》：「春，楚屈瑕伐羅，鬬伯比送之，還，謂其御曰：『莫敖必敗。舉趾高，心不固矣。』遂見楚子曰：『必濟師。』楚子辭焉，入告夫人鄧曼，鄧曼曰：『大夫其非衆之謂，其謂君撫小民以信，訓諸司以德，而威莫敖以刑也。莫敖狃於蒲騷之役，將自用也，必小羅。君若不鎮撫，其不設備乎？夫固謂君訓衆而好鎮撫之，召諸司而勸之以令德，見莫敖而告諸天之不假易

① 「女」字誤，當作「也」。
② 「爲」，《禮記正義》作「謂」。

也。不然，夫豈不知楚師之盡行也？』」補正：原注刪，加：《左傳·莊四年》：「楚武王荆尸，授師孑焉，以伐隨。將齊，入告夫人鄧曼曰：『余心蕩。』鄧曼歎曰：『王禄盡矣！盈而蕩，天之道也。先君其知之矣！故臨武事，將發大命，而蕩王心焉。若師徒無虧，王薨於行，國之福也。』王遂行，卒於樠木之下。」利貞之義，穆姜精解於乾元。《左傳·襄九年》：「穆姜薨於東宫。始往而筮之，遇《艮》之八。史曰：『是謂《艮》之《隨》。《隨》其出也。君必速也。』姜曰：『亡。是於《周易》曰：《隨》，元亨利貞，無咎。元，體之長也；亨，嘉之會也；利，義之和也；貞，事之幹也。體仁足以長人，嘉德足以合禮，利物足以和義，貞固足以幹事。然，故不可誣也。是以雖《隨》，無咎。今我婦人而與於亂。固在下位而有不仁，不可謂元；不靖國家，不可謂亨；作而害身，不可謂利；棄位而姣，不可謂貞。有四德者，《隨》而無咎。我皆無之，豈《隨》也哉？我則取惡，能無咎乎？必死於此，弗得出矣！』」魯穆伯之令妻，典言垂訓；《列女傳》：「魯季敬姜者，莒女也，號戴己。魯大夫公父穆伯之妻。」「敬姜守寡，文伯出學而還歸，敬姜側目而盼之。見其友上堂，從後階降而卻行，奉劍而正履，若事父兄。文伯自以爲成人矣，敬姜召而數之曰：『昔者武王罷朝，而結絲袜絶，左右顧無可使結之者，俯而自申之，故能成王道。桓公坐友三人，諫臣五人，日舉過者三十人，故能成伯業。周公一食而三吐哺，一沐而三握髮，所執贄而見於穹①閭隘巷者七十餘人，故能存周室。彼二聖一賢者，皆霸王之君也，而下人如此。其所與游者，皆過己者也，是以日益而不自知也。今以子年之少而位之卑，所與游者皆爲服役。子之不益，亦以明矣。』文伯乃謝罪。於是乃擇嚴師賢友而事之，所與游處者皆黄耄倪齒也，文伯引衽攘捲而親饋之。敬姜曰：『子成人矣！』君子謂敬姜備於教化。文伯相魯，敬姜謂之曰：『吾語汝：治國之要，盡在經矣。夫幅者，所以正曲枉也，不可不彊，故幅可以爲將。畫者，所以均不均、服不服也，故畫可以爲正。物者，所以治蕪與莫②也，故物可以爲都大夫。持交而不失、出入而不絶者，梱也，梱可以爲大行人也。推而往、引而來者，綜也，綜可以爲關内之師。主多少之數者，均也，均可以爲内史。服重任，行遠道，正直而固者，軸也，軸可以爲相。杼③而無窮者，摘也，摘可以爲三公。』文伯再拜受教。文伯退朝，朝敬姜，敬姜方績。文伯曰：『以歜之家，而主猶績，懼干季孫之怒，其以歜爲不能事主乎？』敬姜歎曰：『魯其亡乎！使童子備官而未之聞耶？居，吾語汝：昔聖王之處民也，擇瘠土而處之，勞其民而用之，故長王天下。夫民勞則思，思則善心生；逸則淫，淫則忘善，

① 「穹」，《古列女傳》作「窮」。
② 「莫」字與下文「綜」字誤倒，今乙正。
③ 「杼」，《古列女傳》作「舒」。

忘善則惡心生。沃土之民不材，淫也；瘠土之民嚮義，勞也。是故天子大采朝日，與三公九卿祖識①地德。日中考政，與百官之政事，師尹維旅，牧相宣敘民事。可②采夕月，與太史司載糾虔天刑。日入，監九御，使潔奉禘郊之粢盛，而後即安。諸侯朝脩天子之業命，晝考其國職，夕省其典③，講其庶政，夕序其業，夜庀其家事，而後即安。士朝而受業，晝而講貫④，夕而習復，夜而計⑤過，無憾，而後即安。自庶人以下，明而動，晦而休，無日⑥以怠。王后親織元⑦紞，公侯之大夫⑧加之以紘綖，卿之内子爲大帶，命婦成祭服，列⑨士之妻加之以朝服，自庶士以下皆衣其夫。社而賦事，烝而獻功，男女效績，愆⑩則有辟，古之制也。君子勞心，小人勞力，先王之訓也。自上以

---

① 「祖識」，《古列女傳》作「組織」。

② 「可」，《古列女傳》作「少」。

③ 「夕省其典」句後，《古列女傳》有「刑，夜儆百工，使無慆淫，而後即安。卿大夫朝考其職，晝」，當補。

④ 「貫」，《古列女傳》作「肄」。

⑤ 「計」，《古列女傳》作「討」。

⑥ 「日」，《古列女傳》作「自」。

⑦ 「元」，《古列女傳》作「玄」。

⑧ 「大夫」誤，《古列女傳》作「夫人」。

⑨ 「列」，《古列女傳》作「則」。

⑩ 「愆」，《古列女傳》作「否」。

下，誰敢淫心舍力？今我寡也，爾又在下位，朝夕處事，猶恐忘先人之業，況有怠惰，其何以避辟？吾冀而①朝夕脩，我曰必無廢先人。爾今曰胡不自安，以是承君之官，余懼穆伯之絶嗣也。』仲尼聞之曰：『弟子志之，季氏之婦不淫。』詩曰：『婦無公事，休其蠶織。』言婦人以織績爲公事者也。休之，非禮也。」**齊司徒之内主，有禮加封。**《左傳·成二年》：「齊侯見保者，曰：『勉之！齊師敗矣。』辟女子，女子曰：『君免乎？』曰：『免矣。』曰：『鋭司徒免乎？』曰：『苟君與吾父免矣，可若何！』乃奔。齊侯以爲有禮，既而問之，辟司徒之妻也。予之不②窌。」**士師考終牖下，妻有誄文；**《列女傳·賢明傳·柳下惠妻》：「柳下既死，門人將誄之。妻曰：『將誄夫子之德耶？則二三子不如妾知之也。』乃誄曰：『夫子之不伐兮！夫子之不謁③兮！夫子之信誠而與人無害兮！屈柔從俗，不强察兮！蒙恥救民，德彌大兮！雖遇三黜，肘④不蔽兮！愷悌君子，永能厲兮！嗟乎惜哉，乃下世兮！庶幾遐年，今遂逝兮！嗚呼哀哉，魂神泄兮！夫子之諡，宜爲惠兮！』門人從之，以爲誄，莫能竄一字。」**國殤魂返沙場，嫠辭郊弔。**《禮記·檀

---

① 「而」，《古列女傳》作「汝」。
② 「不」字誤，《左傳》作「石」。
③ 「謁」字誤，《古列女傳》作「竭」。
④ 「肘」字誤，《古列女傳》作「終」。

弓下》：「齊莊公襲莒於奪，杞梁死焉。其妻迎其柩於路，而哭之哀。莊公使人弔之，對曰：『君之臣不免於罪，則將肆諸市朝，而妻妾執；君之臣免於罪，則有先人之敝廬左①，君無所辱命。』」以至泉水毖流，委宛賦懷歸之什；《詩·邶風·泉水》：「毖彼泉水，亦流於淇。」注：「泉水始出，毖然流也。淇，水名也。」箋云：「泉水流而入淇，猶婦人出嫁於異國。」《詩序》：「《泉水》，衛女思歸也。嫁於諸侯，父母終思歸甯而不得，故作此詩以自見也。」燕飛上下，淒涼送歸媵之詩。《詩·邶風·燕燕》：「燕燕於飛，下上其音。」《詩序》：「《燕燕》，衛莊姜送歸妾也。」凡斯經禮典法，文采風流，補正：杜甫《丹青引》：「文采風流猶尚存。」與名卿大夫有何殊別？然皆因事牽聯，偶見載籍，非特著也。若出後代，史必專篇，類徵《列女》，則如曹昭、即班昭，適曹氏，故稱曹昭，即曹大家也。蔡琰故事，其爲喬皇彪炳，當十倍於劉、范之書矣。補正：劉向《列女傳》，范曄《後漢書》。是知婦學亦自後世失傳，三代之隆並與男子儀文，率由故事，補正：見《經解中》注。初不爲

① 「左」字誤，《禮記》作「在」。

矜異也，自注：不學之人以溱、洧諸詩爲淫者自述，因謂古之孺婦矢口成章，勝於後之文人，不知萬無此理。詳辨其説於後，此處未暇論也。但婦學則古實有之，惟行於卿士大夫，而非齊民婦女皆知學耳。

春秋以降，官師分職，學不守於職司，文字流爲著述。自注：古無私門著述，説詳《校讎通義》。丈夫之秀異者，咸以性情所近，撰述名家。自注：此指戰國先秦諸子家言，以及西京以還經史專門之業。至於降爲辭章，亦以才美所優，標著文采。自注：此指西漢元、成而後，及東京而下諸人詩文集。而婦女之奇慧殊能，鍾於間氣，《春秋演孔圖》：「正氣爲帝，間氣爲臣，秀氣爲人。」亦遂得以文辭偏著，而爲今古之所稱，則亦時勢使然而已。然漢廷儒術之盛，班固以謂利禄之途使然。見《原學下》注。蓋功令所崇，賢才争奮，士之學業等於農夫治田，固其理也。婦人文字非其職業，間有擅者，出於天性之優，非有争於風氣、騖於聲名者也。自注：好名之習，起於中晚文人。古人雖有好名之病，不區區於文藝間也。丈夫而好文名，已爲識者所鄙。婦女而騖聲名，則非陰類矣。

唐山《房中》之歌，《漢書·禮樂志》：漢①「《房中祠樂》，高祖唐山夫人所作也。周有《房中樂》，至秦名曰《壽人》。凡樂，樂其所生，禮不忘本。高祖樂楚聲，故《房中樂》楚聲也。孝惠二年，使樂府②夏侯寬備其簫管，更名曰《安世樂》。」韋昭曰：「唐山，姓也。」班姬《長信》之賦，《樂府解題》：「婕妤美而能文，初爲成帝所寵愛，後幸趙飛燕姊弟，冠於後宫。婕妤自知見薄，乃退居東宫，作《賦》及《紈扇詩》以自傷悼。」《風》《雅》正變，自注：《雅》指《房中》，《風》指《長信》。補正：原注加：《毛詩序》：「上以風化下，下以風刺上，主文而譎諫，言之者無罪，聞之者足以戒，故曰風。至於王道衰，禮義廢，政教失，國異政，家殊俗，而變風、變雅作矣。」起於宫闈，《禮記·雜記》：「夫人至，入自闈門。」釋文：「闈，宫中之門。」事關國故，史策載之。其餘篇什寥寥，傳者蓋寡，《藝文》所録，約略可以觀矣。案：《漢書·藝文志·詩賦略》歌詩又有《李夫人及貴幸人歌詩》三篇。若夫樂府見《言公下》注。流傳，聲詩則效；《木蘭》征戍，見《言公下》注。《孔雀》乖離。《玉台新咏·古詩爲焦仲卿妻作並

① 「漢」字衍。

② 「樂府」下，《漢書》有「令」字，當補。

序》：「漢末建安中，廬江府小吏焦仲卿妻劉氏爲仲卿母所遣，自誓不嫁，其家逼之，乃没水而死。仲卿聞之，亦自縊於庭樹。時傷之，爲詩云爾。」詩曰：「孔雀東南飛，五里一徘徊」云云。以及陌上採桑之篇，《樂府詩集·古辭·陌上桑》：「一曰《豔歌行》。《古今樂録》曰：『《陌上桑》歌瑟調。古辭《豔歌羅敷行》、《日出東南隅篇》。』崔豹《古今注》曰：『《陌上桑》者，出秦氏女子。秦氏，邯鄲人有女名羅敷，爲邑人千乘王仁妻。王仁後爲趙王家令。羅敷出採桑於陌上，趙王登臺見而悦之，因置酒，欲奪焉。羅敷巧，彈箏，乃作《陌上桑》之歌以自明，趙王乃止。』」山下蘼蕪之什，《古詩》：「上山采蘼蕪，下山逢故夫。」《四時白紵》，案：《白紵曲》古辭，盛稱舞者之美，宜及芳時行樂，以白紵譽之也。梁武帝令沈約改其辭爲《四時白紵歌》。《子夜》芳香，《子夜歌》：「芳香已盈路。」其聲嘽以緩，其節柔以靡，《禮記·樂記》：「嘽諧慢易、繁文簡節之音作，而民康樂。」《漢書·王褒傳》：「嘽緩舒繹，曲折不失節。」則自兩漢古辭，自注：皆無名氏。訖於六朝雜擬，並是騷客擬辭，思人寄興。情雖託於兒女，義實本於風人，猶云詩人。故其辭多駘宕，不以男女酬答爲嫌也。自注：如《陌上桑》、《羽林郎》之類，雖以貞潔自許，然幽閒女子豈喋喋與狂且争口舌哉？出於擬作，佳矣。至於閨房篇什，間有所傳，其人無論貞淫，而措語俱有邊幅。補正：如《文選・雜擬下》劉鑠《擬行行重行行》、《擬明月何皎皎》，江淹《古離别》，班婕妤《休上人》等，所詠皆男女之事，而措語俱有邊幅。案：邊幅，言布帛廣狹之度。此藉以喻文體。《唐書》：「張九齡如輕縑素練，實濟時用，而窘邊幅。」文君，淫奔人也，而《白頭》止諷相如；《史記・司馬相如傳》：「文君夜亡奔相如，相如乃與馳歸成都。」《西京雜記》卷三：「相如將聘茂陵人女爲妾，卓文君作《白頭吟》以自絶，相如乃止。」蔡琰，失節婦也，而鈔書懇辭十吏。《後漢書・蔡琰傳》：「琰字文姬，陳留人蔡邕女，同郡董祀之妻也。博學有才辯，又妙於音律。初，適河東衛仲道。夫亡，無子。興平中，天下喪亂，文姬爲胡騎所獲，没於南匈奴左賢王，在胡中十二年，生二子。曹操素與邕善，痛其無嗣，乃遣使者以金璧贖之，而重嫁於祀。」又：「操問曰：『聞夫人家先多墳籍，猶能憶識之不？』文姬曰：『昔亡父賜書四千餘卷，流離塗炭，罔有存者。今所誦憶，裁四百餘篇耳。』操曰：『今當使十吏就夫人寫之。』文姬曰：『妾聞男女之别，禮不親授。乞給紙筆，真草唯命。』於是繕書送之，文無遺誤。」其他安常處順，及以貞節著者，凡有篇章，莫不静如止水，補正：見《知難》注。穆若清風，《詩・大雅・烝民》：「吉甫作誦，穆若清風。」雖文藻出於天嫺，而範思不逾閫外。《禮記・内則》：「内言不出於閫，外言不入於閫。」此則婦學雖異於古，亦不悖於教化者也。

《國風》男女之辭，皆出詩人所擬，以漢、魏、六朝篇什證之，更無可疑。自注：古今一理，不應古人兒女矢口成章，後世學士力追而終不逮也。譬之男優飾靜女以登場，終不似閨房之雅素也。昧者不知斯理，妄謂古人雖兒女子，亦能矢口成章，補正：蘇軾文：「脱口成章，粲莫可耘。」因謂婦女宜於風雅。是猶見優伶登場演古人事，妄疑古人動止必先歌曲也。自注：優伶演古人故事，其歌曲之文正如史傳中夾論贊體，蓋有意中之言，決非出於口者；亦有旁觀之見，斷不出本人者。曲文皆所不避，故君子有時涉於自贊，宵小有時或至自嘲，俾觀者如讀史傳，而兼得詠歎之意。體應如是，不爲嫌也。如使真出君子、小人之口，無是理矣。《國風》男女之辭，與古人擬男女辭，正當作如是觀。如謂真出男女之口，毋論淫者萬無如此自暴，即貞者亦萬無如此自褻也。

昔者班氏《漢書》未成而卒，詔其女弟曹昭躬就東觀，踵而成之，於是公卿大臣執贄請業，自注：大儒馬融，從受《漢書》句讀。可謂擴千古之所無矣。然專門絶學，家有淵源，書不盡言，見《師説》注。非其人即無所受爾。又苻秦初建學校，廣置博士經師，五經粗備，而《周官》失傳。博士上奏，太常韋逞之母宋氏家傳《周官音義》，詔即其家講堂，置生員百二十人，隔絳幃而受業，賜宋氏爵號爲宣文君，此亦擴千古之所無矣。《晉書·韋逞母宋氏傳》：「逞仕苻堅爲太常，堅常幸其太學，問博士經典，乃憫禮樂遺闕。時博士盧壼對曰：『廢學既久，書傳零落，比年綴撰，正經粗集，唯《周官禮》注未有其師。竊見太常韋逞母宋氏，世學家女，傳其父業，得《周官音義》，今年八十，視聽無闕。自非此母，無可以傳授後生。』於是就宋氏家立講堂，置生員百二十人，隔絳紗幔而受業，號宋氏爲宣文君，賜侍婢十人。《周官》學復行於世，時稱韋氏宋母焉。」然彼時文獻盛於江左，苻氏割據山東，《十六國春秋·前秦録》：「苻洪字廣世，略陽臨渭氏人。父懷歸，爲部落小帥。父卒，代爲部帥，漸有兵十餘萬。永和六年，晉帝以洪爲征北大將軍、都督河北諸軍事、冀州刺史、廣川郡公，時有説洪尊號者，洪亦以讖文有『草付應王』，又其孫堅背有『草付』字，遂改姓苻氏，自稱大將軍、大單于、三秦王，都長安。」遺經絕業，倖存世學家女，非名公卿所能强與聞也。此二母者，並是以婦人身，行丈夫事。蓋傳經述史，天人道法所關，恐其湮没失傳，世主不得不破格而崇禮，非謂才華炫燿，驚流俗也。即如靖邊之有譙洗①夫人，《隋書》：「譙洗夫人，高涼人，世爲南越首領。在父母家，撫循部衆，能行軍用師，壓服諸越。」「梁大同初，羅州刺史馮融聞氏②志行，爲其子高涼太守寶娉以爲妻。」刺史李遷仕反，「夫人擊，大捷」。「及寶卒，嶺表大亂，夫人懷集百越，數州晏然。」「共奉之，號爲聖母。」後文帝拜其孫盎爲高州刺史，封洗爲譙國夫人，置官屬。「夫人自稱使者，歷十餘州，所至皆降。」「卒，謚誠敬夫人。」佐命之有平陽柴主，《唐書·平陽公主傳》：「下嫁柴紹。初，高祖兵興」，「紹詭道走並州。主奔鄠，發家資招南山亡命，得數百人以應帝」。「威振關中，帝渡河，主引精兵百人與秦工③會渭北。紹及主對置幕府，分定京師，號娘子軍。」亦千古所罕矣。一則特開幕府，辟署官屬；一則羽葆鼓吹，虎賁班劍。以爲隋、唐之主措置非宜，固屬不可。必欲天下婦人以是爲法，非惟不可，亦無是理也。

晉人崇尚玄風，任情作達。丈夫則糟粕六藝，婦女亦雅尚清言。見《古

① 「洗」，粵雅堂本《文史通義》、浙江書局及嘉業堂《章氏遺書》本均作「洗」，《隋書》亦作「洗」。
② 「氏」字誤，《隋書》作「夫人有」三字。
③ 「工」字誤，《新唐書》作「王」。

文十弊》注。步障解圍之談，《晉書·列女傳》：「獻之與賓客談議，辭理將屈，道韞遣婢白云：『欲爲小郎解圍。』乃施青綾步障自蔽，申獻之前議，賓客不能屈。」新婦參軍之戲，《世説新語·排調》：「王渾與婦鍾氏共坐，見武子從庭過，渾欣然謂婦曰：『生兒如此，足慰人意。』婦笑曰：『若使新婦得配參軍，生兒故可不啻如此。』」雖大節未失，而名教蕩然。論者以十六國分裂，生靈塗炭，轉咎清談之滅禮教，誠探本之論也。

王、謝大家雖愆禮法，然其清言名理，會心甚遥，既習儒風，亦暢玄旨，方於士學，如中行之失流爲狂簡者耳。自注：近於異端，非近於娼優也。非僅能調五言七字，自詡過於四德三從者也。《後漢書·皇后紀論》：「夫人坐論婦德①，九嬪掌教四德。」注：「德、言、容、功。」《禮記》注：「婦人幼從父，嫁從夫，夫死從子，是故有三從之義。」若其綺旎風光，寒温酬客，描摩纖曲，刻畫形似，《文心雕龍·物色》：「近代以來，文貴形似，窺情風景之上，鑽貌草木之中，吟詠所發，志惟深遠，體物爲妙，功在密附。故

① 「德」，《後漢書》作「禮」。

巧言切狀，如印之印泥，不加雕削而曲寫毫芥。故能瞻言而見貌，即字而知時。」脂粉增其潤色，標榜飾其虛聲，晉人雖曰虛誕，如其見此，挈妻子而逃矣。自注：王、謝大家雖愆禮法，然實讀書知學，故意思深遠。非如才子佳人，一味淺俗好名者比也。

唐、宋以還婦才之可見者，不過春閨秋怨，花草榮凋，短什小篇，傳其高秀。間有别出著作，如宋尚宫之《女論語》，侯鄭氏之《女孝經》，見《經解下》注。雖才識不免迂陋，自注：欲作女訓，不知學曹大家《女誡》之禮，而妄擬聖經，等於《七林》設問，子虛烏有。而趨向尚近雅正，藝林稱述，恕其志足嘉爾。自注：此皆古人婦學失傳，故有志者所成不過如此。李易安之金石編摩，《宋史·李格非傳》：「女青照，詩文尤有稱於時。嫁趙挺之之子明誠，自號易安居士。」青按：易安有《金石録後序》。管道昇之書畫精妙，《松雪集》：「天子命夫人書千文勅，玉工磨玉軸，送祕書監裝池收藏。因又命余書六體爲六卷，雍亦書一卷，且曰：『令後世知我朝有善書婦人。且一家皆能書，亦奇事也。』」《鄉環記》：「夫人性嗜蘭梅，下筆精妙，不讓水仙。有時對庭中修竹，亦自興至，不能自休。」青按：道昇字仲姬，一字瑶姬，吴興人，趙孟頫妻，封魏國夫人。後世亦鮮有其儷矣。然琳琅款識，惟資封勘於湖州；李易安《金石録後序》：「五月至池陽，被旨知湖州。」筆墨精能，亦藉觀摩於承旨。《元史·趙孟頫傳》：「趙孟頫，字子昂。宋太祖子秦王德芳之後也。」「賜第於湖州，故孟頫爲湖州人。」仕元，延祐三年，「拜翰林學士承旨、榮禄大夫」。「孟頫詩文清邃奇逸，讀之使人有飄飄出塵之想。篆、籀、分、隸、真、行、草書，無不冠絶古今，遂以書名天下。」「其畫山水、木石、花竹、人馬，尤精緻。」未聞宰相子婦，案：李易安舅趙挺之爲相。張琰《洛陽名園記序》：「文叔在元祐，官太學。建中靖國，再用邪朋，竄爲黨人。女適趙相挺之子，亦能詩。」得偕三舍論文；自注：李易安與趙明誠集《金石録》，明誠方在太學，故云爾。翰林夫人，可共九卿揮麈。謂未聞管道昇可與朝官揮麈而談，無避忌也。蓋文章雖曰公器，而男女實千古大防，凜然名義綱常，何可誣耶？

蓋自唐、宋以訖前明，國制不廢女樂。朱懷吴《昭代紀略》：「天子升殿，女官隨侍，女樂引導，必起於吕、武臨朝，而唐元宗襲爲故事。至我太祖（明太祖）革去，足洗千古之陋。」案：此言明代朝賀罷女樂，而女官六局所領之司樂尚不廢也。公卿入直，則有翠袖薰爐；官司供張，每見紅裙侑酒。梧桐金井，驛亭有秋感之緣；《隨隱漫録》：

「陸放翁宿驛中，見題壁詩，誦之，驛卒女也，遂納爲妾。方餘半載①，夫人逐之，妾題《卜算子》。」「題壁云：『玉階蟀蟋鬧清夜，金井梧桐辭故枝。一枕淒涼眠不得，呼燈起作感秋詩。』」蘭麝天香，曲江有春明之誓。待詳。見於紀載，蓋亦詳矣。又前朝虐政，凡縉紳籍没，波及妻孥，以致詩禮大家，多淪北里。《史記》：「使師涓作新淫聲，北里之舞，靡靡之樂。」案：後稱妓院所在曰北里。唐孫棨《北里志》：「平康里入北門東向三曲，即諸妓所居之聚也。」其有妙兼色藝，慧擅聲詩，都士大夫，從而酬唱。大抵情綿春草，思遠秋楓，投贈類於交遊，殷勤通於燕婉。《詩·邶風·新臺》：「燕婉之求，籧篨不鮮。」注：「燕，安。婉，順也。」詩情闊達，不復嫌疑，閨閣之篇，鼓鐘閫外，《詩·小雅·白華》：「鼓鐘於宮，聲聞於外。」按：謂閨閣之篇聞於閫外。其道固當然耳。且如聲詩盛於三唐，而女子傳篇亦寡。今就一代計之，篇什最富，莫如李冶、薛濤、魚元機三人，其他莫能並焉。《全唐詩話》：「李冶，字季蘭，女冠也。五歲時，其父

① 「方餘半載」，疑誤。文淵閣《四庫全書》本宋陳世崇《隨隱漫録》同，唐圭璋《宋詞紀事》已改爲「方半載餘」。

抱於庭中，命詠薔薇，云：『經時不架却，心緒亂縱橫。』父恚曰：『此必爲失行婦也。』後竟如其言。」《唐詩紀事》卷七十九：「薛濤好制小詩，惜其幅大，狹小之，蜀中號『薛濤箋』。或兒①營妓無校書之號，韋南康欲奏之而罷，後遂呼之。胡曾詩曰：『萬里樓臺女校書，琵琶花下閉門居。掃眉才子知多少，管領春風總不如。』」又卷七十八：「魚玄機，咸通中西京咸宜觀女道士也，字幼微。善屬文，其詩有『綺陌春望遠，瑶徽春興多。』又：『殷勤不得語，紅淚一雙流。』又：『焚香登玉壇，端簡禮金闕。』又：『雲情自鬱争同夢，仙貌長芳又勝花。』後以笞殺女童緑翹事下獄，獄中有詩云：『易求無價寶，難得有情夫。』又云：『明月照幽隙，清風開短襟。』」是知女冠坊妓，多文因酬接之繁；禮法名門，篇簡自非儀之誡。《詩·小雅·斯干》：「無非無儀，酒食是議。」此亦其明徵矣。

夫傾城《漢書·外戚傳》：「李延年歌曰：『北方有佳人，絶世而獨立。一顧傾人城，再顧傾人國。寧不知傾城與傾國，佳人難再得。』」名妓屢接名流，酬答詩章，其命意也兼具夫妻朋友，可謂善藉辭矣。而古人思君懷友，多託男女殷情。若詩人風

① 「兒」字誤，《唐詩紀事》作「以」。

刺邪淫，文代姣狂自述，《詩·鄭風·山有扶蘇》：「不見子充，乃見狡童。」又：「狂童之狂也且①。」區分三種，蹊徑略同，品鷺韻言，不可不知所辨也。夫忠臣誼友，隱躍存懇摯之誠；諷惡嫉邪，言外見憂傷之意。自序説放廢，而詩之得失懸殊；《朱子遺書·詩序辨》：「《詩序》之作，説者不同。或以爲孔子，或以爲子夏，或以爲國史，皆無明文可考。唯《後漢書·儒林傳》以爲衛宏『作《毛詩序》，今傳於世』，則《序》乃宏作明矣。然鄭氏又以爲諸《序》本自合爲一編，毛公始分以寘諸篇之首，則是毛公之前其傳已久，宏特增廣而潤色之耳。故近世諸儒多以《序》之首句爲毛公所分，而其下推説云云者爲後人所益，理或有之。但今考其首句，則已有不得詩人之本意，而肆爲妄説者矣，況沿襲云云之誤哉？然計其初，猶必自謂出於臆度之私，非經本文，故且自爲一編，别附經後。又以尚有齊、魯、韓氏之説並傳於世，故讀者亦有以知其出於後人之手，不盡信也。及至毛公引以入經，乃不綴篇後而超冠篇端，不爲注文而直作經字，不爲疑辭而遂爲決辭。其後三家之傳又絶，而毛説孤行，則其牴牾之迹無復可見。故此《序》者遂若詩人先所命題，而詩文反爲因《序》以作。於是讀者轉相尊信，無

① 此句見《鄭風·褰裳》。

敢擬議。至於有所不通，則必爲之委曲遷就，穿鑿而附合之，寧使經之本文繚戾破碎，不成文理，而終不忍明以《小序》爲出於漢儒也。愚之病此久矣，然猶以其所從來也遠，其間容或真有傳授證驗而不可廢者，故既頗采以附傳中，而復並爲一編，以還其舊，因以論其得失云。」案：《詩辨説》本於鄭樵《辯妄》，今其書不傳。《黄氏日抄》云：「雪山王質、夾漈鄭樵始皆去《序》言《詩》。晦菴先生因鄭公之説，盡去美刺，探求古始，其説頗驚俗，雖東萊不能無疑焉。」本旨不明，而辭之工拙迥異。自注：《離騷》求女爲真情，則語無倫次；《國風》溱、洧爲自述，亦徑直無味。故無名男女之詩，殆如太極陰陽之理《周子全書・太極圖説》：「無極而太極。太極動而生陽，動極而静，静而生陰，陰極復動。一動一静，互爲其根。分陰分陽，两儀立焉。」存諸天壤，而智者見智，仁者自見仁也。見《原道中》注。名妓工詩，亦通古義，轉以男女慕悦之實，託於詩人温厚之辭。故其遺言雅而有則，真而不穢，流傳千載，得耀簡編，不能以人廢也。《論語・衛靈公》：「子曰：『君子不以言舉人，不以人廢言。』」第立言有體，婦異於男。比如《薤露》雖工，惟施於挽郎爲稱；見《砭俗》注。棹歌縱妙，亦用於舟婦爲宜。《古今樂録》：「王僧虔《技録》云：『《櫂歌行》歌明帝王者布大化一篇，或云左延年作，今不歌。梁簡文帝在東宮，更製歌，少異此也。』」《樂府解題》曰：「晉樂奏魏明帝辭云『王者布大化』，備言平吴之勳。若晉陸機『遲遲春欲暮』、梁簡文帝『妾住在湘川』，但言乘舟鼓櫂而已。」彼之贈李和張，所處應爾。《霍小玉傳》：「李益既與小玉相愛，小玉恐色衰見遺，悲極涕流。益亦感歎，請以素縑著之盟約。玉因收淚，命侍兒櫻桃褰幄執燭，授生筆硯，更取繡囊，出越姬烏絲欄素緞三尺以授生。生素多才思，授筆成章，引喻山河，指陳日月，聞之動人。後益竟遺小玉云。」《會真記》：「張生既顛倒鶯鶯，紅娘爲生謀曰：『君試爲喻情詩以亂之，不然則無由也。』張大喜，立綴春詞二首以投之。是夕紅娘復至，持綵箋以授張曰：『崔所命也。』題其篇曰《明月三五夜》。其詞曰：『待月西厢下，迎風户半開，拂牆花影動，疑是玉人來。』」良家閨閣，内言且不可聞，門外唱酬，此言何爲而至耶？自注：自官妓革，而閨閣不當有門外唱酬。丈夫擬爲男女之辭，不可藉以爲例。古之列女皆然。

夫教坊《續事始》：「唐玄宗開元三年，立教坊，以倡優曼衍之遊①，因置使教習之。」曲里

① 「以倡優曼衍之遊」，唐劉肅《大唐新語》作「以習倡優萼衍之戲」。

雖非先王法制，實前代故事相沿，自非濂洛諸公，案：自北宋迄南宋，以理學著者，稱濂、洛、關、閩四派。濂溪周敦頤，洛陽程顥、程頤，關中張載，閩中朱熹。何妨小德出入。《論語·子張》：「小德出入可也。」故有功名匡濟之佐，忠義氣節之流，文章道德之儒，高尚隱逸之士，往往閒情有寄，著於簡編，禁網所施，亦不甚爲盛德累也。第文章可以學古，而制度則必從時。我朝禮教精嚴，嫌疑慎別，三代以還，未有如是之肅者也。自宮禁革除女樂，官司不設教坊，案：唐初雅俗之樂皆隸太常，開元二年，上以太常禮樂之司不應典倡優，乃更置左右教坊，歷代因之。女樂隸於教坊，宮中禮宴皆用女樂。順治十六年，始改用太監。雍正七年，改爲和聲署。教坊遂廢。補正：案：《欽定八旗通志》：「順治元年設教坊司，以定宮懸大樂。」《康熙會典》：「順治八年，奉旨停止教坊女樂，用太監四十八名替代。」但《皇朝通考·樂考上》：「順治十二年仍設女樂，十六年後改用太監，遂爲定制。」則天下男女之際，無有可以假藉者矣。其有流娼頓妓，漁色售奸，並干三尺嚴條，決杖不能援贖。自注：職官、生、監並是行止有虧，永不叙用。青按：《大清律例·官吏宿娼》：「凡文武官吏，宿娼者杖六十。（注：挾妓飲酒，亦坐此樣①。）媒合人減一等。若官員子第宿娼者，罪亦如之。」《條例一》：「監生、生員撒潑嗜酒，挾制師長，不守監規學規，及挾妓賭博，出入官府，起滅詞訟，説事過錢，包攬物料等項者，問發爲民，各治以應得之罪。得贓者，計贓從重論。」雖吞舟有漏，《説苑·政理》：「楊朱曰：『夫吞舟之魚不遊淵。』」《老子·第七十三章》：「天網恢恢，疎而不失。」補正：原注删，加：《史記·酷吏列傳》：「網漏於吞舟之魚。」同門張君大瑩補。未必盡罣爰書，《史記·酷吏列傳》：「張湯劾鼠掠治，傅②爰書。」顔師古曰：「爰，换也。以文書代换其口辭也。」而君子懷刑，《論語·里仁》：「君子懷刑。」豈可自拘司敗？《左傳·宣四年》：「箴尹曰：『棄君之命，獨誰受之？君，天也，可逃乎？』遂歸復命，而自拘於司敗。」文四年：「司敗」，注：「陳、楚名司寇爲司敗。」疏：「主刑之官，司寇是也。《論語》有『陳司敗』，知陳、楚同此名也。」青案：陳、楚名司寇爲司敗，疑避諱而改，猶宋避武公諱改司空爲司城歟？每見名流板鐫詩稿，未窺全集，先閱標題。唱和，或紀紅粉麗情，或著青樓曹植《美女篇》：「青樓臨大路③。」案：後世專指倡家。

---

① 「様」字誤，《大清律例》作「律」。

② 「傅」字誤，《史記》作「傳」。

③ 「青樓臨大路」誤倒作「大青樓臨路」，今乙正。

自命風流倜儻，以謂古人同然。不知生今之世，《禮記·中庸》：「生乎今之世。」爲今之人，苟於禁令未嫻，更何論乎文墨？周公制禮，同姓不昏。《禮記·曲禮上》：「取妻不取同姓，故買妾不知其姓，則卜之。」假令生周之後，以謂上古男女無別，而瀆亂人倫，行同禽獸，以謂古人有然，可乎？自注：名士詩集先自具枷杖供招，雖謂未識字可矣。

夫才須學也，學貴識也。諸葛亮《誡子書》：「夫才須學也，學須静也。」才而不學，是爲小慧。小慧無識，是爲不才。不才小慧之人，無所不至。以纖佻輕薄爲風雅，自注：雅者，正也，與惡俗相反。習染風氣謂之俗。纖佻、鄙俚皆俗也。鄙俚之俗猶無傷於世道人心，纖佻之俗則風雅之罪人也。以造飾標榜爲聲名。自注：好名之人，未有不俗者也。炫燿後生，猖披士女，人心、風俗流弊不可勝言矣。夫佻達出於子衿，《詩·鄭風·子衿》：「佻兮達兮，在城闕兮。」古人所有；矜標流於巾幗，《説文解字》：「幗，婦人首飾。」《晉書·宣帝紀》：「諸葛亮數挑戰，帝不出，因遺帝巾幗婦人之飾。」前代所無。蓋實不足而争鶩於名，已非夫而藉人爲重，男子有志，皆恥爲之。乃至誼絶絲蘿，《詩·小雅·頍弁》：「蔦與女蘿，拖於松柏。」傳：「蔦，寄生也。女蘿，菟絲，松蘿也。」禮殊授受，《孟子·離婁上》：「男女授受不親，禮也。」輒以緣情綺靡之作，《文賦》：「詩緣情而綺靡。」託於斯文氣類之通，因而聽甲乙於傳臚①，《漢書·百官公卿表》應劭注：「郊廟行禮，贊九賓，鴻聲臚傳之也。」求品題於月旦。《後漢書·許劭傳》：「初，劭與靖有高名，好共覈論鄉黨人物，每月輒更其品題，故汝南俗有『月旦評』焉。」此則釵樓勾曲，《南宋市肆記》：「有瓦子勾欄。自南瓦至龍山瓦，凡二十三瓦，又謂之邀棚。」案：其地欄楯輝煌，伎樂所萃，故宋、元之世謂演劇之所曰「勾欄」，後又爲倡家之專稱。勾曲，星名，當作「勾欄」。前代往往有之。静女闺姝，《詩·邶風·静女》：「静女其姝。」自有天地以來未聞有是禮也。

古之婦學，如女史、女祝、女巫，各以職業爲學，女史、女祝，見上注。《周禮·春官·女巫》：「女巫掌歲時祓除、釁浴，旱暵則舞雩。若王后弔，則與祝前。凡邦之大烖，歌

① 「傳臚」誤，粵雅堂本《文史通義》、浙江書局及嘉業堂《章氏遺書》本均作「臚傳」。

哭而請。」略如男子之專藝而守官矣。至於通方之學，要於德、言、容、功。德隱難名，自注：必如任、姒之聖，方稱德之全體。功粗易舉，自注：蠶績之類，通乎士庶。至其學之近於文者，言、容二事爲最重也。蓋自家庭内則，以至天子、諸侯、卿、大夫、士，莫不習於禮容。至於朝聘、喪祭，后妃、夫人、内子、命婦，皆有職事。厥例甚煩，不勝枚舉。可參閱清秦蕙田《五經通考》。平日講求不預，臨事何以成文？漢之經師多以章句言禮，《後漢書·橋玄傳》：「玄字公祖，梁國睢陽人也。七世祖仁，從同郡戴德學，著《禮記章句》四十九篇，號『橋君學』。」案：兩漢所載經師以章句言禮者，僅此而已，無所謂多。尚賴徐生「善爲容」者，見《横通》注。蓋以威儀進止，非徒誦説所能盡也。是婦容之必習於禮，後世大儒且有不得聞也。自注：但觀傳載敬姜之言，森然禮法，豈後世經師大儒所能及？至於婦言主於辭命，古者内言不出於閫，所謂辭命亦必禮文之所須也。孔子云：「不學《詩》，無以言。」見《詩教下》注。善辭命者，未有不深於詩。自注：但觀春秋婦人辭命，婉而多風。乃知古之婦學，必由禮而通詩，自注：非禮不知容，非詩不知言。六藝或其兼擅者耳。自注：穆姜論《易》之類。後世婦學失傳，其秀穎而知文者，方自謂女兼士業，《詩·大雅·生民·既醉》：「釐爾女士」。箋：「女而有士行者。」德色見於面矣。不知婦人本自有學，學必以禮爲本。舍其本業而妄託於詩，而詩又非古人之所謂習辭命而善婦言也，是則即以學言，亦如農夫之舍其田，而士失出疆之贄矣，《孟子·梁惠王下》：「出疆必載質。」何足徵婦學乎？嗟乎！古之婦學必由禮以通詩，今之婦學轉因詩而敗禮。禮防《洛神賦》：「收和顔而静志兮，申禮防以自持。」決，而人心風俗不可復言矣。夫固由無行之文人，魏文帝《與吴質書》：「古今文人，類不護細行，鮮能以名節自立。」倡邪説以陷之。彼真知婦學者，其視無行文人若糞土然，自注：無行文人學本淺陋，真知學者不難窺破。何至爲所惑哉？自注：古之賢女貴有才也。前人有云「女子無才便是德」者，非惡才也，正謂小有才而不知學，乃爲矜飾騖名，轉不如村姬、田嫗，不致貽笑於大方也。飾時髦之中駟，爲閨閣之絶塵，中材婦女之作品，譬爲閨閣之絶塵，猶飾中等之駟馬，譬爲絶塵之駿足也。補正：原注删，加：《後漢書·順帝紀贊》：「時髦允集」，注：「《爾雅》

曰：『髦，俊也。』郭璞注云：『士中之俊，猶毛中之髦。』」《史記·孫子傳》：「孫子謂田忌曰：『君弟重射，臣能令君勝。』及臨質，孫子曰：『今以君之下駟與彼上駟，取君上駟與彼中駟，取君中駟與彼下駟。』」彼假藉以品題，自注：或譽過其實，或改飾其文。不過憐其色也。無行文人，其心不可問也。嗚呼！己方以爲才而炫之，人且以爲色而憐之。不知其知而趨之，愚矣。微知其故，而亦且趨之，愚之愚矣！女子佳稱，謂之「靜女」，補正：《詩·邶風·靜女》傳：「靜，貞靜也。女德貞靜，而有法度，乃可說也。」靜則近於學矣。今之號「才女」者，何其動耶？何擾擾之甚耶？噫！

婦學篇書後

婦學之篇，所以救頹風，維世教，飭倫紀，別人禽，蓋有所不得已而爲之，非好辨也。《孟子·滕文公下》：「公都子曰：『外人皆稱夫子好辯，敢問何也？』孟子曰：『予豈好辯哉？予不得已也。』」説者謂解《詩》與朱子異指，違於功令，《元史·選舉志》：「仁宗皇慶二年十一月詔：科舉之法，經義一道，各治一經。《詩》以朱氏爲主。」《明史·選舉志》：「《詩》主朱子《集傳》。」不知諸經參取古義，未始非功令也。蓋以情理言之，蚩氓婦豎《詩·衛風》：「氓之蚩蚩」，注：「氓，民也。蚩蚩者，敦厚之貌。」案：婦豎，謂婦人、孺子。矢口成章，蘇軾文：「脱口成章，粲莫可耘。」遠出後世文人之上，古今不應若是懸殊。且兩漢之去春秋，近於今日之去兩漢。漢人詩文存於今者，無不高古渾樸，人遂疑漢世人才遠勝後代。然觀金石諸編，漢人之辭不著竹素，而以金石傳後代者，其中實多蕪蔓冗闒，與近人不能文者未始懸殊。可知漢人不盡能文，傳者特其尤善者耳。韓愈《答劉正夫書》：「漢朝人莫不能爲文，獨司馬相如、太史公、劉向、揚雄爲之最。然則用功深者，其收名也遠。若皆與世沈浮，不自樹立，雖不爲當時所怪，亦必無後世之傳也。」三代傳文當亦如是，必謂彼時婦豎矢音皆足以垂經訓，豈理也哉？朱子之解，初不過自存一説，《詩·鄭風》朱傳：「鄭、衛之樂，皆爲淫聲。然以詩考之，衛詩三十有九，而淫奔之詩才四之一；鄭詩二十有一，而淫奔之詩已不翅七之五。衛猶爲男悦女之詞，而鄭皆爲女惑男之語。衛人猶多刺譏懲創之意，而鄭人幾於蕩然無復羞愧悔悟之萌。是則鄭聲之淫有甚於衛矣，故夫子論爲邦，獨以鄭聲爲戒，而不及衛。蓋舉重而言，固自有次第也。『《詩》可以觀』，豈不信哉！」宜若無大害也。而近日不學之徒，援據以誘無知士女，逾閑蕩檢，無復人禽之分，則解詩之誤，何異誤解《金縢》而啟居攝，謂新莽。誤解《周禮》而啟青苗？謂宋王安石。朱子豈知流禍至於斯極？即當日與朱子辨難者，亦不知流禍之至斯極也。從來詩貴風雅，即唐宋詩話論詩雖至淺近，不過較論工拙，比擬字句，爲古人所不屑道耳。彼不學之徒，無端標爲風趣之目，《隨園詩話》卷一：「楊誠齋曰：『從來天分低拙之人，好談格調，而不解風趣，何也？格調是空架子，有腔口易描。風趣專寫性靈，非天才不辨。』余深愛其言。」盡抹邪正貞淫，是非得失，而使人但求風趣。甚至言「采蘭贈芍之詩，有何關係而夫子録之」？以證風趣之説。《隨園詩話》卷十四：「選家選近人之詩，有七病焉。」「動稱綱常名教，箴刺褒譏，以爲非有關係者不録。不知贈芍、采蘭，有何關係，而聖人不删？宋儒責蔡文姬不應登《列女傳》，然則十七史列傳盡皆龍逢、比干乎？學究條規，令人欲嘔，四病也。」無知士女頓忘廉檢，從風波靡。是以六經爲導欲宣淫之具，則非聖無法矣。

或曰：《詩序》誠不可盡廢矣。顧謂古之氓庶不應能詩，則如役者之謡、輿人之祝皆出氓庶，《左傳·宣二年》：鄭伐宋，宋師敗績，囚華元於鄭。「半入，華元逃歸。」「宋城，華元爲植，巡功。城者謳曰：『睅其目，皤其腹，棄甲而復。于思于思，棄甲復來。』使其驂乘，謂之曰：『牛則有皮，犀兕尚多，棄甲則那？』役人曰：『從其有皮，丹漆若何？』」《僖二十八年》：「晉侯、宋公、齊國歸父、崔夭、秦小子慭，次於城濮。楚師背酅而舍，晉侯患之，聽輿人之誦曰：『原田每每，舍其舊而新是謀。』」其辭至今誦之，豈傳記之誣歟？答曰：此當日諺語，非復雅言，正如先儒所謂「殷《盤》周《誥》」，韓愈《進學解》：「周《誥》殷《盤》，佶屈聱牙。」因於土俗，歷時久遠，轉爲古奥，故其辭多奇崛。非如風詩和平莊雅，出於文學士者，亦如典謨之文，雖歷久而無難於誦識也。以風詩之和雅與民俗之謡諺絶然不同，益知國風男女之辭皆出詩人諷刺，而非蚩氓男女所能作也。是則風趣之説不待攻而破，不待教而誅者也。《孟子·萬章下》：「其教之不改，而後誅之乎？」補正：原注「其教之不改，而後誅之乎」删，加

「文」字。

至於古人婦學，雖異丈夫，然於禮陶樂淑，則上自王公后妃，下及民間俊秀，男女無不相服習也。蓋四德之中，非禮不能爲容，非詩不能爲言，詩教故通於樂，故《關雎》化起房中，而天下夫婦無不治也。《詩·關雎·序》：「后妃之德也，風之始也，所以風天下而正夫婦也。」三代以後，小學廢而儒多師説之歧，婦學廢而士少齊家之效，師説歧而異端得亂其教，自古以爲病矣。若夫婦學之廢，人謂家政不甚修耳，豈知千載而後乃有不學之徒，創爲風趣之説，遂使閨閣不安義分，慕賤士之趨名，其禍烈於洪水猛獸。《孟子·滕文公下》：「昔者禹抑洪水而天下平，周公兼夷狄、驅猛獸而百姓寧。」名義君子，能無世道憂哉？昔歐陽氏病佛教之蔓延，則欲修先王之政，自固元氣，《本論》所爲作也。歐陽修《本論中》：「及三代衰，王政闕，禮義廢，後二百餘年而佛至乎中國。由是言之，佛所以爲吾患者，乘其闕廢之時而來，此其受患之本也。補其闕，修其廢，使王政明而禮義充，則雖有佛，無所施於吾民矣，此亦自然之勢也。」今不學之徒，以邪説蠱惑閨閣，亦惟婦學不修，故閨閣易爲惑也。婦人雖有非儀之誡，至於執禮通詩，則如日用飲食不可斯須去也。

或以婦職絲枲中饋，文辭非所當先，則又過矣。夫聰明秀慧，天之賦畀，初不擇於男女。如草木之有英華，山川之有珠玉，雖聖人未嘗不寶貴也，豈可遏抑，正當善成之耳。故女子生而質樸，但使粗明内教，不陷過失而已。如其秀慧通書，必也因其所通，申明詩禮淵源，進以古人大體，班姬、韋母，見《經解下》注。何必去人遠哉？夫以班姬、韋母爲師，其視不學之徒直妄人爾。

詩話《章氏遺書》有《題隨園詩話》十二首，兹録二首云：「江湖輕薄號斯文，前輩風規誤見聞。詩佛詩仙渾標榜，誰當霹靂淨妖氛？」「誣枉風騷誤後生，猖狂相率賦閒情。春風花樹多蝴蝶，都是隨園蟲變成。」

詩話之源本於鍾嶸《詩品》，見《文理》注。然考之經傳，如云：「爲此詩者，其知道乎？」《孟子·公孫丑上》文。又云：「未之思也，何遠之有？」《論語·子罕》文。此論詩而及事也。又如：「吉甫作誦，穆如清風，其詩孔碩，其風肆好。」《詩·大雅·烝民》文。此論詩而及辭也。事有是非，辭有工拙，觸類旁通，啟發實多。江河始於濫觴，見《書教中》注。後世詩話家言雖曰本於鍾嶸，要其流別滋繁，不可一端盡矣。

《詩品》之於論詩，視《文心雕龍》之於論文，見《文德》注。皆專門名家，勒爲成書之初祖也。《文心》體大而慮周，《詩品》思深而意遠，蓋《文心》籠罩群言，而《詩品》深從六藝溯流別也。自注：如云某人之詩其源出於某家之類，最爲有本之學，其法出於劉向父子。論詩、論文而知溯流別，則可以探源經籍，而進窺天地之純，古人之大體矣。此意非後世詩話家流所能喻也。自注：鍾氏所推流別，亦有不甚可曉處。蓋古書多亡，難以取證。但已能窺見大意，實非論詩家所及。

唐人詩話，初本論詩。自孟棨《本事詩》出，自注：亦本《詩小序》。補正：原注「自注」下加：《新唐書・藝文志》：「孟棨《本事詩》一卷。」乃使人知國史敘詩之意，而好事者踵而廣之，則詩話而通於史部之傳記矣。間或詮釋名物，則詩話而通於經部之小學矣。自注：《爾雅》訓詁類也。或泛述聞見，則詩話而通於子部之雜家矣。自注：此二條，宋人以後較多。雖書旨不一其端，而大略不出論辭論事，推作者之志，期於詩教有益而已矣。

《詩品》、《文心》，專門著述，自非學富才優，爲之不易，故降而爲詩話。沿流忘源，爲詩話者不復知著作之初意矣。猶之訓詁與子史專家，自注：子指上章雜家，史指上章傳記。爲之不易，故降而爲説部。沿流忘源，爲説部者不復知專家之初意也。詩話、説部之末流糾紛，而不可犁別，學術不明，而人心風俗或因之而受其敝矣。

宋儒講學，躬行實踐，不易爲也。風氣所趨，撰語録以主奴朱、陸，則盡人可能也。論文考藝，淵源流別，不易知也。好名之習，作詩話以黨伐同異，見《原道下》注。則盡人可能也。以不能名家之學，自注：如能名家，即自成著述矣。入趨風好名之習；挾人盡可能之筆，著惟意所欲之言。可憂也，可危也。

説部猶云小説。流弊，至於誣善黨奸，詭名託姓。前人所論，如《龍城録》、書名，舊本題唐柳宗元撰，宋葛嶠始編之柳集中。然《唐·藝文志》不著録，何薳《春渚紀聞》以爲王銍所僞作。《朱子語録》亦曰：「柳文後《龍城録》、《雜記》，王銍之爲也。」《碧雲騢》《文獻通考》卷二百十七：「李壽曰：『《碧雲騢》一書，凡慶曆以來名公鉅卿，無不譏詆。世傳此書，以爲出於梅堯臣怨懟之口。其後諸公論議多矣，如葉夢得、王銍則以爲非堯臣所爲，而邵博乃疑其詩，以爲堯臣之意真有所不足，遂以此書爲實出於堯臣。今以魏泰《東軒筆録》考之，然後知泰之嫁名於堯臣者，不特此書也。《筆録》載文彦博燈籠錦事，大略如《碧雲騢》所云。其載堯臣作唐介《書竄詩》，則句語狂肆，非若堯臣平時所作簡古純粹，平淡深遠。』又曰：『堯臣作此詩，不敢示人。及歐陽修爲編其集，時有嫌避，又削去此詩，是以人少知者。』詳味此言，是泰既以此詩嫁於堯臣，又慮議者以爲修所編無此，遂曰修有兼避而此不載，皆無所考之詞也。觀此則謂泰以《碧雲騢》之書假名堯臣，不妄矣。況堯臣平日爲人，仁厚樂易，未嘗忤於物，歐陽修嘗以此而銘其墓。使堯臣怨懟，果爲此書以厚誣名臣，則所養可知矣。今市井輕浮之子未必爲之，而謂堯臣爲之哉？」之類，蓋亦不可勝數，史家所以有别擇稗野之道也。事有紀載，可以互證，而文則惟意之所予奪。詩話之不可憑，或甚於説部也。

前人詩話之弊，不過失是非好惡之公。今人詩話之弊，乃至爲世道人心之害。失在是非好惡，不過文人相輕見《原道下》注。之氣習，公論久而自定，其患未足憂也。害在世道人心，則將醉天下之聰明才智，而網人於禽獸之域也。其機甚深，其術甚狡，而其禍患將有不可勝言者。名義君子不可不峻其防而嚴其辨也。

小説出於稗官委巷，《漢書·藝文志·諸子略》：「小説家者流，蓋出於稗官。街談巷語，道聽塗説者之所造也。」補正：原注删，改：見《詩教上》「九流之所部分」條注。傳聞瑣屑，雖古人亦所不廢。然俚野多不足憑，大約事雜鬼神，報兼恩怨，《洞冥》、《拾遺》之篇，《别國洞冥記》四卷，舊本題後漢郭憲撰。《拾遺記》十卷，苻秦王嘉撰。《搜神》、《靈異》之部，《搜神記》八卷，舊本題晉干寶撰。《靈異記》一卷，闕名，見《唐人説薈》。六代以降，家自爲書。唐人乃有單篇，别爲傳奇一類。自注：專書一事始末，不復比類爲書。大抵情鍾男女，不外離合悲歡。紅拂辭楊，見張説《虬髯客傳》。繡襦報鄭，見《繡襦記》。韓、李緣通落葉，《青瑣高議》：「唐僖宗時，于祐於御溝中拾得一葉，上有詩，祐亦題詩於葉置溝上流，宫人韓夫人拾之。後值帝放宫女，韓氏嫁祐。成禮，各於笥中取紅葉①：『可謝媒矣。』韓氏②『方知紅葉是良媒』句。」崔、張情導琴心，見元稹《會真記》。以及明珠生還，案：陸采據薛調《劉無雙傳》作《明珠記》。小玉死報。見蔣防《霍小玉傳》。凡如此類，或附會疑似，或竟託子虛，見《經解下》注。雖情態萬殊，而大致略似。其始不過淫思古意，辭客寄懷，猶詩家之樂府、古豔諸篇也。後世詩集有《擬樂府》及《古豔》之篇。宋、元以降，則廣爲演義，譜爲詞曲，徐釚《詞苑叢談》：「徐巨源云：『詞原於樂府。』」《梅邊吹笛譜》：「張其錦云：『詞者，詩之餘也。昉於唐，沿於五代，具於北宋，盛於南宋，衰於元，亡於明。』」明沈德符《顧曲雜言》：「元人未滅南宋時，以此定士子優劣，每出一題，任人填曲。」青案：隋《海山記》有《望江南》調，則詞昉於煬帝世，

① 「紅葉」下，當補「曰」字。

② 「韓氏」下，當補「有」字。

特盛於宋耳。遂使瞽史弦誦，優伶登場，無分雅俗男女，莫不聲色耳目。蓋自稗官見於《漢志》，歷三變而盡失古人之源流矣。

小說、歌曲、傳奇、演義之流，其叙男女也，男必纖佻輕薄，而美其名曰才子風流，女必冶蕩多情，而美其名曰佳人絶世。世之男子有小慧而無學識，女子解文墨而闇禮教者，皆以傳奇之才子佳人爲「古之人、古之人」也。《孟子·盡心下》文。今之爲詩話者，又即有小慧而無學識者也。有小慧而無學識矣，濟以心術之傾邪，斯爲「小人而無忌憚」矣，何所不至哉？見《文德》注。

葉長青 撰
張京華 點校

文史通義注 下

華東師範大學出版社

文史通義注卷六

外篇一

方志立三書議

凡欲經紀一方之文獻，《論語·八佾》：「文獻不足故也，足則吾能徵之矣。」朱注：「文，典籍也。獻，賢也。」必立三家之學，而始可以通古人之遺意也。倣紀傳正史之體見《書教下》注。而作《志》，倣律令典例之體見《書教上》注。而作《掌故》，倣《文選》、《文苑》之體而作《文徵》。見《書教中》注。三書相輔而行，闕一不可；合而爲一，尤不可也。懼人以謂有意創奇，因假推或問以盡其義。

或曰：方志見《原道中》注。之由來久矣，未有析而爲三書者。今忽析而爲三，何也？曰：明史學也。賈子嘗言：「古人治天下，至纖至析。」賈誼《論積貯疏》文。余考之於《周官》，見《書教上》注。而知古人之於史事未嘗不至纖析也。外史掌四方之志，注謂：「若晉《乘》、魯《春秋》、楚《檮杌》之類」，是一國之全史也。而行人又獻五書，《周禮·秋官司寇》下：小行人：「其萬民之利害爲一書，其禮俗、政事、教治、刑禁之逆順爲一書，其悖逆、暴亂、作慝、猶犯令者爲一書，其札喪、凶荒、厄貧爲一書，其康樂、和親、安平爲一書。」太師又陳風詩。自注：詳見《志科議》，此但取與三書針對者。青按：《禮記·王制》：「命太師陳詩，以觀民風。」鄭注：「陳詩，謂采其詩而治之。」是王朝之取於侯國，其文獻之徵固不一而足也。苟可闕其一，則古人不當設是官；苟可合而爲一，則古人當先有合一之書矣。

或曰：封建罷爲郡縣，《史記·秦始皇本紀》：「廷尉李斯議曰：『周文武所封子弟同姓最衆，然後屬疏遠，相攻擊如仇讎，諸侯更相誅伐，周天子弗能禁止。今海内賴陛下神靈一統，皆爲郡縣，諸子功臣以公賦税重賞賜之，甚足易制。天下無異意，則安寧之術也。置諸侯不便。』

始皇曰：『天下共苦戰鬥不休，以有侯王。賴宗廟，天下初定。又復立國，是樹兵也，而求其寧息，豈不難哉！廷尉議是。』分天下以爲三十六郡，置守、尉、監。」今之方志不得擬於古國史也。曰：今之天下，民彝物則，《詩·小雅·烝民》：「民之秉彝。」又：「有物有則。」注：「物，事。則，法。彝，常也。」未嘗稍異於古也。方志不得擬於國史，以言乎守令之官皆自吏部遷除，補正：《大清會典·吏部》：「凡授官之班有六：一曰除。凡授官道府，有請旨，有揀，有題，有調，有留，餘則選。廳州之缺，有揀，有題，有調，有留。餘則選。」既已不世其家，即不得如侯封諸侯封域以內。之自紀其元於書耳。其文獻之上備朝廷徵取者，豈有異乎？人見春秋列國之自擅，以謂諸侯各自爲制度，略如後世割據之國史，不可推行於方志耳。不知《周官》之法乃是同文共軌見《釋通》注。之盛治，侯封之稟王章不異後世之郡縣也。

古無私門之著述，六經皆史也。見《易教上》注。後世襲用而莫之或廢者，惟《春秋》、《詩》、《禮》三家之流別耳。紀傳正史，《春秋》之流別也；掌故典要，官《禮》之流別也；文徵諸選，風《詩》之流別也。獲麟絕筆以還，見《知難》注。後學鮮能全識古人之大體，《莊子·天下》：「後世之學者，不幸不見天地之純，古人之大體。」必積久而後漸推以著也。馬《史》班《書》以來，已演《春秋》之緒矣。劉氏《政典》，杜氏《通典》，見《釋通》注。始演官《禮》之緒焉。呂氏《文鑑》，蘇氏《文類》，見《書教中》注。始演風《詩》之緒焉。並取括代爲書，互相資證，無空言也。

或曰：文中子曰：「聖人述史有三，《書》、《詩》與《春秋》也。」見《易教上》「六經皆史」條注。今論三史，則去《書》而加《禮》，文中之説，豈異指歟？曰：《書》與《春秋》，本一家之學也。見《書教上》注。《竹書》雖不可盡信，《竹書》，見《書教下》注。盡信，見《辨似》注。編年見《書教上》注。蓋古有之矣。《書》篇乃史文之別具。古人簡質，未嘗合撰紀傳耳。左氏以傳翼經，則合爲一矣。見《經解上》及《史注》注。其中辭命，即《訓》、《誥》之遺也；見《書教上》注。所徵典實，即《貢》、《範》見《書教上》注。之類也。故《周書》訖平王，自注：《秦誓》乃附侯國之書。而《春秋》託始於平王，見《繁稱》注。明乎其相繼也。左氏合而馬、班因之，遂爲史家一定之科律，見《書教下》注。殆如江漢分源而合流，補正：《書·禹貢》：「嶓冢導漾東流爲漢，南入於江。」「岷山導江東爲中江，入於海。」不知其然而然也。見《原道上》注。後人不解，而以《尚書》、《春秋》分別記言記事者，不知六藝之流別者也。見《書教上》注。若夫官《禮》之不可闕，則前言已備矣。

或曰：樂亡而《書》合於《春秋》，六藝僅存其四矣。既曰「六經皆史」矣，後史何無演《易》之流別歟？曰：古治詳天道而簡於人事，後世詳人事而簡於天道，時勢使然，聖人有所不能强也。上古雲鳥紀官，見《易教下》注。命以天時，唐、虞始命以人事。如四岳、十二牧、司空、司徒、秩宗、典樂、納言之等是也。《堯典》詳命羲和，見《易教中》注。《周官》保章僅隸春官之中秩，見《天喻》注。案：謂保章氏僅隸春官①中級之官，非高官也。此可推其詳略之概矣。《易》

①「隸春官」誤倒作「春隸官」，今乙正。

之爲書也，「開物成務」。見《易教上》注。「聖人神道設教」，見《易教上》注。「作爲神物，以前民用」。見《易教上》注。羲、農、黄帝不相襲，夏、商、周代不相沿，蓋與「治曆明時」同爲一朝之剏制，見《易教上》注。作新兆人之耳目者也。《書·康誥》：「作新民。」後世惟以頒曆授時爲政典，而占時卜日爲司天之官守焉。所謂「天道遠而人事邇」，《左傳·昭十八年》：「天道遠，人道邇。」時勢之不得不然。是以後代史家惟司馬猶掌天官，《史記·自序》：「昔在顓頊，命南正重以司天，北正黎以司地。唐虞之際，紹重、黎之後，使復典之。至於夏商，故重黎氏世序天地。其在周，程伯休甫其後也。當周宣王時，失其守而爲司馬氏。」至談，「爲太史公。太史公學天官於唐都」。而班氏以下不言天事也。

或曰：六經演而爲三史，亦一朝典制之鉅也。方州蕞爾之地，《左傳·昭七年》：「蕞爾國」，注：「蕞，小貌。」一志足以盡之，何必取於備物歟？曰：類例不容合一也。古者天子之服，十有二章，公、侯、卿、大夫、士差降，至於元裳一章，斯爲極矣。《書·益稷》：「予欲觀古人之象，日月星辰，山龍華蟲，作會宗彝，藻火粉米，黼黻絺繡，以五采彰施於五色作服，汝明。」正義曰：「此言『作服，汝明』，故傳辨其等差。天子服日月而下十二章，諸侯自龍衮而下至黼黻八章。再言而下，明天子、諸侯皆至黼黻也。士服藻火二章，大夫加紛米四章。」《禮記·禮器》：「禮有以文爲貴者，天子龍衮，諸侯黼，大夫黻，士玄衣纁裳。」然以爲賤，而使與冠履併合爲一物，必不可也。前人於六部、卿、監，蓋有志矣。《明史·藝文志》：宋啓明《吏部志》四十卷，王崇慶《南京户部志》二十卷，應廷育《刑部志》八卷，劉振《工部志》一百三十九卷，沈若霖《南京太常寺志》四十卷，顧存仁《太僕志》十四卷，邢讓《國子監志》二十二卷。然吏不知兵，而户不侵禮，雖合天下之大，其實一官之偏，不必責以備物也。補正：見《博約中》「妄求遍物」條注。方州雖小，其所承奉而施布者，吏、户、禮、兵、刑、工無所不備，是則所謂具體而微矣。見《史注》注。國史於是取裁，方將如《春秋》之藉資於百國寶書也，又何可忽歟？見《書教上》注。

或曰：自有方志以來，未聞國史取以爲憑也。今言國史取裁於方志，何也？曰：方志久失其傳。今之所謂方志，非方志也。其古雅者，文人遊戲、小記短書、清言叢説而已耳。其鄙俚者，文移案牘、猶今所謂公文。江湖遊乞、隨俗應酬而已耳。「搢紳先生每難言之。」見《答客問中》注。國史不得已，而下取於家譜誌狀、文集記述，所謂「禮失求諸野」也。見《横通》注。然而私門撰著恐有失實，無方志以爲之持證，故不勝其考覈之勞，且誤信之弊正恐不免也。蓋方志亡而國史之受病也久矣。方志既不爲國史所憑，則虛設而不得其用，所謂「觚不觚」也，《論語·雍也》：「子曰：『觚不觚，觚哉！觚哉！』」正義曰：「此章言爲政須遵禮道也。觚者，禮器，所以盛酒。二升曰觚。言觚者，用之當以禮，若用之失禮，則不成爲觚也，故孔子歎之。『觚哉！觚哉！』言非觚也。以喻人君爲政當以道，若不得道，則不成爲政也。」方志乎哉！

或曰：今三書並立，將分向來方志之所有而析之歟？抑增方志之所無而鼎立《管子》：「吾三人之於齊國也，譬之鼎之有足也，去一焉則必不立矣。」歟？曰：有所分，亦有所增。然而其義難以一言盡也。史之爲道也，文士雅言與胥吏薄牘皆不可用，然捨是二者則無所以爲史矣。孟子曰「其事」、「其文」、「其義」《春秋》之所取也，見《書教上》注。即簿牘之事，而潤以爾雅之文，而斷之以義。國史、方志皆《春秋》之流別也。譬之人身，事者其骨，文者其膚，義者其精神也。斷之以義，而書始成家。書必成家，而後有典有法，可誦可識，乃能傳世而行遠。見《篇卷》注。故曰：志者志也，欲其經久而可記也。

或曰：志既取簿牘以爲之骨矣，何又刪簿牘而爲《掌故》乎？曰：説詳《亳州掌故之例議》矣，見卷七。今復約略言之。馬遷八書，《禮書》第一，《樂書》第二，《律書》第三，《歷書》第四，《天官書》第五，《封禪書》第六，《河渠書》第七《平準書》第八。皆綜覈典章，發明大旨者也。其《禮書》例曰：「籩豆之事，則有司存。」案：語本《論語·泰伯》文。此史部書志之通例也。馬遷所指爲有司者，如叔孫朝儀、韓信軍法、蕭何律令，見《書教上》注。各有官守而存其掌故，史文不能一概而收耳。惜無劉秩、杜佑其人，別刪掌故而裁爲典要。故求漢典者，僅有班書，而名數不能如唐代之詳，其效易見也。則別刪掌故以輔志，猶《唐書》之有《唐會要》，《宋史》之有《宋會要》，《元史》之有《元典章》，《明史》之有《明會典》而已矣。《唐會要》一百卷，宋王溥撰。《宋朝事實》二十卷，宋李攸撰。《元朝典故編年考》十卷，清孫承澤撰。《明會典》一百八十卷，明宏治十年徐溥等奉敕撰，正德四年李東陽等重校。補正：原注删，加：《直齋書録解題》：「《唐會要》一百卷，宋王溥撰。《六朝國朝會要》三百卷，王珪撰。《續會要》三百卷，虞尤文撰。」《四庫提要》：「《元典章前集》六十卷，附《新集》，不著撰人名氏。」《明史·藝文志》：「萬曆中重修《大明會典》二百二十八卷。」

或曰：今之方志所謂《藝文》，置書目而多選詩文，似取事言互證，得變通之道矣。今必别撰一書爲《文徵》，意豈有異乎？曰：説詳《永清文徵》之序例矣，見卷七。今復約略言之。志既倣史體而爲之，則詩文有關於史裁者當入紀傳之中，如班《書》傳志所載漢廷詔疏諸文可也。補正：見《答甄秀才論修志第一書》注。以選文之例而爲《藝文志》，是《宋文鑑》可合《宋史》爲一書，《元文類》可合《元史》爲一書矣，與紀傳中所載之文何以别乎？

或曰：選事倣於蕭梁，見《書教中》注。繼之《文苑英華》與《唐文粹》，見《書教中》及《傳記》注。其所由來久矣。今舉《文鑑》、《文類》始演風詩之緒，何也？曰：《文選》、《文苑》諸家意在文藻，不徵實事也。《文鑑》始有意於政治，《文類》乃有意於故事。是後人相習久，而所見長於古人也。

或曰：方州文字無多，既取經要之篇入經傳矣，又輯詩文與志可互證者別爲一書，恐篇次寥寥無幾許也。曰：既已別爲一書，義例自可稍寬。即《文鑑》、《文類》大旨在於證史，亦不能篇皆繩以一概也。名筆佳章，人所同好，即不盡合於證史，未嘗不可兼收也。蓋一書自有一書之體例，《詩》教自與《春秋》分轍也。近代方志之《藝文》，其猥濫者毋庸議矣，其稍有識者，亦知擇取其有用，而慎選無多也。不知律以史志之義，即此已爲濫收。若欲見一方文物之盛，雖倍增其《藝文》，猶嫌其隘矣。不爲專輯一書，以明三家之學，進退皆失所據也。見《博學上》注。

或曰：《文選》諸體無所不備，今乃歸於風詩之流別，何謂也？曰：

説詳《詩教》之篇矣，今復約略言之。《書》曰：「詩言志。」《書·益稷》文。古無私門之著述，經、子、諸史皆本古人之官守。詩則可以惟意所欲言。唐、宋以前，文集之中無著述。文之不爲義解、自注：經學。傳記、自注：史學。論撰自注：子家。諸品者，古人始稱之爲「文」。其有義解、傳記、論撰諸體者，古人稱「書」，不稱「文」也。蕭統《文選》合詩、文而皆稱爲「文」者，見文集之與詩同一流別也。今倣《選》例而爲《文徵》，入選之文雖不一例，要皆自以其意爲言者，故附之於風詩也。

或曰：孔衍有《漢魏尚書》，見《書教中》注。王通亦有《續書》，見《書教中》注。皆取詔誥章疏，都爲一集，亦《文選》之流也。然彼以衍《書》家，而不以入《詩》部，何也？曰：《書》學自左氏以後，并入《春秋》。孔衍、王通之徒不達其義而强爲之，故其道亦卒不能行。譬猶後世，濟水已入於河，而泥《禹貢》者猶欲於滎澤、陶邱濬故道也。《禹貢錐指》：「導水，濟入河，溢爲滎，東出於陶邱北，又滎澤，停而不留。其水潛行地下，至陶邱復出爲濟。今歷城以東有小清河，即濟水入海之故道。」

或曰：三書之外，亦有相仍而不廢者，如《通鑑》之編年，見《書教上》注。《本末》之紀事，見《書教下》注。後此相承，當如俎豆之不祧見《書教下》注。矣。是於六藝，何所演其流别歟？曰：是皆《春秋》之支别也。蓋紀傳之史本衍《春秋》家學，而《通鑑》即衍本紀之文，而合其志傳爲一也。若夫《紀事本末》，其源出於《尚書》，而《尚書》中折而入於《春秋》，故亦爲《春秋》之别也。馬、班以下，代演《春秋》於紀傳矣，《通鑑》取紀傳之分而合之以編年，《紀事本末》又取《通鑑》之合而分之以事類，而因事命篇，不爲常例，轉得《尚書》之遺法。所謂事經屢變而反其初，《賁》飾所爲受以《剥》，《剥》窮所爲受以《復》也。見《匡謬》注。譬燒丹砂以爲水銀，取水銀而燒之復爲水銀①，《重修政和證類本草》：「丹砂能化爲汞。」注：「可燒之出水銀。」又：「水銀一名汞，

① 「復爲水銀」誤，當作「復爲丹砂」。

出於丹砂。殺金銀銅鐵毒，鎔化還復爲丹，久服神仙不死。」即其理矣。此説别有專篇討論，不具詳也。自注：此乃附論，非言方志。

或曰：子修方志，更於三書之外别有《叢談》一書，何爲邪？曰：此徵材之所餘也。古人書欲成家，非誇多而求盡也。然不博覽無以爲約取地，既約取矣，博覽所餘，攔入則不倫，棄之則可惜，故附稗野説部之流見《詩教上》「九流之所部分」條注。而作《叢談》，猶經之别解、補正：如《詩》之四家、《春秋》三傳皆别解也，特不名爲别解耳。史之外傳、補正：如齊①鄭湜《高士外傳》、宋伶元《飛燕外傳》、樂史《楊貴妃外傳》等是。子之外篇也。補正：如《孟子》外篇、《莊子》外篇等是。其不合三書之目而稱四何邪？三書皆經要，而《叢談》則非必不可闕之書也。前人修志，則常以此類附志後，或稱《餘編》，補正：待詳。或稱《雜志》。如范成大《吴郡志》是。彼於書之例義未見卓然成家，附於其後，故無傷

① 「齊」，《文獻通考》作「唐」。

也。既立三家之學以著三部之書，則義無可惜，不如别著一編爲得所矣。《漢志》所謂「小説家流出於稗官，街談巷議」，亦采風所不廢云爾。

州縣請立志科議

鄙人少長貧困，筆墨干人，屢膺志乘之聘，乾隆二十九年參編《天門縣志》，三十八年、三十九年編《和州志》及《文徵》，四十二至四十四年編《永清縣志》，五十四年編《亳州志》，五十七至五十九年編《湖北通志》。閲歷志事多矣。其間評騭古人是非，斟酌後志凡例，蓋嘗詳哉其言之矣。要皆披文相質，陸機《文賦》：「碑披文而相質」，李善注：「文質相半。」因體立裁。至於立法開先，善規防後，既非職業所及，嫌爲出位之謀。按：「子曰：『不在其位，不謀其政。』」《論語》《泰伯》、《憲問》两篇重見。「君子思不出其位」，見《易・艮》象辭，亦見《憲問》，作曾子語。間或清燕談天，補正：「清燕」，見《言公下》「或休沐之閒宴」條注。「談天」，見《詩教上》注。輒付泥牛入海，《傳燈録》：「洞山問龍山和尚：『見什麼道理，便住此山？』師云：『我見兩個泥牛鬥入海，直至如今無消息。』」美志不效，中懷闕如。然定法既不爲一時，則立説亦何妨俟後，是以願終言之，以待知者擇焉。

按《周官》宗伯之屬，「外史掌四方之志」，注謂「若晉《乘》、楚《檮杌》之類」，見《原道中》注。是則諸侯之成書也。成書豈無所藉？蓋嘗考之周制，而知古人之於史事，未嘗不至纖悉也。司會既於郊野縣都掌其「書契、版圖之貳」，見《史釋》注。黨正「屬民讀法，書其德行道藝」，《周禮・地官司徒》：黨正「正歲屬民讀法，而書其德行道藝」。閭胥比衆「書其敬敏任恤」，《周禮・地官司徒》：閭胥「衆庶既比，則讀法，書其敬敏任恤者」。「誦訓掌道方志以詔觀事，掌道方慝以詔避忌，以知地俗」，《周禮・地官司徒》下文。「小史掌邦國之志，奠系世，辨昭穆」，見《史釋》注。「訓方掌導四方之政事，與其上下之志，誦四方之傳道」，《周禮・夏官司馬》下訓方氏文。「形方掌邦國之地域，而正其封疆」，《周禮・夏官司馬》下文。山師、川師各掌山林川澤之名，「辨物與其利害」，《周禮・夏官司馬》下：「山師掌山林之名，辨其物與其利害。川師掌山澤之名，辨其物與其利害。」「原師掌四方之地名，辨其邱陵、墳衍、原隰之名」。《周禮・夏官司馬》下邍師文。是於鄉遂都鄙之間，補正：周制，王城之外爲郊甸之地，再外則爲公邑家邑，小都大都，又其外則諸侯之國。《周禮・地官》大司徒：「五家爲比，五比爲閭，四閭爲族，五族爲黨，五黨爲州，五州爲鄉。」遂人：「五家爲鄰，五鄰爲里，四里爲酇，五酇爲鄙，五鄙爲縣，五縣爲遂。」案：郊有六鄉，甸有六遂。又《天官・冢宰》上：「以八則治都鄙」，注：「都鄙，公卿大夫之采邑。王子第①所食邑，周、召、毛、聃、畢、原之屬在畿内者。」山川、風俗、物産、人倫亦已鉅細無遺矣。至於行人之獻五書，見《方志立三書議》注。職方之聚圖籍，《周禮・夏官司馬》下：「職方氏掌天下之圖，以掌天下之地。」太師之陳風詩，見《方志立三書議》注。則其達之於上者也。蓋制度由上而下，采摭由下而上。惟采摭備，斯制度愈精，三代之良法也。後世史事，上詳於下。郡縣異於封建，方志不復

①「子第」當作「子弟」。

視古國史，而入於地理家言，則其事已偏而不全。且其書無官守制度，而聽人之自爲，故其例亦參差而不可爲典要，勢使然也。

夫文章視諸政事而已矣。三代以後之文章可無三代之遺制，三代以後之政事不能不師三代之遺意也。苟於政法亦存三代文章之遺制，又何患乎文章不得三代之美備哉？天下政事始於州縣，而達乎朝廷，猶三代比閭族黨，以上於六卿，《周禮·地官司徒》：「令五家爲比，使之相保。五比爲閭，使之相受。四閭爲族，使之相葬。五族爲黨，使之相救。」又：「黨正各掌其黨之政令教治。」「族師各掌其族之戒令政事。」「閭胥各掌其閭之徵令。」「比長各掌其比之治。」其在侯國，則由長帥正伯，以通於天子也。《禮記·王制》：「千里之外，設方伯。五國以相屬，屬有長。十國以爲連，連有帥。三十國以爲卒，卒有正。二百一十國以爲州，州有伯。八州、八伯、五十六正、百六十八帥、三百三十六長，八伯各以其屬屬於天子之老二人，分天下以爲左右，曰二伯。」朝廷六部見《史釋》注。尚書之所治，則合天下州縣六科《大清會典·吏部》：「直隸廳、直隸州分其治於縣，而治其吏、户、禮、兵、刑、工之事。」吏典之掌故以立政也。其自下而上，亦猶三代比閭族黨、長帥正伯之遺也。六部必合天下掌故而政存，補正：見《書教中》注。史官必合天下紀載而籍備也。乃州縣掌故，因事爲名，承行典吏，多添注於六科之外。而州縣紀載，並無專人典守，大義闕如。間有好事者流，修輯志乘，率憑一時采訪，人多庸猥，例罕完善。甚至挾私誣罔，賄賂行文。是以言及方志，「薦紳先生每難言之」。見《答客問中》注。史官采風自下，州縣志乘如是，將憑何者爲筆削補正：見《易教中》注。資也？

且有天下之史，有一國之史，有一家之史，有一人之史。傳狀誌述，一人之史也。補正：見《和州文徵序例》注。家乘譜牒，一家之史也。補正：「家乘」，見《亳州志人物表例議下》注。「譜牒」，見《校讎通義·宗劉》注。部府縣志，一國之史也。綜紀一朝，天下之史也。比人而後有家，比家而後有國，比國而後有天下。惟分者極其詳，然後合者能擇善而無憾也。譜牒散而難稽，傳誌私而多諛，朝廷修史必將於方志取其裁。而方志之中，則統部見《地志統部》。取於諸府，諸府取於州縣，亦自下而上之道也。然則州縣志書，下爲譜牒傳志持平，上爲部府徵信，實朝史之要删補正：見《覆崔荆州書》注。也。期會工程，賦稅獄訟，補正：《大清會典·禮部》：「掌考五禮之用，達於天下。凡班制論材之典，達誠致愼之經，會同職貢之政，燕饗餼廩之式，百司以達於部，尚書侍郎率其屬以定議。大事上之，小事則行，以布邦教。」《工部》：「掌天下造作之政令與其經費。凡土木興建之制，器物利用之式，渠堰疏障之法，陵寢供億之費，百司以達於部，尚書侍郎率其屬以定議。大事上之，小事則行，以飭邦事。」《户部》：「掌天下之地政與其版籍。凡賦稅徵課之則，俸餉頒給之制，倉庫出納之數，川陸轉運之宜，百司以達於部，尚書侍郎率其屬以定議。大事上之，小事則行，以足邦用。」《刑部》：「掌天下刑罰之政令。凡律例輕重之率，聽斷出入之孚，決宥緩速之宜，贓罰追貸之數，百司以達於部，尚書①率其屬以定議。大事上之，小事則行，以肅邦紀。」州縣恃有吏典掌故，能供六部之徵求。至於考獻徵文，州縣僅恃猥濫無法之志乘，曾何足以當史官之采擇乎？州縣挈要之籍既不足觀，宜乎朝史寧下求之譜牒傳誌，而不復問之州縣矣。夫期會工程，賦稅獄訟，六部不由州縣，而直問於民間，

---

① 「尚書」下，漏「侍郎」二字，當補。

庸有當歟？則三代以後之史事，不亦難乎？夫文章視諸政事而已矣。無三代之官守典籍，即無三代之文章；苟無三代之文章，雖有三代之事功，不能昭揭如日月也。令史案牘，補正：《後漢書・百官志》：「太尉令史及御屬二十三人。」本注曰：「《漢舊注》：公令史百石。閣下令史，主閣下威儀事。記室令史，主上表章報書記。門令史，主府門。其餘令史，各典曹文書。」「案牘」，見《和州志闕訪列傳序例》注。文學之儒不屑道也，而經綸政教，未有舍是而別出者也。後世專以史事責之於文學，而官司掌故不爲史氏備其法制焉，斯則三代以後，離質言文，史事所以難言也。今天下大計既始於州縣，則史事責成亦當始於州縣之志。州縣有荒陋無稽之志，而無荒陋無稽之令史案牘。志有因人臧否、因人工拙之義例文辭，案牘無因人臧否、因人工拙之義例文辭。蓋以登載有一定之法，典守有一定之人，所謂師三代之遺意也。故州縣之志不可取辦於一時，平日當於諸典吏中特立志科，僉典吏之稍明於文法者以充其選。而且立爲成法，俾如法以紀載，略如案牘之有公式焉，則無妄作聰明之弊矣。積數十年之久，則訪能文學而通史裁者筆削以爲成書，所謂待其人而後行也。如是又積而又修之，於事不勞，而功效已爲文史之儒所不能及，所謂政法亦存三代文章之遺制也。

然則立爲成法將奈何？六科案牘，約取大略，而録藏其副可也。官長師儒，去官之日，取其平日行事善惡有實據者，録其始末可也。所屬之中，家修其譜，人撰其傳誌狀述，必呈其副。學校師儒，采取公論，覈正而藏於志科可也。所屬人士，或有經史撰著，詩辭文筆，論定成編，必呈其副，藏於志科，兼録部目可也。衙廨城池，學廟祠宇，堤堰橋樑，有所修建，必告於科，而呈其端委可也。銘金刻石，紀事摛辭，必摩其本，而藏之於科可也。賓興鄉飲，賓興即大比之年興舉也，謂鄉大夫舉其賢能，以賓禮而興起之。見卷七《和州志選舉表例》注。鄉飲者，鄉大夫既興舉賢能，以升於君，將升之時，鄉大夫爲主人，與之飲酒，而後升之。見於《儀禮·鄉飲酒禮》是也。後世科舉沿用「賓興」、「鄉飲」之名，無其實矣。讀法講書，凡有舉行，必書一時官秩及諸名姓，録其所聞所見可也。

置藏室焉，水火不可得而侵也。置鎖櫝焉，分科別類，歲月有時，封誌以藏，無故不得而私啟也。倣鄉塾義學《後漢書·儒林傳·楊仁傳》：「楊仁，字文義，巴郡閬中人也。」「拜什邡令，勸課掾史弟子，悉令就學，由是義學大興，墾田千餘頃。」之意，四鄉各設采訪一人，遴紳士之公正符人望者爲之，俾搜遺文逸事，以時呈納可也。學校師儒，慎選老成，凡有呈納，相與持公覈實可也。夫禮樂與政事，相爲表裏者也。學士討論禮樂，必詢器數於宗祝，考音節於工師，乃爲文章不託於空言也。令史案牘，則大臣討論國政之所資，猶禮之有宗祝器數，樂之有工師音節也。見《言公下》注。苟議政事而鄙令史案牘，定禮樂而不屑宗祝器數，與夫工師音節，則是無質之文，不可用也。獨於史氏之業，不爲立法無弊，豈曰委之文學之儒已足辦歟？

或曰：州縣既立志科，不患文獻補正：見《原道下》注。之散逸矣。由州縣而達乎史官，其地懸而其勢亦無統要，府與布政使司可不過而問歟？

曰：州縣奉行不實，司府必當以條察也。至於志科，既約六科案牘之要以存其籍矣，府吏必約州縣志科之要以爲府志取裁，司吏必約府科之要以爲通志取裁。不特司府之志有所取裁，且兼收並蓄，韓愈《進學解》：「牛溲馬渤，敗鼓之皮，俱收並蓄。」案：語本《史記·司馬相如傳》：「馳騖乎兼容並包。」參互考求，可以稽州縣志科之實否也。至於統部大僚，司科亦於去官之日，如州縣志科之於其官長師儒，録其平日行事善惡有實據者，詳其始末，存於科也。諸府官僚，府科亦於去官之日録如州縣可也。此則府志科吏不特合州縣科册而存其副，司志科吏不特合諸府科而存其副，且有自爲其司與府者，不容略也。

或曰：是於史事誠有裨矣，不識政理亦有賴於是歟？曰：文章政事，未有不相表裏者也。令史案牘，政事之憑藉也。有事出不虞，而失於水火者焉；有收藏不謹，而蝕於濕蠹者焉；有奸吏舞法，而竄竊更改者焉。如皆録其要，而藏副於志科，則無數者之患矣。此補於政理者不尠也。譜牒不掌於官，亦今古異宜，天下門族之繁，不能悉覈於京曹補正：猶云京官。也。然祠襲争奪，則有訟焉；補正：《大清律例・吏律・職制》：「凡文武官員應合襲廕者，並令嫡長子孫襲廕。如不依次序攙越襲廕者，杖一百，徒三年。」《户律・户役》：「凡立嫡子違法者，杖八十。其乞養異姓義子以亂宗族者，杖六十。若以子與異姓人爲嗣者，罪同，其子歸宗。若立嗣，雖係同宗，而尊卑失序者，罪亦如之，其子亦歸宗。如有希圖貲財，冒認歸宗者，照律治罪。」《昏姻》：「凡男女居父母喪而身自嫁娶者，杖一百。凡祖父母、父母犯死罪被囚禁而子孫嫁娶者，杖八十。凡同姓爲婚者，各杖六十，離異。凡外姻有服，或尊屬或卑幼共爲昏姻，及娶同母異父姊妹，若妻前夫之女者，各以親屬相姦論。凡娶同宗無服之親，及無服親之妻者，各杖一百。」《户役》：「凡一户全不附籍，若有田應出賦役者，家長杖一百。若曾立有户，隱漏自己成丁人之口不附籍，及增減年狀，妄作老幼廢疾以免差役者，一口至三口家長杖六十，每三口加一等。」產業繼嗣，則有訟焉；冒姓占籍，降服歸宗，則有訟焉；昏姻違律，則有訟焉；户役隱漏，則有訟焉。或譜據遺失，或奸徒僞撰，臨時炫惑，叢弊滋焉。平日凡有譜牒，悉呈其副於志科，則無數者之患矣。此補於政理者，又不尠也。古無私門之著述，蓋自戰國補正：見《易教下》注。以還，未有可以古法拘也。然文字不隸於官守，則人不勝自用之私。聖學衰而橫議見《經解上》注。亂其教，史官失而野史逞其私。晚近文集傳誌之猥濫，説部是非之混淆，其瀆亂紀載，熒惑清議，蓋有不可得而勝詰者矣。苟於論定成編之業必呈副於志科，而學校師儒從公討論，則地近而易於質實，時近而不能託於傳聞，又不致有數者之患矣。此補於政理者，殆不可以勝計也。故曰：文章政事，未有不相表裏者也。

地志統部

陽湖洪編修亮吉嘗撰輯《乾隆府廳州縣志》，李元度《國朝先正事略·洪稚存先生事略》：「洪先生亮吉，字稚存，陽湖人。生六歲而孤，家貧，以副貢客公卿間。」「年四十五，成乾隆庚戌進士，賜第二人及第，編修①。明年，充石經館收掌官。」「所著《左傳詁》十卷，《公羊穀梁

① 「編修」上，《國朝先正事略》有「授」字，當補。

古義》①，《比雅》十二卷，《六書轉注録》八卷，《漢魏音》四卷，《乾隆府廳州縣圖》五十卷，《三國志疆域志》二卷，《東晉疆域志》四卷，《十六國疆域志》十六卷，詩文集共六十四卷，行於世。」其分部乃用《一統志》例，《大清一統志》。以布政使司分隸府廳州縣。余於十年前訪洪君於其家，謂此書於今制當稱「部院」，不當泥「布政使司」舊文。因歷言今制分部與初制異者，以明例義，洪君意未然也。近見其所刻《卷施閣文集》，内有《與章進士書》，繁稱博引，痛駁分部之説，余終不敢謂然。又其所辨多余向所已剖，不當復云云者。則余本旨，洪君殆亦不甚憶矣。《卷施閣文甲集》卷八《與章進士學誠書》：「承示拙著《乾隆府廳州縣圖志》每布政司所轄應改爲總督、巡撫，始符體制。君詳於史例者也，用敢略陳一二焉。按唐分天下爲十道，故賈耽有《開元十道述》。厥後李吉甫因之，所著《元和郡縣志》亦分爲十道，惟移隴右道至第十，與《開元志》畧有不同而已。宋初分天下爲十二道，故樂史《太平寰宇志》因之。後又分天下爲二十三路，故王存《元豐九域志》因之。元分爲十三行省，明分爲两京、十三布政使司。

①「公羊穀梁古義」下，《國朝先正事略》有「二卷」二字，當補。

本朝增爲十九布政使司，雖俗尚沿元『行省』之舊稱，而實則同明布政司之成例。況地志者，志九州之土也。志九州之土，則每方各著守土之官以統之足矣。督、撫自明成化以後，雖已有定員，然其名則欽命也，其所握則關防也，固非可名之爲守土之官者也。且漢以刺史統郡守，而班固《地理志》則大書郡名，而下注云屬某州，不以州名冠郡之上也。唐以節度、觀察使轄諸州，而《開元志》、《元和志》、新舊《唐書·地志》皆以十道爲率，不以每節度、每觀察所轄爲準也。宋亦設節度、防禦、團練等使以轄諸州，而二十三路則專以轉運使所屬爲定，轉運使之職與今布政司無異也。又本朝《皇輿表》、《一統志》皆各書某布政司，而不書督、撫，是又志府廳州縣者所當效法耳。考之於古，則班固、賈耽、李吉甫、王存、樂史如彼；證之於今，則《皇輿表》、《一統志》又如此。何必別翻新例，以紊舊法乎？又今之制，總督或轄兩巡撫，或轄三巡撫，又有督而無撫，有撫而無督。如君所言，將書總督乎？書巡撫乎？將一一爲之分釋乎？巡撫又或轄一布政，或轄兩布政。如君所言，將書巡撫復書布政乎？抑或止書巡撫乎？若一一書之，則題篇不勝其繁；若或書督，或書撫，則稱名又嫌不一。則何如書各布政司之爲得乎？且每府沿革之下，必首記總督、巡撫及兩司守道駐劄之所，是即班固於每郡下注屬某州之例、《新唐書·地理志》於每道下書采訪使治某州之例也。又今之應鄉試者，皆云應某布政司使鄉試，不上及巡撫，亦不上及兼轄之總督，亦可知一方之官至布政司而無不統矣，不待言督、撫也。亮吉非憚於改正，實例當如此耳。敢更以質之左右。」因疏別其説，存示子弟，明其所見然耳，不敢謂己説之必是也。

統部之制，封建之世則有方伯，郡縣之世則自漢分十三部州，《漢書·地理志》：「武帝開地斥境，南置交趾，北置朔方，兼徐、梁、幽，并夏周之制，改雍曰涼，曰益①，凡十三部。」又：漢高祖定都長安，逐匈奴，通西域，平南越，開朝鮮，於是南置交趾，北置朔方，分天下爲十三部，而不常所治。司隸校尉、豫州刺史部、冀州刺史部、兖州刺史部、徐州刺史部、青州刺史部、荆州刺史部、揚州刺史部、益州刺史部、涼州刺史部、并州刺史部、幽州刺史部、交州刺史部。六朝州郡，制度迭改。其統部之官，雖有都督、總管諸名，《通典》卷三十二：「宋有都督諸州諸軍事。」「後魏有京畿大都督。」「後周②改都督諸軍事爲總管。」「隋文帝以并、益、荆、揚四州置大總管，其餘總管府置於諸州，列爲上中下三州。」而建府無常。故唐人修五代地志，自注：即《隋志》。青案：唐魏徵《隋書》卷二十九至三十一皆《地理志》。不得統部之説，至以《禹貢》九州畫分郡縣，其弊然也。唐人分道，《唐書·地

---

① 「曰益」上，《漢書》有「改梁」二字，當補。

② 「周」字誤倒在下行，今乙正。

理志》：唐分天下爲十道：「東距河西，抵隴阪，南據終南，北邊沙漠」，曰關内道。「東盡海，西距函谷，南濱淮，北薄於河」，曰河南道。「東距常山，西據河南，抵首陽、太行，北邊匈奴」，曰河東道。「東並海，南迫於河，西距太行、常山，北通渝關」，曰河北道。「東接荆楚，西抵隴蜀，南控大江，北距商、華之山」，曰山南道。「東接秦州，西踰流沙，南連①及吐番，北界沙漠」，曰隴右道。「東臨海，西抵漢，南據江，北距淮」，曰淮南道。「東臨海，西抵蜀，南極嶺，北帶江」，曰江南道。「東連牂牁，西界吐番，南接群蠻，北通劍閣」，曰劍南道。「東、南濟②海，西極群蠻，北據五嶺」，曰嶺南道。③「睿宗時，置二十四都府，分統諸州。」「明皇增飾舊章，分十五道。」京畿、都畿、關内、河南、河東、河北、隴右、山南東、山南西、劍南、淮南、江南東、江南西、黔中。④「郡府二⑤百二十有八，縣千五百七十三。羈縻州郡統於六都護者，不在其中。」⑥**宋人分路**，《宋史・地理志》：宋分天下爲十五路：京東、京西、河北、河東、陝西、淮南、江南、湖南、湖北、兩浙、福建、四川、陝西、廣

① 「連」字下，《唐六典》有「蜀」字，當補。

② 「濟」，《唐六典》作「際」。

③ 上文兩《唐書・地理志》未見，見《唐六典》卷三《尚書户部》。又見清顧祖禹《讀史方輿紀要》卷五所引。

④ 上文見《讀史方輿紀要》卷五《歷代州域形勢五》。

⑤ 「二」字誤，兩《唐書》、《通典》、《讀史方輿紀要》均作「三」。

⑥ 上文見兩《唐書・地理志》及《通典》卷一百七十二《州郡二》，又見《讀史方輿紀要》卷五所引。

東、廣西。凡府州軍監三百二十有一，縣一千一百六十二。东、南皆至海，西盡巴楚①，北極三關。東西六千四百八十五里，南北萬一千六百二十里。雖官制統轄不常，而道路之名不改，故修地志者但舉道、路而分部明也。元制雖亦分路，而諸路俱以行省平章爲主，故又稱「行省」。《元史·地理志》：內設「中書省，一統山東西、河北之地，謂之腹裏」。外設「行中書省十有一，曰嶺北，曰遼陽，曰河南，曰陝西，曰四川，曰甘肅，曰云南，曰江浙，曰江西，曰湖廣，曰征東，分鎮藩服」，而西北荒徼之地不與焉。而明改行省爲十三布政使司，其守土之官則曰布政使司布政使。《明史·地理志》：「洪武初，建都江表，革元中書省，以京畿、應天諸府直隸京師。後盡革行中書省，置十三布政司使②，分頒③天下府州縣及羈縻諸司。又置十五都指揮使司，以領衛所番漢諸軍。其邊境海疆，則增置行都指揮使司。而於京師建五軍都督府，俾外都指揮使司各以其方附焉。成祖定都北京，以北平爲直隸，又增設貴州、交趾二布政使司。後南交復棄外徼。終明之世，爲直隸者二：京師、南京。爲布政使

① 「巴楚」，《宋史》作「巴僰」。
② 「司使」，《明史》作「使司」。
③ 「分頒」，《明史》作「分領」。

司者十三：山東、山西、河南、陝西、四川、湖廣、浙江、江西、福建、廣東、廣西、云南、貴州。其分統之府百有四十，州百九十有三，縣千一百三十有八。羈縻之府十有九，州四十有七，縣六。編里六萬九千五百五十有六。兩京都督督府分統都指揮使司十有六，行都指揮使司五：北平、山西、陝西、四川、福建，留守司二。所屬衛四百九十有三，所二千五百九十有三，守禦千户所三百一十有五。又土官宣慰司十有一，宣撫司十，安撫司二十有二，招討司一，長官司一百六十有九，蠻夷長官司五。其邊陲重鎮凡九：遼東、薊州、宣府、大同、榆林、寧夏、甘肅、太原、固原，皆分統衛所關堡。計明初封略，東起朝鮮，西據土番，南包安南，北距大磧，東西一萬一千七百五十里，南北一萬零九百四里。」布政使司者，分部之名，而布政使者，統部之官，不可混也。然「布政使司」連四字爲言，而行省則又可單稱爲「省」，人情樂趨簡便，故制度雖改，而當時流俗止稱爲「省」。沿習既久，往往見於章奏文移，積漸非一日矣。我朝布政使司仍明舊制，而沿習稱省亦仍明舊。此如漢制子弟封國，頒爵爲王，而詔誥章奏乃稱爲「諸侯王」，當時本非諸侯，則亦洵[①]古而沿其名也。如《史記・楚元王世家》："楚元王劉交者，高祖之同母弟也。"《荆燕世家》："荆王劉賈者，諸劉，不知其何屬。"《齊悼惠王世家》："齊悼惠王劉肥者，高祖長庶男也。"之等皆是。但初制盡如明舊，故正名自當爲"布政使司"。百餘年來，因時制宜，名稱雖沿明故，而體制與明漸殊。按：《明史・職官志》："承宣布政使司，左右布政使各一人，從二品"，"掌一省之政"。《大清會典》："總督、巡撫分其治於布政使。"此所以不同也。

今洪君書以乾隆爲名，則循名責實，《史記・自序》："控名責實。"晉灼曰："引名責實。"必當稱"部院"而不當稱"布政使司"矣。蓋初制巡撫無專地。前明两京無布政使司，而順天、應天間設巡撫。順天之外，又有正定。應天之外，又有鳳陽諸撫。《明史・地理志》："京師北至宣府，東至遼海，南至東明，西至阜平。""府八，直隸州二，屬州十七，縣一百一十六。"順天府、保定府、河間府、真定府、順德府、廣平府、大名府、永平府，延慶州、保安州，萬全都指揮使司、北平行都指揮使司。"南京北至豐沛，西至英

① "洵"字誤，粤雅堂本《文史通義》作"徇"，浙江書局《章氏遺書》本作"狥"。

山，南至婺源，東至海。」「府十四，直隸州四，屬州十七，縣九十七。」應天府、鳳陽府、淮安府、蘇州府、松江府、常州府、鎮江府、廬州府、安慶府、太平府、池州府、甯國府、徽州府、徐州、滁州、和州、廣德州。不似今之統轄全部，自有專地。此當稱「部院」者一也。初制巡撫無專官，故康熙以前巡撫有二品、三品、四品之不同，其兼侍郎則二品，副都御史則三品，僉都御史則四品。今則皆兼兵部侍郎、右副都御史矣。其畫一制度，不復如欽差無定之例。此當稱「部院」者二也。學差、關部皆有京職，去其京職即無其官矣。今巡撫新除，吏部必請應否兼兵部都察院銜。雖故事相沿，未有不兼銜者，但既有應否之請，則亦有可不兼銜之理矣。按《會典》、案：《大清會典》共有三種。乾隆二十九年，允祹等奉敕撰，一百卷。嘉慶二十三年，托津等奉敕撰，八十卷。光緒二十五年，崐岡等奉敕撰，一百卷。此指乾隆本。《品級考》案：《品級考》有兩種。一爲《花近樓叢書》無名氏之《國初品級考》一卷，一爲江陰繆氏《煙畫東堂小品》及陳氏《房山山房叢書》之康熙九年題定《品級考》一卷。諸書已列巡撫爲從二品，注云：「加侍郎，銜正二。」則巡撫雖不兼京銜，已有一定階級。正如宋之京朝官知州軍、知縣事，雖有京銜，不得謂州、縣非職方也。此當稱「部院」者三也。「國之大事，在祀與戎。」今戎政爲總督專司，而巡撫亦有標兵，固無論矣。壇廟祭祀向由布政使主祭者，而今用巡撫主祭。則當稱「部院」者四也。賓興大典見《和州志選舉表序例》注。向用布政使印鈐榜者，而今用巡撫關防。此當稱「部院」者五也。初制布政使司有左右，使分理吏、户、禮、工之事。都司掌兵，按察使司提刑。是布政二使内比六部，而按察一使内比都察院也。今裁二使歸一，而分驛傳之責於按察使，裁都司而兵權歸於督、撫，其職任與前異。故上自詔旨，下及章奏文移，皆指督、撫爲「封疆」，而不曰韶使。皆謂布政之司爲「錢穀總匯」，按察之司爲「刑名總匯」，而不以布政使爲「封疆」。此尤準時立制，必當稱「部院」者六也。督、撫雖同曰「封疆」，而總督頭銜則稱「部堂」。蓋兵部堂官，雖兼右都御史，而仍以戎政爲主者也。巡撫頭銜則稱「部院」。蓋都察院堂官，雖兼兵部侍郎，而仍以察吏爲主者也。故今制，陪京以外，有不隸總督之府州縣，而斷無不隸巡撫之府州縣也。如河南、山東、山西，有巡撫而無總督，巡撫不必兼總督銜。直隸、四川、甘肅，有總督而無巡撫，則總督必兼巡撫銜。督、撫事權相等，何以有督無撫、督必兼撫銜哉？正以巡撫部院，畫一職方制度，並非無端多此兼銜。此尤生今之時，宜達今之體制，其必當稱「部院」者七也。今天下有十九布政使司，而《會典》則例，六部文移，若吏部大計，《大清會典·事例·吏部》：「順治初年，定雙月推陞大選。順治十三年，議准內外各官遇京察大計之月題明停其陞補。」戶部奏銷，禮部會試，《大清會典·禮部》：「凡鄉試中式曰舉人。省各定其額會試，以鄉試之次年三月舉行。會試中式曰貢士。」刑部秋勘，《大清會典·刑部》：「凡刑至死者，則會三法司以定讞，秋審、朝審。」皆止知有十八直省，而不知有十九布政使司，蓋巡撫止有十八部院故也。自注：巡撫實止十五，總督兼缺有三。故江蘇部院，相沿稱「江蘇省」久矣。蘇松布政使司與江淮布政使司分治八府三州，不聞公私文告有「蘇松直省」、「江淮直省」之分。此尤見分部制度，今日萬萬不當稱使司，必當稱「部院」者八也。洪君以巡撫印用關防，《大清會典·禮部·鑄印》：「各省總督、巡撫關防長三寸二分，闊二寸。」不如布政使司正印，《大清會典·禮部·鑄印》：「各省承宣布政使司，銀印，直紐，二臺，方三寸一分，厚八分。」不得爲地方正主，可謂知一十而忘其爲二五矣。見《言公上》注。如洪君説，則其所爲府廳州縣之稱，亦不當也。府州縣固自有印，廳乃直隸同知，止有關防而無印也。同知分知府印，而關防可領職方；《大清會典·禮部·鑄印》：「直省知府、知州、知縣以下等官，銅印，均用垂露篆。同知、通判、州同、州判，銅關防，均垂露篆。」巡撫分都察院印，而關防不可以領職方。何明於小而暗於大也？此當稱「部院」者九也。洪君又謂今制督、撫當如漢用丞相長史出刺州事。州雖領郡，而《漢志》仍以郡國爲主，不以刺史列於其間，此比不甚親切。今制惟江蘇一部院有兩布政使司，此外使司所治即部院所治，不比漢制之一州必領若干郡也。然即洪君所言，則闞氏《十三州志》自有專書，何嘗不以州刺史著職方哉？《北史·闞駰傳》：「闞駰，字玄陰，燉煌人也。」「撰《十三州志》。」《舊唐書·經籍志》：「《十三州志》十四卷，闞駰撰。」此當稱「部院」者十也。

夫制度更改，必有明文。前明初遣巡撫與三使司官，賓主間耳。《明史》卷七十三《職官二》「巡撫」注：「巡撫之名，起於懿文太子巡撫陝西。永樂十九年，遣尚書蹇義等二十六人巡行天下，安撫軍民。以後不拘尚書、侍郎、都御史、少卿等官，事畢復命，即或停遣。初名巡撫，或名鎮守，後以「鎮守侍郎」與「巡撫御史」不相統屬，文移窒礙，定爲「都御史巡撫」，兼軍務者加「提督」，有總兵地方加「贊理」或「參贊」，所轄多事重者加「總督」。他如「整飭」、「撫治」、「巡治」、「總理」等項，皆因事特設。其以尚書侍郎任總督軍務者，皆兼都御史，以便行事。其稍尊者，不過王臣列於諸侯之上例耳。自後臺權漸重，案：謂内官之權漸重。三司奉行臺旨。然制度未改，一切計典奏銷，賓興祭祀，皆布政使專主，《明史·職官二①》：「布政使掌一省之政。朝廷有德澤、禁令，承流宣播，以下於凡有司②。僚屬滿秩，廉其稱職不稱職，上下其考，報撫、按以達於吏部、都察院。三年，率其府州縣正官朝覲

① 「職官二」誤，當作「職官四」。

② 「凡有司」誤倒，當作「有司凡」，「凡」字屬下讀。

京師，以聽察典。十年，會户版以登民數、田數。賓興，貢合省之士而提調之。宗室、官吏、師生、軍伍，以時班其禄俸廩糧。祀典神祇，謹其時祀。」故爲統部長官，不得以權輕而改其稱也。我朝百餘年來，職掌制度逐漸更易，至今日而布政使官與按察使官分治錢穀、刑名，同爲部院屬吏，略如元制行省之有參政、參議耳。《元史·百官志》：行中書省「除平章二員，右丞、左丞各一員，參政二員」。參議待詳。一切大政大典，奪布政使職而歸部院者，歷有明文，此朝野所共知也。而統部之當稱「使司」與改稱「部院」乃轉無明文，何哉？以官私文告皆沿習便而稱「直省」，不特「部院」無更新之名，即「使司」亦並未沿舊之名耳。律令典例，詔旨文移，皆有「直省」之稱，惟《一統志》指《大清一統志》。尚沿舊例，稱布政使司，偶未改正。洪君既以乾隆名志，豈可不知乾隆六十年中時事乎？

或曰：《統志》乃館閣書，洪君遵制度而立例，何可非之？余謂《統志》初例已定，其後相沿未及改耳。自注：初例本當以司爲主。其制度之改「使司」而爲「部院」者，以漸而更，非有一旦創新之舉，故館閣不及改也。私門自著，例以義起，正爲制度云然。且余所辨，不盡爲洪君書也。今之爲古文辭者，於「統部」稱謂亦曰「諸省」，或曰「某省」。棄現行之制度，而借元人之名稱，於古蓋未之聞也。雍正、康熙以前，古文亦無「使司」之稱，自注：彼時理必當稱「使司」。則明人便省文，而因仍元制，爲古文之病也久矣。故余於古文辭有當稱「統部」者，流俗或云「某省」，余必曰「某部院」，或節文稱「某部」；流俗或云「諸省」及「某某等省」，余必曰「諸部院」或「某某等部院」，節文則曰「諸部」、「某某等部」。庶幾名正爲言順耳。使非今日制度，則必曰「使司」，或節文稱「司」，未爲不可，其稱「省」則不可行也。或云：詔旨、章奏、文移何以皆仍用之？答曰：此用爲辭語，故無傷，非古文書事例也。且如詔旨、章奏、文移稱布政爲「藩」，按察爲「臬」，府、州、縣、長爲守、牧、令，辭語故無害也，史文無此例矣。

和州志皇言紀序例補正：嘉慶《大清一統志》：安徽省：「和州直隸州，在安徽省治東北四百六十里，東至江蘇江甯府江浦縣界，西至廬州府巢縣界，南至廬州府無爲州界，北至滁州全椒縣界。」《章實齋先生年譜》：「乾隆三十八年，二月，先生由甯波過會稽、太平至和州，似因朱筠之介，應知州劉長城之聘編摩《和州志》。據《章氏遺書》《書李夢登事》、《金地山印譜序》、《笥和文集》、《安徽省志》。先作《志例》，據今日殘本，則有下列十一部：一，皇言紀。二，官師表。三，選舉表：先詳制度，後列題名。四，氏族表：每姓推所自出，詳入籍之世代，科甲仕官爲目，無科甲仕官不爲立表。科甲仕宦之族旁支皆齊民，則及分支之人而止。雖有科甲仕宦而無譜者，闕之。五，輿地圖：一曰輿地，二曰建置，三曰營汛，四曰水利。六，田賦：書俱録田賦顛末附採私門著述、官府文移有關田賦利病者。七，藝文：書部次條例，治其要删。八，政略：次比政事，編著功猷，凡三篇。九，列傳：以正史通裁，特標列傳，旁推互證，勒爲專家。上稗古史遺文，下備後人採録。年下列二列傳，凡二十三篇。十，闕訪列傳：標名略注事實難徵、世遠並淹、不可尋訪者歸之。十一：前志列傳。歷叙前志，存其規模。但據劉承幹刻本《和州志》考察，則決不僅十一部。如《田賦書》稱「書第一」，《藝文書》稱「書第六」，則其間尚有四書，而書之總數最少亦有六可知也。《輿地圖》稱「圖第一」，又云「二曰建置，三曰營汎①，四曰水利」，則圖最少有四可知也。故可謂爲共分八十部。」

《周官》：外史「掌四方之志」，又「以書使於四方，則書其令」。鄭氏注「四方之志」，「若魯之《春秋》，晉之《乘》，楚之《檮杌》」，是也。「書其令」，謂「書王命以授使者」，是也。鄉大夫於「正月之吉，受教法於司徒，退而頒之鄉吏」，孔氏疏：「謂若大司徒職十二教以下」，是也。《周禮·地官司徒》：「鄉大夫之職，各掌其鄉之政教禁令。正月之吉，受教法於司徒，退而頒之於其鄉吏，使各以教其所治。」孔疏：「『受法於司徒』者，謂若大司徒職，十二教以下，其法皆受於司徒而來。」夫畿内六鄉天子自治，則受法於司徒。《周禮·地官司徒》「鄉師」注：「司徒掌六鄉，鄉師分而治之。」而畿外侯封各治其國，以其國制自爲《春秋》。自注：列國之史，總

① 「汎」字誤，當作「汛」，注同。

名《春秋》。然而四方之書必隸外史，書令所出奉爲典章。則古者國別爲書，而簡策所昭首重王命，信可徵也。是以《春秋》歲首必書王正，見《史德》注。而韓宣子聘魯，得見《易象》、《春秋》，以謂周禮在是。見《易教上》注。蓋書在四方，則入而正於外史，而命行王國，亦自外史頒而出之。故事有專官而書有定制，天下所以協於同文之治也。

竊意《周官》之治列國史記，必有成法，受於王朝，如鄉大夫之受教法，考察文字，罔有奇衺。見《書教上》注。至晉、楚之史，自以《乘》與《檮杌》名書，乃周衰官失，列國自擅之制歟？司馬遷侯國世家亦存國別爲書之義，而孝武三王之篇詳書詔策，冠於篇首。《史記·三王世家》："制曰：『立王子閎爲齊王，旦爲燕王，胥爲廣陵王。』"又："維六月①四月乙巳，皇帝使御史大夫湯，廟立子閎爲齊王曰：『於戲，小子閎！受茲青社！朕承祖考，惟稽古，建爾國家，封於東土，世爲漢藩輔。於戲，念

① "月"字誤，《史記》作"年"。

哉！恭朕之詔，惟命不於常。人之好德，克明顯光。義之不圖，俾君子怠。悉爾心，允執其中，天禄永終。厥有㥫不臧，乃凶於二①國，害於爾躬。於戲！保國艾民，可不敬歟？王其戒之！』右齊王策。」又：「廟立子旦爲燕王曰云云，右燕王策。」又：「廟立子胥爲廣陵王曰云云，右廣陵王策。」王言絲綸，見《言公下》注。史家所重，有由來矣。後代方州之書，編次失倫，體要無當。而朝廷詔誥，或入藝文；篇首標紀，或載沿革。又或以州縣偏隅，未有特布德音，遂使中朝掌故散見四方之志者，闕然無所考見。是固編摩順簡册之次第曰編。編摩，謂編其次第而觀摩之也。之業，世久失傳，然亦外史專官秦漢以來未有識職故也。夫封建之世，國別爲史，然篇首尚重王正之書。郡縣受治，守令承奉詔條，即詔令。一如古者畿内鄉黨州閭之法，而外史掌故未嘗特立專條。宋、元、明州縣志書，今可見者，迄用一律，韓愈《樊宗師墓誌銘》：「從漢迄今用一律。」亦甚矣其不講於《春秋》之義也！今裒録

① 「二」字誤，《史記》作「而」。

州中所有，恭編爲《皇言紀》，一以時代相次，蔚光篇首，以志祇承所自云爾。

和州志官師表序例

《周官》：御史「掌贊書」，「數從政」，《周禮·春官宗伯》下：御史「掌贊書，凡數從政者」，注：「自公卿以下至胥徒凡數，及其見在空缺者。」鄭氏注謂「凡數及其見在空闕者」。蓋贊太宰建六典而掌邦治之故事也。夫官有先後，政有得失，太宰存其綱紀，而御史指數其人以贊之，則百工敘而庶績熙也。《書·皋陶謨》：「百工惟時，撫於五辰，庶績其凝。」後代官儀之篇，考選之格，自注：《漢官儀》、《唐六典》、《梁選簿》、《隋官序録》。代有成書，而官職姓名浩繁莫紀。則是有太宰之綱紀，而無御史之「數從政」者也。班固《百官公卿表》見《漢書》卷十九上下。猶存古意，其篇首叙官，則太宰六典之遺也；其後表職官姓氏，則御史「數從政」之遺也。范、陳而後，斯風渺矣。至於《唐書》、《宋史》，乃有《宰相年表》，見《新唐書》卷六十一。然亦無暇旁及卿尹諸官。非惟史臣思慮有所未周，抑史籍猥繁，其勢亦難概舉也。

至於嗜古之士，掇輯品令，聯綴姓名，職官故事之書，六朝以還，於斯爲盛。《隋書·經籍志·經籍二》有《漢武帝故事》、《晉故事》、《晉建武故事》、《漢官解詁》、《漢官》、《漢官儀》等。然而中朝掌故不及方州，猥瑣之編難登史志，則記載無法而編次失倫，前史不得不職其咎也。夫百職卿尹，中朝敘官；方州守令，外史紀載。《周官》御史「數從政」之士，則外史所掌「四方之志」，不徒山川土俗，凡所謂分職受事，必有其書，以歸柱下之掌，見《答客問中》注。可知也。唐人文集，往往有廳壁題名之記，蓋亦敘官之意也。如《韓昌黎集·藍田縣丞廳壁記》之類是也。然文存而名不可考，自非蒐羅金石，詳定碑碣，莫得而知，則未嘗勒爲專書之故也。宋、元以來，至於近代方州之書，頗記任人名氏，然猥瑣無文，如閱縣令署役卯簿，猶云署役點名簿。點名多在卯時，故曰卯簿，猶卯酒、卯飯，言其早也。補正：原注删，加：案：州縣例，每以差役編成名册，每一卯點一次，謂之卯簿。則亦非班史年經月緯之遺也。或編次爲表者，序録不詳，品秩無次。或限於尺幅，其有官階稍多，沿革異制，即文武分編，或府州别記，以趨苟簡。是不知班史三十四官分一十四級之遺法也。即《百官公卿表》，見《漢書》卷十九下。又前人姓氏不可周知，然遺編具存，他説互見，不爲博采旁搜，徒託闕文之義，《論語·衛靈公》：「吾猶及史之缺文也。」是又不可語於稽古之功者也。

今折衷諸家，考次前後，上始漢代，迄於今兹，勒爲一表，疑者闕之。後之覽者，得以詳焉。

和州志選舉表序例

《周官》：鄉大夫三年大比，興一鄉之賢能，獻書於王，「王再拜受之，登於天府」，甚盛典也。漢制孝廉、茂才、力田、賢良之舉，蓋以古者鄉黨州閭之遺。《周禮・地官》：鄉大夫「三年則大比，考其德行道藝，而興賢者能者。鄉老及鄉大夫帥其吏與其衆寡，以禮禮賓之。（鄭司農云：「興賢，若今舉孝。興能，若今舉茂材。」）厥明，鄉老及鄉大夫，群吏獻賢能之書於王，王再拜受之，登於天府」。《漢書・惠帝本紀》：「四年春正月，舉民孝弟、力田者，復其身。」《文帝本紀》：「二年，詔曰：『二三執政，舉賢良、方正，能直言格諫者，以正朕之不逮。』」當時賢書典籍，辟舉掌故，未有專書，則以科條猶云法令。《戰國策》：「科條既備。」爲繁，興替人文，散見紀傳，潛心之士，自可考而知也。江左六朝，州郡僑遷，士不土著，案：僑置郡縣始見於《晉書・地理志》。何以僑置？永嘉南渡，中原曁西北郡縣已非晉有，猶復自大，分東南郡縣地，假設其名，若遥領然。或加「南」字「北」字，或不加，若實在。沿革則李兆洛《地理韻編》載之甚詳。江左，即江東，今江蘇等處。魏禧《日録雜記》：「江東稱江左，江西稱江右，蓋自北視之江東在左、江西在右耳。」《史記・西南夷傳》：「其俗或土著，或移徙。」學不專業，鄉舉里選，勢漸難行。至於隋氏，一以文學詞章剏僞[1]進士之舉，《隋書·文帝本紀》：「開皇七年制：『諸州歲貢三人，工、商不得入仕。』」《煬帝本紀》：「始建進士科。」有唐以來，於斯爲盛。選舉既專，資格愈重，《周書[2]·選舉志》：「開元十八年，侍中裴光庭兼吏部尚書，始作循資格，賢愚一概，必與格合乃得銓選。」科條繁委，故事《史記·自序》：「余所謂述故事，整齊其世傳，非所謂作也。」相傳。於是文學之士蒐羅典章，采摭聞見，識大識小，見《答問》注。並有成書。傳記故事，雜以俳諧，猶云戲謔。而選舉之書蓋裒然與柱下所藏等矣。

撰著既繁，條貫義例未能一轍，就求其指，略有三門。若晁迥《進士編勑》、陸深《科場條貫》之屬，《禮部考試進士敕》一卷，宋晁迥撰。《科場條貫》一卷，明上海[3]陸深撰。律例功令之書也。姚康、樂史《科第録》，自注：姚康十六卷，樂史十卷。李奕、洪适《登科記》，自注：李奕二卷，亡。洪适十五卷。題名記傳之類

---

① 「僞」字誤，粤雅堂本《文史通義》、浙江書局《章氏遺書》本作「爲」。

② 「周書」誤，當作「新唐書」。

③ 「明上海」，原書誤倒作「上明海」，今乙正。

也。王定保《唐摭言》、《直齋書録解題》：「《摭言》十五卷，唐王定保撰，專記進士科名事。」錢明逸《宋衣冠盛事》，《國史經籍志·史類·傳記》：「《宋朝衣冠盛事》一卷，錢明逸撰。」稗野雜記之屬也。史臣采輯掌故，編於書志；裁擇人事，次入列傳。一代浩繁，義例嚴謹，其筆削見《易教下》注。之餘，等於棄土之苴，《莊子·讓王》：「道之真以治身，其緒餘以爲國家，其土苴以治天下。」司馬云：「土苴，如糞草也。」吐果之核。而陳編猥瑣，雜録無文，小牘短書，不能傳世行遠。遂使甲第人文，《周官》所以拜獻於王而登之天府者，闕焉不備。是以方州之書，不遵鄉大夫慎重賢書之制，記載無法，條貫未明之咎也。

近代頗有考定方州，自爲一書者。若樂史《江南登科記》，《宋史·藝文志》：「樂史《江南登科記》三十卷。」張朝瑞《南國賢書》，《國史經籍志·史類》：「《南國賢書》四卷，張朝瑞撰。」案：南京國學圖書館有此，前編三卷，正編六卷，與《志》異。陳汝元《皇明浙士登科考》，《國史經籍志·史類·傳記》：「《皇明浙士登科考》十卷，陳汝元撰。」皆類萃一方掌故，惜未見之天下通行。而州縣志書，編次科目，表列舉貢，前明以來，頗存其例，較之宋、元州郡之書，可謂寸有所長者矣。屈原《卜居》：「夫尺有所短，寸有所長。」特其體例未純，紀載無法，不熟年經事緯之例，自注：亦有用表例者，舉貢、掾仕、封蔭之條多所牴牾。猥雜成書。甚者附載事蹟，表傳不分。此則相率成風，未可悉數其謬者也。自注：論辨詩列傳第一篇總論内。今摭史志之文，先詳制度，後列題名，以世相次，起於唐代，託於今兹，爲《選舉表》。其封蔭辟舉封，誥封。蔭，子孫因祖父之陰而得官者。辟，辟召。選①，選舉也。不可紀以年者，附其後云。

和州志氏族表序例上

案：氏族何由而明？

《周官》：小史「奠繫世，辨昭穆」。《周禮・春官宗伯》下文。譜牒之掌，古

① 「選」字誤，當作「舉」。

有專官。司馬遷以《五帝繫牒》、《尚書》，集世記爲《三代世表》，《史記·三代世表》：「太史公曰：余讀諜記，黄帝以來皆有年數，稽其歷譜諜，終始五德之傳，古文咸不同，乖異，夫子之弗論次，其年月豈虛哉？於是以《五帝繫諜》、《尚書》，集世紀黄帝以來，訖共和，爲《世表》。」氏族淵源有自來矣。班固以還，不載譜系。而王符《氏姓》之篇，自注：《潛夫論》第三十五篇。杜預《世族》之譜，自注：《春秋釋例》第二篇。則治經著論，別有專長，義盡而止，不復更求譜學也。自魏晉以降，迄乎六朝，族望漸崇。學士大夫輒推太史《世家》遺意，自爲家傳。其命名之別，若《王肅家傳》、《隋書·經籍志·雜傳》：「王朗《王肅家傳》一卷。」虞覽《家記》、《隋書·經籍志》：「《虞氏家記》五卷，虞覽撰。」范汪《世傳》、《隋書·經籍志》：「《范氏家傳》一卷，范汪撰。」明粲《世録》、《隋書·經籍志》：「《明氏世録》六卷，梁信武記室明粲撰。」陸煦《家史》自注：陸《史》十五卷。之屬，並於譜牒之外勒爲專書，以俟採録者也。至於摯虞《昭穆記》、《隋書·經籍志·譜系》：「晉世摯虞作《族姓昭穆記》十卷」，「晉亂已亡」。王儉《百家譜》，《隋書·經籍志》卷二：「《百家集譜》十卷，王儉撰。」以及何氏《姓苑》、《隋書·經籍志·譜系》：「《姓苑》一卷，何氏撰。」《通志·氏族略》：「宋何承天撰《姓苑》。」賈氏《要狀》自注：賈希鑑《氏族要狀》十五卷。諸編，則總彙群倫，編分類次，上者可裨史乘，下或流入類書，其別甚廣，不可不辨也。族屬既嚴，郡望愈重。若沛國劉氏、《史記·高祖本紀》：「沛豐邑中陽里人，姓劉氏。」隴西李氏、《史記·李將軍列傳》：「李將軍廣者，隴西成紀人也。」太原王氏、《世説新語》注引晉謝公贊：「王濟字武子，太原晉陽人，徒渾①第二子也。」陳郡謝氏，《世説新語》引《續晉陽秋》曰：「謝重字景重，陳郡人。父朗，東陽太守。」雖子姓散處，或本非同居，然而推言族望，必本所始。後魏遷洛，則有八氏、十姓、三十六族、九十二姓，並居河南洛陽。而中國人士各第門閥，有四海大姓、州姓、郡姓、縣姓，撰爲譜録。《隋書·經籍志·譜系》：「後魏遷洛，有八氏十姓，咸出帝族。又有三十六族，則諸國之從魏者。九十二姓，世爲部落大人者。並爲河南洛陽人。其中國士人，則第其門閥，有四海大

①「徒渾」上漏「司」字，《世説新語》作「司徒渾」。

姓、郡姓、州姓、縣姓。及周太祖入關，諸姓子孫有功者，並令爲其宗長，仍撰譜録，紀其所承。」齊梁之間，斯風益盛，郡譜州牒，並有專書。若王儉、王僧孺之所著録，自注：王儉《諸州譜》十二卷，王僧孺《十八州譜》七百卷。《冀州姓族》、《揚州譜鈔》之屬，《隋書·經籍志·譜系》：《冀州姓族譜》二卷，《揚州譜鈔》五卷，皆不箸撰人名氏。不可勝紀，俱以州郡繫其世望者也。唐劉知幾討論史志，以謂族譜之書允宜入史。《史通·表歷》：「夫以表爲文，用述時事，施彼譜牒，容或可取。載諸史傳，未見其宜。」其後歐陽《唐書》撰爲《宰相世系》，見《和州志官師表序例》注。顧清門鉅族但不爲宰相者，時有所遺。至鄭樵《通志》首著《氏族》之略，其叙例之文發明譜學所繫，推原史家不得師承之故，蓋嘗慨切言之。鄭樵《通志·氏族略序》：「自隋唐而上，官有簿狀，家有譜系。官之選舉必由於簿狀，家之婚姻必由於譜系。歷代並有圖譜局，置郎令史以掌之，仍用博通古今之儒知撰譜事。凡百官族姓之有家狀者，則上之官，爲考定詳實，藏於秘閣，副在左户。若私書有濫，則糾之以官籍。官籍不及，則稽之以私書。此近古之制，以繩天下，使貴有常尊，賤有等威者也。所以人尚譜系之學，家藏譜系之書。」而後人修史不師其法，是亦史部之闕典也。

古者瞽矇誦詩，並誦世系以戒勸人君，《周禮・春官宗伯》下：「瞽矇諷誦詩，世奠繫。」《國語》一：「故天子聽政，使公卿至於列士獻詩，瞽獻曲，史獻書，師箴，瞍賦，矇誦，百工諫，庶人傳語，近臣盡規，親戚補察。瞽史教誨，耆艾修之，而後王斟酌焉。」《國語》所謂「教之世，而爲之昭明德」者是也。《國語・楚語上》：「莊王使士亹傅太子箴，辭。」「王卒使傅之，問於申叔時，叔時曰：『教之《春秋》，而爲之聳善而抑惡焉，以戒勸其心。教之《世》，而爲之昭明德而廢幽昏焉，以休懼其動。』」然則奠系之屬掌於小史，誦於瞽矇，先王所重，蓋以尊人道而追本始也。當時州閭族黨之長屬民讀法，鄉大夫三年大比，考德藝而獻書於王，則其系世之屬必有成數，以集上於小史可知也。夫比人斯有家，比家斯有國，比國斯有天下。家牒不修，則國之掌故何所資而爲之徵信耶？《易》曰：「天與火，同人，君子以類族辨物。」《易・同人》文。疏：「天體在上，火又炎上，取其性同，故云『天與火』。『同人』，族聚也，言君子法此同人以類而聚也。『辨物』，謂分辨事物，各同其黨，使自相同，不間雜也。」物之大者，莫過於人。人之重者，莫重於族。記傳之别，或及蟲魚；地理之書，必徵土産，而於先王錫土分姓，《書·禹貢》：「錫土姓。」《左傳·隱八年》：「無駭父卒，羽父請謚與族。公問族於衆仲，對曰：『天子建德，因生以賜姓，胙之土而命之氏。諸侯以字爲謚，因以爲族。官有世功則有官族，邑亦如之。』」所以重人類而明倫叙者闕焉無聞，非所以明大通之義也。且譜牒之書藏之於家，易於散亂，盡入國史，又懼繁多，是則方州之志考定成編，可以領諸家之總，而備國史之要删，亦載筆之不可不知所務者也。

右原譜。

和州志氏族表序例中

「奠繫世」之掌於小史，「與民數」之掌於司徒，其義一也。杜子春曰：「奠繫世，爲《帝繫》、諸侯卿大夫《世本》之屬。」《周禮·春官》：「小史掌邦國之志，奠繫世，辨昭穆。」鄭司農云：「繫世，謂《帝繫》、《世本》之屬是也。」按：章氏誤鄭司農爲杜子春。然則比伍小民，其世系之牒不隸小史可知也。鄉大夫以歲時登夫家之衆寡，三年以大比興一鄉之賢能。夫夫家衆寡即上大司徒之民數，其賢能爲卿大夫之選又可知也。民賤，故僅登户口衆寡之數，卿大夫貴，則詳系世之牒，理勢之自然也。後代史志詳書户口，而譜系之作無聞，則是有小民而無卿大夫也。《書》曰：「九族既睦，平章百姓。」鄭氏注：「百姓，爲群臣之父子兄弟。」自注：見司馬遷《五帝本紀》注。「平章」乃辨别而章明之，是即《周官》小史「奠系」之權輿也。孟子曰：「所謂故國者，非謂有喬木之謂也，有世臣之謂也。」《孟子・梁惠王》文。近代州縣之志留連故蹟，附會桑梓，《詩・小雅・小弁》：「維桑與梓，必恭敬止。」至於世牒之書闕而不議，則是重喬木而輕世家也。且夫國史不録，州志不載，譜系之法不掌於官，則家自爲書，人自爲説。子孫或過譽其祖父，是非或頗謬於國史。其不肖者流，或謬託賢哲，或私鬻宗譜，以僞亂真，悠謬恍惚，不可勝言。其清門華胄，則門閥相矜，私立名字。若江左王謝諸家，但有官勳，即標列傳，史臣含毫，莫能裁斷。以至李必隴西，劉必沛國，但求資望，不問從來。則有譜之弊，不如無譜。史志闕略，蓋亦前人之過也。

夫以司府領州縣，以州縣領世族，以世族率齊民，天下大計可以指掌言也。唐三百年譜系僅録宰相，彼一代浩繁，出於計之無如何耳。方州之書登其科甲仕宦，則固成周鄉大夫之所以書上賢能者也。今倣《周官》遺意，特表氏族，其便蓋有十焉。一則史權不散，私門之書有所折衷，其便一也。一則譜法畫一，私譜凡例未純可以參取，其便二也。一則清濁分塗，非其族類不能依託，流品攸分，其便三也。一則著籍已定，衡文取士自有族屬可稽，非其籍者無難句檢，其便四也。一則昭穆親疏秩然有叙，或先賢奉祀之生，或絶嗣嗣續之議，爭爲人後，其訟易平，其便五也。一則祖系分明，或自他邦遷至，或後遷他邦，世表編於州志，其他州縣或有譜牒散亡，可以借此證彼，其便六也。一則改姓易氏，其時世前後及其所改之故明著於書，庶幾婚姻有辨，且修明譜學者得以考厥由來，其便七也。一則世系蟬聯，修門望族或科甲仕宦，系譜有書，而德行道藝列傳無録，没世不稱，志士所恥；是文無增損，義兼勸懲，其便八也。一則地望著重，坊表都里不爲虚設，其便九也。一則徵文考獻館閣檄收，按志而求易如指掌，其便十也。然則修而明之，可以推於諸府州縣，不特一州之志已也。

右致用。

和州志氏族表序例下

《易》曰：「物不可窮也，故受之以《未濟》。」《易·未濟》文。補正：《序卦》誤《未濟》。夫「網羅散失」，見《書教上》「馬遷紹法《春秋》」條注。是先有散失而後有網羅者也。「表章潛隱」，是先有潛隱而後有表章者也。陳壽《蜀志》，列傳殿以楊戲之讚；《三國志・蜀志》：「楊戲，字文然，犍爲武陽人也。」「戲以延熙四年著《季漢輔臣贊》，其所頌述，今多載於《蜀書》，是以記之於左。」案：楊戲，《華陽國志》作「羲」。常璩《華陽》，序志概存士女之名。案：晉常璩《華陽國志・序志》著益、梁、寧三州先漢以來士女，凡三百九十一人。二子知掌故之有時而窮也，故以讚序名字存其大略，而明著所以不得已而僅存之故，是亦史氏闕文之舊例也。和州在唐、宋爲望郡，案：和州人文，如唐何蕃、張籍二人，韓愈皆有傳。宋杜默，師事石介，介與歐陽修嘗贈以詩。此所以爲望郡歟？而文獻之徵不少概見。至於家譜世牒，寥寥無聞，詢之故老，則云明季乙亥寇變，《章氏遺書・和州志・列傳第十》：「崇禎八年，流寇屠和州。」案：流寇謂李自成、張獻忠等。圖書毀於兵燹。今州境之人士，皆當日僅存倖免者之曾若玄也。所聞所傳，聞者不過五世七世而止，不復能遠溯也。傳世既未久遠，子姓亦無繁多，故譜法大率不修。就求其所有，則出私劄筆記之屬，體例未定，難爲典則，甚者至不能溯受姓所由來。余於是爲之慨然歎焉。

夫家譜簡帙，輕於州志。兵燹之後，家譜無存。而明嘉靖中知州易鸞、與萬曆中知州康誥所修之《州志》，爲時更久，而其書今日具存，是在官易守，而私門難保之明徵也。及今而不急爲之所，則併此區區者後亦莫之徵矣。且吾觀《唐書·宰相世系》，列其先世有及梁、陳者矣，有及元魏、後周者矣，不復更溯奕葉而上，則史牒闕文非一朝一夕之故也。然則録其所可考，而略其所不可知，乃免不知而作之誚焉。每姓推所自出，備稽古之資也。詳入籍之世代，定州略也。科甲仕宦爲目，而貢監、生員與封君及貲授空階皆與焉，從其類也。無科甲仕宦而僅有生員及貲授空階，不爲立表，定主賓輕重之衡也。科甲仕宦之族，旁支皆齊民，則及分支之人而止，不復列其子若孫者，「君子之澤，五世而斬」，《孟子·離婁上》文。若皆列之，是與版圖之籍無異也。雖有科甲仕宦，而無譜者闕之，嚴訛濫之防也。正貢亦爲科甲，微秩亦爲仕宦，不復分其資級，以文獻無徵，與其過而廢也，毋寧過而存之。是《未濟》之義也。見《匡謬》注。

右通變。

和州志輿地圖序例

圖譜之學，古有專門，鄭氏樵論之詳矣。司馬遷爲史，獨取旁行斜上之遺，列爲十表，見《書教上》「馬遷紹法《春秋》」條注。而不取象魏縣①法之掌，《周禮·天官·太宰》：「正月之吉，乃縣治象之法於象魏，使萬民觀治象。」注：「象魏，闕也。」列爲諸圖。於是後史相承，表志愈繁，圖經浸失。好古之士載考陳編，口誦其辭，目迷其象，是亦載筆之通弊，斯文之闕典也。鄭樵生千載而後，慨然有志於三代遺文，而於《圖譜》一篇既明其用，鄭樵《通志·圖譜略·明用》：「善爲學者如持軍、治獄。若無部伍之法，何以得書之紀？若無覈實之法，何以得書之情？今總天下之

① 「縣」，粵雅堂本《文史通義》、浙江書局《章氏遺書》本作「懸」。

書，古今之學術，而條其所以爲圖譜之用者十有六。一曰天文，二曰地理，三曰宮室，四曰器用，五曰車旂，六曰衣裳，七曰壇兆，八曰都邑，九曰城築，十曰田里，十一曰會計，十二曰法制，十三曰班爵，十四曰古今，十五曰名物，十六曰書。凡此十六類，有書無圖，不可用也。」又推後代失所依據之故，本於班固收書遺圖，亦既感慨言之矣。鄭樵《通志·總序》：「古之學者，左圖右書，不可偏廢。劉氏作《七略》，收書不收圖，班固即其書爲《藝文志》，自此以還，圖譜日亡，書籍日冗，所以困後學而隳良材者，皆由於此。何哉？即圖而求易，即書而求難，舍易從難，成功者少。」然鄭氏之意祇爲著録諸家，不立圖譜專門，故欲別爲一録，以輔《七略》、四部之不逮耳。《通志·圖譜略》：「漢初典籍無紀，劉氏創意，總括群書，分爲《七略》，只收書不收圖。《藝文志》之目遞相因習，蕭何之圖自此委地。隋家藏書，富於古今，然圖譜無所繫。自此以來，蕩然無紀，天下之事不務行而務説，不用圖譜可也，若欲成天下之事業，未有無圖譜而可行於世者。作《圖譜略》。」其實未嘗深考。圖學失傳，由於司馬遷有表無圖，遂使後人修史不知採録。故其自爲《通志》，紀傳譜略，諸體具備，而形勢名家，亦未爲圖。以此而議班氏，豈所謂「楚則失之，而齊亦未爲得」者非耶？司馬相如《上林賦》：「楚則失矣，而齊亦未爲得也。」門人沈訒補。　夫圖譜之用，相爲表裏。《周譜》之亡久矣，而三代世次、諸侯年月今具可考，以司馬遷採摭爲表故也。象魏之藏既失，而形名制度、方圓曲直今不可知，以司馬遷未列爲圖故也。然則書之存亡繫於史臣之筆削，明矣。　圖之遠者姑弗具論，自《三輔黄圖》、《洛陽宮殿圖》以來，《隋書・經籍志》：「《黄圖》一卷，記三輔宮殿、陵廟、明堂、辟雍、郊畤等事。」「《洛陽宮殿簿》一卷」，不箸撰人名。都邑之簿代有成書，後代蒐羅百不存一。鄭氏獨具心裁，立爲專録，以謂有其舉之，莫或廢矣。鄭樵《通志・總序》：「臣乃立爲二記：一曰記有，記今之所有者不可不聚。二曰記無，記今之所無者不可不求。故作《圖譜略》。」然今按以鄭氏所收，其遺亡散失，與前代所著未始逕庭，《莊子・逍遥遊》：「大有逕庭，不近人情焉。」注：「逕，門外路。庭，堂外地。」則書之存亡，繫於史臣之筆削者尤重，而繫於著録之部次者猶輕，又明矣。罇罍之微，或資博雅；《説文解字》：「罍，龜目酒尊。刻木作云雷之象，象施不窮也。」案：謂尊罍之微，非博雅不能辨也。　鹵簿之屬，或著威儀。《史記・

黥布傳》：「布常爲軍鋒。」索隱：「《漢書》作『楚軍前簿』。簿者，鹵簿。」案：鹵簿謂車駕法從次第。又百官皆有鹵簿，各分差等。《梁書・王僧孺傳》：「道遇中丞鹵簿，驅迫溝中。」是也。前人並有圖書，蓋亦繁富。史臣識其經要，未遑悉入編摩。鄭氏列爲專録，使有所考，但求本書可也。至於方州形勢，天下大計，不於表志之間列爲專部，使讀其書者乃若冥行擿埴，《楊子・修身》：「擿埴索途，冥行而已。」案：謂瞽者以杖擿地而後行也。如之何其可也？治《易》者必明乎象，治《春秋》者必通乎譜，圖象譜牒，鄭樵《通志・圖譜略》：「《春秋》有嚴彭祖《春秋圖》、張傑《春秋圖》、顧啓期《大夫圖》、《春秋車服圖》、《春秋宗族名氏圖》、《演左傳氏族圖》、《春秋名號歸一圖》、《春秋圖鑑》、《春秋手鑑圖》。」《易》與《春秋》之大原也。《易》曰：「繫辭焉以盡其言。」《易・繫辭上》：「繫辭以盡其言。」《記》曰：「比事屬辭，《春秋》教也。」見《書教上》注。夫謂之「繫辭」、「屬辭」者，明乎「文辭」從其後也。然則圖象爲無言之史，譜牒爲無文之書，相輔而行，雖欲闕一而不可者也。況州郡圖經，尤前人之所重耶？

右攷圖。

或曰：學者亦知圖之用大矣。第辭可傳習，而圖不可以誦讀，故書具存而圖不可考也，其勢然也。雖然，非知言也。夫圖不可誦，則表亦非有文辭者也。表著於史而圖不入編，此其所以亡失也。且圖之不可傳者有二。一則爭於繪事之工也。以古人專門藝事，自以名家，實無當於大經大法。韓愈《與孟尚書書》：「其大法大經，皆亡滅而不可救。」若郭璞《山海經圖贊》，贊存圖亡。今觀贊文，自類雕龍之工，則知圖繪殆亦畫虎之技也。一則同乎髦弁之微也。《左傳·昭九年》：「豈如弁髦而因以敝之」，注：「童子垂髦，始冠必三加冠，成禮而棄其始冠。」近代方州之志，繪爲圖象，廁於序例之間，不立專門。但綴名勝，以爲一書之檔識，而實無當於古人圖譜之學也。夫爭於繪事，則藝術無當於史裁；而廁於弁髦，則書肆苟爲標幟以爲市易之道，皆不可語於史學之精微也。古人有專門之學，即有專門之書；有專門之書，即有專門之體例。旁行斜上，《漢書①·劉杳傳》：「王僧傳撰譜，訪杳血脈所因，杳云：『桓譚《新論》云：《三代世表》旁行斜上，並效《周譜》。』」標分子注，見《史注》注。譜牒之體例也。開方計里，案：古今地里皆以方計，如「地方千里」、「地方百里」是也。推表山川，輿圖之體例也。圖不詳而繫之以說，說不顯而實之以圖，互著之義也。見《古文十弊》注。文省而事無所晦，形著而言有所歸，述作之則也。亥豕不得淆其傳，《吕氏春秋·慎行論·察傳》：「有讀史者，曰：『晉師三豕涉河。』子夏曰：『非也，是己亥也。』至晉而問之，則果『晉師己亥涉河』也。」按：「亥」，古文同「豕」。筆削無能損其質，久遠之業也。要使不履其地、不深於文者，依檢其圖，洞如觀火，《書·盤庚上》：「予若觀火。」是又通方之道也。夫《天官》、《河渠》圖，而八書可以六；按：《史記》八書，倘《天官》、《河渠》二書爲圖，則八減六爲矣。《地理》、《溝洫》圖，而十志可以八。按：《漢書》十志，倘《地理》、《溝

① 「漢書」誤，當作「梁書」。

洫》爲圖，則十減爲八矣。然而今日求太初之星象，見《天喻》注。稽西京之版輿，或不至於若是茫茫也。況夫方州之書，徵名辨物，尤宜詳贍無遺，庶幾一家之作。而乃流連景物，附會名勝，以爲丹青末藝之觀耶？其亦不講於古人所以左圖右史《唐書·楊綰傳》：「性沈靖，獨處一室，左圖右史。」之義也夫？

右定體。

圖不能不繫之説，而説之詳者即同於書，圖之名不亦綴歟？曰：非綴也。體有所專，意亦有所重也。古人書有專名，篇有專義。辭之出入非所計，而名實賓主之際，作者所謂「竊取其義」焉耳。見《書教上》「春秋之事」條注。且吾見前史之文，有表似乎志者矣，自注：《漢書·百官公卿表》篇首歷叙官制。不必皆旁行斜上之文也；有志似乎表者矣，自注：《漢書·律歷志》排列三統甲子。不必皆比事屬辭之例也。《三輔黄圖》，今亡其書矣，其見於他説所稱引，則其辭也。《遁甲》、《通統》之圖，《國史經籍志·子類》：「葛洪《三元遁甲圖》三卷。」「《易通統圖》二卷。」今存其説，猶《華黍》、《由庚》之有其義耳。見《經解下》

注。雖一尺之圖，繫以尋丈之説可也。既曰圖矣，統謂之圖可也。圖又以類相次，不亦繁歟？曰：非繁也。圖之有類別，猶書之有篇名也。以圖附書則義不顯，分圖而繫之以説，義斯顯也。若皇朝《明史·律歷志》，於儀象、推步見《書教下》注。皆繪爲圖，蓋前人所未有矣。當時史臣未嘗別立爲圖，故不列專門，事各有所宜也。今《州志》分圖爲四：一曰輿地，二曰建置，《漢書·武五子傳贊》：「略取河南，建置朔方。」案：謂設立郡縣也。三曰營汎①，《大清會典·兵部》：「參將、遊擊、都司、守備所屬皆爲營。千總、把總、外委所屬爲汎。以慎巡守，備徵調。」四曰水利。皆取其有關經要，而規方形勢所必需者。詳繫之説，而次諸紀表之後。用備一家之學，而發其例於首簡云爾。

右著例。

① 「汎」字誤，當作「汛」，注同。

和州[①]田賦書序例

自畫土制貢，刱於夏書，詳《書·禹貢》。任土授職，自注：載師「物地事」及「授地職」。青案：《周禮·地官》：「載師掌任土之法。以物地事，授地職，而待其政令。」注：「『任上[②]』者，任其力勢所能生育，且以制貢賦也。物色之[③]。以知其所宜之事，而授農牧衡虞，使職之。」詳於《周禮》，而田賦之書，專司之掌，有由來矣。班氏約取《洪範》八政，裁爲《食貨》之篇，詳《漢書·食貨志》。後史相仍，著爲圭臬。然而司農圖籍，會稽簿録，填委架閣，不可勝窮，於是酌取一代之中以爲定制。其有沿革，大凡盈縮總計，略存史氏要删，計臣章奏，使讀者觀書可以自得，則

① 「和州」下，粤雅堂本《文史通義》、浙江書局《章氏遺書》本均有「志」字，當補。

② 「上」字誤，當作「土」。

③ 「物色之」一句，《周禮正義》本作「『物』，物色之」。

亦其勢然也。若李吉甫、韋處厚所爲《國計》之簿，自注：李吉甫《元和國計簿》十卷，韋處厚《太和國計》二十卷。丁謂、田況所爲《會計》之録，自注：丁謂《景德會計録》六卷，田況《皇祐會計録》六卷。則倣《周官》司會所貳，書契版圖之制也。見《史釋》注。杜佑、宋白之《通典》，杜佑《通典》，見《書教中》注。《直齋書録解題》：「《續通典》二百卷，翰林學士承旨大名宋白太素等撰。」王溥、章得象之《會要》，《直齋書録解題》：「《唐會要》一百卷，《五代會要》三十卷，宋王溥撰。」《宋史・藝文志》：「宋章得象《三朝國朝會要》一百五十卷。」則掌故彙編，其中首重食貨，義取綜核，事該古今，至於麻縷之微，銖兩之細，不復委折求盡也。趙過《均田》之議，《漢書・食貨志》：「以趙過爲搜粟都尉。過能爲代田，一畝三甽，歲代處，故曰『代田』，古法也。」李翱《平賦》之書，案：李翱《平賦書》，見《全唐文》卷六百三十八。則公牘私論，各抒所見，惟以一時利病求所折衷，非復史氏記實之法也。夫令史簿録猥瑣無文，不能傳世行遠，見《篇卷》注。文學掌故「文學」，見《言公下》注。「掌故」，見《書教上》注。博綜大要，莫能深鑒隱微，此田賦之所以難明，而成書之所以難覯者也。古者財賦之事，征於司徒，自注：載師屬大司徒。會於太宰。自注：司會屬太宰。太宰制三十年，爲通九式，均節九賦，自祭祀、賓客之大，以至芻秣、匪頒之細，俱有定數。以其所出，准之以其所入，雖欲於定式之外多取於民，其道無由。此財賦所以貴簿正之法也。《周禮・天官冢宰》：「太宰以九賦斂財賄：一曰邦中之賦，二曰四郊之賦，三曰邦甸之賦，四曰家削之賦，五曰邦縣之賦，六曰邦都之賦，七曰關市之賦，八曰山澤之賦，九曰弊①餘之賦。以九式均節財用：一曰祭祀之式，二曰賓客之式，三曰喪荒之式，四曰羞服之式，五曰工事之式，六曰幣帛之式，七曰芻秣之式，八曰匪頒之式，九曰好用之式。」補正：原注加：《禮記・王制》：「以三十年之通制國用。」《孟子・萬章下》：「孔子先簿正祭器，不以四方之食供簿正。」同門張君大瑩補。自唐變租庸調而爲兩稅，《文獻通考・田賦考》：「德宗時，楊炎爲相，遂作兩稅法。夏輸無過六月，秋輸無過十一月，置兩稅使以總之。凡百役之費，先度其數而賦於人，量出制入。户無主客，以見居爲簿；人無丁中，以貧富②所取與

① 「弊」字誤，《周禮》作「幣」。

② 「以貧富」下，漏「爲差。不居處而行商者，在所州縣稅三十之一，度」，當補。

居者均，使無僥利。其租、庸、雜徭悉省，而丁額不廢。其田畝之税，以大歷十四年墾田之數爲定，而均收之。遣黜陟使按諸道丁産等級，免鰥寡惸獨不濟者，敢加斂以枉法論。舊制①三百八十萬五千，使者按得主户三百八十萬，客户三十萬。天下之民，不土斷而地著，不更版籍而得其虚實。歲斂錢二千五十餘萬緡，米四百萬斛以供外。錢九百五十餘萬緡，米千六百餘萬斛以供京師。天下便之。」青案：唐制賦役之制，丁男授田一頃，歲輸粟二斛，謂之租。歲輸絹二匹，錦三两，輸布者加五之一，麻三斤，或輸銀十四两，謂之調。役人力，歲二十日，閏月加二日，不役者日輸絹三尺，謂之庸。加役二十五日免調，三十日租、調皆免。補正：原注「人無丁中，以貧富下，奪「爲差，不居處而行商者，在所在州縣税三十之一，度」。明又變两税而爲一條鞭法，勢趨簡便，令無苛擾，亦度時揆勢，可謂得所權宜者矣。然而存留供億諸費，土貢方物等目，僉差募運之資，《續通典·食貨》：「嘉靖以後，行一條鞭法。總括一州縣之賦役，量地計丁，丁糧畢輸於官。一歲之役，官爲僉募力差，則計其工食之用，量爲增減。銀差則計其交納之用，加以增耗。凡額辦、派辦、京庫，歲需與存留供億。諸用度以及土

① 「制」字誤，《文獻通考》作「户」。

貢方物，悉併爲一條，皆計畝徵銀，折辦於官。」總括畢輸，便於民間，使無紛擾可也。有司文牘，令史簿籍，自當具録舊有款目，明著功令所以併省之由，然後折以時之法度，庶幾計司職守與編户齊民，皆曉然於制有變更，數無增損也。文移日趨簡省，而案牘久遠無徵，但存當時總括之數，不爲條列諸科，則遇禁網稍弛，官吏不飭於法。或至增飾名目，抑配均輸，《宋史·神宗紀》：「三年乙卯，詔諸路散青苗錢，禁抑配。」《續通典·食貨》：「神宗熙寧二年，立均輸市易之制。其時制置三司條例司，言今天下財用無餘，典領之官拘於弊法，内外不相知，盈虚不相補。諸路上供，歲有常數。豐年便道，可以多致而不能贏；年儉物貴，難於供億而不敢不足。遠方有倍蓰之輸，中都有半價之鬻。徒使富商大賈乘公私之急，以擅輕重斂散之權。今發運使實總六路之賦，而其職以制置茶、鹽、礬、酒税爲事，軍儲國用多所仰給。宜假以錢貨，資其用度，周知六路財賦之有無而移用之。凡糴買税斂上供之物，皆得徙貴就賤，用近易遠。令預知中都帑藏、年支見在之定數，所當供辦者，得以從便變易蓄買，以待上令。稍收輕重斂散之權歸之公上，而制其有無以便轉輸。庶幾國用可足，民財不匱。詔令本司具條例以聞，以發運使薛向領均輸平準事。」以爲合於古者惟正之貢，《書·無逸》：「以庶邦惟正之供」，蔡傳：「常貢正數之外無横斂也。」孰從而議其非制耶？

夫變法所以便民，而吏或緣法以爲奸，文案之功，或不能備。圖史所以爲經國之典也，然而一代浩繁，史官之籍有所不勝，獨州縣志書，方隅有限，可以條别諸目，瑣屑無遺，庶以補國史之力之所不給也。自有明以來，外志紀載率皆猥陋無法，至於田賦之事，以謂吏胥簿籍總無當於文章鉅麗之觀，遂據見行案牘一例通編，不復考究古今，深求原委。譬彼玉巵無當，《韓非子·外儲右》：「堂谿公謂昭侯曰：『今有千金之玉巵通①而無當，可以盛水乎？』昭侯曰：『不可。』『有瓦器而不漏，可以盛酒乎？』昭侯曰：『可。』對曰：『夫瓦器至賤也，不漏可以盛酒。雖有千金之玉巵，至貴而無當，漏不可盛水，則人孰注漿哉？今爲人之主而漏其群臣之語，是猶無當之玉巵也。雖有聖智，莫盡其術，爲其漏也。』昭侯曰：『然。』昭侯聞堂谿公之言，是此之後，欲發天下之大事未嘗不獨寢，恐夢言而使人知其謀也。」誰能賞其華美者乎？明代

① 「通」字衍，當删。

條鞭之法定於嘉靖之年，而和州《舊志》今可考者，亦自嘉靖中易鸞《州志》而止。當時正值初更章程，而州志即用新法，盡削舊條，遂使唐人兩税以來沿革莫考，惜哉！又私門論議，官府文移，有關田賦利病，自當採入本書。如班書叙次鼂錯《貴粟》之奏入《食貨志》，按：《漢書·鼂錯傳》：「错言守邊備塞，勸農力本，當世急務二事。」《傳》止載守邊備塞一事，而以勸農力本之奏分載於同書《食貨志》。賈讓《治河》之策入《溝洫志》，《漢書·溝洫志》：待詔賈讓奏言治河有上中下策云云。庶使事顯文明，學歸有用。否則裁入本人列傳，便人參互考求，亦趙充國《屯田》諸議之成法也。按：趙充國封營平侯，屢奏封章，言屯田之便。其奏俱載《漢書》本傳。近代志家類皆截去文詞，別編爲《藝文志》，而本門事實及本人行業，轉使擴落無材。豈志目大書專門，特標義例，積成卷軸，乃等於匏瓜之懸，仰而不食者耶？《論語·陽貨》：「吾豈匏瓜也哉？焉能繫而不食！」注：「匏瓜得繫一處者，不食故也。吾自食物，當東西南北，不得如不食之物繫滯一處。」康誥《舊志》，略窺此風。後來秉筆諸家，毅然删去，一而至再，無復挽回，可爲太息者也！今自易《志》以前，其有遺者，不可追已。自易《志》以後，具録顛末，編次爲書。其康誥《均田》之議，實有當於田賦利病。他若州中有關田賦之文，皆採録之，次於諸條之後，兼或採入列傳，互相發明，疑者闕之。後之覽者，或有取於斯焉。

和州志藝文書序例

《易》曰：「上古結繩而治，後世聖人易之以書契，百官以治，萬民以察。」見《詩教上》注。夫文字之原，古人所以爲治法也。三代之盛，法具於書，書守之官，天下之術業皆出於官師之掌故，道藝於此焉齊，德行於此焉通，天下所以以同文爲治。見《詩教上》注。而《周官》六篇，見《書教上》注。皆古人所以即守官而存師法者也。不爲官師職業所存，是爲非法，雖孔子言禮，必訪柱下之藏是也。見《史釋》注。三代而後，文字不隸於職司，於是官府章程，師儒習業，分而爲二。以致人自爲書，家自爲說，蓋泛濫而出於百司掌故之外者，遂紛然矣。自注：六經皆屬掌故，如《易》藏太卜，《詩》在太師之類。書既散在天下，無所統宗，於是著録部次之法出而治之，亦勢之所不容已。然自有著録以來，學者視爲紀數簿籍，求能推究同文爲治而存六典識職之遺者，惟劉向、劉歆所爲《七略》、《别録》之書而已。故其分别九流，論次諸子，必云出於古者某官之掌，其流而爲某家之學，失而爲某事之敝，條宣究極，隱括無遺。見《篇卷》注。學者苟能循流而溯源，雖曲藝小數，詖辭邪說，皆可返而通乎大道，而治其說者亦得以自辨其力之至與不至焉。有其守之，莫或流也；有其趨之，莫或歧也。言語文章胥歸識職，見《文理》注。則師法可復，而古學可興，豈不盛哉？韓氏愈曰：「辨古書之正僞，昭昭然若黑白分。」《答李翊書》文。孟子曰：「詖辭知其所蔽，淫辭知其所陷，邪辭知其所離，遁辭知其所窮。」《孟子·公孫丑上》文。孔子曰：「多聞，擇其善者而從之。」《論語·述而》文。夫欲辨古書正僞，以幾於知言，幾於多聞擇善，則必深明官師之掌，而後悉流别之故，竟末流之失，是劉氏著録所以爲學術絶續之幾也。不能究官師之掌，將無以條流别之故，而因以不知末流之失，則天下學術無所宗師。「生心發政，作政害事」，見《孟子·公孫丑上》。孟子言之斷斷如也。然而涉獵之士，方且炫博綜之才，索隱之功，方且矜隅墟之見，以爲區區著録之文、校讎之業，可以有裨於文事，噫！其惑也。

右原道。

六典亡而爲《七略》，見《書教上》注。是官失其守也；《七略》亡而爲四部，見《書教中》注。是師失其傳也。《周官》之籍富矣！保章天文，見《天喻》注。職方地理，見《書教中》注。虞衡理物，案：《周禮·地官司徒》有山虞、林衡、川衡、澤虞等。巫祝交神，案：《周禮·春官宗伯》有大祝、小祝、喪祝、甸祝、詛祝、司巫、男巫、女巫等。各守成書以布治法，即各精其業以傳學術，不特師氏、保氏所謂六藝《詩》、《書》之文也。司空篇亡，劉歆取《考工記》補之。馬融《周官傳序》：「劉向子歆校理祕書，始得列序，著於録略。然亡其《冬官》一篇，以《考工記》足之。」非補之也，考工當爲司空官屬，其所謂《記》即冬官之典籍，猶《儀禮》十七篇爲春官之典籍，《漢書藝文志考證》引《七録》云：「古經，周宗伯所掌，五禮威儀之事。」《司馬法》百五十篇爲夏官之典籍，《漢書藝文志考證》：「《周官·縣師》：『將有軍旅、會同、田役之戒，則受法於司馬，以作其衆庶。』《小司馬》：『掌事如大司馬之法。』《司兵》：『受兵從司馬之法以頒之。』此古者《司馬法》即周之政典也。」皆幸而獲傳後世者也。當日典籍具存，而三百六十之篇即以官秩爲之部次，文章安得散也？衰周而後，官制不行，而書籍散亡，千百之中存十一矣。就十一之僅存，而欲復三百六十之部次，非鑿則漏，勢有難行，故不得已而裁爲《七略》爾。其云蓋出古者某官之掌，「蓋」之爲言，猶疑辭也。欲人深思，而曠然自得於官師掌故之原也。故曰：六典亡而爲《七略》，官失其守也。雖然，官師失業，處士著書，雖曰法無統紀，要其本旨，皆欲推其所學，可以見於當世施行。其文雖連犿[①]，而指趨可約也；其説雖譎詭，而龐雜[②]不出也。《莊子·天下》：「其書雖瓌瑋，而連犿無傷也；其辭雖參差，而諔詭可觀。」疏：「連犿，和混也。諔詭，猶滑稽也。」故老莊、申韓、名、墨、縱横，漢初諸儒猶有治其業者，《史記·樂毅傳》：「樂氏之族有樂成公者，喜修黄帝老子之言。」又：《傳贊》曰：「其本師曰河上丈人。河上丈人教安琪生[③]，安琪生教毛翕公，毛翕公教樂瑕公，樂瑕公教樂成公，樂成公教蓋公，蓋公教於齊高密、膠西，爲蕭相國師。」《鼂錯傳》：「學申商刑名於軹張恢生所，與雒陽宋孟及劉带同師。」《漢書·藝文志·諸子略》名家：「《成公生》五篇。」《别録》：「成公生與李斯子由同時。」縱横家：「《蒯子》五篇。《鄒陽》七篇。」案：墨家未詳。是師傳未失之明驗也。師傳未亡，則文字必有所本。凡有所本，無不出於古人官守，劉氏所以易於條其别也。魏晉之間，專門之學漸亡，文章之士以著作爲榮華。詩賦、章表、銘箴、頌誄，因事結構，命意

① 「連犿」，嘉業堂《章氏遺書外编》同。粤雅堂本《文史通義》、浙江書局《章氏遺書》本作「連綴」。
② 「龐雜」，嘉業堂《章氏遺書外编》同。粤雅堂本《文史通義》、浙江書局《章氏遺書》本作「駁雜」。
③ 「安琪生」，《史記》作「安期生」，下同。

各殊。其旨非儒非墨，其言時離時合，裒而次之，謂之「文集」，見《文集》注。流別之不可分者一也。文章無本，斯求助於詞采。纂組經傳，摘抉子史，譬醫師之聚毒，以待應時取給。選青妃紫，案：「妃」通「配」。以青配紫，謂詩文之對仗也。不主一家，謂之「類書」，見《文集》注。流別之不可分者二也。學術既無專門，斯讀書不能精一。删略諸家，取便省覽，其始不過備一時之捷給，未嘗有意留青，繼乃積漸相沿，後學傳爲津逮。《水經注》：「懸巖之中多石室焉，室中有積卷矣，而世士罕有津逮者。」分之則其本書具在，合之則非一家之言，紛然雜出，謂之「書鈔」，《文心雕龍·論説》：「曹植《辨道》，體同書鈔。」鍾嶸《詩品》：「大明泰始中，文章殆同書鈔。」《南齊書·文學傳論》：「今之文章，略有三體。」「次則輯事比類，非對不發。博物可嘉，職成拘制。或全借古語，用中今情，崎嶇牽引，直爲偶説。」補正：原注上加：章宗源《隋書經籍志考證》：「《漢書鈔》三十卷，晉散騎常侍葛洪撰。《唐志》同。」流別之不可分者三也。會心不足，求之文貌，指摘句調工拙，品節宮商抑揚，俗師小儒，奉爲模楷。裁節經傳，摘比詞章，一例丹鉛，韓愈詩：「不如覷文字，丹鉛事點勘。」謂之「評選」，流別之不可分者四也。凡此四者，並由師法不立，學無專門，末俗支離，不知古人大體，下流所趨，實繁且熾。其書既不能悉付丙丁，惟有强編甲乙。見《繁稱》注。而欲執《七略》之舊法，部末世之文章，比於枘鑿方圓，豈能有合？宋玉《九辯》：「圓鑿而方枘兮，吾知其鉏鋙而難入。」故曰：《七略》流而爲四部，是師失其傳也。若謂史籍浩繁，《春秋》附庸，蔚成大國；自注：《七略》以《太史公》列《春秋》家，至二十一史，不得不別立史部。名、墨寥落，小宗支別，再世失傳，自注：名家者流、墨家者流，寥寥數家者，後代不復有其書矣。以謂《七略》之勢不得不變而爲四部，是又淺之乎論著録之道者矣。

右明時。

聞以部次治書籍，未聞以書籍亂部次者也。漢初，諸子百家浩無統攝，官《禮》之意亡矣。劉氏承西京之敝，而能推究古者官師合一之故，著爲條貫以溯其源，則治之未嘗不精也。魏、晉之間，文集、類書無所統繫，自注：魏文帝撰徐、陳、應、劉之文，都爲一集，摯虞作《文章流別》，集之始也。魏文帝作《皇覽》，類書之始也。專門傳授之業微矣。而荀、李諸家，自注：荀勖、李充。不能推究《七略》源流。至於王、阮諸家，自注：王儉、阮孝緒。相去逾遠。其後方技、兵書合於子部，而文集自爲專門，類書列於諸子。唐人四部之書，自注：四部剏於荀勖，體例與後代四部不同，故云始於唐人也。乃爲後代著録不祧之成法，而天下學術益紛然而無復綱紀矣。蓋《七略》承六典之敝，而知存六典之遺法；四部承《七略》之敝，而不知存《七略》之遺法。是《七略》能以部次治書籍，而四部不能不以書籍亂部次也。且四部之藉口於不能復《七略》者，一曰史籍之繁，不能附《春秋》家學也。見《易教上》注。夫二十一史見《答客問中》注。部勒非難；至於職官、故事之書，譜牒、見《校讎通義·宗劉》注。紀傳之體，或本官禮制作，或涉儒雜家言，不必皆史裁也。今欲括囊諸體，斷史爲部，於是儀注見《校讎通義·宗劉》注。不入禮經，補正：《左傳·隱七年》：「春，滕侯卒。不書名，未同盟也。凡諸侯同盟，於是稱名。故薨則赴以名，告終嗣也，以繼好息民，謂之禮經。」職官不通六典，謨誥離絶《尚書》，史評分途諸子，自注：史評皆諸子之遺，入史部非也。變亂古人立言本旨、部次成法以就簡易，如之何其可也？二曰文集日繁，不列專部無所統攝也。夫諸子百家非出官守，而劉氏推爲官守之流別，則文集非諸子百家，而著録之書又何不可治以諸子百家之識職乎？夫集體雖曰繁賾，要當先定作集之人。人之性情必有所近，得其性情本趣，則詩賦之所寄託，論辨之所引喻，紀叙之所宗尚，掇其大旨，略其枝葉，古人所謂一家之言，如儒、墨、名、法之中必有得其流别者矣。自注：如韓愈之儒家，柳宗元之名家，蘇軾之縱横家，王安石之禮家。存録其文集本名，論次其源流所自，附其目於劉氏部次之後，而别白其至與不至焉，以爲後學辨途之津逮。則卮言見《質性》注。無所附麗，猶云附屬。文集之弊可以稍歇，庶幾言有物而行有恒，見《質性》注。將由《七略》專家而窺六典見《書教上》注。遺則乎？家法既專，其無根駁雜，類鈔、評選之屬，可以不煩而自治。是著録之道通於教法，何可遽以數紀部目之屬輕言編次哉？但學者不先有以窺乎天地之純，識古人之大體，而遽欲部次群言，辨章流別，將有希幾於一言之是而不可得者。是以著録之家，好言四部而憚聞《七略》也。

右復古。

史家所謂部次條別之法，備於班固，而實仿於司馬遷。司馬遷未著成法，班固承劉歆之學而未精，則言著録之精微，亦在乎熟究劉氏之業而已矣。究劉氏之業將由班固之書，人知之；究劉氏之業當參以司馬遷之法，人不知也。夫司馬遷所謂序次六家，條辨學術同異，推究利病，本其家學，自注：司馬談論陰陽、儒、墨、名、法、道德，以爲六家。尚已。紀首推本《尚書》，自注：《五帝本紀贊》。表首推本《春秋》，自注：《三代世表序》。傳首推本《詩》《書》所闕至於虞夏之文，自注：《伯夷列傳》。皆著録淵源所自啟也。其於六藝而後，周秦諸子，若孟荀三鄒、老莊申韓、管晏、屈原、虞卿、呂不韋諸傳，俱見《史記》本傳。論次著述，約其歸趣，詳略其辭，頡頏其品，抑揚咏歎，義不拘墟，在人即爲列傳，在書即爲叙録。古人命意標篇，俗學何可繩尺限也？劉氏之業，其部次之法本乎官《禮》，至若叙録之文，則於太史列傳微得其裁。蓋條别源流，治百家之紛紛，欲通之於大道，此本旨也。至於卷次部目，篇第甲乙，雖按部就班，秩然不亂，實通官聯事，交濟爲功。如《管子》列於道家，而叙小學流别，取其《弟子職》篇，附諸《爾雅》之後。見《漢書·藝文志·諸子略·道家》及《六藝略·孝經》。則知一家之書，其言可采，例得别出也。《伊尹》、《太公》，道家之祖；自注：次其書在道家。《蘇子》、《蒯通》，縱横家言。以其兵法所宗，遂重録於兵法權謀之部次，冠冕孫、吴諸家。見《校讎通義·互著》注。則知道德、兵謀，凡宗旨有所統會，例得互見也。夫篇次可以别出，則學術源流無闕間不全之患也；部目可以互見，則分綱别紀無兩歧牽掣之患也。學術之源流無闕間不全，分綱别紀無兩歧牽掣，則《周官》六卿聯事之意存，見《書教上》注。而太史列傳互詳之旨見。自注：如《貨殖》叙子貢，不涉《弟子列傳》。《儒林》叙董仲舒、王吉，别有專傳。治書之法，古人自有授受，何可忽也？自班固删《輯略》，而劉氏之緒論不傳；自注：《輯略》乃總論群書大旨。省部目，而劉氏之要法不著。自注：班省劉氏之重見者而歸於一。於是學者不知著録之法所以辨章百家，通於大道，自注：《莊子·天下篇》亦此意也。而徒視爲甲乙紀數之所需。無惑乎學無專門，書無世守，轉不若巫祝符籙、醫士秘方，猶有師傳不失之道也。鄭樵《校讎》之略力糾《崇文》部次之失，自班固以下皆有譏焉。然鄭氏未明著録源流當追官《禮》，徒斤斤焉糾其某書當甲而誤乙，某書宜丙而訛丁。按：《鄭志》所論甚多，姑舉《見名不見書論》云：「編書之家，多是苟且。有見名不見書者，有看前不看後者。《尉繚子》，兵書也，班固以爲諸子類，置於雜家，此之謂見名不見書。隋、唐因之，至《崇文目》始入兵書類。顔師古作《刊謬正俗》①，乃雜記經史，惟第一篇説《論語》，而《崇文目》以爲《論語》類，此之謂看前不看後。應知《崇文》所釋，不看全書，多只看帙前數行，率意以釋之耳。按《刊謬正俗》當入經解類。」夫部次錯亂雖由家法失傳，然儒、雜二家之易混，職官、故事之多歧，其書本在兩可之間，初非著録之誤。如使劉氏别出互見之法不明於後世，雖

①《刊謬正俗》，兩《唐書》作《匡謬正俗》。下同。

使太史復生，揚雄再見，其於部次之法猶是茫然不可統紀也。鄭氏能識班《志》附類之失當，而不能糾其併省之不當，可謂知一十而不知二五者也。見《言公》注。且吾觀後人之著録，有別出《小爾雅》以歸《論語》者，自注：本《孔叢子》中篇名，《隋·經籍志》別出歸《論語》。有別出《夏小正》以入時令者，自注：本《大戴禮》篇名，《文獻通考》別出歸時令。是豈足以知古人別出之法耶？特忘其所本之書，附類而失其依據者爾。《嘉瑞記》既入五行，又互見於雜傳；自注：《隋書·經籍志》。《西京雜記》既入故事，又互見於地理。自注：《唐書·藝文志》。是豈足以知古人互見之法耶？特忘其已登著録，重複而至於訛錯者爾。夫末學支離，至附類失據，重複錯訛，可謂極矣。究其所以歧誤之由，則理本有以致疑，勢有所以必至。徒拘甲乙之成法，而不於古人之所以別出、所以互見者析其精微，其中茫無定識，弊固至乎此也。然校讎之家，苟未能深於學術源流，使之徒事裁篇而別出，斷部而互見，將破碎紛擾，無復規矩章程，斯救弊益以滋弊矣。是以校讎師法不可不傳，而著録專家不可不立也。

右家法。

州縣志乘藝文之篇，不可不熟議也。古者行人采書，《周禮·秋官司寇》：「小行人掌邦國賓客之禮籍，以待四方之使者。若國札喪，則令賻補之。若國凶荒，則令賙委之。若國師役，則令槁襘之。若國有福事，則令慶賀之。若國有禍烖，則令哀弔之。凡此五物者，治其事故，乃其萬民之利害爲一書，其禮俗、政事、教治、刑禁之逆順爲一書，其悖逆、暴亂、作慝、猶犯令者爲一書，其札喪、凶荒、厄貧爲一書，其康樂、和親、安平爲一書。凡此五物者，每國辨異之，以反命於王，以周知天下之故。」太史掌典，見《方志立三書議》注。文章載籍皆聚於上，故官司所守之外無墳籍也。後世人自爲書，家別其說，縱遇右文之代，購典之期，其能入於秘府、領在史官者，十無七八，其勢然也。文章散在天下，史官又無專守，則同文之治，惟學校師儒得而講習，州縣志乘得而部次，著爲成法，守於方州，所以備輶軒之采風，見《文集》注。待秘書之論定。其有奇衺訶不衷之説，亦得就其聞見，校讎是正，庶幾文章典籍有其統宗，而學術人心得所規範也。昔蔡邕正定石經，以謂四方之士至有賄改蘭臺漆書，以合私家文字者，是當時郡國傳習與中書不合之明徵也。《後漢書·儒林傳論》：「黨人既誅，其高名善士多坐流廢，後遂至忿争，更相言告。亦有私行金貨，定蘭臺漆書經字，以合其私文。熹平四年，靈帝乃詔諸儒正定五經，刊於石碑。爲古文、篆、隸三體書法，以相參檢，樹之學門。」又：《蔡邕傳》：「邕以經籍去聖久遠，文字多謬，俗儒穿鑿，疑誤後學。熹平四年，乃與五官中郎將堂谿典，光禄大夫楊賜，諫議大夫馬日磾，議郎張馴、韓説，太史令單颺等，奏求正定六經文字。靈帝許之。邕乃自書册①於碑，使工鐫刻，立於太學門外。於是後儒晚學咸取正焉。」文字點畫，小學之功，猶有四方傳習之異，況紀載傳聞，私書別録？學校不傳其講習，志乘不治其部次，則文章散著，疑似兩淆，後世何所依據而爲之考定耶？鄭樵論求書之法，以謂因地而求，因人而求，《通志·校讎略》：「求書之道有八：《論》、《孟》、《少主實録》，蜀中必有。《王審知傳》，閩中必有。《零陵先賢傳》，零陵必有。《桂陽先賢贊》，桂陽必有。《京口記》者，潤州記也。《東陽

①「册」字誤，《後漢書》作「丹」。

記》者，婺州記也。《茅山記》必見於茅山觀，《神光聖迹》必見於神光寺。如此之類，可因地以求。鄉人李氏曾守和州，其家或有沈氏之書，前年所進《褚方回清慎帖》蒙賜百匹两，此則沈家舊物也。鄉人陳氏嘗爲湖北監司，其家或有田氏之書，臣嘗見其有《荆州田氏目録》，若跡其官守，知所由來，容或有焉。此謂因人以求。」是則方州部録藝文固將爲因地因人之要删也。前代搜訪圖書，不懸重賞，則奇書秘策不能會萃；苟懸重賞，則僞造古逸妄希詭合。三墳之《易》，晁公武《郡齋讀書志》：「《三墳書》七卷，皇朝張商英天覺得之於比陽氏家。墳皆古文，而傳乃隸書。所謂『三墳』者，山、氣、形也。」按：《七略》不載《三墳》，《隋志》亦無之，世皆以爲天覺僞撰，蓋以比李筌《陰符經》云。」古文之《書》，見《言公中》注。其明徵也。向令方州有部次之書，下正家藏之目，上借中秘之徵，則天下文字皆著籍録，雖欲私錮而不得，雖欲僞造而不能，有固然也。夫人口孳生猶稽版籍，水土所産猶列職方，況乎典籍文章，爲學術源流之所自出，治功事緒之所流傳？不於州縣志書爲之部次條別，治其要删，其何以使一方文獻無所闕失耶？

右例志。

和州志政略序例

夫州縣志乘比於古者列國史書，尚矣。列國諸侯開國承家，體崇勢異，史策編列世家，抗於臣民之上，固其道也。州縣長吏不過古者大夫、邑宰之選，地非久居，官不世禄，《孟子·梁惠王下》：「仕者世禄。」其有甘棠留蔭，《毛詩·召南》：「《甘棠》，美召伯也。召伯之教，明於南國。」循蹟可風，編次列傳，班於文學、政事之間，亦其宜也。往牒所載，今不可知。若梁元帝所爲《丹陽尹傳》，自注：見《隋志》，凡十卷。孫仲所爲《賢牧傳》，自注：見《唐志》，十五卷。則專門編録，率由舊章。見《經解中》注。馬、班《循吏》之篇，案：《史記》、《漢書》均有《循吏傳》。《史記·循吏傳》：「奉職循理，亦可以爲治。」要爲不易者矣。至於州縣全志，區分品地，乃用名宦爲綱，與鄉賢、列女、仙釋、流寓諸條，均分門類，是乃摘比之類書，詞人之雜纂，雖略倣樂史《太平寰宇記》中所坿名目，案：樂《記》每道下轄州府，僅有州境。府境户口、風俗、姓氏、人物、土産諸目，無名宦、鄉賢、列女，故云「略倣」。實兔園捃摭詞藻之先資。見《傳記》注。欲擬《春秋》家學，外史掌故，人編列傳，事具首尾，苟使官民同録，體例無殊，未免德操詣龐公之家，一室難分賓主者矣。《蜀志·龐統傳》注引《襄陽記》曰：「德操嘗造德公，值其渡沔上，祀先人墓，德操逕入室，呼德公妻子，使速作黍。『徐元直向云：有客當來，就我與龐公譚。』其妻子皆羅列拜於堂下，奔走供設。須臾，德公還，直入相就，不知何者客也。」

竊意蜀郡之慕文翁，南陽之思邵父，取其有以作此一方，爲能興利革弊，其人雖去，遺愛在民，職是故也。《漢書·循吏傳》：「文翁，廬江舒人也。景帝末，爲蜀郡守。仁愛，好教化。」「蜀地學於京師者，比齊魯焉。至武帝時，乃令天下郡國皆立學校官，自文翁爲之始云。文翁終於蜀，吏民爲立祠堂，歲時祭祀不絶。」「召信臣，字翁卿，九江壽春人也。」「遷南陽太守。」「爲人勤力有方略，好爲民興利，務在富之。躬耕勸農，出入阡陌，止舍離鄉亭，稀有安居時。」「年老，以官卒。元始四年，詔書祀百辟卿士有益於民者，蜀郡以文翁，九江以召父應詔書。歲時，郡二千石率官屬行禮，奉祠信臣冢，而南陽亦爲立祠。」正使伯夷之清，柳下惠之和①，見《原道上》注。不嫌同科。其或未仕之先，鄉評未協；去官之後，晚節不終。苟爲一時循良，何害一方善政？夫以治績爲重，其餘行業爲輕，較之州中人物，要其始末，品其瑕瑜，草木區分，條編類次者，其例本不相侔。於斯分別標題，名爲「政略」，不亦宜乎？夫「略」者，綱紀之鴻裁，編摩之偉號，黄石、淮南之屬抗其題，自注：黄石《三略》、《淮南子·要略》。青案：《隋書·經籍志》：「黄石公《三略》三卷，下邳神人撰。」「《淮南子》二十一卷，漢淮南王劉安撰。」張温、魚豢之徒分其紀，自注：張温《三史略》，魚豢《典略》。青案：《隋書·經籍志》：「《三史略》二十九卷，吴太子太傅張温撰。」「《典略》八十九卷，魏郎中魚豢撰。」蓋有取乎謨略之遺，不獨鄭樵之二十部也。自注：鄭樵《通志》二十略。以之次比政事，編著功猷，足以臨蒞邦人，冠冕列傳，揆諸記載，體例允符。非謂如裴子野之删《宋略》，但取節文爲義者也。《梁書·裴子野傳》：「子野字幾原。曾祖松之，

①「柳下惠之和」，嘉業堂《章氏遺書外編》作「柳下之和」。粤雅堂本《文史通義》、浙江書局《章氏遺書》本作「柳下之惠」。

續修何承天《宋史》，未成。子野更撰爲《宋略》二十卷，叙事評論多善。」

和州志列傳總論

志曰：傳志之文，古無定體。《左氏》所引《軍志》、《周志》諸文，即傳也。如《僖二十八年》引《軍志》曰：「允當則歸。」又曰：「知難而退。」又曰：「有德不可敵。」《文二年》：「《周志》有云：『勇則害上，不登於明堂。』」是也。孟子所對湯武苑囿之問，皆曰「於傳有之」，即志也。見《經解上》注。六藝爲經，則《論語》、《禮記》之文謂之傳。見《經解上》注。卦爻爲經，則《彖》、《象》、《文言》謂之傳。見《傳記》注。自《左氏春秋》依經起義，兼史爲裁，而司馬遷七十列傳略參其例，固以十二本紀竊比《春秋》者矣。見《書教上》注。夫其人別爲篇，類從相次，按諸《左氏》，稍覺方嚴。而別識心裁，略規諸子，揆其命名之初，諸傳之依《春秋》，不過如諸記之因經禮，因名定體，非有深文。《漢書·張湯傳》：「湯與趙禹共定諸律令，務在深文。」即楚之屈原，將漢之賈生合傳；談天鄒衍，綴大儒孟、荀之篇。見《書教下》注。因人徵類，品藻無方，咏歎激昂，抑亦呂氏六論之遺也。自注：呂氏十二紀似本紀所宗，八覽似八書所宗，六論似列傳所宗。案：《文心雕龍·史傳》曰：「遷取式《呂覽》，著本紀以述皇王。」此蓋章氏所本。今按《呂覽·十二月紀》非專述帝王之事，而《史記·大宛列傳贊》云：「《禹本紀》言：『河出崑崙五百里。』又云：「《禹本紀》及《山海經》所有怪物，予不敢言之也。」是遷之作紀，非本於《呂覽》，而漢以前別有《禹本紀》一書，正遷所取本耳。班史一卷之中，人分首尾，傳名既定，規制綦密。然逸民四皓之屬，王貢之附庸也。《漢書》王吉等傳傳首叙云：「漢興，有東園公、綺里季、夏黃公、甪里先生，此四人者，當秦之世，避而入商山。自高祖聞而召之，不至。呂氏用留侯計，使皇太子卑辭安車，迎而致之。四人從太子見，高祖客而敬待之。太子得以爲重，遂用自安。」《王吉傳》：「吉字子陽。」「與貢禹爲友，世稱『王陽在位，貢公彈冠。』」王吉、韋賢諸人，《儒林》之別族也。《漢書·王吉傳》：「初，吉兼通五經，能爲鄒氏《春秋》，以《詩》、《論語》教授。好梁丘賀説《易》，令子駿受焉。」《韋賢傳》：「賢爲人質朴少欲，篤志於學，兼通《禮》、《尚書》，以《詩》教授，號稱鄒魯大儒。」附庸如顓臾之寄魯，署目無聞；《論語·季氏》：「季將伐顓臾」，孔注：「顓臾，伏羲之後，風姓之國。本魯之附。」《漢書·地理志》泰山郡蒙陰注：「《禹貢》蒙山在西南，有祠，顓臾國在蒙山下，莽曰蒙恩。」別族如田陳之居齊，重開標額。見《詩教下》注。徵文則相如侈陳詞賦，見《詩教下》注。辨俗則東方不諱諧言。《漢書·東方朔傳》：「上令待詔公車，奉禄薄，未得省見。久之，朔紿騶朱儒曰：『上以若曹無益於縣官，今欲盡殺若曹。』朱儒大恐，啼泣。朔教曰：『上即過，叩頭請罪。』居有頃，聞上過，朱儒皆號泣頓首。上問何爲，對曰：『東方朔言：上欲盡誅臣等。』上知朔多端，召問朔：『何恐朱儒爲？』對曰：『臣朔生亦言，死亦言。朱儒長三尺餘，奉一囊粟，錢二百四十①。朱儒飽欲死，臣朔飢欲死。臣言可用，幸異其禮；不可用，罷之，無令但索長安米。』上大笑。」「上嘗使諸數家射覆，朔自贊曰：『臣請射之。』連中，輒賜帛。時有幸倡郭舍人，滑稽不窮，常侍左右，曰：『朔狂，幸中耳。臣願令朔復射，朔中之，臣榜百，不能中，臣賜帛。』乃覆樹上寄生，朔曰：『生肉爲膾，乾肉爲脯，著樹爲寄生，盆下爲窶數。』上令倡監榜舍人，舍人不勝痛，呼謈。朔笑之曰：『咄！口無毛，聲謷謷，尻益高。』上問朔：『何故詆之？』對曰：『臣廼與爲隱耳。夫口無毛者，狗竇也。聲謷謷者，烏哺鷇也。尻益高者，鶴俯啄也。』」「上以朔爲常侍郎，遂得愛幸。」蓋卓識鴻裁，猶未可量以一轍矣。范氏東漢之作，則

①「錢二百四十」句下，《漢書》有「臣朔長九尺餘，亦奉一囊粟，錢二百四十」一句。

題目繁碎，有類米鹽。傳中所列姓名，篇首必標子注。《史通・因習》：「尋班、馬之爲列傳，皆具編其人姓名如行狀，尤相似者則共歸一稱，若《刺客》、《日者》、《儒林》、《循吏》是也。范曄既移題目於傳首，列姓名於傳中，而猶於列傳之下注爲《列女》、《高隱》等目。苟姓名既書，題目又顯，是則鄧禹、寇恂之首當署爲《公輔》者矣，岑彭、吴漢之前當標爲《將帥》者矣。觸類而長，實繁其徒，何止《列女》、《孝子》、《高隱》、《獨行》而已。」案：子注，見《史注》注。於是列傳之體，如注告身，《新唐書・百官志》：「吏部郎中掌文官階品、朝集、禄賜，給其告身。」案：唐制：奏授判補之官，皆給以符，謂之告身。猶今之補官文憑也。《通鑑》：至德中，「專以官爵賞功」，「收散卒」，「大將軍告身不能易一醉」。今後世之功牌、獎狀亦曰告身，又濫之尤矣。首徵祖系，末綴孫曾，循次編年，惟恐失墜。求如陳壽之述《蜀志》，旁採《季漢輔臣》，見《和州志氏族表序例下》注。沈約之傳靈運，通論六朝文史者，《宋書・謝靈運傳》：「史臣曰：民稟天地之靈，含五常之德，剛柔迭用，喜愠分情。夫志動於中，則歌詠外發。六義所因，四始攸繫，升降謳謡，紛披風什。雖虞夏以前，遺文不睹，稟氣懷靈，理無或異。然則歌詠所興，宜自生民始也。周室既衰，風流彌著，屈平、宋玉，導清源於前，賈誼、相如，振芳塵於後。英辭潤金石，高義薄雲天。自兹以降，情志愈廣。王襃、劉向、揚、班、崔、蔡之徒，異軌同奔，遞相師祖。雖清辭麗曲，時發乎篇，而蕪音累氣，固亦多矣。若夫平子豔發，文以情變，絶唱高蹤，久無嗣響。至於建安，曹氏基命，三祖陳王，咸蓄盛藻。甫乃以情緯文，以文被質。自漢至魏，四百餘年，辭人才子，文體三變。相如巧爲形似之言，班固長於情理之説，子建、仲宣以氣質爲體，並標能擅美，獨映當時。是以一世之士，各相慕習，原其飆流所始，莫不同祖《風》、《騷》。徒以賞好異情，故意製相詭。降及元康，潘、陸特秀，律異班、賈，體變曹、王，縟旨星稠，繁文綺合。綴平臺之逸響，採南皮之高韻，遺風餘烈，事極江左。有晉中興，玄風獨振，爲學窮於柱下，博物止乎七篇，馳騁文辭，義單乎此。自建武暨乎義熙，歷載將百，雖綴響聯辭，波屬雲委，莫不寄言上德，託意玄珠，遒麗之辭，無聞焉爾。仲文始革孫、許之風，叔源大變太元之氣。爰逮宋氏，顔、謝騰聲。靈運之興會標舉，延年之體裁明密，並方軌前秀，垂範後昆。若夫敷衽論心，商榷前藻，工拙之數，如有可言。夫五色相宣，八音協暢，由乎玄黄律吕，各適物宜。欲使宫羽相變，低昂互節，若前有浮聲，則後須切響。一簡之内，音韻盡殊；兩句之中，輕重悉異。妙達此旨，始可言文。至於先士茂製，諷高歷賞，子建函京之作，仲宣霸岸之篇，子荆零雨之章，正長朔風之句，並直舉胸情，非傍詩史，正以音律調韻，取高前式。自騷人以來，此秘未覩。至於高言妙句，音韻天成，皆闇與理合，匪由思至。張、蔡、曹、王，曾無先覺；潘、陸、謝、顔，去之彌遠。世之知音者有以得之，知此言之非謬。如曰不然，請待來哲。」不爲繩墨拘牽，微存作者之意，跫然如空谷之足音矣。《莊子·徐無鬼》：「夫逃虚空者，聞人足音，跫然而喜矣。」然師般不作，規矩猶存，《孟子·離婁上》：「公輸子之巧，不以規矩，不能成方圓。」案：師般，即公輸子。比緝成編，以待能者，和而不倡，宜若可爲。第以著述多門，通材達識，不當坐是爲詹詹爾。《莊子·齊物論》：「小言詹詹」，成注：「詹詹，詞費也」。至於正史之外，雜記之書，若《高祖》、《孝文》論述策詔，皆稱爲傳，自注：《漢·藝文志》有《高祖傳》十三篇，《孝文傳》十一篇。則故事之祖也。《穆天子傳》、《漢武内傳》，小説之屬也。《隋書·經籍志》：「《穆天子傳》六卷，汲冢書，郭璞注。」「《漢武内傳》三卷。」劉向《列女傳》，嵇康《高士傳》，專門之紀也。《隋書·經籍志》：「《列女傳》十五卷，劉向撰，曹大家注。」「《高士傳贊》三卷，嵇康撰，周續之注。」王肅《家傳》，王裒[①]《世傳》，一家之書也。《隋書·經籍志》：「《王朗王肅家傳》，褚覬等撰。」[②]「《王氏

① 「裒」，粤雅堂本《文史通義》、浙江書局《章氏遺書》本均作「哀」，按當作「裦」，同「裒」。

② 「志」、「褚」二字，原書均空一格，據《隋書》補。

江右世家傳》二十卷，王褒撰。」《東方朔傳》、《陸先生傳》，一人之行也。《隋書·經籍志》：「《東方朔傳》八卷，管辰撰。」「《陸先生傳》一卷，孔稚圭撰。」至於郡邑之志，則自東京以往，訖於六朝而還，若《陳留耆舊傳》、《會稽先賢傳》之類，見《黠陋》注。其不爲傳名者，若《襄陽耆舊記》、《豫章志後撰》之類，《襄湯①耆舊記》，見《傳記》注。《隋書·經籍志》：「《豫章舊志後撰》一卷，熊欣撰。」載筆繁委，不可勝數。網羅放失，綴輯前聞，譬彼叢流趨壑，細大不捐，五金在冶，利鈍並鑄者矣。

司馬遷曰：「百家言不雅馴，搢紳先生難言之。」又曰：「不離古文者近是。」又曰：「擇其言尤雅者。」《史記·五帝本紀贊》文。載籍極博，折衷六藝。見《史德》及《史注》注。《詩》、《書》雖闕，虞夏可知。《史記·伯夷列傳》：「《詩》、《書》雖缺，然虞夏之文可知也。」然則旁推曲證，聞見相參，顯微闡幽，折衷至當。要使文成法立，安可拘拘爲劃地之趨哉？

①「湯」字誤，當作「陽」。

夫合甘辛而致味，通纂組以成文，低昂時代，衡鑒士風，論世之學也。見《原學上》注。同時比德，附出均編，類次之法也。情有激而如平，旨似諷而實惜，予奪之權也。或反證若比，或遥引如興，一事互爲詳略，異撰忽爾同編，品節之理也。「言之無文，行而不遠。」①《左傳·襄十五年》文。聚公私之記載，參百家之短長，不能自具心裁，而斤斤焉徒爲文案之孔目，見《答客問中》注。何以使觀者興起，而遽欲刊垂不朽耶？且國史徵於外志，外志徵於家牒，所徵者博，然後可以備約取也。今之外志紀傳無分，名實多爽，既以人物、列女標爲專門，又以文苑、鄉賢區爲定品。裁節史傳，删略事實，逐條附注，有似類書摘比之規，非復古人傳記之學。擬於國別爲書，丘分作志，不亦難乎？又其甲科、仕宦，或詳選舉之條；誌狀、碑銘，列入藝文之内。一人之事，複見疊出，或注傳詳某卷，或注事見某條。此

① 「言之無文，行而不遠」，《左傳》同。粤雅堂本《文史通義》、浙江書局《章氏遺書》本作「言之不文，行之不遠」。

殆有類本草注藥，根實異部分收；如《本草綱目》桑根白皮與桑葚分述，但皆在木部。韻書通音，平仄互標爲用者矣。文非雅馴，學者難言。今以正史通裁特標列傳，旁推互證勒爲專家，上裨古史遺文，下備後人採録。庶有作者，得以考求。如謂不然，請俟來哲。

和州志闕訪列傳序例

孔子曰：「吾猶及史之闕文也。」見《史注》注。又曰：「多聞闕疑，慎言其餘。」見《説林》注。夫網羅散失，見《書教上》注。紬繹簡編，所見所聞，時得疑似，非貴闕然不講也。夫郭公、夏五，原無深文；《左傳·桓十四年》經：「夏五」，注：「不書月，闕文。」《莊二十四年》經：「郭公」，注：「無傳，蓋經闕誤也。」耒耜網罟，亦存論説。《易·繫辭下》：「古者包羲氏之王天下也，作結繩而爲罔罟，以佃以漁，蓋取諸《離》。包犧氏没，神農氏作，斲木爲耜，揉木爲耒，耒耨之利，以教天下，蓋取諸《益》。」而《春秋》仍列故題,《尚書》斷自《堯典》,疑者闕而弗竟,闕者存而弗删,斯其慎也。《史記·孔子世家》:「孔子追迹三代之禮,序書傳,上紀唐虞之際,下至秦穆,編次其事。」司馬遷曰:「書闕有閒矣,其軼時時見於他説。」《史記·五帝本紀贊》文。夫疑似之蹟未必無他説可參,而舊簡以古文爲宗,百家以雅馴是擇,心知其意,所以慨然於好學深思之士也。見《答客問上》注。班固《東方朔傳》以謂奇言怪語,附著者多,遂詳録其諧隱射覆瑣屑之談,以見朔實止此,見《和州志列傳總論》注。是史氏釋疑之家法也。陳壽《蜀志》以諸葛不立史官,蜀事窮於搜訪,因録楊戲季漢名臣之贊,略存姓氏以致其意,是史牒闕文之舊章也。自注:壽别撰《益部耆舊傳》十卷,是壽未嘗略蜀也。《益部耆舊傳》不入《蜀志》,體例各有當也。或以譏壽,非也。自史學失傳,中才史官不得闕文之義,喜繁辭者或雜奇衺之説,好簡潔者或删經要之言,自注:《晉書》喜採小説,《唐書》每删章奏。多聞之旨不遵,慎言之訓誤解。若以形涉傳疑,事通附會,含毫莫斷,故牒難徵,謂當削去篇章,方合闕文之説,是乃所謂疑者滅之而已,更復何闕之有?鄭樵著《校讎略》，以謂館閣徵書，舊有闕書之目，凡考文者，必當録其部次，購訪天下。《通志·校讎略·編書必記亡書論》：「古人亡書有記，故本所記而求之。魏人求書，有《闕目録》一卷。唐人求書，有《搜訪圖書目》一卷，所以得書之多也。」其論可謂精矣。

竊謂典籍如此，人文亦然。凡作史者，宜取論次之餘。或有人著而事不詳，若傳歧而論不一者，與夫顯列名品，未徵事實。清標夷齊，而失載西山之薇；《史記·伯夷列傳》：「伯夷、叔齊，孤竹君之二子也。武王已平殷亂，天下宗周，而伯夷、叔齊恥之，義不食周粟。隱於首陽山，采薇而食之。」案：此反用其意。學著顏曾，而不傳東國之業。案：謂著顏淵、曾參之學，而不載其授受淵源。東國，魯國也。孔子魯人，故云。一隅三反，其類實繁。或由載筆誤删，或是虚聲泛採，難憑臆斷，當付傳疑。列傳將竟，别裁闕訪之篇，以副慎言之訓。後之觀者，得以考求。使若陳壽之季漢名臣，自注：見上。常璩之華陽士女，自注：《華陽國志》有序録士女志，止列姓名，云其事未詳。青按：見《答客問》中注。不亦善乎？至於州縣之志，體宜比史加詳，而向來撰志，條規人物，限於尺幅，摘比事實，附注略節，與方物土産區門分類，約略相同。至其所注事實，率似計薦考語，案牘讞文，案牘，猶云公文。劉禹錫《陋室銘》：「無案牘之勞形。」《禮記・文王世子》：「獄成，有司讞於公。」疏：「言白也。」陳注：「議刑也。」駢偶其詞，斷而不叙。士曰孝友端方，慈祥愷悌；吏稱廉能清慎，忠信仁良。學盡漢儒，貞皆姜女，《詩・鄘風》：「《柏舟》，共姜自誓也。衛世子共伯早死，其妻守義，父母欲奪而嫁之，誓而弗許，故作是詩以絶之。」千篇一律，《藝苑卮言》：「白居易詩，千篇一律。」葭葦茫然，見《言公下》注。又何觀焉？今用史氏通裁，特標列傳。務取有文可誦，據實堪書，前志所遺，搜訪略盡。他若標名略注，事實難徵，世遠年湮，不可尋訪，存之則無賴可歸，削之則潛德弗曜。凡若此者，悉編爲《闕訪列傳》，以俟後來者之別擇云爾。

和州志前志列傳序例上

《記》曰：「疏通知遠，《書》教也。比事屬辭，《春秋》教也。」見《書教上》注。言述作殊方，而風教有異也。孟子曰：「頌其詩，讀其書，不知其人可乎？」見《文德》注。言墳籍《墳》謂《三墳》，見《書教上》注。籍，書也。《後漢書・蔡琰傳》：「操問曰：『聞夫人家多墳籍。』」具存，而作者之旨不可不辨也。古者史官各有成法，辭文旨遠，見《言公中》注。存乎其人。見《砭俗》注。孟子所謂「其文則史」，孔子以謂「義則竊取」，見《書教上》注。明乎史官法度不可易，而義意爲聖人所獨裁。然則良史善書，亦必有道矣。前古職史之官不可考，《春秋》列國之良史，若董狐、南史之直筆，左史倚相之博雅，其大較也。《左傳・宣二年》：「孔子曰：『董狐，古之良史也，書法不隱。』」《襄二十五年》：「大史書曰：『崔杼弑其君。』崔子殺之。其弟嗣書，而都①二人。其弟又死，乃舍之。南史氏聞大史盡死，執簡以往，聞既書矣，乃還。」《昭十二年》：「左史倚相趨過，王曰：『是良史也，子養視之。是能讀《三墳》、《五典》、《八索》、《九丘》。』」竊意南、董、左史之流，當時必有師法授受。第以專門之業，事遠失傳，今不得而悉究之也。司馬遷網羅散失，采獲舊聞，撰爲百三十篇，以紹《春秋》之業。見《書教上》注。其於衰周戰國所爲《春秋》家言，如晏嬰、虞卿、呂不韋之徒，自注：《晏子春秋》、《虞氏春秋》、《呂氏春秋》皆有比事屬辭之體，即當時《春秋》家言各有派别，不盡「春王正月」一體也。皆叙録其著述之大凡，緝比論次，所以明己之博采諸家，折衷六藝，淵源流别，不得不詳所自也。自注：司馬遷《自序》紹《春秋》之業，蓋溯其派别有自，非僭妄之言。司馬氏殁，班固氏作，論次西京史事，全録太史《自序》，推其義例，殆與相如、揚雄《列傳》同科。《隋書·劉炫傳》：「自爲贊曰：『通儒司馬相如、揚子雲、馬季卿、鄭康成等，皆自叙風徽，傳芳來葉。』」《史通·序傳》：「降及司馬相如，始以自叙爲傳。然其所叙者，但記自少及長，立身行事而已，逮於祖

①「都」字誤，《左傳》作「死者」。

先所出，則蔑爾無聞。至馬遷，又徵三閭之故事，放文園之近作，模楷二家，勒成一卷。於是揚雄遵其舊轍，班固酌其餘波，自叙之篇，實煩於代。雖屬辭有異，而玆體無易。」范蔚宗《後漢》之述班固，踵成故事，墨守舊法，繩度不踰，雖無獨斷之才，猶有餼羊告朔、禮廢文成者也。見《史注》注。及《宋書》之傳范蔚宗，《晉書》之傳陳壽，或雜次文人之列，或猥編同時之人，《宋書》卷六十九，范曄與劉湛同傳。《晉書》卷八十二，陳壽與王長文、虞傳①、司馬彪、王隱、虞預、孫盛、干寶、鄧粲、謝沈、習鑿齒、徐廣同傳。而於史學淵源、作述家法不復致意，是亦史法失傳之積漸也。至於唐修晉、隋二《書》，惟資衆力。《舊唐書·房玄齡傳》：「與中書侍郎褚遂良受詔重撰《晉書》，於是奏取太子左庶子許敬宗、中書舍人來濟、著作郎陸元仕、劉子翼、前雍州刺史令狐德棻、太子舍人李義府、薛元超、起居郎上官儀等八人，分功撰録。」《魏徵傳》：「初，有詔令孔穎達、許敬宗撰《隋史》，徵受詔總加撰定，多所損益，務存簡正。《隋書》序論，皆徵所作。」人才既散，共事之

① 「虞傳」誤，《晉書》作「虞溥」。

人不可盡知，或附著他人傳末，或互見一二文人稱説所及，不復别有記載，乃使《春秋》家學塞絶梯航，史氏師傳茫如河漢。譬彼收族無人，家牒自亂；淄流駁散，梵刹坐荒。僧徒衣黑衣，故曰緇流。盧綸詩：「泥跡在緇流。」《翻譯名義集》：「又復伽藍如梵刹者，如輔行云：西域以柱表刹，示所居處也。」勢有必至，理有固然者也。

夫馬、班著史，等於伏、孔傳經。見《經解上》注。大義微言，心傳口授。或欲藏之名山，傳之其人；見《史注》注。或使大儒伏閣，受業於其女弟。見《史注》注。豈若後代紀傳，義盡於簡篇，文同於胥史，拘牽凡例，一覽無遺者耶？然馬、班《儒林》之篇能以六藝爲綱，師儒傳授，繩貫珠聯，自成經緯，所以明師法之相承，溯淵源於不替者也。自注：《儒林傳》體以經爲綱，以人爲緯，非若尋常列傳，詳一人之生平者也。自《後漢書》以下，失其傳矣。後代史官之傳，苟能熟究古人師法，略倣經師傳例，標史爲綱，因以作述流别，互相經緯。試以馬、班而論：其先藉之資，《世本》、《國策》之於遷《史》，見《言公上》注。

揚雄、劉歆之於《漢書》見《言公上》注。是也；後衍其傳，如楊惲之布遷《史》，見《史注》注。馬融之受《漢書》是也；別治疏注，如遷《史》之徐廣、裴駰，《漢書》之服虔、應劭是也。見《史注》注。凡若此者，並中依類爲編，申明家學，以書爲主，不復以一人首尾名篇，則「《春秋》經世」見《書教上》注。雖謂至今存焉可也。至於後漢之史，劉珍、袁宏之作，華嶠、謝承、司馬彪之書，皆爲范氏刪輯之基①。《後漢書·文苑傳》：「劉珍字秋孫。永初中，鄧太后詔，珍與劉騊駼、馬融校定東觀百家，又詔與騊駼作建武已來名臣傳。」《李尤傳》：「尤，安帝時爲諫議大夫，詔與謁者僕射劉珍等俱撰《漢記》。」《晉書·文苑傳》：「袁宏，字彥伯。父勗，臨汝令。謝鎮牛者②，引宏參其軍事。」「後出爲東陽郡，撰《後漢紀》三十卷。」又：《華表傳》：「表子嶠，字叔駿。」「元康初，爲內臺，中書、散騎、著作，門下撰集，皆典統之。初，嶠以《漢紀》煩穢，慨然有改作之意，會爲臺郎，典官制事，得徧觀祕籍，遂就其緒。」「爲紀典傳譜，凡九十七卷，改名《漢後書》。文

① 「皆爲范氏刪輯之基」，粵雅堂本《文史通義》、浙江書局《章氏遺書》本作「皆與范氏並列睽存」。
② 「牛者」誤，《晉書》作「牛渚」。

質事核，有遷、固之規。」《吴志・妃嬪傳》：「吴主權謝夫人，弟也①。」《隋書・經籍志》：「《後漢書》一百三十卷，無帝紀，吴武陵太守謝承撰。」《晉書・司馬彪傳》：「彪字紹統，高陽王睦之長子也。」「泰始中，始討論衆書，綴其所聞，起於世祖，終於孝獻，録世十二，編年二百，通綜上下，旁貫庶事，爲紀、志、傳凡八十篇，號曰《續漢書》。」《宋書・范曄傳》：「曄字蔚宗，彭城王義康冠軍參軍，遷尚書郎，左遷宣城太守。乃删衆家《後漢書》爲一家之作。」晉氏之史，自王隱、虞預、何法盛、干寶、陸機、謝靈運之流，作者凡一十八家，見《言公下》注。亦云盛矣。而後人修史，不能條别諸家體裁，論次群書得失，萃合一篇之中。比如郢人善斲，質喪何求；見《答客問下》注。夏禮能言，無徵不信者也。見《原道下》注。他若聚衆修書，立監置紀，尤當考定篇章，覆審文字。其紀某書，編之誰氏；某表某傳，撰自何人。乃使讀者察其臧慝，定其是非，庶幾涇渭雖淆，淄澠可辨，《詩・邶風》：「涇以渭濁。」按：涇水出陝西鎮原縣笄朗山，東南至高陵縣入渭。渭水亦出陝西鳥鼠山。渭水清，涇水濁，合流三百餘里，水之清濁不雜。《列子》：「淄澠

①「弟也」，疑當作「弟承」。

之合，易牙嘗而知之。」末流之弊，猶恃隄防。而唐、宋諸家，訖無專録，遂使經生帖括，詞賦雕蟲，並得啁啾班、馬之堂，攘臂汗青《後漢書·吴佑傳》：「父恢，爲南海太守，欲殺青簡，以寫經書。」注：「以火炙簡，令汗，去其青，易書，復不蠹，謂之殺青，亦曰汗簡。」之業者矣。

和州志前志列傳序例中

晉摯虞剏爲《文章志》，見《説林》注。敘文士之生平，論辭章之端委，范史《文苑列傳》所由仿也。自是文士記傳代有綴筆，而《文苑》入史亦遂奉爲成規。至於史學流別，討論無聞，而史官得失，亦遂置之度量之外。《後漢書·隗囂傳》：「建武六年，關東悉中①，帝積苦兵間，以囂子入侍，公孫述遠據邊垂，乃謂諸將

① 「中」字誤，《後漢書》作「平」。

曰：『且當置此二子於度外邪①。』」甚矣，世之易言文而憚言史也！夫遷、固之書，不立《文苑》，非無文也。見《書教中》注。老莊、申韓、管晏、孟荀、相如、揚雄、枚乘、鄒陽所爲列傳，皆於著述之業未嘗不三致意焉。見《書教中》注。不標《文苑》，所以論次專家之學也。《文苑》而有傳，蓋由學無專家，是文章之衰也。然而史臣載筆，侈言《文苑》，而於《春秋》家學，派别源流，未嘗稍容心焉，不知將自命其史爲何如也？《文章志》傳，摯虞而後，沈約、傅亮、張騭諸人，紛紛撰録，自注：傅亮《續文章志》，沈約《宋世文章志》，張騭《文士傳》。指亦不勝屈矣。然而史臣采摭，存其大凡，著録諸書，今皆亡失。則史氏原委，編摩故蹟，當其撰輯成書之際，公牘私楮，未必全無徵考也。乃前史不列專題，後學不知宗要，則雖有蹤蹟，要亦亡失無存。遂使古人所謂官守其書而家世其業者，乃轉不如文采辭章，猶得與於常竇鼎《文選

①「邪」，《後漢書》作「耳」。

著作人名》之列也。自注：常書凡三卷。唐李肇著《經史釋題》，宗諫注《十三代史目》，《新唐書·藝文志》目録：「李肇《經史釋題》二卷。」「宗諫注《十三代史目》十卷。」其書編於目録部類，則未通乎記傳之宏裁也。趙宋孔平仲嘗著《良史事蹟》，其書今亦不傳，而著録僅有一卷，待詳。則亦猥陋不足觀采也。

夫史臣創例，各有所因。《列女》本於劉向，見《古文十弊》注。《孝義》本於蕭廣濟，自注：晉人，作《孝子傳》。《忠義》本於梁元帝，自注：《忠臣傳》三十卷。《隱逸》本於皇甫謐，自注：《逸士傳》、《高士傳》。皆前史通裁，因時制義者也。馬、班《儒林》之傳，本於博士所業，惜未取史官之掌勒爲專書。後人學識不逮前人，故使未得所承，無能爲役也。漢儒傳經，師法亡矣。後史《儒林》之篇，不能踵其條貫源流之法，然未嘗不取當代師儒，就其所業，以志一代之學。則馬、班作史家法既失，後代史官之事，縱或不能協其義例，何不可就當時纂述大凡，人文上下，論次爲傳，以集一史之成乎？夫《儒林》治經，而《文苑》談藝，史官之業介乎其間，亦編摩之不可不知所務者也。或以《藝文》部次登其卷帙，叙録後語略標作者之旨，以謂史部要旨已見大凡，則不知經師傳注，文士辭章，《藝文》未嘗不著其部次，而《儒林》、《文苑》之篇詳考生平，别爲品藻，參觀互證，胡可忽諸？其或事蹟繁多，别標特傳，不能合爲一篇，則於史官篇内亦當存録姓名，更注别自有傳。董仲舒、王吉、韋賢之例，自有舊章，自注：仲舒治《春秋》，王吉治《毛詩》，韋賢治《晉①詩》，並見《儒林》而别有專傳。青案：《史記》仲舒即入《儒林傳》。《漢書》仲舒、韋賢、王吉皆專傳，《儒林傳》中止叙其傳《公羊》、傳《魯詩》、傳《韓詩》，並各云「自有傳」。兩無妨害者也。夫荀卿著《禮》、《樂》之論，乃非十二子書；案《荀子》有《禮論》、《樂論》及《非十二子》。莊周恣荒唐之言，猶叙禽、墨諸子。《莊子・天下》：莊子「以謬悠之説，荒唐之言，無端崖之辭，時恣縱而儻②，不以觭見之也」。又：「不侈於後世，不靡於萬物，不暉於數度，以繩墨自矯，而備世之急。古之道術有在於是者，墨翟、禽滑釐聞其風而説之。」欲成

① 「晉」字誤，粤雅堂本《文史通義》、浙江書局《章氏遺書》本作「魯」，《漢書・儒林傳》亦作「魯」。
② 「儻」字上，漏「不」字，當補。

一家之作，而不於前人論著條析分明，祖述淵源，折衷至當，雖欲有功前人，嘉惠來學，譬則卻步求前，未有得其至焉者也。

和州志前志列傳序例下

州縣志書論次前人撰述，特編列傳，蓋創例也。舉此而推之四方，使《春秋》經世，史氏家法燦然大明於天下，則外志見《原道中》注。既治，書有統會，而國史要删，可以抵掌見《詩教上》注。言也。雖然，有難敘者三，有不可不敘者三。載筆之士不可不熟察此論也。

何謂難敘者三？一曰書無家法，文不足觀，易於散落也。唐、宋以後，史法失傳，特言乎馬、班專門之業不能復耳。若其紀表成規，志傳舊例，歷久不渝，等於科舉程式，見《書教下》注。功令條例，《史記·儒林列傳》：「余讀功令，至於廣厲學官之路，未嘗不廢書而歎也。」注：「謂學者課功，著之於令也。」條，條文。例，規例。雖中庸史官，皆可勉副繩墨，粗就隱括。見《釋通》注。故書雖優劣不齊，短長互見，觀者猶得操成格以衡筆削也。外志規矩蕩然，體裁無準，摘比似類書，言《文集》注。注記如簿册，質言似胥吏，文語若尺牘，觀者茫然，莫能知其宗旨。文學之士鄙棄不觀，新編告成，舊志遽没。比如寒暑之易冠衣，傳舍《史記·孟嘗君傳》：「馮驩聞孟嘗君好客，躡蹻而見之。孟嘗君置傳舍，十日，問傳舍長曰：『客何所爲？』答曰：『馮先生甚貧，猶有一劍耳。』」之留過客，欲求存録，不亦難乎？一曰纂修諸家，行業不詳，難於立傳也。史館徵儒，類皆文學之士，通籍朝紳，其中且有名公卿焉。著述或見藝文，行業或詳列傳，參伍考求，猶易集也。州縣志書不過一時遊宦之士偶爾過從，啟局殺青，「啟局」，見《説林》注。「殺青」，見《和志前州志列傳序例上》注。不逾歲月，討論商権，不出州閭。其人或有潛德莫徵，懿修未顯，所遊不知其常，所習不知其業，等於萍蹤之聚，王偁詩：「十年滄海寄萍蹤。」鴻爪之留。蘇軾詩：「人生到處知何似，應似飛鴻踏雪泥。雪上偶然留爪印，鴻飛那復計東西。」即欲效《文苑》之聯編，倣《儒林》之列傳，何可得耶？三曰題序蕪濫，體要久亡，難徵録例也。馬、班之傳，皆録自序。蓋其生平行業，與夫筆削大凡，自序已明。據本直書，編入列傳，讀者苟能自得，則於其書思過半矣。見《文理》注。原叙録之所作，雖本《易·繫》、《詩》篇，《易》有《繫辭》，《詩》有《詩序》，皆叙録之體所昉。而史氏要删，實自校讎見《言公下》注。諸家，特重其體。劉向所謂「條其篇目，撮其指意，録而奏上」之文，類皆明白峻潔，於其書與人確然並有發明。簡首題辭，有裨後學，職是故也。《漢書·藝文志》：「至成帝時，以書頗散亡，使謁者陳農求遺書於天下。詔光禄大夫劉向校經傳、諸子、詩賦，步兵校尉任宏校兵書，太史令尹咸校數術，侍醫李柱國校方技。每一書已，向輒條其篇目，撮其指意，録而奏之。」阮孝緒《七録序》：「昔劉向校書，輒爲一録，論其指歸，辨其訛謬，隨竟奏上，皆載在本書。時又別集衆録，謂之『別録』，即今之《別録》是也。」後代文無體要，職非校勘，皆能率爾操觚。陸機《文賦》：「或操觚以率爾。」案：觚，木簡，古人用以代紙。凡有簡編，輒題弁語，言出公家，理皆泛指。掩其部次，驟讀序言，不知所指何人，所稱何事。而文人積習相沿，莫能自反，抑亦惑矣。州縣修志，尤以多序爲榮。隸草誇書，風雲競體。棠陰花满，先爲循吏頌辭；見《和州志政略序例》注。水激山莪①，又作人文通贊。待詳。千書一律，見《和州志闕訪列傳序例》注。觀者索然。《晉書·羊祜傳》：「劉禪降服，諸營堡者索然俱散。」案：索然，言寂寞也。移之甲乙可也，畀之丙丁可也。尚得採其舊志序言，録其前書凡例，作列傳之取材，爲一書之條貫耶？凡此三者，所爲難叙者也。

何謂不可不叙者三？一曰前志不當，後志改之，宜存互證也。天下耳目無窮，一人聰明有限，《禹貢》岷山之文尚矣，得《緬志》而江源詳於金沙；待詳。鄭玄娑尊之説古矣，得王肅而鑄金鑿其犧背。《禮記·郊特牲》：「汁獻涚於醆酒」，鄭玄注：「謂泲秬鬯以醆酒也。『獻』當讀爲『莎』，齊語，聲之誤也。」《南史·劉杳傳》：「嘗於沈約坐，語及犧尊。約云：『鄭玄謂爲鳳凰尾，然婆娑②。』杳曰：『此言未必可安。古者

① 「莪」，粤雅堂本《文史通義》、浙江書局《章氏遺書》本作「峩」。

② 「然婆娑」，《南史》作「婆娑然」。

尊罍皆刻木爲鳥獸，鑿頂及背，以出納酒。魏時，魯郡得犧尊，作犧牛形。晉永嘉中，得二尊，形亦爲牛象。』約以爲然。」青案：王肅《證聖論》難鄭語無「犧尊」，待詳。窮經之業，後或勝前，豈作志之才一成不易耶？然後人裁定新編，未必遽存故録，苟前志失叙，何由知更定之苦心，識辨裁之至當？是則論次前録，非特爲舊志存其姓氏，亦可爲新志明其别裁耳。二曰前志有徵，後志誤改，當備采擇也。人心不同，如其面也，見《言公下》注。爲文亦復稱是。史家積習，喜改舊文，取其易就凡例，本非有意苛求。然淮陰带劍，不辨何人；自注：太史公《韓信傳》云：「淮陰少年辱信云：『若雖長大，中情怯耳。』」班固删去「若」字，文義便晦。太尉攜頭，誰當假借？自注：前人議《新唐書·段秀實傳》云：「柳宗元《狀》稱太尉曰：『吾带吾頭來矣。』文自明。《新唐書》改云：『吾带頭來矣。』是誰之頭耶？」不存當日原文，則三更其手，非特亥豕傳訛，將恐蟲魚易體矣。「亥豕」，見《和州志輿地圖序例》注。《法言》：「語曰：事歷終古，以魚爲魯。」三曰志當遞續，不當迭改，宜衷凡例也。遷書採《世本》、《國策》，集《尚書》世紀，見《言公下》注。《南北史》集沈、蕭、姚、李八家之書，謂梁沈約《宋書》，梁蕭子顯《南齊書》，唐姚思廉《梁書》、《陳書》，北齊魏收《後魏書》，唐李百藥《北齊書》，唐令狐德棻《周書》，唐魏徵《隋書》。未聞新編告成，遽將舊書覆瓿也。見《辨似》注。區區州縣志乘，既無別識心裁，便當述而不作，乃近人載筆，務欲炫長。未窺龍門之藩，《史記·自序》：「太史公既掌天官，不治民。有子曰遷，遷生龍門。」先習狙公之術，移三易四，輾轉相因，《莊子·齊物論》：「狙公賦芧曰：『朝三而暮四。』衆狙皆怒。曰：『然則朝四而莫三。』衆狙皆悦。」所謂自擾也。夫三十年爲一世，《說文解字》第三篇上：「三十年爲一世①。」可以補輯遺文，蒐羅掌故。更三十年而往，遺待後賢，使甲編乙録，新新相承，略如班之續馬，范之繼班，不亦善乎？藉使前書義例未全，凡目有闕，後人創起，欲補逸文，亦當如馬無《地理》，班志直溯《夏書》；見《書教上》注。梁、陳無志，《隋書》上通五代。自注：梁、陳、北齊、後周、隋五代。例由義制，何在不然？乃竟粗更凡目，全録舊

① 「三十年爲一世」，原書「爲」、「三」二字誤倒，今乙正。

文，得魚忘筌，見《答客問下》注。有同剽竊，如之何其可也？然琴瑟不調，改而更張。見《書教中》注。今兹創定一書，不能拘於遞續之例，或且以矛陷盾，見《匡謬》注。我則不辭，後有來者，或當鑒其衷曲耳。歷叙前志，存其規模，亦見創例新編，初非得已。凡此三者，所謂不得不叙者也。

和州文徵序例

乾隆三十九年，撰《和州志》四十二篇。編摩既託，因採州中著述，有裨文獻，若文辭典雅、有壯觀瞻者，輯爲《奏議》二卷，《徵述》三卷，《論著》一卷，《詩賦》二卷，合爲《文徵》八卷，凡若干篇。既條其别，因述所以采輯之故，爲之叙録。

叙曰：古人著述，各自名家，未有采輯諸人，裒合爲集者也。自專門之學散，而别集之風日繁，其文既非一律，而其言時有所長，則選輯之事興焉。至於史部所徵，漢代猶爲近古。雖相如、揚雄、枚乘、鄒陽但取辭賦華言，編爲列傳，見《書教中》注。原史臣之意，雖以存録當時風雅，亦以人類不齊，文章之重，未嘗不可與事業同傳，不盡如後世拘牽文義，列傳止徵行蹟也。但西京風氣簡質，而遷、固亦自爲一家之書，故得用其義例。後世文字，如濫觴之流爲江河，見《書教中》注。不與分部别收，則紀載充棟，將不可紀極矣。唐[1]知幾嘗患史傳載言繁富，欲取朝廷詔令，臣下章奏，倣表志專門之例，别爲一體，類次紀傳之中，其意可謂[2]善矣。見《詩教下》注。然紀傳既不能盡削文辭，而文辭特編入史，亦恐浩博難罄，此後世所以存其説，而訖不能行也。

夫史氏之書，義例甚廣。《詩》、《書》之體，有異《春秋》。若《國語》十

① 「唐」字下，漏「劉」字。粤雅堂本《文史通義》、浙江書局《章氏遺書》本有，當補。

② 「謂」，粤雅堂本《文史通義》、浙江書局《章氏遺書》本作「爲」。

二，《史記·自序》：「左丘失明，厥有《國語》。」案：《國語》僅有周、魯、齊、晉、鄭、楚、吴、越八國，此云十二，疑「《國語》」爲「《左傳》」之誤。《左傳》有十二公也。《國風》十五，《詩經》十五國風：周南、召南、邶、鄘、衛、王、鄭、齊、魏、唐、秦、陳、檜、曹、豳也。所謂典訓風謠，各有攸當。典訓指《書》，風謠指《詩》。是以太師陳詩，見《原道中》注。外史又掌四方之志，見《史釋》注。未聞獨取備於一類之書也。自孔逭《文苑》、省①《詩教上》注。蕭統《文選》見《書教中》注。而後，唐有《文粹》，見《書教中》注。宋有《文鑑》，見《書教中》注。皆括代選文，廣搜衆體。然其命意發凡，仍未脱才子論文之習，經生帖括之風，見《黠陋》注。其於史事，未甚親切也。至於元人《文類》，見《書教中》注。則習久而漸覺其非，故其撰輯文辭，每存史意，序例亦既明言之矣。然條別未分，其於文學源流，鮮所論次。又古人云：「誦其詩，讀其書，不知其人可乎？」見《文德》注。作者生平大節，及其所著書名，

①「省」字誤，當作「見」。

似宜存李善《文選》註例，稍爲疏證。至於建言發論，往往有文采斐然，讀者興起，而終篇扼腕，不知本事始末何如。此殆如夢古人而遽醒，聆妙曲而不終，未免使人難爲懷矣。凡若此者，並是論文有餘，證史不足，後來考史諸家，不可不熟議者也。至若方州選文，《國語》、《國風》之説遠矣。若近代《中州》、《河汾》諸集，《中州集》十卷，附《中州樂府》一卷，金元好問編。《河汾諸老詩集》八卷，元房淇①編。《梁園》、《金陵》諸篇，《國史經籍志·總集》：《金陵風雅》四十卷，姚汝循撰。《梁園》，待詳。②皆能畫界論文，略寓徵獻之意，是亦可矣。奈何志家編次藝文，不明諸史體裁，乃以詩辭歌賦、記傳雜文，全倣選文之例，列於書志之中，可謂不知倫類者也。是用修志餘暇，採摭諸體，草創規制，約略以類相從，爲叙録其流別，庶幾踵斯事者得以增華云爾。《文選序》：「踵其事而增華。」

① 「房淇」誤，當作「房祺」。
② 梁園當指《梁園風雅》二十七卷，趙彦復編，《四庫全書》存目。

奏議第一《文心雕龍·奏啟》：「昔唐虞之臣，『敷奏以言』；秦漢之輔，上書稱『奏』。陳政事，獻典儀，上急變，劾愆謬，總謂之奏。奏者，進也。言敷於下，情進於上也。秦始立奏，而法家少文。觀王綰之奏勳德，辭質而義近；李斯之奏驪山，事略而意逕。政無膏潤，形於篇章矣。自漢以來，奏事或稱『上疏』，儒雅繼踵，殊采可觀。」又《議對》：「『周爰咨謀』，是謂爲議。議之言宜，審事宜也。《易》之《節卦》：『君子以制度數，議德行。』《周書》曰：『議事以制，政乃弗迷。』議貴節制，經典之體也。昔管仲稱①『軒轅有明臺之議』，則其來遠矣。洪水之難，堯咨四岳。宅揆之舉，舜疇五臣。三代所興，詢及芻蕘。春秋釋宋，魯桓預議。及趙靈胡服，而季父爭論；商鞅變法，而甘龍交辨。雖憲章無算，而同異足觀。迄至有漢，始立駁議。駁者，雜也。雜議不純，故曰駁也。」

文徵首《奏議》，猶志首編《紀》也。自蕭統選文，以賦爲一書冠冕，論時則班固後於屈原，論體則賦乃詩之流別，見《詩教下》注。此其義例豈復可爲典要？而後代選文之家奉爲百世不祧之祖。言《書教下》注。亦可怪已。

① 「管仲稱」，原書誤倒作「管稱仲」，今乙正。

今取奏議冠首，而官府文移附之。奏議擬之於《紀》，而文移擬之《政略》，皆掌故見《書教上》注。之藏也。

徵述第二

徵述者，記傳、序述、誌狀、碑銘諸體也。先師《涵芬樓文談·文體芻言·傳狀類》：「傳者，傳也，所以傳其人之賢否善惡，以垂示萬世。本史家之事，後則文人學士亦往往效寫之。爲目十二，曰傳，曰家傳，曰小傳，曰別傳，曰外傳，曰補傳，曰行狀，曰合狀，曰述，曰事略，曰世家，曰實録。」《碑誌類》：「古之葬者，樹石於壙之四隅，中設轆轤以下棺。其設之祠廟者，則爲麗牲之用。二者皆本無文字，後人乃刻文於其上，而碑遂爲文體之一。大都爲紀功德而作者居多，而施之墓者，則謂之墓碑，或謂之墓表，或謂之墓碣。列於墓道之旁者，謂之神道碑。其入幽者，曰墓銘，曰墓誌銘，曰壙志，曰壙銘。」《序跋類》：「古人每有所作，必述其用意所在，以冠一篇之首。如《尚書》每篇之首數語，乃史臣之述其緣起，即序也。或讀者爲之，則如《詩·關雎》之有《序》。或云出自子夏，其確否不可知，要其由來固已久矣。至史家之體，序文實繁。」其文與列傳、圖書互爲詳略。蓋史學散而書不專家，文人別集之中，應酬存録之作亦往往有記傳諸體可裨史事者，蕭統選文之時尚未有此也。後代文集中兼史體，修史傳者往往從而取之，則徵述之文要爲不易者矣。

論著第三

論著者，諸子遺風，所以託於古之立言垂不朽者，其端於是焉在。《文心雕龍·諸子》：「博明萬事爲子，適辨一理爲論。」劉勰謂「論」之命名始於《論語》，其言當矣。晁氏《讀書志》援「論道經邦」出於《尚書》，因詆劉氏之疏略。夫《周官》篇出僞古文，晁氏曾不之察，亦其惑也。《文心雕龍·論説》：「昔仲尼微言，門人追記，故仰其經目，稱爲《論語》。蓋群論立名，始於茲矣。」《困學紀聞·評文》：「《文心雕龍》：《論語》以前，經無『論』字。晁子止云：『不知書有論道經邦。』」閻箋：「『論道經邦』乃晚出《書·周官篇》，本《考工記》『或坐而論道』。」青案：單篇論文西漢殆無，東漢延篤《仁孝先後論》，其權輿歟？諸子風衰，而文士集中乃有論説、辨解諸體，先師《涵芬樓文談·文體芻言·論辨類》：「『辨』之義，主於反覆詰難，務達其初意，而與論大同而小異。後代經生家言，多用此體。」「『説』之始興，蓋出於子家之緒餘，故自漢以來，著述家所作雜説出於寓言者，十嘗八九，蓋皆有志之士憫時疾俗，及傷己之不遇，不欲正言，而託物以寄意，此其義也。」「戴《記》有《經解》一篇，後人詁經之詞多謂之『解』，然其實不專爲解經設也。觀子家之文或以『解』名篇可見。」

若書牘、題跋先師《涵芬樓文談·文體芻言·書牘類》：「劉彦和云：『戰國之前，君臣同書。』蓋其時上與下則謂之『書』，下與上亦謂之『書』，所謂『同』也。其後名分既嚴，兩不相假，其得入書牘類者，則僅僅用之尊貴及自敵以下而已。『牘』即『書』之别名，史稱漢文帝遺匈奴『尺一牘』，是也。」《序跋類》：「『跋』蓋始於宋之中葉，歐陽永叔集中有『跋尾』數十篇。蘇黄之徒，相繼爲之，前此未之見也。『題後』，即『書後』也。謂之『題』者，取審諦之義，義見《釋名》。」之類，則又因事立言，亦論著之派别也。

詩賦第四

詩賦者，六義之遺。《國風》一體，見《詩教下》注。實於州縣文徵爲近。《甘泉》、《上林》，班固録於列傳，行之當世可也。後代文繁，固當别爲專書。惟詩賦家流至於近世，溺於辭采，不得古者國史序《詩》之意，而蚩蚩焉争於文字工拙之間，皆不可與言文徵者也。茲取前人賦咏，依次編列，以存風雅之遺。同時之人，概從附録，以俟後來者之别擇焉。

文史通義注卷七

外篇二

永清縣志皇言紀[①]序例

《讀史方輿紀要》："直隸順天府永清縣，府東南百七十里。"按《永清縣志》係爲知縣周震榮代修，故此志原刊本遂有"臣震榮"云云。補正：嘉慶《大清一統志》：直隸：順天府："永清縣在府南一百四十里。"

史之有紀，肇於《呂氏春秋》十二月紀。司馬遷用以載述帝王行事，冠冕百三十篇，蓋《春秋》之舊法也。見《詩教下》及《匡謬》注。厥後二十一家迭相祖述，見《答客問上》注。體肅例嚴，有如律令。而方州之志則多惑於地

① "紀"，原書誤作"舉"，補正不誤。

理、類書之例，不聞有所遵循。是則振衣而不知挈領，詳目而不能舉綱，《荀子》：「若挈裘領，屈五指而頓之，順者不可勝數也。」《詩譜序》：「舉一綱而萬目張。」案：謂持大體。宜其散漫無章，而失國史要删之義矣。夫古者封建之世，見《原道上》注。列國自有史書，見《原道中》注。然正月必係周王，魯史必稱周典，自注：韓宣子見《易象》、《春秋》，以謂「《周禮》盡在於魯」，是也。蓋著承稟所由始也。後世郡縣雖在萬里之外，制如古者畿甸之法，乃其分門次類略無規矩章程，豈有當於《周官》外史之義歟？自注：《周官》：「外史掌四方之志，掌達書名於四方。」此見列國之書不得自擅，必稟外史一成之例也。此則撰志諸家不明史學之過也。

《呂氏》十二月令但名爲「紀」，而司馬遷、班固之徒則稱「本紀」。原其稱「本」之義，司馬遷意在紹法《春秋》。顧左氏、公、穀專家各爲之傳，而遷則一人之書更著書、表、列傳以爲之緯，故加「紀」以「本」，而明其紀之爲經耳。自注：其定名則倣《世本》之舊稱。班固不達其意，遂併十志而題爲「本志」。案：「題爲本志」，未詳。然則表、傳之不加「本」稱者，特以表稱「年表」，傳稱「列傳」，與「本紀」俱以二字定名。惟「志」止是單名，故强配其數，而不知其有害於經紀緯傳之義也。自注：古人配字，雙、單往往有之，如《七略》之方稱「經方」，《淮南子》論稱「書論」之類，不一而足。惟無害於文義乃可爲之耳。至於例以義起，方志撰《紀》以爲一書之經，當矣。如亦從史而稱「本紀」則名實混淆，非所以尊嚴國史之義也。且如後世文人所著詩文，有關當代人君行事，其文本非紀體，而亦稱「恭紀」以致尊崇，於義固無害也，若稱「本紀」則無是理矣。是則方志所謂《紀》者，臨本書之表、傳，則體爲輕；對國史之本紀，則又爲緯矣。是以著《紀》而不得稱「本」焉。

遷、固而下，本紀雖法《春秋》，而中載詔誥號令，又雜《尚書》之體。至歐陽修撰《新唐書》，始用大書之法，筆削謹嚴，見《易教下》注。乃出遷、固之上。此則可謂善於師《春秋》者矣。至於方志撰《紀》，所以備外史之拾遺，存一方之祇奉，所謂循堂楹而測太陽之照，處牖隙而窺天光之通，喻所見不廣。期於慎輯詳志，無所取於《春秋》書事之例也。見《易教下》及《書教下》

注。是以恭録皇言，冠於首簡，與史家之例互相經緯，不可執一例以相拘焉。

「大哉王言」，出於《尚書》；《書·咸有一德》：「俾萬姓咸曰：『大哉王言！』」「王言如絲」，見《言公下》注。出於《禮記》。蓋三代天子稱「王」，所以天子之言稱「王言」也。後世以「王言」承用，據爲典故，而不知三代以後，「王」亦人臣之爵，見《地志統部》注。凡稱天子詔誥亦爲「王言」，此則拘於泥古，未見其能從時者也。夫《尚書》之文，臣子自稱爲「朕」，所言亦可稱「誥」。如《大禹謨》：「禹曰：『朕德罔克。』」《伊訓》：「伊尹申誥於王曰：『嗚呼！惟天無親，克敬惟親。』」後世尊稱既定於一，至尊稱朕，見《經解上》注。有誥，《正字通》：古者上下有誥，秦廢古，稱制詔。漢武元狩六年，初作誥，然不以命官。唐稱制，不稱誥。宋始以誥命庶官。明命官用敕，不用誥，三載考績則用誥，以褒美。洪武十七年，奏定有封爵者給誥，如一品之制。二十六年，定一品至五品皆授以誥命，六品至七品皆授以敕命。《孟子·梁惠王上》：「定於一。」則文辭必當名實相符，豈得拘執古例，不知更易？是以易「王言」之舊文，稱「皇言」

之鴻號，庶幾事從其質，而名實不淆。

「勑天」之歌，載於謨典，《書・益稷》：「帝庸作歌曰：『勑天之命，惟時惟幾。』」而後史本紀，惟録詔誥。蓋詩歌抒發性情，而詔誥施於政事，故史部所收各有當也。至於方志之體，義在崇奉所尊，於例不當別擇。前總督李衛所修《畿輔通志》，《四庫全書簡明目録・史部・地理類》：「《畿輔通志》一百二十卷，直隸總督李衛等監修。因康熙十一年郭棻原本，訂譌補漏，凡分三十一門。」首列詔諭、宸章二門，於義較爲允協。至永清一縣，密邇畿南，固無特頒詔諭。若牽連諸府州縣，及統該直隸全部，則當載入《通志》，又不得以永清亦在其内遂冒録以入書。如有恩賜蠲逋賑恤，《大清會典・户部》：「凡荒政十有二。」「四曰發賑。題報成災情形，即一面發倉，將乏食貧民先散賑一月，是爲正賑。及查明分數，後隨分晰極貧、次貧，具題加賑。」「七曰蠲賦。以災户原納地丁正耗準作十分，按災分之數蠲免。」則事實恭登恩澤之紀，而詔諭所該者廣，是亦未敢越界而書。惟是覃恩愷澤，褒贈貤封，《大清會典・吏部》：「凡覃恩予封者，辨其官之任與其級，列其應封者之民氏，存故而題焉。本身爲授，曾祖父母、祖父母、父母及妻存者爲封，殁者爲贈。若貤封，各以其情請焉，得旨則停其妻與身之封而予之。凡貤封不踰制，八品、九品官皆令貤封父母焉。凡官死事事，皆贈以銜。凡贈銜之等十有八，皆視其官之職以爲差。」固家乘之光輝，亦邑書之弁冕，是以輯而紀之。御製詩章止有《冰窨》一篇，《御製詩》：「舊時北岸今南岸，近舊①南隄今北隄。遷就向寬資蕩漾，已看汛過積淤泥。」「舊識黄河利不分，挾沙東注向瀛濆。渾流今有清流亘，此策思量未易云。」「新口疏通頗吸川，安瀾自可保當前。都來六十年三改，長此經行正未然。」「給資撥地遷村墅，讓水還聽一麥畊。安土不難事姑息，那知深意訓盤庚。」案：冰窨，地名。不能分置卷帙。恭録詔諭之後，以志雲漢光華云爾。《詩·大雅·雲漢》：「倬彼雲漢，爲章於天。」《尚書大傳》：「日月光華，旦復旦兮。」

①「近舊」，疑當作「舊近」。嘉業堂《章氏遺書》本《永清縣志》已誤作「近舊」。

永清縣志恩澤紀序例

古者左史紀言，右史紀事。朱子以謂言爲《尚書》之屬，事爲《春秋》之屬，其説似矣。顧《尚書》之例非盡紀言，而所謂紀事之法亦不盡於「春王正月」一體也，案：言爲《尚書》之屬，事爲《春秋》之屬，其説不始於朱子，言①《書教上》注。「春王正月」，見《史德》注。《周官》五史之法詳且盡矣。見《史釋》注。而記注之書見《書教上》注。後代不可盡詳，蓋自《書》與《春秋》而外可參考者，《汲冢周書》似《尚書》，《竹書紀年》似《春秋》而已。見《書教中》及《書教下》注。然而《穆天子傳》獨近起居之注，其書雖若不可盡信，要亦古者記載之法，經緯表裏，各有所主，初不拘拘《尚書》、《春秋》二體，而即謂法備於是亦可

① 「言」字誤，當作「見」。

知矣。三代而後，細爲宮史，若《漢武禁中起居注》、馬后《顯宗起居注》是也。《隋書・經籍志》：「起居注者，録紀人君言行動止之事。《春秋傳》曰：『君舉必書。書而不法，後世何觀？』《周官》：內史掌王之命，遂書其副而藏之，是其職也。漢武帝有《禁中起居注》，後漢明德馬后撰《明帝起居注》，然則漢時起居似在宮中，爲女史之職。然皆零落，不可復知。」「晉時，又得汲冢書，有《穆天子傳》，體制與今起居正同，蓋周時內史所記王命之副也。」大爲時政，若唐《貞觀政要》、《周顯德日曆》是也。《新唐書・藝文志・雜史類》：「吳兢《貞觀政要》十卷。」《宋史・藝文志》：「《顯德日曆》一卷，周扈家①、董淳、賈黃中撰。」以時記録，歷朝《起居注》是也。薈粹全書，梁太清以下《實録》是也。《舊唐書・經籍志・起居注類》：「《梁太清實録》八卷。」「大唐《高祖實録》二十卷。《太宗實録》二十卷。《太宗實録》四十卷。《高宗實録》三十卷。《高宗實録》一百卷。《聖母神皇實録》十八卷。《中宗皇帝實録》二十卷。」蓋人君之德如天，晷計躔測，計日晷測日月、五星之躔度。璣量圭度，《書・舜典》：「在璇璣玉衡，以齊七政。」《周禮・地官大司徒》：「以土圭之法，測土深，正日景，以

① 「家」字誤，《宋史》作「蒙」。

求地中。」法制周遍，乃得無所闕遺。是以《周官》立典不可不詳其義，見《書教上》注。而《禮》言左史、右史之職誠廢一而不可者也。見《書教上》注。

紀之與傳，古人所以分別經緯，初非區辨崇卑。是以遷《史》中有無年之紀，劉子玄首以爲譏；《史通·列傳》：「夫紀傳之興，肇於《史》、《漢》。蓋紀者，編年也；傳者，列事也。編年者，歷帝王之歲月，猶《春秋》之經；列事者，録人臣之行狀，猶《春秋》之傳。《春秋》則傳以解經，《史》、《漢》則傳以釋紀。尋兹例草刱，始自子長，而朴略猶存，區分未盡。如項王宜傳而以《本紀》爲名，非唯羽之僭盜不可同於天子，且推其序事皆作傳言，求謂之紀不可得也。或曰：『遷紀五帝、夏、殷，亦皆列事而已。子曾不之怪，何獨尤於項《紀》哉？』對曰：不然。夫五帝之與夏、殷也，正朔相承，子孫遞及，雖無年可著，紀亦何傷？如項羽者，事起秦餘，身終漢始，殊夏氏之后羿，似黄帝之蚩尤。譬諸閏位，容可列紀；方之駢拇，難以成篇。」案：本紀皆以年統事，惟項《紀》則有事無年，故曰無年之紀。班《書》自叙稱十二紀爲「春秋考紀」，意可知矣。《漢書·叙傳》：「史臣追述功德，私作本紀。太初以後，闕而不録。故探纂前記，綴輯所聞，以述《漢書》。起元高祖，終於孝平，王莽之誅，十有二世，二百三十年。綜其行事，旁貫五經，上下洽通，爲春秋考紀、表、志、傳，凡百篇。」劉奉世注：「言以編年之故，而後成紀、表、志、傳，非止於紀也。」自班、馬而後，列史相仍，皆以「紀」爲尊稱，而「傳」乃專屬臣下，則無以解於《穆天子傳》與《高祖》、《孝文》諸傳也。見《言公上》「陸賈《楚漢春秋》」條注。今即列史諸帝有紀無傳之弊論之。如人君行蹟不如臣下之詳，篇首叙其靈徵，篇終斷其大略，其餘年編月次，但有政事，以爲志傳之綱領，而文勢不能更及於他。則以一經一緯，體自不可相兼故也。誠以《春秋》大旨斷之，則本紀但具元年即位，以至大經大法，足爲事目，於義愜矣。人君行事，當參以傳體，詳載生平，冠於《后妃列傳》之上。是亦左氏之《傳》以惠公元妃數語先經起事，即屬隱公題下傳文，可互證也。《左傳·隱元年傳》：「惠公元妃孟子。孟子卒，繼室以聲子，生隱公。」但紀傳崇卑，分别已久，君臣一例，事理未安。則莫若一帝紀終，即以一帝之傳次其紀後。如鄭氏《易》之以《象傳》、《彖辭》附於本卦之後之例，且崇其名曰《大傳》，《三國志·魏志·高貴鄉公紀》：「帝問博士淳于俊曰：『孔子清①作《彖》《象》，鄭玄作注，改②雖聖賢同不③，其所經釋義④一也。今《彖》《象》不與經文相連，而注連之，何也？」俊答曰：「鄭玄合《彖》《象》於經者，欲使學者尋省易了。』」案：稱《大傳》，未詳。即稱《大傳》，亦不始於玄。見《易教上》注。而不混「列傳」，則名實相符亦似折中之一道也。方志紀載則分别事言，統名以「紀」，蓋所以備外史見《書教上》注。之是正，初無師法《春秋》之義例，見《書教下》注。以是不可議更張耳。見《書教中》注。

永清縣志職官表序例

職官選舉，入於方志，皆表體也。而今之編方志者則曰：史有《百官

①「清」字衍，《三國志》無。
②「改」字衍，《三國志》無。
③「同不」誤倒，《三國志》作「不同」。
④「經釋義」誤倒，《三國志》作「釋經義」。

志》與《選舉志》。是以法古爲例，定以鴻名，而皆編爲《志》，斯則迂疏而寡當者矣。夫史志之文，職官詳其制度，選舉明其典則，其文或倣《周官》之經，或雜記傳之體，編之爲《志》，不亦宜乎？至於方志所書，乃是歷官歲月，與夫科舉甲庚，年經事緯，足以爽豁眉目，有所考索，按格而稽，於事足矣。今編書志之體，乃以知縣、《大清會典·吏部》：「府分其治於廳、州、縣，直隸廳、直隸州復分其治於縣知。知縣千二百九十有三人。」案：知縣今改稱縣長。典史、《大清會典·吏部》：「縣首領有典史畝①。典史千二百九十有四人。」教諭、訓導《大清會典·吏部》：「學則學政督之。分府、廳、州、縣學，以教士。縣教諭千一百十有一人。府、廳、州、縣訓導千五百二十有一人。」之屬，分類相從，遂使乾隆清高宗年號。知縣居於順治清世祖年號。典史之前，康熙清聖祖年號。訓導次諸雍正清世宗年號。教諭之後。其有時事後先，須資檢閱，及同僚共事，欲考歲年，使人反覆披尋，難爲究竟，虛占

①「畝」字衍。

篇幅，不知所裁。《論語·公冶長》：「吾黨之小子狂簡，斐然成章，不知所以裁之。」不識何故而好爲自擾如斯也。夫人編列傳，史部鴻裁，方志載筆不聞有所規從，至於職官、選舉，實異名同，乃欲巧爲附依。此永州鐵爐之步柳宗元《鐵爐步志》：「江之滸，凡舟可縻而上下者曰步。永州北郭有步，曰鐵爐步。」所以致慨於千古也。

《周官》：御史「掌贊書，數從政」，鄭氏注謂「數其現在之官位」。見《和州志官師表序例》注。則官職姓名，於古蓋有其書矣。三百六十之官屬，而以從政記數之登書，竊意亦必有法焉。《周譜》經緯之凡例，恐不盡爲星歷一家之用也。自注：劉向以譜與歷合爲一家，歸於術數，而司馬遷之稱《周譜》則非術數之書也。疑古人於累計之法，多用譜體。班固《百官公卿表》叙例全爲志體，而不以《志》名者，知歷官之須乎譜法也。以《周官》之體爲經，而以《漢》表之法爲緯，古人之立法博大而不疏，概可見矣。東京以還，僅有《職官志》，《後漢書》以後多有《職官志》。而唐、宋之史乃有

《宰輔表》，亦謂百職卿尹之不可勝收也。至於專門之書，官儀簿狀，自兩漢以還，代有其編。謂儀注之屬。而列表編年，宋世始多其籍。自注：司馬光《百官公卿表》百五十卷之類。亦見歷官紀數之書，每以無文而易亡也。至於方州記載，唐、宋廳壁題名，如唐韓愈有《藍田縣丞廳壁記》，宋王安石有《度支副使廳壁題名記》。與時湮没；其《圖經》古制，不復類聚官人，非闕典歟？元、明以來，州縣志書往往存其歷任，而又以記載無法，致易混淆，此則不可不爲釐正者也。或謂職官列表，僅可施於三公宰輔與州縣方志，一則體尊而例嚴，一則官少而易約也。若夫部府之志，官職繁多，而尺幅難竟，如皆表之，恐其易經而難緯也。自注：上方年月爲經，首行官階爲緯，官多，布格無容處也。夫立例不精，而徒爭於紀載之難約，此馬、班以後所以書繁而事闕也。班史《百官》之表卷帙無多，而所載詳及九卿；唐、宋《宰輔》之表卷帙倍增，而所載止盡於丞弼。非爲古書事簡而後史例繁也，蓋以班分類附之法，不行於年經事緯之中，宜其進退失據，見《博約上》注。難於執簡而馭繁也。

按班史表列三十四官，格止一十四級。見《和州志官師表序例》注。或以沿革，並注首篇；自注：相國、丞相、奉常、太常之類。或以官聯，共居一格。自注：大行令、大鴻臚同格，左馮翊、京兆尹同格之類。篇幅簡而易省，事類從而易明，故能使流覽者，按簡而無復遺逸也。苟爲統部見《地志統部》注。列表，則督、撫、提、鎮之屬《大清會典·兵部》：「凡緑旗兵，在京則統於巡撫①營。十有八省，則統於督標、撫標、提標、鎮標。」共爲一格，布、按、巡、守之屬《大清會典·吏部》：「凡京畿、盛京、十有八省之屬，皆受治於尹與總督、巡撫，而以達於部。總督、巡撫分其治於布政使、於按察使、於分守分巡道。承宣布政使司布政使十有九人，提政按察使司按察使十有八人，分守分巡道八十有二人。」共爲一格。其餘以府州畫格，府屬官吏同編一格之中，固無害也。及撰府州之志，即以州、縣各占一格，亦可不致闕遺。是則歷官著表，斷無窮於無例可通，況縣志之固可一官自爲一格歟？

① 「撫」字誤，當作「捕」。

姓名之下，注其鄉貫、科甲。蓋其人不盡收於政略，注其首趾，亦所以省傳文也。無者闕之。至於金石紀載，他有所徵，而補收於志，即以金石年月冠之，不復更詳其初仕何年，去官何月，是亦勢之無可如何者耳。至於不可稽年月而但有其姓名者，則於經緯列表之終，横列以存其目，亦闕疑俟後意云爾。

永清縣志選舉表序例

選舉之表，即古人賢書之遺也。見《和州志選舉表序例》注。古者取士不立專科，興賢出長，興能出治，《周禮・地官》：「鄉大夫三年則大比，考其德行道藝，而興賢者能者。」又：「比謂使民興賢，出使長之；使民興能，入使治之。」舉才即見於用，用人即見於事。两漢賢良、孝、秀，與夫州郡辟署，事亦見於紀傳，不必更求選舉之書也。例詳《和州志選舉表序例》注。隋、唐以來，選舉既專，資格愈重。科條繁委，故事相傳，選舉之書，纍然充棟。《隋書・經籍志・職官篇》：「《梁選簿》三卷，徐勉撰。《梁勳選格》一卷，《吏部用人格》一卷。」《新唐書・藝文志・職官類》：「裴行儉《選譜》十卷。《唐循資格》一卷，天寶中定。沈既濟《選舉志》十卷。」則舉而不必盡用，用而不必盡見於事。舊章故典不可求之紀傳之中，而選舉之文乃爲史志之專篇矣。

志家之載選舉，不解年經事緯之法，率以進士、舉人、《金史・選舉志》：「至於唐、宋，進士盛焉。」「遼起唐季，頗用唐進士法取人。」「金承遼後，凡事欲軼遼世。」「故金取士之目有七焉。其試詞賦、經義、策論中選者，謂之進士。律科、經義①中選者，曰舉人。」貢生、案：貢名有五。曰歲貢：每縣每年貢廩生之資深者一人是。曰例貢：諸生不及挨次遞貢，輒捐資出學者是。曰拔貢：每十二年每縣拔諸中②中之一人，送京會考者是。曰優貢：每三年于通省諸生中合取四人送京會考是。曰副貢：未中正榜舉人，而中副榜者是，止准出學而已，無其他

① 「經義」，《金史》作「經童」。
② 「中」，疑當作「生」字。

有待也。武選《金史·選舉志》:「武舉嘗設於皇統時,其制則見於泰和。」「有上中下三等,同進士例,賜勑命、章服。」各分門類,又以進士冠首,而舉、貢以次編於後。於是一人之由貢獲舉而成進士者,先見進士科年,再搜鄉舉時代,終篇而始明其入貢年甲焉。於事爲倒置,而文豈非複沓乎?間有經緯而作表者,又於旁行斜上見《和州志輿地圖序例》注。之中注其事實,以列傳之體而作年表,乃元人撰《遼》、《金史》之弊法,虛占行幅,而又混眉目,不識何所取乎此也?

史之有表,乃列傳之叙目。名列於表而傳無其人者,乃無德可稱,而書事從略者也。其有立傳而不出於表者,事有可紀而用特書之例也。今撰志者,選舉、職官之下,往往雜書一二事實,至其人之生平大節,又用總括大略編於人物、名宦條中,然後更取傳志全篇載於藝文之内。此云詳見某項,彼云已列某條,一人之事,複見疊出。而能作表者,亦不免於表名之下更注有傳之文,何其擾而不精之甚歟!

表有有經緯者，亦有不可以經緯者。如永清歲貢，嘉靖見《傳記》注。以前不可稽年甲者七十七人，載之無格可歸，删之於理未愜，則列叙其名於嘉靖選舉之前，殿於正德明武宗年號。選舉之末。是《春秋》歸餘於終，《左傳·文元年》：「先王之正時也，履端於始，舉正於中，歸餘於終。」注：「步歷之始，以爲術之端首。朞之日，三百六十有六日。日月之行，又有遲速。而必分爲十二月，舉中氣以正月。有餘日，則歸之於終，積而爲閏，故言『歸餘於終』。」而《易》卦終於《未濟》之義也。見《匡謬》注。史遷《三代世表》於夏泄而下無可經緯，則列叙而不復縱横其體，是亦古法之可通者矣。

永清縣志士族表序例

方志之表士族，蓋出古法，非創例也。《周官》：小史「奠系世，辨昭穆」，見《和州志氏族表序例上》注。杜子春注：「系世，若諸侯、卿大夫《系本》之屬」，是也。《書》曰：「平章百姓。」鄭康成曰：「百姓，謂群臣之父子兄弟。」平章，乃辨别而章明之也。先王錫土分姓，見《和州志氏族表序例》注。所以尊人治而明倫叙者，莫不由此。故欲協和萬邦，必先平章百姓，典綦重矣。《書·堯典》：「平章百姓，百姓昭明，協和萬邦。」

士亦民也，詳士族而略民姓，亦猶行古之道也。《周官》：鄉大夫「以歲時登夫家之衆寡」，《周禮·地官司徒》：鄉大夫「以歲時登其夫家之衆寡，辨其可任者」。三年以大比，興一鄉之賢能。見《和州志選舉表序例》注。夫民賤而士貴，故夫家衆寡僅登其數，而賢能爲卿大夫者乃詳世系之牒，是世系之牒重於户口之書，其明徵也。近代方志無不詳書户口，而世系之載闃爾無聞，亦失所以重輕之義矣。

夫合人而爲家，闔家而爲國，合國而爲天下。天下之大，由合人爲家始也。家不可以悉數，是以貴世族焉。見《和州志族表序例》「先王錫土分姓」條注。夫以世族率齊民，《漢書·食貨志》：「所忠言：『世家子弟富人，或鬭雞、走狗馬、弋獵、博戲，亂齊民。』」注：「齊，等也。無有貴賤，謂之齊民，若今言平民矣。」以州縣領世族，以司府領州縣，以部院領司府，則執簡馭繁，天下可以運於掌也。《孟子·公孫丑上》：「治天下可運之掌上矣。」孟子曰：「所謂故國者，非謂有喬木也，有世臣之謂也。」《孟子·梁惠王下》文。趙注：「人所謂是舊國也者，非但見其有高大樹木也，當有累世修德之臣，常能輔其君以道，可①爲舊國，可法則也。」州縣之書苟能部次世族，因以達於司府部院，則倫叙有所聯，而治化有所屬矣。今修志者往往留連故蹟，附會桑梓，而譜牒之輯闕然，是則所謂重喬木而輕世家矣。

譜牒掌之於官，則事有統會，人有著籍，而天下大勢可以均平也。今大江以南人文稱盛，習尚或近浮華，私門譜牒往往附會名賢，侈陳德業，其失則誣。大河以北風俗簡樸，其人率多椎魯猶云愚魯。蘇軾《戰國任俠論》：「其力耕以奉上，皆椎魯無能爲者。」無文，譜牒之學闕焉不備，往往子孫不誌高曾

① 「可」，《孟子注疏》作「乃」。

名字，間有所録，荒略難稽，其失則陋。夫何地無人，何人無祖，而偏誣偏陋，流弊至於如是之甚者，譜牒不掌於官，而史權無統之故也。

或謂古人重世家，而其後流弊至於爭門第。魏晉而後，王、謝、崔、盧動以流品相傾軋，《晉書・王珣傳》：「珣字元琳」，「珉字季琰」，「兄弟皆謝氏壻，以猜嫌致隙。太傅安既與珣絶昏，又離珉妻，由是二族遂成仇隙」。《謝安傳》：「先是，王珣娶萬女，珣弟珉娶安女，並不終，由是與謝氏有隙。」《北史・崔逞傳》：「逞字叔祖，清河東武城人。」「子頤賜爵清河侯。」「始，崔浩與頤及滎陽太守模等年皆相次，浩爲長，次模，次頤。三人别祖，而模、頤爲親。浩恃其家世魏晉公卿，常侮模①。」「㥄字長孺。」「初，㥄爲常侍，求人修起居注，或曰：『魏收可。』㥄曰：『收，輕薄徒耳。』乃以盧元明代收，由是收銜之。乃收報梁徐州，㥄備刺史鹵簿迎之，使人相聞收史②曰：『勿怪儀衛多，稽古力也。』收語塞，急報曰：『崔徐州建義之勳，何稽古之有？』㥄自以門伐素高，特不平此言。收乘宿憾，故以此挫之。」「㥄以籍地自矜，常與蕭祇、明少遐等高宴終日，獨無言。少遐晚謂㥄曰：『驚風飄白日，忽然落西山。』㥄亦無言。直曰『爾』。每謂盧元明

① 「模」字下，《北史》有「頤」字，當補。
② 「史」字衍。

曰：『天下盛門，唯我與爾。』崔暹聞而銜之。」又：《盧玄盧柔盧觀盧同盧誕列傳》：「盧玄，字子真，范陽涿人也。」「外兄司徒崔浩大欲齊整人倫，分明姓族。玄曰：『創制立事，各有其時，樂爲此者，詎幾人也？』」「玄孫元明拜尚書右丞相，兼本州大中正」，「善自標置」，「又好以世地自矜」。盧柔子愷「遷小吏部大夫，時染工王神歡擢爲計部，下大夫愷諫曰：『求賢審官，理須詳慎。今神歡出自染工，遂與縉紳並列，實恐鵜翼之刺，聞之外境。』竟寢其事」。補正：原注《晉書・王珣傳》及《謝安傳》二段删。而門户風聲，賢者亦不免於存軒輊，何可爲訓耶？此非然也。吏部選格，州郡中正，《十七史商榷》：「夏侯玄、傅玄議時事以爲：『銓衡專於臺閣，上之分也；孝行存乎閭巷，優劣任之鄉人，下之叙也。欲清教審選，在明其分叙，不使相涉而已。自州郡中正品度官才，有年載矣，孝行著於家門，豈不忠恪於在官乎？仁恕稱於九族，豈不達於爲政乎？義斷行於鄉黨，豈不堪於事任乎？但中正干銓衡之機於下，而執機柄者委仗於上，上下交侵，以生紛錯。且臺閣臨下，考功校否，衆職之屬，各有官長，旦夕相考，莫究於此，閭閻之議，以意裁處，而使匠宰失位，衆人驅駭。欲風俗清静，其可得乎？天臺縣遠，衆所絶意，所得至者，更在側近。孰不修飾以要所求？所求有路，則修己家門者，已不如自達於鄉黨矣。自達鄉黨者，已不如自求於州邦矣。開之有路，而患其飾真離本，雖嚴責中正，督以刑罰，猶無益也。豈若使各帥其分，官長則各以其屬能否獻之臺閣，臺閣則據官長能否之第，參以鄉閭德行之次，擬其倫比，勿使偏頗，中正則唯考其行迹，别其高下，審定輩類，勿使升降。臺閣總之，如所簡或有參錯，則其責負自在有司，中正輩擬此，如其不稱，責負在外。則内外相參，得失互相形檢，孰能相飾？』」案：夏侯元之意，專爲州郡中正據鄉黨評議，以上撓銓衡之權，故發此論。文帝即王位之初，陳群始「制九品官人之法」，州郡中正之設當始於此時。但群《傳》只此一句，《國志①》但有紀傳而無志，選舉科條不可得詳意，不知所謂「九品」者爲何。夏侯玄之議則在正始以後，其時中正之權重矣。不當執門閥而定銓衡，《北史·辛術傳》：術「遷吏部尚書」，「性尚貞明，取士以才以器，循名責實。新舊參舉，管庫必擢，門閥不遺。考之前後銓衡，在術最爲折衷，甚爲當時所稱舉」。案：門閥，猶云閥閱。斯爲得矣。若其譜牒掌於曹郎令史，則固所以防散佚而杜僞託，初非有弊也。且郎吏掌其譜系，而吏部登其俊良，則清門鉅族，無賢可以出長，無能可以出治者，見《永清縣志選舉表序例》注。將激勸而争於自見矣。是亦鼓舞賢才之一道也。

① 「國志」，當作「三國志」。

史遷《世表》但紀三五之淵源，《史記》有《三代世表》。而《春秋》氏族僅存杜預之《世譜》，杜預《春秋序》：「又別集諸例，及地名、譜等、歷數，相與爲部，凡四十部十五卷，皆顯其異同，從而釋之，名曰《釋例》。」《隋書·經籍志》：「《春秋釋例》十五卷，杜預撰。」《四庫全書目録》：「《春秋釋例》十五卷，晉杜預撰。原本久佚，今從《永樂大典》録出，存者凡四十三部。其書比事以求屬詞之旨，其《世族譜》、《土地名》、《長曆》尤爲精核。」於是史家不知氏族矣。歐陽《宰相世系》似有得於知幾之寓言，自注：《史通·書志篇》欲立《氏族志》，然意存商榷，非劉本旨。第鄧州韓氏不爲宰相，以退之之故而著於篇，是亦刱例而不純者也。案：歐陽《宰相世系表》無鄧州韓氏。魏收《官氏》魏收《魏書》有《官氏志》。與鄭樵《氏族》鄭樵《通志》有《氏族略》。則但紀姓氏源流，不爲條列支系。是史家之表系世僅見於歐陽，而後人又不爲宗法，毋亦有鑒於歐陽之爲例不純乎？竊惟網羅一代，典籍浩繁，所貴持大體，而明斷足以決去取，乃爲不刊之典爾。世系不必盡律以宰相，而一朝右族聲望與國相終始者，纂次爲表，篇帙亦自無多也。標題但署爲世族，又何至於爲例不純歟？劉歆曰：「與其過而廢也，毋甯過而存之。」《漢書·劉歆傳》文。其是之謂矣。

正史既存大體，而部府州縣之志以漸加詳焉。所謂「行遠自邇，登高自卑」，《禮記·中庸》：「君子之道，辟如行遠必自邇，辟如登高必自卑。」州縣博收，乃所以備正史之約取也。或曰：州縣有大小，而陋邑未必盡可備譜系，則一縣之内固已有士有民矣，民可計户口，而士自不虞無系也。或又曰：生員以上皆曰士矣，文獻大邦，懼其不可勝收也。是則量其地之盛衰，而加寬嚴焉。或以舉貢爲律，或以進士爲律，至於部府之志，則或以官至五品或至三品者爲律，亦自不患其蕪也。夫志之載事，如鑑之示影也。徑寸之鑒，體具而微，見《史注》注。盈尺以上，形之舒展亦稱是矣，未有至於窮而無所置其影者也。

州縣之志盡勒譜牒矣，官人取士之祖貫，可稽檢也；争爲人後之獄訟，可平反也；私門不經之紀載，可勘正也；官府譜牒之訛誤，自注：譜牒之在官者。可借讎也。自注：借私家之譜校官譜，借他縣之譜校本縣，皆可也。清濁流品可分也，婣睦孝友可勸也。凡所以助化理而惠士民者，於此可得其要略焉。

先王賜土分姓，以地著人，何嘗以人著地哉？封建罷，而人不土著矣。然六朝郡望，問謝而知爲陽夏，問崔而知爲清河，是則人户以籍爲定，而坊表都里不爲虚設也。至於梅里、鄭鄉，則又人倫之望，而鄉里以人爲隱顯者也。《越絶書》：「自無餘初封於越以來，傳聞越王子孫在丹陽皐鄉，更姓梅，梅里是也。」《後漢書·鄭康成傳》：「孔融深敬於康成，屣履造門，告高密縣爲康成特立一鄉，曰：『公者，仁德之正號，不必三事大夫也。今鄭君鄉宜曰鄭公鄉。』」是以氏族之表，一以所居之鄉里爲次焉。

先城中，一縣所主之地也。次東，次南，而後西鄉焉。北則無而闕之，記其實也。城内先北街而後南街，方位北上而南下，城中方位有定者也。四鄉先東南而後西北，《禹貢》先青兗、次揚荆而殿梁雍之指也。

《書·禹貢》：「濟河惟兗州。」「海岱惟青州。」「淮海惟揚州。」「荆及衡陽惟荆州。」「華陽黑水惟梁州。」「黑水西河惟雍州。」然亦不爲定例，就一縣之形勢，無不可也。

凡爲士者皆得立表，而無譜系者闕之。子孫無爲士者不入，而昆弟則非士亦書，所以定其行次也。爲人後者，録於所後之下，不復詳其所生，志文從略，家譜自可詳也。寥寥數人，亦與入譜；先世失考，亦著於篇。蓋私書易失，官譜易存，急爲録之，庶後來可以詳定，兹所謂先示之例焉耳。

私譜自叙官階封贈，訛謬甚多。如同知、通判稱「分府」，《明史·職官志》：「府：知府一人。同知、通判無定員」，「分掌清軍、巡捕、管糧、治農、水利、屯田、牧馬等事，無常職」。守備稱「守府」，《明史·職官志》：守備「無品級，無定員」，「各守一城一堡者爲守備」。又：「南京守備一人」，「以守備參贊機務爲要職」。猶徇流俗所稱也。錦衣千户則稱「冠带將軍」，《明史·職官志》：「錦衣衛掌侍衛、緝捕、刑獄之事。」「後以舊所設爲南鎮撫司，專理軍匠。旗手衛，本旗手千户所。」或「御前將軍」，或稱「金吾」，《明史·職官志》：「凡各省各鎮鎮守、總兵官」，「有大征討則掛諸號將軍，或大將軍、前將軍、副將軍印」。又：「凡上直衛親軍指揮使司，二十有六。」有金吾前衛、金吾後衛、金吾左衛、金吾右衛。則鄙倍已甚，見《原道下》注。使人不解果爲何官也。今並與較明更正。又譜中多稱「省祭官」者，不解是何名號，今仍之，而不入總計官數云。

永清縣志輿地圖序例

史部要義，本紀爲經，而諸體爲緯。有文辭者曰書曰傳，無文辭者曰表曰圖，虛實相資，詳略互見，庶幾可以無遺憾矣。昔司馬氏創定百三十篇，但知本《周譜》而作表，見《和州志輿地圖序例》注。不知溯夏鼎而爲圖，《左傳·宣三年》：「昔夏之方有德也，遠方圖物，貢金九牧，鑄鼎象物。」遂使古人之世次年月可以推求，而前世之形勢名象無能蹤蹟。此則學《春秋》而得其譜歷之義，未知溯《易象》而得其圖書之通也。夫列傳之需表而整齊，猶書、志之待圖而明顯也。先儒嘗謂表闕而列傳不得不繁，見《亳州志人物表例議中》注。殊不知其圖闕而書、志不得不冗也。嗚呼！馬、班以來二千年矣，曾無創其例者，此則窮源竟委，深爲百三十篇惜矣。

鄭樵《圖譜》之略自謂獨得之學，見《和州志輿地圖序例》注。此特爲著録書目表章部次之法爾。其實史部鴻裁，兼收博采，並存家學，以備遺忘，樵亦未能見及此也。且如《通志》紀、傳悉仍古人，反表爲譜，改志稱略，體亦可爲備矣。如何但知收録圖譜之目，而不知自創圖體以補前史之所無？以此而傲漢、唐諸儒所不得聞，寧不愧歟？見《和州志輿地圖序例》注。又樵録圖譜，自謂部次，專則易存，分則易失，其説似矣。見《文集》「古人有專門之學」條注。然今按以樵之部目，依檢前代之圖，其流亡散失正復與前不甚相遠。然則專家之學不可不入史氏鴻編，非僅區區著於部録便能保使無失也。司馬遷有表，而《周譜》遺法至今猶存；任宏録圖，自注：鄭樵云：任宏校兵書，有書有圖，其法可謂善矣。而漢家儀制魏晉已不可考。則争於著録之功小，創定史體之功大，其理易明也。

史不立表，而世次年月猶可補綴於文辭；史不立圖，而形狀名象必不可旁求於文字。此耳治目治之所以不同，《穀梁傳·僖十六年》：「『六鷁退飛過宋都』，先數，聚辭也，目治也。」「『隕石於宋五』，先隕而後石何也？隕而後石也。於宋四境之內曰宋。後數，散辭也，耳治也。」而圖之要義所以更甚於表也。古人口耳之學，有非文字所能著者，貴其心領而神會也。至於圖象之學，又非口耳之所能授者，貴其目擊而道存也。《莊子·田子方》：「仲尼曰：『若夫人者，目擊而道存矣。』」以鄭康成之學，而憑文字以求，則娑尊詁爲鳳舞，至於鑿背之犧既出，而王肅之義長矣；見《和州志前志列傳序例下》注。以孔穎達之學，而就文義以解，江源出自岷山，至金沙之道既通，而《緬志》之流遠矣。見《和州志前志列傳序例下》注。此無他，一則困於三代圖亡，一則困於班固《地理》無圖學也。自注：《地理志》自班固始，故專責之。雖有好學深思之士，見《朱陸》「心知其意」條注。讀史而不見其圖，未免冥行而擿埴矣。見《和州志輿地圖序例》注。

唐、宋州郡之書多以《圖經》爲號，見《經解中》注。而地理統圖，起於蕭何之收圖籍。《史記・蕭相國世家》：「沛公至咸陽，何獨先入，收秦丞相、御史律令圖書藏之。」是圖之存於古者，代有其書，而特以史部不收，則其力不能孤行於千古也。且其爲體也，無文辭可以誦習，非纂輯可以約收。事存專家之學，業非文士所能，史部不與編摩，則再傳而失其本矣。且如《三輔黃圖》，《元和圖志》，今俱存書亡圖，是豈一朝一夕故耶？見《和州志輿地圖序例》注。案：近如《武功縣志》亦書存圖亡。蓋古無鐫木印書，圖學難以摩畫，而竹帛之體繁重，則又難家有其編。馬、班專門之學不爲裁定其體，而後人溯流忘源，宜其相率而不爲也。解經多舛，而讀史如迷，凡以此也。

近代方志往往有圖，而不聞可以爲典則者，其弊有二：一則逐於景物，而山水摩畫，工其繪事，則無當於史裁也。一則廁於序目凡例，而視同弁髦，不爲繫説命名，釐定篇次，則不可以立體也。夫表有經緯而無辭説，圖有形象而無經緯，皆爲書、志、列傳之要删，而流俗相沿，苟爲悦人耳目之具矣。則傳之既久，欲望如《三輔黃圖》、《元和圖志》之猶存文字且不可得，而況能補馬、班之不逮，成史部之大觀也哉？

圖體無經緯，而地理之圖則亦略存經緯焉。孟子曰：「行仁政必自經界始。」見《經解中》注。《釋名》曰：「南北爲經，東西爲緯。」劉熙《釋名·釋典藝》：「經，逕也。如逕路無所不通，可常用也。緯，圍也。反覆圍繞以成經也。」又：《釋路》：「徑，經也。人所經由也。」案：「南北爲經，東西爲緯」，見《周禮·天官》「體國經野」疏，此云劉熙，誤。地理之求，經緯尚已。今之州縣輿圖往往即楮幅之廣狹，爲圖體之舒縮，此則丹青繪事之故習，而不可入於史部之通裁也。今以開方計里爲經，而以縣鄉村落爲緯，使後之閱者按格而稽，不爽銖黍，《說文解字》第十四篇《金部》：「權十分黍之重也。一曰：十黍爲累，十累爲銖。」此圖經之義也。

永清縣志建置圖序例

《周官》象魏之法，不可考矣。見《和州志輿地圖序例》注。後世《三輔黄圖》及《洛陽宫殿》之圖，見《和州志輿地圖序例》注。則都邑宫室之所由倣也。建章宫千門萬户，張華遂能歷舉其名，鄭樵以爲觀圖之效而非讀書之效，《晉書·張華傳》：「華强記默識，四海之内，若指諸掌。武帝常問漢宫室制度，及建章千門萬户，華應對如流，聽者忘倦，畫地成圖，左右屬目，帝甚異之。」《通志略》：「張華，晉人也。漢之宫室千門萬户，其應如響，時人服其傳物。張華固博物矣，此非博物之效也，見漢書①宫室圖焉。」是則建制之圖所係豈不重歟？朱子嘗著《儀禮釋宫》，以爲不得其制則儀節度數無所附著。案：《朱子集》卷六十六有《儀禮釋宫》。「以爲不得其制」，語未詳。蓋古今宫室異宜，學者求於文辭而不得其解，則圖闕而書亦從而廢置矣。後之視

① 「書」字衍，《通志·圖譜略》無。

今，亦猶今之視古。見《知難》注。城邑、牙①廨、案：牙旂也。《説文》無「廨」字。《尙子・墾令篇》：「高其解舍，令有甬。」左思《吴都賦》：「解署基布。」皆作「解」。然則「解」本字，「廨」後出字也。壇壝、《周禮・天官》：「舍人掌舍，爲壇壝，官棘門。」注：「謂王行止平地，築壇，又委壝土，起堳埒，以爲宫。」祠廟、典章、制度，社稷民人所由重也。不爲慎著其圖，則後人觀志亦不知所向往矣。遷、固以還，史無建置之圖，是則元、成而後明堂、太廟所以紛紛多異説也。《漢書・韋玄成傳》：「初，凡祖宗廟在郡國六十八，合百六十七所，而京師自高祖下至宣帝，與太上皇、悼皇考，各自居陵旁立廟，並爲百七十六。至元帝時，貢禹奏言：『不應古禮，宜正定。』永光四年，乃下詔：『先罷郡國廟。與將軍、列侯、中二千石、諸大夫、博士、議郎②。』丞相玄成、御史大夫鄭宏、太子太傅嚴彭祖、少府歐陽地餘、諫大夫尹更始等七十人皆曰：『臣等愚以爲：宗廟在郡國，宜無修。』奏可，罷郡國廟。後月餘，復下詔曰：『大禮未備，不敢自顓。其與將軍、列侯、中二千石、二千石、諸大夫、博士議。』玄成等四十四人奏

① 「牙」，粤雅堂本《文史通義》、浙江書局《章氏遺書》本作「衙」，《永清縣志》已作「衙」。

② 「議郎」下，《漢書》有「議」字。

議曰：『臣愚以爲：高皇帝受命定天下，宜爲帝者太祖之廟，世世不毁。太上皇、孝惠、孝文、孝景廟皆親盡，宜毁。』大司馬、車騎將軍許嘉等二十九人以爲：『孝文皇帝宜爲帝者，太宗之廟。』廷尉忠以爲：『孝武皇帝宜爲世宗之廟。』諫大夫尹更始等十八人以爲：『皇考廟上序於昭穆，非正禮，宜毁。』於是上重其事，依違者一年，乃下詔曰：『高皇帝爲漢太祖，孝文皇帝爲太宗，世世承祀，傳之無窮。孝宣皇帝爲孝昭皇帝後，於義一體。孝景皇帝廟及皇考廟皆親盡，其正禮儀。』玄成等奏曰：『太上、孝惠廟皆親盡，宜毁。』奏可。議者又以爲宜復古禮，四時祭於廟，諸寢園日月間祀，皆可不復修，上亦不改也。明年，玄成復言：『孝文太后、孝昭太后寢祀園宜如禮，勿復修。』奏可。後歲餘，玄成薨，匡衡爲丞相。上寢疾，夢祖宗譴罷郡國廟。上詔問衡，議欲復之。衡深言不可，久之，上疾連年，遂盡復諸所罷寢廟園，皆修祀如故。元帝崩，衡奏言：『前以上體不平，故復諸所罷祀，卒不蒙福。案衛思后、戾太子、戾后園，親未盡。孝惠、孝景廟親盡，宜毁。及太上皇、孝文、孝昭太后、昭靈后、昭哀后、武哀王祠，請悉罷勿奉。』奏可。成帝河平元年，復復太上皇寢廟園。哀帝即位，丞相孔光、大司空何武奏言：『迭毁之次，當以時定，請與群臣雜議。』奏可。於是光禄勳彭宣、詹事满昌、博士左減等五十三人皆以爲：『孝武皇帝親盡，宜毁。』太僕王舜、中壘校尉劉歆議曰：『以七廟言之，孝武皇帝未宜毁。以所宗言之，則不可謂無功德。不宜毁。』上覽其奏而從之。」

邵子曰：「天道見乎南而潛乎北，是以人知其前而昧其後也。」見《皇極經世書》。夫萬物之情多背北而向南，故繪圖者必南下而北上焉。山川之向背，地理之廣袤，列之於圖，猶可北下而南上，然而已失向背之宜矣。廟祠、衙廨之建置，若取北下而南上，則簷額門扉不復有所安處矣。華亭黄氏之雋，執八卦之圖，乾南居上，坤北居下，待詳。因謂凡圖俱宜南上者，是不知《河洛》、先後天《圖》至宋始著，誤認爲古物也。《宋史·道學傳》：「邵雍，字堯夫。」「事北海李之才」，「受《河圖》、《洛書》、《宓羲八卦六十四卦圖像》。之才之傳，遠有端緒，而雍多所自得」。且理數之本質，從無形而立象體，當適如其本位也。山川宮室以及一切有形之物，皆從有象而入圖，必當作對面觀而始肖也。且如繪人觀八卦圖，其人南面而坐，觀者當北面矣。是八卦圖則必南下北上，此則物情之極致也。無形之理，如日臨簷，分寸不可逾也；有形之物，如鑒照影，對面則互易也。是圖繪必然之勢也。彼好言尚古而不知情理之安，則亦不可以論著述矣。

建置所以志法度也，制度所不在，則不入於建置矣。近代方志，或入古蹟，則古蹟本非建而置之也。或入寺觀，則寺觀不足爲建置也。舊志之圖，不詳經制，而繪八景之圖，其目有曰「南橋秋水」、「三塔春虹」、「韓城留角」、「漢廟西風」、「西山疊翠」、「通鎮鳴鐘」、「靈泉鼓韻」、「雁口聲嘶」。命名庸陋，構意勉强，無所取材。故志中一切削去，不留題詠，所以嚴史體也。且如風月天所自有，春秋時之必然，而强叶景物，附會支離，何所不至？即如一室之内，曉霞夕照，旭日清風，東西南北，觸類可名，亦復何取？而今之好爲題詠，喜競時名，日異月新，逐狂罔覺，亦可已矣。

永清縣志水道圖序例

遷爲《河渠書》，班固爲《溝洫志》，蓋以地理爲經，而水道爲緯。地理有定，而水則遷徙無常，此班氏之所以别《溝洫》於《地理》也。顧河自天設，而渠則人爲，遷以《河渠》定名，固兼天險、人工之義；而固之命名《溝洫》，則考工水地之法，井田澮畎所爲，專隸於匠人也。不識四尺爲洫，倍洫爲溝，果有當於瓠子決河、碣石入海之義否乎？《周禮·考工記》下：「匠人爲溝洫，耜廣五寸，二耜爲耦，一耦之伐，廣尺深尺，謂之畎。田首倍之，廣二尺，深二尺，謂之遂。九夫爲井，井間廣四尺，深四尺，謂之溝。方十里爲成，成間廣八尺，深八尺，謂之洫。方百里爲同，同間廣二尋，深二仞，謂之澮。」《漢書·溝洫志》：應劭注：「溝廣四尺，深四尺。洫廣深倍於溝。」「同爲逆河，入於渤海。」顔籀注：「臣瓚以爲《禹貢》『夾右碣石入於河』，則河入海乃在碣石也。武帝元光二年，河移徙東郡，夏[①]注勃海，禹時不注也。」又：「孝武元光中，河決於瓠子，東南注鉅野。」然則諸史標題仍馬而不依班，非無故矣。

河爲一瀆之名，與江、漢、淮、濟等耳。《爾雅·釋水》：「江、河、淮、濟爲四瀆。四瀆者，發源注海者也。」遷書之目《河渠》，蓋漢代治河之法，與鄭、白諸渠綴合而名，《史記·河渠書》：「韓聞秦之好興事，欲罷之，毋令東伐，迺使水工鄭國説秦，令鑿涇水。

① 「夏」字誤，《漢書》顔注作「更」。

自中山邸瓠口爲渠，並北山東注洛，溉澤鹵之地四萬餘頃，收皆畝一鐘，命曰鄭國渠。」又：「趙中大夫白公復奏穿渠，引涇水，首起谷口，尾入櫟陽注渭，溉田四千餘頃，名曰白渠。人得以饒。」未嘗及於江、淮、汶、泗汶、泗，均水名，在今山東。《書·禹貢》：「浮於汶，達於濟。」又：「濟東北會於汶。」又：「導淮自桐柏東，會於泗、沂。」之水，故爲獨蒙以河號也。宋、元諸史概舉天下水利，如汴、洛、漳、蔡、江、淮圩閘，皆存其制，而其目亦爲《河渠》，《宋史·河渠志》：河渠三：汴河上。河渠志四：汴河下、洛河、蔡河。河渠志五：漳河。案：《元史》亦稱《河渠志》。且取北條諸水而悉命爲河，自注：不曰「汴」而曰「汴河」，不曰「洛」而曰「洛河」之類，不一而足。則幾於飲水而忘其源矣。自注：《水經》稱諸水，無以「河」字作統名者。夫以一瀆之水，概名天下穿渠之制，包羅陂閘，案：畜水曰陂，資灌溉也。閘同牐，在昔漕艘往來，臿石左右如門，設版瀦水，時啟閉以通舟。水門容一舟，銜尾貫行，門曰閘門，河曰閘河，設閘官司之。雖曰命名從古，未免失所變通矣。

孟子曰：「禹之治水，水之臣①也。」《孟子·告子下》文。儻以水爲統名，而道存制度，標題入志，稱爲「水道」，不差愈乎？永定河名，聖祖所錫，齊召南《水道提綱》：「京畿桑乾舊名渾河，自宛平良鄉而東，填淤沖決。自元、明以來，遷徙不一。固安、永清、霸州，或南或北，時苦泛溢。康熙三十七年，始由良鄉之張家莊，至東安之郎神河，重開一道，使昔之泛決固安以西，與清水河合，而南至新城、霸州者，今遷流於東，由固安、永清之北引流直出柳岔口、三角淀，以達西沽。築長隄南北兩岸二百餘里，遏其南趨，使不與清水諸水會。賜名曰永定河，而水患稍息也。」渾河、蘆溝，古已云然，《元史·河渠志》：「盧溝河其源出於代地，名曰小黄河，以流濁故也。自奉聖州界流入宛平縣境，至都城四十里東麻谷，分爲二派。」「渾河本盧溝水，從大興縣流至東安州、武清縣，入漷州界。」《名勝志》：「桑乾河即今之盧溝河也，俗呼曰渾河。」題爲河渠，是固宜矣。然減水、啞吧諸水未嘗悉入一河，則標以《水道》，而全縣之水皆可概其中矣。

地理之書略有三例，沿革、形勢、水利是也。沿革宜表，而形勢、水利

① 「臣」字誤，粵雅堂本《文史通義》、浙江書局《章氏遺書》本作「道」，《永清縣志》亦作「道」，與《孟子》同。

之體宜圖，俱不可以求之文辭者也。遷、固以來，但爲書志而不繪其圖，是使讀者記誦以備發策決科之用爾。見《文集》注。天下大勢，讀者了然於目，乃可豁然於心。今使論事甚明，而行之不可以步，豈非徇文辭而不求實用之過歟？

地名之沿革可以表治，而水利之沿革則不可表治也。蓋表所以齊名目，而不可以齊形象也。圖可得形象，而形象之有沿革則非圖之所得概焉。是以隨其形象之沿革而各爲之圖，所以使覽之者可一望而周知也。《禹貢》之紀地理，以山川爲表，而九州疆界因是以定所至。案：《書·禹貢》：「禹敷土，隨山刊木，奠高山大川。」即以山川表望而定九州疆界。九州者，冀、兖、青、徐、豫、荊、揚、雍、梁也。後儒遂謂山川有定而疆界不常，《漢書·地理志》：「先王之跡既遠，地名又數改易，是以考迹《詩》《書》，推表山川。」此則舉其大體而言之也。永定河形屢徙，往往不三數年而形勢即改舊觀，以此定界，不可明也。今以村落爲經，而開方計里，著爲定法，河形之變易即於村落方里表其所經，此則古人互證之義也。

志爲一縣而作，水之不隸於永清者亦總於圖。此何義耶？所以明水之源委，而見治水者之施功有次第也。班史止記西京之事，而《地理》之志上溯《禹貢》、《周官》，亦見源委之有所自耳。然而開方計里之法，見《和州志輿地圖序例》注。沿革變遷之故，止詳於永清而不復及於全河之形勢，是主賓輕重之義。濱河州縣皆倣是而爲之，則修永定河道之掌故蓋秩如焉。

永清縣志六書例議

史家書、志一體，如《史記》八書、《漢書》十志。古人官《禮》之遺也。「周禮在魯」，見《易教上》注。而《左氏春秋》典章燦著，不能復備全官，則以依經編年，隨時錯見，勢使然也。自司馬八書，孟堅十志，師心自用，不知六典見《書教上》注。之文，遂使一朝大典難以綱紀。後史因之，而詳略棄取無所折衷，則弊之由來蓋已久矣。

鄭樵嘗謂書、志之原，出於《爾雅》。《通志·總序》：「志之大原，出於《爾雅》①。」彼固特著《六書》、《七音》、《昆蟲草木》之屬，見《釋通》注。欲使經史相爲經緯，此則自成一家之言可也。若論制作，備乎官《禮》，則其所謂《六書》、《七音》，名物訓詁，皆本司徒之屬，所謂師氏、保氏之官是其職矣。《周禮·大司徒》：「保氏掌諫王惡，而養國子以道。乃教之六藝：一曰五禮，二曰六樂，三曰五射，四曰五馭，五曰六書，六曰九數。」「師氏掌以媺詔王，以三德教國子。」而大經大法見《和州志輿地圖序例》注。所以綱紀天人而敷張王道者，《爾雅》之義何足以盡之？官《禮》之義，大則書、志，不得係之《爾雅》，其理易見者也。

宇文倣《周官》，《周書·蘇綽傳》：「自有晉之季，文章競爲浮華，遂成風俗。太祖欲革其弊，因魏帝祭廟，群臣畢至，乃命綽爲《大誥》，奏行之。自是之後，文筆皆依此體。」唐人作

---

①「志之大原，出於爾雅」，原書誤倒作「志之雅原，出於爾大」，今乙正。

《六典》，《新唐書·藝文志》：「《六典》三十卷。」注：「開元十年，起居舍人陸堅被詔集賢院，修《六典》。玄宗手寫六條，曰理典、教典、禮典、政典、刑典、事典。張説知院，始以令式象《周禮》六官爲制。」雖不盡合乎古，亦一代之章程也。而牛弘、劉昫之徒，不知挈其綱領以序一代之典章，見《方志立三書議》注。遂使《會要》、《會典》之書不能與史家之書、志合而爲一，此則不可不深長思者也。

古今載籍，合則易存，分則難恃。如謂掌故備於《會要》、《會典》，而史中書、志不妨意存所重焉，則《漢志》不用《漢官》爲綱領，而應劭之《儀》殘闕不備；案：應劭《漢官儀》二卷，見孫星衍《平津館叢書》。《晉志》不取《晉官》爲綱領，而徐宣瑜之《品》自注：徐氏有《晉官品》。亡逸無存，其中大經大法因是而不可窺其全體者，亦不少矣。且意存所重，一家私言難爲典則。若文章本乎制作，制作存乎官守，推而至於其極，則立官建制，聖人且不以天下爲己私也。而載筆之士，又安可以己之意見爲詳略耶？

書、志之體宜畫一，而史家以參差失之。列傳之體本參差，而史家以畫一失之。典章制度，一本官《禮》，體例本截然也。然或有《天官》而無《地理》，或分《禮樂》而合《兵》、《刑》，如《史記》是。不知以當代人官爲綱紀，其失則散。列傳本乎《春秋》，原無定式，裁於司馬，略示區分。抑揚咏歎，予奪分合，其中有《春秋》之直筆亦兼詩人之微婉，難以一概繩也。後史分別門類，整齊先後，執泥官閥，錙銖尺寸不敢稍越，其失則拘。散也，拘也，非著作之通裁也。

州縣修志，古者侯封一國之書也。吏、户、兵、刑之事，見《州縣請立志科議》注。具體而微焉。見《史注》注。今無其官而有吏，是亦職守之所在，掌故莫備於是，治法莫備於是矣。且府史之屬，《周官》具書其數，見《史釋》注。《會典》亦存其制，《大清會典·吏部》：「凡官之出身有八」，「八曰吏：供事、儒士、經承、書吏、承差、典吏、攢典」。又：州首領有吏目，縣首領有典史。而所職一縣之典章，實兼該而可以爲綱領，惟其人微而縉紳所不道，故志家不以取裁焉。然有入境而問，《禮記·曲禮上》：「入竟而問禁。」故舍是莫由知其要。是以書吏爲「令史」，首領之官曰「典史」。知令史、典史之史即綱紀掌故之史也，可以得修志之要義矣。

今之州縣繁簡異勢，而掌故令史因事定制，不盡皆吏、户、兵、刑之六曹也。然就一縣而志其事，即以一縣之制定其書，且舉其凡目，而愈可以見一縣之事勢矣。案牘簿籍無文章，而一縣之文章則必考端於此，常人日用而不知耳。見《言公下》注。今爲挈其綱領，修明其書，使之因書而守其法度，因法而明其職掌，於是修其業而傳授得其人焉。古人所謂書契易而百官治，見《詩教上》注。胥是道也。

或謂掌故之書，各守專官，連牀架屋，《世説新語·文學》：「庾仲初作《揚都賦》」，「謝太傅云：『此是屋下架屋耳。』」劉孝標注引王隱論揚雄《太玄經》曰：「玄經雖妙，非益也。是以古人謂其屋下架屋耳。」《顔氏家訓·序致》：「魏晉已來所著諸子，理重事複，遞相模學，猶屋下架屋，牀上施牀耳。」書、志之體所不能該，是以存之《會典》、《會要》，而史志別具心裁焉。此亦不可謂之知言也。《周官》挈一代之大綱，而儀禮三千，不聞全入春官。《周禮》春官大宗伯掌禮，故云。《司馬法》六篇，不聞全入夏官。《周禮》夏官大司馬掌兵，故云。然存宗伯、司馬之職掌，而禮、兵要義可以指掌而談也。《論語·八佾》：「或問禘之説，子曰：『不知也。知其説者，之於天下也，其如示諸斯乎？』指其掌。」且如馬作《天官》，而太初歷象不盡見於篇籍也。《史記·曆書》：「今上即位，招致方士唐都，分其天部，而巴落下閎運算轉曆，然後日辰之度與夏正同。乃改元，更以七年爲太初元年。名①焉逢攝提格，月名畢聚，日得甲子。」案：《天官書》未言太初歷事。班著《藝文》，而劉歆《七略》不盡存其論説也。《漢書·藝文志序》：「至成帝時，詔光禄大夫劉向校經傳、諸子、詩賦，步兵校尉任宏校兵書，太史令尹咸校數術，侍醫李柱國校方技。」「向卒，哀帝復使向子侍中奉車都尉歆卒父業，歆於是總群書而奏其《七略》。」「今删其要，以備篇輯。」師古曰：「删去浮冗，取其指要也。」史家約取掌故，以爲學者之要删，其與專門成書不可一律求詳，亦其勢也。既不求詳，而又無綱紀以統攝之，則是散漫而無法也。以散漫無法之文，而欲部次一代之典章，宜乎難矣。

① 「名」字上，漏一「年」字。

或謂：求掌故於令史，而以吏、户、兵、刑爲綱領，則紀表圖書之體不可復分也。如選舉之表當入吏書，河道之圖當入工書，充類之盡，見《黠陋》注。則一志但存六書而已矣，何以復分諸體也？此亦不可謂之知言也。古人著書各有義類，義類既分，不可强合也。司馬氏本《周譜》而作表，見《和州志輿地圖序例》注。然譜歷之書掌之太史，見《史釋》注。而旁行斜上之體見《和州志輿地圖序例》注。不聞雜入六典之中。蓋圖譜各有專書，而書志一體專重典章與制度，自宜一代人官爲統紀耳，非謂專門别爲體例之作皆雜其中，乃稱隱括也。見《释通》注。且如六藝皆周官所掌，而《易》不載於太卜，見《易教上》注。《詩》不載於太師，見《原道中》注。然三《易》之名未嘗不見於太卜，而四《詩》之目則又未嘗不著於太師也，是其義矣。六卿聯事，見《書教上》注。交互見功，前人所以有《冬官》散在五典之疑也。宋俞廷椿①有《周禮復古編》一卷，其説謂《冬官》不亡，特錯簡置五官之中。因割裂顛倒，以足其數，遂開説《周禮》者補亡一派。州縣因地制宜，尤無一成之法。如丁口爲户房所領，《大清會典·户部》：「凡民，男曰丁，女曰口。丁口繫於户。」「直省民數，督撫飭所屬，按保甲門牌册實在民數，造册送部。」而編户煙册乃屬刑房，以煙册非賦丁，而立意在詰奸也。《大清會典·户部》：「正天下之户籍，凡各省諸色人户，有司察其數而歲報於部，曰煙户。其别凡十二：曰民户、軍户、匠户、竈户、漁户、回户、番户、羌户、苗户、猺户、黎户、夷户。」武生、武舉隸兵部，而承辦乃在禮房，以生員不分文武，皆在學校，而學校通於貢舉也。《大清會典·兵部》：「凡學政，三歲一試武。武生各取以其額。及鄉試，限其中額。」分合詳略之間，求其所以然者而考之，何莫非學問耶？

① 「俞廷椿」，《宋史·藝文志》作「俞庭椿」。

永清縣志政略序例

近代志家以人物爲綱，而名宦、鄉賢、流寓諸條標分爲目，其例蓋剏於元、明之《一統志》。《四庫全書總目》：「《明一統志》九十卷，明李賢等奉敕撰。」「元岳璘等所修《大元一統志》，《國史經籍志》載其目共爲一千卷，今已散佚傳無①。」而部府州縣之國別爲書，亦用《統志》類纂之法，可謂失其體矣。夫人物之不當類纂，義例詳於例傳首篇。名宦之不當收於人物，則未達乎著述體裁，而因昧於權衡義理者也。古者侯封世治，列國自具《春秋》，自注：羊舌肸《晉春秋》，墨子所引《燕春秋》。則君臨封内，元年但奉王正而已。至封建罷而郡縣，守令承奉詔條，萬里之外亦如畿内守土之官。見《方志立三書議》注。甘棠之詠召公，

① 「傳無」誤倒，《四庫全書總目》作「無傳」。

見《和州志前志列傳序例下》注。鄭人之歌子産，《左傳・襄三十年》：「從政一年，輿人誦之曰：『取我衣冠而褚之，取我田疇而伍之。孰殺子産，吾其與之！』及三年，又誦之曰：『我有子弟，子産誨之；我有田疇，子産殖之。子産而死，誰其嗣之？』」馬、班《循吏》之傳所以與時爲升降也。《史記・循吏傳》自孫叔敖以下皆春秋時人，《漢書・循吏傳》自文翁以下皆漢人。若夫正史而外，州部專書，古有作者，義例非無可繹。梁元帝有《丹陽尹傳》，自注：《隋志》：凡十卷。賀氏有《會稽太守贊》，自注：《唐志》：凡二卷。唐人有《成都幕府記》，自注：《唐志》：凡二卷，起貞元，訖咸通。皆取蒞是邦者，注其名蹟。其書别出，初不與《廣陵烈士傳》、自注：華隔撰，見《隋志》。《會稽先賢傳》、自注：謝承撰，見《隋志》。《益部耆舊傳》自注：陳壽撰，見《隋志》。猥雜登書。是則棠陰長吏指名宦言。與夫梓里名流，指土著言。《詩・小雅・小弁》：「維桑與梓，必恭敬止。」劉迎詩：「榮歸誇梓里。」《世説新語》：「孫綽、許詢，皆一時名流。」初非類附雲龍，見《言公下》注。固亦事同風馬見《易教下》注。者也。叙次名宦，不可與鄉賢同爲列傳，非第客主異形，抑亦詳略殊體也。長吏官於斯土，取其有以作此一方，興利除弊，遺德在民，即當尸而祝之。見《師説》注。否則學類顏、曾，顏淵、曾參。行同連、惠，魯仲連、柳下惠。於縣無補，志筆不能越境而書，亦其理也。如其未仕之前，鄉評未允；去官之後，晚節不終。苟爲一時循良，便紀一方善政。吴起殺妻，而效奏西河，於志不當追既往也；《史記·吴起傳》：「吴起者，衛人也。」「魯欲將吴起，起娶齊女爲妻，而魯疑之，吴起於是欲就名，遂殺其妻，以明不爲齊也。魯卒以爲將，將而攻齊，大破之。」「後聞魏文侯賢，欲事之。」「文侯乃以爲西河守，以拒秦、韓。」黄霸爲相，而譽減潁川，於志不逆其將來也。《漢書·循吏傳》：「黄霸，字次公，淮陽陽夏人也。」「爲潁川太守，民稱神明。前後八年，郡中愈治。是時鳳凰、神爵數集郡國，潁川尤多。天子下詔稱揚之。」「五鳳三年，代丙吉爲丞相。霸材長於治民，及爲丞相，總綱紀號令，風采不及丙、魏、于定國，功名損於治郡時。」以政爲重，而他事皆在所輕。豈與斯土之人原始要終，而編爲列傳者可同其體制歟？

《舊志》於《職官》條下備書政蹟，而《名宧》僅占虚篇，惟於姓名之下注云事已詳前而已。是不但賓主倒置，抑亦未辨於褒貶去取，全失《春秋》之據事直書也。見《古文十弊》注。夫《選舉》爲《人物》之綱目，猶《職官》爲《名宦》之綱目也。《選舉》、《職官》之不計賢否，猶《名宦》、《人物》之不計崇卑，例不相侔而義實相資也。《選舉》有表而《列傳》無名，與《職官》有表而《政略》無誌，觀者依檢先後，責實循名，見《地志統部》注。語無褒貶而意具抑揚，豈不可爲後起者勸耶？

《列傳》之體縟而文，《政略》之體直而簡，非載筆有殊致，蓋事理有宜然也。《列傳》包羅鉅細，品藻人物，有類從如族，有分部如井。變化不拘，《易》之象也；敷道陳謨，《書》之質也；抑揚詠歎，《詩》之旨也；見《詩教下》注。繁曲委折，《禮》之倫也；比事屬辭，《春秋》之本義也。見《書教上》注。具人倫之鑒，盡事物之理，懷千古之志，擷經傳之腴，發爲文章，不可方物。《史記》：「民神雜糅，不可方物。」故馬、班之才，不盡於本紀、表、志而盡於列傳也。至於《政略》之體，義取謹嚴，意存補救，時世拘於先後，紀述要於經綸。蓋將峻潔其體，可以臨蒞邦人，冠冕列傳，經緯錯綜，主在樞紐。

是固難爲文士言也。

古人有經無緯之書，大抵名之以「略」。裴子野取沈約《宋書》而編年稱《略》，亦其例也。而劉知幾譏裴氏之書名《略》而文不免繁，斯亦未達於古人之旨。《史通・雜説下》：「《宋略》：裴幾原删略宋史，定百①二十篇，芟煩撮要，實有其力。而所録文章，頗傷蕪穢。」《黄石》、《淮南》，自注：黄石公《三略》、《淮南子・要略》。諸子之篇也。張温、魚豢，自注：張温《三史略》、魚豢《典略》。史册之文也。其中亦有謨略之意，何嘗盡取節文爲義歟？

循吏之蹟，難於志鄉賢也。治有賞罰，賞罰出而恩怨生，人言之不齊，其難一也。事有廢興，廢興異而難易殊，今昔之互視，其難二也。官有去留，非若鄉人之子姓具在，則蹟遠者易湮，其難三也。循吏悃愊無華，《後漢書・章帝紀》：「元和二年詔曰：『安静之吏，悃愊無華。』」蘇軾《異鵲》詩：「柯侯古循吏，

①「百」字誤，《史通》作「爲」。

悃愊真無華。」巧宦善於緣飾，去思之碑，半是愧辭，頌祝之言，難徵實蹟，白居易《立碑篇》：「勳德既下衰，文章亦陵夷，但見山中石，立作路旁碑。銘勳悉太公，叙德皆仲尼，復以多爲貴，千言值萬貲。爲文彼何人，想見下筆時，但欲愚者喜，不思賢者嗤。仍傳後代疑①，古石蒼苔字，安知是愧辭。」其難四也。擢當要路，載筆不敢直道；移治鄰封，瞻顧豈遂無情？其難五也。世法本多顧忌，人情成敗論才，偶遭罣誤彈章，因罣誤而受彈劾。便謂其人不善，其難六也。《舊志》紀載無法，風塵金石易湮，縱能粗舉大凡，歲月首趾莫考，其難七也。知其難而不敢不即聞見以存其涯略，所以窮於無可如何，而益致其慎爾。

《列傳》首標姓名，次叙官閥，史文一定之例也。《政略》以官標首，非惟賓主之理宜然，抑亦顧名思義之旨，不可忽爾。《舊志》以知縣、見《永清縣志職官表序例注》。縣丞《大清會典·吏部》：「總貳佐爲縣丞、主簿，所管或糧，或捕，或水

---

①「仍傳後代疑」上，《全唐詩》有「豈獨賢者嗤」一句，當補。

利。」之屬分類編次，不以歷官先後爲序，非《政略》之意，故無足責也。

永清縣志列傳序例

「傳」者，對「經」之稱。所以轉授訓詁，演繹義藴，《文心雕龍·史傳》：「經文婉約，丘明同時，實得微言。乃原始要終，刱爲傳體。傳受經旨，以授於後。」又《論説》：「傳者轉師。」不得已而筆之於書者也。左氏彙萃寶書，詳具《春秋》終末①；見《書教上》注。而司馬氏以人別爲篇，標「傳」稱「列」，所由名矣。經旨簡嚴，而傳文華美，於是文人沿流忘源，相率而撰無經之傳，則唐、宋文集之中所以紛紛多傳體也。近人有謂「文人不作史官，於分不得撰傳」。見《傳記》注。夫以繹經之題，逐末遺本，折以法度，彼實無辭。而乃稱説史官，罪其越

① 「終末」，粵雅堂本《文史通義》、浙江書局《章氏遺書》本作「終始」，《永清縣志》亦作「終始」。

俎，見《言公下》注。使彼反脣相譏，見《答客問上》注。以謂「公、穀非魯太史，何以亦有傳文」？則其人當無説以自解也。且使身爲史官，未有本紀，豈遽可以爲列傳耶？此傳例之不可不明者也。

無經之傳，文人之集也；無傳之經，方州之志也。文集失之豔而誣，方志失之短而俗矣。自獲麟絶筆以來，見《知難》注。史官不知百國寶書之義。州郡掌故，名曰《圖經》，見《經解中》注。歷世既久，圖亡而經孤，傳體不詳，其書遂成瓠落矣。《莊子·逍遥遊》：「惠子謂莊子曰：『魏王貽我大瓠之種，我樹之成而實五石。以盛水漿，其堅不能自舉也。剖之以爲瓢，則瓠落無所容。』」按：瓠落，猶廓落也。樂史《寰宇記》襲用《元和志》體，而名勝故蹟略存於點綴。其後元、明《一統志》遂以《人物》、《列女》、《名宦》、《流寓》諸目，與《山川》、《祠墓》分類相次焉。此則地理專門，略具類纂之意，以供詞章家之應時取給爾，初不以是爲重輕者也。自注：閻若璩欲去《一統志》之《人物》門，此説似是。其實此等亦自無傷，古人亦不盡廢也。蓋此等此原不關正史體裁也。案：元有《一統志》，見《永清縣志政略序例》注。州縣之志，本具一國之史裁，而撰述者轉用《一統》類纂之標目，豈曰博收以備國史之約取乎？

《列傳》之有題目，蓋事重於人。如《儒林》、《循吏》之篇，初不爲施、孟、梁丘、龔、黄、卓、魯諸人而設也。《漢書·儒林傳》有施讎、孟喜、梁丘賀傳，《循吏傳》有龔遂、黄霸傳。案：卓茂、魯恭，見《後漢書》卷五十五，不列《循吏傳》。其餘人類之不同，奚翅什百、倍蓰而千萬？《孟子·滕文公上》：「或相倍蓰，或相什百，或相千萬。」必欲盡以二字爲標題，夫子亦云「方人，我則不暇」矣。《論語·憲問》：「子貢方人，子曰：『賜也賢乎哉！我則不暇。』」注：「比方人也。」歐陽《五代》一史，盡人皆署其品目，如梁、唐、晉、漢、周《家人传》，梁、唐、晉、漢、周《臣傳》、《死節傳》、《死事傳》、《一行傳》、《義兒傳》、《伶官傳》、《雜傳》，各以其人附之，是也。豈所語於「《春秋》經世」，聖人所以「議而不斷」哉？見《經解下》注。方州之志删取事略，區類以編，觀者索然如窺點鬼之簿。《玉泉子》：「王、楊、盧、駱，有文名。人議其疵曰：『楊好用古人姓名，謂之點鬼①。』」至於名賢、列女，别有狀誌傳銘，又爲分裂篇章，别著《藝文》之下。於是無可奈何，但增子注，見《史注》注。此云詳見某卷，彼云已列某條，複見疊出，使人披閲爲勞，不識何故而好爲自擾也？此又志家《列傳》之不可不深長思者也。

近代之人，據所見聞，編次列傳，固其宜也。伊古有人，已詳前史，録其史傳正文，無所更易，抑亦馬、班遞相删述，而不肯擅作聰明之旨也。雖然，列史作傳，一書之中，互爲詳略，觀者可以周覽而知也。是以《陳餘傳》中並詳張耳之蹟，見《書教下》注。管晏政事備於太公之篇，見《古文十弊》注。其明驗也。今既裁史以入志，猶仍《列傳》原文，而不採史文之互見，是何以異於鍥彼舟痕而求我故劍也？《吕氏春秋·慎大覽·察今》：「楚人有涉江者，其劍

① 「點鬼」下，《玉泉子》有「簿」字，當補。

自舟中墜於水，遽刻其舟曰：『是吾劍所從墜也。』舟止，從其所刻處入水求之。舟已行矣，而劍不行，求劍若此，不亦惑乎？」

史文有訛謬，而志家訂正之，則必證明其故，而見我之改易初非出於不得已也。是亦時勢使然，故司馬氏《通鑑考異》，見《史注》注。不得同馬、班之自我作古也。《國語·魯語》：「哀姜至，公使大夫宗婦覿①用幣。宗人夏父展曰：『非故也。』『君作故。』」韋注：「言君所作，則爲事②。」《史通·申左》：「斯則自我作故。」至於史文有褒貶，《春秋》以來未有易焉者也。乃撰志者往往採其長而諱所短，則不如勿用其文，猶得相忘於不覺也。《莊子·大宗師》：「泉涸，魚相與處於陸，相呴以濕，相濡以沫，不如相忘於江湖。」志家選史傳以入《藝文》，題曰某史某人列傳矣。按傳文而非其史意也，求其所删所節之故而又無所證也，是則欲諱所短，而不知適以暴之矣。

① 「覿」，《國語》作「覿」。
② 「事」，《國語》注作「故事」，當補。

史傳之先後，約略以代次，否則《屈賈》、《老莊》之別有命意也。屈賈，見《書教下》注。老莊，見《釋通》注。「比事屬辭，《春秋》之教也」，比興於是存焉爾。「疏通知遠，《尚書》之教也」，見《書教上》注。象變亦有會焉爾。爲《列傳》而不知神明存乎人，見《砭俗》注。是則爲人作自陳年甲狀而已矣。

永清縣志列女傳序例

《列女》之傳，傳其幸也。史家標題署目之傳，《儒林》、《文苑》、《忠義》、《循良》，及於《列女》之篇，莫不以類相次，蓋自蔚宗、伯起以還，率由無改者也。范曄，字蔚宗。魏收，字伯起。謂自范曄《後漢書》、魏收《後魏書》以來，皆率由舊規而無改也。第《儒林》、《文苑》，自有傳家；《忠義》、《循良》，勒名金石。且其人世不數見，見非一端，太史搜羅，易爲識也。貞女節婦，人微迹隱，而綱維大義，冠冕人倫。地不乏人，人不乏事，輶軒遠而難採，見《文集》注。輿論習而爲常。不幸不值其時，或值其時而託之非人，雖有高行奇節，歸於草木同萎，豈不惜哉！永清《舊志·列女》姓氏寥寥，覆按其文，事實莫考，則託非其人之效也。《舊志》留青而後，新編未輯以前，中數十年略無可紀，則值非其時之效也。今兹博採廣詢，備詳行實，其得與於列傳，兹非其幸歟？幸其遇，所以深悲夫不遇者也！

「列女」之名，仿於劉向，見《古文十弊》注。非「烈女」也。曹昭重其學，見《古文十弊》注。使爲丈夫，則《儒林》之選也；蔡琰著其才，見《婦學》注。使爲丈夫，則《文苑》之材也。劉知幾譏范史之傳蔡琰，其説甚謬，《史通·人物》：「蔚宗《後漢書》標《列女》，徐淑不齒而蔡琰見書。」而後史奉爲科律，專書節烈一門，然則充其義例，史書男子但具忠臣一傳足矣，是之謂不知類也。永清《列女》固無《文苑》、《儒林》之選，然而夫死在三十内，行年歷五十外，中間嫠處亦必滿三十年。不幸夭亡，亦須十五年後，與夫四十歲外，律令不得不如是爾。《大清會典·禮部》：「守節之婦，不論妻妾，自三十歲以前守節，至五十歲，或年未五十身故，其守節已及十五年，果係孝義兼全，阨窮堪憫者，俱準旌表。」門人沈訒補。婦德之賢否，不可以年律也。穆伯之死，未必在敬姜三十歲前；《列女傳》一卷：「魯季敬姜者，莒女也，號戴己。魯大夫公父穆伯之妻，文伯之母，季康子之從祖叔母也。博達知禮。穆伯先死，敬姜守養。」杞梁妻亡，未必去戰莒十五年後也。《列女傳》一卷：「杞梁妻，齊杞梁殖之妻也。莊公襲莒，殖戰而死。杞梁之妻無子，内外皆無五屬之親。既葬，遂赴淄水而死。」以此推求，但覈真僞，不復拘歲年也。州縣之書，密邇而易於徵實，非若律令之所包者多，不得不存限制者也。

遷、固之書不著《列女》，非不著也。巴清叙於《貨殖》，《史記·貨殖傳》：「巴蜀寡婦清，其先得丹穴，而擅其利數世，家亦不訾。清，寡婦也，能守其業，用財自衛，不見侵犯。秦皇帝以爲貞婦而客之，爲築女懷清台。夫倮鄙人牧長，清窮鄉寡婦，禮抗萬乘，名顯天下，豈非以富邪？」文君附著《相如》，《漢書·司馬相如傳》附載卓文君亡奔相如及當鑪①之事。唐山之入《藝文》，按：《房中祠樂》，高帝唐山夫人所作。見《漢書·禮樂志》，此云《藝文》，

① 「鑪」字誤，疑本作「鑪」。《漢書》作「盧」。

誤。緹縈之見《刑志》，《漢書·刑法志》：「齊太倉令淳于公有罪當刑，詔獄逮繫長安。淳于公無男，有五女人。當行會逮，罵①女曰：『生子不生男，緩急非有益也。』其少女緹縈，自傷悲泣，廼隨其父至長安，上書曰：『妾父爲吏，中②皆稱其廉平。今坐法當刑，妾傷夫死者不可復生，刑者不可復屬，雖後欲改過自新，其道亡繇也。妾願入爲官婢，以贖父刑罪，使得自新。』書奏天子，天子憐悲其意，遂下令。」云云。或節或孝，或學或文，磊落相望，不特楊敞之有智妻，買臣之有愚婦也。《漢書·楊敞傳》：「昭帝崩，昌邑王徵即位，淫亂。大將軍光與車騎將軍張安世謀欲廢王更立，議既定，使大司農田延年報敞。敞驚懼不知所言，汗出洽背，徒唯唯而已。延年起至更衣，敞夫人遽從東廂謂敞曰：『此國大事，今大將軍言已定，使九卿來報君侯，君侯不疾應，與大將軍同心，猶與無決，先事誅矣！』延年從更衣還，敞、夫人與延年參語許諾，請奉大將軍教令，遂共廢昌邑王。」《朱買臣傳》：「字翁子，吳人也。家貧，好讀書，不治產業。常艾薪樵賣以給食，擔束薪，行且誦書。其妻亦負戴相隨，數止買臣毋歌嘔道中。買臣愈益疾歌，妻

---

① 「罵」字下，原書空一格，《漢書》有「其」字，當補。

② 「中」字上，原書空一格，《漢書》有「齊」字，當補。

羞之，求去。買臣笑曰：『我年五十當富貴，今已四十餘矣，女苦日久，待我富貴，報女功。』妻急①怒曰：『如公等，終餓死溝中耳，何能富貴？』買臣不能留，即聽去。」蓋馬、班法簡，尚存《左》、《國》餘風，不屑屑爲區分類别。亦猶四皓、君平之不標《隱逸》，「四皓」，見《和州志列傳總論》注。《高士傳・嚴遵》：「字君平，蜀人也。隱居不仕，常賣卜於成都市，日得百錢以自給，卜訖，則閉肆下簾，以著書爲事。楊椎②少從之遊，屢稱其德。」鄒、枚、嚴、樂之不署《文苑》也。《漢書》卷五十一有《鄒陽枚乘枚皐傳》，卷六十四上有《嚴助徐樂嚴安傳》，是數人者，皆文苑之才，而班固未嘗列爲《文苑傳》也。李延壽南、北二史，同出一家，《北史》仍魏、隋之題，特著《列女》，《南史》因無《列女》原題，乃以蕭矯妻羊以下雜次《孝義》之編③。《北史》卷九十一有《列女傳》。《南史》卷七十三《孝義傳》末附蕭叡明文宗姊文英、蕭矯妻羊等。遂使一卷之中，男女無所區别，又非别

① 「急」字誤，《漢書》作「恚」。

② 「楊椎」字誤，《高士傳》作「楊雄」。

③ 「編」字誤，粤雅堂本《文史通義》、浙江書局《章氏遺書》本作「篇」，《永清縣志》亦作「篇」。

有取義，是直謂之繆亂而已，不得妄託於馬、班之例也。至於類族之篇，亦是世家遺意。若王、謝、崔、盧，孫曾支屬，越代同篇。自注：王、謝、崔、盧，本史各分朝代，而李氏合爲一處也。青案：王、謝、崔、盧，見《永清縣志士族表序例》注。又李氏之寸有所長，見《和州志選舉志序例》注。不可以一疵而掩他善也。今以《列女》之篇自立義例，其牽連而及者，或威姑《說文解字》：「威，姑也。《漢律》曰：『婦告威姑。』」《廣雅·釋親》：「姑謂之威。按即《爾雅》所謂『姑舅在則曰君舅、君姑』。君、威雙聲，古音相近。」年邁而有懿德，或子婦齒稚而著芳型，並援劉向之例。自注：劉向之例，《列女》乃羅列女行，不拘拘爲節烈也。姑婦相拊，又世家遺意也。一並聯編，所謂人棄而我取者也。見《說林》注。其或事係三從，行詳一族，雖是貞節正文，亦爲別出門類，自注：如劉氏守節，而歸義門列傳之類。青案：「三從」，見《婦學》注。庶幾事有統貫，義無枝離，不拘拘以標題爲繩，猶得《春秋》家法，是又所謂人合而我分者也。

范史列傳之體，人自爲篇，篇各爲論，全失馬、班合傳，師法《春秋》之比事屬辭也。自注：馬、班分合篇次，具有深意，非如范史之取足成卷而已。故《前漢書》於簡帙繁重之處，甯分上中下而仍爲一篇，不肯分其篇爲一二三也。至於《列女》一篇，叙例明云「不專一操」矣。自注：《自叙》云：「録其高秀，不專一操而已。」乃雜次爲編，不爲分別置論，自注：他傳往往一人事畢，便立論斷，破壞體裁。此處當分，反無論斷。抑何相反而各成其誤耶？今志中列傳，不敢妄意分合，破體而作論贊。惟兹《列女》一篇，參用劉向遺意，自注：列傳不拘一操，每人各爲之贊。各爲論列，抑亦詩人詠歎之義云爾。其事屬平恒，義無特著，則不復綴述焉。太史標題，不拘繩尺，自注：傳首直稱張廷尉、李將軍之類。蓋春秋諸子以意命篇之遺旨也。見《匡謬》①。至班氏列傳，而名稱無假借矣。范史列傳皆用班傳書法，而《列女》一篇章首皆用郡望、夫名。既非《地理》之志，何以地名冠首？又非男子之文，何必先出夫名？是已有失《列女》命篇之義矣。自注：當云

① 《匡謬》，當作「《匡謬》注」。

某氏某郡某人之妻，不當云某郡某人某妻①也。至於曹娥、叔先雄二女，又以孝女之稱揭於其上，何蔚宗之不憚煩也？篇首既標《列女》，曹昭不聞署賢母也，蔡琰不聞署才女也，皇甫不聞稱烈婦也，龐氏不聞稱孝婦也。范曄《後漢書·列女傳》有孝女曹娥、孝女叔先雄、曹世叔妻（曹昭）、董祀妻（蔡琰）、皇甫規妻、龐淯母。是則娥、雄之加藻飾，又豈《春秋》據事直書，善惡自見之旨乎？見《古文十弊》注。末世行文，至有叙次列女之行事，不書姓氏，而直以「貞女」、「節婦」二字代姓名者，何以異於科舉制義，破題人不稱名而稱「聖人」、「大賢」、「賢者」、「時人」之例乎？是則蔚宗實階之厲也。今以女氏冠章，而用夫名、父族次於其下，且詳書其村落，以爲後此分鄉析縣之考徵。其貞烈節孝之事，觀文自悉，不復强裂題目，俾覽者得以詳焉。自注：婦人稱姓，曰張曰李可也。今人不稱「節婦」、「貞女」即稱之曰「氏」，古人無此例也。稱其「節婦」、「貞女」，是破題

① 「某妻」誤，浙江書局《章氏遺書》本作「妻某」，與《永清縣志》同。粤雅堂本《文史通義》亦誤作「某妻」。

也。稱之謂「氏」，是呈狀式也。

先後略以時代爲次。其出於一族者，合爲一處。時代不可詳者，亦約略而附焉。無事可叙，亦必詳其婚姻歲月，及其見存之年歲者，其所以不與人人同面目，惟此區區焉耳。噫！人且以是爲不憚煩也。自注：其有不載年歲者，詢之而不得耳。

永清縣志闕訪列傳序例

史家闕文之義，備於《春秋》。如「郭公」、「夏五」之類。兩漢以還，伏、鄭傳經，馬、班著史，經守師説，而史取心裁，於是六藝有闕簡之文，而三傳無互存之例矣。自注：《公》、《穀》異聞不著於《左氏》，《左氏》別見不存於《公》、《穀》。夫經尊而傳别其文，故入主出奴，見《原道下》注。體不妨於並載；史直而語統於一，則因削明筆，例不可以兼存。固其勢也。司馬氏肇法《春秋》，創爲紀傳，其於傳聞異辭，折衷去取，可謂慎矣。顧石室金匱，方策留遺，名山大川，見聞增益。其叙例所謂「疑者闕之」，與夫「古文乖異」，以及「書闕有間，其軼時時見於他説」云云者，但著所取而不明取之之由，自以爲闕而不存闕之之説。《史記·五帝本紀績①》：「書缺有間矣，其軼乃時時見於他説。」《仲尼弟子列傳》：「出孔氏古文近是，疑者闕焉。」是則廁足而致之黄泉，《莊子·外物》：「惠子謂莊子曰：『子言無用。』莊子曰：『知無用而始可與言用矣。天地非不廣且大也，人之所用容足耳。然則廁足而塹之致黄泉，而何用乎②？』惠子曰：『無用。』莊子曰：『然則無用之爲用也，亦明矣。』」容足之外，皆棄物矣。夫子曰：「多聞闕疑，慎言其餘。」見《説林》注。聞欲多而疑存其闕，慎之至也。馬、班而下，存其信而不著所疑以待訪，是直所謂疑者削之而已矣，又復何闕之有哉？闕疑之例有三。有一事兩傳而難爲衷一者，《春秋》書陳侯鮑卒，並存「甲戌」、「己丑」之文是也。《左傳·桓

① 「績」字衍，當删。

② 「而何用乎」，《莊子》作「人尚有用乎」。

五年》：「春正月，甲戌，己丑，陳侯鮑卒，再赴也。於是陳亂，文公子佗殺大子免而代之。公疾病而亂作，國人分散，故再赴。」有舊著其文而今亡其説者，《春秋》書「夏五」、「郭公」之法是也。有慎書聞見而不自爲解者，《春秋》書「恒星不見」而不言「恒星之隕」是也。《春秋·莊七年》：「夏四月辛卯，夜，恒星不見。夜中，星隕如雨。」《左傳》：「夏，『恒星不見』，夜明也。『星隕如雨』，與雨偕也。」韓非《儲説》比次春秋時事，凡有異同，必加「或曰」云云，而著本文之下，如《韓非子》卷第十三《外儲説右上》第三十四：「景公與晏子遊於少海，登柏寢之臺而還望其國，曰：『美哉！泱泱乎！堂堂乎！後世將孰有此？』晏子對曰：『其田成氏乎？』景公曰：『寡人有此國也，而曰田成氏有之，何也？』晏子對曰：『夫田成氏甚得齊民。其於民也，上之請爵禄行諸大臣，下之私大斗斛區釜以出貸，小斗斛區釜以收之。殺一牛，一豆肉①，餘以食士。終歲，布帛取二制焉，餘以衣士。故市木之價不加貴於山，澤之魚、鹽、龜鱉、嬴蚌不加貴於海。君重斂，而田成氏厚②施。齊嘗大饑，道旁餓死者不可勝

① 「一豆肉」上，《韓非子》有「取」字。

② 「厚」字与下行「謳」字誤倒，今乙正。

數也，父子相牽而趨田成氏者不聞不生。故周秦之民相與歌之曰：「謳乎其已乎！苞乎其往歸田成子乎！」《詩》曰：「雖無德與女，式歌且舞。」今田成氏之德而民之歌舞，民德歸之矣。故曰：其田成氏乎！』公泫然出涕曰：『不亦悲乎！寡人有國，而田成氏有之。今爲之奈何？』晏子對曰：『君何患焉？若君欲奪之，則近賢而遠不肖，治其煩亂，緩其刑罰，振貧窮而恤孤寡，行恩惠而給不足。民將歸君，則雖有十田成氏，其如君何？』或曰：景公不知用勢，而師曠、晏子不知除患。夫獵者託車輿之安，用六馬之足，使王良佐轡則身不勞，而易及輕獸矣。今釋車輿之利，捐六馬之足與王良之御，而下走逐獸，則雖樓季之足，無時及獸矣。託良馬固車，則臧獲有餘。國者，君之車也；勢者，君之馬也。夫不處勢，以禁誅擅愛之臣，而必德厚以與天下齊行以爭民，是皆不乘君之車，不因馬之利，而下走者也。故曰：景公，不知用勢之主也；而師曠、晏子，不知除患之臣也。」則「甲戌」、「己丑」之例也。孟子言獻子五友而僅著二人，《孟子·萬章下》：「孟獻①子，百乘之家也，有友五人焉：樂正裘、牧仲，其三人則予忘之矣。」則「郭公」、「夏五」之例也。《檀弓》書「馬驚敗績」而不書「馬中流矢」，《禮記·檀弓

---

①「獻」字与下行「仲」字誤倒，今乙正。

上》：「魯莊公及宋人戰於乘丘，縣賁父御，卜國爲右。馬驚，敗績，公隊，佐車授綏。曰公①：『末之卜也。』縣賁父曰：『他日不敗績而今敗績，是無勇。』遂死之。圉人浴馬，有流矢在白肉。公曰：『非其罪也。』遂誄之。」是「恒星不見」之例也。馬、班以還，書聞見而示意者，蓋有之矣。一事两書，以及空存事目者，絶無聞焉。如謂經文得傳而明，史筆不便於自著而自釋，則別存篇目，而明著闕疑以俟訪，未見體裁之有害也。

史無闕訪之篇，其弊有十。一己之見，折衷群説，稍有失中，後人無由辨正，其弊一也。才士意在好奇，文人義難割愛，猥雜登書，有妨史體，削而不録，又闕情文，其弊二也。傳聞必有異同，勢難盡滅其蹟，不爲叙列大凡，則稗説叢言，起而淆亂，其弊三也。初因事實未詳，暫置不録，後遂闕其事目，等於入海泥牛，見《州縣②立志科議》注。其弊四也。載籍易散難

① 「曰公」誤倒，《禮記》作「公曰」。
② 「縣」字下，漏「請」字。

聚，不爲存證崖略，則一時之書遂與篇目俱亡，後人雖欲考求，淵源無目，其弊五也。一時就所見聞，易爲存録，後代蜒蜷揚雄《甘泉賦》：「蛟龍蜒蜷於東崖兮」，注：「蜒蜷，長曲貌。」梁昭明太子《七契》：「千里之駒，出自余吾。」「異態蜒蜷，奇姿猗倚。逸足驟反，遊雲移馺。」補綴，辭費心勞，且又難以得實，其弊六也。《春秋》有口耳之受，《史記·十二諸侯年表》：「孔子明王道，干七十餘君，莫能用。故西觀周室，論史記舊聞，興於魯而次《春秋》。上記隱，下至哀之獲麟，約其辭文，去其煩重，以制義法。王道備，人事浹。七十子之徒口受其傳指，爲有所刺譏褒諱挹損之文辭，不可以書見也。」馬、班有專家之學，史宗久失，難以期之馬氏外孫，班門女弟不存闕訪，見《史注》注。遂致心事難明，其弊七也。史傳之立意命篇，如《老莊》、《屈賈》是也；見《釋通》及《書教下》注。標題類叙，如《循吏》、《儒林》是也。是於史法皆有一定之位置，斷無可綴之旁文。凡有略而不詳，疑而難決之事，不存闕訪之篇，不得不附著於正文之内。類例不清，文辭難稱粹潔，其弊八也。開局修書，是非鬨起，子孫欲表揚其祖父，朋黨各自逞其所私。苟使金石無徵，傳聞難信，不立闕訪以杜請謁，自注：如云事實尚闕，而所言既有如此，謹存其略，而容後此之參訪，則雖有偏心之人，亦無從起争端也。無以謝絶一偏之言，其弊九也。史無別識心裁，便如文案孔目；見《答客問中》注。苟具別識心裁，不以闕訪存其補救，則才非素王，《文選·劉子駿〈移書讓太常博士〉》注引《論語崇爵讖》：「子夏六十四人共撰仲尼微言，以事素王。」《北堂書鈔》卷五十二引《論語讖》：「于①夏曰：『仲尼爲素王。』」筆削見《易教下》注。必多失平，其弊十也。

或謂：史至馬、班，極矣，未聞有如是之詹詹見《和州志列傳總論》注。也。今必遠例《春秋》，而近祧《史》、《漢》，後代史家亦有見及於此者乎？答曰：後史皆宗《史》、《漢》。《史》、《漢》未具之法，後人以意創之，大率近於類聚之書，即類書，見《文集》注。皆馬、班之吐棄而不取者也。夫以步趨馬、班，猶恐不及，況能創意以救馬、班之失乎？然有窺見一二，而微存其

① 「于」字誤，當作「子」。

意者，功亦不可盡誣也。陳壽《蜀志》以諸葛不立史官，蜀事窮於搜訪，因於十五列傳之末，獨取楊戲《季漢輔臣贊》與《益部耆舊雜記》以補之。見《和州志氏族表序例下》注。常璩《華陽國志》以漢中士女有名賢貞節歷久相傳，而遺言軼事無所考見者，《序志》之篇皆列其名，而無所筆削。《華陽國志·序志》：「譔曰：凡此人士，或見《漢書》，或載《耆舊》，或見郡紀，或在三國書。並取其秀異，表之斯篇。其紅伐洪顯著[①]，生[②]拊載者，齊之。但見名目而不詳其行故，或有以傳、無珍善，闕之。以副直文，爲實録矣。」此則似有會於多聞闕疑之旨者。惜其未能發凡起例，特著專篇。後人不暇搜其義蘊，遂使獨斷之學，與比類之書，接踵於世，而《春秋》之旨微矣。

近代府縣志書，例編《人物》一門，厠於《山川》、《祠墓》、《方物》、《土産》之間，而前史列傳之體不復致思焉。其有豐功偉績，與夫潛德幽光，

① 「著」字誤，《華陽國志》作「者」。下「者」字同。

② 「生」字誤，《華陽國志》作「並」。

見《黠陋》注。皆約束於盈寸之節略，公牘之一種，節言大略也。排纂比次，略如類書。其體既褻，所收亦猥濫而無度矣。《舊志》所載，人物寥寥，而稱許之間，漫無區別。學皆伏、鄭，見《答客問中》注。才盡班、揚，班固、揚雄。吏必龔、黄，見《永清縣志列傳序例》注。行惟曾、史。且其文字之體尤不可通，或如應酬膚語，或如案牘文移，泛填排偶之辭，偶辭亦稱麗辭，謂辭有對偶也。如駢文、律賦、排律等全篇皆偶，律詩則中兩聯偶。六朝此體盛行，文章萎靡，至唐韓愈始力反其習。《文心雕龍·麗辭》：「若氣無奇類，文乏異采，碌碌麗辭，則昏睡耳目。」閒雜帖括之句。見《黠陋》注。循名按實，見《地志統部》注。開卷茫然。凡若此者，或是鄉人庸行，請託濫收，或是當日名流，失傳事實。削之則九原負屈，謂死於九泉之下，猶負屈也。編之則傳例難歸。又如一事兩説，參差異同，偏主則褒貶懸殊，並載則抑揚無主。欲求名實無憾，位置良難。至於近代之人，開送事蹟，俱爲詳詢端末，纖悉無遺，具編列傳之中，曾無時世之限。其間亦有姓氏可聞，實行莫著。濫收比類之册，或可奄藏；入諸史氏體裁，難相假借。今爲別裁闕訪，同占列傳之篇，各爲標目，可與正載諸傳互相發明。是用叙其義例，以待後來者之知所審定云爾。

永清縣志前志列傳序例

史家著作成書，必取前人撰述，彙而列之，所以辨家學之淵源，明折衷之有自也。司馬談推論六家學術，見《原道中》注。猶是莊生之叙禽、墨，見《莊子・天下》。荀子之非十二家言而已。《若①子・非二十②子》：「縱情性，安恣③，禽獸之行，不以合文通治。然而其持之有故，其言之成理，足以欺惑愚衆，是它囂、魏牟也。」「忍情性，綦谿利跂，苟以分異爲高，不足以合大衆，明大分」，「是陳仲、史鰌也」。「上功用，大儉約，而僈差等，曾不足以容辨異，縣君臣」，「是墨翟、宋鈃也」。「尚法而無法，下修而好作，不可以經國定

① 「若」字誤，當作「荀」。

② 「二十」誤倒，當作「十二」。

③ 「恣」字下，《荀子》有「睢」字，當補。

分」，「是慎到、田駢也」。「不法先王，不是禮義，甚察而不惠，辨而無用，多事而寡功」，「是惠施、鄧析也」。「略法先王而不知其統」，「案往舊造説，謂之五行，甚僻遠①而無類，幽隱而無説，閉約而無解，案飾其辭而祗敬之曰：『此真先君子之言也。』子思唱之，孟軻和之。世俗之溝猶瞀儒，嚾嚾然不知其所非也」。至司馬遷《十二諸侯表叙》，則於《吕覽》、虞卿、鐸椒、左丘明諸家，所爲《春秋》家言，反覆推明著書之旨，此即百三十篇所由祖述者也。自注：史遷紹述《春秋》，即虞、吕、鐸、左之意，人譏其僭妄，非也。班固作遷列傳，范氏作固列傳，家學具存。至沈約之傳范氏，見《和州志前志列傳序例》注。姚氏之傳沈約，姚思廉《梁書》卷十三有《沈約傳》。不以史事專篇爲重，於是史家不復有祖述淵源之法矣。今兹修志而不爲前志作傳，是直攘人所有而没其姓名，又甚於沈、姚之不存家學也。蓋州縣舊志之易亡，又不若范史、沈書之力能自壽也。

---

① 「遠」字誤，《荀子》作「違」。

紀述之重史官，猶《儒林》之重經師，《史記·儒林列傳》正義：「姚承云：『儒謂博士，爲儒雅之林，綜理古文，宣明舊藝，咸勸儒者，以成王化者也。』」《文苑》之重作者也。見《和州志前志列傳序例》注。《儒林列傳》當明大道散著，師授淵源，《文苑列傳》當明風會變遷，文人流别。此則所謂史家之書，非徒紀事，亦以明道也。如使《儒林》、《文苑》不能發明道要，但叙學人才士一二行事，已失古人命篇之義矣。況史學之重，遠紹《春秋》，而後史不立專篇，乃令專門著述之業湮而莫考，豈非史家弗思之甚耶？夫列史具存，而不立專傳，弊已如是，況州縣之書迹微易隱，而可無專録乎？

書之未成必有所取裁，如遷史之資於《世本》、《國策》，固書之資於馮商、劉歆是也。見《言公上》注。書之既成必有其傳述，如楊惲之布遷書，馬融之受漢史是也。見《史注》注。書既成家必有其攻習，如徐廣、崔駰之注馬，服虔、應劭之釋班是也。見《史注》注。此家學淵源之必待專篇列傳而明者也。

馬、班而後，家學漸衰，自注：世傳之家學也。而豪傑之士特立名家之學起，如《後漢書》之有司馬彪、華嶠、謝承、范蔚宗諸家，而《晉書》之有何法盛等諸名家①是也。《後漢書》，見《和州志前志列傳序例上》注。《晉書》，見《言公下》注。同紀一朝之蹟，而史臣不領專官，則人自爲編，家各爲説。不爲叙述討論，萃合一篇之内，何以得其折衷？此諸家流别之必待專篇列傳而明者也。

六代以還，名家復歇，自注：父子世傳爲家學，一人特撰爲名家。而集衆修書之法行，如唐人之修《晉書》，元人之修宋、遼、金三史是也。晉見史②，《言公下》注。宋、遼、金三史，元托克托修。監修大臣著名簡端，而編纂校勘之官則隱顯不一。即或偶著其人與修史事，而某紀某表編之誰氏，某志某傳輯自何

① 「諸名家」，粤雅堂本《文史通義》、浙江書局《章氏遺書》本「一十八家」，與《永清縣志》同。
② 「晉見史」誤倒，當作「《晉書》，見」。

人，孰爲草創規條，孰爲潤色文采，不爲整齊綴合，各溯所由，未免一書之中優劣互見而功過難知。此一書功力之必待專篇列傳而明者也。

若夫日歷、起居之法，日歷，見《永清縣志恩澤紀序例》注。起居，見《婦學》注。延閣、廣内之藏，祕閣大内所藏。投牒、議謚之制，投牒，請官。議謚①。稗官、野史之徵，見《婦學篇書後》注。或於傳首叙例詳明其制，或於傳終論述推説其由，無施不可，亦猶《儒林傳叙》申明學制、表立學官之遺意也。誠得此意而通於著作，猶患史學不舉，史道不明，未之聞也。

志乘爲一縣之書，即古者一國之史也，而世人忽之，則以家學不立，師法失傳，文不雅馴，見《書教中》注。難垂典則故也。新編告成而舊書覆甕，即「覆瓿」，見《辨似》注。未必新書皆優而舊志盡劣也。舊志所有，新志重複載之，其筆削之善否初未暇辨，而舊志所未及載，新志必有增益，則舊

① 「議謚」下，疑有缺文。

志之易爲厭棄者一矣。纂述之家喜炫已長，後起之書易於攻摘。每見修志諸家創定凡例，不曰舊書荒陋，則云前人無稽，後復攻前，效尤無已。其實狙公顛倒三四，見《和州志前志列傳序例下》注。本無大相徑庭。見《和州①輿地圖序例》注。但前人已往，質證無由，則舊志之易爲厭棄者二矣。州縣之書率多荒陋，文人學士束而不觀。其有特事搜羅，旁資稽索，不過因此證彼，初非耽悦本書。新舊二本雜陳於前，其翻閱者猶如科舉之士購求程墨，見《書教下》注。陰陽之家檢視憲書，取新棄舊，理勢固然，本非有所特擇，則舊志之易爲厭棄者三矣。夫索綏《春秋》，自注：索綏撰《前涼春秋》。端資邊瀏；自注：瀏承張駿之命，集涼内外事。常璩《國志》，自注：《華陽國志》也。半襲譙周。自注：《華陽國志》載李氏始末，其劉氏二志大率取裁譙周《蜀本紀》。是則一方之書，不能無藉於一方之紀載，而志家不列前人之傳，豈非得魚忘筌，見

①「和州」下，當補「志」字。

《答客問下》注。習而不察？見《黠陋》注。又何怪於方志之書放失難考耶？

主修之官與載筆之士，撰著文辭不分名實，前志之難傳一也。序跋虛設，於書無所發明，前志之難傳二也。自注：如有發明，則如馬、班之録《自序》，可以作傳矣。作志之人，行業不詳，前志之難傳三也。書之取裁，不標所目，前志之難傳四也。志當遞續，非萬不得已不當迭改。迭改之書而欲並存，繁重難勝，前志之難傳五也。於難傳之中，而爲之作傳，蓋不得已而存之，推明其故，以爲後人例也。

永清縣志文徵序例

《永清縣志》告成，區分紀、表、圖、書、政略、列傳六體，定著二十五篇，篇各有例。又取一時徵集故事文章，擇其有關永清而不能併收入本志者，又自以類相從，別爲奏議、徵實、論説、詩賦，各爲一卷，總四卷。卷爲叙録如左，而總叙大指，以冠其編。

叙曰：古人有專守之官，即有專掌之故；有專門之學，即有專家之言。未有博采諸家，彙輯衆體，如後世文選之所爲也。官失學廢，文采愈繁，以意所尚，採掇名雋，若蕭氏《文選》，姚氏《文粹》是也。見《書教中》注。循流溯源，推而達於治道，宋文之《鑑》是也。見《書教中》注。相質披文，見《州縣請立志科議》注。進而欲爲史翼，元文之《類》是也。見《書教中》注。是數子之用心，可謂至矣。然而古者十五《國風》、八國《國語》，見《和州①文徵序例》注。以及晉《乘》、楚《檮杌》，見《原道下》注。與夫各國《春秋》之旨繹之，則列國史書與其文誥聲詩相輔而行，在昔非無其例也。唐劉知幾嘗患史體載言繁瑣，欲取詔誥章疏之屬，以類相從，別爲一體，入於紀傳之史，見《書教上》注。是未察古人各有成書，相輔益章之義矣。第窺古人之書，《國語》

---

① 「和州」下，當補「志」字。

載言必叙事之終始，《春秋》義授左氏，《詩》有國史之叙，如《詩・邶風・二子乘舟・序》：「《二子乘舟》，思伋、壽也。衛宣公之二子，争相和爲死，國人傷而思之，作是詩也。」疏：「與桓十六年《左傳》小異大同。」是也。補正：原注删，加：《詩序》：「國史明乎得失之迹，傷人倫之廢，哀刑政之苛，吟詠情性，以風其上。」疏：「國史者，《周官》大史、小史、外史、御史之等皆是也。此承變風、變雅之下，則兼據天子、諸侯之史矣。得失之迹者，人君既往之所行也。明曉得失之迹，哀傷而詠情性者，詩人也，非史官也。《民勞》、《常武》，公卿之作也。《黄鳥》、《碩人》，國人之風。然則凡是臣民，皆得風刺，不必要其國史所爲。此文特言國史者，鄭答張逸云：『國史采衆詩，時明其好惡，令瞽矇歌之，其無作主，皆國史主之，令可歌。』如此言，是由國史掌書故、託文史也。苟能制作文章，亦可謂之爲史，不必要作史官。《駉》云『史克作是頌』，史官自有作詩者矣，不盡是史官爲之也。言『明其好惡，令瞽矇歌之』，是國史選取善者，始付樂官也。言『其無作主，國史主之』，嫌其作者無名，國史不主之耳。其有作主，亦國史主之耳。」故事去千載，讀者洞然無疑。後代選文諸家，掇取文辭，不復具其始末。如奏議可觀，而不載報可；寄言有託，而不述時世；詩歌寓意，而不綴事由。則讀者無從委決，於史事復奚裨乎？《文選》、《文粹》固無足責，《文鑑》、《文類》見不及斯，豈非尺有所短見《和州志選舉序例》注。者哉？近人修志，《藝文》不載書目，濫入詩文雜體，其失固不待言。亦緣撰志之時，先已不辨爲一國史裁，其猥陋雜書，無所不有，亦何足怪？今茲稍爲釐正，别具《文徵》。仍於詩文篇後略具始末，便人觀覽，疑者闕之。聊於叙例申明其旨云爾。

奏議叙録

奏議之文，所以經事綜物，敷陳治道。文章之用，莫重於斯。而蕭統選文，用賦冠首，後代撰輯諸家，奉爲一定科律，亦失所以重輕之義矣。如謂彼固辭章家言，本無當於史例，則賦乃六義附庸，而列於詩前，騷爲賦之鼻祖，而别居詩後。見《詩教下》注。其任情顛倒，亦復難以自解。而《文苑》、《文鑑》從而宗之，又何説也？今以奏議冠首，以爲輯文通例，竊比列史之首冠本紀云爾。

史家之取奏議，如《尚書》之載訓誥。其有關一時之制度，裁入書志之篇；其關於一人之樹立者，編諸列傳之内。然而紀傳篇幅各有限斷，一代奏牘文字繁多，廣收則史體不類，割愛則文有闕遺。按班氏《漢書》備詳書奏，見《書教中》注。然覆檢《藝文志》内，石渠《奏議》之屬，高祖、孝文論述册詔之《傳》，未嘗不於正史之外別有專書。《漢書·藝文志·六藝略》，《書》類有《議奏》四十二篇，《禮》類有《議奏》三十八篇，《春秋》類有《議奏》三十九篇，《論語》類有《議奏》十八篇。《諸子略·儒家》：「《高祖傳》十三篇」，班固自注：「高祖與大臣述古語及詔策。」「《孝文傳》十一篇」，班固自注：「文帝所稱及詔策。」然則奏議之編固與實録、起居注實録，見《永清縣志恩澤紀序例》注。起居注，見《婦學》注。相爲表裏者也。前人編《漢魏尚書》，見《書教中》注。近代編名臣章奏，《四庫全書提要》：「《歷代名臣奏議》三百五十卷，明永樂十四年黄淮楊士奇等奉勅編。」皆體嚴用鉅，不若文士選文之例，而不知者往往忽而不察，良可惜也。杜佑撰《通典》，於累朝制度之外別爲《禮議》二十餘卷，不必其言之見用與否，而談言有中，《史記·滑稽列傳》：「談言微中。」存其名理，此則著書之獨斷，編次之通裁，其旨可以意會，而其説不可得而迹泥者也。然而專門之書自爲裁制，或删或節，固無不可。史志之體，各有識職，見《文理》注。徵文以補書、志之闕，則録而不叙，自由舊章。見《經解中》注。今采得奏議四篇，咨詳稟帖三篇，亦附録之，《永清文徵》有趙之符《敬陳民固疏》、《福建司井田科奏案》、《敬陳屯莊事宜奏疏》、《租種空分官地諮文》、《回贖旗地奏議》、《河灘租息歸入養局經費詳文》、《雙營養局經費稟帖》等。爲其官府文書，近於奏議，故類入焉。其先後一以年月爲次，所以備事之本末云爾。

徵實叙録

徵實之文，史部傳記支流。古者史法謹嚴，記述之體各有專家。是以魏晉以還，文人率有别集，然而諸史列傳載其生平著述，止云詩、賦、箴、銘、頌、誄之屬共若干篇而已，未聞載其記若干首、傳若干章、志若干條、述若干種者也。由是觀之，則記傳志述之體，古人各爲專門之書，初無散著文集之内，概可知矣。唐宋以還，文集之風日熾，而專門之學杳然。於是一集之中，詩賦與經解並存，論説與記述同載，而裒然成集之書，始難定其家學之所在矣。若夫選輯之書，則蕭統《文選》不載傳記，《文苑》、《文鑑》始漸加詳，蓋其時勢然也。文人之集，可徵史裁由於學不專家，事多旁出，豈不洵歟？

徵實之體，自記事而外，又有數典之文，考據之家，所以别於叙述之文也。以史法例之，記事乃紀傳之餘，數典爲書志之裔，所謂同源而異流者也。記事之源出於《春秋》，而數典之源本乎官《禮》，其大端矣。數典之文古來亦具專家，《戴記》而後，指《小戴記》。若班氏《白虎通議》，應氏《風俗通議》，蔡氏《獨斷》之類，不可勝數。見《釋通》注。而文人入集，則自隋、唐以前，此體尤所未見者也。至於專門學衰，而文士偶據所得，筆爲考辨，著爲述議，成書則不足，削棄又可惜，於是無可如何編入文集之中，與詩、賦、書、表之屬分占一體，此後世選文之不得不收者也。

徵實之文與本書紀事尤相表裏，故采録校别體爲多。其傳狀之文，有與本志列傳相倣佛者，正以詳略互存，且以見列傳采摭之所自。而筆削之善否工拙，可以聽後人之别擇審定焉，不敢自據爲私也。碑刻之文有時不入金石者，録其全文，其重在徵事得實也。仍於篇後著石刻之款識，所以與金石相互見也。

論説叙録

論説之文，其原出於《論語》。見《和州文徵序例》注。鄭氏《易》云：「雲雷，屯。君子以經綸。」言論撰書禮，樂施政事。」見《經解上》注。蓋當其用則爲典謨訓誥，當其未用則爲論撰説議，聖人制作，其用雖異，而其本出於一也。周秦諸子各守專家，雖其學有醇駁，語有平陂，然推其本意，則皆取其所欲行而不得行者，筆之於書，而非有意爲文章華美之觀；是論説之本體也。自學不專門而文求綺麗，於是文人撰集説議繁多。其中一得之見與夫偶合之言，往往亦有合於古人，而根本不深，旨趣未卓。或諸體雜出，自致參差；或先後彙觀，竟成複沓。此文集中之論説所以異於諸子一家之言也。唐馬總撰《意林》，《新唐書·藝文志》：「馬總《意林》一卷。」裁節諸子，標其名雋，此亦棄短取長之意也。今兹選文，存其論之合者，亦撰述之通義也。

《文選》諸論，若《過秦》、《辨亡》諸篇，義取抑揚詠歎，旨非抉摘發揮，是乃史家論贊之屬，其源略近詩人比興一流，與唐、宋諸論見王船山《讀通鑑論》。名同實異。然《養生》、《博弈》諸篇稽康①《養生論》，韋曜《博奕論》，均見《文選》。則已自有命意，斯固文集盛行、諸子風衰之會也。蕭氏不察，同編一類，非其質矣。

諸子一變而爲文集之論議，再變而爲説部之劄記，則宋人有志於學，而爲返樸還淳《戰國策·齊策》：「歸真返樸，則終身不辱。」之會也。然嗜好多端，既不能屏除文士習氣，而爲之太易，又不能得其深造逢源。遍閲作者，求其始末，大抵是收拾文集之餘，取其偶然所得，一時未能結撰者，劄而記之，

① 「稽康」，「稽」通作「嵇」。

積少致多，裒成其帙耳。故義理率多可觀，而宗旨終難究索也。

永清文獻荒蕪，論說之文無可采擇，約存一首，賈澎《唐節度使張公祠堂辨》：「余未束髮時，聞先大父魯峰公云：邑治城隍廟東南隅，唐天寶初幽州節度使張公守珪祠堂在焉，縣之得名始公上請，取沙漠永清之義，且大有功於是土，人立祠祀之，以云報也。夫物盛必衰，惟草野尚德之思，能以不朽。有唐至今千餘歲，富貴泯滅者不可勝數。汾陽功蓋宇宙，未終唐世已有歆其宅者，而公渺然一祠，相傳至今，非其德澤入人深歟？祠中舊有懸額，文曰『千載仁天』。順治年，縣人王業隆題識，至今百年，後生小子乃謂『崔府君廟』，何傳聞之失實也？嗟乎！公之赫赫不可掩者，固不繫祠之有無，而土之人則非祠無以致其嚮往也。聞其風尚，想見其人，況有祠焉以拜之，而焄蒿悽愴於其側乎！今州縣之政非法令所及者，世不復議。余念公之德，表公之祠，爰述所嘗聞於先人者，以正里巷傳聞之誤。比諸風人甘棠之義，或庶幾焉。」聊以備體，非敢謂有合於古人也。

詩賦叙録

詩賦者，六籍之鼓吹，文章之宣節也。古者聲詩立教，鏗鏘肄於司樂，見《原道中》注。篇什叙於太史，見《史釋》「五史」條注。事領專官，業傳學者。

欲通聲音之道，或求風教所施，詢諸掌故，本末犁然，其具存矣。自詩樂分源，俗工惟習工尺，《明史·樂志》：「邇者沈居敬更協樂章，用尺，用合，用四，用一，用工，用六。夫合，黄鐘也。四，太簇之正聲也。一，姑洗之正聲也。六，黄鐘之子聲也。」文士僅攻月露。於是聲詩之道不與政事相通，而業之守在專官、存諸掌故者，蓋茫然而不可復追矣。然漢魏而還，歌行樂府，《文心雕龍·樂府》：「子政論文，詩與歌别，故略具樂篇，以標區界。」「樂府」，見《言公下》注。指事類情，就其至者亦可考其文辭，證其時事。唐、宋以後，雖云文士所業，而作者繼起，發揮微隱，敷陳政教，采其尤者亦可不愧古人。故選文至於詩賦，能不墜於文人綺語之習，斯庶幾矣。

劉氏《七略》以封禪儀記入《禮經》，《漢書·藝文志·六藝略·禮》：「《古封禪群祀》二十二篇，《封禪議對》十九篇，《漢封禪議群祀》三十六篇。」秦官奏議、《漢書·藝文志·

六艺略・春秋》：「《秦事①》二十篇」，班固自注：「秦時大臣奏事，及刻石名山文也。」《太史公書》入《春秋》，而詩賦自爲一略，不隸《詩經》，則以部帙繁多，不能不别爲部次也。惜其叙例不能申明原委，致開後世詩賦文集混一而不能犁晰之端耳。至於賦乃六義之一，其體誦而不歌，見《詩教下》注。而劉《略》所收篇第倍蓰於詩，於是以賦冠前，而詩歌雜體反附於後，《漢書・藝文志・詩賦略》：屈賦二十家，三百六十一篇。陸賦二十一家，二百七十四篇。荀賦二十五家，百三十六篇。雜賦十二家，二百三十三篇。歌詩二十八家，三百一十四篇。案：諸賦千四篇，較詩歌多六百九十篇，都三倍强。以致蕭《選》以下奉爲一定章程，見《詩教下》注。可謂失所輕重者矣。又其詩賦區爲五種，若「雜賦」一門皆無專主名氏，體如後世總集之異於别集。「詩歌」一門自爲一類，雖無叙例，觀者猶可以意辨之，知所類别。至屈原以下二十家，陸賈以下二十一家，孫卿以下二十五家，門類

---

①「秦事」誤，《漢書》作「奏事」。

既分爲三，當日必有其説，而叙例闕如，自注：如諸子之目後，叙明某家者流其原出於古者某官云云，是也。不與諸子之書同申原委，此詩賦一略後人所爲欲究遺文而莫知宗旨者也。

州縣文徵選輯詩賦，古者《國風》之遺意也。《舊志》八景諸詩頗染文士習氣，故悉删之，所以嚴史例也。文丞相詞與《祭漯河文》非詩賦而並録之者，有韻之文，如銘箴頌誄，皆古詩之遺也。宋文天祥《旅恨詞》：「雨過水明霞，潮回岸带沙。葉聲寒，飛透窗紗。懊恨西風吹世换，又吹我，落天涯。寂莫古豪華，烏衣又日斜。説興亡，燕入誰家。只有南來無數雁，和明月，宿蘆花。」明順天巡撫王一鄂《祭漯河（古桑乾河）文》：並山嶽而稱功，惟河瀆之擅宗。苟捍災而禦患，稽祝典以褒崇。嗟永清之澤國，苦悍河之内決。極百折而不回，射孤城而欲齧。垂魚鱉乎吾人，聽龍蛇之陸行。竭胼胝以莫措，將誰依而誰憑。忽陰雲之夕捲，幻虚舟而獨横。曾瞬息之幾何，乃兹土之平成。豈仙槎之摇曳，抑太乙之蓮葉。舞馮夷而擊槳，奮元冥而鼓楫。匪宏造之粒民，胡神工之叵測。懽田父而狎野，轉沮洳爲樂國。詎螳臂之守臣，致翁河之降靈。賴我聖明之當宁①，故天清而地寧。觀重譯之遠來，雖海波而亦澄。奚神州之赤縣，任長鯨之揚鱗。念厥靈之孔著，肇殷祀以永慕。捐世廟而食報，答神庥於霜露。苟有益於生靈，方無愛於髮膚。矧明賜之昭受，敢尸祝之或暮。具鐘簴於河干，偕士女以蒸嘗。自於今而伊始，享血食之苾香。鎮禹跡以無改，敢胥怒而不揚。陋錢塘之鐵弩，追瓠子之宣房。於戲！閟宫有侐兮，彝俎繽紛。明粢孔庶兮，膳膏苾芬。於赫來臨兮，賴我思成。明有禮樂兮，幽有鬼神。海晏河寧兮，一境其永清。

亳州志人物表例議上

補正：案：據《章氏遺書·何君家傳》：乾隆己酉秋冬，章氏在亳州，時爲知州裴振修州志，時章氏五十二歲也。翌年，《與邵二雲論學書云》：「二月初旬，亳州一書奉寄，屈指又匝月矣。僕於二月之杪，方得離亳，今三月望，始抵武昌。襄陽館未成，制府即令武昌擇一公館，在省編摩，於僕計亦較便也。」疑該志即是年二月成書。又《與周永清論文云》：「近日撰《亳州志》，頗有新得，視《和州》、《永清》之志一半爲土苴矣。主人雅相信任，不以一語旁參，與足下同，而地廣道遠，僕又逼於楚行，四鄉名蹟，未盡

① 「宁」，《永清縣志》缺笔作「宁」，避清諱。

游涉，而孀婦之現存者，不能與之面詢委曲，差覺不如《永清》。然文獻足徵，又較《永清》爲遠勝矣。此志擬之於史，當與陳、范抗行，義例之精，則又《文史通義》中之最上乘也。世人忽近貴遠，自不察耳，後世是非終有定評，如有良史才出，讀《亳志》而心知其意，不特方志奉爲開山之祖，即史家得其一二精義，亦當尊爲不祧之宗此中。自信頗真，言大實非誇也。《和州》全志已亡，近日刪定叙論，作一卷，不過存初見耳。《永清》全志頗恨蕪雜，近已刪訂二十六篇，爲《永清新志》十篇，差覺峻潔，俟録有副本，當即呈上，稍贖十二年前學力未到之衍。或再示永清人士，有好事者别刊一本，如新舊《唐書》之並行，亦佳事也。否則僕著述内自當列爲一種，雖不得與《亳志》並論，在宋人諸方志中固有過之而無不及者矣。出都三年，學問文章差覺較前有進。永清撰志去今十二年，和州則十八年矣。由今觀之，悔筆甚多，乃知文字不宜輕刻板也。」《章實齋先生年譜》：「《亳州志》我未見，據《安徽通志·裴母查宜人墓誌銘》，亳州知州裴振是年（案，乾隆五十五年）即去任，則此書不及刊板，當已佚。」

班固《古今人表》爲世詬詈久矣，由今觀之，斷代之書或可無需人表，通古之史不可無人表也。固以斷代爲書，承遷有作，凡遷史所闕門類，固則補之，非如紀傳所列君臣事迹但畫西京爲界也。是以《地理》及於《禹貢》、《周官》，《漢書·地理志》：「是以采獲舊聞，考迹《詩》、《書》，推表山川，以綴《禹貢》、《周官》、《春秋》，下及戰國、秦、漢焉。」《五行》羅列春秋戰國，《漢書·五行志》：「昔殷道弛，文王演《周易》；周道敝，孔子述《春秋》。則《乾》、《坤》之陰陽，效《洪範》之咎徵，天人之道粲然著矣。漢興，承秦滅學之後，景、武之世，董仲舒治《公羊春秋》，始推陰陽，爲儒者宗。宣、元之後，劉向治《穀梁春秋》，數其禍福，傳以《洪範》，與仲舒錯。至向子歆，治《左氏傳》，其《春秋》意亦已乖矣，言《五行傳》又不類。」《人表》之例可類推矣。《人表》之失，不當以九格定人，强分位置，而聖仁智愚，妄加品藻，不得《春秋》謹嚴之旨。見《易教上》注。又劉知幾摘其有古無今，名與實舛，説亦良允。《史通·表歷》：「異哉，班氏之《人表》也！區別九品，網羅千載，論世則異時，語姓則他族，自可方以類聚，物以群分，使善惡相從，先後爲次，何藉而爲表乎？且其書上自庖犧，下窮嬴氏，不言漢事，而編入《漢書》，鳩居鵲巢，蔦施松上，附生疣贅，不知翦截，何斷而爲限乎？」其餘紛紛議其不當作者，皆不足爲班氏病也。向令去其九等高下，與夫仁聖愚智之名，而以貴賤尊卑區分品地，或以都分國別異有標題，橫列爲經，而以年代先後標著上方以爲之緯，且明著其説曰取補遷書，作列傳之稽檢，則其立例當爲後代著通史者一定科律，而豈至反爲人詬詈哉？甚矣！千古良法沉溺於衆毁之餘，而無有精史裁者爲之救其弊而善所用也。近代馬氏《繹史》蓋嘗用其例矣，馬驌《繹史·外録》有《古今人表》一卷。然馬氏之書本屬纂類，不爲著作。推其用意，不過三代去今日久，事文雜出，茫無端緒，列爲《人表》，則一《經傳姓名考》耳。且猶貶置班表，不解可爲遷書補隙，又不解擴其義類可爲史氏通裁，顧曰人表若爲《繹史》而作，則亦未爲知類者也。馬驌《繹史》：「班氏《古今人表》，後人譏其妄作。一曰甲乙紛錯，二曰紀載不悉，三曰前代人物無關漢事也。余取爲《繹史》終篇何？曰：上自宓羲，下逮秦亡，所紀之世，《繹史》之世也，所録之人，《繹史》之人也。故《人表》若爲《繹史》作也。」

夫通古之史，所書事蹟，多取簡編故實，非如當代紀載，得於耳聞目見，虛實可以互參。而既爲著作，自命專家，則列傳去取必有別識心裁，成其家言，而不能盡類以收，同於排纂，亦其勢也。自注：即如《左傳》中事收入《史記》，而子房①、叔向諸人不能皆編列傳，《人表》安可不立？至前人行事，雜見傳記，姓名隱顯，不無詳略異同。列傳裁斷所餘，不以《人表》收其梗概，則略者致譏掛漏，詳者被謗偏徇。即後人讀我之書，亦覺闕然少繩檢矣。故班氏之《人表》於古蓋有所受，不可以輕議也。見《和州輿地志地圖序例②》注。

亳州志人物表例議中

或曰：通史之需《人表》，信矣。斷代之史，子言或可無需《人表》，「或」之云者，未定辭也。斷代無需徵古，何當有《人表》歟？曰：斷代書

① 「子房」誤，粵雅堂本《文史通義》、浙江書局《章氏遺書》本作「子產」，與《亳州志》同。
② 「和州輿地志地圖序例」，「志」字誤倒，又衍一「地」字。當作「和州志輿地圖序例」。

不一類，約計蓋有三門，然皆不可無《人表》也。較於通史自稍緩耳，有之斯爲美矣。史之有列傳也，猶《春秋》之有《左氏》也。《左氏》依經而次年月，見《書教下》注。列傳分人而著標題，見《書教下》注。其體稍異，而其爲用則皆取足以備經紀之本末而已矣。自注：經，《春秋》。紀，本紀。治《左氏》者，嘗有列國《公子譜》矣。杜預《公子譜》。補正：正文及注俱刪。治斷代紀傳之文者，僅有班書《人表》，甫著録而已爲叢詬所加，孰敢再議人物之條貫歟？夫《春秋》《公子》、《謚族》諸譜，自注：杜預等。補正：原注下加：《國史經籍志》：《春秋左氏諸大夫世族譜》十三卷，顧啟期撰。《小公子譜》六卷，杜預撰。《春秋公子譜》一卷，吴楊藴撰。《春秋宗族名謚譜》五卷，《春秋氏族譜》一卷，不著撰人名氏。《名字異同》諸録，自注：馮繼先等。青案：《春秋名號歸一圖》二卷，蜀馮繼先撰，宋岳珂重編。治編年者如彼其詳，而紀傳之史僅一列傳目録。而列傳數有限制，即《年表》、《世表》亦僅著王侯將相，見《言公上》注。勢自不能兼該人物，類别區分。是以學者論世知人，見《文德》注。與夫檢尋史傳去取義例，大抵渺然難知，則《人表》之不可闕也，信矣。

顧氏炎武曰：「史無年表，則列傳不得不多；列傳既多，則文繁而事反遺漏。」因謂其失始於陳壽，而范、沈、姚、李諸家咸短於此。《日知録》卷八「作史不立表志」：「表所繇立，昉於周之譜牒，與紀傳相爲出入。凡列侯、將相、三公、九卿，其功名表著者，既係之以傳，此外大臣，無積勞，亦無顯過，傳之不可勝書，而姓名爵里、存没盛衰之跡，要不容以遽泯，則於表乎載之。」「年經月緯，一覽瞭如，作史體裁，莫大於是，而范《書》闕焉，使後之學者無以考鏡二百年用人行政之節目，良可歎也。其失始於陳壽《三國志》，而范曄踵之。其後作者，又援范《書》爲例，年表皆在所略。不知作史無表，則列傳不得不多。傳愈多，文愈繁，而事跡或反遺漏而不舉。」顧氏之説，可謂知一而不知二矣。見《言公上》注。 年表自不可廢，然王公將相，范、沈、姚、李諸史宋范曄《後漢書》，梁沈約《宋書》，唐姚思廉《梁書》、《陳書》，唐李百藥《北齊書》。所占篇幅幾何？唐、宋之史復立年表，而列傳之繁乃數倍於范、沈諸書，年表何救於列傳之多歟？夫不立《人表》，則列傳不得不多，年表猶其次焉者耳。而《人表》方爲史家怪笑，不敢復犯，宜其紛紛著傳如填户版，即户籍。而難爲決斷定去取矣。

夫通古之史，所取於古紀載，簡册具存，不立《人表》或可如遷史之待補於固，未爲晚也。斷代之史，或取裁於簿書記注，或得之於耳目見聞，勢必不能盡類而書，而又不能必其事之無有，牽聯而及。則縱攬人名，區類爲表，亦足以自見凡例，且嚴列傳通裁，豈可更待後之人乎？夫斷代之史，上者如班、陳之專門名家，後漢班固《漢書》，晉陳壽《三國志》。次者如晉、唐之集衆所長，《晉史》，見《和州志前志列傳序例上》注。文徵明《重刊唐書序》：「唐興，令狐德棻等始撰武德、貞觀兩朝國史八十卷，至吴兢合前後爲書百卷，而柳芳、韋述嗣緝之。起義寧，訖開元，僅僅百餘年。而于休烈、令狐峘以次增緝，訖於建中而止。而大歷、元和以後，則成於崔龜從。厥後韋澳諸人又增緝之，凡爲書百四十六卷。而芳等又有《唐歷》四十卷，《續歷》二十二篇，皆當時紀載之言，非成書也。晉革唐命，劉煦等始因舊史，緒成此書。」下者如宋、元之强分抑配。謂宋、元列傳强分名目，將諸人抑配其中。專門名家之史，非《人表》不足以明其獨斷别裁；集衆所長之史，非《人表》不足以杜其參差同異；强分抑配之史，非《人表》不足以制其蕪濫猥棼。故曰：斷代之史，約計三門，皆不可無《人表》也。

亳州志人物表例議下

方志之表人物，何所仿乎？曰：將以救方志之弊也，非謂必欲仿乎史也，而史裁亦於是具焉而已。今之修方志者，其志人物，使人無可表也。且其所志人物，反類人物表焉，而更無所謂人物志焉，而表又非其表也。蓋方志之弊也久矣！史自司馬以來，列傳之體未有易焉者也。見《書教上》注。方志爲國史所取裁，則列人物而爲傳，宜較國史加詳。而今之志人物者，删略事實，總攝大意，約略方幅，區分門類。其文非叙非論，似散似駢，案：古無駢散之分，六經以外，以至諸子百家，於數百字中全作散語，不著一偶句者，蓋不可多得。六朝始盛駢文，於是散行單句，謂之散文，駢字偶句，謂之駢文。尺牘寒温之辭，簿書結勘之語，薄書之末勘覈之語也。濫收猥入，無復翦裁。至於品皆曾、史，曾參、史魚。治盡龔、黄，見《永清縣志列傳序例》注。學必漢儒，貞皆姜女，見《和州志闕訪列傳序例》注。面目如一，情性難求。斯固等於自檜①無譏，《左傳・襄二十九年》：「自鄶以下無譏焉。」存而不論見《經解下》注。可矣。即有一二矯矯，雅尚别裁，則又簡略其辭，謬託高古。或倣竹書記注，或摩石刻題名，雖無庸惡膚言，實昧通裁達識，所謂似表非表，似注非注，其爲痼弊久矣。是以國史寧取家乘，即家史。不收方志，凡以此也。

夫志也，志也。人物列傳，必取别識心裁，法《春秋》之謹嚴，見《易教下》注。含詩人之比興。見《史德》②。離合取舍，將以成其家言，雖曰一方之志，亦國史之具體而微矣。今爲人物列表，其善蓋有三焉。前代帝王后

①「檜」字誤，粤雅堂本《文史通義》、浙江書局《章氏遺書》本作「鄶」，與《亳州志》同。
②「史德」下，當補「注」字。

妃，今存故里，志家收於人物於義未安，削而不載又似闕典。是以方志遇此，聚訟紛然，而私智穿鑿之流，往往節録本紀，巧更名目，輾轉位置，終無確當。今於傳删人物，而於表列帝王，則去取皆宜，永爲成法。其善一也。史傳人物本詳，志家反節其略，此本類書摘比，實非史氏通裁。然既舉事文，歸於其義，則簡册具有名姓，亦必不能一概而收，如類纂也。兹於古人見史策者，傳例苟無可登，列名人物之表，庶幾密而不猥，疎而不漏。其善二也。史家事迹，目詳於耳，寛今嚴古，勢有使然。至於鄉黨自好，家庭小善，義行但存標題，節操止開年例，史法不收，志家宜具。傳無可著之實，則文不繁猥；表有特著之名，則義無屈抑。其善三也。凡此三者，皆近志之通病，而作家之所難言。故曰：方志之表人物，將以救方志之弊也。

亳州志掌故例議上

先王制作，存乎六藝，《莊子·天下》：「其明而在數度者，舊法世傳之，史尚多有之。其在於《詩》、《書》、《禮》、《樂》者，鄒魯之士、搢紳先生多能明之。」明其條貫，天下示諸掌乎？見《永清縣志六書例議》注。夫《書》道政事，《莊子·天下》：「《書》以道事。」《典》、《謨》、《貢》、《範》，見《書教上》注。可以爲經要矣。而《周官》器數，不入四代之書；四代，唐、虞、夏、商。指《尚書》，謂《周禮》所言之器數爲《尚書》所未言也。夏禮、殷禮，夫子能言，見《原道下》注。而今已不存其籍。蓋政教典訓之大，自爲專書，而人官物曲之細，別存其籍，其義各有攸當。故以周、孔經綸，不能合爲一也。司馬遷氏紹法《春秋》，著爲十二本紀，其年表、列傳，次第爲篇，足以備其事之本末，而於典章制度，所以經緯人倫，綱維世宙之具，別爲八書以討論之。見《書教上》注。班氏廣爲十志，見《和州志輿地圖序例》注。後史因之，互有損益，遂爲史家一定法矣。昔韓宣子見《易象》、《春秋》，以謂「周《禮》在魯」。見《易教上》注。左氏綜紀《春秋》，多稱「禮經」。《左傳·隱七年》：「春，滕侯卒。不書名，未同盟也。凡諸侯同盟，於是稱名，故薨則赴以名，告終嗣也，以繼好息民，謂之禮經。」注：「此言凡例，乃周公所制禮經也。十一年不告之例，又曰不書於策，明禮經皆當書於策。仲尼修《春秋》，皆承策爲經。丘明之《傳》博采衆記，故始開凡例，特顯此二句。他皆放此。」書、志之原，蓋出官《禮》。補正：《章氏遺書·外編》卷第三《丙辰劄記》：「劉氏《史通》知書、志爲《三禮》之遺，不知《史記》之《天官》、《平準》名篇乃是官名，班史改《天官》爲《天文》，改《平準》爲《食貨》，全失官《禮》之意矣。嘗議書、志一體，實官《禮》之遺，非《三禮》之謂也。故叙事溯典，當取一代人官爲綱領，而重輕詳略，則作者自爲權衡。此義明，則諸史書、志不致參差矣。」《天官》未改《天文》，《史記·天官書》，《漢書》改爲《天文志》。《平準》未改《食貨》，《史記·平準書》，《漢書》改爲《食貨志》。猶存《漢書》一二名義，可想見也。鄭樵乃云：「志之大原，出於《爾雅》」，見《永清縣志六書例議》注。非其質矣。然遷、固書、志，采其綱領，討論大凡，使誦習者可以推驗一朝梗概，得與紀傳互相發明，足矣。至於名物器數，「名物」，見《原道下》注。器，器具。數，度數。以謂別有專書，不求全備，猶左氏之數典徵文，不必具《周官》之纖悉也。司馬《禮書》末云：「俎豆之事，則有司存。」見《史釋》注。其他抑可知矣。

自沈、范以降，討論之旨漸微，器數之加漸廣。至歐陽《新唐》之志，以十三名目，成書至五十卷，官府簿書，泉貨注記，分門別類，惟恐不詳。《新唐書》自《禮樂》、《儀衛》、《車服》、《曆》、《天文》、《五行》、《地理》、《選舉》、《百官》、《兵》、《食貨》、《刑法》、《藝文》，凡十三目。宋、金、元《史》繁猥愈甚，盈牀疊几，難窺統要。是殆欲以《周官》職事，經禮容儀，盡入《春秋》，始稱全體。則夫子刪述《禮》、《樂》、《詩》、《書》，不必分經爲六矣。夫馬、班書、志，當其創始，略存諸子之遺。《管子》、《呂覽》、《鴻烈》諸家，所述《天文》、《地圓》、《官圖》、《樂制》之篇，《管子》有《幼官圖》、《地圓篇》。《呂氏春秋》有《制樂篇》，《淮南子》有

《天文訓》。① 采掇制數，運以心裁，勒成一家之言，其所倣也。馬、班豈不知名數器物不容忽略？蓋謂各有成書，不容於一家之言，曲折求備耳。如欲曲折求備，則文必繁蕪，例必龐雜，而事或反晦而不顯矣。惟夫經生策括，類家纂要，本非著作，但欲事物兼該，便於尋檢，此則猥陋無足責耳。史家綱紀群言，將勒不朽，而惟沾沾器數，拾給不暇，是不知《春秋》、官《禮》意可互求，而例則不可混合者也。

亳州志掌故例議中

簿書纖悉，既不可溷史志，而古人甲乙張本，後世又無由而知，則欲考古制而得其詳，其道何從？曰：叔孫章程，韓信軍法，蕭何律令，乃②漢

① 「春」、「訓」二字誤倒，今乙正。
② 「乃」，粤雅堂本《文史通義》、浙江書局《章氏遺書》本作皆」，與《亳州志》同。

初經要之書，見《書教上》「律令藏於法曹」條注。猶《周官》之六典也。《漢志》禮樂刑法不能賅而存之，亦以其書自隸官府，人可咨於有司而得之也。官失書亡，則以其體繁重，勢自不能行遠，自古如是，不獨漢爲然矣。歐、宋諸家歐陽修、宋祁《新唐書》。不達其故，乃欲藉史力以傳之。夫文章易傳，而度數難久，故《禮》亡過半，而《樂經》全逸。《漢書·藝文志序》：「書缺簡脱，禮壞樂崩。」六藝且然，況史文乎？且《唐書》倍漢，而《宋史》倍唐，見《史注》注。已若不可勝矣。萬物之情，各有所極，倘後人再倍唐、宋而成書，則連牀架屋，見《永清縣志六書例議》注。毋論人生耳目之力必不能周，抑且遲之又久，終亦必亡。是則因度數繁重反並史文而亡之矣，又何史力尚能存度數哉？

然則前代章程故事將遂聽其亡歟？曰：史學亡於唐，而史法亦莫具於唐。見《説林》「劉知幾《史通》」條注。歐陽《唐志》未出，而唐人已有窺於典章制度不可求全於史志也。劉氏有《政典》，杜氏有《通典》，見《釋通》注。並倣《周官》六典，包羅典章，鉅細兼收，書盈百帙。未嘗不曰君臣事迹紀傳可詳，制度名數書志難於賅備，故修之至汲汲也。《文獻通考·序》：「太史公作爲紀傳書表，紀傳以述理亂興衰，八書以述典章經制。自孟堅而後，斷代爲史，無會通因仍之道，讀者病之。至司馬温公作《通鑑》，然後學者開卷之餘，古今咸在。然公之書詳於理亂興衰，而略於典章經制。竊嘗以爲：理亂興衰不相因者也，代各有史，自足以該一代之始終。典章經制實相因者也，其變通張弛之故，非融會錯綜，原始要終而推尋之，固未易言也。其不相因者，猶有温公之存書；而其本相因者，顧無其書，獨非後學之所宜究心乎？」至於宋初，王氏有《唐會要》、《五代會要》，見《和州志田賦書序例》注。其後徐氏更爲《两漢會要》，《西漢會要》七十卷，《東漢會要》四十卷，宋徐天麟撰。則補苴前古，括代爲書。雖與劉、杜之《典》同源異流，要皆綜核典章，别於史志，義例昭然，不可易矣。夫唐、宋所爲典要既已如彼，後人修唐宋書，即以其法紀綱唐宋制度，使與紀傳之史相輔而行，則《春秋》、《周禮》並接源流，弈世遵行，不亦善乎！何歐陽述唐，元人纂宋，反取前史未收之器數，而猥加羅列？則亦不善度乎時矣。或謂：《通典》、《會要》之書較馬、班書志之體爲加詳耳，其於器物名數亦復不能甄綜賅備，故考古者不能不參質他書。此又非知言也。古物苟存於今，雖户版之籍，市井泉貨之簿，未始不可備考證也。如欲皆存而無裁制，則岱岳不足供藏書，滄海不足爲墨瀋也。故爲史學計其長策，紀表志傳率由舊章，見《經解中》注。再推周典遺意，就其官司簿籍删取名物器數，略有條貫，以存一時掌故，與史相輔而不相侵。雖爲百世不易之規，可也。

亳州志掌故例議下

掌故之原，見《書教上》注。始於官《禮》。見《書教上》注。百官具於朝廷，則惟國史書、志得而攟其要，國家《會典》、《會要》之書得而備其物與數矣，撰方志者何得分志與掌故乎？曰：部寺卿監之志，即掌故也。見《方志立三史議》注。擬於《周官》，見《書教上》注。猶夏官之有《司馬法》，冬官之有《考工記》也。見《和州志藝文書序例》注。部府州縣之志，乃國史之分體。擬於周制，猶晉《乘》、楚《檮杌》與魯《春秋》也。見《原道下》注。郡縣異於封建，見《方志立三書議》注。則掌故皆出朝廷之制度耳。六曹職掌，見《永清縣志六書例議》注。志與掌故在上頒而行之，在下承而奉之，較之國史具體而微。見《史注》注。志與掌故各有其不可易，不容溷也。

今之方志猥瑣庸陋，求於史家義例，似志非志，似掌故而又非掌故，蓋無以譏爲也。然簿書案牘，頒於功令，守於吏典，自有一定科律。雖有奇才，不能爲加；雖有愚拙，不能爲損。名勝大邦與荒僻陋邑，無以異也。故求於今日之志，不可得而見古人之史裁；求於今日之案牘，實可因而見古人之章程制度。故曰「禮失求諸野」也。見《横通》注。夫治國史者，因推國史以及掌故，蓋史法未亡，而掌故之義不明，故病史也。治方志者，轉從掌故而正方志，蓋志義久亡，而掌故之守未墜，修其掌故則志義轉可明矣。《易》曰：「窮則變，變則通，通則久。」見《原學上》注。志義欲其簡而明也，然而事不可不備也；掌故欲其整以理也，然而要不容不挈也。徒以簡略爲志，此朝邑、武功之陋識也。見卷八《書武功志後》及《書朝邑志後》。但知詳備爲掌故，則胥史《周禮·天官冢宰》：「史十有二人，胥十有二人。」注：「史，掌書者。胥，有才智，爲什長。」優爲之，而不知其不可行矣。夫志者，志也。其事其文之外，蓋有義焉。見《書教上》注。所謂操約之道者，此也。而或誤以併省事迹、刪削文字謂之簡也，曾公祐《進新唐書表》：「其事則增於前，其文則省於舊。」《直齋書録解題》：「温公《通鑑》多據舊史。（案：謂《舊唐書》。）而唐庚子西直謂《新唐書》『敢亂道而不好』，雖過甚，亦不爲亡謂也。劉元城亦謂『事增文省』，正《新書》之失處云。」其去古人不亦遠乎？夫名家撰述，意之所在，必有別裁。或詳人之所略，或棄人之所取，見《説林》注。初無一成之法。要讀之者美愛傳久，而恍然見義於事、文間，斯乃有關於名教也。見《俗嫌》注。然不整齊掌故，見《説林》注。別爲專書，則志亦不能自見其意矣。

文史通義注卷八

外篇三

答甄秀才論修志第一書

《章氏遺書》卷十九《庚辛之間亡友列傳》:「余自乾隆壬午冬肄業國子内舍,癸未之夏給假省親,自是往復監中幾二十年,歷同舍諸生以千百計,而真相知契者,德陽曾君及新寧甄君松年二人而已。甄君始疎終密,至今相爲因依。」又卷十七《甄鴻齋先生傳》:「乾隆二十八年癸未,學誠肄業國子監。新寧甄松年亦在監中,與學誠志義相得。」又卷二十三《甄青圃六十序》:「始余識青圃於太學,六館内外諸生三百人,莫不愛慕青圃而土苴視余。祭酒月較諸生文藝,青圃必首擢,而余卷塗抹若將不勝。榜未揭,他不可知,余與青圃名雖書吏皂隸可先知殿最也。然青圃乃與余交,中歷離合窮通,出處小異,而蹤跡不甚相違。」

文安直隸縣名，直隸今改河北。宰幣聘修志，兄於史事久負，不得小試，此行宜踴躍。僕有何知，乃承辱詢。抑盛意不可不復，敢於平日所留意者約舉數條，希高明裁擇。有不然處，還相告也。

一、州郡均隸職方，自不得如封建之國別爲史，然義例不可不明。如傳之與志本二體也，今之修志既舉人物、典制而概稱曰「志」，則名宦、鄉賢之屬不得別立「傳」之色目。「傳」既別分色目，則禮、樂、兵、刑之屬不得仍從「志」之公稱矣。竊思「志」爲全書總名，皇恩慶典當録爲「外紀」，官師銓除當畫爲「年譜」，典籍法制則爲「考」以著之，人物名宦則爲「傳」以列之。變易名色，既無僭史之嫌；綱舉目張，見《永清縣志皇言記叙例》注。又無遺漏之患。其他率以類附。至事有不倫，則例以義起，別爲創制可也。瑣屑繁碎，無關懲創，則削而不存可也。詳贍明備，整齊畫一，乃可爲國史取材。否則縱極精采，不過一家小説耳，又何裨焉？

一、今世志「藝文」者，多取長吏及邑紳所爲詩賦記序雜文，依類相附，甚而風雲月露之無關懲創，生祠碑頌之全無實徵，亦胥入焉。此姑無論是非，即使文俱典則，詩必雅馴，而銓次類録，諸體務臻，此亦選文之例，非復志乘之體矣。夫既志「藝文」，當倣《三通》、《七略》《通典》見，《書教中》注。《通志》，見《釋通》注。《通考》，見《申鄭》注。《七略》，見《書教上》注。之意，取是邦學士著選書籍，分其部彙，首標目録，次序顛末，删蕪擷秀，掇取大旨，論其得失，比類成編，乃使後人得所考據，或可爲館閣讎校見《篇卷》注。取材，斯不失爲志乘體爾。至壇廟碑銘，城隍紀述，利弊論著，土物題詠，則附入物産、田賦、風俗、地理諸考，以見得失之由，沿革之故。如班史取延年、賈讓諸疏入《河渠志》，賈誼、鼂錯諸疏入《食貨志》之例可也。見《和州志田賦書序例》注。學士論著，有可見其生平抱負，則全録於本傳。如班史録《天人三策》於《董仲舒傳》，録《治安》諸疏於《賈誼列傳》之例可也。見《書教中》注。至墓誌見《砭俗》注。傳贊先師《涵芬樓文談·文體芻言·頌贊》：「史家之體，每傳必有贊，其中賢否不一，亦時有貶詞焉。」之屬，核實無虚，已有定倫，則即取爲傳文。如班史仍《史記·自序》而爲《司馬遷傳》，仍揚雄《自序》而爲《揚雄列傳》之例可也。見《永清縣志前志列傳序》注。此一定之例，無可疑慮，而相沿不改，則甚矣史識見《史德》注。之難也！

一、凡捐資修志，開局延儒，實學未聞，凡例先廣，務新耳目，頓易舊書，其實顛倒狙公，有何真見？見《和州志前志列傳序例下》注。州郡立志，倣自前明。案：州郡立志，不自明始。當時草創之初，雖義例不甚整齊，文辭尚貴真實，翦裁多自己出。非若近日之習套相沿，輕雋小生，「史」字未曾全識，皆可奮筆妄修，竊叨餼脯者。然其書百無一存。此皆後淩前替，修新志者，襲舊志之紀載，而滅作者之姓名。充其義類，將班《書》既出，《史記》即付祖龍；謂《漢書》既出，《史記》可付一炬。《史記·秦始皇本紀》：「使者從關東夜過華陰平舒道，有人持璧遮使者曰：『爲吾遺滈池君。』因言曰：『今言①祖龍死。』」蘇林曰：「祖，始也。龍，

①「言」字誤，《史記》作「年」。

人君象。謂始皇也。」案：始皇焚書。歐、宋成書，《舊唐》遂可覆甕與？謂《新唐書》既成，則《舊唐書》可以覆甕。「覆甕」即「覆瓿」，見《辨似》注。僕以謂修志者，當續前人之紀載，不當毁前人之成書。即前志義例不明，文辭乖舛，我别爲創制，更改成書，亦當聽其並行，新新相續，不得擅毁，彼此得失，觀者自有公論。仍取前書卷帙目録，作者姓氏，録入新志《藝文考》中，以備遺亡，庶得大公無我之意，且吾亦不致見毁於後人矣。

一、志之爲體，當詳於史。而今之志乘所載，百不及一。此無他，搜羅采輯，一時之耳目難周；掌故備藏，平日之專司無主也。嘗擬當事者，欲使志無遺漏，平日當立一志乘科房，僉掾吏之稍通文墨者爲之。凡政教典故，堂行事實，六曹見《州縣請立志科議》注。案牘，一切皆令關會。目録真跡，彙册存庫。異日開局纂修，取裁甚富，雖不當比擬列國史官，亦庶得州閭史胥之遺意。《周禮·地官司徒》：「州長各掌其州之教治政令之法，歲終則會其州之政令。」「閭胥」，見《州縣請立志科議》注。今既無及，當建言爲將來法也。

一、志乃史體，原屬天下公物，非一家墓誌壽文可以漫爲浮譽、悦人耳目者。聞近世纂修往往賄賂公行，《左传·昭六年》：「賄賂並行。」請託作傳，全無徵實。此雖不肖浮薄文人所爲，然善惡懲創，自不可廢。今之志書從無録及不善者，一則善善欲長之習見，《公羊傳·昭二十年》：「君子之善善也長。」一則懼罹後患之虚心爾。僕謂譏貶原不可爲志體，據事直書，善惡①自見，見《永清縣志列女列傳序例》注。直寬隱彰之意同，不可專事浮文，以虚譽爲事也。

一、史志之書，有裨風教者，原因傳述忠孝節義，凛凛烈烈，有聲有色，使百世而下，怯者勇生，貪者廉立。《孟子·萬章下》：「故聞伯夷之風者，頑夫廉，懦夫有立志。」《史記》好俠，多寫刺客畸流，案：《史記·遊俠列傳》朱家、田仲、王公、劇孟、郭解等，皆刺客畸人。猶足令人輕生增氣。況天地間大節大義，綱常

①「惡」，浙江書局及嘉業堂《章氏遺書》本作「否」。

賴以扶持，世教賴以撑柱者乎？文天祥《正氣歌》：「是氣所磅薄，凛烈萬古存。當其貫日月，生死安足論。地維賴以立，天柱賴以尊。三綱實係命，道義爲之綱①。」每見文人修志，凡景物流連，可騁文筆，典故考訂，可誇博雅之處，無不津津累牘。一至孝子忠臣，義夫節婦，則寥寥數筆。甚而空存姓氏，行述一字不詳，使觀者若閱縣令署役卯簿，又何取焉？竊謂邑志搜羅不過數十年，採訪不過百十里，聞見自有真據，宜加意採輯，廣爲傳述，使觀者有所興起，宿草秋原之下，必有拜彤管而泣秋雨者矣。《礼记·檀弓上》：「朋友之墓，有宿草而不哭焉。」注：「宿草，謂陳根也。」《詩·邶風·静女》：「貽我彤管」，箋：「彤管，赤管也。必以赤者，欲使女史以赤心正人。」尤當取窮鄉僻壤，畸行奇節，子孫困於無力，或有格於成例，不得邀旌奬者，蹤跡既實，務爲立傳，以備採風者觀覽，庶乎善善欲長之意。

①「綱」字誤，《文文山全集·指南後録》作「根」。

已上六條，就僕所見，未敢自謂必然。而今世刻行諸志，誠有未見其可者。丈夫生不爲史臣，亦當從名公巨卿執筆充書記，而因得論列當世，以文章見用於時。如纂修志乘，亦其中之一事也。今之所謂修志，令長案：漢法，縣萬户以上爲令，以下爲長。徒務空名，作者又鮮學識，上不過圖注勤事考成，下不過苟資館穀祿利。甚而邑紳因之以啟奔競，文士得之以舞曲筆，主賓各挾成見，同局或起牴牾，則其於修志事雖不爲亦可也。乃如足下負抱史才，常恨不得一當牛刀小試。《論語·陽貨》：「子之武城，聞弦歌之聲，夫子莞爾而笑曰：『割雞焉用牛刀。』」向與僕往復商論，窺兄底蘊，當非苟然爲者。文安君又能虛心傾領，致幣敦請，自必一破從前宿習，殺青見《和州志前志列傳序例上》注。未畢，而觀者駭愕，以爲創特，又豈一邑之書，而實天下之書矣。僕於此事無能爲役，辱存商榷，陳其固陋之衷，以庶幾螢燭增輝之義。《三國志·魏志·陳思王植傳》：「熒燭末光，增輝日月。」兄其有以進我乎？

答甄秀才論修志第二書

日前敬籌末議，薄殖淺陋，猥無定見，非復冀有補高深，聊以塞責云耳。乃辱教答，借獎有加，高標遠引，《漢書·東方朔傳》：「今先生率然高舉遠集。」辭意摯懇，讀之真愧且畏也。足下負良史才，博而能斷，軒視前古，意志直欲駕范軼陳，謂超軼范曄所著之《後漢書》、陳壽所著之《三國志》。區區郡邑志乘，不啻牛刀割轂。揚子《方言》：「爵子及雞雛皆謂之轂。」《集韻》：「轂，音寇。」乃才大心虛，不恥往復下問。《論語·公冶長》：「子貢問曰：『孔文子何以謂之文也？』子曰：『敏而好學，不恥下問，是以謂之文也。』」鄙陋如僕，何以副若谷之懷耶？見《言公下》注。前書粗陳梗概，過辱虛譽，且欲悉詢其詳。僕雖非其人，輒因高情肫摯之深，不敢無一辭以覆，幸商擇焉。

一、體裁宜得史法也。州縣志乘混雜無次，既非正體，編分紀表亦涉僭妄。故前書折衷立法，以「外紀」、「年譜」、「考」、「傳」四體爲主，所以避僭史之嫌，而求紀載之實也。然虛名宜避國史，而實意當法古人。「外紀」、「年譜」之屬，今世志乘百中僅見一二。若「考」之與「傳」，今雖渾稱「志傳」，其實二者之實未嘗不載，特不能合於古史良法者，「考」體多失之繁碎，而「傳」體多失之渾同也。「考」之爲體，乃倣書、志而作。子長八書，見《方志立三書議》注。孟堅十志，見《亳州①掌故例議上》注。綜核典章，包函甚廣。范史分三十志，《後漢書》有《律曆》上中下、《禮儀》上中下、《祭祀》上中下、《天文》上中下、《五行》一二三四五六、《郡國》一二三四五、《百官》一二三四五、《輿服》上下，實則八志也。《唐書》廣五十篇，《新唐書》《禮樂》一、二、三、四、五、六、七、八、九、十、十一、十二，《儀衛》上下，《車服》，《曆》一、二、三上、三下，《曆》四上，《曆》四下，《曆》五，《曆》六上，《曆》六下，《天文》一、二、三，《五行》一、二、三，《地理》一、二、三、四、五、六、七上、七下，《選舉》上下，《百官》

① 「亳州」下，當補「志」字。

一、二、三、四上、四下，《兵》，《食貨》一、二、三、四、五，《刑法》，《藝文》一、二、三、四，共五十篇。則已浸廣。至元修《宋史》，志分百六十餘。《宋史》《天文》一、二、三、四、五、六、七、八、九、十、十一、十二、十三、十四、十五、十六、十七，《地理》一、二、三、四、五、六，《河渠》一、二、三、四、五、六、七，《禮》一、二、三、四、五、六、七、八、九、十、十一、十二、十三、十四、十五、十六、十七、十八、十九、二十、二十一、二十二、二十三、二十四、二十五、二十六、二十七、二十八，《樂》一、二、三、四、五、六、七、八、九、十、十一、十二、十三、十四、十五、十六、十七，《儀衛》一、二、三、四、五、六，《輿服》一、二、三、四、五、六，《選舉》一、二、三、四、五、六，《職官》一、二、三、四、五、六、七、八、九、十、十一、十二，《食貨》上一、上二、上三、上四、上五、上六，《食貨》下一、下二、下三、下四、下五、下六、下七、下八，《兵》一、二、三、四、五、六、七、八、九、十、十一、十二，《刑法》一、二、三，《藝文》一、二、三、四、五、六、七、八。議者譏爲科吏檔册，縣署每科之吏，將存科之案卷、録案、由①編册，以便檢查。然亦僅失裁制，致成汗漫，非若今之州縣志書多分題目，浩無統攝也。如星野、見《原道上》注。疆域、四至及幅員。沿

①「由」字上，疑漏一「案」字。

革、建置沿革。山川、物産，俱《地理志》中事也；户口、賦役、征榷、市糴，俱《食貨考》中事也；災祥、《説文解字》：「氛，祥氣也。」災祥，猶云災祲。歌謡、變異、如「白虹貫日」、「太白食昴」及「山崩川竭」等皆是。水旱，俱《五行志》中事也；朝賀、壇廟、祀典、鄉飲、賓興，見《州縣請立志科議》注。俱《禮儀志》中事也。凡百大小，均可類推。篇首冠以總名，下乃縷分件悉，彙列成編，非惟總萃易觀，亦且謹嚴得體。此等款目，直在一更置耳。而今志猥瑣繁碎，不啻市井泉貨注簿，米鹽淩雜，又何觀焉？或以長篇大章，如班固《食貨》，見《博約上》「兵農禮樂」條注。馬遷《平準》，見《方志立三書議》注。大難結構。豈知文體既合史例，即使措辭如布算子，古者算學俱用竹籌或牙籌，每算以籌縱横列之，謂之布算子，算子即籌也。亦自條理可觀，切實有用。文字正不必沾沾顧慮，好爲繁瑣也。

一、成文宜標作者也。班襲遷史，孝武以前多用原文，見《言公上》注。不更別異。以《史》、《漢》同一紀載，而遷史久已通行，故無嫌也。他若詔令書表之屬，則因其本人本事而明叙之，故亦無嫌於抄録成文。至《史記》贊秦，全用賈生三論，則以「善哉賈生推言」一句引起。《史記·秦始皇本紀》：「太史公曰：『善哉乎，賈生推言之也！』」下録三論。《漢書·遷傳》全用《史記·自序》，則以「遷之自序云爾」一句作收。雖用成文，而賓主分明，不同襲善。志爲史體，其中不無引用成文。若如俗下之藝文選集，則作者本名自應標於目録之下。今若刊去所載文辭，分類載入考傳諸體，則作者本名易於刊去，須仍復如《史》、《漢》之例，標而出之。至文有蔓長須加删節者，則以「其略曰」三字領起，如孟堅載賈誼諸疏之例可也。《漢書·賈誼傳》：「誼數上疏陳政事，多所欲匡建，其大略曰」云云。援引舊文自足以議論者，則如《伯夷列傳》中，入「其傳曰」云云一段文字之例可也。《史記·伯夷列傳》：「其傳曰」云云。至若前綴序引，後附論贊，今世纂家多稱「野史氏曰」，或稱「外史氏曰」，如《虞初新志》是。揆之於理，均未允協。莫如直倣東漢之例，標出「論曰」、「序曰」之體爲安。案：《後漢書》紀傳末皆標出「論曰」，惟《黨錮》、《儒林》、《循吏》、《文苑》等傳，雖有序而不標「序曰」。至反覆辨正，存疑附異，或加「案曰」亦可。否則直入本文，不加標目，隨時斟酌，均在夫相體裁衣耳。

一、傳體宜歸畫一也。列傳行述入《藝文志》，前書已辨其非。然國史取材邑志，人物尤屬緊要。蓋典章法令，國有《會典》，官有案牘，其事由上而下，故天下通同，即或偶有遺脱，不患無從考證。至於人物一流，自非位望通顯，太常議謚，案：《大清會典·内閣》：「恭上廟號尊謚，大學士偕九卿科道等官會議。謚妃嬪及王大臣賜謚者，皆由大學士酌擬，奏請欽定，而太常寺則但主加上列聖列后尊謚時，定其陳設，列其位次，備其承侍，及讀祝而已。」史臣立傳，《大清會典·翰林院》：「國史館總裁掌修國史，定國史之體，一曰本紀，二曰傳。」傳之目有「大臣傳」等。則姓名無由達乎京師。其幽獨之士，貞淑之女，幸邀旌獎，按厥檔册，直不啻花名卯册耳。人名參差不一，故曰花名。「卯册」，見《和州志官師表序例》注。必待下詔纂修，開館投牒，然後得核。故其事由下而上，邑志不詳備，則日後何由而證也？夫「傳」即史之「列傳」體爾，《儒林》、《遊俠》，遷《史》首標總目，《文苑》、

《道學》，《宋史》又畫三科。《宋史》有《文苑》、《道學》、《儒林》文苑[①]三傳。補正：原注末加：《章氏遺書外編》卷第四《知非日札》：「《隋志》有《道學傳》二十卷，乃釋教淵源也。元修《宋史》乃用以稱儒者，或又以『道學』二字乃奸黨所以標榜君子，皆失實也。」先儒譏其標幟啟争，《四庫全書提要叙·儒家類》：「托克托等修《宋史》，以《道學》、《儒林》分爲兩傳。而當時所謂『道學』者又自分二派，筆舌交攻。自時厥後，天下惟朱、陸是争，門户别而朋黨起，恩讎報復，蔓延者數百年。」然亦止標目不及審慎爾，非若後世志乘，傳述碑版，統列《藝文》，及作人物列傳，又必專標色目，若「忠臣」、「孝子」、「名賢」、「文苑」之類。挨次排纂，每人多不過八九行，少或一二三行，名曰「傳略」。夫志曰輶軒實録，見《文集》注。宜詳於史，而乃以「略」體行之，此何説也？至於標目所不能該，義類兼有所附，非以董宣入《酷吏》，則於《周臣》闕韓通耳。案：董宣，見《後漢書·酷吏傳》。韓通，見《釋通》注。按《史記》列傳七十，惟

① 「文苑」二字衍。

《循吏》、《儒林》而下九篇標出總目，案：《史記》《循吏列傳》、《儒林列傳》以下，爲《酷吏列傳》、《遊俠列傳》、《佞幸列傳》、《滑稽列傳》、《日者列傳》、《龜筴列傳》、《貨殖列傳》。《漢書》自《外戚》、《佞幸》而上七篇標出總目。《漢書》《儒林傳》、《循吏傳》、《酷吏傳》、《貨殖傳》、《遊俠傳》以下，即《佞幸傳》、《外戚傳》。江都傳列《三策》，不必列以《儒林》；《漢書·董仲舒傳》列《天人三①》，未嘗列入《儒林》。案：仲舒曾爲江都相。東方特好詼諧，不必列入《滑稽》。《漢書》有《東方朔列傳》，而不標《滑稽》。傳例既寬，便可載瑰特之行於法律之外。行相似者，比而附之；文章多者，録而入之。但以庸濫徇情爲戒，不以篇幅廣狹爲拘，乃屬善之善耳。

一、論斷宜守謹嚴也。史遷序引斷語，俱稱「太史公曰」云云，所以別於叙事之文，並非專標色目。自班固作贊，范史撰論，《史通·論贊》：「班固曰贊，荀悦曰論，其名萬殊，其義一揆。」亦已少靡。南朝諸史則於傳志之末，散文作

① 「三」字下，原書空一格，按當補「策」字。

「論」，又用韻語，倣孟堅自敘體作「贊」，以綴「論」文之後，屋下架屋，見《永清縣志六書例議》注。斯爲多文。自後相沿，制體不一。至明祖纂修《元史》，諭宋濂等據事直書，勿加論贊，案：今《元史》仍有論贊。雖寓謹嚴之意，亦非公是之道。僕則以爲，是非褒貶第欲其平，論贊不妨附入，但不可作意軒輊，亦不得故恣弔詭。見《繁稱》注。其有是非顯然，不待推論，及傳文已極抑揚，更無不盡之情者，不必勉强結撰，充備其數。

一、典章宜歸詳悉也。僕言典章自上而下，可較人物爲略，然是極言傳之宜更詳耳。學校祭祀，一切開載會典者，苟州縣所常舉行，豈可因而不載？會典簡帙浩繁，購閱非易。使散在州縣各志，則人人可觀，豈非盛事？況州縣舉行之典，不過多費梨棗十餘枚耳。桑棗所以刻書，猶云多費版片十餘枚耳。今志多删不載，未知所謂。

一、自注宜加酌量也。班史自注，於十志尤多。以後史家文字，每用自注。宋人刻僞《蘇注杜詩》，其不可强通者，則又妄加「公自注」三字。

如宋嘉泰甲子建安三峰東塾蔡夢弼傅卿刻《集千家注杜工部詩集》，卷一《龍門》云：「金銀佛寺開。」「公自注：『山有佛寺，金碧照耀，最爲勝概。』」《過宋員外之問舊莊》：「公自注：『員外季弟執金吾見知於代，故有下句。』」後人覺其僞者轉矯之曰：「古人文字，從無自注。」然則如司馬《潛虛》見《易教上》注。自加象傳，又何如耶？志體既取詳贍，行文又貴簡潔，以類纂之意而行紀傳之文，非加自注，何以明暢？但行文所載之事實，有須詳考顛末，則可自注。如《潛虛》之自解文義，則非志體所宜爾。

一、文選宜相輔佐也。詩文、雜體入《藝文志》，固非體裁，是以前書欲取各體歸於《傳》、《考》。然西京文字甚富，而班史所收之外，寥寥無覯者，以學士著撰必合史例方收，而一切詩文賦頌，無昭明、李昉其人先出而採輯之也。梁昭明《文選》，宋李昉《文苑英華》。史體縱看，志體橫看，其爲綜核，一也。然綜核者事詳，而因以及文。文有關於土風人事者，其類頗夥，史固不得而盡收之。以故昭明以來，括代爲選，唐有《文苑》，宋有《文鑑》，元有《文類》，見《書教中》注。明有《文選》，《今文選》十二卷，明孫鑛編。廣爲銓次，鉅細畢收。其可證史事之不逮者，不一而足。故左氏論次《國語》，未嘗不引諺證謡，如《國語》單襄公引諺曰：「獸惡其網，民怨其上。」州鳩對周景王引諺：「衆心成城，衆口鑠金。」衛彪傒引諺：「從善如登，從惡如崩。」而十五《國風》亦未嘗不別爲一編，均隸太史。見《詩教下》、《和州文徵序例》、《方志立三書議》注。案：「史」當作「師」。此文選、志乘交相裨益之明驗也。近楚撫於《湖廣通志》之外，又選《三楚文獻録》。《四庫全書總目提要》：「《湖廣通志》一百二十卷，總督湖廣等處地方、兵部尚書、兼都察院右副都御史邁柱等監修。」江蘇宋撫軍湯右曾《宋公犖墓誌銘》：「公諱犖，字牧仲，晚歲自號漫堂。世商邱人。」「康熙三十一年六月，調撫江蘇」，「暇日搜訪古跡，延接俊流」。聘邵毗陵修《明文録》外，更撰《三吴文獻録》等集，亦佐《江南通志》《四庫全書總目提要》：「《江南通志》二百卷，两江總督趙宏恩等監修。」之不及。僕淺陋寡聞，未知他省皆如是否，然即此一端，亦可類及。何如略倣《國風》遺意，取其有關民風流俗，參伍質證，可資考校，分列詩文記序諸體，勒爲一邑之書，與志相輔？當亦不爲無補。但此非足下之力所克爲者，盍乘間爲當事告焉？

一、列女宜分傳，例也。「列女」名《傳》，創於劉向。分彙七篇，義近乎子。綴《頌》述《雅》，學通乎《詩》，而比事屬辭，實爲史家之籍。《初學記》卷二十五引劉向《别録》：「臣向與黄門侍郎歆所校《列女傳》，種類相從，爲七篇。」案：「綴《頌》述《雅》」，謂傳末多有引《詩》。班、馬二史均闕此傳，自范蔚宗《東漢書》中始載《列女》，後史因之，遂爲定則。然後世史家所謂「列女」，則節烈之謂，而劉向所叙乃羅列之謂也。「節烈」之烈爲《列女傳》，則貞節之與殉烈已自有殊，若孝女、義婦更不相入，而閨秀才婦、道姑仙女永無入傳之例矣。夫婦道無成，節烈、孝義之外，原可稍略。然班姬之盛德，見《婦學》注。曹昭之史才，見《史注》及《婦學》注。蔡琰之文學，見《婦學》注。豈轉不及方技、伶官之倫，更無可傳之道哉？劉向《傳》中，節烈、孝義之外，才如妾婧，奇如魯女，無所不載，即下至施、旦，亦胥附焉，《列女傳》卷六①：「妾婧者，齊相管仲之妾也。甯戚欲見桓公，道無從，乃爲人僕，將車宿齊東門之外。桓公因出，甯戚擊牛角而商歌，甚悲。桓公異之，使管仲迎之。甯戚稱曰：『浩浩乎白水！』管仲不知所謂。」「其妾婧笑曰：『人也②語君矣，君不知識矣。古有《白水》之詩，詩不云乎：浩浩白水，儵儵之魚；君來召我，我將安居；國家未定，從我焉如。甯戚之欲得仕於國家也。』管仲大悦，以報桓公。」「君子謂妾婧謂③可與謀。」卷三：「魯漆室邑之女，過時未適人」，「倚柱而嘯」，「曰：『魯君老，太子幼。』鄰婦笑曰：『此卿大夫之憂也。』女曰：『不然。昔有客馬逸，踐吾園葵，使我終歲不食葵。魯國有患，君臣父子皆被其辱，婦人獨安所避乎？』」《吴越春秋》：「越王使相者國中，得苧蘿山鬻薪之女，曰西施、鄭旦。三年學服，而獻於吴，吴王大悦。」「列」之爲義，可爲廣矣。自東漢以後，諸史誤以「羅列」之列爲「殉烈」之烈，於是法律之外可載者少，而蔡文姬之入史，人亦議之。《史通·人物》：「至蔚宗《後漢》，傳標《列女》，徐淑不齒，而蔡琰見書。欲使彤管所

① 「列女傳卷六」，原書誤倒作「列女卷六傳」，今乙正。
② 「也」字誤，《古列女傳》作「已」。
③ 「謂」字誤，《古列女傳》作「爲」。

載，將安準的？」今當另立《貞節》之傳，以載旌奬之名。其正載之外，苟有才情卓越，操守不同，或有文采可觀，一長擅絶者，不妨入於《列女》，以附《方技》、《文苑》、《獨行》諸傳之例，庶婦德之不盡出於節烈，而苟有一長足録者，亦不致有湮没之歎云。

狂瞽之言，幸惟擇之。醉中草草，勿罪。

與甄秀才論文選義例書

辱示《文選》義例，大有意思，非熟知此道甘苦，何以得此？第有少意商復。夫踵事增華，見《和州文徵序例》注。後來易爲力。括代總選，須以史例觀之。昭明草創，與馬遷略同。由六朝視兩漢，略已；先秦，略之略已。周則子夏《詩序》，屈子《離騷》而外，無他策焉。《文選》第四十五卷卜商《詩序》，第三十二卷屈原《離騷》。亦猶天漢漢武帝年號。視先秦，略已，周則略之略已。

五帝三王，則本紀略載而外，不更詳焉。昭明兼八代，梁蕭統《文選序》：「與夫篇什雜而集之，遠自周室，迄於聖代。」案：周、秦、漢、魏、晉、宋、齊、梁，八代。《史記》採三古，案：《尚書》起堯、舜，《史記》起黄帝、顓頊、帝嚳，校《尚書》多三帝，故曰「採三古」。而又當創事，故例疎而文約。《文苑》、《文鑑》皆包括一代，《漢書》、《唐書》皆專紀一朝，而又藉前規，故條密而文詳。《文苑》之補載陳、隨，則續昭明之未備；《四庫全書簡明目録·集部·總集類》：「《文苑英華》一千卷，宋太平興國七年李昉等奉敕撰。蓋以續昭明《文選》，故《文選》迄於梁初，此書即託姑①梁末，而下迄於唐。然南北朝之文十之一而弱，唐代之文十之九而强。」《文鑑》之並收制科，則廣昭明之未登。《直齋書録解題·總集類》：「《皇朝文鑑》一百五十卷，吕祖謙編。朱晦庵晚歲嘗語學者：『此書編次，篇篇有意，每卷首必取一大文字作壓卷，如賦取《五鳳樓》之類。其所載奏議亦繫一時政治大節。祖宗二百年規模，與後來中變之意，盡在其中，非《選》、《粹》比也。』」亦猶班固《地志》

① 「姑」字誤，當作「始」。

之兼採《職方》、《禹貢》，見《書教上》注。《隋書》諸志之補述梁、陳、周、齊，見《和州志前志列傳序例上》注。例以義起，斟酌損益，固無不可耳。夫一代文獻，史不盡詳，全恃大部總選，得載諸部文字於律令之外，參互考校，可補二十一史見《答客問上》注。之不逮。其事綦重，原與揣摩家評選文字不同，工拙繁簡，不可屑屑校量。讀書者但當採掇大意以爲博古之功，斯有益耳。

駁文選義例書再答

來書云①：得兄所論《文選》義例，甚以爲不然。文章一道，所該甚廣，史特其中一類耳。選家之例，繁博不倫，四部九流，見《書教中》及《詩教上》注。何所不有？而兄概欲以史擬之，若馬若班，若表若志，斤斤焉以蕭、唐

① 「來書云」至「速賜裁示」一節，浙江書局及嘉業堂《章氏遺書》本均低一格。

諸選削趾適履，見《書教中》注。求其一得符合，將毋陳大士《明史·文苑傳》：「陳際泰，字大士，臨川人。」「與艾南英以時文名天下。」初學時文，而家書悉裁爲八股式否？東西兩京文字，入《選》寥寥，而班、范兩史排纂，遂爲定本。惟李陵塞外一書，班史不載，便近齊梁小兒。蘇軾《答劉沔書》：「陵與武書，辭句儇淺，正齊梁間小兒所擬作，決非西漢人。」果《選》裨史之不逮乎？抑史裨《選》之不逮乎？編年有《綱目》，紀傳有廿一史，歷朝事已昭如日星，而兄復思配以文選。連牀架屋，見《永清縣志六書例議》注。豈爲風雲月露之辭，可以補柱下之藏耶？選事倣於六朝，而史體亦壞於是，選之無裨於史明矣。考鏡古今，論列得失，在乎卓犖之士不循循株守《韓非子·五蠹》：「宋人有耕田者，田中有株，兔走觸株，折頸而死。因釋其耒而守株，冀復得兔。兔不可復得，而身爲宋國笑。」章句，孺歌婦歎均可觀采，豈皆與史等哉？昔人稱杜甫「詩史」，宋胡宗愈《成都草堂詩碑序》：「先生以詩鳴於唐，凡出處去就，動息勞佚，悲歡憂樂，忠憤感激，好賢惡惡，一見於詩。讀之可以知其世，學士大夫謂之『詩史』。」而楊萬里駁之，以爲《詩經》果可兼《尚書》

否？待詳。兄觀書素卓犖，左思《詠史詩》：「卓犖觀群詩。」而今言猶似牽於訓詁然者，僕竊不喜。或有不然，速賜裁示！

惠書甚華而能辨，所賜於僕豈淺鮮哉？然意旨似猶不甚相悉，而盛意不可虛，故敢以書報。文章一道，體製初不相沿，而原本各有所自。古人文字，其初繁然雜出，惟用所適，豈斤斤焉立一色目，而規規以求其一似哉？若云文事本博，而史特於中占其一類，則類將不勝其繁。伯夷、屈原諸傳夾叙夾議，而莊周、列子之書又多假叙事以行文，兄以選例不可一概，則此等文字將何以畫分乎？經史子集久列四庫，其原始亦非遠，試論六藝之初，則經目本無有也。《大易》非以聖人之書而尊之，一子書耳。《書》與《春秋》，兩史籍耳。《詩》三百篇，文集耳。《儀禮》、《周官》，律令會典耳。自《易》藏太卜而外，見《易教上》注。其餘四者均隸柱下之籍，見《答客問中》注。而後人取以考證古今得失之林，未聞沾沾取其若《綱目》、紀傳者而專爲史類，其他體近繁博，遽不得與於是選也。「《詩》亡而後《春秋》

作」，見《書教上》注。《詩》類今之文選耳，而亦得與史相終始何哉？土風殊異，人事興衰，紀傳所不及詳，編年所不能録。而參互考驗，其合於是中者，如《鴟梟》之於《金縢》，《詩序》：「《鴟鴞》，周公救亂也。成王未知周公之志，公乃爲詩以遺王，名之曰《鴟鴞》焉。」《書·金縢》：「武王既喪，管叔及其群弟乃流言於國曰：『公將不利於孺子。』周公乃告二公曰：「我之弗辟，我無以告我先王。」周公居東二年，則罪人斯得。於後公乃爲詩以貽王，名之曰《鴟鴞》。」《乘舟》之於《左傳》，《詩①·邶風》：「《二子乘舟》，思伋、壽也。衛宣公之二子争相爲死，國②傷而思之，作此詩也。」《左傳·桓十六年》：「初，衛宣公烝於夷姜，生急子，屬諸右公子。爲之娶於齊，而美，公取之，生壽及朔。屬壽於左公子。夷姜縊。宣姜與公子朔構急子。公使諸齊，使盜待諸莘，將殺之。壽子告之，使行，不可，曰：『棄父之命，惡用子矣！有無父之國則可也。』及行，飲以酒，壽子載其旌以先，盜殺之。急子至，曰：『我之求也，此何罪？請殺我乎！』又殺之。二公子故怨惠公，十一月，左公子洩、右公子職立公子黔牟，惠公奔齊。」之類；其出於是外者，如《七月》追述周先，《詩·豳風·七月》，毛傳：「陳王業

① 「詩」當作「詩序」。
② 「國」字下，漏「人」字，當補。

也。周公遭變，故陳后稷、先公風化之所由，致王業之艱難也。」《商頌》兼及異代之類。按：三百篇皆周詩，而有《商頌》，故云。豈非文章、史事固相終始者與？兩京文字入選甚少，不敵班、范所收，使當年早有如選《文苑》其人，裁爲大部盛典，則兩漢事迹吾知更赫赫如昨日矣。史體壞於六朝，自是風氣日下，非關《文選》。昭明所收過略，乃可恨耳。所云「不循循株守章句」，不必列文於史中，顧斤斤畫文於史外，其見尚可謂之卓犖否？楊萬里不通太史觀風之意，故駁「詩史」之説。以兄之卓見而惑之，何哉？

修志十議 自注：呈天門胡明府。

修志有二便：地近則易覈，時近則迹真。有三長：識足以斷凡例，明足以決去取，公足以絶請託。有五難：清晰天度難，考衷古界難，調劑衆議難，廣徵藏書難，預杜是非難。有八忌：忌條理混雜，忌詳略失體，忌偏尚文辭，忌粧點名勝，忌擅翻舊案，忌浮記功績，忌泥古不變，忌貪載傳奇。有四體：皇恩慶典宜作《紀》，官師科甲宜作《譜》，典籍法制宜作《考》，名宦人物宜作《傳》。有四要：要簡，要嚴，要覈，要雅。今擬乘二便，盡三長，去五難，除八忌，而立四體，以歸四要。請略議其所以然者爲十條。先陳事宜，後定凡例，庶乎畫宮於堵《禮記·檀弓上》：「畫宮而受弔焉」，注：「畫宮，畫地爲宮象。」之意云。

一、議職掌。提調《大清會典》：「方略館提調，掌章奏文移，治其吏役。」專主決斷是非，總裁《大清會典》：「方略館總裁，係軍機大臣兼充，凡書有旨，交輯者各編録以候欽定。方略、紀略之外，遇有奉旨特交纂輯之書，亦率在官人員嚴謹辦理。」專主筆削文辭，投牒者叙而不議，參閲者議而不斷，庶各不相侵，事有專責。

二、議考證。邑志雖小，體例無所不備。考核不厭精詳，折衷務祈盡善。所有應用之書，自省府鄰境諸志而外，如《廿二史》、《三楚文獻録》、見《答甄秀才論修志第一書》注。《一統志》，見《地志統部》注。聖祖仁皇帝御纂《方輿路程圖》，待詳。《大清會典》，見《地志統部》注。《賦役全書》待詳。之屬，俱須加意採訪。他若邑紳所撰野乘、私記、文編、稗史、家譜、圖牒之類，凡可資搜討者，亦須出示徵收，博觀約取。其六曹案牘，見《州縣清①立志科議》注。律令文移，見《方志立三書議》注。有關政教典故、風土利弊者，概令録出副本，一體送館，以憑詳慎銓次。庶能鉅細無遺，永垂信史。

三、議徵信。邑志尤重人物，取捨貴辨真僞。凡舊志人物列傳，例應有改無削。新志人物，一憑本家子孫列狀投櫃，核實無虚，送館立傳。此俱無可議者。但所送行狀見《砭俗》注。務有可記之實，詳悉開列，以備采擇，方准收録。如開送名宦，必詳曾任何職，實興何利，實除何弊，實於何事有益國計民生，乃爲合例。如但云清廉、勤慎，《三國志·魏志·李通傳》注：

① 「清」字誤，當作「請」。

司馬昭謂：「宫①長當清、當慎、當勤。修此三者，何患不治？」慈惠、嚴明，全無實徵，但作計薦考語體者，概不收受。又如《卓行》亦必開列行如何卓，《文苑》亦必開列著有何書見推士林，《儒林》亦必核其有功何經，何等著作有關名教，《孝友》亦必開明於何事見其能孝能友。品雖毋論庸奇偏全，要有真迹便易採訪，否則行皆曾、史，參、魚。學皆程、朱，頤、顥、熹。文皆馬、班，遷、固。品皆夷、惠，伯夷、柳下惠。魚魚鹿鹿，猶言庸庸碌碌，在凡庶之中也。何以辨真僞哉？至前志所收人物果有遺漏，或生平大節載不盡詳，亦准其與新收人物一例開送，核實增補。

四、議徵文。人物之次，《藝文》爲要。近世志《藝文》者，類輯詩文記序，其體直如文選，而一邑著述目録，作者源流始末，俱無稽考，非志體也。今擬更定凡例，一倣班《志》、劉《略》，見《詩教下》及《書教上》注。標分部

①「宫」字誤，《三國志》注作「官」。

彙，刪蕪擷秀，跋其端委，自勒一考。可爲他日館閣校讎取材，斯則有裨文獻見《方志立三書議》注。耳。但《藝文》入志，例取蓋棺論定。《晉書·劉毅傳》：「丈夫蓋棺，事方定。」趙翼詩：「蓋棺論自定。」現存之人，雖有著作，例不入志。此係御纂《續考》館成法，不同近日志乘，掇拾詩文，可取一時題詠，廣登尺幅者也。凡本朝前代學士文人，果有卓然成家，可垂不朽之業，無論經史子集，方技雜流，釋門道藏，圖畫譜牒，帖括訓詁，均得淨録副本，投櫃送館，以憑核纂。然所送之書須屬共見共聞，即未刻行，亦必論完成集者，方准收録。倘係抄撮稿本，畸零篇頁，及從無序跋論定之書，概不入編，庶乎循名責實之意。惟舊志原有目録，而藏書至今散逸者，仍准入志，而於目録之下注一「亡」字以別之。

五、議傳例。史傳之作，例取蓋棺論定，不爲生人立傳。歷考兩漢以下，如《非有先生》、《李赤》諸傳，東方朔有《非有先生論》，見《漢書》本傳。《李赤》，見《傳記》注。

皆以傳爲遊戲。《圬者》、《橐駝》之作，《圬者王承福傳》，見《傳記》注。柳宗元有《種樹郭橐駝傳》。則借傳爲議論。至《何蕃》、《方山》等轉①，《何蕃》，見《傳記》注。軾②有《方山子傳》。則又作貽贈序文之用。沿至宋人，遂多爲生人作傳，如司馬光《范景仁傳》、歐陽修《桑懌傳》等是。其實非史法也。邑志列傳，全用史例。凡現存之人，例不入傳。惟婦人守節，已邀旌典，或雖未旌奬，而年例已符，見《永清縣志列女傳序例》注。操守粹白者，統得破格録入。蓋婦人從一而終，《易·恒》：「婦人貞吉，從一而終也。」既無他志，其一生責任已畢，可無更俟没身。而此等單寒之家，不必盡如《文苑》、《卓行》之出入縉紳。或在窮鄉僻壤，子孫困於無力，以及偶格成例，今日不予表章，恐後此修志不免遺漏，故搜求至汲汲也。至去任之官，苟一時政績卓然可傳，輿論交

---

① 「轉」字誤，浙江書局及嘉業堂《章氏遺書》本均作「傳」。

② 「軾」字上，漏「蘇」字，當補。《方山子傳》見《東坡集》卷三十九。

推，更無擬議者，雖未經没身論定，於法亦得立傳。蓋志爲此縣而作，爲宰有功此縣，則甘棠可留。雖或緣故被劾，及鄉論未詳，安得没其現施事迹？且其人已去，即無諛頌之嫌，而隔越方州，亦無遥訪其人存否之例。惟其人現居本縣，或現升本省上官及有統轄者，仍不立傳，所以遠迎合之嫌，杜是非之議耳。其例得立傳人物，投遞行狀，務取生平大節，合史例者，詳慎開載。纖瑣飣餖，《玉海》：「唐少監舊御饌，用九盤裝纍，名『九飣食』。今俗燕會，黏果列席前，曰『看席飣坐』。古稱『飣坐』，謂釘而不食者。」世謂文詞之堆砌餖飣①。凡屬浮文，《晉書·謝安傳》：「浮文妨要。」俱宜刊去。其有事涉怪誕，義非懲創，或託神鬼，或稱奇夢者，雖有所憑，亦不收録，庶免舄履羊鳴之誚。《後漢書·王喬傳》：「顯宗世，爲葉令，有神術。每月朔望，詣臺朝帝，怪其來數。伺之，臨至有雙鳧從東南飛來，舉羅張之，但得一隻舄焉。」又《左慈傳》：「操欲收殺慈，慈乃却入壁中，霍然不知所在。後人

①「餖飣」上，疑漏「爲」字。

逢慈於陽城山頭，因復逐之，遂走入羊群。操知不可得，乃令就羊中告之曰：『不復相殺，本試君術耳。』忽有一老羝屈前兩膝，人立而言曰：『遽如許。』即競往赴之，而群羊數百皆變爲羝，並屈前膝人立，云『遽如許』。」《史通·採撰》：「范曄增損東漢一代，自謂無愧良直，而王喬鳧履出於《風俗通》，左慈羊鳴傳於《抱朴子》。朱紫不別，穢莫大焉。」詳《風俗通》卷二及《神仙傳》「左慈」條。

六、議書法。典故作《考》，人物作《傳》，一體去取，均須斷制盡善，有體有要，乃屬不刊之書，可爲後人取法。如考體但重政教典禮，民風土俗，而浮誇形勝、附會景物者，在所當略。其有古蹟勝概，確乎可憑，名人題詠，卓然可紀者，亦從小書分注之例，酌量附入正考之下。所以釐正史體，別於稗乘耳。蓋志體譬之治室，廳堂甲第，謂之府宅可也。若依岩之構，跨水之亭，謂之別業《南史·謝靈運傳》：「移籍會稽，修營別業。」案：別業，猶云別墅。可，謂之正寢則不可。玉麈絲條①，《晉書·王衍傳》：「每捉玉柄麈尾，與手同色。」《說文解字》第十三篇上「糸部」：「條，扁緒也。」謂之仙服可，謂之紳笏則不可。

① 「條」，浙江書局及嘉業堂《章氏遺書》本均作「絛」。

此乃郡縣志乘與臥遊清福諸編之分別也。列傳亦以名宦、鄉賢、忠孝、節義、儒林、卓行爲重。文苑、方技有長可見者次之。如職官而無可紀之蹟，科目而無可著之業，於法均不得立傳。蓋志屬信史，非如憲綱册籍，一以爵秩衣冠爲序者也。官場册籍，一以官爵爲序。憲者，上憲。綱者，綱領。以官之長者提挈之，别如綱之在綱然，故曰「憲綱」。如每年所出之《搢紳録》，是其類也。推之祭祀位次，聚會坐次，俱以憲綱爲標準。其不應立傳者，官師另立歷任年譜，邑紳另有科甲年譜，年經月緯之下，但注姓名，不得更有浮辭填入。即其中有應立傳者，亦不必更於譜内，注明「有傳」字樣，以昭畫一。若如近日通行之例，則紀官師者，既有《職官志》以載受事年月，又有《名宦志》以載歷任政績，而於他事有見於生祠碑頌、政績序記者，又收入《藝文志》。記邑紳者，既有《科目志》，又有《人物志》，亦分及第年分與一生行業爲兩志，而其行業有見於志銘傳誄者，則又收入《藝文志》。一人之事，疊見三四門類，於是或於此處注「傳見某卷」，於彼處注「詳見某志」，字樣紛錯，事實倒亂，體裁煩碎，莫此爲甚。今日修志，尤當首爲釐定，一破俗例者也。

七、議援引。史志引用成文，期明事實，非尚文辭。苟於事實有關，即胥吏文移，見《書教下》注。亦所採録，況上此者乎？苟於事實無關，雖班、揚述作，亦所不取，況下此者乎？但舊志《藝文》所録文辭，今悉散隸本人本事之下，則篇次繁簡不倫；收入《考》、《傳》方幅之内，其勢不無删潤。如恐嫌似勦襲，見《辨似》注。則於本文之上，仍標作者姓名，以明其所自而已。而標題之法，一倣《史》、《漢》之例。《史》、《漢》引用周秦諸子，凡尋常删改字句，更不識别，直標「其辭曰」三字領起。惟大有删改，不更仍其篇幅者，始用「其略曰」三字别之。若賈長沙諸疏是也。見《答甄秀才論修志第二書》注。今所援引，一皆倣此。然諸文體中各有應得援引之處，獨詩賦一體應用之處甚少。惟《地理考》内「名勝」條中，分注之下可載少許，以證靈傑。王勃《滕王閣序》：「人傑地靈。」他若抒寫性靈，風雲月露之作，果係佳構，自應别具行稿，或入專主選文之書，不應攙入史志之内，方爲得體。且古來十五《國風》、十二《國語》見《和州文徵序例》注。並行不悖，見《博約下》注。未聞可以合爲一書。則志中盛選詩詞，亦俗例之不可不亟改者。倘《風俗》篇中有必須徵引歌謡之處，又不在其例。是又即《左》、《國》引諺徵謡之義也。如《左傳·隱十一年》：「周諺有之曰：『山有木，工則度之；賓有禮，主則擇之。』」《國語》引諺，見《答甄秀才論修志第二書》注。

八、議裁制。取《藝文》應載一切文辭，各歸本人本事，俱無可議。惟應載傳志行狀諸體，今俱删去，仍取其文裁入《列傳》，則有難處者三焉：一則法所不應立傳，與傳所不應盡載者，當日碑銘傳述，或因文辭爲重，不無濫收。二則志中《列傳》，方幅無多，而原傳或有洋洋大篇，全録原文則繁簡不倫，删去事蹟則召怨取議。三則取用成文，綴入本考本傳，原屬文中援引之體，故可標作者姓名及「其辭曰」三字，以歸徵引之體。今若即取舊傳裁爲新傳，則一體連編，未便更著作者姓名。譬班史作《司馬遷傳》全用《史記·自序》，則以「遷之《自序》云爾」一句標清賓主。蓋史公

《自序》原非本傳，故得以此句識別之耳。《答甄秀才論修志第一書》注。若考武以前紀傳全用《史記》成文者，更不識別，見《言公上》注。則以紀即此紀，傳即此傳，贊即此贊，其體更不容標「司馬遷曰」字樣也。今若遽同此例，則近來少見此種體裁，必有勦襲雷同見《辨似》注。之謗。此三端者，決無他法可處，惟有大書分注之例，可以兩全。蓋取彼舊傳，就今志義例裁爲新傳，而於法所應删之事未便遽删者，亦與作爲雙行小字，並作者姓氏，及删潤之故，一體附注本文之下。庶幾舊志徵實之文不盡刊落，而新志謹嚴之體又不相妨矣。其原文不甚散漫，尚合謹嚴之例者，一仍其舊，以見本非好爲更張也。見《書教中》注。

九、議標題。近行志乘，去取失倫，蕪陋不足觀采者，不特文無體要，見《辨似》注。即其標題，先已不得史法也。如採典故而作《考》，則天文、地理、禮儀、食貨數大端，見《亳州①掌故議例上》注。本足以該一切細目。而今人每好分析，於是天文則分星野、占候爲兩志，如明陳讓嘉靖《邵武府志》，分《應侯》與《星野》是也。於地理又分疆域、山川爲數篇，如明胡瓚《泉河史》，《疆域》、《山川》各分卷是也。連編累牘，動分幾十門類。夫《史》、《漢》八書十志之例具在，見《方志立三書議》及《亳州②掌故例議上》注。曷常作如是之繁碎哉？如訪人物而立傳，則名宦、鄉賢、儒林、卓行數端，本不足以該古今人類。而今人每好合併，於是得一逸才，不問其行業如何超卓，而先擬其有何色目可歸；得一全才，不問其學行如何兼至，而先擬其歸何門類爲重。牴牾牽强，以類括之。夫歷史合傳、獨傳之文具在，一人一傳謂之獨傳，二人以上合爲一傳謂之合傳。曷嘗必首標其色目哉？所以然者，良由典故證據諸文不隸本《考》而隸

① 「亳州」下，當補「志」字。
② 「亳州」下，當補「志」字。

《藝文志》，則事無原委，不得不散著焉，以藏其苟簡之羞。行狀碑版諸文，不隸本《傳》而隸《藝文志》，則人無全傳，不得不强合焉，以足其款目之數。故志體壞於標題不得史法，標題壞於《藝文》不合史例，而《藝文》不合史例之原，則又原於創修郡縣志時，誤倣名山圖志之廣載詩文也。

夫志州縣與志名山不同，彼以形勝景物爲主，描摩宛肖爲工，崖顛之碑，壁陰之記，以及雷電鬼怪之跡，洞天符檢之文，《茅君内傳》：「大天之内，有地之洞天三十六所，乃真仙所居。」案：《抱朴子·内篇》十七卷《登涉》有入山等符。《後漢書·祭祀志》：「尚書令職①玉牒已，復石覆訖，尚書令以五寸印封石檢。」與夫今古名流遊覽登眺之作，收無孑遺，《詩·大雅·雲漢》：「周餘黎民，靡有孑餘。」即徵奥博，蓋原無所用史法也。若夫州縣志乘，即當時一國之書，民人社稷，政教典故，所用甚廣，豈可與彼一例？而有明以來相沿不改，故州縣志乘雖有彼善於此，而卒

① 「職」字誤，《後漢書》作「藏」。

鮮卓然獨斷，裁定史例，可垂法式者。今日尤當一破夙習，以還正史體裁者也。

十、議外編。廿一史見《答客問上》注。中，紀、表、志、傳四體而外，《晉書》有《載記》，見《釋通》注。《五代史》有《附録》，《新五代史》卷七十二至卷七十四，有《四夷附録》第一、第二、第三。《遼史》有《國語解》。《遼史》卷一百十六《國語解》：「遼之初興，與奚、室韋密邇，土俗言語大概近俚。至太祖、太宗奄有朔方，其制雖參用漢法，而先世奇首遥輦之制尚多存者，子孫相繼，亦遵守而不易。故史之所載官制、宮衛、部族、地里，率以國語爲之稱號，不有注釋以辨之，則世何從而知、後何從而考哉？今即本史參互研究，撰次《遼國語解》以附其後，庶幾讀者無齟齬之患也。」至本朝纂修《明史》，亦於《年表》之外，又有《圖式》。如《曆志》即有圖有式。式，法也。所用雖各不同，要皆例以義起，期於無遺無濫者也。邑志猥並錯雜，使同稗野小説，見《詩教上》「九流之所部分」條注。固非正體。若遽以國史簡嚴之例處之，又非廣收以備約取之意。凡事屬瑣屑而不可或遺者，如一産三男，人壽百歲，神仙蹤蹟，科第盛事，一切新奇可喜之傳，雖非史體所重，亦難遽議刊落。當於正傳之後，用雜著體零星紀録，或名《外編》，或名《雜記》，另成一體。使纖夥飣餖先有門類可歸，正以釐清正載之體裁也。謡歌諺語，《詩·魏風·園有桃》："我歌且謡。"傳："曲，合樂曰歌，徒歌曰謡。"《韓詩》曰："有章曲曰歌，無章曲曰謡。"《書·無逸》："乃逸乃諺。"傳："俚語曰諺。"巷説街談，見《横通》注。苟有可觀，皆用此律。見《和州志皇言紀序例》注。

甲申冬杪①，案：乾隆二十九年甲申，章氏二十七歲。天門嘉慶《大清一統志》：湖北安陸府天門縣，注："在府東南二百二十里。"胡明府議修縣志，因作此篇，以附商榷。其論筆削義例，見《易教下》注。大意與舊答甄秀才前後兩書相出入。詳篇首。而此議前五條則先事之事宜，有彼書所不及者。若彼書所條，此議亦不盡入，則此乃就事論事，而餘意推廣於纂修之外者，所未遑也。至論俗例

① 「甲申冬杪」以下一節，浙江書局《章氏遺書》本低一格。

拘牽之病，此較前書爲暢，而《藝文》一志反覆論之特詳。是又歷考俗例受病之原，皆不出此，故欲爲是拔本塞源之論，而斷行新定義例，初非好爲更張耳。閲者取二書而互考焉，從事編纂之中，庶幾小有裨補云。自注：自跋

天門縣志藝文考序 自注：《藝文論》附。

嗚呼！《藝文》一考，非第志文之盛，且以慨其衰也。有志之士負其胸中之奇，至於牴牾掎撅，《漢書·司馬遷傳贊》：「或有牴牾」，注：「牴，觸也。牾，相支持不安也。」掎撅，猶云掎角。《左傳·襄十四年》：「譬如捕鹿，晉人角之，諸戎掎之。」《内則》：「不涉不撅。」不得已而見之於文，傷已！乃其所謂文者，往往竭數十年螢燈雪案，《晉書·車胤傳》：「胤博學多通，家貧不常得油，夏月則練囊盛數十螢火以照書，夜以繼日焉。」《孫氏世録》：「孫康家貧，常映雪讀書。」苦雨淒風，《左傳·昭四年》：「春無淒風，秋無苦

雨。」所與刻肝腎，宋濂《徐方舟墓誌》：「鉥肝劌腎。」耗心血，而鄭重以出者。曾不數世，而一觚拓落，《漢書·揚雄傳》：「何爲官之拓落也？」師古曰：「拓落，不耦也。」存沒人間。冷露飄風，同歸於盡，可勝慨哉！幸而輶軒載筆，「輶軒」，見《文集》注。「載筆」，見《原道下》注。得以傳示來兹。然漢史所録，《隋志》闕亡者若而人；《隋志》所録，《唐書》殘逸者若干家。《崇文總目》、《中興書目》、《文淵閣目》見《篇卷》注。上下千年，大率稱是。豈造物忌才，精華欲秘歟？抑所撰述精采不稱，不足傳久遠歟？而两漢以下，百家叢脞，雅俗雜揉，猥鄙瑣屑之談，亦具有存者，則其中亦自有幸不幸焉。《文心雕龍·諸子》：「暨於暴秦烈火，勢炎崑岡，而煙燎之毒，不及諸子。逮漢成留思，子政讎校，於是《七略》芬菲，九流鱗萃。殺青所編，百有八十餘家矣。迄至魏晉，作者間出，讕言兼存，璅語必録，類聚而求，亦充箱照軫矣。然繁辭雖積，而本體易總，述道言治，枝條五經。其純粹者入矩，踳駁者出規。《禮記·月令》，取乎《呂氏》之紀；三年問喪，寫乎《荀子》之書。此純粹之類也。若乃湯之問棘，云蚊睫有雷霆之聲；惠施對梁王，云蝸角有伏尸之戰。《列子》有移山跨海之談，《淮南》有傾天折地之説。此踳駁之類也。」《景陵舊志》，案：《宋史・藝文志》有林英發《景陵志》十四卷，但不必即章氏所謂之「舊志」耳。嘉慶《大清一統志》：湖北安陸府天門縣，注：「漢置竟陵縣，屬江夏郡，後漢因之。晉末分置霄城縣，屬竟陵郡，宋、齊因之，梁省竟陵，北周改霄城曰竟陵。《藝文》不載書目，故前人著作未盡搜羅，而本傳附録生平著書今亦不少概見。然則斯考所採，更閲三數十年，其散逸遺亡視今又何如耶？此余之所以重爲諸家惜也。今採摭諸家，勒爲一考，厥類有四：曰經，曰史，曰子，曰集。其別有三：曰傳世，曰藏家，俱分隸四部；曰亡逸，別自爲類，附篇末。

論曰：近志《藝文》一變古法，類萃詩文，而不載書目，非無意也。文章彙次，甲乙成編，其有裨於史事者，事以旁證而易詳，文以兼收而大備。故昭明以後，唐有《文苑》，宋有《文鑑》，元有《文類》，見《書教中》注。括代總選，雅俗互陳，凡以輔正史，廣見聞，昭文章也。第十五《國風》、十二《國語》見《和州文徵序例》注。固宜各有成書，理無可雜。近世多倣《國語》而修邑志，不聞倣《國風》而彙輯一邑詩文以爲專集，此其所以愛不忍删，牽率牴牾，一變《藝文》成法歟？夫史體尚謹嚴，見《易教下》注。選事貴博採。以此詩文攔入志乘，已覺繁多，而以選例推之，則又方嫌其少。然則二者自宜各爲成書，交相裨佐，明矣。至著作部目，所關至鉅，未宜輕議刊置。故今一用古法，以歸史裁。其文之尤不忍删者，暫隸《附録》。苟踵事增華，見《和州文徵序例》注。更彙成書，以裨志之不逮。嗚呼！庶有聞風而嗣輯者歟？

天門縣志五行考序

堯水湯旱，《墨子·七患》："故《夏書》曰：禹七年水。《殷書》曰：湯七年旱。"《荀子·王霸》："禹十年水，湯七年旱。"聖世不能無災。回星反火，《晏子春秋·内篇·諫上》："景公之時，熒惑守舍於虚，朞年不去。公異之，召晏子而問之。晏子曰：『齊當之。』公曰：『爲之若何？』對曰：『盍云①寃聚之獄，使反田矣；散百官之財，施之民矣；振孤寡而敬老人矣。夫若是者，百惡可去，何獨是孽乎？』公曰：『善。』行之三月而熒惑遷。」《神仙傳》：「欒巴爲尚書，正朝會，巴獨後到，又飲酒西南噀之。有詔問巴，巴謝曰：『臣本縣成都市失火，臣故因酒爲雨以滅火。』詔即以驛書問成都，答言正旦大失，而食時有雨自東北來，火乃息。雨皆酒臭。」楊鐵夫先生云：回星反火，星必指熒惑，火似指火星。反亦回意，如鄭、陳四國同日火之類，反火者，火星不犯其分野也，似非滅火解。外物豈能爲異？然而石鷁必書，《左傳·僖十六年》：經：「隕石於宋五。是月，六鷁退飛，過宋都。」螟蝗謹志者，如《春秋·隱五年》：「螟。」將以修人事，答天變也。自《援神》、《鉤命》，《援神契》、《鉤命訣》，皆《孝經》緯名。符讖荒唐，符，符命，謂天賜祥瑞與人君，以爲受命之符也。讖，圖讖。見《易教上》注。遂失謹嚴。而班、范所録，一準劉向《洪範》之傳，連類比附，證合人事，雖存警戒，未始無附會矣。《後漢書·五行志》：「五行傳説及其占應，《漢書·五行志》録之詳矣。故泰山太守應劭、給事中董巴、散騎常侍譙周，並撰建武以來災異。今合而論之，以續前志云。」

①「云」字誤，《晏子春秋》作「去」。

案：《後書·五行志》乃梁剡令劉昭所補，無與范曄。夫天人之際，聖人謹焉。見《易教下》注。春秋二百四十二年，五行災祥，雜出不一，聖人第謹書之，而不與斤斤規合若者應何事，若者應何人。劉向《條災異封事》：「周室卑微，二百四十二年之間，日食三十六，地震五，山陵崩阤二，彗星三見，夜常星不見、夜中星隕如雨一，火災十四。長狄入三國，五石隕墮，六鶂退飛，多麋，有蜮，蜚，鸜鵒來巢者，皆一見。晝一①冥晦，雨木冰，李梅冬實，七月霜降草木不死，八月殺菽，大雨雹，雨雪雷霆失序相乘，水旱饑，蝝螽螟，蠭午並起。當是時，禍亂輒應。弑君三十六，亡國五十二，諸侯奔走不得保其社稷者，可可②勝數也。」案：自隱公元年，至哀公十四年獲麟，爲春秋時代，共二百四十二年。非不能也，蓋徵應常變之理，存其概足以警人心，而牽合其事，必至一有不合，或反疑災變之不足畏，毋乃欲謹而反怠歟？草木變異，蟲獸禍孽，史家悉隸五類，列按五事。《漢書·五行志》：「昭帝時，上林苑中大柳樹斷，仆地，一朝起立，生枝葉。有蟲食其葉，成文字

① 「一」字衍。
② 「可可」誤，《漢書》作「不可」。

曰：『公孫病已立。』」《左傳·襄三十年》：「鳥鳴於亳社，如曰：『譆譆。』甲午，宋大災。宋伯姬卒。」《漢書·五行志》：「董仲舒以爲：伯姬如宋五年，宋恭公卒。伯姬幽居守節三十餘年，又憂傷國家之患禍，積陰生陽，故火生災也。」余以爲祥異見《易教上》注。固有爲而作，亦有不必盡然，難以附合者。故據事直書，見《永清縣志列女傳序例》注。不分門類，不注徵應，一以年月爲次。人事有相關者，雜見他篇，可自得焉。

天門縣志學校考序

闕里備家乘矣，《唐書·藝文志·史部·譜牒類》：「黄恭之《孔子系葉牒》二卷。」《宋史·藝文志·史部·譜牒類》：「黄恭之《闕里譜系》一卷。」《四庫全書總目提要·史部·傳記類·存目一》：「《闕里志》二十四卷，明陳鎬撰，孔允植重纂。」成均輯故事矣。《明史·藝文志·史部·職官類》：「蕭彦《國子監規》一卷，邢讓《國子監志》二十二卷，謝鐸《國子監續志》十一卷，吴節《南雍舊志》十八卷，黄佐《南雍志》二十四卷，王材《南雍申教録》十五卷，雀銑《國子監條例類編》六卷，盧上銘《辟雍紀事》十五卷，焦竑①《京學志》八卷。」膠庠泮水，膠庠，見《原道中》注。《詩·魯頌·泮水》：「思樂泮水。」案：泮水，學宮之池也。天子曰辟雍，辟，璧也。璧圓無缺，故國子監之池作圓形。諸侯曰泮宮，泮者，半也。於圓形中去其半，如半璧然，缺其北面。寰宇同風，曷事連編採摭，更爲專考？抑自兩漢以下，政教各有所崇，而學校有興無廢。如武帝、光武立明堂辟雍，明帝臨辟雍，行大射禮，皆是。披水築宮，蔡邕《明堂論》：「取其四面周水，圓如璧，則曰辟雍。」拂簴拭履，謂拂試簨簴及孔子履也。《禮記·明堂位》：「夏后氏之龍簨簴。」注：「簨虡，所以懸樂器也。以龍簨簴。」《後漢書·鍾離意傳》：「鍾離意爲魯相，出私錢付户曹孔訢，修孔子車身，入廟拭几席劍履。男子張伯除堂下草，得璧七枚，懷其一，以六枚白意。孔子授教堂下，牀頭懸一甕，召訢問，訢曰：『夫子甕也，背有丹書。』意發視之，中有素書曰：『後世修吾書，董仲舒。護吾車，拭吾履，發吾笥，鍾離意。璧有七，張伯懷其一。』」有事則於中講明而施行之，無事則父老子弟於以觀遊自淑，而禮法刑政、民彝物則胥出於是焉。詳《小戴記·明堂位》。則學校固與吏治

① 「竑」字誤，《明史》作「竑」。

相爲表裏者也。典型具在，墜緒茫然，韓愈《進學解》：「尋墜緒之茫茫。」撫鐘鼓而想音徽，《漢書·揚雄傳》：「高張急徽」，注：「琴張①也，所以表發撫抑之處。」可以蹶然興矣。《禮記·孔子閒居》：「子夏蹶然而起。」

與石首王明府論志例石首，縣名，清屬湖北省荆州府。

志爲史裁，全書自有體例。志中文字，俱關史法，則全書中之命辭措字，亦必有規矩準繩，不可忽也。體例本無一定，但取全書足以自覆，不致互歧，毋庸以意見異同，輕爲改易。即原定八門大綱，中分數十子目，略施調劑，亦足自成一家，爲目録以就正矣。惟是記傳叙述之人，皆出史學。史學不講，而記傳叙述之文全無法度。以至方志家言，習而不察，見

① 「張」字誤，《漢書》顔師古注作「徽」。

《黠陋》注。不惟文不雅馴，見《答客問中》注。抑亦有害事理。曾子曰：「出辭氣，斯遠鄙倍矣。」見《原道下》注。鄙則文不雅也，倍則害於事也。文士囿於習氣，各矜所尚，争强於無形之平奇濃淡。此如人心不同，面目各異，見《言公中》注。何可争，亦何必争哉？惟法度義例不知斟酌，不惟辭不雅馴，難以行遠，見《篇卷》注。抑且害於事理，失其所以爲言。今既隨文改正，附商榷矣，恐未悉所以必改之故。約舉數端，以爲梗概，則不惟志例潔清，即推而及於記傳叙述之文，亦無不可以明白峻潔，切實有用，不致虚文害實事矣。

如《石首縣志》案：舊《石首縣志》疑佚，今存同治五年徐兆英等所修，八卷。舉文動稱「石邑」，害於事也。地名兩字摘取一字，則同一字者何所分别？即如石首言「石」，則古之縣名，漢有石城①，《漢書·地理志》右北平郡有石成。齊有石

①「城」字誤，浙江書局及嘉業堂《章氏遺書》本均作「成」，與《漢書》同。注文不誤。

秋，《南齊書·州郡志》越州安昌郡有石秋。隋有石南，《隋唐·地理志》揚州鬱林郡有石南。唐有石巖①，《新唐書·地理志》嶺南道巖州有石巖。今四川有石柱廳，清置石柱直隸廳，中華民國初改縣。雲南有石屏州，清置石屏州，中華民國初改縣。山西有石樓縣，江南有石埭縣，在今安徽省。江西、廣東又俱有石城縣。廣東石城，中華民國初改爲廉江。後之觀者，何由而知爲今石首也？至以縣稱「邑」，亦習而不察其實，不可訓也。《左傳·傳②二十八年》：「不可以訓。」邑者，城堡之通稱，按：邑有大小，大者，《釋地》：「邑外謂之郊」，「邑者，國都③」。有④《説文》臣鍇曰：「有先君之主曰都，無曰邑。」又《釋名》：「四井爲邑」，其最小者矣。又《説文》：「城，以盛民也。」《説文》無「堡」也，止有「保」宇⑤。《檀弓》：「遇負杖入保者」，鄭注：「保，縣邑小城。」以今「堡」宇言之，非以保民之意，故

①「巖」，嘉業堂《章氏遺書》本同，浙江書局《章氏遺書》本作「岩」。

②「傳」字誤，當作「僖」。

③「邑者，國都」一句，爲郭璞注。

④「有」，疑當作「又」。

⑤「宇」字誤，當作「字」。下文「宇」字同誤。

曰「邑者，城堡之通稱」。大而都城、省城、府州之城皆可稱邑，《詩》稱「京邑」，《詩・商頌》：「商邑翼翼。」春秋諸國通好自稱「敝邑」，如《左傳・襄三十一年》：「以弊邑之爲盟主，繕完葺牆以待賓客，若皆毁之，其何以共命？」豈專爲今縣名乎？小而鄉村築堡、十家之聚皆可稱邑，《論語・公冶長》：「十室之邑，必有忠信如丘者焉。」亦豈爲縣治邪？

至稱今知縣爲「知某縣事」，亦非實也。宋以京朝官知外縣事，體視縣令爲尊，結銜猶帶京秩，故曰「某官知某縣事」耳。于慎行《筆麈》：「宋時大縣四千户以上，選朝官知。小縣三千户以下，選京官知。故知縣與縣令不同，以京朝官之銜知某縣事，非外吏也。」《日知録》卷四「知縣」：「宋時結銜曰『以某官知某府事』、『以某官知某州事』、『以某官知某縣事』，以其本非此府、此州、此縣之正官而任其事，故云。然今則直云『某府某州』、『知州知州』、『某縣知县』，文複而義舛矣。」今若襲用其稱，後人必以宋制疑今制矣。若「邑侯」、「邑大夫」，則治下尊之之辭，施於辭章則可，用以叙事，鄙且倍矣。「邑宰」則春秋之官，《論語·雍也》：「子遊①爲武城宰」，注：「魯下邑。」雖漢人施於碑刻，畢竟不可爲訓。「令尹」亦古官名，《論語·公冶長》：「令尹子文三仕爲令尹。」疏：「令尹，宰也。楚臣令尹爲長。令，善也；尹，正也。言用善人正此官也。」不可濫用，以疑後人也。官稱不用制度而多文語，大有害於事理。曾記有稱人先世爲「司馬公」者，適欲考其先世，爲之迷悶數日，不得其解。蓋流俗好用文語，以《周官》司馬名今之兵部。然尚書、侍郎與其屬官皆可通名「司馬」，已難分矣。又府「同知」，俗稱亦爲「司馬」，「州同」亦有「州司馬」之稱。《周禮·夏官》：「大司馬之職」，「制軍詰禁，以糾邦國」，「以九伐之法正邦國」。《大清會典·兵部》：「尚書左右侍郎，掌中外武職官之政令。」又《吏部》：州佐貳爲州同知，所管或糧，或捕，或水利。府佐貳爲同知，所管或清軍，或總捕，或驛，或馬。自兵部尚書以至州同，其官相懸絶矣。「司馬公」三字，今人已不能辨爲何官，況後世乎？以古「成均」

① 「子遊」，當作「子游」。

稱今之國子舊[1]生，《周禮·春官》：「大司樂掌成均之法。」注：「董仲舒云：『成均，五帝之學。』成均之法者，其遺禮可法者。國之子弟、公卿大夫之子弟當學者，謂之國子。《文王世子》曰：『於成均以及取爵於上等[2]。』然則周人立此學之宫。」《大清會典》：「國子監掌國學之政令，凡貢生、監生、學生之隸於監者，皆教焉。」以古「庠序」稱今之廪增附生。「庠序」，見《原道中》注。「廪增附生」，見下注。「明經」本與進士分科，《大唐新語》：「隋煬帝置明經、進士二科。」而今爲貢生通號。然恩、拔、副、歲、優、功、廪、增、附、例，十等分别，則不可知矣。《大清會典·禮部》：「歲試科試，名[3]别其文之等第，以賞罰而勸懲之。一等增附，青社俱補廪。凡生員食餼久者，各以其歲之額而貢於太學，曰歲貢。有恩詔，則加貢焉，曰恩貢。學官舉其生員之優者，三歲，學政會巡撫試而貢之曰優貢。十有二歲，乃各拔其學之尤者而貢之，曰拔貢。」又《國子監》：「凡貢生之别六：曰恩貢生，曰拔貢生，曰副貢生，曰歲貢生，曰優貢生，曰例貢生。監生之别四：曰恩監生，曰廕監生，曰優監生，曰例監生。」通顯貴官，則

①「舊」字誤，浙江書局及嘉業堂《章氏遺書》本均作「監」。
②「等」字誤，《周禮》鄭注作「尊」，與《禮記》同。
③「名」字誤，《大清會典》作「各」。

謚率恭、文、懿、敏。《大清會典·内閣》:「凡謚法,各考其字義而著於册。」「定爲上中下三册。」「下册則群臣賜謚者得用之。」「道德博聞曰文,脩治班制曰文,勤學好問曰文,錫民爵位曰文。」「敬慎事上曰恭,愛民弟長曰恭,執事堅固曰恭,尊賢敬讓曰恭,既過能改曰恭。」「好古不怠曰敏,才猷不滯曰敏。」「賢善著美曰懿。」文人學子,號多峰、岩、溪、泉。見《繁稱》注。謚則稱「公」,號則「先生」、「處士」,或如上壽祝辭,見《砭俗》注。或似薦亡告牒,世俗舉行佛事,以牒書死者姓名、籍貫、生卒,求超薦也。其體不知從何而來?項籍曰:「書足以記姓名。」《史項·羽本本紀》:「籍曰:『書足以紀姓名而已。』」今讀其書,見其事,而不知其人何名,豈可爲史家書事法歟?

又如雙名止稱一字,古人已久摘其非。如杜臺卿稱「卿」,杜佑,字臺卿。① 則語不完,而荀卿、虞卿皆可通用。《史記》各有傳。安重榮稱「榮」,《五代史》有傳。則語不完,而桓榮、寇榮皆可通用。《後漢書》各有傳。至去疾稱

① 兩《唐書》本傳:「杜佑,字君卿。」

「疾」，楚公子去疾。無忌稱「忌」，魏信陵君名公子無忌。不害稱「害」，《史記·申不害傳》。且與命名之意相反，豈尚得謂其人歟？婦女有名者稱名，無名者稱姓，《左》、《史》以來，未有改者。如《左傳·隱公元年》：「莊公寤生，驚姜氏。」《史記·齊悼惠王世家》：「其母曰曹氏。」皆稱氏。《左傳·成公二年》：「必以蕭同叔子爲質。」《史記·刺客列傳》：「聶政姊榮。」皆稱名，是也。今志家乃去姓而稱「氏」，甚至稱爲「該氏」，則於義爲不通，而於文亦鄙塞也。今世爲節烈婦女撰文，往往不稱姓氏，而即以「節婦」、「烈女」稱之，尤害理也。婦人守節，比於男子抒忠。使爲逢、比龍逢、比干。諸公撰傳，不稱逢、比之名，而稱「忠臣」云云，有是理乎？經生之爲時藝，首用二語破題。《日知録》卷十六「試文格式」條：「發端二句，或三四句，謂之破題。大抵對句爲多，此宋人相傳之格。至萬曆中，破止二句。」原注：「本之唐人賦格。」案：清制：破題止二語，至承題方有三四語至五六語者。破題例不書名，先師則稱「聖人」，弟子則稱「賢者」，顔、曾、孟子則稱「大賢」，蓋倣律賦發端，孫梅《四六叢話》：「自唐訖宋，以賦造士，創爲律賦，用便程式。新巧以製題，險難以立韻。課以四聲之切，幅以八韻之凡。起謂之破題，承謂之領接。送迎互换其聲，進退遞新其格。」先虚後實，試帖之制使然①。《唐書·選舉志》：「永隆二年詔：『自今明經試帖，粗十得六以上。進士試雜文二篇，通文律者然後試策。』」按：清制試帖，乃小考五言六韻詩，科場五言八韻詩。之稱②此等詩體裁，起首聯貴虚，次韻則不妨實，故與上八股同舉以爲比。今用其法以稱節孝，真所謂習焉不察者也。見《黠陋》注。

柳子曰：「參之太史，以著其潔。」未有不潔而可以言史文者。文如何而爲潔？選辭欲其純而不雜也。古人「讀《易》如無《書》」，見《釋通》及《言公下》注。不雜之謂也。同爲經典，同爲聖人之言，倘以龍血鬼車之象，而參粤若稽古之文，見《易教下》及《答客問中》注。取熊蛇魚旐之夢，而係春王正月之次，見《答客問中》及《史德》注。則聖人之業荒，而六經之文且不潔矣。今爲

① 「之制使然」，浙江書局及嘉業堂《章氏遺書》本均作「之制度然爾」。
② 「之稱」，此處疑有缺文。

節婦著傳，不叙節婦行事，往往稱爲「矢志柏舟」，見《和州①闕訪列傳序例》注。文指不可得而解也。夫「柏舟」者，以柏木爲舟耳。詩人託以起興，非柏舟遂爲貞節之實事也。《關雎》可以興淑女，而雎鳩不可遂指爲淑女；見《書教下》注。《鹿鳴》可以興嘉賓，而鳴鹿豈可遂指爲嘉賓？見《書教下》注。理甚曉然，奈何紀事之文，雜入詩賦藻飾之綺語？夫子曰：「必也正名乎！」見《繁稱》注。文字則名言之萃著也。「名不正則言不順」，見《繁稱》注。而事理於焉不可得而明。是以書有體裁，而文有法度，君子之不得已也。苟徇俗而無傷於理，不害於事，雖非古人所有，自可援隨時變通之義，今亦不盡執矣。

① 「和州」下，當補「志」字。

記與戴東原論修志

乾隆三十八年癸巳夏，與戴東原相遇於寧波道署，《章實齋先生年譜》：「乾隆三十八年癸巳，先生三十六歲。是年夏，在寧波道署，遇戴震。是時戴年已五十，方主講浙東金華書院。先生與戴論史事，多不合。戴新修《汾州府志》及《汾陽縣志》，及見先生《和州志例》，謂修志但當詳地理沿革，不當侈言文獻。」馮君弼方官寧紹台兵備道也。《章氏遺書》卷七十《湖北按察使馮君家傳》：「君馮氏，諱廷丞，字子弼，自號康齋。」「歷官寧紹台道，分巡臺灣道。」又《馮定九家傳》：「學誠與馮氏交，實自按察君廷丞。」「壬辰、癸巳間，余訪按察君於寧波使署。」戴君經術淹貫，名久著於公卿間，而不解史學。聞余言史事，輒盛氣淩之。見余《和州志例》，乃曰：「此於體例則甚古雅，然修志不貴古雅。余撰汾州諸志，皆從世俗，錢大昕《戴先生震傳》：「乾隆壬午，中江南鄉試。明年試禮部，不第。薄遊汾晉間，會汾州修郡志，朱方伯珪請先生任其事。乃博稽史籍，較正舊志之譌。」絕不異人，亦無一定義例，惟所便爾。夫志以考地理，但悉心於地理沿革，則志事已竟。侈言文獻，見《原道下》「夏禮能言」條注。豈所謂急務哉？」余曰：「余於體例，求其是爾，非有心於求古雅也。然得其是者，未有不合於古雅者也。如云但須從俗，則世俗人皆可爲之，又何須擇人而後與哉？方志如古國史，本非地理專門。如云但重沿革，而文獻非其所急，則但作《沿革考》一篇足矣，何爲集衆啟館，斂費以數千金，卑辭厚幣，邀君遠赴，曠日持久，《戰國策・齊策五》：「曠日遠。」東方朔《答客難》：「曠日持久。」成書且累函哉？且古今沿革非我臆測所能爲也。考沿革者取資載籍，載籍具在，人人得而考之，雖我今日有失，後人猶得而更正也。若夫一方文獻，及時不與搜羅，編次不得其法，去取或失其宜，則他日將有放失難稽，湮没無聞者矣。夫圖事之要，莫若取後人所不得而救正者，加之意也。然則如余所見，考古固宜詳慎，不得已而勢不兩全，無寧重文獻而輕沿革耳。」戴他顧而語人曰：「沿革苟誤，是通部之書皆誤矣。名爲此府若州之志，實非此府若州也，而可乎？」余曰：「所謂沿革誤而通部之書皆誤者，亦止能誤入載籍可稽之古事爾。古事誤入，亦可憑古書而正之，事與沿革等耳。至若三數百年之内，遺文逸獻之散見旁出，與夫口耳流傳，未能必後人之不湮没者。以及興舉利弊，切於一方之實用者，則皆覈實可稽，斷無誤於沿革之失考，而不切合於此府若州者也。」

馮君曰：「方志統合古今，乃爲完書，豈僅爲三數百年以内設邪？」余曰：「史部之書，詳近略遠，《荀子·非相》：「傳者久則論略，近則論詳。」諸家類然，不獨在方志也。《太史公書》詳於漢制，其述虞、夏、商、周，顯與六藝背者，亦頗有之。然六藝具在，人可憑而正史遷之失，則遷書雖誤，猶無傷也。秦楚之際，下逮天漢，百餘年間，人將一惟遷書是憑。遷於此而不詳，後世何由考其事邪？且今之修方志者，必欲統合今古，蓋爲前人之修是志，率多猥陋，無所取裁，不得已而發凡起例，如創造爾。如前志無憾，則但當續其所有；前志有闕，但當補其所無。夫方志之修，遠者不過百年，近者不過三數十年。今遠期於三數百年，以其事雖遞修，而義同創造，特寬爲之計爾。若果前志可取，正不必盡方志而皆計及於三數百年也。夫修志者，非示觀美，將求其實用也。時殊勢異，舊志不能兼該，是以遠或百年，近或三數十年，須更修也。若云但考沿革，而他非所重，則沿革明顯，毋庸考訂之，州縣可無庸修志矣。」馮君恍悟曰：「然。」

戴拂衣徑去。明日示余《汾州府志》，曰：「余於沿革之外，非無別裁卓見者也。舊志《人物》門類，乃首名僧，余欲删之。而所載實事卓卓如彼，又不可去。然僧豈可以爲人？他志編次人物之中，無識甚矣。余思名僧必居古寺，古寺當歸古蹟，故取名僧事實歸之《古蹟》，庸史不解此創例也。」余曰：「古蹟非志所重，當附見於輿地之圖，不當自爲專門。古蹟而立專門，乃《統志》類纂名目，陋儒襲之，入於方志，非通裁也。如云僧不可以爲人，則彼血肉之軀，非木非石，畢竟是何物邪？筆削之例見《易教下》注。至嚴，極於《春秋》。見《易教下》注。其所誅貶，極於亂臣賊子。見《浙東下》注。

學術》注。亦止正其名而誅貶之，不聞不以爲人。而書法異於圓首方足《莊子》：「圓颅方趾。」之倫也。且《人物》倣史例也，史於奸臣叛賊，猶與忠良並列於傳，不聞不以爲人而附於《地理志》也。削僧事而不載，不過俚儒之見耳。以《古蹟》爲名僧之留轍，而不以《人物》爲名，則《會稽志》「禹穴」，《吴越春秋》：「禹登委宛之山，發石，得金簡玉字之書。」「山中有一穴，深不見底，謂之禹穴。」①而《人物》無禹；《偃師志》「湯墓」，《讀史方輿紀要》：「河南偃師縣亳城」下，注引《晉太康地記》：「尸鄉南有亳阪，東有桐城，太甲所放處，亦曰桐宫。湯墓在焉。」而《人物》無湯；《曲阜志》「孔林」，《闕里志》：「元武宗至大元年，加封孔子『大成至聖文宣王』。孔林依舊例致祭，牲加太牢。」而《人物》無孔子。彼名僧者，何幸而得與禹、湯、孔子同其尊歟？無其識而强作解事，固不如庸俗之猶免於怪妄也。」

① 「山中有一穴」一節，張守節《史記正義》語。

報新洚黄大尹論修志書新洚州在山西省，今改縣。《洚州志》二十卷，乾隆三十年張成德等撰。

承示志稿，體裁簡貴，法律森嚴，而殷殷辱賜下詢，惟恐有辜盛意。則僅就鄙衷所見，約舉一二，以備采菲。《詩·國風·邶風》：「采葑采菲，無以下體。」傳：「葑，須也。菲，芴也。下體，根莖也。」箋：「此二菜皆上下可食，然而其根有美時，有惡時，采之者不可以根惡時並棄其葉。」然亦未必是也。蓋方志之弊久矣，流俗猥濫之書，固可不論，而雅意拂拭，取足成家，則往往有之。大抵有文人之書、學人之書、辭人之書、説家之書、史家之書，惟史家爲得其正宗。而史家又有著作之史謂自成一家言者。與纂輯之史，見《浙東學術》注。途徑不一。著作之史，宋人以還絶不多見。而纂輯之史則以博雅爲事，以一字必有按據爲歸，錯綜排比，整煉而有剪裁，斯爲美也。

今來稿大抵倣朱氏《舊聞》，《直齋書録解題》：「《曲洧舊聞》一卷，朱弁撰。」所謂纂輯之善者也；而用之似不能畫一其體。前周書昌與李南澗合修《歷城縣志》，桂馥《周先生永年傳》：「縣令胡德琳，延先生與青州李文藻同修《歷城縣志》。」案：《歷城縣志》五十卷，乾隆三十六修。歷城，屬山東省。無一字不著來歷。其古書舊志有明文者，固注原書名目；即新收之事，無書可注，如取於案牘，則注某房案卷字樣。如取投送傳狀，則注「家傳呈狀」字樣；其有得於口述者，則注「某人口述」字樣。此明全書並無自己一語之徵，乃真倣《舊聞》而畫一矣。志中或注「新增」二字，或不加注，似非義例。

又世紀遺漏過多，於本地沿革之見於史志者，尚未采備，其餘亦似少頭緒。此門似尚未可用。至城市中之學校，録及樂章及先賢先儒配位，此乃率土所同，《詩·小雅·北風》：「普天之下，莫非王土。率土之濱，莫非王臣。」頒於令典，本不須載。今載之，又不注出於《會典》，而注出於舊志，亦似失其本原。又詩文入志，本宜斟酌，鄙意故欲別爲《文徵》。今倣《舊聞》之例，載於本門之下，則亦宜畫一其例。按《舊聞》無論詩、文，概爲低格分載。今但於《山川》門中全篇録詩，而諸門有應入傳志記叙之文，多删節而不列正文，恐簡要雖得，而未能包舉也。

又表之爲體，縱横經緯，所以爽豁眉目，省約篇章，義至善也。今《職官》、《選舉》仍散著如花名簿，名雖爲表而實非表。《户籍》之表善矣，然注圖甲姓氏可也，《大清會典·户部》：「凡編保甲户，給以牌，書其家長之名，與其丁男之數。十家爲牌，十牌爲甲。」《周禮·地官》遂人：「五鄰爲鄙，五鄙爲縣。」案：鄙，即後世之圖。今有注人名者，不知所指何人，似宜覈核。

《藝文》之例，經史子集無不當收。其著書之人不盡出於《文苑》，今裁《文苑》之傳而入《藝文》，謂仿《書録解題》。《直齋書録解題》二十二卷，宋陳振孫撰，清倪燦補《宋志》云原「五十六卷」，此從《永樂大典》内録出。其實劉向《七略》、《别録》未嘗不表其人，略同傳體。如《别録》佚文：「《雅琴師氏》八篇」下：「師氏雅琴者，名志，東海下邳人。」然班氏撰入《漢·藝文志》，則各自爲傳，而於《藝文》目下但注「有傳」二字，乃爲得體。如《諸子·略儒家》：「《晏子》八篇。」自注云：「有列傳。」

今又不免反客而爲主矣。

以上諸條，極知瞽蒙之見，無當采擇。且不自揣，而爲出位之謀，見《州縣請立志科議》注。是以瑣屑不敢瀆陳。然既承詢及，不敢不舉其大略也。

覆崔荆州書

前月過從，正在公事旁午《漢書·霍光傳》：「旁午」，注：「如淳曰：『旁午，分布也。』師古曰：一縱一横爲旁午，猶交横也。」之際，荷蒙賜贐《孟子·公孫丑下》：「行者必以贐。」贈舟，深切不安。措大《五代史·東漢世家》：「老措大，勿妄沮我軍。」《資暇録》：「代稱士流爲措大，言其峭醋，而冠四民之首。一説：衣冠儼然，望有不可犯之色，如醋之酸而難飲也，故亦謂之酸子。一説：往有士人，貧居新鄭之郊，以驢負醋巡邑而賣，人指其酸馱而號之。」眼孔，不達官場緩急情事，屢書冒瀆，抱慚無地。冬寒，敬想尊候近佳。所付志稿，解纜匆忙，未及開視。曾拜書，俟旋省申覆。舟中無事，亦粗一過目，則歎執事明鑒，非他人可及。前在省相見，送志稿時，執事留日無多，即云：「志頗精當，内有訛錯，亦易改正。」數語即爲定評。

今諸縉紳磨勘《宋史·孝宗紀》：「將佐幕屬吏士進官，減磨勘年有差。」按：磨勘猶云考績，又覆核亦曰磨勘。月餘，簽摘如麻，甚至屢加詆詰嘲笑，全失雅道，乃使鄙人抱慚無地。然究竟推敲，《唐詩紀事》卷四十：「賈島赴舉至京，騎驢賦詩，得『僧推月下門』之句。欲改『推』作『敲』，引手作推敲之勢，未決，不覺衝大尹韓愈，乃具言。愈曰：『敲字佳矣。』」不過《職官》、《科目》二表人名有顛倒錯落，《文徵·碑記》一卷時代不按先後，誠然牴牾。然校書如仇，議禮成訟，見《言公下》注。辦書之有簽商往復，亦事理之常。否則古人不必立校讎之學，今人修書亦不必列校訂參閲之銜名矣。況《職官》、《科目》二表實有辦理錯誤之處，亦有開送册籍本不完全之處。《文徵》則因先已成卷，後有續收，以致時代有差。雖曰舛誤，亦不盡無因也。而諸紳指摘之外，嚴加詆訶，如塾師之於孺子，官長之於胥吏，則亦過矣。況文理果係明通，指摘果無差失，鄙人何難以嚴師奉之？今開卷第一條，則凡例原文云：「方志爲國史要删。」語本明白。「要删」猶云删要以備用爾，語出《史記》，見《申鄭》注。初非深僻。而簽改爲「要典」，則是國史反藉方志爲重，事理失實，而語亦費解矣。《文徵·二聖祠記》上云「立化像前」，下云「食頃復活」。「化」即死也，故字書「死」字從「化」字之半，《説文解字》第八篇上：「匕，變也，從到人七①。」第四篇下：「死，澌也，人所離也，從歺、人。」其文亦自明白。今簽「立化」句云：「有誤，否則下文『復活』無根。」由此觀之，其人文理本未明通，宜其任意訶叱，不知斯文有面目也。至《職官》、《科目》之表，舛誤自應改正。然《職官》有文武正佐，《科目》亦有文武甲乙，既以所屬七縣嘉慶《大清一統志》：湖北荆州府縣七：江陵縣、公安縣、石首縣、監利縣、松滋縣、枝江縣、宜都縣。畫分七格，再取每屬之職官、科目逐一分格，則尺幅所不能容，是以止分七格，而以各款名目注

---

① 「七」字衍。

於人名之下。此法本於《漢書・百官表》，以三十四官並列一十四格，而仍於表内各注名目，最爲執簡馭繁之良法。見《和州志官師表序例》注。今簽指云：「混合一表，眉目不清。」又《文徵》以各體文字分編，通部一例，偶因碑記編次舛誤，自應簽駁改正可也。今簽忽云：「學校之記當前，署廨列後，寺觀再次於後。」則一體之中又須分類，分類未爲不可，然表奏、序論、詩賦諸體又不分類，亦不簽改，則一書之例自相矛盾。見《和州志前志列傳序例下》注。由此觀之，其人於書之體例原不諳習，但知信口詈罵，不知交際有禮義也。其餘摘所非摘、駁所非駁之處甚多，姑舉一二以概其餘。則諸紳見教之簽，容有不可盡信者矣。

《荆志・風俗》襲用舊文，以謂士敦廉讓。今觀此書簽議出於諸紳，則於文理既不知字句反正虚實，而於體例又不知款目前後編次，一味横肆斥罵，殆於庸妄之尤，見《文理》注。難以語文風士習矣。因思執事數日之間，評定志稿得失，較諸紳彙集多日，紛指如麻，爲遠勝之，無任欽佩之至。但此時執事無暇及此，而鄙人又逼歸期，俟明歲如簽聲覆，以聽進止可耳。

爲張吉甫司馬撰大名縣志序《大名縣志》四十卷，乾隆五十五年張維祺等撰。

乾隆四十六年冬，余自肥鄉縣名，屬直隸省廣平府，今直隸省改稱河北，府廢。知縣移劇大名。大名自併魏移治府城，號稱畿南衝要，嘉慶《大清一統志》：大名府：注：「在直隸省治西南八百里。」建置沿革：「《禹貢》冀、兖二州之域，春秋屬衛，晉二國，戰國屬魏、衛二國，秦屬東郡，漢分屬魏郡。後漢建安十八年，分魏郡置東部都尉。三國魏黄初二年，以東部置陽平郡，晉因之。後魏爲陽平郡地。東魏天平初，改屬魏郡。後周大象二年，始分相州置魏州。隋大業初，改爲武陽郡。唐武德四年，復曰魏州。龍朔二年，改曰冀州，置大都督府。咸亨三年，罷府，復曰魏州。開元二十一年，置河北採訪使。天寶元年，改曰魏郡。乾元元年，復曰魏州。明曰大明①府，直隸京師。」而縣志尚未裒合成書，文獻見《方志立三書議》注。之徵，闕焉未備。余有志蒐羅，下車之始，《禮·樂記》：「武王克殷，反商，未及下車，而封黄帝之後於薊。」案：後稱官吏初到任曰「下車」。姑未遑暇。至四十九年，乃與鄉縉紳討論商榷，採取兩縣舊志，參互考訂，益以後所見聞，彙輯爲編。得圖説二篇，表二篇，志七篇，傳五篇，凡一十六篇，而叙例、目録之列於卷首，雜采、綴記之附於卷末者不與焉。五十年春正月，書成。會余遷河間府嘉慶《大清一統志》：河間府：「在直隸省治南一百四十里。」同知，尋以詿誤免官，羈迹舊治。而繼爲政者休甯吴君自隆平縣名，清屬直隸省趙州。移治兹縣，吴君故嘗以循良名聲三輔，而大雅擅文，所學具有原本。及余相得，莫逆於心，《莊子大宗師》：「相視而笑，莫逆於心。」因以志稿屬君訂定，而付之梓人。《考工記》「梓人」注：「梓，榎屬也。故書雕，或爲舟。」爰述所以爲志之由而質之吴君。

① 「明」字誤，當作「名」。

曰：往在肥鄉官舍，同年友會稽章君學誠與余論修志事。章君所言與今之修志者異，余徵其説，章君曰：「郡縣志乘，即封建時列國史官之遺，見《方志立三書議》注。而近代修志諸家誤倣唐、宋州郡圖經見《經解中》注。而失之者也。《周官》「外史掌四方之志」，注謂「若晉之《乘》，楚之《檮杌》，魯之《春秋》」。見《方志立三書議》注。是一國之史無所不載，乃可爲一朝之史之所取裁。夫子作《春秋》，而必徵百國寶書，見《書教上》注。是其義矣。若夫圖經之用，乃是地理專門。按《天官》司會所掌，「書契版圖」，注：「版謂户籍，圖謂土地形象，田地廣狹」，《周禮・天官》：「司會掌邦之六典、八法、八則之貳，以逆邦國都鄙官府之治。以九貢之法致邦國之財用，以九賦之法令田野之財用，以九功之法令民職之財用，以九式之法均節邦之財用。掌國之官府、郊野、縣都之百物財用。凡在書契、版圖者之貳，以逆群吏之治而聽其會計。以參互考日成，以月要考月成，以歲會考歲成，以周知四國之治，以詔王及冢宰廢置。」即後世圖經所由倣也。是方志之與圖經，其體截然不同，而後人不辨其類，蓋已久矣。」余曰：「圖經於今，猶可考乎？」章君曰：「古之圖經今不可見，間有經存圖亡，如《吴郡圖經》、《高麗圖經》之類，《直齋書録解題》：「《蘇州圖經》六卷，李宗諤昌武等撰。」「《吴郡圖經續記》三卷，朱長文撰。」「《高麗圖經》四十卷，徐兢撰。」又約略見於群書之所稱引，如水經地志之類，不能得其全也。今之圖經則州縣輿圖，與六條憲綱之册，《後漢書·百官志》注引蔡質《漢儀》曰：「詔書舊典：刺史班宣，周行郡國，省察治政，黜陟能否，斷理冤獄，以六條問事。非條所問，即不省。一條：强宗豪族田宅踰制，以强陵弱，以衆暴寡。二條：二千石不奉詔書遵承典制，倍公向私，旁詔守利，侵漁百姓，聚斂爲奸。三條：二千石不卹疑獄，風厲殺人，怒則在刑，喜則任賞，煩擾苛暴，剥戮黎元，爲百姓所疾，山崩石裂，妖祥訛言。四條：二千石選署不平，苟阿所愛，蔽賢寵頑。五條：二千石子弟恃怙榮勢，請託所監。六條：二千石違公下比，阿附豪强，通行貨賂，割損政令。」案：「憲綱」，見《修志十議》注。其散著也。若元、明之《一統志》書，見《永清縣志政略序例》注。其總彙也。散著之篇存於官府文書，本無文理，學者所不屑道。統彙之書則固地理專門，而人物、流寓，形勝、土産，古迹、祠廟諸名目，則因地理而類撮之，取供文學詞章之所採用，而非所以爲書之本意也。故形勝必用駢儷，見《永清縣志闕訪列傳序例》注。人物節取要略，古蹟流連景物，祠廟亦載遊觀，此則地理中之類纂，而不爲一方文獻之徵，甚皎然也。」

余曰：「然則《統志》之例非與？閻氏若璩以謂《統志》之書不當載人物者，見《永清縣志列傳序例》注。其言洵足法與？」章君曰：「《統志》創於元、明，其體本於唐、宋，質文損益，具有所受，不可以爲非也。《元和郡縣》之志《唐書・藝文志》：「李吉甫《元和郡縣圖志》五十四卷。」篇首各冠以圖，圖後系以四至八到，山川經緯之外無旁綴焉，此圖經之本質也。《太平寰宇》之記《宋史・藝文志》：「樂史《太平寰宇記》二百卷。」則入人物、藝文，所謂踵事而增華也。見《和州文徵序例》注。嘉熙《方輿勝覽》《方輿①覽》七十卷，宋祝穆撰。書成於理宗嘉熙己亥，故云。侈陳名勝古蹟，遊覽辭賦，則逐流而靡矣。《統志》之例，補《寰

① 「輿」字下，漏「勝」字。

宇》之剩義，删名勝之支辭，折衷前人，有所依據。閻氏從而議之，過矣。然而其體自有輕重，不可守其類纂名目，以備一方文獻之全，甚曉然也。」余曰：「古之方志，義例何如？」章君曰：「三代封建，與後代割據之雄，大抵國自爲制，其體固不侔矣。郡縣之世，則漢人所爲《汝南先賢》、《襄陽耆舊》、《關東風俗》諸傳記①，《隋書·經籍志·史·雜傳》：「《汝南先賢傳》五卷，魏周斐撰。」《襄陽耆舊記》，見《傳記》注。《關東風俗傳》，待詳。固已偏而不備，且流傳亦非其本書矣。今可見者，宋志十有餘家，如樂史《太平寰宇記》、王存《元豐九域志》、歐陽忞《輿地廣記》、祝穆《方輿勝覽》、朱文長《吴郡圖經續記》、周淙《乾道臨安志》、梁克家《淳熙三山志》、范成大《吴郡志》、羅願《新安志》、高似孫《剡録》、施宿《嘉泰會稽志》、張淏《寶慶續會稽志》、陳耆卿《嘉定赤城志》、羅濬《寶慶四明志》、《開慶續志②》、常棠《澉水志》、周應合《景定建康志》、鄭瑶、方仁榮《景定嚴州續志》等二三十種，見於《四庫全書總目》者是也。雖不能無得

① 「記」，浙江書局及嘉業堂《章氏遺書》本作「説」。

② 全稱《開慶四明續志》，梅應發、劉錫撰。

失，而當時圖經纂類名目未盛，則史氏家法猶存。未若今之直以纂類子目，取爲全志，儼如天經地義之不可易也。」見《傳記》注。余曰：「宋志十有餘家，得失安在？」章君曰：「范氏之《吴郡志》，見下《書吴郡志後》。羅氏之《新安志》，《宋史·藝文志》：「《新安志》十卷，羅願撰。」其尤善也。羅《志》蕪而不精，范《志》短而不詳，其所蔽也。羅《志》意存著述，范《志》筆具翦裁，其所長也。後人得著述之意者鮮矣。知翦裁者，其文削而不腴，其事鬱而不暢，其所識解不出文人習氣，而不可通於史氏宏裁。若康氏武功之志，韓氏朝邑之志，見下《書武功志後》、《書朝邑志後》。其顯者也。何爲文人習氣？蓋倣韓退之《畫記》而叙山川、物產，《昌黎先生集》卷十三有《畫記》。不知八書、十志之體不可廢也。「八書」，見《方志立三書議》注。「十志」，見《亳州志掌故例議上》注。倣柳子厚《先友記》而志人物，《河東先生集》卷十二《先君石表陰先友記》注：「東坡云：『子厚「柳子厚記其先友六十七人於其墓碑之陰，考之於傳，卓然知名者蓋二十人。」』陳長方云：『子厚《先友記》乃用《孔子七十弟子傳》體。』」不知七十列傳之例不可忘也。見《書教下》注。

然此猶文人徇名之弊也。等而下者，更無論矣。」

余曰：「如君所言，修志如何而後可？」章君曰：「志者，志也。其事其文之外，必有義焉，見《書教上》注。史家著作之微旨也。一方掌故，何取一人著作？然不託於著作則不能以傳世而行遠也。見《篇卷》注。文案簿籍非不詳明，特難乎其久也，是以貴專家焉。專家之旨，神而明之，存乎其人，見《砭俗》注。不可以言傳也。其可以言傳者，則規矩法度，必明全史之通裁也。」「明全史之通裁當奈何？」曰：「知方志非地理專書，則山川、都里、坊表、名勝，皆當彙入地理，而不可分占篇目，失賓主之義也。知方志爲國史取裁，則人物當詳於史傳，而不可節録大略；藝文當詳載書目，而不可類選詩文也。知方志爲史部要删，則胥吏案牘，見《書教下》注。文士綺言，皆無所用，而體裁當規史法也。此則其可言者也。夫家有譜，州縣有志，國有史，其義一也。然家譜有徵，則縣志取焉；縣志有徵，則國史取焉。今修一代之史，蓋有取於家譜者矣，未聞取於縣志。則荒略無稽，薦紳先生所難言也。見《答客問中》注。然其故實始於誤倣圖經纂類之名目，此則不可不明辨也。」

噫！章君之言，余未之能盡也。然於志事，實不敢掉之以輕心焉。見《文德》注。二圖包括地理，不敢流連名勝、侈景物也。七志分别綱目，不敢以附麗失倫致散渙也。《易·渙》正義曰：「渙者，散釋之名。大德之人，建功立業。散難釋險，故謂之渙。」二表辨析經緯，不敢以花名卯簿見《答甄秀才論修志第一書》注。致蕪穢也。五傳詳具事實，不敢節略文飾失徵信也。鄉薦紳不余河漢，《莊子·逍遥遊》：「吾驚怖其言，猶河漢而無極也。」注：「成云：猶上天河漢，迢遞清高，尋其源流，略無窮極也。」勤勤討論，勤爲斯志，庶幾一方之掌故，不致如章君之所謂誤於地理之偏焉耳。若求其志而欲附於著作專家，則余謝不敏矣。

爲畢秋帆制府撰常德府志序

案：金陵大學圖書館今存《常德府志》殘本十七册，附《文徵》九卷，《叢談》三卷。

常德爲古名郡。左包洞庭，右控五溪，戰國楚黔中地，秦楚爭衡，必得黔中以爲橐鑰，所謂旁攝溪蠻，南通嶺嶠，從此利盡南海者也。後漢嘗移荆州治此，蓋外控諸蠻，則州部之内千里晏然。隋、唐以來，益爲全楚關鍵。五季馬氏既併朗州，而後屹然雄視，諸鎮莫敢與抗矣。蓋北屏荆渚，南臨長沙，遠作滇黔門户，實爲控要之區，不其然歟？嘉慶《大清一統志》湖南常德府：建置沿革：「《禹貢》荆州之域，春秋戰國時屬楚，秦黔中郡地，漢高帝置武陵郡，後漢因之。三國屬吴，晉屬荆州，南朝宋、齊屬郢州，梁置武州，後廢，陳天嘉元年復置武州，大建七年改曰沅州武陵郡，隋平陳，郡廢，改曰朗州。大業初，仍曰武陵郡。唐武德四年平蕭銑，置朗州。開元中，屬江南西道。天寶初，仍曰武陵，改屬山南東道。乾元初，復曰朗州。」形勢：「沅水演迤，陽山雄峙，南楚上游，重湖舊壤。荆渚脣齒，左包洞庭之險，右控五溪之要，山林蓊鬱，湖水滀闊。」《五代史·楚世家》：「梁太祖時，馬殷請升朗州爲永順軍。」又：「周廣順三年，劉言請升朗州爲武平軍。」我朝奕世鍾會《檄蜀文》：「弈世重光。」案：猶去繼世。承平，蠻夷率服，大湖南北，皆爲腹地。康熙二十二年，满洲將軍駐防荆州，遂移提督軍門，彈壓常德。待詳。後雖分湖南北爲两部院，而營制聯絡两部，呼吸相通，故節制之任，仍統於一。嘉慶《大清一統志》：「明洪武初，設湖廣行省。九年，改置湖廣等處承宣布政使司。本朝康熙三年，分置湖北省。領府八：武昌、漢陽、黄州、安陸、德安、荆州、襄陽、鄖陽。」康熙《東華録》：「三年三月甲戌，以湖廣、武昌、漢陽、黄州、安陸、德州、荆州、襄陽、鄖陽八府，歸湖廣巡撫轄。長沙、衡州、永州、寶慶、辰州、常德、岳州七府，郴、靖二州，歸偏沅巡撫轄。」

余承乏两湖，《碑傳集》王昶《畢公沅神道碑》：「乾隆五十三年，夏秋多雨，漢江及洞庭、鄱陽諸水俱驟漲，出江以截江流，故江水亦驕踴，決荆州隄，潰城而入。奉旨授湖廣總督，兼署湖北巡撫。」嘗按部常德，覽其山川形勢，慨想秦、漢通道以來，治亂機緘，割制利弊，與夫居安思治，化俗宜民之道，爰進守土長吏，講求而切磋究之。知府三原縣名，清屬陝西省西安府。李君大霳，悃愊吏也。見《永清縣志政略序例》注。六條之察，次第既略具矣。見《爲張吉甫司馬撰大名縣志序》注。《府志》輯於康熙九年，故册荒陋，不可究詰。百餘年之文獻，又邈焉無徵，於是請事重修。余謂此能知其大也。《孟子·告子上》：「先立其大者。」雖然，方志遍寰宇矣，賢長吏知政貴有恒，見《辨似》注。而載筆之士見《原道下》注。不知辭尚體要，見《辨似》注。猥蕪雜濫，無譏焉耳。即有矯出流俗，自命成家，或文人矜於辭采，學士侈其蒐羅，而於事之關於經濟，文之出於史裁，則未之議也。

會稽章典籍學誠遊於余門。《章實齋先生年譜》：「乾隆五十二年，仲冬至河南見畢沅。五十三年，歲暮，先生到武昌投畢沅於督署。」數爲余言史事，黎然有當於余心。《莊子·山木》：「犂然有當於人之心。」注：「宣云：『犂然，猶釋然。』」余嘉李君之意，因屬典籍，爲之撰次，閱一載而告成。凡書二十四篇。爲《紀》者二，編年以綜一郡之大事；爲《考》者十，分類以識今古之典章；爲《表》者四，年經事緯，以著封建、職官、選舉、人物之名姓；爲《略》者一，爲《傳》者七，采輯傳記，參合見聞，以識名宦、鄉賢、忠孝、節義之行事。綱舉而目斯張，見

《答甄秀才論修志第一書》注。體立而用可達。俗志附會古蹟，題詠八景，無實靡文，概從删略。其有記序文字，歌詠篇什，足以考證事實，潤色風雅，志家例録爲藝文者，今以《藝文》專載書目，詩文不可混於史裁，别撰《文徵》七卷，自爲一書，與《志》相輔而行。其搜剔之餘，畸言脞説，奇異之言，叢脞之説。無當經綸，而有資談助者，更爲《叢談》一卷，皆不入於志篇。凡此區分類别，所以辨明識職，歸於體要，於是常德典故可指掌而言也。見《永清縣志六書例議》注。

夫志不特表章文獻，亦以輔政教也。披覽輿圖，則善德、桃源之爲山鎮，嘉慶《大清一統志》常德府：山川：善德山：「在武陵縣東南十五里，一名枉山，亦名枉人山。《水經注》：『枉渚東里許，便得枉人山。』」桃源山：「在桃源縣西南三十里，有桃源洞，相傳即陶潛所記桃花源也。」漸、潛、滄浪之爲川澤，嘉慶《大清一統志》常德府：山川：漸水：「在武陵縣北，流入龍陽縣西北入沅，一名澹水，一名鼎水，亦謂之鼎江。《漢書·地理志》：『武陵郡索漸水東入沅。』」潛水：「在武陵縣東北，一名麻河，一名從河。有二源，一自澧州安鄉縣流入，一出月山，東南流至縣城北，合漸水入沅。」滄浪水：「在龍陽縣西，源出武陵城南滄山，東北流至此，與浪水合。《寰宇記》：『滄、浪二水合流，乃漁父濯纓之處。』《府志》：『滄、浪二水合流，出滄港入江。』」悠然想見古人清風，可以興起末俗。爰求前迹，有若馬伏波、應司隸之流，制苗蠻於漢世；《後漢書·馬援傳》：「璽書拜援伏波將軍，南擊交趾。」「十八年春，軍至浪泊上。」「明年正月，斬徵側、徵貳，傳首洛陽。」「二十四年，武威將軍劉向擊武陵五溪蠻夷，深入，軍没。援因復請行。」《應奉傳》：「先是，武陵蠻詹山等四千餘人反叛，執縣令，屯結連年。詔下公卿議，四府舉奉才堪將帥。永興元年，拜武陵太守。到官慰納，山等皆悉降散。」「延嘉中，武陵蠻復寇亂荆州，車騎將軍馮緄以奉有威恩，爲蠻夷所服，上請與俱征，拜從事中郎。奉勤設方略，賊破軍罷，緄推功於奉，薦爲司隸校尉。」李習之、温簡輿其人，興水利於唐時。新舊《唐書·李翱傳》均不載水利事。嘉慶《大清一統志》：常德府：名宦：「李翱，隴西人。長慶元年以考功郎爲朗州刺史，因故漢樊陂開渠，名『考功堰』。」《舊唐書·温造傳》：「字簡輿，爲朗州刺史。在任開後鄉渠九十七里，溉田二千頃，郡人獲利，乃名爲『右史渠』。」因地制宜，隨時應變，皆文武長吏前事之師。《戰國策·趙策》：「張孟談對曰：『前事之不忘，後事之師。』」考古即以徵今，而平日討論不可以不豫也。蓋政之有恒，與辭之體要，本非兩事，昧於治者不察也。余故因李君之知所務也，而推明大旨，以爲求治理者法焉。

爲畢秋帆制府撰荆州府志序

荆州富於《禹貢》、《職方》，《書·禹貢》：「荆及衡陽惟荆州。江、漢朝宗於海，九江孔殷。沱、潛既道，雲土、夢作乂。厥土惟塗泥，厥田惟下中，厥賦上下。厥貢羽毛、齒革。惟金三品。杶、榦、栝、柏，礪、砥、砮、丹。惟箘、簵、楛，三邦底貢厥名。包匭菁茅，厥篚玄纁璣組，九江納錫大龜。」《周禮·夏官司马·職方氏》：「正南曰荆州。其山鎮曰衡山，其澤藪曰雲夢，其川江、漢，其浸潁、湛，其利丹、銀、齒、革，其民一男二女，其畜宜鳥、獸，其穀宜稻。」雄據於三國、六朝、五季，而衝要巖劇於前明。蓋至今所領僅七城，而於湖北部内十一府州猶爲重望云。三代畫州，荆域袤延且數千里，無可言也。漢分南郡，荆州所部。蒯越説劉表曰：「荆州南據江陵，北守襄陽，八郡可傳檄而定。」諸葛忠武説昭烈曰：「荆州北據漢沔，利盡南海，東連吴會，西通巴蜀，用武之國。」六朝争劇於蕭梁，五季稱雄於高氏，一時獻奇借箸，騰説雖多，大約不出蒯、葛數語。然是時荆州實兼武陵、桂陽諸郡，幅員包湖南境。至明，改元中興路爲荆州府，則今荆州境矣。彼時王國所封，蔚爲都會。我朝因明舊治，初以總兵官鎮守其地，旋改满營，設將軍都統以下如制。雍正十三年，割二州三縣與土司地，分置宜昌、施南两府。乾隆五十六年，又以遠安隸荆門州。於是荆州所部，止於七縣，然而形勢猶最諸府，則江陵固兼南北之衝，而東延西控，聯絡故自若也。《讀史方輿紀要》：「《禹貢》荆州，春秋時爲楚郢都。秦拔郢，置南郡。漢高元年，爲臨江國。五年，復曰南郡。景帝二年，復爲臨江國。中二年，復曰南郡，後漢因之。三國初，屬蜀漢，尋屬吴。晉平吴，亦曰南郡。東晉，爲荆州治南郡爲①故，宋、齊因之。梁元帝都此，爲西魏所陷，遷後梁居之，爲藩國，又置江陵總管府監之。隋開皇初，府廢。七年，併梁，又置江陵總管府。二十年，改爲荆州。大業初，復

① 「爲」字誤，《讀史方輿紀要》作「如」。

曰南郡。及蕭銑據此，亦稱梁。唐武德四年，平銑，仍曰荆州。天寶初，改爲江陵郡。乾元初，復故。上元初，置南都，升江陵府，尋復爲荆州。五代時，高季昌據此，稱南平。宋亦曰江陵府，建炎四年改荆南府，淳熙中復曰江陵府。元爲江陵路。天歷三年①，改中興路。明改爲荆州府，領州二、縣十一。」又：「初平元年，劉表爲荆州刺史，蒯越説表曰：『南據江陵，北守襄陽，荆州八郡可傳檄而定。（八郡：長沙、零陵、桂陽、武陵、江夏、南陽、南郡、章陵也。）自三國以來，常爲東南重鎮，稱吴蜀之門户。』諸葛武侯曰：『荆州北據漢沔，利盡南海，東連吴會，西通巴蜀，此用武之國也。』」又：「蕭繹、蕭琮有荆州，而存亡之命縣於他氏。蕭銑有荆州，而覆敗之禍曾不旋踵。」又：「唐以中原多事，建都置軍，用以鎮壓南服，翼蔽雍梁。五代時，高氏竊之。」嘉慶《大清一統志》湖北省：建置沿革：「雍正六年，升荆州府屬歸州爲直隸州。十三年，升荆州府屬夷陵州爲宜昌府，降歸州直隸州爲州屬焉，以舊屬歸州之恩施縣治置施南府。乾隆五十六年，升安陸府屬荆門州爲直隸州。」武職官：「荆州將軍駐荆州府，左右翼都統兩員，滿洲協領八員，蒙古協領二員，滿洲佐領三十二員，蒙古佐領十四員，滿洲防禦四十員，蒙古防禦十六員，滿洲部騎校四十員，蒙古驍騎校十六員，筆帖式三員。」至於時事異宜，則滿漢分城，民兵不擾，漕兑互抵，

① 「三年」誤，《讀史方輿紀要》作「二年」，與《元史·地理志》同。

轉餉無勞，《大清會典・户部》：「漕於京師，凡八道。其運由江達淮，截河經泇、泗、洸、汶之水，沿衛泝潞，以抵於通灞。」「凡糧有正兑，有改兑，有改徵，有折徵，有撥運，皆隨以漕耗、漕費。山東、河南、江蘇、安徽、湖北、湖南六省，折徵漕糧三十六萬一百八十六石有奇，價銀統歸地丁算銷民間，以每石一兩四錢五分折銀交納。」亦既因時而立制矣。惟大江東下分流，故道多湮，江防堵築，視昔爲重。乾隆戊甲，大水灌城，軍民被淹，城治傾圮。天子南顧疇咨，特命重臣持節臨蒞，發帑二百萬金，鉅工大役，次第興舉。余於是時奉命來督兩湖，見《爲畢秋帆制府撰常德府志序》注。夙夜惴惕，惟恐思慮有所未周，無以仰答詔旨。咨於群公，詢於寮寀，《爾雅・釋詁》：「寀，寮官也。」疏：「官地爲寀，同官爲寮。」群策材力，《法言・重黎》：「群策屈群力。」幸無隕越。而億兆生靈，皆蒙愷澤而出於昏墊，《書・益稷》：「下民昏墊」，注：「言天下民皆昏瞀墊溺，皆困水災。」則荆州雖故而若新也。

逾年，民氣漸蘇，官司稍有清晏，知府山陰張君方理《章氏遺書》卷二十一《贈張燮君知府序》：「山陰張燮君太守，爲方敏恪所器植。」「會乾隆五十三年戊申，荆州大水決城，洪流爲患，天子擢畢公制两湖，且命大學士阿公同公經營相度。鉅工大賑，羽檄旁午，當事需才孔亟，於是两公合辭入告，請破格用君爲荆州知府。」始欲整齊掌故，爲後持循，旋以事去。繼其任者，永濟崔君龍見，乃集七縣長吏見《覆崔荆州書》注。而議修《府志》。崔君以名進士起家，學優而仕，其於斯志蓋斤斤乎不苟作也。且荆志著於古者，倍他州郡。盛弘之有《荆州記》，《隋書·經籍志·地理》：「《荆州記》三卷，宋臨川王侍郎盛宏之撰。」按：近人曹元忠有輯本。庾仲雍有《江記》，《隋書·經籍志·地理》：「《江記》五卷，庾仲雍撰。」宗懔有《荆楚歲時記》，《文獻通考》：「《荊楚歲時記》四卷，晉宗懔撰。」梁元帝有《荆南志》，《隋書·經籍志·地理》：「《荆南地志》二卷，蕭世誠撰。」又有《丹陽尹傳》。書雖不存，部目可考，遺文逸句，猶時見於群書所稱引也。前明所修《荆州府志》，《明史·藝文志·地理》：「王寵懷《荆州府志》十二卷。」僅見著録而無其籍。康熙年間胡在恪所修，號稱佳本，而世亦鮮見。今存葉仰高《志》，待詳。自云多仍胡氏舊文，體例謹嚴，纂輯必注所出，則其法之善也。而崔君之於斯《志》，則一秉史裁。詳贍博雅之中，運以獨斷別裁之義。首《紀》以具編年史法，次《表》以著世次年代。掌故存於諸《考》，人物詳於《列傳》。亦既綱舉而目張矣。見《答甄秀才論修志第一書》注。又以史志之書，記事爲主，藝文仍著録之篇，而近代志家猥選詩文雜體，其有矯而正者，則又裁節詩文，分類隸於本事之下，皆失古人流別。今師史例以輯《府志》，更倣選例以輯《文徵》。自云：「《志》師八家《國語》，《文徵》師十五《國風》，見《和州文徵序例》注。各自爲書，乃得相輔而不相亂。」又采輯之餘，瑣事畸言，取則失裁，棄則可惜，近人編爲《志餘》，亦非史法。今乃別爲《叢談》一書，鉅細兼收，而有條不紊，《書·盤庚》：「若綱在綱，有條而不紊。」蓋近日志家所罕見也。昔羅願撰《新安志》，自謂「儒者之書，不同鈔撮簿記」。《新安志·自叙》：「儒者之書，具有微旨，不同鈔取記簿。」今崔君所輯，本源深遠，視羅氏雅裁有過之而無不及已。會湖北有《通志》之役，聘會稽章典籍學誠論次其事。章君雅有史識，與余言而有合。崔君又屢質於典籍，往復商榷，時亦取衷於余。余故備悉其始末，而叙於卷端。

爲畢秋帆制府撰石首縣志序

石首爲荆州望縣，兩漢本華容地，晉平吴，分華容置縣，因山以石首名。《讀史方輿紀要》：「荆州府石首縣，漢南郡華容縣地。晉置石首縣，以山爲名，仍屬南郡。劉宋省，唐武德四年復置，屬荆州。宋因之。」趙宋改治調弦，易名建寧。尋遷繡林山左，復名石首。元大德中，又遷楚望山下。《讀史方輿紀要》：「石首舊城，劉昫曰：『舊治在石首山下，唐顯慶初移治陽岐山下。』邑志云：『縣嘗爲建甯，其址在調弦口，往東山路也。宋元祐中，遷於楚望山北大江畔。元初，遷繡林山下，仍名石首。至元中，再遷楚望山北，即今治也。』」歷明至今，文物聲名爲荆部稱盛。縣志不修近六十年，舊志疎脱，詮次無法，又闕數十年之事實。知縣玉田王君維屏，因余撰輯《通志》，檄徵州縣之書，乃論次其縣事，犁剔八門，合首尾爲書十篇，以副所徵，且請余爲之序。

余披覽其書，而知王君之可與論治也。夫爲政必先綱紀，見《經解上》注。治書必明體要。見《辨似》注。近日爲州縣志者，或胥吏案牘蕪穢失裁，或景物題詠浮華無實，而求其名義所歸，政教所重，則茫然不知其所指焉。夫政者，事也。志者，言也。天下蓋有言之斐然見《婦學》注。而不得於其事者矣，未聞言之尚無條貫而其事轉能秩然得叙者也。今王君是志，凡目數十，括以八門，若綱在綱，有條不紊。見《爲畢秋帆制府撰荆州府志序》注。首曰《編年》，存史法也。志者史所取裁，史以記事，非編年弗爲綱也。次曰《方輿》，考地理也。縣之有由立也，山川古蹟以類次焉，而水利江防居其要矣。次曰《建置》，人功修也。城池廨署以至壇廟，依次附焉。次曰《民政》，法度立也。户田賦役之隸於司徒，郵驛兵防之隸於司馬，皆《洪範》八政之經也。《書·洪範》：「八政：一曰食，二曰貨，三曰祀，四曰司空，五曰司徒，六曰司寇，七曰賓，八曰師。」次曰《秩官》，昭典守也。長佐師儒，政教所由出也，而卓然者爰斯傳矣。次曰《選舉》，辟才俊也。論秀書升，《王制》之大；《禮記·王制》:「命鄉論秀士,升之司徒,曰選士。司徒論選士之秀者,而升之學,曰俊士。升於司徒者不征於鄉,升於學者不征於司徒,曰造士。」又:「大樂正論造士之秀者,以告於王,而升諸司馬,曰進士。」興賢與能,《周官》是詳。見《和州志選舉表序例》注。勒邦乘者所不容略也。次曰《人物》,次曰《藝文》,一以徵文,一以考獻,皆搜羅放失,謹備遺忘,尤爲乘時之要務也。《人物》必徵實事,而不以標榜爲虛名。《藝文》謹著部目,而不以詩文充篇幅。蓋《人物》爲馬《史》列傳之遺,《藝文》爲班、劉著録之例,見《經解上》注。事必師古而後可以法當世也。部分爲八,亦既綱舉而目張矣。見《答甄秀才論修志第一書》注。至於序例、圖考,冠於篇首,餘文剩説,綴於簡末,别爲篇次,不入八門。殆如九夫畫井,《孟子·萬章下》:「一夫百畝。」《滕文公上》:「井九百畝。」八陣行軍,《三國志·蜀志·諸葛亮傳》:「亮推算兵法,作八陣圖。」《李子問對》:「太宗曰:『天地風雲龍虎鳥蛇,斯何義也?』靖曰:『古人祕藏此法,故詭設八名於八陣,本一也。』」經緯燦然,體用具備。乃知方志爲一方之政要,非徒以風流文采爲長吏飾儒雅之名也。

且石首置縣以來，凡三徙矣。今縣治形勢，實爲不易。四顧平衍之中，至縣群山湧出，東有龍蓋，南有馬鞍，西有繡林，北有楚望，《讀史方輿紀要[①]》「石首山」條下：「龍蓋山在縣東二里，縣之主山也，與繡林、馬鞍爲三峰，俱錯[②]。」居中扼要，政令易均。是以明代至今，相仍爲治。夫撫馭必因形勢，爲政必恃綱紀，治書必貴體要，一也。王君以儒術入仕，知所先務。其於治書，洵有得於體要，後人相仍，如縣治矣。抑古人云：「坐而言者，期起而行。」《荀子·性惡》：「故坐而言之，起而可設，張而可施行。」門人沈訒補。今之具於書者，果能實見諸政治，則必不以簿書案牘「簿書」，見《書教下》注。「案牘」，見《和州志闕訪列傳序例》注。爲足稱職業，文采絢飾爲足表聲譽。是則雖爲一縣之志，即王君一人之治書也。古之良史莫能尚已，余於王君有厚望焉。

① 「紀要」二字原書誤倒，今乙正。
② 「俱錯」下，原書空四格，《讀史方輿紀要》有「列江濱」三字，當補。

書武功志後

康海《武功志》三卷，又分七篇，各爲之目。一曰《地理》，二曰《建置》，三曰《祠祀》，四曰《田賦》，五曰《官師》，六曰《人物》，七曰《選舉》。首仿古人著述，別篇爲叙①，《武功縣志目録·叙》：「夫志者，記也，記其地理、風俗、人物之事也。《武功志》，余先君子長公蓋嘗述，然縣官掌故弗嚴，人匿之矣。余於是卒成先人之志，略序撰之。凡山川、城郭，與風俗推移，皆地理所具，作《地理第一》。官署、學校乃諸有司所興行，皆建置之事，作《建置第二》。治民人者先其神，故祠祀興焉，作《祠祀第三》。有田則有賦，有身則有役，田賦之政，國所重焉，作《田賦第四》。疆域、人民，非官不守，禮樂教化，非官不行，作《官師第五》。文獻之事，邦邑所先，以稽古昔，以啟後賢，作《人物第六》。科貢制行、士繇以興，

① 「別篇爲敘」誤倒，浙江書局及嘉業堂《章氏遺書》本作「別爲篇敘」。

作《選舉第七》。凡首①。」高自位置，幾於不讓。而世多稱之，王氏士正亦謂「文簡事核，訓辭爾雅」，後人至欲奉爲修志楷模，可爲倖矣。《武功縣志·諸家評語》：「邑令相蓮石邦教曰：『七篇，文簡而明，事覈而要。』王阮亭《蠶尾集·新城縣新誌序》云：『以予所聞見，前明郡邑之志，不啻充棟，而文簡事覈，訓詞爾雅，無如康對山誌武功。』」「桂林陳榕門云：『對山《武功志》文簡事核，凡所紀載，悉關國計民生，人心風俗，確乎可傳，志乘之極則。』」夫康氏以二萬許言，成書三卷，作一縣志，自以謂高簡矣。今觀其書，蕪穢特甚。蓋緣不知史家法度，文章體裁，而惟以約省卷篇謂之高簡，則誰不能爲高簡邪？

志乃史裁，苟於事理無關，例不濫收詩賦。康氏於名勝古迹，猥登無用詩文。其與俗下修志以文選之例爲《藝文》者，相去有幾？夫諸侯不祖天子，大夫不祖諸侯，嚴名分也。《禮記·大傳》：「禮，不王不禘，王者禘其祖之所自

---

① 「凡首」誤，《武功縣志》作「凡七篇」。

出，以其祖配之，諸侯配其大祖。」歷代帝王后妃，史尊紀傳，不藉方志。修方志者遇帝王后妃故里，表明其説可也。列帝王於《人物》，載后妃於《列女》，非惟名分混淆，且思王者天下爲家，《漢書·蓋寬饒傳》引《韓氏易傳》：「五帝官天下，三王家天下。」於一縣乎何有？康氏於《人物》則首列后稷，以至文王，節録太史《周紀》；次則列唐高祖、太宗，又節録《唐本紀》，乖刺不可勝詰矣。方志不當僭列帝王，姑且勿倫。就如其例，則武王以下何爲删之？以謂後有天下，非郊之故邑耶？則太王嘗遷於岐，文王又遷於豐，《史記·周本紀》：「古公亶父復修后稷、公劉之業，積德行義，國人皆戴之。薰育戎狄攻之，欲得財物，予之。已復攻，欲得地與民，民皆怒，欲戰。古公曰：『有民立君，將以利之。今戎狄所爲攻戰，以吾地與民。民之在我，與其在彼何異？民欲以我故戰，殺人父子而君之，予不忍爲。』乃與私屬遂去豳，度漆、沮，踰梁山，止於岐下。豳人舉國扶老攜弱，盡復歸古公於岐下。」又：「西伯伐崇侯虎而作豐邑，自岐下而徙都豐。」何以仍列武功人物？以武王實有天下，文王以上不過追王《史記·周本紀》：「西伯崩，太子發立，是爲武王。西伯蓋受命之年稱王，而斷虞、芮之訟。後十年而崩，謚爲文王。改法度，制正朔矣，追尊古公爲太王，公季爲王季，蓋王瑞自太王興。」故録之耶？則唐之高祖、太宗又何取義？以謂高祖、太宗生長其地故録之耶？則顯、懿二祖《新唐書·高祖本紀》：「武德元年，追謚皇高祖曰宣簡公，皇曾祖曰懿王。」《禮樂志》：「獻祖、太祖、高祖、高宗北向，懿祖、代祖、太宗、中宗、叡宗南向。」何爲删之？后妃上自姜嫄，下及太姜，何爲中間獨無太任？《史記·周本紀》：「周后稷，其母有邰氏女，曰姜嫄。」又：「古公亶父修復①后稷之業。」「古公有長子曰太伯，次曰虞仲。太姜生少子季歷，季歷娶太任，皆賢婦人。」《水經注》：「故邰城東北有姜嫄祠。」《寰宇記》：「在武功縣西南二十里。」姜非武功封邑，入於武功《列女》，以謂婦從夫耶？則唐高祖之太穆竇后，太宗之文德長孫皇后，皆有賢名，《舊唐書·后妃列傳》：「高祖太穆皇后竇氏，事元貞太后，以孝聞。太后素有羸疾，時或危篤。后晝夜扶持，不脱衣履者動淹旬月。」「好存規戒。」「崩於涿郡」，「上元元年八月改上尊號曰太穆順聖皇后」。「太宗文德皇后長孫氏，少好讀書，造次必循禮則。」「武德元年，册爲秦王妃。」「孝事高祖，恭順妃嬪。」「太宗即位，立

① 「修復」誤倒，《史記》作「復修」。

爲皇后。」「后性尤儉約，凡所服御，取給而已。」「太宗常與后論及賞罰之事，對曰：『牝雞司晨，惟家之索。妾以婦人，豈敢與聞政事？』太宗固與之言，竟不之答。」「十年六月崩」，「上元元年八月，改上尊號曰文德順聖皇后」。何爲又不載乎？夫載所不當載，爲蕪爲僭，以言識不足也。就其自爲凡例，任情出入，不可詰以意指所在，天下有如是而可稱高簡者哉？

尤可異者，《志》爲七篇，輿圖何以不入篇次？蓋亦從俗例也。篇首冠圖，圖止有一，而蘇氏《璿璣》之圖《璿璣圖叙》：「前秦符堅①時，秦州刺州②扶風竇滔妻蘇氏，名蕙，字若蘭。性近於急，頗傷嫉妬。滔鎮襄陽，絶蘇氏音問，蘇氏悔恨自傷，因織錦爲迴文，五彩相宣，瑩心輝目，縱廣八寸。題詩二百餘首，計八百餘言，縱横反覆，皆爲文章，名曰《璿璣圖》。遂發蒼頭，齎至襄陽。滔覽之，感其妙絶，因邀迎蘇氏歸於漢南，恩好愈重。」乃與輿圖並列，可謂胸中全無倫類者矣。夫輿圖冠首，或仿古人圖經之例，所

① 「符堅」誤，《璿璣圖叙》作「苻堅」，與《晉書·列女傳》同。
② 「刺州」誤，《璿璣圖叙》作「刺史」，與《晉書·列女傳》同。

以揭一縣之全勢，猶可言也。《璿璣》之圖不過一人文字，或仿范氏録蔡琰《悲憤詩》例，收於《列女》之傳可也。見《永清縣志列女傳列傳序例》注。如謂圖不可以入傳，附見傳後可也。蓦然取以冠首，將武功爲縣特以蘇氏女而顯耶？然則充其義例，既列文王於《人物》矣，曷取六十四卦之圖冠首？《史記·周本紀》：「西伯蓋五十年，其囚羑里，蓋益①之八卦爲六十四卦。」既列唐太宗於《人物》矣，曷取六陣之圖冠首？《李子問對》：「太宗曰：『卿所製六花陣法，出何術乎？』靖曰：『臣所本，諸葛亮八陣法也。大陴②包小陣，大營包小營。古制如此，臣爲圖因之。』」雖曰迂謬無理，猶愈《璿璣圖》之僅以一女子名也。惟《官師志》褒貶並施，尚爲直道不泯，稍出於流俗耳。

---

① 「益」字下，《史記》有「易」字，當補。

② 「陴」字誤，《李衛公問對》作「陣」。

書朝邑志後

韓邦靖字汝慶，明正德間爲朝邑令。王道撰《朝邑志》二卷。《朝邑志》二卷，爲書七篇。一曰《總志》，二曰《風俗》，三曰《物産》，四曰《田賦》，五曰《名宦》，六曰《人物》，七曰《雜記》。總約不過六七千言，用紙十六七番，案：全志共十七頁。志乘之簡，無有過於此者。康《武功》極意求簡，望之瞠乎後矣。《莊子·田子方》：「夫子奔逸絶塵，而回瞠若乎後矣。」注：「瞠，視貌。」康爲作《序》，亦極稱之。《朝邑縣志·序》：「余讀郡邑志，蓋將極天下之撰矣。然益繁而不能詳，晦而不能白，亂而不能理焉，此安在於志耶？夫志者，記也，記其風土、文獻之事，與官乎是郡邑者，可以備極其改革，省見其疾苦，景行其已行，察識其政治，使天下爲士大夫者讀之足以興，爲郡邑者讀之足以勸而已。然非以誇靈猿之迹，崇奬飾之細也。而撰者之志，每不皆若此焉，且何以觀也？朝邑令陵川王君涖縣之明年，以五泉韓子汝慶所撰《朝邑志》刻成，謂予宜序諸首。予讀五泉子之

《志》，實而歎焉，曰：嗟乎！此吾五泉子之所以爲《志》也歟？置縣沿革，與山川、故蹟、官署諸事，惟歸諸《總志》，此天下之所通見而不能裁者，斯予之所謂繁而不詳，晦而不白，亂而不理者矣，令①畢以反之矣。《名宦》所以志其官師之行事，《人物》所以備其豪俊之餘烈。其恐猶有所遺而未盡也，括之以《雜記》。開卷之際，凡川源改革之實，文獻散失之舊，皆縷陳而無憾矣。使郡邑之志皆若此，其奚有不可也。正德己卯九月十又八日己酉，滸西山人康海序。」

今觀文筆，較康實覺簡淨，惟《總志》於古蹟中入唐詩數首爲蕪雜耳。《朝邑志·總志第一》：「唐玄宗《過蒲關》詩云：『鐘鼓嚴更曙，山河野望通。鳴鑾下蒲阪，飛蓋入秦中。地險關喻壯，天平政尚雄。春來津樹合，月落戍樓空。馬色分朝景，雞聲逐曉風。所希常道泰，非復候繻同。』」康氏、韓氏皆能文之士，而不解史學，又欲求異於人，故其爲書不情至此，作者所不屑道也。然康氏猶存時人修志規模，故以志法繩之，疵謬百出。韓氏則更不可以爲志，直是一篇無韻之《朝邑賦》，又是一篇强分門類之《朝邑考》。入於六朝小書短記之中，如《陳留風俗》、

① 「令」字誤，《朝邑縣志》作「今」。

《洛陽伽藍》諸傳記，《隋書·經籍志·地理》：「《陳留風俗傳》三卷，圈稱撰。」「《洛陽伽藍記》五卷，後魏楊衒之撰。」不以史家正例求之，未始不可通也。故余於《武功》、《朝邑》二家之志，以《朝邑》爲稍優。然《朝邑志》之疵病雖少，而程濟從建文事，濫采野史，不考事實，《朝邑志·人物第六》：「大明程濟，洪武中以明經徵爲四川岳池縣學教諭，上書言某月某日西北方兵起。」「遂繫濟詔獄，已而兵果起，乃赦出濟，更以爲軍師，護諸將北行，與靖難軍披①鋒戰于徐州，大捷。會曹國公師退，文皇帝至江上，濟逃去，不知所終。」案：章氏斥《朝邑志》不考事實，當指建文披剃爲僧事，但該《志》所記僅此，披剃事見《明史紀事本末》。一謬也。併《選舉》於《人物》，而舉人、進士不載科年，二謬也。書其父事，稱「韓家君」名，至今人不知其父何名。《列女》有韓太宜人張氏，自係邦靖尊屬，但使人至今不知爲何人之妻、何人之母。《朝邑志·人物第六》：「李瀏、樊冕、蕭斌、劉讓、上志、韓家君名，马驤、王晉、房瑄、韓邦奇、韓邦靖、牛斗、王朝塗俱登進士。」「韓家君名至福建按察司副使。」《節義》則有「韓太宜人張氏」。古人臨文不諱。

① 「披」字誤，《朝邑縣志》作「先」。

《禮記·曲禮》："臨文不諱。"或謂司馬遷諱其父"談"爲"同"，然《滑稽傳》有"談言微中"，不諱"談"字，恐諱名之説未確。《漢書·司馬遷傳》："同子參乘"，蘇林曰："趙談也。與遷父同諱，故曰『同子』。"按：《滑稽傳》"談言微中"當係失檢。就使諱之，而自叙家世，必實著其父名，所以使後人有所考也。今邦靖諱其父，而使人不知爲誰；稱其尊屬爲太宜人，而使人不知爲誰之妻、母。則是没其先人行事，欲求加人而反損矣，三謬也。

至於篇卷之名，古人以竹簡爲篇，簡策不勝則别自爲編，識以甲乙，便稽核耳。後人以縑帛成卷，較竹簡所載爲多。故以"篇"爲文之起訖，而"卷"則概以軸之所勝爲量。"篇"有義理，而"卷"無義理故也。近代則紙册寫書，較之卷軸可增倍蓰，題名爲"卷"不過存古名耳。如累紙不須别自爲册，則分篇者毋庸更分卷數，爲其本自無義理也。今《武功》、《朝邑》二志，其意嫌如俗纂之分門類，而括題俱以"篇"名，可謂得古人之似矣。《武功》用紙六十餘番，一册足用，而必分七篇以爲三卷，於義已無所取。《朝邑》用紙僅十餘番，不足一册之用，而亦分七篇以爲二卷，則何説也？或曰：此乃末節，非關文義，何爲屑屑較之？不知二家方以作者自命，此等篇題名目猶且不達古人之意，則其一筆一削，見《易教下》注。希風前哲，不自度德量力，見《答客問下》注。概可知矣。

書吴郡志後

范成大《吴郡志》五十卷，分篇三十有九。曰《沿革》，曰《分封》，曰《户口税租》，曰《土貢》，曰《風俗》，曰《城郭》，曰《學校》，曰《營寨》，曰《官宇》，曰《倉庫》而《場務》附焉，曰《坊市》，曰《古迹》，曰《封爵》，曰《牧守》，曰《題名》，曰《官吏》，曰《祠廟》，曰《園亭》，曰《山》，曰《虎邱》，曰《橋梁》，曰《川》，曰《水利》，曰《人物》而《列女》附焉，曰《進士題名》，曰《土物》，曰《宫觀》，曰《府郭寺》，曰《郊外寺》，曰《縣記》，曰《塚墓》，曰

《仙事》，曰《浮屠》，曰《方技》，曰《奇事》，曰《異聞》，曰《考證》，曰《雜詠》，曰《雜志》。篇首有紹定二年汴人趙汝談序，言：「石湖志成，守具木欲刻。時有求附某事於籍而弗得者，譁曰：『是書非石湖筆也。』守莫敢刻，遂藏學宮。紹定初元，廣德李侯壽朋以尚書郎出守，其先度支公嘉言，石湖客也。謁學問故，驚曰：『是書猶未刊耶？』他日拜石湖祠，從其家求遺書，校學本，無少異。而書止紹熙三年，其後大建置如百萬倉、嘉定新邑、許浦水軍、顧逕移屯等類，皆未載。於是會校官汪泰亨與文學士雜議，用褚少孫例，增所闕遺，訂其悮僞，而不自別爲續焉。」又曰：「石湖在時，與郡士龔頤、滕成、周南厚三人數咨焉，而龔薦所聞於公尤多，異論由是作。益公碑公墓載所爲書，篇目可考。」云云。《吴郡志·序》：「初，石湖范公爲《吴郡志》成，守具木欲刻矣，時有求附其事於藉而弗得者，因譁曰：『是書非石湖筆也。』守憚，莫敢辨，亦弗敢刻，遂以書藏學宮。愚按風土必志，尚矣。吴郡自闔廬以霸，千數百年，號稱雖數易，常爲東南大都。會當中興，其地視漢扶馮，人物魁倬，井賦蕃溢，談者至與杭等，蓋益盛矣。而舊《圖經》蕪漫失考，朱公長文號望作①，亦略是，豈非大缺者？何幸此筆屬公，條章粲然，成一郡鉅典，辭與事稱矣。而流俗乃復掩阨，使不得行，豈不使人甚太息哉！紹定初元冬，廣德李侯壽朋以尚書郎出守，其先度支公嘉言，石湖客也，是以侯習知之。及謁學問故，驚曰：『是書猶未刊邪？』他日拜石湖祠，退以從其家求遺書，得六種②，而斯志與焉，校學本，無少異。談曰：『噫！信是已。吾何敢不力！』而書止紹熙三年，其後大建置如百萬倉、嘉定新邑、許浦水軍、顧逕移屯等類，皆未載，法當補。於是會校官汪泰亨與文學士雜議，用褚少孫例，增所缺遺，訂其倪謁，書用大備，而不自別爲續焉。侯當曰：『是不没公美矣，亦吾先人志也。』書來屬汝談序，余病謝弗果，侯重請曰：『吾以是石湖書也，故敢慁子，而子亦辭乎？』余不得已，勉諾。客有問余曰：『或疑是書不盡出石湖筆，子亦信乎？』余笑曰：『是固前譁者云也。昔八公徒著道術數萬言，書標淮南；《通典》亦出衆力，而特表杜佑。自古如《吕氏春秋》、大小《戴記》，曷嘗盡出一手哉？顧提綱何人耳。余聞石湖在時，與郡士龔頤、滕宬、周南厚三人者，博雅善道古，皆州之儁民也，故公數咨焉，而龔薦所聞於公尤多，異論由是作。子盍亦觀益公碑公墓乎？載所爲書篇目可考，子

① 「號望作」誤，《吴郡志》作「虽重作」。
② 「六種」，《吴郡志》作作「數種」。

不信碑而信誕乎？且公蚤以文名四方，位二府，余鄙，何所繫重？余特嘉夫候①之不忘其先，能畢力是書以卒公志，而不自表顯焉，是其賢非余言莫明也。抑余所感則又有大此者焉。方公書始出也，疑謗橫集，士至莫敢伸啄以②，曾未四十年，而向之風波自滅澌書③，至是無一存者，乃竟賴侯以傳，是不有時數哉？然則世論是非，曷嘗不待久而後定乎？此余所以重感也。余誠不足序公，姑以是寄意焉，其亦可乎否也？』疑者唯服。侯父子世儒，有聞其治吴未期，百墜交舉。既上此職方氏，將復刊《石湖集》，與白氏《長慶》並行，而改命漕湖北矣。餘故併志，以申後覬焉。紹定二年十一月朔，汴人趙汝談序。」其爲人所推重如此。今學者論宋人方志，亦推羅氏《新安志》與范氏《吴郡志》爲稱首，無異辭矣。《四庫全書總目提要》：「《吴郡志》五十卷，宋范成大撰。其書凡分三十九門，徵引浩博，而叙述簡核，爲地志中之善本。」「《新安志》十卷，宋羅願撰。其書叙述簡括，引據亦極典核。其《物産》一門乃願專門之學，徵引尤爲該備。所列先達始末，亦多史傳所遺。」

① 「候」字誤，《吴郡志》作「侯」。
② 「伸啄以」誤，《吴郡志》作「伸喙以白」。
③ 「自滅澌書」誤，《吴郡志》作「息滅澌盡」。

余諦審之，文筆亦自清簡。後世方志庸猥之習，彼時未開，編次亦爾雅潔。又其體制詳郡而略縣，自《沿革》、《城池》、《職官》、《題名》之屬，皆有郡而無縣。《縣記》二卷，則但記官署，間及署中亭臺，或取題石記文而無其名姓，體參差不一律。此則當日志例與近日府志之合州縣志而成者，迥不相同。余别有專篇討論其事，此固可無論也。第他事詳郡略縣，稱其體例可也，《沿革》有郡無縣，則眉目不分矣。宜其以平江路府冒吴郡之舊稱，冠全志而不知其謬也。且沿革叙入宋代，則云：「開寶元年，吴越王改中吴軍爲平江軍。太平興國三年，錢俶納土。」考史，是時改蘇州矣，而志文不著改州。下突接云：「政和三年，陞蘇州爲平江府。」上無蘇州之文，忽入陞州爲府，文指亦不明矣。《吴郡志·沿革》：「順帝永建四年，以浙西爲吴郡。孫皓寶鼎元年，分吴郡爲吴興郡。本朝開寶八年，改爲平江軍。政和三年，陞爲平江府。」《讀史方輿紀要》：「後漢順帝永建四年，分置吴郡，晉、宋因之，梁亦曰吴郡。陳置吴州。隋平陳，廢吴州，改州曰蘇州。大業初，復曰吴州，尋又爲吴郡。唐武德四年，復曰蘇州。天寶初，曰吴郡。乾元初，復曰蘇州。五代時，吴越表建中吴軍。宋仍曰蘇州，太平興國三年改軍，名曰平江。政和三年，升爲平江府。元爲平江路。明初，改爲蘇州府。」通體采摭史籍及詩文、説部編輯而成，仍注所出於本條下，是足爲纂類之法，卻非著作體也。《風俗》多摭吴下詩話，《吴郡志·風俗》：「吴下全盛時，衣冠所聚，士風篤厚，尊事耆老。來爲守者，多前輩名人，亦能因其習俗，以成美意。舊道衢皆立表揭爲坊名，凡士大夫名德在人者，所居往往以名坊。此風惟吴邦見之。」《石林避暑録》：「魚斗者，吴俗以斗數魚，今以二斤半爲一斗。買賣者多論斗，自唐至今如此。皮日休《釣侶》詩云：『趁眠無事避風濤，一斗霜鱗换濁醪。莫怪兒童呼不得，盡行煙雨漉車螯。』」間亦考訂方音，《吴郡志·風俗》：「吴語謂『來』爲『釐』，本于陸德明，『貽我來牟』、『棄甲復來』，皆音『釐』。德明，吴人，豈遂以鄉音釋注，或自古本有釐音取①？吴謂『罷』，必綴一『休』字，曰『罷休』。《史記》吴王語孫武曰：『將軍罷休。』蓋亦古有此語。」是矣。徐祐輩九老之會，章岵輩耆英之會，《吴郡志·風俗》：「慶歷九老會，都官員外郎徐祐與少卿葉參，俱以耆德告老而歸，約爲九老會。晏元獻公、杜正獻公皆寄詩贊

① 「取」字誤，《吴郡志》作「耶」。

之。晏詩首句云：『買得梧宮數畝秋，便追黄綺作朋儔。』杜詩卒章云：『如何九老人猶少，應許東歸伴醉吟。』詩會者才五人，故杜詩云爾。」「九老會更名耆英，又名真率。元豐間，章岵守郡，與郡之長老遊從，各飲酒賦詩。時米黼禮部以杭州從事罷，經由，爲作叙，叙諸老之德甚詳。十老，謂太中大夫致仕、上護軍、濮陽縣開國子盧革仲新，年八十二；奉議郎致仕、騎都尉、賜緋魚袋黄挺公操，年八十二；正議大夫充集賢殿修撰致仕、上柱國、廣平郡開國侯程師孟公闢，年七十七；朝散大夫致仕、上輕車都尉鄭方平道卿，年七十三；朝議大夫致仕、護軍、清豐縣開國子、賜紫金魚袋閭丘學終公顯，年七十三；中散大夫、知蘇州軍州事、河間縣開國伯、護軍、賜紫金魚袋章岵伯望，年七十三；朝請大夫、主管建州武夷山沖佑觀、賜紫金魚袋徐九思公謹，年七十三；朝議大夫致仕、上柱國、彭城縣開國子、賜紫金魚袋徐師閔聖徒，年七十二；承議郎致仕、騎都尉、賜緋魚袋崇大年静之，年七十一；龍圖閣直學士、正議大夫、提舉杭州洞霄宫、清河郡開國侯張詵樞言，年七十。十人合七百四十六歲。十老各有詩，米黻序之。」皆當日偶爲盛事，不當入《風俗》也。《學校》在四卷，《縣記》在三十七八卷。縣治官宇，既入《縣記》，而《學校》兼志府縣之學，是未出縣名而先有學矣。《坊市》不附城郭而附官宇，亦失其倫。提點刑獄司、提舉常平鹽茶司題名，不入牧守題名本類，而附見官宇之後，亦非法度。提點刑獄題名，皆大書名姓於上，而分注出身與來去年月於下，提舉常平鹽茶，皆大書官階名姓於上，而分注任事年月於下，亦於體例未畫一也。牧守載有名人，而題名反著於後，是倒置矣。官吏不載品制員額，而但取有可傳者，亦爲疎略。功曹掾屬與令長相間雜次，亦嫌令長之名在《縣記》之先也。《古蹟》與《祠廟》、《官宇》、《園亭》、《塚墓》、《宫觀》、《寺》、《山》、《川》等頗相混亂，别出《虎邱》一門於《山》之外，不解類例牽連、詳略互注之法，則觸手皆荆棘矣。《人物》不自撰著，裁節史傳，亦纂類之例也。依次編爲八卷，不用標目分類，尚爲大雅。然如張、顧大族，代有聞人，自宜聚族爲篇。一族之中，又以代次可也。乃忽分忽合，時代亦復間有顛倒，不如諸陸之萃合一編，《吴郡志·人物類》有後漢陸康、陸紆、陸駿，吴陸績、陸遜、陸瑁、陸抗、陸景、陸凱、陸胤、陸禕，晉陸機、陸雲、陸耽、陸喜、陸曄、陸玩、陸納，宋陸子真、陸徽，齊陸農①、陸閑、陸萃②、陸超之、陸襄、陸雲公、陸杲、陸煦、陸罩、陸倕、陸瓊③、陸瑜、陸琰、陸琛、陸繕、陸子隆、陸山才陸④，隋陸從典、陸子翊⑤、陸搢⑥，唐陸元朗、陸質、陸元方、陸象先、陸景債⑦、陸景融、陸東⑧之、陸餘慶、陸璪、陸長源、陸贄、陸南金、陸希聲、陸賓虞、陸龜蒙、陸詩、陸亘、陸徽之等。前後不亂。豈今本訛錯，非范氏之原次歟？《仙事》、《浮屠》、《方技》亦《人物》之支流，縱欲嚴其分别，亦當次於《人物》之後，别其題品可也。今於《人物》之後，間以《進士題名》、《土物》、《宫觀》、《府郭寺》、《郊外寺》、《縣記》、《塚墓》，凡十二卷。後忽出《仙事》以下三門，遂使物典、人事淆雜不清，可謂

① 「陸農」，《吴郡志》作「陸慧曉」。
② 「陸萃」，《吴郡志》作「陸澄」。
③ 「陸瓊」上，《吴郡志》有「陳」字。
④ 「陸山才」上，《吴郡志》有「陸慶」。下「陸」字衍。
⑤ 「陸子翊」，《吴郡志》作「陸詡」。
⑥ 「陸搢」上，《吴郡志》誤重一「隋」字。
⑦ 「債」字誤，《吴郡志》作「倩」。
⑧ 「東」字誤，《吴郡志》作「柬」。

擾而不精之甚者矣。《土物》搜羅極博，證事亦佳。但干將、莫邪、屬鏤之劍，吴鴻、扈稽之鉤，《吴越春秋·闔閭内傳第四》：「干將者，吴人也，與歐冶子同師，俱能爲劍。越前來獻三枚，闔閭得而寶之，以故使劍匠作爲二枚，一曰干將，二曰莫耶。莫耶，干將之妻也。干將作劍，采五山之鐵精，六合之金英。候天伺地，陰陽同光，百神臨觀，天氣下降，而金鐵之精不銷淪流，於是干將不知其由。莫耶曰：『子以善爲劍聞於王，王使子作劍，三月不成，其有意乎？』干將曰：『吾不知其理也。』莫耶曰：『夫神物之化，須人而成。』干將曰：『昔吾師作冶，金鐵之類不銷，夫妻俱入爐，冶爐中，然後成物。至今後世即山作冶，麻經①萲服，然後敢鑄金於山。今吾作劍不變化，其若斯耶？』莫耶曰：『師知爍身以成物，吾何難哉！』於是干將妻乃斷髮剪爪，投於爐中，使童女童男三百人鼓橐裝炭，金鐵刀②濡。遂以成劍，陽曰干將，陰曰莫耶，陽作龜文，陰作漫理。干將匿其陽，出其陰而獻之。闔閭甚重。」「闔閭既寶莫耶，復命於國中作金鉤，令曰：『能爲善鉤者，賞之百金。』吴作鈞③者甚衆。而有之④貪王之重賞也，殺其二子，以血釁金，遂

① 「經」字誤，《吴越春秋》作「絰」。
② 「刀」字誤，《吴越春秋》作「乃」。
③ 「釣」字誤，《吴越春秋》作「鉤」。
④ 「之」字誤，《吴越春秋》作「人」。

成二鉤，獻於闔閭，詣宫門而求賞。王曰：『爲鉤者衆，而子獨求賞，何以異於衆夫子之鉤乎？』作鉤者曰：『吾之作鉤也，貪而殺二子，釁成二鉤。』王乃舉衆鉤以示之：『何者是也？』王鉤甚多，形體相類，不知其所在。於是鉤師向鉤而呼二子之名：『吴鴻，扈稽，我在於此，王不知汝之神也。』聲絶於口，两鉤俱飛，著父之胸。吴王大驚，曰：『嗟乎！寡人誠負於子。』乃賞之百金，遂服而不離身。」傳記所載一時神物，亦復難以盡信，今概入之《土物》，非其類矣。詩賦、《奇事》一卷，《異聞》三卷，細勘實無分别。《考證》疎而不至於陋。詩賦、雜文，既注各類之下，又取無類可歸者别爲《雜詠》一門，雖所收不惡，亦頗嫌漫漶無當也。每見近人修志，識力不能裁斷，而又貪奇嗜瑣，不忍割愛，則於卷末編爲《雜志》，或曰《餘篇》。蓋緣全志分門，如布算子，無復别識心裁，故於事類有難附者，輒爲此卷，以作蛇龍之菹，見《詩教上》注。甚無謂也。今觀范氏志末亦爲《雜志》，則前輩已先導之。其實所載皆有門類可歸，惜范氏析例之不精也。其五十卷中，官名、地號之稱謂非法，人氏、名號之信筆亂填，蓋宋人詩話家風，大變史文格律。其無當於方志專家，史官繩尺，不待言矣。其所以爲世所稱，則以石湖賢而有文，又貴顯於當時。而翦裁筆削，雖不合於史法，亦視近日猥濫庸妄一流固爲矯出，得名亦不偶然也。然以是爲方志之佳，則不確矣。

書姑蘇志後

王鏊《姑蘇志》《姑蘇志》六十卷，雍正元年王鏊修。六十卷，首《郡邑沿革》，次《古今守令》，次《科第》，皆爲之表。次《沿革》，次《分野》，次《疆域》，次《山》，次《水》，次《水利》，次《風俗》，次《户口》，次《土産》，次《田賦》，次《城池》，次《坊巷》，次《鄉都》，次《橋梁》，次《官署》，次《學校》，次《兵防》，次《倉場》，次《驛遞》，次《壇廟》，次《寺觀》，次《第宅》，次《園池》，次《古蹟》，次《塚墓》，次《吴世家》附《封爵氏族》，次《平亂》，次《宦績》，次《人物》。而《人物》之中，分名臣、忠義、孝友、儒林、文學、卓行、隱逸、薦舉、藝術、雜技、遊寓、列女、釋老，凡一十三類。殿以《紀異》、《雜事》。而卷次多寡不以篇目爲齊。名宦分卷爲六，《人物》中之「名臣」分卷爲十，而「忠義」與「孝友」合爲一卷，「儒林」與「文學」合爲一卷，《倉場》與《驛遞》合爲一卷，如此等類，不一而足。總六十卷，亦約略紙幅多寡爲之，無義例也。蘇志名義不一，如唐陸廣微《吴地記》，宋朱文長《吴郡圖經續記》，清乾隆十三年雅爾哈善等《蘇州府志》，乾隆十年姜順蛟等《吴縣志》，乾隆二十七年許治等《吴縣元和縣志》等，不一而足。即范氏成大以蘇州爲《吴郡志》已失其理，而前人惟譏王氏不當以蘇州府志爲《姑蘇志》，所謂貴耳而賤目也。張衡《東京賦》：「若客所謂末學膚受，貴耳而賤目者也。」門人沈訒補。然郡縣志乘，古今卒鮮善本。如范氏、王氏之書，雖非史家所取，究於流俗惡爛之中，猶爲矯出。今本《蘇州府志》之可取者多，亦緣所因之故籍足采摭也。然有荒謬無理，不直一笑，雖末流胥吏，略解文簿款式，斷不出於是者，如發端之三表是也。表一曰《郡邑沿革》。以府縣爲郡邑，其謬不待言矣。表以州、國、郡、軍、府、路爲目，但有統部州郡，而無縣邑，無論體例不當，即其自標「郡邑」名目，豈不相矛盾耶？見《和州志前志列傳序例下》注。且職官有知縣，而沿革無縣名，不識知縣等官何所附耶？尤可異者，表之爲體，縱横以分經緯，蓋有同年月而異地，或同世次而異支，所謂同經異緯，參差不齊，非尋常行墨所能清析，故藉縱横經緯以分别之。如《守令表》必以郡之守、丞、判、録、縣之令、丞、簿、尉横列爲經，而以朝代年月縱標爲緯。後人欲稽蒞任年月，由縱標而得其時世，由横列而知某守某令某丞某録。或先或後，或在同時，披表如指掌也。假有事出先後，必不同時，則無難列款而書，斷無經緯作表之理。表以州、國、郡、軍、府、路分格，夫「州」則蘇州也，「國」則吴國也，「郡」則吴郡也，軍、府、路則平江路府也，此皆一蘇州府地先後沿革之名，稱吴國時並無蘇州，稱蘇州時並無吴郡，稱吴郡時並無平江路府。既無同時異出、參差難齊之數，則按款羅列，閲者自知。今乃縱横列表，忽上忽下，毫無義例，是徒亂人耳目。胥吏文簿，不如是顛倒也。《古守令表》以太守、都尉，《漢書·百官公卿表》：「郡守掌治其郡，秩二千石。景帝中二年更名太守。郡尉掌佐守，典甲卒武職，秩比二千石。景帝中二年更名都尉。」權攝分格。夫太守、都尉固有同官年月，至於權攝，猶今之署印官也。有守即無權守，有尉即無攝尉，權攝官與本官斷無同時互見之理，則亦必無縱橫列表之法。今分列格目，虚占篇幅，又胥吏之所不爲也。職官列表當以時制定名，守令之表當題府縣官表，以後貫前可也。今云《古守令表》，於文義固無礙矣，至於《今守令表》，則「今」乃指時制而言也，仍以守令稱明之知府知縣，名實之謬又不待言矣。府官但列知府，而削同知以下，縣官但列知縣，見《永清縣志職官表序例》注。而削丞簿《大清會典·吏部》：縣佐貳爲縣丞、主簿。之屬，此何説也？又表有經緯，經緯之法，所謂「比其類而合之」，乃是使不類者從其類也。故類之與表，勢不兩立。表則不能爲類，類則無所用表，亦胥吏之所通曉也。《科第》之表分上中下，以古今異制，簡編繁重，畫時代以分卷可也。其體自宜旁書屬籍爲經，上書鄉會科年爲緯。

《大清會典・禮部》:「鄉試正科,以子、午、卯、酉年八月舉行。非正科之年,特旨舉行者,曰恩科。會試以鄉試之次年三月舉行,若恩科鄉試或在三月者,會試即在本年八月。」見《永清縣志選舉表序例》注。皆科第也。今乃以「科第」爲名,而又分舉人、進士列爲二表,是分類之法非比類也。且第進士者必先得舉人,今以進士居前,舉人列後,是於事爲倒置,而觀者耳目且爲所亂,又胥吏所不爲也。凡此謬戾,如王氏鏊號爲通人,未必出其所撰,大抵暗於史裁,又浸漬於文人習氣,以表無文義可觀,不復措意,聽一時無識之流妄爲編輯,而不知其貽笑識者至如是也。故曰:文人不可與修志也。

至於官署建置,亭樓臺閣,所列前人碑記序跋,仍其原文可也。志文敘述創建重修,一篇之中,忽稱爲州,忽稱爲郡,多仍范《志》原文,不知范《志》不足法也。按宋自政和五年以前名爲蘇州,政和五年以後名爲平江路府,終宋之世無吴郡名。見《書吴郡志後》注。范《志》標題既謬,見《書吴郡志後》注。則志文法度等於自鄶無譏。見《亳州志人物表例議中》注。王氏不知改易，所謂謬也。

又敘自古兵革之事，列爲《平亂》一門，亦不得其解也。山川、田賦、坊巷、風俗、户驛、兵倉，皆數典之目；宦蹟、流寓、人物、列女，皆傳述之體。《平亂》名篇，既不類於書志數典，亦不等於列傳標人，自當别議記載，務得倫序。否則全志皆當改如記事本末，見《書教下》注。乃不致於「不類」之譏。《左傳·襄十六年》：「齊高厚之詩不類。」然此惟精史例者始能辨之，尚非所責於此志也。其餘文字小疵，編摩見《和州志皇言紀序例》注。偶舛，則更不足深求矣。《蘇志》爲世盛稱，是以不得不辨，非故事苛求，好摭先哲也。

書灤志後

家存《灤志》四帙，板刻模糊，脱落顛倒，不可卒讀。蓋乾隆四十七年主講永平，《章氏遺書》卷二十《黄烈婦傳》：「乾隆四十七年，學誠來主永平講席。」又《丙辰劄記》：「乾隆壬寅，主永平講席。」故灤州知州安岳蔡君薰，欲屬余撰輯州志，因取舊志視余，即其本也。按《明史·藝文志》有陳士元《灤州志》十一卷，陳字養君，湖廣應城人，嘉靖甲辰進士，歷灤州知州，有盛名，著述甚富，多見《明志》，而史不列傳。《應城縣志》有傳而無書目，然縣人士至今猶侈言之。余少僑應城，求其所著，一無所見。聞前知縣江浦金嶒盡取其家藏稿以去，意甚惜之。今此志尚稱陳君原本，康熙中，知州侯紹岐依例續補，雖十一卷之次不可復尋，而門類義例無所改易。篇首不知何人撰序，有云：「昔宦中州，《讀史方輿紀要》河南：「《周禮·職方》：『河南曰豫州。』豫州在九州之中，稟中和之氣，性理安舒。」會青螺郭公議修《許州志》，許州屬河南省，今改許昌縣。公曰：『海内志書，李滄溟《青州志》第一，其次即爲《灤志》。』」似指陳君原本而言。其書與人均爲當世盛稱，是以侯君率由而不敢議更張也。見《經解中》及《書教中》注。今觀其書，矯誣迂怪，頗染明中葉人不讀書而好奇習氣。文理至此，竟不復可言矣。陳君以博贍稱，而《灤志》庸妄若此，其他著述不知更如何也。而郭青螺氏又如此妄贊，不可解矣。

其書分四篇。一曰《世編》，二曰《疆里》，三曰《壤則》，四曰《建置》。《世編》用編年體，倣《春秋》書法，實爲妄誕不根。篇首大書云：「帝嚳氏建九州，我冀分。傳云：『書者何？志始也。』」云云。以考九州分域，又大書云：「黃帝逐葷粥。《史記·五帝本紀》：「黃帝北逐葷粥。」傳云：『書葷粥何？我邊郡也。』」又大書云：「周武王十有三祀，夷、齊餓死於首陽，封召公奭於燕，我燕分。」《史記·伯夷列傳》：「武王已平殷亂，天下宗周，而伯夷、叔齊恥之。義不食周粟，隱於首陽山，采薇而食之，遂餓死。」《周本紀》：「武王十一年，封召公奭於燕。」此皆陳氏原編，怪妄不直一笑。《春秋》，魯國之書。臣子措辭，義有內外，故稱魯爲『我』，如桓公十八年：「冬，十有二月己丑，葬我君桓公。」莊公九年：「八月庚申，及齊師戰於乾時，我師敗績。」非特別於他國之君。且魯史既以國名，則書中自不便於書國爲『魯』，文法宜然，非有他也。郡縣之世，天下統於一尊，《春秋公羊傳·隱元年》：「何言乎王正月？大一統也。」《史記・李斯傳》：「辨白黑而定一尊。」珥筆見《言公下》注。爲州縣志者，孰非朝廷臣子？何「我」之有？至於公、穀傳經，見《經解下》注。出於經師授受，隱微之旨，難以遽喻，則假問答而闡明之，非史例也。州縣之志出於一手，撰述非有前人隱義待己闡明，而自書自解，自問自答，既非優伶演劇，何爲作獨對之酬酢乎？且劉氏《史通》嘗論《晉紀》及《漢晉春秋》，力詆前人摩擬無端，稱「我」與假設問答，俱在所斥。《史通・模擬》：「當春秋之世，列國甚多，每書他邦，皆顯其號。至於魯國，直云「我」而已。如金行握紀，海内大同，君靡客主之殊，臣無彼此之異。而干寶撰《晉紀》，至天子之葬，必云『葬我某皇帝』。且無二君，何『我』之有？以此而擬《春秋》，又所謂貌同而心異也。五始所作，是曰《春秋》；三《傳》並興，各釋經義。如《公羊傳》屢云：『何以書？記某事也。』此則先引經語，而繼以釋辭，勢使之然，非史體也。如吴均《齊春秋》每書災變，亦曰：『何以書？記異也。』夫事無他議，言從己出，輒自問而自答者，豈是叙事之理者邪？以此而擬《公羊》，又所謂貌同而心異也。」陳氏號爲通博，獨未之窺乎？國史且然，況州縣志乎？「周武王十有三祀」，文尤紕繆。殷祀周年，兩不相蒙。《爾雅·釋天》："夏曰歲，商曰祀，周曰年，唐虞曰載。"《洪範》爲箕子陳疇，書法變例，非正稱也。《書·洪範》："惟十有三祀，王訪於箕子。"注："商曰祀。箕子稱『祀』，不忘本。"陳氏爲夷、齊之故，而改「年」稱「祀」，其下與封召公同蒙其文，豈將以召公爲殷人乎？且夷、齊不食周粟，餓死首陽，蓋言不受禄而窮餓以死，非絶粒殉命之謂也。大書識其年歲，不傎甚乎？即此數端，尚待窺其餘乎？

其《世編》分目爲三：一曰前代，二曰我朝，三曰中興。其稱「我朝」者，終於世宗嘉靖二十八年。其題「中興」者，斷始嘉靖二十九年。實亦不得其解。《疆里》之目有六：曰域界，曰理制，曰山水，曰勝概，曰風俗，曰往蹟。《壤則》之目有七：曰户口，曰田賦，曰鹽法，曰物産，曰馬政，曰兵政，曰驛傳。《建置》之目十一：曰城池，曰署廨，曰儒學，曰倉庫，曰鋪舍，曰街市，曰坊牌，曰樓閣，曰橋渡，曰秩祀，曰寺觀。而官師人物、科目選舉俱在編年之内。官師則大書年月某官某人來任，其人有可稱者，即倣《左傳》之例注其行實於下。科目則曰某貢於學，某舉於鄉，其中某榜進士。其有可稱者，亦同官師之例，無則闕之。孝義、節烈之得旌者，書於受旌之日。而闇修之儒，能文之士，不由科目，與夫節孝之婦，貞淑之女，偶不及旌，則無入志之例矣。

尤有異者，侯君續陳之《志》於明萬曆四十七年，大書我太祖高皇帝天命朝《東華録》：「太祖姓愛新覺羅氏，天命十一年八月崩，廟號太祖，康熙元年加上尊號曰『承天廣運聖德神功肇基立極仁孝睿武宏文定業高皇帝』。」「天命四年己未」，分注前明年號於下；復大書「馮運泰中莊際昌榜進士」，又書「知州林應聚來任」。夫前明疆宇未入我朝版圖，國朝史筆於書明事不關於正朔者，並不斥去天啟、崇禎年號。藉曰臣子之義，内本朝而外前明，則既書「天命」年號於上，事之在前明者必當加「明」字以別之，庶使閱者知所主客，是亦一定理也。今馮運泰乃明之進士，林應聚乃明之知州，隸於本朝年號之下，又無「明」字以爲之區別，是直以明之進士、知州爲本朝之科第職官，不亦誣乎？全

《灤志》標題，亦甚庸妄。灤乃水名，州亦以水得名耳。嘉慶《大清一統志》永平府：山川：「灤河自遵化流入，南逕灤州東。灤州在府西南四十里。」今去「州」字而稱《灤志》，則閱題簽者疑爲灤水志矣。然《明・藝文志》以陳士元撰爲《灤州志》，則題删「州」字或俟紹岐之所爲。要以全書觀之，此等尚屬細事，不足責也。

書靈壽縣志後

書有以人重者，重其人而略其書可也；文有意善而辭不逮者，重其意而略其辭可也。平湖陸氏隴其，理學名儒，何可輕議？然不甚深於史學。所撰《靈壽縣志》，立意甚善，柯崇樸《陸先生隴其行狀》：「先生諱隴其。」「世爲浙之平湖人。」「勵志聖賢之學，專意洛閩諸書，一折衷於朱子。」「庚戌，成進士，需次里居，則益肆力於學。凡程朱之文集、語録，以及有明諸儒之書，莫不咀其精英，抉其瑕疵。於是居敬窮理，履仁蹈義，粹然一出於正矣。」「癸亥冬，補靈壽縣知縣。」「所著述有《靈壽縣志》、《松陽講義》等。」然不甚解於文理。則重陸之爲人，而取作《志》之本意可也。重其人，因重其書，以謂志家之所矜式，則耳食矣。《史記·六國年表》：「此與以耳食無異。」余按陸氏《靈壽縣志》十卷。一曰《地理》，《紀事》、《方音》附焉。二曰《建置》，三曰《祀典》，四曰《災祥》，五曰《物産》，六曰《田賦》，七曰《官師》，八曰《人物》。《人物》之中，又分后妃、名臣、仕績、孝義、隱逸、列女。九《選舉》，十《藝文》。而《田賦》、《藝文》分上下卷，《祀典》、《災祥》、《物産》均合於一。則所分卷數，亦無義例者也。其書大率簡略，而《田賦》獨詳，可謂知所重矣。《敘例》皆云：「土瘠民貧，居官者不可紛更聚斂，土著者不可侈靡争競。」尤爲仁人愷悌之言。全書大率以是爲作書之旨，其用心真不愧於古循良吏矣。

篇末以己所陳請於上、有所興廢於其縣者，《三魚堂外集·時務條陳六款》：「直隸真定府靈壽縣，爲諮討利弊，以資故事，以安民生事，略陳一二，以備採擇。一緩徵之宜請也，一墾荒之宜勸也，一水利之宜興也，一積穀之宜廣也，一存留之宜酌復也，一審丁之不宜求溢額也。」及與縣人傅維雲往復論修志凡例終編。《三魚棠集》卷八《靈壽縣志序》：「國學生傅君維橒，綱羅放失舊文，彙輯成篇，具有法度。余取其書稍爲更定，附以管見，分爲十卷。」其興廢條議固切實有用，其論修志例則迂錯而無當矣。余懼世人徇名而忘其實也，不得不辨析於後。如篇首《地理》，附以《方音》可也，附以《紀事》謬矣。《紀事》乃前代大事關靈壽者編年而書，是於一縣之中，如史之有《本紀》者也。《紀事》可附《地理》，則《舜典》可附於《禹貢》，而歷史《本紀》可入《地理志》矣。書事貴於簡而有法，似此依附，簡則簡矣，豈可以爲法乎？《建置》之篇删去坊表，而云所重在人，不在於坊，其説則迂誕也。人莫重於孔子，人之無藉書志以詳亦莫如孔子，以爲所重有在，而志削其文，則《闕里》之志可焚毁矣。坊表之所重在人，猶學校之所重在道也，官署之所重在政也，城池之所重在守也。以爲别有所重而不載，是學校、官廨、城池皆可削去，《建置》一志直可省其目矣。寺觀删而不載，以謂闢邪崇正，亦迂而無當也。《春秋》重興作，凡不當作而作者，莫不詳書，所以示鑒戒也。《左傳·隱元年》：「夏四月，費伯帥師城郎。」《七年》：「夏，城中丘。」如陸氏説，則但須削去其文，以爲闢邪崇正，千百載後，誰復知其爲邪而闢之耶？況寺觀之中，金石可考，逸文流傳，可求古事，不當削者一也。僧道之官，定於國家制度，《大清會典·禮部》：「凡僧官、道官，皆注於籍。京師僧官曰僧録司，正印一人，副印一人，左右善世二人，闡教一人，講經二人，覺義二人。僧官分設各城，凡八處。道官曰道録司一人①，左右正一，二人，演法二人，至靈二人，至義二人。道官分設各城者，凡六處。其分設各城之僧官、道官，各設協理一員。僧官兼善世等銜，道官兼正一等銜。直省僧官，府曰僧綱，州曰僧正，縣曰僧會。惟湖南衡山縣稱僧綱。道官府曰道紀，州曰道正，縣曰道會。惟衡山縣稱道紀。府、州、縣各一人。」所居必有其地，所領必有其徒，不當削者二也。水旱之有祈禱，災荒之有賑濟，棄嬰之有收養，先賢祠墓之有香火，地方官吏多擇寺觀以爲公所，多遴僧道以爲典守，於事大有所賴，往

① 「道録司一人」，《清史稿》同，疑原文有缺。

往見於章奏文移，未嘗害於治體。是寺觀、僧道之類，昔人以崇異端，近日以助官事，正使周孔復生，因勢利導，必有所以區處，未必皆執「人其人而廬其居」也。韓愈《原道》：「人其人，火其書，廬其居。」陸氏以削而不載，示其衛道，何所見之隘乎？《官師》、《選舉》止詳本朝，謂法舊志斷自明初之意，則尤謬矣。舊志不能博考前代，而以明初爲斷，已是舊志之陋，然彼固未嘗取其有者而棄之也。今陸氏明見舊志而删其名姓，其無理不待辨矣。自古諸侯不祖天子，大夫不祖諸侯，見《書武功志後》注。理勢然也。方志諸家於前代帝王、后妃，但當著其出處，不可列爲《人物》。此說前人亦屢議之，而其說訖不能定，其實列《人物》者謬也。姑無論理勢當否，試問《人物》之例，統載古今，方志既以前代帝王、后妃列於《人物》，則修《京兆志》者當以本朝帝、后入《人物》矣，此不問而知其不可。則陸志《人物》之首后妃，殊爲不謹嚴也。

至於篇末與傅維雲議，其初不過所見有偏，及往復再辨，而强辭不准於情理矣。其自云：「名臣言行，如樂毅、曹彬，《史記·樂毅傳》：「樂毅者，其先祖曰樂羊。樂羊爲魏文侯將，伐取中山，魏文侯封樂羊以靈壽。樂羊死，葬於靈壽，其後子孫因家焉。」《宋史·曹彬傳》：「字國華，靈壽人。」章章於正史者，止存其略。」維雲則謂：「三代以上聖賢，事已見經籍者，史遷仍入《史記》；史遷所叙孝武前事，班固仍入《漢書》，見《言公上》注。不以他見而遂略。前人史傳、文集，荒僻小縣，人罕盡見。《藝文》中如樂毅《報燕王書》、《戰國策·燕策》：「昌國君樂毅爲燕昭王合五國之兵而攻齊，下七十餘城，三城未下，而燕昭王死。惠王即位，用齊人反間，樂毅奔趙，趙封以爲望諸君。燕王乃使人讓樂毅，且謝之，望諸君乃使人獻書報燕。」云云。韓維《僖祖廟議》，《宋史·韓億傳》：「韓億，字宗魏，其先真定靈壽人。」「子維。」「初，僖祖主已遷，及英宗祔廟，中書以爲僖祖與稷、契等，不應毀其廟。維言：『太祖戡定大亂，子孫遵業，爲宋太祖，無可議者。僖祖雖爲高祖，然仰迹功業，非有所因，若以所事稷、契事之，懼有所未安，如故便。』王安石方主初議，持不行。」不當刊削。」其説是也。陸氏乃云：「春秋人物莫大於孔子，文章亦莫過於孔子。《左傳》於孔子之事，不如叔向、子産之詳；如成二年載孔子惜繁纓，昭二十年不許琴張弔宗魯，二十九年論刑鼎，定十年相夾谷，哀十一年拒攻太叔。昭五年載叔向不虞楚，六年詒子產書及請逆楚子，十一年料楚靈王及論單子，十三年料楚子干及私釋平子。襄五年載子產能愛鄭國，十年焚載書，二十四年告范宣子輕幣，二十五年獻陳捷於晉及然明論政，二十八年舍不爲壇，三十年料陳必亡及辭政，三十一年壞晉館垣及不毀鄉校，止子皮用尹何，昭元年逐子南及論晉侯之疾，七年辭州田於晉及立良止以安民，十三年爭承，十六年不恥孔張失禮及重環，十七年弗信裨竈，十八年對晉讓登陴，十九年對晉問駟乞立故。

於孔子之文，不如叔向、子產之多。相魯適楚，删《書》正《樂》，事之章章於萬世者，曾不一見。

《史記·孔子世家》：「定公以孔子爲中都宰，一年，四方皆則之。由中都宰爲司空，由司空爲大司寇。定公十年春，及齊平。夏，齊大夫黎鉏言於景公曰：『魯用孔丘，其勢危齊。』乃使使告魯爲好會，會於夾谷。魯定公且以乘車好往。孔子攝相事。」又：「孔子在陳、蔡之間，楚使人聘孔子。孔子將往拜禮，陳、蔡大夫謀曰：『孔子賢者，所刺誠皆中諸侯之疾。今者久留陳、蔡之間，諸大夫所設行皆非仲尼之意。今楚，大國也，來聘孔子。孔子用於楚，則陳、蔡用事大夫危矣。』於是乃相與發徒役圍孔子於野。」又：「魯自大夫以下皆僭離於正道，故孔子不仕，退而修《詩》、《書》、《禮》、《樂》，弟子彌衆，至自遠方，莫不受業焉。」《孝經》、《論語》，《文言》、《繫辭》，昭昭於萬世者，曾不一見。《孝經》、《論語》，見《經解上》①。《文言》、《繫辭》，見《易教上》注。以孔子萬世聖人，不必沾沾稱述於一書，所以尊孔子也。」此則非陸氏之本意，因窮於措辭，故爲大言，以氣蓋人，而不顧其理之安，依然詆毀陽明習氣矣。《三魚堂集》卷二《學術辨上》：「自陽明王氏倡爲良知之說，以禪之實，託儒之名，龍溪、心齋、近溪、海門之徒從而衍之，王氏之學徧天下，幾以爲聖人復起，而古先聖賢下學上達之遺法滅裂無餘。學術壞，而風俗隨之。其弊也，至於蕩軼禮法，蔑視倫常，天下之人恣睢橫肆，不復自安於規矩繩墨之中，而百病交作。」《左傳》乃裁取國史爲之，見《書教上》注。所記皆事之關國家者，義與《春秋》相爲經緯。子產、叔向，賢而有文，又當國最久，故晉、鄭之事多涉二人言行，非故詳也，關一國之政也。孔子不遇於時，惟相定公爲郟谷之會，齊人來歸汶陽之田，是與國事相關，何嘗不詳載乎？《左傳·定十年》：「夏，公會齊侯於祝其，實夾谷。

① 「經解上」下，當補「注」字。

孔丘相。犁彌言於齊侯曰：『孔丘知禮而無勇，若使萊人以兵劫魯侯，必得志焉。』齊侯從之。孔丘以公退，曰：『士，兵之！兩君合好，而裔夷之俘以兵亂之，非齊君所以命諸侯也。裔不謀夏，夷不亂華，俘不干盟，兵不偪好。於神爲不祥，於德爲愆義，於人爲失禮，君必不然。』齊侯聞之，遽辟之。將盟，齊人加於載書曰：『齊師出竟，而不以甲車三百乘從我者，有如此盟。』孔丘使茲無還揖對曰：『而不反我汶陽之田，吾以共命者，亦如之。』齊侯將享公，孔丘謂梁丘據曰：『齊、魯之故，吾子何不聞焉？事既成矣，又享之，是勤執事也。且犧象不出門，嘉樂不野合。響①而既具，是棄禮也；若其不具，用秕稗也。用秕稗，君辱，棄禮，名惡，子盍圖之？夫享，所以昭德也。不昭，不如其已也。』乃不果享。齊人來歸鄆讙龜陰之田以謝過。」其奔走四方，《禮記·檀弓上》：「今丘也，東西南北之人也。」與設教洙泗，《禮記·檀弓上》：「吾與女事夫子於洙泗之間。」事與國政無關。左氏編年附經，其體徑直，非如後史紀傳之體，可以特著《道學》、《儒林》、《文苑》等傳，曲折而書，因人加重者也。雖欲獨詳孔子，其道無由，豈曰以是尊孔子哉？至謂《孝經》、《論語》、《文言》、《繫辭》不入

①「響」字誤，《左傳》作「饗」。

《左傳》亦爲左氏之尊孔子，其曲謬與前説略同，毋庸更辨。第如其所説，以不載爲尊，則《帝典》之載堯、舜，《帝典》，即《堯典》、《舜典》。《禮記·大學》：「《帝典》曰：『克明俊德。』」《謨》、《貢》之載大禹，見《書教上》注。是史臣不尊堯、舜、禹也；《二南》正雅之歌詠文、武，《二南》，《周南》、《召南》也。《詩·周南·關雎詁訓傳第一》陸德明音義曰：「周南，代名。其地在《禹贡》雍州之域，岐山之陽，於漢屬扶風美陽縣。南者，言周之德化，自岐陽而先被南方。故《序》云：『化自北而南也。』《漢廣·序》又云：『文王之道，被於南國。』是也。《羔羊·序》：『鵲巢之功致也，召南之國化文王之政，在位皆節儉正直，德如羔羊也。』」疏：「言南者，總謂六州也。」《小大雅譜》正義曰：「以此二雅，正有文、武、成，變有厲、宣、幽。」是詩人不尊周先王也；孔子删述《詩》、《書》，是孔子不尊二帝三王也。見《書教下》注。其説尚可通乎？且動以孔子爲擬，尤學究壓人故習。試問陸氏修志初心，其視樂毅、曹彬、韓維諸人，豈謂足以當孔子邪？

又引太史公《管晏傳贊》有云：「吾讀《管子》、《牧民》、《山高》、《乘馬》、《輕重》、《九府》，及《晏子春秋》，其書世多有之，是以不論。」可見世所有者，不必詳也。此説稍近理矣。然亦不知司馬氏之微意，蓋重在軼事，《史記·管晏傳贊》：「至其書世多有之，是以不論，論其軼事。」故爲是言。且諸子著書，亦不能盡裁入傳。韓非載其《説難》，又豈因其書爲世所有而不載耶？文入史傳，與入方志《藝文》，其事又異。史傳本記事之文，故裁取須嚴，而方志《藝文》雖爲俗例濫入詩文，然其法既寬，自可裁優而入選也。必欲兩全而無遺憾，余別有義例，此不復詳。

校讎通義注卷一

叙

校讎見《言公下》「禮仇書訟」條注。之義，蓋自劉向父子部次條别，將以辨章學術，考鏡源流。非深明於道術精微、群言得失之故者，不足與此。見《詩教上》注。後世部次甲乙，紀録經史者，見《書教中》注。代有其人，而求能推闡大義，條别學術異同，使人由委溯源，以想見於墳籍見《和州志前志列傳序例上》注。之初者，千百之中，不十一焉。鄭樵生千載而後，慨然有會於向、歆討論之旨，因取歷朝著録，略其魚魯豕亥之細，而特以部次條别，疏通倫類，考其得失之故，而爲之校讎。宋鄭樵《通志·總序》：「册府之藏，不患無書。校讎之司，未聞見法，欲三館無素餐之人，四庫無蠹魚之簡，千章萬卷，日其流通，故作《校讎略》。」蓋自石渠、天禄見《書教上》注。以還，學者所未嘗窺見者也。顧樵生南宋之世，去古已遠，劉氏所謂《七略》、《别録》之書，久已失傳，自注：《唐志》尚存，《宋志》已逸，嗣是不復見矣。青按：《七略》七卷，《通志》著録，《通考》不載，則亡於南宋以後矣。所可推者，獨班固《藝文》一志。而樵書首譏班固，凡所推論有涉於班氏之業者，皆過爲貶駁之辭。見《申鄭》注。蓋樵爲通史，見《釋通》注。而固則斷代爲書，見《書教下》注。两家宗旨自昔殊異，所謂「道不同不相爲謀」，見《横通》注。無足怪也。獨《藝文》爲校讎之所必究，而樵不能平氣以求劉氏之微旨，則於古人大體終似有所未窺。又其議論過於駿利，隋唐史志、甲乙部目亦略涉其藩，而未能推闡向、歆術業，以究悉其是非得失之所在。故其自爲《通志》、《藝文》、《金石》、《圖譜》諸略牴牾錯出，與其所譏前人著録之謬未始徑庭，見《和州志輿地圖序例》注。此不揣本而齊末者之效也。《孟子·告子下》：「不揣其本而齊其末。」又其論求書之法、《通志·校讎略》「求書之道有八論」：「求書之道有八。一曰即類以求，二曰旁類以求，三曰因地以求，四曰因家以求，五曰求之公，六曰求之私，七曰因人以求，八曰因代以求。當不一於所求也。」校書之業見下《校讎條理第七》注。既詳且備，然亦未究求書以前文字如何治察，見《詩教上》注。校書以後圖籍如何法守，凡此皆鄭氏所未遑暇。蓋其涉獵者博，又非專門之精，鉅編鴻制，不能無所疏漏，亦其勢也。今爲折衷諸家，究其源委，作《校讎通義》，總若干篇，勒成一家，庶於學術淵源有所釐別，知言君子或有取於斯焉。

原道第一

宗劉第二

互著第三

別裁第四

辨嫌名第五

補鄭第六

校讎條理第七

著録殘逸第八

藏書第九

原道第一

古無文字。結繩之治,易之書契,聖人明其用曰:「百官以治,萬民以察。」見《書教上》及《詩教上》注。夫爲治爲察,所以宣幽隱而達形名,蓋不得已而爲之,其用足以若是焉斯已矣。理大物博,不可殫也,聖人爲之立官分守,而文字亦從而紀焉。有官斯有法,故法具於官;有法斯有書,故官守其書;有書斯有學,故師傳其學;有學斯有業,故弟子習其業。官守、學業皆出於一,而天下以同文爲治,見《釋通》注。故私門無著述文字。私門無著述文字,則官守之分職,即群書之部次,不復别有著録之法也。

右一之一

後世文字必溯源於六藝。六藝非孔氏之書,乃《周官》之舊典也。見《詩教上》注。《易》掌太卜,《書》藏外史,《禮》在宗伯,《樂》隸司樂,《詩》頌於太師，《春秋》存乎國史。見《易教上》及《原道中》注。夫子自謂「述而不作」，見《易教上》注。明乎官司失守，而師弟子之傳業於是判焉。秦人禁偶語《詩》、《書》，而云「欲學法令者，以吏爲師」。見《原道中》注，其棄《詩》、《書》，非也。其曰「以吏爲師」，則猶官守、學業合一之謂也。由秦人「以吏爲師」之言，想見三代盛時，《禮》以宗伯爲師，《樂》以司樂爲師，《詩》以太師爲師，《書》以外史爲師，三《易》、《春秋》，亦若是則已矣。又安有私門之著述哉？

右一之二

劉歆《七略》，班固删其《輯略》而存其六。顔師古曰：「《輯略》，謂諸書之總要。」按：阮孝緒《七録序》曰：「劉向別集衆録，謂之《別録》。子歆撮其指要，著爲《七略》。一篇即六篇之總最，故以《輯略》爲名。」即師古所本。蓋劉氏討論群書之旨也。此最爲明道之要，惜乎其文不傳，今可見者，唯總計部目之後，條辨流別數語耳。即此數語窺之，劉歆蓋深明乎古人官師合一之道，而有以知乎私門初無著述之故也。何則？其叙六藝而後，次及諸子百家，必云某家者流，蓋出古者某官之掌，其流而爲某氏之學，失而爲某氏之弊。見《原學中》注。其云某官之掌，即法具於官、官守其書之義也。其云流而爲某家之學，即官司失職，而師弟傳業之義也。其云失而爲某氏之弊，即孟子所謂「生心發政，作政害事」，見《和州志藝文書序例》注。辨而别之，蓋欲庶幾於知言之學者也。由劉氏之旨以博求古今之載籍，則著録部次，辨章流别，將以折衷六藝，見《史德》注。宣明大道，不徒爲甲乙紀數之需，亦已明矣。

右一之三

宗劉第二 近人張爾田《劉向校讎學纂微·序》：「實齋之書，折衷諸家，究極源委，有見於官師合一，是其所長。其爲《校讎通義》也，特著《宗劉》一篇，以示學者趨向，可謂有功於向者。顧其意亦但以四部既分，欲人於類别中略附便章之義，如斯而已。至於向之所以爲學，不特語焉未詳，亦且蓄焉而未發，抑其疏矣。」

《七略》之流而爲四部，見《書教上》及《書教中》注。如篆隸之流而爲行楷，《夢溪筆談》卷十七：「古文自變隸，其法已錯亂。後轉爲楷字，愈益訛舛，殆不可考。」皆勢之所不容已者也。史部日繁，不能悉隸以《春秋》家學，按：《漢書·藝文志》凡《國語》、《新國語》、《世本》、《戰國策》、《秦事》、《楚漢春秋》、《太史公書》、馮商所續《太史公》、《太古以來年紀》、《漢著記》、《漢大年紀》等，皆屬於《春秋》家，而晉《中經》以下則經史公録矣。四部之不能返《七略》者一。名、墨諸家，見《詩教上》注。後世不復有其支別，四部之不能返《七略》者二。文集見《文集》注。熾盛，不能定百家九流見《詩教上》注。之名目，四部之不能返《七略》者三。鈔輯之體，既非叢書，

案：薈蕞古人之書，併爲一部，而以己意名之者，始於宋嘉泰間俞鼎孫之《儒學警悟》，咸淳癸西①又有左禹錫之《百川學海》。是爲叢書之祖。然二者雖有叢書之實，而無叢書之名。其更前之《笠澤叢書》則爲唐陸龜蒙個人之詩文集，自序稱爲「叢脞細碎之書」，是雖有叢書之名，而實非叢

①「西」字誤，當作「酉」。

書也。至若名實兼備，始於明程榮之《漢魏叢書》，而繼以《格致叢書》、《唐宋叢書》等。又非類書，見《文集》注。四部之不能返《七略》者四。評點詩文，亦有似别集而實非别集，似總集而又非總集者，見《書教中》注。四部之不能返《七略》者五。凡一切古無今有、古有今無之書，其勢判如天壤，又安得執《七略》之成法，以部次近日之文章乎？然家法不明，著作之所以日下也；部次不精，學術之所以日散也。就四部之成法，而能討論流别，以使之恍然於古人官師合一之故，則文章之病可以稍救，而《七略》之要旨其亦可以有補於古人矣。

右二之一

二十三史見《答客問上》注。皆《春秋》家學也。本紀爲經，而志表傳録，亦如左氏《傳例》之與爲終始發明耳。故劉歆次《太史公》百三十篇於《春秋》之後，而班固《叙例》亦云「作春秋考紀」十二篇，明乎其紹①《春秋》而作也。《前漢書·叙傳七十下》：「起於高祖，終於孝平，王莽之誅，十有二世，二百三十年。綜其行事，旁貫五經，上下洽通，爲春秋考記、表、志、傳，凡百篇。」師古注：「『春秋考紀』，謂帝紀也。而俗之學者不詳此文，可云《漢書》一名《春秋考紀》，蓋失之矣。」則②奉世注：「顔説亦非也。考，成也。言以編年之故，而後成以志、傳，非止於紀也。語兼於天下。」他如儀注乃《儀禮》之支流，《隋書·經籍志》：「儀注之興，其所由來久矣。自君臣父子六親九族各有上下親疏之别，養生送死弔恤賀慶則有進止威儀之數，唐虞已上分之爲三，在周因而爲五。《周官》宗伯所掌吉凶賓軍嘉，以佐王『安邦國』，『親萬民』，而太史『執書以協事』之類，是也。」職官乃《周官》之族屬，《隋書·經籍志》：「古之仕者，名書於所臣之策，各有分職，以相統治。《周官》：冢宰『掌建邦之六典』，而御史『數凡從正者』。然則冢宰總六卿之屬以治其政，御史掌其在位名數先後之次焉。」「編爲職官篇。」則史而經矣。譜牒通於曆數，見《易教上》注。記傳合乎小

① 「紹」，浙江書局及嘉業堂《章氏遺書》本作「繼」。

② 「則」字誤，當作「劉」。

説，則史而子矣。凡此類者即於史部叙録，申明其旨，可使六藝不爲虚器，見《言公中》注。而諸子得其統宗，則《春秋》家學雖謂今日不泯可也。

右二之二

名家者流，後世不傳。得辨名正物之意，則顔氏《匡謬》，丘氏《兼明》之類，見《釋通》注。經解中有名家矣。墨家者流，自漢無傳。得尚儉兼愛之意，則老氏貴嗇，釋氏普度之類，《老子·五十九章》：「治人治天，莫若嗇。」王弼注：「莫若，過也①。嗇，農夫。農人之治山，務去其殊類，歸於齊一也。全其自然，不急其荒病。除其所以荒病，上承天命，下綏百姓，莫過於此。」《無量壽經》：「惟餘『阿彌陀佛』四字，普度衆生。」二氏中有墨家矣。討論作述宗旨，不可不知其流别者也。

右二之三

漢、魏、六朝著述，略有專門之意。至唐、宋詩文之集，則浩如煙海

① 「過也」，今本作「猶莫過也」。

矣。今即世俗所謂唐、宋大家之集論之，見《傳記》注。如韓愈之儒家，見《天喻》注。柳宗元之名家，未詳。蘇洵之兵家，蘇洵《上韓樞密書》：「洵著書無他長，及言兵事，論古今形勢，至自比賈誼。所獻《權書》，雖古人已往成敗之迹，苟深曉其義，施之於今，無所不見。」蘇軾之縱横家，見《博約上》注。王安石之法家，案：「王安石《周禮義·序》云：「道之在政事，其貴賤有位，其後先有序，其多寡有數，其遲數有時。制而用之存乎法，推而行之存乎人。其人足以任官，其官足以行法，莫盛乎成周之時。其法可施於後世，其文有見於載籍，莫具乎《周官》之書。」此王氏所以爲法家歟？皆以生平所得見於文字，旨無旁出，即古人之所以自成一子者也。其體既謂之集，自不得强列以諸子部次矣。因集部之目録而推論其要旨，以見古人所謂「言有物而行有恒」者，見《質性》注。編於叙録之下。則一切無實之華言，牽率之文集，亦可因是而治之，庶幾辨章學術之一端矣。

右二之四

類書自不可稱爲一子，隋、唐以來之編次皆非也。見《文集》注。然類書之體亦有二：其有源委者，如《文獻通考》見《申鄭》注。之類，當附史部故事之後。其無源委者，如《藝文類聚》見下《補鄭第六》注。之類，當附集部總集之後。總不得與子部相混淆。或擇其近似者，附其説於雜家《漢書·藝文志·諸子略·雜家》：「雜家者流，蓋出於議官。兼儒墨，合名法，知國體之有此，見王治之無不貫，此其所長也。及盪者爲之，則漫羨而無所歸心。」之後可矣。

右二之五

鈔書始於葛稚川。見《和州志藝文書序例》注。然其體未雜，後人易識别也。唐後史家，無專門别識，鈔撮前人史籍，不能自擅名家。故《宋志·藝文·史部》創爲「史鈔」一條，《宋史·藝文志》史鈔類七十四部，一千三百二十四卷。亦不得已也。嗣後學術日趨苟簡，無論治經業史，皆有簡約鈔撮之工。其始不過便一時之記憶，初非有意留青，後乃父子授受，師弟傳習。流别既廣，巧法滋多。其書既不能悉畀丙丁，惟有强編甲乙。見《繁稱》注。弊至近日流傳之殘本《説郛》而極矣。見《篇卷》注。其書有經有史，其文或墨或儒。若還其部次，則篇目不全；若自爲一書，則義類難附。凡若此者，當自立「書鈔」名目，附之「史鈔」之後可矣。

右二之六

評點之書，其源亦始鍾氏《詩品》，劉氏《文心》。見《文理》注。然彼則有評無點，且自出心裁，發揮道妙，又且離詩與文而別自爲書，信哉其能成一家言矣。自學者因陋就簡，杜瑛《遺執政書》：「執事者因陋就簡，此焉自務，良可惜哉！」即古人之詩文而漫爲點識批評，庶幾便於揣摩誦習。而後人嗣起，囿於見聞，不能自具心裁，深窺古人全體，作者精微。以致相習成風，幾忘其爲尚有本書者，末流之弊，至此極矣。然其書具在，亦不得而盡廢之也。且如《史記》百三十篇，正史已登於録矣。見《書教下》注。明茅坤、歸有光等妄加評點[①]，見《文理》[②]。是所重不在百三十篇，而在點識批評矣，豈可復歸正史類乎？謝枋得之《檀弓》，蘇洵之《孟子》，孫鑛之《毛詩》，豈可復歸經部乎？《批點檀弓》二卷，舊本題宋謝枋得撰。《蘇批孟子》二卷，舊本題宋蘇洵評。孫礦[③]，字月峰，明萬曆時人，有《月峰評經》。凡若此者，皆是論文之末流，品藻之下乘，豈復有通經習史之意乎？編書至此，不必更問經、史部次，子、集偏全，約略篇章，附於文史評之下，庶乎不失論辨流别之義耳。

右二之七

凡四部之所以不能復《七略》者，不出以上所云。然則四部之與《七略》，亦勢之不容兩立者也。《七略》之古法終不可復，而四部之體質又不

① 「歸有光等妄加評點」，粤雅堂本《校讎通義》及浙江書局《章氏遺書》本作「歸有光輩復加點識批評」，浙江書局《章氏遺書》本作「歸有光壞復加點識批評」。

② 「文理」下，當補「注」字。

③ 「孫礦」誤，當作「孫鑛」。正文不誤。

可改，則四部之中，附以辨章流別之義，以見文字之必有源委，亦治書之要法。而鄭樵顧删去《崇文》叙録，《通志·校讎略》：「《崇文總目》出新意，每書之下，必著説焉。據標類自見，何用更爲之説也？已自繁矣，何用一一説焉？至於無説者，或後書與前書不殊者，則强爲之説，使人意怠。」乃使觀者如閲甲乙簿注，而更不識其討論流別之義焉，烏乎可哉？

右二之八

互著第三

古人著録，不徒爲甲乙部次計。如徒爲甲乙部次計，則一掌故見《書教上》注。令史足矣，何用父子世業，閲年二紀，僅乃卒業乎？見《黠陋》注。蓋部次流別，申明大道，叙列九流百氏之學，使之繩貫珠聯，無少缺逸，欲人即類求書，因書究學。至理有互通，書有兩用者，未嘗不兼收並載，初不以重複爲嫌。其於甲乙部次之下，但加互注，以便稽檢而已。古人最重家學。叙列一家之書，凡有涉此一家之學者，無不窮源至委，竟别其流，所謂著作之標準，群言之折衷也。如避重複而不載，則一書本有兩用而僅登一録，於本書之體，既有所不全。一家本有是書而缺而不載，於一家之學，亦有所不備矣。

右三之一

劉歆《七略》亡矣，其義例之可見者，班固《藝文志》注而已。自注：班固自注，非顔注也。《七略》於兵書權謀家有《伊尹》、《太公》、《管子》、《荀卿子》、自注：《漢書》作《孫卿子》。青案：《漢書·藝文志·兵書略·兵權謀家》班固自注：「省《伊尹》、《太公》、《筦子》、《孫卿子》、《鶡冠子》、《蘇子》、《蒯通》、《陸賈》、《淮南王》三①百五十九種。」《鶡冠子》、《蘇子》、《蒯通》、《陸賈》、《淮南王》九家之書，而儒家復有

① 「三」，《漢書》作「二」。

《荀卿子》、《陸賈》二家之書，案：《漢書・藝文志・諸子略・儒家》：「《孫卿子》三十三篇」，「《陸賈》二十三篇」。道家復有《伊尹》、《太公》、《筦子》、《鶡冠子》四家之書，案：《漢書・藝文志・諸子略・道家》：「《伊尹》五十一篇」，「《太公》二百三十七篇，《謀》八十篇，《言》七十一篇，《兵》八十五篇」，「《筦子》八十六篇」，「《鶡冠子》一篇」。縱横家復有《蘇子》、《蒯通》二家之書，案：《漢書・藝文志・諸子略・縱横家》：「《蘇子》三十一篇」，「《蒯子》五篇」。雜家復有《淮南王》一家之書。案：《漢書・藝文志・諸子略・雜家》：「《淮南内》二十一篇，《淮南外》三十三篇。」兵書技巧家有《墨子》，而墨家復有《墨子》之書。案：《漢書・藝文志・兵書略・兵技巧》班固自注：「省《墨子》重。」《諸子略・墨家》：「《墨子》七十一篇。」惜此外之重複互見者，不盡見於著録，容有散逸失傳之文。然即此十家之一書兩載，則古人之申明流别，獨重家學，而不避重複著録，明矣。自班固併省部次，而後人不復知有家法，乃始以著録之業專爲甲乙部次之需爾。鄭樵能譏班固之胸無倫次，《通志・校讎略》：「揚雄所作之書，劉氏蓋未收，而班氏始出，若之何？以《太玄》、《法言》、《樂箴》三書合爲一總，謂之『揚雄雄所序三十八篇』，入於《儒家類》。按《儒家》舊有五十二種，固新出一種，則揚雄之三書也。且《太玄》，《易》類也。《法言》，諸子也。《樂箴》，雜家也。奈何合而爲一家？是知班固胸中元無倫類。而不能申明劉氏之家法，以故《校讎》一略，工訶古人而拙於自用。即矛陷盾，見《和州志前志列傳序例下》注。樵又無詞以自解也。

右三之二

著録之創爲《金石》、《圖譜》二略，與《藝文》並列而爲三，自鄭樵始也。案：《通志》有《藝文略》、《圖譜略》、《金石略》。就三略而論之，如《藝文》經部有《三字石經》、《一字石經》、《今字石經易篆》、《石經鄭玄尚書》之屬凡若干種，《通志·藝文略》經部有《石經周易》十卷，《今字石經易篆》三卷，《一字石經周易》一卷，《今字石經鄭元尚書》八卷，《今字石經尚書本》五卷，《一字石經尚書》六卷，《三字尚書石經》九卷，《一字石經魯詩》六卷，《今字石經毛詩》三卷，《石經毛詩》二十卷，《一字石經春秋》一卷，《三字石經春秋》三卷，《三字石經左氏古篆書》十二卷，《今字石經左傳經》十卷，《一字石經公羊傳》九卷，《一字石經儀禮》九卷，《今字石經儀禮》四卷。而《金石略》中無石經。豈可特著《金石》一略而無石經乎？諸經史部内所收圖譜，與《圖譜略》中互相出入，全無倫次。以謂鉅編鴻制，不免牴牾，抑亦可矣。如《藝文·傳記》中之「祥異」一條所有《地動圖》、《瑞應翎毛圖》之類，「名士」一條之《文翁學堂圖》、「忠烈」一條之《忠列圖》等類，俱詳載《藝文》而不入《圖譜》，此何説也？《通志·藝文略·史類·傳記》中「祥異」條有《符瑞圖》十卷，《祥瑞圖》八卷，《張掖郡玄石圖》一卷，《瑞應圖記》三卷，《祥瑞圖》十卷，《災異圖》一卷，《地動圖》一卷，《瑞應翎毛圖》一卷。「名士」條有《益州文翁學堂圖》一卷。「忠烈」條有《忠烈圖》一卷。蓋不知重複互注之法，則遇两歧牽掣之處，自不覺其牴牾錯雜，百弊叢生。非特不能希蹤古人，即僅求寡過，亦已難矣。

右三之三

若就書之易淆者言之，經部《易》家與子部之五行、陰陽家相出入，樂家與集部之樂府、子部之藝術相出入，小學家之書法與金石之法帖相出入，史部之職官與故事相出入，譜牒與傳記相出入，故事與集部之詔奏議相出入，集部之詞曲與史部之小説相出入，子部之儒家與經部之經解相出入，史部之食貨與子部之農家相出入，非特如鄭樵之所謂傳記、雜家、小説、雜史、故事五類，與詩話、文史之二類，易相紊亂已也。《通志·校讎略》：「古文編書，所不能分者五：一曰傳記，二曰雜家，三曰小説，四曰雜史，五曰故事。凡此五類之書，足相紊亂。又如文史與詩話，亦能相濫。」若就書之相資者而論，《爾雅》與《本草》之書相資爲用，地理與兵家之書相資爲用，譜牒與歷律之書相資爲用，不特如鄭樵之所謂「性命之書求之道家，小學之書求之釋家，《周易》藏於卜筮，《洪範》藏於五行」已也。《通志·校讎略》：「凡性命道德之書，可以求之道家。小學文字之書，可以求之釋氏。如？《素履子》、《玄真子》、《尹子》、《鬻子》之類，道家皆有。如《蒼頡篇》、《龍龕手鑑》、郭遷《音訣圖》、《字母》之類，釋氏皆有。《周易》之書多藏於卜筮家，《洪範》之書多藏於五行家。且如邢璹《周易略例正義》，今《道藏》有之。京房《周易飛伏例》，卜筮家有之。此之謂旁類以求。」書之易混者，非重複互注之法無以免後學之牴牾；書之相資者，非重複互注之法無以究古人之源委。一隅三反，見《文理》注。其類蓋亦廣矣。

右三之四

別類叙書，如列人爲傳，重在義類，不重名目也。班、馬列傳家法，人事有兩關者，則詳略互載之。如子貢在《仲尼弟子》爲正傳，見《史記》。其入《貨殖》，則互見也。《儒林傳》之董仲舒、王吉、韋賢，既次於經師之篇，而別有專傳。見《和州志前志列傳序例中》注。蓋以事義標篇，人名離合其間，取其發明而已。部次群書，標目之下，亦不可使其類有所闕，故詳略互載，使後人溯家學者，可以求之無弗得，以是爲著録之義而已。自列傳互詳之旨不顯，而著録亦無復有互注之條，以至《元史》之一人兩傳，《日知録》卷二十六「元史」：「《元史·列傳》八卷速不台，九卷雪不台，一人作兩傳。十八卷完者都，十九卷完者拔都，亦一人作兩傳。」《陔餘叢考》：「《直脱兒傳》即詳載其從子匆剌出矣，乃後又有《阿剌出傳》。《杭忽思傳》即詳叙其子阿塔赤矣，乃後又有阿答赤矣。」諸史《藝文志》之一書兩出，例見下《辨嫌名第五》。則弊固有所開也。

右三之五

別裁第四

《管子》，道家之言也，劉歆裁其《弟子職》篇入小學。七十子所記百三十一篇，《禮經》所部也，劉歆裁其《三朝記》篇入《論語》。蓋古人著書，有採取成説，襲用故事者。自注：如《弟子職》必非管子自撰，《月令》必非呂不韋自撰，皆所謂採取成説也。青案：《漢書·藝文志·諸子略·道家》：「《管子》八十六篇。」《六藝略·孝經》：「《弟子職》一篇。」應劭曰：「管仲所作，在《管子》書。」《六藝略·禮》：「《記》百三十一篇。」《論語》：「《孔子三朝記》十篇。」《別録》曰：「今在《大戴禮》。」其所採之書，別有本旨；或歷時已久，不知所出；又或所著之篇，於全書之内，自爲一類者。並得裁其篇章，補苴部次，別出門類，以辨著述源流。至其全書，篇次具存，無所更易，隸於本類，亦自兩不相妨。蓋權於賓主重輕之間，知其無庸互見者，而始有裁篇别出之法耳。

《夏小正》在《戴記》之先，而《大戴記》收之，則時令而入於《禮》矣。

右四之一

《孔叢子》之外，而《孔叢子》合之，則小學而入於子矣。《小爾雅》在《孔叢子》之外，而《孔叢子》合之，則小學而入於子矣。

案：《夏小正》在《大戴記》第四十七篇。《夏小正》屬時令，《大戴記》屬禮。《書録解題·小學類》：「《小爾雅》一卷，《漢①》有此書，亦不著名氏。《唐志》有李軌②解一卷，今《館閣書目》云孔鮒撰。蓋《孔叢子》第十一篇也。曰廣詁、廣言、廣訓、廣義、廣名、廣服、廣器、廣物、廣鳥、廣獸，凡十章。又度、量、衡③爲十三章。當時好事者抄出别行。」近人錢大昕曰：「李善《文選》注引《小爾雅》皆作《小雅》。此書依附《爾雅》而作，本名《小雅》，後人僞造《孔叢》，以此篇竄入，因有《小爾雅》之名，失其舊矣。」然《隋書》未嘗不别出《小爾雅》以附《論語》，《文獻通考》未嘗不

---

① 「漢」字下，《直齋書録解題》有「志」字。

② 「李軌」誤，《直齋書録解題》作「李軌」。

③ 「度量衡」，《直齋書録解題》作「廣量衡」。按《小爾雅》第十一至十三章爲廣度、廣量、廣衡，《直齋書録解題》原文有誤，當作「廣度量衡」爲是。葉注改「廣」爲「度」，亦是。

別出《夏小正》以入時令，而《孔叢子》、《大戴記》之書又未嘗不兼收而並録也。《隋書·經籍志·論語類》：「《小爾雅》一卷。」《文獻通考·時令》：「《夏小正傳》四卷。」然此特後人之幸而偶中，或《爾雅》、《小正》之篇有別出行世之本，故亦從而別載之爾。非真有見於學問流別，而爲之裁制也。不然，何以本篇之下不標子注，見《史注》注。申明篇第之所自也哉？

右四之二

辨嫌名第五見《經解上》注。

部次有當重複者，有不當重複者。《漢志》以後，既無互注之例，則著録之重複大都不關義類，全是編次之錯謬爾。篇次錯謬之弊有二：一則門類疑似，一書兩入也。一則一書兩名，誤認二家也。欲免一書兩入之弊，但須先作長編，見《答客問下》注。取著書之人與書之標名，按韻編之，詳注一書源委於其韻下。至分部別類之時，但須按韻稽之，雖百人共事，千卷雷同，可使疑似之書一無犯複矣。至一書兩名、誤認二家之弊，則當深究載籍，詳考史傳，並當歷究著録之家，求其所以同異兩稱之故，而筆之於書。然後可以有功古人，而有光來學耳。

右五之一

《太史公》百三十篇，今名《史記》。見《繁稱》注。《戰國策》三十三篇，初名《短長語》。見《繁稱》「一書兩名」條注。《老子》之稱《道德經》，見《經解中》注。《莊子》之稱《南華經》，見《經解中》注。《屈原賦》之稱《楚詞》。《史記·屈原列傳》：「楚有宋玉、唐勒、景差之徒者，皆好辭而以賦見稱，然皆祖屈原之從容辭令，終莫敢直諫。」王逸《楚辭章句·序》：「劉向典校經書，分《楚辭》爲十六卷。」蓋古人稱名朴，而後人入於華也。自漢以後，異名同實，文人稱引，相爲弔詭見《繁稱》注。者蓋不少矣。《白虎通德論》删去「德論」二字，見《釋通》注。《風俗通義》删去「義」字，見《釋通》注。《世説新語》删去「新語」二字，《唐書·經籍志·丙部·子録·小説家》：「《世説》八卷，劉義慶撰。」《四庫全書總目提要》：「黄伯思《東觀餘論》謂《世説》之名肇於劉向，其書已亡，故義慶所集名《世説新書》。段成式《昌①陽雜俎》引王敦澡豆事尚作《世説新書》，可證。不知何人改爲《新語》，蓋近世所傳，然相沿已久，不能復正矣。」《淮南鴻烈解》删去「鴻烈解」而但曰《淮南子》。見《言公上》注。《吕氏春秋》有十二紀、八覽、六論，不稱《吕氏春秋》而但曰《吕覽》。見《詩教下》及《言公上》注。蓋書名本全，而援引者從簡略也。此亦足以疑誤後學者已。鄭樵精於校讎，然《藝文》一略既有《班昭集》，而復有《曹大家集》，《通志·藝文略》文類有《班昭集》三卷，又有《曹大家集》二卷。則一人而誤爲二人矣。晁公武善於考據，然《郡齋》一志，張君房《脞説》而題爲張唐英，晁公武《郡齋讀書記》：「《搢紳脞説》二十卷，皇朝張唐英君房撰。」盧氏《群書拾補》：「張唐英，字次功，是張商英天覺兄。張君房乃别一人，晁誤認爲一人，而以《名臣傳》、《蜀檮杌》皆歸之京房，誤甚。」則二人而誤爲一人矣。此則人名

① 「昌」字誤，當作「酉」。

字號之不一，亦開歧誤之端也。然則校書著録，其一書數名者，必當歷注互名於卷帙之下，一人而有多字號者，亦當歷注其字號於姓名之下，庶乎無嫌名歧出之弊矣。

右五之二

補鄭第六

鄭樵論書有名亡實不亡，其見甚卓。然亦有發言太易者，如云：「鄭玄《三禮目録》雖亡，可取諸三《禮》。」《通志·校讎略》：「書有亡者，有雖亡而不亡者，有不可以不求者，有不可求者。《文言略例》雖亡，而《周易》具在。《漢魏吴晉鼓吹曲》雖亡，而《樂府》具在。《三禮目録》雖亡，可取諸三《禮》。《十三代史目録》雖亡，可取諸十三代史。凡此之類，名雖亡而實不亡者也。」則今按以《三禮》正義，其援引鄭氏《目録》多與劉向篇次不同，鄭玄《禮記目録》：「《曲禮》上下第一第二，此於《别録》屬制度。」「《檀弓》上下第三第四，此於《別録》爲通論。」「《王制》第五，此於《別録》屬制度。」「《月令》第六此於《別録》屬明堂陰陽記。」「《曾子問》第七，此於《別録》屬喪服。」「《文王世子》第八，此於《別録》屬世子法。」「《禮運》第九，此於《別録》屬通論。」「《禮器》第十，此於《別録》屬制度。」「《郊特牲》第十一，此於《別録》屬祭祀。」「《内則》第十二，此於《別録》屬子①。」「《玉藻》第十三，此於《別録》屬通論。」「《明堂位》第十四，此於《別録》屬明堂陰陽。」「《喪服小記》第十五，此於《別録》屬喪服。」「《大傳》第十六，此於《別録》屬通論。」「《少儀》第十七，此於《別録》屬制度。」「《學記》第十八，此於《別録》屬通論。」「《樂記》第十九，此於《別録》屬樂記。」「《雜記》上下第二十第二十一，此於《別録》屬喪服。」「《喪大記》第二十二，此於別録屬喪服。」「《祀法》第二十三，此於別録屬祭祀。」「《祀義》第二十四，此於《別録》屬祭祀。」「《祭統》第二十五，此於《別録》屬祭祀。」「《經解》第二十六，此於《別録》屬通論。」「《哀公問》第二十七，此於《別録》屬通論。」「《仲尼燕居》第二十八，此於《別録》屬通論。」「《孔子閒居》第二十九，此於《別録》屬通論。」「《坊記》第三十，此於《別録》屬通論。《中庸》第三十一，此於《別録》屬通論。《表記》三十二，此於《別録》屬通論。」「《緇衣》第三十三，此於《別録》屬通論。」「《奔喪》第三十四，此於《別録》屬喪服。」「《問喪》第三十五，此於《別録》屬

①「子」字下，《禮記正義》孔疏引鄭《目録》有「法」字，當補。

喪服。」「《服問》第三十六，此於《别録》屬喪服。」「《間傳》第三十七，此於《别録》屬喪服。」「《三年問》第三十八，此於《别録》屬喪服。」「《深衣》第三十九，此於《别録》屬制度。」「《投壺》第四十，此於《别録》屬吉事。」「《儒行》第四十一，此於《别録》屬通論。」「《大學》第四十二，此於《别録》屬通論。」「《冠義》第四十三，此於《别録》屬吉事。」「《昏義》第四十四，此於《别録》屬吉事。」「《鄉飲酒義》第四十五，此於《别録》屬吉事。」「《射義》第四十六，此於《别録》屬吉事。」「《燕義》第四十七，此於《别録》屬吉事。」「《聘義》第四十八，此於《别録》屬吉事。」「《喪服四制》第四十九，此於《别録》屬喪服。」是當日必有説矣，而今不得見也，豈可曰取之三《禮》乎？又曰：「《十三代史目》雖亡，可取諸《十三代史》。」《通志·藝文略》：「《十三代史》叙《史記》、前後《漢》、《三國志》、晉、宋、齊、梁、陳、後魏、北齊、後周、隋十三代。」案：《宋史·藝文志》有《十三代史選》五十卷①，注：「不知作者。」考《藝文》所載《十三代史目》有唐宗諫及殷仲茂两家，宗諫之書凡十卷，仲茂之書止三卷，詳略如此不同，其中亦必有説，豈可曰取之《十三代史》而已乎？其餘所論，多不出此。若

① 「五十卷」，見《宋史·藝文志二》。《宋史·藝文志六》又重出《十三代史選》三十卷一種，亦注「不知作者」。

求之於古而不得，無可如何，而旁求於今有之書，則可矣；如云古書雖亡而實不亡，談何容易耶？見《答客問中》注。

右六之一

若求之於古而不得，無可如何，而求之今有之書，則又采輯補綴之成法，不特如鄭樵所論已也。昔王應麟以《易》學獨傳王弼，《尚書》止存僞《孔傳》，乃采鄭玄《易》注、《書》注之見於群書者，爲《鄭氏周易》、《鄭氏尚書》注。又以四家之《詩》，獨《毛傳》不亡，乃采三家《詩》説之見於群書者爲《三家詩考》。案：王應麟《玉海》有《周易鄭注》一卷。《宋史·藝文志》有王應麟《詩考》五卷。嗣後好古之士踵其成法，往往綴輯逸文，搜羅略遍。今按緯候之書往往見於《毛詩》、《禮記》注疏及《後漢書》注，如《毛詩·大雅·卷阿》正義、《禮記·禮運》正義、《後漢書·光帝紀①》引《尚書中候》，《詩譜序》正義、《後漢書·曹褒傳》注②

① 「光帝紀」誤，當作「光武帝紀」。

② 「注」字與下行「尚書緯刑德放」之「書」字誤倒，今乙正。

引《尚書緯・璇璣鈐》,《禮記・月令》正義、《後漢書・馮衍傳》注引《尚書緯・考靈曜》,《毛詩・魯頌・閟宫》正義引《尚書緯・刑德放》,是也。**漢魏雜史往往見於《三國志》注,**《廿二史考異》:「松之所引書凡五十餘種。謝承《後漢書》,司馬彪《續漢書》、《九州春秋》、《戰略》、《序傳》,張璠《漢紀》,袁暐《獻帝春秋》,孫思光《獻帝春秋》,袁宏《漢紀》,習鑿齒《漢晉春秋》,孔衍《漢魏春秋》、華嶠《漢書》,《靈帝紀》,《獻帝紀》,《獻帝起居注》,《山陽公載記》,《三輔決録》,《獻帝傳》,《漢書地理志》,《續漢書郡國志》,蔡邕《明堂論》,《漢末名士録》,《先賢行狀》,《汝南先賢傳》,《陳留耆舊傳》,《零陵先賢傳》,《楚國先賢傳》,荀綽《冀州記》,《襄陽記》,《英雄記》,王沈《魏書》,夏候①湛《魏書》,陰澹《魏紀》,魏文帝《典論》,孫盛《魏世譜》,孫盛《魏氏春秋》,《魏略》,《魏世譜》,《魏武故事》,《魏名臣奏》,《魏末傳》,吴人《曹瞞傳》,魚氏《典略》,王隱《蜀記》,《益都耆舊傳》,《益都耆舊雜記》,《華陽國志》,《蜀本紀》,汪隱《蜀記》,郭仲記《諸葛五事》,郭頒《魏晉世語》,孫盛《蜀世譜》,韋曜《吴書》,胡沖《吴歷》,張勃《吴録》,虞溥《江表傳》,《吴志》,環氏《吴紀》,虞預《會稽典録》,王隱《交廣記》,王隱《晉書》,虞預《晉書》,干寶《晉紀》,《晉陽秋》,傅暢《晉諸公贊》,陸機《晉惠帝起居注》,《晉泰始起居注》,《晉百官表》,《晉百官名》,《太康三年地理

① 「候」字誤,當作「侯」。

記》，《帝王世紀》，《河圖括地象》，皇甫謐《逸士傳》，《列女傳》，張隱《文士傳》，虞喜《志林》，陸氏《異林》，陸氏①荀勗《文章叙録》，《文章志》，《異物志《博物記》，《列異傳》，《高士傳》，《文士傳》，孫盛《雜語》，孫盛《雜記》，孫盛《同異評》，徐衆《三國評》，《袁子》，《傅子》，干寶《搜神記》，葛洪《抱朴子》，葛洪《神仙傳》，衛恒《書勢序》，張儼《默記》，殷基《通語》，顧禮《通語》，摯虞《決疑》，《曹公集》，《孔融集》，《傳②咸集》，《稽康集》，《高貴鄉公集》，《諸葛亮集》，《王朗集》，庾闡《揚都賦》，《孔氏譜》，《庾氏譜》，《孫氏譜》，《嵇氏譜》，《劉氏譜》，《王氏譜》，《郭氏譜》，《陳氏譜》，《諸葛氏譜》，《崔氏譜》，《華嶠譜叙》，《袁氏世紀》，《鄭元別傳》，《荀彧別傳》，《禰衡傳》，《荀氏家傳》，《邴原別傳》，《程曉別傳》，《王弼傳》，《孫資別傳》，《曹志別傳》，《陳思王傳》，《王朗家傳》，《何氏家傳》，《裴氏家記》，《劉廙別傳》，《任昭別傳》，《鍾會別傳》，《虞翻別傳》，《趙雲別傳》，《費禕別傳》，《華佗別傳》，《管輅別傳》，《諸葛恪傳》，何邵作《王弼傳》，繆襲撰《仲長統昌言表》，傅元撰《馬先生序》，《會稽邵氏家傳》，陸機作《顧譚傳》，《陸氏世頌》，《陸氏祀堂象贊》，陸機所作《陸遜銘》，《機雲別傳》，蔣濟《萬機論》，陸機《辨亡論》。凡此所引書，皆注出書名，可見其採輯之博

① 「陸氏」二字衍。
② 「傳」字誤，當作「傅」。

矣。摯虞《流別》及《文章志》往往見於《文選》注，如班叔皮《北征賦》、曹大家《東征賦》、張平子《南都賦》注，均引摯虞《流別論》。木玄虛《海賦》、應吉甫《華林圖①集詩》、應璩《百一詩》、繆熙伯《挽歌詩》注，均引《文章志》。六朝詩文集多見採於《北堂書鈔》、《藝文類聚》，如《郭瑾②集》《山海經圖贊》下《大荒東經·東海外如壑③》採自《北堂書鈔》一百五十八，齊《王長集④·擬風賦》採自《藝文類聚》一，《應竟陵王教桐樹賦》採自《藝文類聚》八十八。《舊唐書·經籍志·丙部·類事》：「《藝文類聚》一百卷，歐陽詢等撰。《北堂書抄》一百七十三卷，虞世南撰。」案：《直齋書録解題》：《書抄》作一百六十卷。唐人載籍多見採於《太平御覽》、《文苑英華》。《直齋書録解題》卷十四：「《太平御覽》一千卷，翰林學士李昉、扈蒙等撰。本號《太平總類》，太平興國二年受詔，八年書成，改名《御覽》。或言：國初古書多未亡，以《御覽》所引用書名故也。」《宋史·藝文志·藝文八》：「宋白《文苑英華》一千卷，目五十卷。」

① 「圖」字誤，當作「園」。
② 「郭瑾」誤，當作「郭璞」。
③ 「東海外如壑」，疑當作「東海外大壑赞」。
④ 「王長集」，當作「王融集」。

一隅三反，見《文理》注。充類求之，《孟子·萬章上》：「充類至義之盡也。」古逸之可採者多矣。

右六之二

鄭樵論：「書有不足於前朝，而足於後世者」，以爲：「《唐志》所得舊書，盡《梁書》卷帙而多於隋。」謂唐人能按王儉《七志》、阮孝緒《七録》以求之之功，是則然矣；《通志·校讎略》：「古之書籍有不足於前朝而足於後世者，觀《唐志》所得舊書盡梁書卷帙而多於隋，蓋梁書至隋所失已多，而卷帙不全者又多。唐人按王儉《七志》、阮孝緒《七録》搜訪圖書，所以卷帙多於隋，而復有多於梁者。如《陶潛集》，梁有五卷，隋有九卷，唐乃有二十卷。諸書如此者甚多，孰謂前代亡書不可備於後代乎？」但竟以卷帙之多寡，定古書之全缺，則恐不可盡信也。且如應劭《風俗通義》，劭自序實止十卷，《隋書》亦然，至《唐志》乃有三十卷，又非有疏解家爲之離析篇第，其書安所得有三倍之多乎？然今世所傳《風俗通義》乃屬不全之書，豈可遽以卷帙多寡定書之全不全乎？見《釋通》注。案：應劭《自序》祇云十卷，而《隋志》

乃作三十一卷，《唐志》三十卷，《文獻通考》惟存十卷。或後人見此書散佚，祇據現存成數爲説，並序文改之耳。

右六之三

校讎條理第七

鄭樵論求書遣官、校書久任之説，《通志・校讎略》：「求書之官不可不遣，校書之任不可不專。漢除挾書之律、開獻書之路久矣，至成帝時遣謁者神農①求遺書於天下，遂有《七略》之藏。隋開皇間，奇章公請分遣使人搜訪異本，後嘉則殿藏書三十七萬卷。禄山之變，尺簡無存。乃命苗發等使江淮括訪，至文宗朝遂有十二庫之書。唐之季年，猶遣監察史諸道搜求遺書。知古人求書欲廣，必遣官焉，然後山林藪澤可以無遺。司馬遷世爲史官，劉向父子校讎天禄，虞世南、顔師古相繼爲祕書監，令狐德棻三朝當修史之任，孔穎達一生不離學校之官。若欲

① 「神農」誤，《漢書・藝文志》作「陳農」。

圖書之備，文物之興，則校讎之官豈可不久其任哉？」真得校讎之要義矣。顧求書出於一時，而求之之法亦有善與不善，徒曰遣官而已，未見奇書秘策之必無遺逸也。夫求書在一時，而治書在平日。求書之要，即鄭樵所謂其道有八，見《校讎通義·序》注。無遺議矣。治書之法，則鄭樵所未及議也。古者同文稱治，見《詩教上》注。漢制：「吏民上書，字或不正，輒舉劾。」見《説林》注。蔡邕正定石經，以謂四方之民至有賄改蘭台漆書，以合私家文字者。是當時郡國傳習，容有與中書不合者矣。見《和州志前志藝文書序例·例志》注。然此特就小學字體言之也。若紀載傳聞，《詩》、《書》雜誌，真訛糾錯，疑似兩淆；又書肆説鈴，《法言·吾子》：「好書而不要諸仲尼，肆也。好説而不見諸仲尼，説鈴也。」注：「鈴以喻小聲，猶小説不合大雅。」識大識小，見《答問》注。歌謡風俗，或正或偏；其或山林枯槁，專門名家，薄技偏長，稗官脞説；稗、脞皆訓小，猶言小官、小説。其隱顯出没，大抵非一時徵求所能彙集，亦非一時討論所能精詳。凡若此者，並當於平日責成州縣學校師儒講習，考求是正，著爲録籍，略如人户之有版圖。載筆之士，見《原道下》注。果能發明道要、自致不朽、願託於官者，聽之。如是則書掌於官，不致散逸，其便一也。事有稽檢，則奇衺不衷之説，見《詩教上》注。淫詖邪蕩之詞，無由伏匿以干禁例，其便二也。求書之時，按籍而稽，無勞搜訪，其便三也。中書不足，稽之外府；外書訛誤，正以中書。交互爲功，同文稱盛，其便四也。此爲治書之要，當議於求書之前者也。自注：書掌於官，私門無許自匿著述，最爲合古。然數千年無行之者，一旦爲之，亦自不易。學官難得通人，館閣校讎未必盡是，向、歆一流不得其人，則窒礙難行，甚或漸啟挾持詐詐、騷擾多事之漸，則不但無益而有損矣。然法固待人而行，不可因一時難行而不存其説也。

右七之一

校書宜廣儲副本。劉向校讎中秘，有所謂「中書」，有所謂「外書」，有所謂「太常書」，有所謂「太史書」，有所謂「臣向書」、「臣某書」。如《晏子書録》云：「所校中書《晏子》十一篇，臣向謹與長社尉臣參校讎。太史書五篇，臣向書一篇，參書十三篇。」《管子書録》云：「所校讎中《管子》書三百八十九篇，大中大夫卜圭書二十七篇，臣富參書四十一篇，射聲校尉立書十一篇，太史書九十六篇。」《關尹子書録》云：「所校中祕書《關尹子》九篇，臣向校讎太常存七篇，臣向本九篇。」《列子書録》云：「所校中書《列子》五篇，臣向謹與長社尉臣參校讎，太常書三篇，太史書四篇，臣向書六篇，臣參二篇。」《鄧析子書録》云：「中《鄧析子》書四篇，臣叙書一篇。」夫中書與太常、太史，則官守之書不一本也。外書與臣向、臣某，則家藏之書不一本也。夫博求諸本，乃得讎正一書，則副本固將廣儲以待質也。夫太常領博士，《後漢書·百官志》：「太常卿每選試博士，奏其能否。」今之國子監也。太史掌圖籍，《史記·自序》：「秦撥去古文，焚滅《詩》《書》，故明堂、石室、金匱、玉版，圖籍散亂。」「漢興，百年之間，天下遺文古事靡不畢集太史公。」今之翰林院也。凡官書不特中秘天子之書也。書言中祕，以別於外耳。之謂也。

右七之二

古者校讎書，終身守官，父子傳業，故能討論精詳，有功墳典。見《書教上》注。而其校讎之法，則心領神會，無可傳也。近代校書不立專官，衆手爲之，限以程課，畫以部次，蓋亦勢之不得已也。校書者既非專門之官，又非一人之力，則校讎之法不可不立也。竊以典籍浩繁，聞見有限，在博雅者且不能悉究無遺，況其下乎？以謂校讎之先，宜盡取四庫見《書教中》注。之藏，中外之籍，擇其中之人名地號，官階書目，凡一切有名可治，有數可稽者，略倣《佩文韻府》《四庫全書明目録・子部・類書類》：「《御定佩文韻府》四百四十四卷，康熙四十三年奉勅撰。以《韻府群玉》、《五車韻瑞》所已載者列前，而博徵典籍，補所未備，列於後。並以經史子集爲次。」之例，悉編爲韻。乃於本韻之下，注明原書出處及先後篇第，自一見、再見以至數千百，皆詳注之，藏之館中，以爲群書之總類。至校書之時，遇有疑似之處，即名而求其編韻，因韻而檢其本書，參互錯綜，即可得其至是。此則淵博之儒窮畢生年力而不可究殫者，今即中才校勘，而坐收於几席之間，非校讎之良法歟？

右七之三

古人校讎，於書有訛誤、更定其文者，必注原文於其下。其兩説可通者，亦兩存其説。删去篇次者，亦必存其闕目。所以備後人之采擇，而未敢自以謂必是也。班固併省劉歆《七略》，遂使著録互見之法不傳於後世，然亦幸而尚注併省之説於本文之下，故今猶得從而考正也。案：班《志》諸略後序即《輯略》原文。向使自用其例，而不顧劉氏之原文，今日雖欲復劉歆之舊法，不可得矣。

右七之四

《七略》以兵書、方技、數術爲三部列於諸子之外者，諸子立言以明道，兵書、方技、數術皆守法以傳藝，虚理實事，義不同科故也。至四部，而皆列子類矣。自《隋志》以下，皆列兵書、方技、數術於子部。南宋鄭寅《七録》猶以藝、方技爲三門，《直齋書録解題》：「《鄭氏書目》七卷，莆田鄭寅子敬，以所藏書爲《七録》，曰經，曰史，曰子，曰藝，曰方技，曰文，曰類。」蓋亦《七略》之遺法。然列其書於子部可也，校書之人則不可與諸子同業也。必取專門名家，亦如太史君咸校數術、侍醫李柱國校方技、步兵校尉任宏校兵書之例，乃可無弊。見

《書教上》注。否則文學之士但求之於文字語言，而術業之誤或且因而受其累矣。

右七之五

著録殘逸第八

凡著録之書，有當時遺漏失載者，有著録殘逸不全者。《漢書·藝文志》注卷次部目與本志不符，顔師古已云「歲月久遠，無由詳知」矣。如《六藝略》《詩》有十四家四百十五卷，而班氏則云六家四百一十六卷。今觀蕭何律令、叔孫朝儀、張霸《尚書》、尹更始《春秋》之類，皆顯著紀傳，而本志不收。《漢書·刑法志》：「漢興，高祖初入關，約法三章曰：『殺人者死，傷人及盜抵罪。』蠲削煩苛，兆民大説。其後四夷未附，兵革未息，三章之法不足以禦奸，於是相國蕭何攈摭秦法，取其宜於時者，作律九章。」又《禮樂志》：「律令録藏於理官。」《晉書·刑法志》：「漢承秦制，蕭何定律，益事律《興》、《廏》、

《户》三篇，合九篇。叔孫通益律所不及，傍章十八篇。張湯《越官律》二十七篇。趙禹《朝律》六篇。合六十篇。」《漢書·叔孫通傳》：「通爲奉常，定廟儀法，及[①]稍定漢諸儀法。」《後漢書·曹褒傳》：「令上黄門持班固所上叔孫通《漢儀》十二篇。」《周禮》「淩人」，疏：「禮器制度，叔孫通前漢時作。」《漢書·儒林傳》：「世所傳《百兩篇》者，出東蕭[②]張霸，凡百二篇。」「賈誼爲《左氏傳訓故》，授趙人貫公，貫公子長卿，授清河張禹，禹授汝南尹更始。更始傳子咸。」又：「瑕丘江公受《穀梁春秋》及《詩》於魯申公。武帝時，《公羊》大興，《穀梁》寖微，唯魯榮廣、皓星公二人受焉。沛蔡千秋從廣受，千秋又事皓星公，爲學最篤。汝南尹更始翁君事千秋。甘露元年，大議殿中，評《公羊》、《穀梁》同異。時《公羊》博士嚴彭祖、《穀梁》議郎尹更始等十一人，議三十餘事，多從《穀梁》，由是《穀梁》之學大盛。尹更始又受《左氏傳》，取其變理合者，以爲章句。」《釋文敘録》：「漢更始《穀梁章句》十五卷。」按「漢」當作「尹」[③]。周壽昌曰：「《春秋》隱九年『俠卒』，《穀梁》曰：『俠者，所俠也。』孔氏疏云：『徐邈引尹更始曰：所者，俠之氏。』」是更始之書至晉猶存，而班氏未録。青按：班氏本志不收之書，不僅蕭何律令、叔孫朝儀、張霸《百兩》、更始《春秋》，其詳可閱近人姚

---

① 「及」，《漢書》作「乃」。
② 「東蕭」誤，《漢書》作「東萊」。
③ 按語見姚振宗《漢書藝文志拾補》。

振宗所著《漢書藝文志拾補》。此非當時之遺漏，必其本志有殘逸不全者矣。《舊唐書・經籍志・集部》内，無韓愈、柳宗元、李翺、孫樵之文，又無杜甫、李白、王維、白居易之詩。此亦非當時之遺漏，必其本志有殘逸不全者矣。校讎家所當歷稽載籍，補於《藝文》之略者也。

藏書第九

孔子欲藏書周室，子路以謂周室之守藏史老聃可以與謀，説雖出於《莊子》，然藏書之法古有之矣。見《經解上》注。太史公抽石室金匱之書，成百三十篇，則謂「藏之名山，副在京師」，見《史記・自序》。然則書之有藏自古已然，不特佛、老二家有所謂道藏、佛藏已也。案：「藏」字乃梵語毗茶迦Pitaka之意譯，原語本指竹篋之屬，可容花果等者。佛藏乃佛教教典集成之總稱，而道藏則道家諸書之彙刻也。鄭樵以謂「性命之書往往出於道藏，小説之書往往出於釋藏」，見

《互著第三》注。夫儒書散失，至於學者已久失其傳，而反能得之二氏者，以二氏有藏以爲之永久也。夫道藏必於洞天，《茅君内傳》：「大天之内，有地之洞天三十六所，乃真仙所居。」而佛藏必於叢剎，見《和州志前志列傳序例上》注。然則尼山、泗水之間有謀禹穴藏書之舊典者，《史記·孔子世家》：「孔子生魯昌平鄉陬邑。」「父名叔梁紇，與顔氏女野合而生孔子。禱於尼丘，得孔子。魯襄公二十二年而孔子生，生而首上圩頂，故因名丘云。」《禮記·檀弓上》：「曾子怒曰：『商，女何無罪也？吾與女事夫子於洙泗之間，退而老於西河之上。』」《地理通釋》：「孔子宅在闕里之中，背洙泗，矍相圃之東北。」「禹穴藏書」，見《記與戴東原論修志》注。抑亦可以補中秘之所不逮歟？

校讎通義注卷二

補校漢藝文志第十①

鄭樵誤校漢志第十一

焦竑誤校漢志第十二

補校漢藝文志第十②

鄭樵校讎諸論，於《漢志》尤所疎略，蓋樵不取班氏之學故也。然班、

① 「補校漢藝文志第十」，原書誤作「補校漢書藝文志第十」。據浙江書局本、嘉業堂《章氏遺書》本改正。浙江書局及嘉業堂《章氏遺書》目録在書首，卷下無目録。粤雅堂本《校讎通義》誤作「補校漢文藝文志第十」。

② 「補校漢藝文志第十」，原書誤作「補校漢書藝文志第十」。據浙江書局本、粤雅堂本、嘉業堂《章氏遺書》本改正。

劉異同，樵亦未嘗深考，但譏班固續入揚雄一家，不分倫類而已。見《互著第三》注。其劉氏遺法，樵固未嘗討論，而班氏得失，樵議亦未得其平允。夫劉《略》、班《志》，乃千古著録之淵源，而樵著《校讎》之略不免疏忽如是，蓋創始者難爲功爾。今欲較正諸家著録，當自劉《略》、班《志》爲權輿也。見《詩教下》注。

右十之一

鄭樵以蕭何律令，張蒼章程，劉《略》、班《志》不收，以爲劉、班之過。《通志·校讎略》：「古之書籍有不出於當時，而出於後代者。按蕭何律令、張蒼章程，漢之大典也。劉氏《七略》、班固《漢志》全不收，此劉氏、班氏之過也。」此劉氏之過，非班氏之過也。劉向校書之時，自領《六藝》、《諸子》、《詩賦》三略，蓋出中秘之所藏也。至於《兵法》、《術數》、《方技》，皆分領於專官，見《書教上》注。則兵、術、技之三略不盡出於中秘之藏，其書各存專官典守，是以劉氏無從而部録之也。惟是申、韓家言次於諸子，仲舒治獄附於《春秋》，《漢書·藝文志·諸子略・法》：「《申子》六篇，《韓子》五十五篇。」《六藝略・春秋》：「《公羊董仲舒治獄》十六篇。」不知律令藏於理官，章程存於掌故，見《書教上》注。而當時不責成於專官典守校定篇次，是《七略》之遺憾也。班氏謹守劉《略》遺法，惟出劉氏之後者間爲補綴一二。《漢書・藝文志・六藝略》書：「入劉向《稽疑》一篇。」小學：「入楊雄《倉頡訓纂》一篇，杜林《倉頡訓纂》一篇。」《諸子略・儒家》：「入揚雄所序三十八篇。」《詩賦略》：「入揚雄賦八篇。」其餘劉氏所不録者，東京未必盡存，《藝文》佚而不載，何足病哉？

右十之二

《漢志》最重學術源流，似有得於太史叙傳，及莊周《天下》篇、荀卿《非十子》之意。自注：韓嬰《詩傳》引荀卿《非十子》，並無譏子思、孟子之文。青案：見《文史通義注・自序》及《永清縣志前志列傳序例》注。此叙述著録，所以有關於明道之要，而非後世僅計部目之所及也。然立法創始，不免於疏，亦其勢耳。如《封禪群祀》入禮經，《太史公書》入《春秋》，見《永清縣志文徵序例詩賦叙録》注。較之後世別立儀注、正史專門者，爲知本矣。按：《隋書・經籍志・史部》始立正史、儀注二門。《詩賦》篇帙繁多，不入《詩經》而自爲一略，則叙例尚少發明其故，亦一病也。見《永清縣志文徵序例詩賦叙録》注。《諸子》推本古人官守，當矣。《六藝》各有專官，而不與發明，豈爲博士之業所誤耶？

右十之三

「形而上者謂之道，形而下者謂之器。」見《原道中》注。善法具舉，自注：徒善徒法，皆一偏也。青按：《孟子·離婁上》：「徒善不足以爲政，徒法不能以自行。」本末兼該，部次相從，有倫有脊，《詩·小雅·正月》：「維號斯言，有倫有脊。」傳：「倫，道；脊，理也。」使求書者可以即器而明道，會偏而得全，則任宏之校《兵書》、李柱國之校《方技》庶幾近之，其他四略未能稱是，故劉《略》、班《志》不免貽人以口實也。《通志·校讎略》：「《七略》惟《兵家》一略任宏所校，分權謀、形勢、陰陽、技巧爲四種書，又有圖四十三卷，與書參焉。觀其類例，亦可知兵，況見其書乎？其次則尹咸校數術，李柱國校方技，亦有條理。惟劉向父子所校經傳、諸子、詩賦，冗雜不明，盡採語言，不存圖譜。」夫《兵書略》中孫、吴諸書，與《方技略》中内外諸經，即《諸子略》中一家之言，所謂形而上之道也。《漢書·藝文志·兵書略·兵權謀》："《吴孫子兵法》八十二篇，《吴起》四十八篇。"《方技略·醫經》："《黄帝内經》十八卷，《外經》三十七卷。《扁鵲内經》九卷，《外經》十二卷。《白氏内經》三十八卷，《外經》三十六卷。"《兵書略》中形勢、陰陽、技巧三條，與《方技略》中經方、房中、神仙三條，皆著法術名數，所謂形而下之器也。《漢書·藝文志·兵書略》兵形勢十一家，兵陰陽十六家，兵技巧十三家。《方技略》經方十一家，房中八家，神僊十家。任、李二家，部次先後，體用分明，能使不知其學者，觀其部録亦可瞭然而窺其統要，此專官守書之明效也。充類求之，則後世之儀注當附《禮》經爲部次，《史記》當附《春秋》爲部次。縱使篇帙繁多，别出門類，亦當申明叙例，俾承學之士得考源流，庶幾無憾。而劉、班承用未精，後世著録又未嘗探索其意，此部録之所以多舛也。

右十之四

或曰：《兵書》、《方技》之部次，既以專官而能精矣。《術數》亦領於專官，而謂不如彼二略，豈太史尹咸之學術，不逮任宏、李柱國耶？答曰：此爲劉氏所誤也。《術數》一略，分統七條，則天文、歷譜、陰陽、五行、蓍龜、雜占、形法是也。《漢書·藝文志·數術略》天文二十家，歷譜十八家，五行三十一家，蓍龜十五家，雜占十八家，形法六家。以道器合一求之，則陰陽、蓍龜、雜占三條當附《易經》爲部次，歷譜當附《春秋》爲部次，五行當附《尚書》爲部次。縱使書部浩繁，或如詩賦浩繁離《詩經》而別自爲略，亦當中明源委於叙録之後也。乃劉氏既校六藝，不復謀之術數諸家，故尹咸無從溯源流也。至於天文、形法，則後世天文、地理之專門書也。自立門類，別分道法，大綱既立，細目標分，豈不整齊而有當乎？

右十之五

天文則宣夜、周髀、渾天諸家，下逮安天之論，談天之論[①]，《漢名臣奏》蔡邕曰：「言天體者三家。一曰周髀，二曰宣夜，三曰渾天。宣夜之學絶無師法。周髀術數具存，考

①「論」，粵雅堂本《校讎通義》、浙江書局及嘉業堂《章氏遺書》本均作「説」。

驗天狀，多所違失。惟渾天者近得其精。」《隋書・經籍志》：「《安天論》六卷，梁虞喜撰。」「談天」，見《詩教上》注。或正或奇，條而列之，辨明識職，所謂道也。《漢志》所録泰一、五殘星變之屬，《漢書・藝文志・數術略・天文》：「《泰一雜子星》二十八卷，《五殘雜變星》二十一。」附條别次，所謂器也。地理則形家之言，專門立説，所謂道也。《漢志》所録《山海經》之屬，《漢書・藝文志・數術略・形法》：「《山海經》十三篇。」附條别次，所謂器也。以此二類專門部勒，自有經緯。而尹咸概收術數之篇，則條理不審之咎也。自注：《山海經》與相人書爲類，《漢志》之授人口實處也。青案：《漢志・數術略・形法》又有《相人》二十四卷，故云。

右十之六

地理形家之言，若主山川險易，關塞邊防，則與兵書形勢之條相出入矣。若主陰陽虚旺，宅墓休咎，則與《尚書》五行相出入矣。部次門類既不可缺，而著述源流務要於全，則又重複、互注之條不可不講者也。任宏《兵書》一略，鄭樵稱其最優。《通志・校讎略》「編書不明分類論」：「《兵家》一略，任宏所校極明。」今觀劉《略》重複之書，僅止十家，皆出《兵略》，《漢書·藝文志·兵書略》：「凡兵書五十三家，七百九十篇，圖四十三卷，省十家二家①七十一篇。」他部絕無其例。是則互注之法，劉氏且未能深究，僅因任宏而稍存其意耳。班氏不知而删併之，可勝惜哉？

右十之七

後世法律之書甚多，不特蕭何所次律令而已也。就諸子中掇取申、韓議法家言，部於首條，所謂道也。其承用律令格式之屬，附條别次，所謂器也。後世故事之書甚多，不特張蒼所次章程而已也。就諸子中掇取論治之書，若《吕氏春秋》，自注：《漢志》入於雜家，非也。其每月之令文，正是政令典章，後世《會典》、《會要》之屬。青按：《漢志·諸子略·雜家》有《吕氏春秋》二十六篇。賈誼、董仲舒自注：《治安》之奏，《天人》之策，皆論治體，《漢志》入於儒家，泛矣。青案：《漢志·諸

① 「家」字誤，《漢書》作「百」。

子略·儒家》有《賈誼》五十八篇，《董仲舒》百二十三篇。諸家之言，部於首條，所謂道也。其相沿典章故事之屬，附條別次，所謂器也。例以義起，斟酌損益，惟用所宜。豈有讀者録部次，而不能考索學術源流者乎？

右十之八

或曰：《漢志》失載律令章程，固無論矣。假令當日必載律令章程，就劉、班之《七略》類例，宜如何歸附歟？答曰：《太史公書》之附《春秋》，《封禪群祀》之附《禮經》，其遺法也。律令自可附於法家之後，章程本當別立政治一門。《漢志》無其門類，然《高祖傳》十三篇，《孝文傳》十一篇，自注：班固自注：「高祖與大臣述古語及詔策也。」青案：《孝文傳》十一篇，班固自注：「文帝所稱及詔策。」皆屬故事之書，而劉、班次於諸子儒家，則章程亦必附於此矣。大抵《漢志》疎略，由於書類不全，勉强依附。至於虚論其理與實紀其蹟者，不使體用相資，則是《漢志》偶疎之處；自注：《禮經》、《春秋》、《兵書》、《方技》便無此病。而後世之言著録者，不復知其微意矣。

右十之九

鄭樵議章程律令之不載《漢志》，以爲劉、班之疏漏，然班氏不必遽見西京見《書教中》注。之全書，或可委過於劉《略》也。若劉向《别録》，劉歆《七略》，則班氏方據以爲《藝文》之要删，豈得謂之不見其書耶？阮孝緒《七録序》：「劉向别集衆録，謂之《别録》。子歆撮其指要，著爲《七略》。」此乃後世目録之鼻祖，《方言》：「鼻祖，始祖也。」當時更無其門類，獨不可附於諸子名家之末乎？名家之叙録曰：「名不正，則言不順；言不順，則事不成。」著録之爲道也，即於文章典籍之中，得其辨名正物之意，此《七略》之所以長也。又云：「警者爲之，則苟鉤鈲析亂而已。」《漢書·藝文志·諸子略·名》：「名家者流，蓋出於禮官。古者名位不同，禮亦異數。孔子曰：『必也正名乎！名不正，則言不順；言不順，則事不成。』此其所長也。及警者爲之，則苟鉤鈲鈲析亂而已。」青按：「名不正」三句，《論語·子路》文。此又後世著録紛拏不一之弊也。然則凡以名治之書，固有所以附矣。自注：後世目録繁多，即可自爲門類。

右十之十

鄭樵誤校漢志第十一

鄭樵譏班固敘列儒家，混入「《太玄》、《法言》、《樂箴》三書」爲一，總謂「揚雄所叙三十八篇」，謂其胸無倫類，是樵之論篤矣。至謂《太玄》當歸《易》類，《法言》當歸諸子，其説良是。見《互著第三》注。然班固自注：「《太玄》十九，《法言》十三，《樂》四，《箴》二。」是《樂》與《箴》本二書也，樵誤以爲一書。又謂「《樂箴》當歸雜家」，是樵直未識其爲何物，而强爲之歸類矣。以此譏正班固，所謂楚失而齊亦未爲得也。見《和州志輿地圖序例》注。按《樂》四未詳，《箴》則《官箴》是也，在後人宜入職官。而《漢志》無其門類，則附官《禮》之後可矣。

右十一之一

鄭樵譏《漢志》以《司馬法》入《禮》經，以《太公兵法》入道家，疑謂非任宏、劉歆所收，班固妄竄入也。《通志·校讎略》：「《漢志》《司馬法》爲禮經，以《太公兵法》爲道家，此何義也？疑此二條非任氏、劉氏所收，蓋出班固之意，亦如以《太玄》、《樂箴》爲儒家類也。」鄭樵深惡班固，故爲是不近人情之論。凡意有不可者，不爲推尋本末，有意增删遷就，强坐班氏之過，此獄吏鍛煉之法。亦如以《漢》志書爲班彪、曹昭所終始，見《史注》注。而《古今人表》則謂固所自爲者惟此。《通志·校讎略》：「史家本於孟堅，孟堅初無獨斷之學，惟依緣他人以成門户。《紀》、《志》、《傳》則追司馬之蹤，《律曆》、《藝文》則躡劉氏之迹，惟《地理志》與《古今人物表》是其胸臆。《地理》一學，後代少有名家者，由班固修書之無功耳。《古今人物表》又不足言也。」蓋心不平者，不可與論古也。按《司馬法》百五十五篇，《漢書·藝文志·兵書略·兵技巧》班固自注：「出《司馬法》百五十五篇，入禮也。」《六藝略·禮·軍禮》：「《司馬法》百五十五篇。」今所存者非故物矣。班固自注：「出之兵權謀中，而入於《禮》。」樵固無庸存疑似之説也。第班《志》敘録稱《軍禮司馬法》，鄭樵删去「軍禮」二字，謂其入禮之非，《通志・校讎略》「編次不明論」：「《漢志》以《司馬法》爲禮經，以《太公兵法》爲道家，此何義也？疑此二條非任氏、劉氏所收，蓋出班固之意。」①不知《司馬法》乃周官職掌，見《和州志藝文書序例》注。如《考工》之記本非官禮，亦以司空職掌附著《周官》。《周禮・冬官考工記》注：「陸曰：鄭云：『此篇司空之官也。《司空》篇亡，漢興，購千金不得，此前世識其事者記録以備大數爾。』」此等叙録，最爲知本之學。班氏他處未能如是，而獨於此處能具别裁。樵顧深以爲譏，此何説也？第班氏入於《禮》經，似也。其出於兵家，不復著録，未盡善也。當用劉向互見之例，庶幾禮家不爲空衍儀文，而兵家又見先王之制，乃兩全之道耳。《太公》二百三十七篇，亦與今本不同。班氏僅稱《太公》，並無「兵法」二字，而鄭樵又增益之，謂其入於道家之非，《漢書・藝文志・諸子略・道》：「《太公》二百三十七篇。」班固自注：「吕望爲周師尚父，本有道者。或有近世又以爲太公術者所增如②也。」《兵書略・

① 此條已見上注。
② 「如」字誤，《漢書》作「加」。

兵權謀》下注云：「省《伊尹》、《太公》、《管子》、《孫聊子》、《鶡冠子》、《蘇子》、《蒯通》、《陸賈》、《淮南王》三百五十九種。」《通志·校讎略》「編次不明論」：「《漢志》以《太公兵法》爲道家，此何義也？」不觀班固自注「尚父本有道者」，又於兵權謀下注云「省《伊尹》、《太公》諸家」。則劉氏《七略》本屬兩載，而班固不過爲之删省重複而已，非故出於兵而强收於道也。自注：注「省」者，劉氏本有而班省去也。注「出」、「入」者，劉録於此而班録於彼也。如《司馬法》，劉氏不載於《禮》，而班氏入之，則於《禮》經之下注云「入《司馬法》」。今道家不注「入」字，而兵家乃注「省」字，是劉《略》既載於道、又載於兵之明徵。非班擅改也。且兵刑、權術皆本於道，先儒論之備矣。待詳。劉《略》重複互載，猶司馬遷《老莊申韓列傳》意也。自注：發明學術源流之意。况二百三十七篇之書今既不可得見，鄭樵何所見聞而增删題目，以謂止有兵法，更無關於道家之學術耶？

右十一之二

鄭樵譏《漢志》以《世本》、《戰國策》、《秦大臣奏事》、《漢著記》爲《春秋》類，《通志·校讎略》：「《漢志》以《世本》、《戰國策》、秦大臣《奏事》、《漢著記》爲《春秋》類，此何義也？」是鄭樵未嘗知《春秋》之家學也。《漢志》不立史部，以史家之言皆得《春秋》之一體，故四書從而附入也。且如後世以紀傳一家列之正史，而編年自爲一類，附諸正史之後。今《太史公書》列於《春秋》，樵固不得而譏之矣。至於國別之書，後世如三國、十六國、九國、十國之類，《新唐書·藝文志·雜史》：「唐員半千《三國春秋》二十卷。」《隋書·經籍志·霸史》：「魏崔鴻《十六國春秋》一百卷。」《直齋書録解題·僞史》：「路振《九國志》五十一卷。」《四庫全書總目·載記》：「吳任臣《十國春秋》一百十四卷。」自當分別部次，以清類例。《漢志》書部無多，附著《春秋》，最爲知所原本。又《國語》亦爲國別之書，同隸《春秋》。《漢書·藝文志·六藝略·春秋》：「《國語》二十一篇。」樵未嘗譏正《國語》，而但譏《國策》，是則所謂知一十而不知二五者也。見《言公上》注。《漢著記》則後世起居注之類，當時未有專部，附而次之，亦其宜也。《秦大臣奏事》在後史當歸故事，而《漢志》亦無專門，附之《春秋》，稍失其旨。而《世本》則當入於歷譜，《漢志》既有歷譜專門，不當猶附《春秋》耳。然歷譜之源本與《春秋》相出入者也。

右十一之三

以劉歆、任宏重複著録之理推之，《戰國策》一書當與兵書之權謀條、諸子之縱横家重複互注，乃得盡其條理。《秦大臣奏事》當與《漢高祖傳》、《孝文傳》自注：注稱論述册詔。諸書同入《尚書》部次。蓋君上詔誥，臣下章奏，皆《尚書》訓誥之遺。後世以之攙入集部者，非也。凡典章故事，皆當視此。

右十一之四

焦竑誤校漢志第十二

自劉、班而後，藝文著録僅知甲乙部次，用備稽檢而已。鄭樵氏興，始爲辨章學術，考竟源流，於是特著《校讎》之略。雖其説不能盡當，要爲略見大意，爲著録家所不可廢矣。樵《志》以後，史家積習相沿，舛訛雜出。著録之書，校樵以前其失更甚。此則無人繼起，爲之申明家學之咎也。明焦竑撰《國史經籍志》，《明史·文苑傳》：「焦竑，字弱侯，江寧人。」「萬曆十七年殿試第一人。」「二十二年，大學士陳于陛建議修國史，欲竑專領其事，竑遜謝，乃先撰《經籍志》。」其書之得失别具論次於後，特其《糾繆》一卷譏正前代著録之誤，雖其識力不逮鄭樵，而整齊有法，去汰裁甚，要亦有可節取者焉。其糾《漢志》一十三條，似亦不爲無見，特竑未悉古今學術源流，不於離合異同之間深求其故，而觀其所議乃是僅求甲乙部次，苟無違越而已。此則可謂簿記守成法，而不可爲校讎家議著作也。今即其所舉，各爲推論，以進於古人之法度焉。

右十二之一

焦竑以《漢志》《周書》入《尚書》爲非，因改入於雜史類。《糾繆》：「《漢·

藝文志》《周書》入《尚書》，非，改雜史。」其意雖欲尊經，而實則不知古人類例。按劉向云：「周時誥誓號令，孔子所論百篇之餘。」則《周書》即《尚書》也。《漢書・藝文志・六藝略・書》：「《周書》七十一篇。」師古曰：「劉向云：『周時誥誓號令也，蓋孔子所論百篇之餘也。』」劉氏《史通》述《尚書》家，則孔衍《漢魏尚書》、王劭《隋書》皆次《尚書》之部。蓋類有相仍，學有所本，《史通・六家》：「晉廣陵相、魯國孔衍以爲：國史所以表言行，昭法式。至於人理常事，不足備列。乃删漢魏諸史，取其美詞典言，足爲龜鏡者，定以篇第，纂成一家。由是有《漢尚書》、《魏尚書》，凡爲二十六卷。至隋，祕書監、太原王劭又録開皇、仁壽時事，編而次之，以類相從，各爲其目，勒成《隋書》八十卷。尋其義例，皆準《尚書》。」六藝本非虚器，典籍各有源流。豈可尊麒麟而遂謂馬牛不隸走部，尊鳳凰而遂謂燕雀不隸飛部耶？

右十二之二

焦竑以《漢志》《尚書》類中《議奏》四十二篇入《尚書》爲非，因改入於集部。《漢書・藝文志・六藝略・書》：「《議奏》四十二篇。」班固自注：「宣帝時石渠論。」韋昭曰：「閣名也，於此論書。」《糾繆》：「《漢·藝文志》《議奏》入《尚書》，非，改入集。」按《議奏》之不當入集，已別具論，此不復論矣。考《議奏》之下班固自注：「謂宣帝時石渠論也。韋昭謂石渠爲閣名，於此論書。」是則此處之所謂議奏，乃是漢孝宣時於石渠閣大集諸儒，討論經旨同異，帝爲稱制臨決之篇，而非廷臣章奏封事之屬也。以其奏御之篇，故名《奏議》，其實與疏解講義之體相類。劉、班附之《尚書》，宜矣。焦竑不察，而妄附於後世之文集，何其不思之甚邪？自注：秦大臣《奏事》附於《春秋》，此爲劉、班之遺法也。

右十二之三

焦竑以《漢志》《司馬法》入《禮》爲非，因改入於兵家。《糾繆》：「《漢·藝文志》《司馬法》入禮，非，改兵家。」此未見班固自注，本隸兵家，經班固改易者也。説已見前，不復置論。見《鄭樵誤校漢志第十一》注。

右十二之四

焦竑以《漢志》《戰國策》入《春秋》爲非，因改入於縱横家。《糾繆》：

「《漢·藝文志》《戰國策》入《春秋》，非，改縱橫家。」此論得失參半，説已見前，不復置論。見《鄭樵誤校漢志第十一》注。

右十二之五

焦竑以《漢志》《五經雜議》入《孝經》爲非，因改入於經解，其説良允。《糾繆》：「《漢·藝文志》《五經雜議》入《孝經》，非，改經解。」然《漢志》無經解門類，入於諸子儒家，亦其倫也。

右十二之六

焦竑以《漢志》《爾雅》、《小爾雅》入《孝經》爲非，因改入於小學，其説亦不可易。《糾繆》：「《漢·藝文志》《爾雅》、《小爾雅》入《孝經》，非，改小學。」《漢志》於此一門，本無義理，殆後世流傳錯誤也。蓋《孝經》本與小學部次相連，或繕書者誤合之耳。《五經雜議》與《爾雅》之屬皆緣經起義，類從互注，則益善矣。自注：經解、小學、儒家三類。

右十二之七

焦竑以《漢志》《弟子職》入《孝經》爲非，因歸還於《管子》。《糾繆》：「《漢・藝文志》《弟子職》入《孝經》，非，改《管子》。」是不知古人裁篇別出之法，其説已見於前，見《別裁第四①》。不復置論。惟是弟子之職必非管子所撰，或古人流傳成法，輯管子者採入其書。前人著作，此類甚多。今以見於《管子》，而不復使其別見專門，則《小爾雅》亦已見於《孔叢子》，見《和州志藝文書序例》注。而焦氏不還《孔叢》，改歸小學，又何説耶？然《弟子職》篇，劉、班本意附於《孝經》與附於小學，不可知矣。要其別出義類，重複互注，則二類皆有可通。至於《六藝略》中《論語》、《孝經》、小學三門不入六藝之本數，則標名六藝而別種九類，乃是經傳輕重之權衡也。

右十二之八

裁篇別出之法，《漢志》僅存見於此篇，及《孔子三朝》篇之出《禮記》

① 「第四」下，當補「注」字。

而已。見《别裁第四》注。充類而求，則欲明學術源委，而使會通於大道，舍是莫由焉。且如叙天文之書，當取《周官》保章、見《天喻》注。《爾雅·釋天》、《爾雅》：《釋天第八》。鄒衍言天、見《詩教上》注。《淮南》天象《淮南子》：《天文訓第三》。諸篇，裁列天文部首，而後專門天文之書以次列爲類焉，則求天文者無遺憾矣。叙時令之書，當取《大戴禮·夏小正》篇、見《和州志藝文書序例》注。《小戴記·月令》篇、見《書教中》注。《周書·時訓解》見《書教上》注。諸篇，裁列時令部首，而後專門時令之書以次列爲類焉。叙地理之書，當取《禹貢》、見《書教上》注。《職方》、見《書教中》注。《管子·地圓》、見《言公下》注。《淮南·地形》、《淮南子》：《地形訓第四》。諸史地志諸篇，裁列地理部首，而後專門地理之書以次列爲類焉。則後人求其學術源流，皆可無遺憾矣。《漢志》存其意，而未能充其量，然賴有此微意焉。而焦氏乃反糾之以爲謬，必欲歸之《管子》而後已焉。甚矣，校讎之難也！

右十二之九

或曰：裁篇别出之法行，則一書之内取裁甚多，紛然割裂，恐其破碎支離而無當也。答曰：學貴專家，旨存統要。顯著專篇，明標義類者，專門之要，學所必究，乃掇取於全書之中焉。章而釽之，句而鼇之，牽率名義，紛然依附，則是類書纂輯之所爲，見《文集》注。而非著録源流之所貴也。且如韓非之《五蠹》、《説林》，見《詩教下》注。董子之《玉杯》、《竹林》，見《詩教下》注。當時並以篇名見行於當世，今皆會萃於全書之中。則古人著書，或離或合，校讎編次，本無一定之規也。《月令》之於《吕氏春秋》，《禮記·月令》正義曰：「按鄭《目録》云：『名曰《月令》者，以其記十二月政之所行也，本《吕氏春秋·十二月紀》之首章也。』」《三年問》、《樂記》、《經解》之於《荀子》，案：《荀子·禮論》前半，褚先生補《史記·禮書①》採入。其後半皆言喪禮，「三年之喪」一段，與《禮記·三年問》同。《荀子·樂論》與《禮記·樂記》文大略相同。《禮論》「繩墨誠陳矣」一段，與《禮記·經解》相同。

①「史記·禮書」，原文誤倒作「史禮記書」，今乙正。

尤其顯焉者也。然則裁篇别出之法何爲而不可以著録乎？

右十二之十

焦竑以《漢志》《晏子》入儒家爲非，因改入於墨家。《糾繆》：「《漢·藝文志》《晏子》入儒家，非，改墨家。」此用柳宗元之説，以爲墨子之徒有齊人者爲之。歸其書於墨家，非以晏子爲墨者也。見《言公上》注。其説良是。部次群書，所以貴有知言之學，否則徇於其名，而不考其實矣。《檀弓》名篇，非檀弓所著；《禮記·檀弓》注：「陸曰：檀弓，魯人，以其善禮，故以名篇。」《孟子》篇名有《梁惠王》，《孟子》：《梁惠王第一》。亦豈以梁惠王爲儒者哉？

右十二之十一

焦竑以《漢志》《高祖》、《孝文》二傳入儒家爲非，因改入於制詔。此説似矣。《糾繆》：「《漢藝文志》、《高祖傳》、《孝文傳》入儒，非，改制詔。」顧制誥與表章之類，當歸故事而附次於《尚書》。焦氏以之歸入集部，則全非也。《國史·經籍志》卷五《集類》有制詔、表奏、賦頌、别集、總集、詩文評等。

右十二之十二

焦竑以《漢志》《管子》入道家爲非，因改入於法家，其説良允。又以《尉繚子》入雜家爲非，因改入於兵家，《糾繆》：「《漢·藝文志》《管子》入道家，非，改法家。」「《尉繚子》入雜家，非，改兵家。」則鄭樵先有是説，竑更申之。《通志·校讎略》：「《尉繚子》，兵書也。班固以爲諸子類，置於雜家，此之謂見名不見書。」按《漢志》，《尉繚》本在兵形勢家，書凡三十一篇，其雜家之《尉繚子》書止二十九篇，班固又不著重複併省，疑本非一書也。

右十二之十三

焦竑以《漢志》《山海經》入形法家爲非，因改入於地理。其言似矣。《糾繆》：「《漢·藝文志》《山海經》入形①，非，改地理。」然《漢志》無地理專門，以故類例無所附耳。竊疑蕭何收秦圖籍，《史記·蕭相國世家》：「沛公至咸陽，何獨先入，收

①「形」字下，當補「法」字。

秦丞相、御史律令圖書藏之。」西京未亡，劉歆自可訪之掌故，乃亦缺而不載，得非疎歟？且班固創《地理志》，其自注郡縣之下，或云秦作某地某名，即秦圖籍文也。西京奕世及新莽之時，地名累有更易，見於志注，如《前漢書·地理志》「長安」下注：「王莽曰常安。」「杜陵」下注：「莽曰饒安。」「霸陵」下注：「莽曰水章。」當日必有其書，而史逸之矣。至地理與形法家言相爲經緯，說已見前，見《古文十弊》注。不復置論。

右十二之十四

焦竑以《漢志》陰陽、五行、蓍龜、雜占、形法凡五出爲非，因總入於五行。《糾繆》：「《漢書·藝文志》陰陽、五行、蓍龜、雜占、形法、數術漢①互出，今總入五行。」不知五行本之《尚書》，見《書教上》注。而陰陽、蓍龜本之於《周易》也。見《易教下》注。凡術數之學，各有師承，龜卜蓍筮，長短不同，《左傳·僖四年》：「筮短龜

① 「漢」字衍。

長，不如從長。」《志》並列之，已嫌其未析也。焦氏不達，概部之以五行，豈有當哉？

右十二之十五

校讎通義卷三

漢志六藝第十三

六經之名，起於後世，然而亦有所本也。《荀子》曰：「夫學始乎誦經，終乎讀禮。」《莊子》曰：「丘治《詩》、《書》、《禮》、《樂》、《易》、《春秋》六經。」荀、莊皆孔氏再傳門人，自注：二子皆子夏氏門人，去聖未遠。青按：見《經解上》注。其書明著六經之目，則《經解》之出於《禮記》，不得遂謂勦説於荀卿也。見《焦竑校漢志第十二》注。孔子曰：「述而不作。」見《易教上》注。又曰：「蓋有不知而作之者，我無是也。」見《易教上》注。六經之文皆周公之舊典，案：《左傳·文十八年》：「先君周公制《周禮》。」《尚書大傳·周傳》：「周公攝政，六年制禮作樂。」鄭玄《詩譜》：「周公制太平，制禮作樂而誦聲興。」《隋志》：「周公作《爻辭》。」《書叙》以《大誥》、《嘉禾》、《康誥》、《酒誥》、《梓材》、《多士》、《無逸》、《君奭》及《將蒲姑》、《多方》皆周公作。則《禮》、《樂》、《詩》、《易》、《書》作於周公有明徵矣。《春秋》本於周公者，杜預《左傳序》曰：「韓宣子所見《易象》與《春秋》，蓋周公之舊典《禮經》也。仲尼因策書成文，而志其典禮，上以遵周公之遺制，下以明將來之法。其發凡以言例，皆經國之常制，周公之垂法，史書之舊章。」云云，是則《春秋》本周公之舊典也。以其出於官守，而皆爲憲章，故述之而無所用作。以其官守失傳，而師儒習業，故尊奉而稱「經」。聖人之徒，豈有私意標目，强配「經」

名，以炫後人之耳目哉？故經之有六，著於《禮記》，標於《莊子》，損爲五而不可，增爲七而不能，所以爲常道也。案：古者四教，不五亦不七也。至於《論語》、《孝經》、《爾雅》，則非六經之本體也。學者崇聖人之緒餘，而尊以經名，其實皆傳體也。自注：非周公舊典，官司典常。青案：《論語傳》十九篇，《孝經雜傳》四篇。「傳」乃對「經」而言，則六國、秦、漢之間已尊爲經矣。可以與六經相表裏，而不可以與六經爲並列也。蓋官司典常爲經，而師儒講習爲傳，其體判然有别，非謂聖人之書有優有劣也。是以劉歆《七略》、班固《藝文》叙列六藝之名，實爲九種，蓋經爲主而傳爲附，不易之理也。後世著録之法，無復規矩準繩，見《詩教下》及《原道下》「竭其心思」條注。或稱「七經」，或稱「九經」，或稱「十三經」，見《經解上》注。紛紛不一。若紀甲乙部次，固無傷也。乃標題命義，自爲著作，而亦徇流俗稱謂，可謂不知本矣。自注：計書幾部爲幾經可也。劉敞《七經小傳》、黄敏《九經餘義》本非計部之數，而不依六藝之名，不知本也。

右十三之一

《孝經》本以經名者也，《漢書·藝文志·六藝略·孝經》：「夫孝，天之經，地之義，民之行也。舉大者言，故曰《孝經》。」樂部有傳無經者也。然《樂記》自列經科，而《孝經》止依傳例，則劉、班之特識也。蓋樂經亡而其記猶存，則樂之位次固在經部，非若《孝經》之出於聖門自著也。《樂經》亡於秦火，故僅有《記》。古者諸侯大夫失其配，則貴妾攝主而行事，案：攝主，謂攝行。貴妾，謂姪娣之有子者。諸侯大夫失其嫡妾，則貴妾攝行主事，但擬衆妾差尊，非敵嫡妻也。如《禮·雜記上》：「攝女君，則不爲先女君之黨服。」「女君」即嫡妻也。子婦居嫡，固非攝主之名也。然而溯昭穆見《和州志氏族表序例上》注。者，不能躋婦於婦妾之列，亦其分有當然也。然則「六藝」之名實爲《七略》之綱領，學者不可不知其義也。

右十三之二

讀《六藝略》者必參觀於《儒林列傳》，猶之讀《諸子略》必參觀於《孟荀》、《管晏》、《老莊申韓列傳》也。自注：《詩賦略》之《鄒陽》、《枚乘》、《相如》、《揚雄》等傳，《兵書略》之《孫吳》、《穰苴》等傳，《術數略》之《龜策》、《日者》等傳，《方技略》之《扁鵲倉公》等傳，無不皆然。青按：列傳之外，紀、志、書、表皆可互證。孟子曰：「誦其詩，讀其書，不知其人可乎？」見《原學上》注。《藝文》雖始於班固，而司馬遷之列傳實討論之。觀其叙述戰國、秦、漢之間，著書諸人之列傳，未嘗不於學術淵源，文詞流別，反復而論次焉。如《孟子荀卿列傳》即一例。劉向、劉歆，蓋知其意矣，故其校書諸叙論既審定其篇次，又推論其生平。以書而言，謂之叙録可也；以人而言，謂之列傳可也。史家存其部目於《藝文》，載其行事於列傳，所以爲詳略互見之例也。是以《諸子》、《詩賦》、《兵書》諸略，凡遇史有列傳者，必注「有列傳」字於其下，所以使人參互而觀也。如《諸子略·儒家·晏子》下自注：「有列傳。」然《史》有列傳，而《漢志》不注者尚多，《老莊申韓》等是也。《藝文》據籍而紀，其於現書部目之外不能越界而書，固其勢也。古人師授淵源，口耳傳習，不著竹帛者，實爲後代群籍所由起。蓋參觀於列傳，而後知其深微也。且如田何受《易》於王同、周王孫、丁寬三人，《藝文》既載三家《易》傳矣。《漢書·藝文志·六藝略·易》：「《易傳周氏》二篇」，自注：「字王孫也。」「《王氏二篇》」，自注：「名同。」「《丁氏八篇》」，自注：「名寬，字子襄，梁人也。」其云「商瞿受《易》於孔子，五傳而至田何，漢之《易》家蓋自田何始，何而上未嘗有書。」然則所謂五傳之際，豈無口耳受授之學乎？是《藝文》《易》家之宗祖也。不觀《儒林》之傳，何由知三家《易》傳其先固有所受乎？《漢書·儒林傳》：「自魯商瞿子木受《易》孔子」，五傳至齊田何子裝。「漢興，田何以齊田，徙杜陵，号杜田。」生授梁丁寬，「寬受同郡碭田王孫，王孫授施讎、孟喜、梁邱賀，由是有施、孟、梁丘之學」。費、高二家之《易》，《漢志》不著於録，後人以爲不立學官故也。《漢書·藝文志·六藝略·易》：「論①於宣、元，有施、孟、梁丘、京氏列於學官，而民間有費、高二家之説。」同書《儒林傳》：「費直，東萊人。治《易》，長於卦筮，亡章句，徒以《彖》、《象》、《繫辭》十篇文言解説上下經。琅邪王璜平中能傳之。」「高相，沛人。治《易》，與費公同時。其學亦無章句，專説陰陽災異，自言出於丁將軍。傳至相，相授子康及蘭陵毋將永。」「繇是《易》有高氏學。高、費皆未嘗立於學官。」然孔氏《古文尚書》、毛氏《詩傳》、左氏《春秋》皆不列於學官，《漢

① 「論」字誤，《漢書》作「訖」。

志》未嘗不並著也。《漢書·藝文志·六藝略》：《書》：「《尚書古文經》四十六卷。」《詩》：「《毛詩》二十九卷。」《春秋》：「《左氏傳》三十卷。」不觀《儒林》之傳，何由知二家並無章句，直以口授弟子，猶夫田何以上之傳授也？按《列傳》云：「費直以《彖》、《象》、《繫辭》、《文言》十篇解説上下經。」此不爲章句之明徵也。晁氏考定古《易》，則以《彖》、《象》、《文言》雜入卦中，自費直始，因罪費直之變古。晁公武《郡齋讀書志·易類》：「王弼《周易》十卷。漢末，田、焦之學微絶，而費氏獨存。其學無章句，惟以《彖》《象》《文言》等十篇解上下經，凡以《彖》《象》《文言》等參入卦中者皆祖費氏。」不觀《藝文》後序，以謂劉向校施、孟、梁丘諸家經文，惟費氏《易》與古文同，是費直本無變亂古經之事也。《漢書·藝文志·六藝略·易序》：「民間有費、高二家之説，劉向以中古文《易經》校施、孟、梁丘經，或脱去『無咎』、『悔亡』，惟費氏經與古文同。」由是推之，則古學淵源，師儒傳授，承學流别，皆可考矣。《藝文》一志，實爲學術之宗，明道之要。而列傳之與爲表裏發明，此則用史翼經之明驗也。而後人著録，乃用之爲甲乙計數而已矣，則校讎失職之故也。

右十三之三

《易》部《古五子》注云：「自甲子至壬子，説《易》陰陽。」其書當互見於《術數略》之陰陽類。《災異孟氏京房》，當互見於《術數略》之雜占或五行類。《初學記·文部》引劉向《别録》：「所校讎中《古五子》，除復重定，著十八篇，分六十四卦。著之日辰，自甲子至壬子，凡五子，故號曰『五子』。」全祖望《讀易》：「《别録》曰：『《古五子》十八篇。』《漢志》誤入經部。班固曰：『説《易》陰陽。』」案：此即納辰之例。《四庫全書》：《京氏易傳》三卷，不入經部，入子部術數類。

右十三之四

《書》部劉向、許商二家，各有《五行傳記》，當互見於五行類。《漢書·藝文志·六藝略·書》：「劉向《五行傳記》十一卷，許商《五行傳記》一篇。」案：《術數略》有五行。夫《書》非專爲五行也，五行專家則本之於《書》也。故必互見乃得原委，謂五行本《書·洪範》。猶《司馬法》入《周官》之微意也。見《和州志藝文書序例》注。

右十三之五

《詩》部韓嬰《詩外傳》，其文雜記春秋時事，與《詩》意相去甚遠，蓋爲比興六義博其趣也。當互見於《春秋》類，與虞卿、鐸椒之書相比次可也。

案：《韓外傳》記春秋時事，如《漢廣》「游女」，類多謬戾，前人已議之。惟引《荀子》以説《詩》，多至四十餘事，當亦荀子私淑弟子。章氏倡議互著，不敢苟同，至與虞、鐸相比次，尤爲不倫。王應麟《史記考證》引《别録》曰：「左氏明授曾申，申授吴起，起授其子期，期授楚人鐸椒。鐸椒作《抄授①》八卷，授虞卿。虞卿作《抄授》九卷，授荀卿。卿授張蒼。及《漢志·春秋類》『《鐸氏微》三篇，《虞氏微傳》二篇』者，皆爲解《春秋》而作。《韓外傳》豈亦解《春秋》者乎？」孟子曰：「《詩》亡然後《春秋》作。」見《書教上》注。《春秋》與《詩》相表裏，其旨可自得於韓氏之《外傳》。史家學《春秋》者，必深於《詩》，若司馬遷百三十篇是也。自注：《屈賈》、《孟荀》諸傳尤近。青按：見《書教上》注。《詩》部又當互通於樂。見《詩教上》注。

---

① 「抄授」誤，當作「抄撮」，下同。

右十三之六

《禮》部《中庸説》，當互見《諸子略》之儒家類。案：《中庸》在《記》百三十一篇中，豈有在同類中重出之理？此乃説《中庸》之書，非即《中庸》也。猶之既有《明堂陰陽》，又有《明堂陰陽説》；道家《伊尹》、《鬻子》，小説家又有《伊尹説》、《鬻子説》。至謂當互見《諸子略》之儒家，則《子思子》二十三篇已包含《中庸》、《表記》、《坊記》、《緇衣》在内矣。諸記本非一家之言，可用裁篇别出之法，而文不盡傳。今存大小戴二家之《記》，亦文繁不可悉舉也。《小戴記》四十九篇。《大戴記》漢時八十五篇，今存三十九篇。大約取劉向所定，分屬制度者可歸故事，而附《尚書》之部；分屬通論者可歸儒家，而入《諸子》之部。總持大體，不爲鉤鈲割裂，則互見之書各有攸當矣。

右十三之七

《樂》部《雅樂歌詩》四篇，《漢書·藝文志·六藝略·樂》：「《雅歌詩》四篇。」當互見於《詩》部及《詩賦略》之雜歌詩。

右十三之八

《春秋》部之《董仲舒治獄》，《漢書·藝文志·六藝略·春秋》：「《公羊董仲舒治獄》十六篇。」當互見於法家，與律令之書同部分門。説已見前，不復置論。

右十三之九

《論語》部之《孔子三朝》七篇，今《大戴記》有其一篇。考劉向《别録》，七篇具出大戴之《記》，而劉、班未著所出，遂使裁篇與互注之意俱不可以蹤蹟焉，惜哉！《藝文類聚》五十五引《别録》曰：「孔子三見哀公，作《三朝記》七篇，今在《大戴禮》。」《漢書·藝文志·六藝略·論語》：「《孔子三朝》七篇。」師古曰：「今《大戴》有其一篇。」近人沈欽韓曰：「今《大戴記》《千乘》、《四代》、《虞戴德》、《誥志》、《小辨》、《用兵》、《少閑》七篇。顔籀僅云有一篇，彼蓋未見《大戴記》也。」①《漢書·藝文志·六藝略·論語》：「《孔子三朝》七篇。」師古曰：「今《大戴禮》有其一篇，蓋孔對魯公語也。三朝見公，故曰「三朝」。」《藝文類聚》五十五引劉向《别録》曰：「孔子三見哀公，作《三朝記》七篇，今在《大戴禮》。」《蜀志·秦宓傳》注

① 以下注文重出，文字略有不同。

亦引此。王氏《考證》云：「七篇者，今考《大戴禮》，《千本①》、《四代》、《虞戴德》、《誥志》、《小辨》、《用兵》、《少間》。《史記》、《漢書》、《文選》注所引謂之《三朝記》，《爾雅》疏張揖引《三朝記》皆此書也。」青按：顔籀僅云有一篇，未審。

右十三之十

《孝經》部《古今字》與《小爾雅》爲一類。按《爾雅》，訓詁類也，主於義理。《古今字》，篆隸類也，主於形體。則《古今字》必當依《史籀》、《蒼頡》諸篇爲類，而不當與《爾雅》爲類矣。其一書不當入於《孝經》，案：《漢書·藝文志·六藝略·尚書敘》曰：「古文《尚書》讀應爾雅，故解古今語而可知也。」此「古今字」即「解古今語」之書。《毛詩疏》引《爾雅序篇》云：「《釋詁》、《釋言》通古今之字，古與今異言也。《釋訓》言形貌也。」則「古今字」與《爾雅》、《小爾雅》一類之學，相爲表裏者也。《大戴記·孔子三朝記》：「公曰：『寡人欲學小辨，以觀於政，其可乎？』孔子曰：『《爾雅》以觀於古，足以辨言。』」則《爾雅》之類，漢人不以爲小學也。章説未審。已別具論次，不復置議焉。

① 「本」字誤，當作「乘」。

右十三之十一

《樂》部舊有淮南、劉向等《琴頌》七篇，班固以爲重而删之。今考之《詩賦略》而不見，豈《志》文之亡逸邪？《漢書·藝文志·六藝略·樂》：「凡《樂》六家，百六十五篇。出《淮南》、劉向等《琴頌》七篇。」案：此言「出」者，當是複見於《詩賦略》中。《春秋》部注「省太史公四篇」，其篇名既不可知，按《太史公》百三十篇本隸《春秋》之部，豈同歸一略之中，猶有重複著録及裁篇别出之例邪？

右十三之十二

漢志諸子第十四

儒家部《周史六弢》六篇，兵家之書也。劉恕以謂「《漢志》列於儒家，恐非兵書」，今亦不可考矣。王氏《漢書藝文志考證》：「《周史六弢》六篇，師古曰：『即今之《六韜》』。劉恕《通鑑外紀》云：『《志》在儒家，非兵書也。』《館閣書目》：『《周史六弢》恐别是一書。』」沈濤《銅熨斗齋隨筆》：「今《六韜》乃文王、武王問太公兵戰之事，而此列之儒家，則非今之《六韜》也。『六』乃『大』字之誤。《古今人表》有『周史大⿰弓皮』，古字書無『⿰弓皮』字，《篇韻》始有之（案：謂《玉篇・廣韻》）。當爲『弢』字之誤。《莊子・則陽篇》『仲尼問於太史大弢』，蓋即其人。此乃其所著書，故班氏有『孔子問焉』之説。顔氏以爲太公之《韜》，誤矣。今之《六韜》當在《太公》二百三十七篇之内。』」觀班固自注：「或曰孔子問焉。」則固先已有所不安，而附著其説，以見劉部次於儒家之義耳。雖然，書當求其名實，不以人名分部次也。《太公》之書有「武王問」，不得因武王而出其書於兵家也。自注：《漢志》歸道家，劉氏《七略》道家、兵家互收。《内經》之篇有「黄帝問」，不得因黄帝而出其書於方技也。《漢書・藝文志・方技略・醫經》：「《黄帝内經》十八卷。」王氏《考證》：「夏竦《銅人腧六圖・序》曰：『黄帝問岐伯，盡書其言，藏於金蘭之室。洎雷公請問其道，乃坐明堂以授之。後世言明堂者以此。』」假使《六弢》果有夫子之問，問在兵書，安得遂歸儒家部次邪？

右十四之一

儒家部有《周政》六篇，《周法》九篇，其書不傳。班固注《周政》云：「周時法度政教。」注《周法》云：「法天地，立百官。」則二書蓋官《禮》之遺也。附之《禮》經之下爲宜，入於儒家，非也。案：班氏仍《録》、《略》之舊，列於儒家，必有其故。後人未見其書，未可斷以爲非。大抵《漢志》不立史部，凡遇職官、故事、章程、法度之書，不入六藝部次，則歸儒、雜二家。故二家之書類附率多牽混，惜不能盡見其書，校正之也。夫儒之職業，誦法先王之道，以待後之學者。見《原道中》注。因以所得自成一家之言，孟、荀諸子是也。若職官、故事、章程、法度，「職官」，見《宗劉》注。「章程」，見《書教上》注。《隋書·經籍志·史部·舊事》：「古者朝廷之政，發號施令，百司奉之，藏於官府，各修其職官而弗忘。《春秋傳》曰：『吾視諸故府』，則其事也。晉初，甲令以下至九百餘卷，晉武帝命車騎將軍賈充博引群儒，刪采其要，增律十篇。其餘不足經遠者爲法令，施行制度者爲令，品式章程者爲故事，各還其官府。」《書·大禹謨》：「罔失法度。」則當世之實蹟，非一家之立言，附於儒家，其義安取？故《高祖》、《孝文》諸篇之入儒，前人議其非，是也。見《焦竑誤校漢志第十二》注。

右十四之二

儒家《虞氏春秋》十五篇，司馬遷《十二諸侯年表序》作八篇。或初止八篇，而劉向校書，爲之分析篇次，未可知也。然其書以《春秋》標題，而撰著之文則又上采春秋，下觀近世，而定著爲書，抑亦《春秋》之支別也。

《史記·十二諸侯年表》：「趙孝成王時，其相虞卿上采春秋，下觀近勢，亦著八篇，爲《虞氏春秋》。」正義曰：「按其文八篇，《藝文志》云十五篇，虞卿撰。」青案：《孔叢子·執節篇》：「虞卿著書，名曰《春秋》。魏齊曰：『子無然也。《春秋》，孔聖所以名經也。今子之書大抵談説而已，亦以爲名何？』答曰：『經者，取其事常也，可常則爲經矣。且不爲孔子，其無經乎？』齊問子順，子順曰：『無傷也。魯之史記曰《春秋》，以爲名焉。又晏子之書亦曰《春秋》，不嫌同名也』。」觀此，則虞氏之書特談説耳，與《春秋》何涉？後人未見其書，何得妄揣？法當附著《春秋》，而互見於諸子。班《志》入僅著於儒家，惜其未習於史遷之叙列爾。

右十四之三

司馬遷之叙載籍也，疎而理；班固之志《藝文》也，密而舛。蓋遷能溯源，固惟辨蹟故也。遷於《十二諸侯表叙》，既推《春秋》爲主，則左丘、鐸椒、虞卿、呂不韋諸家以次論其體例，則《春秋》之支系也。至於孟、荀、公孫固、韓非諸書，命意各殊，與《春秋》之部不相附麗，然論辨紀述多及春秋時事，則約略紀之，蓋《春秋》之旁證也。張蒼歷譜五德，董仲舒推《春秋》義，乃《春秋》之流別，故終篇推衍及之。《史記·十二諸侯年表》：「孔子明王道，干七十餘君，莫能用。故西觀周室，論史記舊問①，興於魯而次春秋，上記隱，下至哀之獲麟，約其辭文，去其煩重，以制義法，王道備，人事浹。七十子之徒口受其傳指，爲有所刺譏、褒諱、挹損之文辭，不可以書見也。魯君子左邱明懼弟子人人異端，各安其意，失其真，故因孔子史記具論其語，成《左氏春秋》。鐸椒爲楚威王傅，爲王不能盡觀《春秋》，采取成敗，卒四十章，爲《鐸氏微》。趙孝成王時，其相虞卿上采春秋，下觀近勢，亦著八篇，爲《虞氏春秋》。呂不韋者，秦

---

①「問」字誤，《史記》作「聞」。

莊襄王相，亦上觀尚書①，刪拾春秋，集六國時事，以爲八覽、六論、十二紀，爲《吕氏春秋》。及如荀卿、孟子、公孫固、韓非之徒，各往往捃摭《春秋》之文以著書，不可勝紀。漢相張蒼歷譜五德，上大夫董仲舒推《春秋》義，頗著文焉。」則觀斯表者，求《春秋》之折衷，無遺憾矣。至於著書之人學有專長，所著之書義非一概，則自有專篇列傳，别爲表明，亦猶劉向、任宏於校讎部次，重複爲之互注例也。見《互著第三》注。班氏拘拘於法度之内，此其所以類例難精，而動多掣肘歟？《吕氏春秋·審應覽·具備》：「宓子賤治亶父，令吏二人書。吏方將書，宓子賤從旁時掣摇其肘。吏書之不善，則宓子賤爲之怒。吏甚患之，辭而請歸。宓子賤曰：『子之書甚不善，子趣歸矣！』二吏歸，報於君。魯君太息而歎曰：『宓子以此諫寡人之不肖也。寡人之亂子，而令宓子不得行其術，必數有之矣。微二人，寡人幾過。』」

右十四之四

《賈誼》五十八篇，收於儒家，似矣，然與法家當互見也。考《賈誼

---

① 「尚書」誤，《史記》作「尚古」。

傳》，初以通諸家書召爲博士，又出河南守吴公門下。吴公嘗學事李斯，以治行第一召爲廷尉，乃薦賈誼。誼所上書，稱説改正朔，易服色制度，定官興禮樂，草具儀法。文帝謙讓未遑，然諸法令所更定，及列侯就國，其説皆自誼發之。《史記・屈賈列傳》：「賈生名誼，雒陽人也。年十八，以能誦《詩》屬《書》聞於郡中。吴廷尉爲河南守，聞其秀才，召置門下，甚幸愛。孝文皇帝初立，聞河南守吴公治平爲天下第一，故與李斯同邑而常學事焉，乃徵爲廷尉。廷尉乃言賈生年少，頗通諸子百家之書，文帝召以爲博士。是時賈生年二十餘，最爲少。每詔令議下，諸老先生不能言，賈生盡爲之對，人人各如其意所欲出。諸生於是乃以爲能，不及也。孝文帝説之，超遷，一歲中至大中大夫。賈生以爲：漢興至孝文二十餘年，天下和洽，而固當改正朔，易服色，法制度，定官名，興禮樂。乃悉草具其事儀法，色尚黄，數用五，爲官名，悉更秦之法。孝文帝初即位，謙讓未遑也。諸律令所更定，及列侯悉就國，其説皆自賈生發之。」又司馬遷曰：「賈生、鼂錯明申商。」《史記・鼂錯列傳》：「鼂錯者，潁川人也。學申商刑名於軹張恢先所。」「賈生」，未详。今其書尚可考見，宗旨雖出於儒，而作用實本於法也。《漢志》叙録云：「法家者流，出於理官。」蓋法制禁令，《周官》之刑典也。「名家者流，出於禮官。」蓋名物度數，《周官》之禮典也。古者刑法、禮制相爲損益，故「禮儀三百，威儀三千」，而「五刑之屬三千」，條繁文密，其數適相等也。《禮·中庸》：「禮儀三百，威儀三千。」《書·吕刑》及《孝經》：「五刑之屬三千。」是故聖王教民以禮，而禁之以刑。出於禮者，即入於刑，勢無中立。故民日遷善，而不知所以自致也。《孟子·盡心上》：「民日遷善，而不知爲之者。」儒家者流，總約刑禮，而折衷於道，蓋懼斯民泥於刑禮之蹟，而忘其性所固有也。孟子曰：「徒善不足以爲政，徒法不能以自行。」見《補校漢書①藝文志第十》注。夫法則禮刑條目，有節度者皆是也；善則欽明文思，《書·堯典》文。允恭克讓，《書·舜典》文。無形體者皆是也。程子曰：「有《關雎》、《麟趾》之心，而後可以行《周官》之法度。」所謂《關雎》、《麟趾》，仁義是也。見《史德》注。所謂《周官》法度，刑禮之屬

① 「書」字衍。

皆是也。然則儒與名、法，其原皆出於一，非若異端釋、老《魏書》有《釋老志》。屏去民彝物則見《方志立三書議》注。而自爲一端者比也。商鞅、韓非之法，《漢書·藝文志·諸子略·法家》：「《商君》二十九篇」，班固自注：「名鞅。」「《韓子》五十五篇」，班固自注：「名非。」未嘗不本聖人之法，而所以制而用者非也。鄧析、公孫龍之名，《漢書·藝文志·諸子略·名家》：「《鄧析》二篇」，「《公孫龍子》十四篇」。不得自外於聖人之名，而所以持而辨者非也。「儒分爲八，墨分爲三」，《韓非子·顯學》：「世之顯學，儒、墨也。儒之所至，孔丘也。墨之所至，墨翟也。自孔子之死也，有子張之儒，有子思之儒，有顔氏之儒，有孟氏之儒，有漆雕氏之儒，有仲良氏之儒，有孫氏之儒，有樂正氏之儒。自墨子之死也，有相里氏之墨，有相夫氏之墨①。故孔、墨之後，儒分爲八，墨離爲三。」則儒亦有不合聖人之道者矣。此其所以著録之書，貴知原委，而又當善條其流別也。賈生之言王道，深識本原，推論三代，其爲儒效，不待言矣。然其

① 「有相夫氏之墨」句後，《韓非子》有「有鄧陵氏之墨」一句，當補。

立法創制，條列禁令，則是法家之實。其書互見法家，正以明其體用所備。儒固未足爲榮，名、法亦不足爲隱諱也。後世不知家學流别之義，相率而争於無益之空名。其有列於儒家者，不勝其榮，而次以名、法者，不勝其辱。豈知同出聖人之道，而品第高下，又各有其得失。但求名實相副，爲得其宜，不必有所選擇而後其學始爲貴也。《漢志》始别九流，見《詩教上》注。而儒、雜二家已多淆亂。後世著録之人，更無别出心裁，紛然以儒、雜二家爲蛇龍之菹焉。見《詩教上》注。凡於諸家著述，不能遽定意指之所歸，愛之則附於儒，輕之則推於雜。夫儒、雜分家之本旨豈如是耶？

右十四之五

《董仲舒》百二十三篇，部於儒家，是矣。然仲舒所著，皆明經術之意。至於説《春秋》事，得失間舉，所謂《玉杯》、《繁露》、《清明》、《竹林》之屬，則當互見《春秋》部次者也。案：《漢書・董仲舒傳》：「仲舒所著，皆明經術之意。及上疏條教，凡百二十三篇。而説《春秋》事得失，《間①舉》、《王②杯》、《蕃露》、《清明》、《竹林》之屬，復數十篇。」是百二十三篇在《繁露》之外，書已早亡，其見於《春秋》者已有《公羊董仲舒治獄》十六篇。

右十四之六

桓寬《鹽鐵論》六十篇，部於儒家，此亦良允。第鹽鐵之議乃孝昭之時政，其事見《食貨志》。桓寬撰輯一時所謂文學、賢良對議，乃具當代之舊事，不盡爲儒門見風節也。《漢書·食貨志》：「昭帝即位五年，詔郡國舉賢良、文學之士，問以民所疾苦，教化之要。皆對願罷鹽、鐵、酒榷均輸官，毋與天下爭利，視以儉節，然後教化可興。御史大夫桑弘羊難，以爲此國家大業，所以制四夷，安遊③足用之本，不可廢也。迺與丞相千秋共奏罷酒酤。」案：又見《漢書·昭帝紀》及《車千秋傳贊》、《公孫貿④劉屈氂傳贊》。法當

① 「間」字誤，《漢書》作「聞」。
② 「王」字誤，《漢書》作「玉」。
③ 「遊」字誤，《漢書》作「邊」。
④ 「貿」字誤，《漢書》作「賀」。

互見於故事，而《漢志》無故事之專門，亦可附於《尚書》之後也。

右十四之七

劉向所叙六十七篇，部於儒家，則《世説》、《新序》、《説苑》、《列女傳頌圖》四種書也。《漢書·藝文志·儒家》：「劉向所序六十七篇」，自注：「《新序》《説苑》《世説》《列女傳頌圖》也。」此劉歆《七略》所收，全無倫類。班固從而效之，因有揚雄所叙三十八篇，不分《太玄》、《法言》、《樂》、《箴》四種之弊也。《漢書·藝文志·儒家》：「揚雄所序三十八篇。《太玄》十九，《法言》十三，《樂》四，《箴》二。」鄭樵譏班固之混收揚雄一家爲無倫類，而謂班氏不能學《七略》之徵，見《互著第三》注。不知班氏固效劉歆也。乃於劉歆之創爲者則故縱之，班固之因仍者則酷斷之，甚矣，人心不可有偏惡也！按《説苑》、《新序》雜舉春秋時事，當互見於《春秋》之篇。《世説》今不可詳，本傳所謂「《疾讒》、《摘要》、《救危》及《世頌》諸篇，依歸古事，悼己及同類也。」《漢書·劉向傳》：「著《疾讒》、《摘要》、《救危》及《世頌》，凡八篇。依興古事，悼己及同類也。」似亦可以互見《春秋》矣。

惟《列女傳》本採《詩》、《書》所載婦德可垂法戒之事，以之諷諫宫闈，則是史家傳記之書。而《漢志》未有傳記專門，亦當附次《春秋》之後可矣。至其引風綴雅，託興六義，又與《韓詩外傳》相爲出入，則互注於《詩經》部次，庶幾相合。總非諸子儒家書也。

右十四之八

道家部《老子鄰氏經傳》四篇，《傅氏經説》三十七篇，《徐氏經説》六篇。按《老子》本書，今傳《道德》上下二篇共八十一章。《漢志》不載本書篇次，則劉、班之踈也。近人姚振宗《漢書藝文志條理》：「『《鄰氏經傳》四篇』者，本经二篇，鄰氏傳二篇，合为一编，故下注『李名耳』。《漢志》於篇數、章數多不及載，不獨此書。蓋其時有《别録》，有《七略》，言之已詳。《志》在簡要，故悉從其略。」是劉、班本見其疏，章氏蓋一隅之見爾。凡書有傳註解義諸家，離析篇次，則著録者必以本書篇章原數登於首條，使讀之者可以考其原委，如《漢志》《六藝》各略之諸經篇目，是其義矣。

右十四之九

或疑伊尹、太公皆古聖賢，何以遂爲道家所宗？以是疑爲後人假託。其說亦自合理。王氏《漢書藝文志考證》：「《說苑·臣術篇》、《呂氏春秋》皆引伊尹湯問，《周書·王會》有伊尹朝獻商書。愚謂《孟子》稱『伊尹曰：天之生此民也，使先知覺後知，使先覺覺後覺也。予，天民之先覺者也。非予覺之，而誰也？』伊尹所謂道，豈老子所謂道乎？《志》於兵權謀省伊尹、太公而入道家，蓋戰國權謀之士著書而託之伊尹也。」案：伊尹爲道家者，《史記·殷本紀》：「伊尹從湯言素王及九主之事。」索隱：「素王，太上皇。其道質素，故稱『素王』。」太公爲道家者，《大戴記·武王踐阼》：「師尚父西面，引道書之言曰」云云，是也。惟是古人著書，援引稱說，不拘於方。道家源委，《莊子·天下篇》所敘述者，略可見矣。《莊子·天下》：「以本爲精，以物爲粗，以有積爲不足，澹然獨與神明居。古之道術有在於是者，關尹、老聃聞其風而悅之。建之以常無有，主之以太一。以濡弱謙下爲表，以空虛不毁萬物爲實。關尹曰：『在己無形，物自著。』其動若水，其静若鏡，其應若響。芴乎若亡，寂乎若清。同焉者和，得焉者失。未嘗先人而嘗隨人。老聃曰：『知其雄，守其雌，爲天下谿；知其白，守其辱，爲天下谷。』人皆取先，己獨取後，曰受天下之垢；人皆取實，己獨取虛，無藏也故有餘，巋然而有餘。其行身也，徐而不費，無爲也而笑巧。人皆求福，己獨曲全，曰苟免於咎。以深爲根，以約爲紀，曰：『堅則毁矣，鋭則挫矣。』常寬容於物，不削於人。可謂至極。關尹、老聃乎！古之博大真人哉！」是則伊尹、太公，莊老之徒未必引以爲祖。意其著書稱述，以及假説問對，偶及其人，而後人不辨，則以爲其人自著；及察其不類，又以爲後人依託。今其書不存，殆亦難以考正也。且如儒家之《魏文侯》、《平原君》，未必非儒者之徒，篇名偶用其人，如《孟子》之有《梁惠王》、《滕文公》之類耳。不然，則劉、班篇次雖疎，何至以戰國諸侯公子稱爲儒家之書歟？見《匡謬》注。

右十四之十

陰陽二十一家《漢書·藝文志·諸子略·陰陽》：「《宋司星子韋》三篇，《公檮生終始》十四篇，《公孫發》二十二篇，《鄒子》四十九篇，《鄒子終始》五十六篇，《乘丘子》五篇，《杜文公》五篇，《黄帝泰素》二十篇，《南公》三十一篇，《容成子》十四篇，《張蒼》十六篇，《鄒奭子》十二篇，《閭丘子》十三篇，《馮促》十三篇，《將鉅子》五篇，《五曹官制》五篇，《周伯》十一篇，《衛侯官》十二篇，

《子長天下忠臣》九篇，《公孫渾邪》十五篇，《雜陰陽》三十八篇。」與兵書陰陽十六家，《漢書・藝文志・兵書略・兵陰陽》：「《太壹兵法》一篇，《天一兵法》三十五篇，《神農兵法》一篇，《黃帝》十六篇，《封胡》五篇，《風后》十三篇，《力牧》十五篇，《鵊冶子》一篇，《鬼容區》三篇，《地典》六篇，《孟子》一篇，《東父》三十一篇，《師曠》八篇，《萇弘》十五篇，《别成子望軍氣》六篇，《辟兵威勝方》七十篇。」同名異術，偏全各有所主。叙例發明其同異之故，抑亦可矣。今乃缺而不詳，失之疎耳。第諸子陰陽之本叙，以謂「出於羲和之官」，《漢書・藝文志・諸子略・陰陽》：「陰陽家者流，蓋出於羲和之官。敬順昊天，曆象日月星辰，敬授民時。此其所長也。」數術七種之總叙，又云「皆明堂、羲和、史卜之職也」。《漢書・藝文志・數術略》：「數術者，皆明堂、羲和、史卜之職也。」今觀陰陽部次所叙列，本與數術中之天文、五行不相入，是則劉、班叙例之不明，不免後學之疑惑矣。蓋《諸子略》中陰陽家乃鄒衍談天、鄒奭雕龍之類，空論其理，而不徵其理①者也。《漢書・藝文志・諸子略・陰陽》：「《鄒子》四十九篇，《鄒子終始》五十六篇，

①「理」字誤，粵雅堂本《校讎通義》、浙江書局及嘉業堂《章氏遺書》本均作「數」。

《鄒奭子》十二篇。」《數術略》之天文、曆譜諸家，乃泰一、五殘、日月星氣，以及黄帝、顓頊日月宿曆之類，顯徵度數，而不衍空文者也。《漢書·藝文志·數術略·天文》：「《泰壹雜子星》二十八卷，《五殘雜變星》二十一卷，《常從日月星氣》二十一卷，《曆譜黄帝五家曆》三十三卷，《顓頊曆》二十一卷，《日月宿曆》十三卷。」其分門别類固無可議，惟於叙例亦似鮮所發明爾。然道器合一，見《原道中》注。理數同符。劉向父子校讎諸子，而不以陰陽諸篇付之太史尹咸，以爲七種之綱領，固已失矣。叙例皆引羲和爲官守，是又不精之咎也。莊周《天下》之篇，叙列古今學術，其於諸家流别，皆折衷於道要。首章稱述六藝，則云「《易》以道陰陽」，是《易》爲陰陽諸書之宗主也。使劉、班著《略》，於諸子陰陽之下著云「源出於《易》」，於《易》部之下著云「古者掌於太卜」，見《易教上》注。則官守師承之離合不可因是而考其得失歟？至於羲和之官，則當特著於天文、歷譜之下，而不可兼引於諸子陰陽之叙也。劉氏父子精於歷數，而校書猶失其次第，又況後世著録大率偏於文史之儒乎？

右十四之十一

或曰：奭、衍之談天雕龍，大道之破碎也。今曰其源出於大《易》，豈不荒經而蔑古乎？答曰：此流別之義也。官司失其典守，則私門之書推原古人憲典以定其離合；師儒失其傳授，則游談之書推原前聖經傳以折其是非。其官無典守而師無傳習者，則是不根之妄言，屏而絶之，不得通於著録焉。其有幸而獲傳者，附於本類之下，而明著其違悖焉。是則著録之義，固所以明大道而治百家也，何爲荒經蔑古乎？

右十四之十二

今爲陰陽諸家作叙例，當云：「陰陽家者流，其原蓋出於《易》。《易》大傳曰：「一陰一陽之謂道。」見《原道上》注。又曰：「《易》有太極，是生兩儀。」見《匡謬》注。此天地陰陽之所由著也。星曆司於保章，卜筮存乎官守。聖人因事而明道，於是爲之演《易》而繫辭①。見《易教上》「夫子身不得位」條注。後世官司失守，而聖教不得其傳，則有談天雕龍之説，破碎支離，去道愈遠，是其弊也。其書傳者有某甲乙，得失如何。」則陰陽之原委明矣。今存叙例乃云：「敬順昊天，歷象日月星辰，敬授人時。」此乃數術歷譜之叙例，於衍、奭諸家何涉歟？

右十四之十三

陰陽家《公檮生終始》十四篇，在《鄒子終始》五十六篇之前，而班固注云：「公檮傳鄒奭《始終》書。」豈可使創書之人居傳書之人後乎？又《鄒子終始》五十六篇之下注云：「鄒衍所説。」而公檮下注：「鄒奭《始終》。」名既互異，而以「終始」爲「始終」，亦必有錯訛也。鄧名世《古今姓氏書辯證》：「公檮氏，《漢·藝文志》有《公檮生終始》十四篇，傳黄帝終始之術。」則今本《漢志》傳寫之誤也。

① 「辞」，粤雅堂本《校讎通義》、浙江書局及嘉業堂《章氏遺書》本均作「詞」。

又《閭丘子》十三篇，《將鉅子》五篇，班固俱注云「在南公前」。而其書俱列《南公》三十一篇之後，亦似不可解也。自注：觀「終始五德之運」，則以爲「始終」，誤也。青按：二子書俱列《南公》後者，其人則前南公，其書或出其徒所記，故反後也。

右十四之十四

《五曹官制》五篇，列陰陽家。其書今不可考，然觀班固注云：「漢制，似賈誼所條。」按《誼傳》：「誼以爲當改正朔，易服色，定制度，定官名，興禮樂。草具其儀法，色尚黄，數用五，爲官名。」此其所以爲五曹官制歟？如此則當入於官《禮》。今附入陰陽家言，豈有當耶？大約此類皆因終始五德之意，故附於陰陽。《漢書藝文志條理》：「按《漢書·魏相傳》：『相數條漢興以來國家便宜行事，及賢臣賈誼、鼂错、董仲舒等所言，奏請施行之。又數采《易陰陽》及《明堂月令》奏之，曰：《易》曰：天地以順動，故日月不過四時不忒。聖王以順動，故刑罰清而民服。天地變化，必繇陰陽。陰陽之分，以日爲紀。日冬夏至，則八風之序立，萬物之性成，各有常職，不得相干。東方之神太昊，乘震執規司春。南方之神炎帝，乘離執衡司夏。西方之神少昊，乘兑執矩司秋。北方之神顓頊，乘坎執權司北。方春興兑治則饑，秋興震治則華，冬興離治則泄，夏興坎治則雹。明王謹於尊天，慎於養人，故立羲和之官，以乘四時，節授民事。臣愚以爲：陰陽者，王事之本，群生之命。自古聖賢未有不繇者也。』此五曹官制本陰陽五行以爲言，而羲和官守所有事。故《七略》入之此門。」然則《周官》六典取象天地四時，亦可入於歷譜家矣。

右十四之十五

于長《天下忠臣》九篇，入陰陽家，前人已有議其非者。或曰：其書今已不傳，無由知其義例。然劉向《别録》云：「傳天下忠臣。」則其書亦可以想見矣。《困學紀聞》卷十二《考史》：「愚謂《忠臣傳》當在《史記》之録，而列於陰陽家，何也？《七略》，劉歆所爲，班固因之。歆，漢之賊臣，其抑忠臣也則宜。」縱使其中參入陰陽家言，亦宜别出互見，而使觀者得明其類例，何劉、班之無所區别耶？蓋《七略》未立史部，而傳記一門之撰著，惟有劉向《列女》與此二書耳。附於《春秋》而别爲之説，猶愈於攙入陰陽家言也。

右十四之十六

法家《申子》六篇，其書今失傳矣。按劉向《别録》：「申子學號刑名，以名責實，尊君卑臣，崇上抑下。」《史記·張叔傳》索隱引《别録》曰：「申子學號曰『刑名』者，循名以責實。其尊君卑臣，崇上抑下，合於六經也。」荀卿子曰：「申子蔽於勢而不知智。」《荀子·解蔽》文。韓非子曰：「申不害徒術而無法。」《韓非子·定法》：「申不害言術，而公孫鞅爲法」，「比①不可一無」。是則申子爲名家者流，而《漢志》部於法家，失其旨矣。

右十四之十七

《商君》《開塞》、《耕戰》諸篇，《商子》：《農戰第三》，《開塞第七》。可互見於兵書之權謀條。《韓非》《解老》、《喻老》諸篇，見《説林》注。可互見於道家之《老子》經。其裁篇别出之説，已見於前，不復置論。

右十四之十八

① 「比」字誤，《韓非子》作「此」。

名家之書，當敘於法家之前，而今列於後，失事理之倫敘矣。蓋名家論其理，而法家又詳於事也。雖曰二家各有所本，其中亦有相通之原委也。

右十四之十九

名家之言，分爲三科。一曰命物之名，方圓黑白是也。二曰毁譽之名，善惡貴賤是也。三曰況謂之名，賢愚愛憎是也。《尹文》之言云爾。《尹文子·大道上》：「名有三科：一曰命物之名，方圓白黑是也。二曰毁譽之名，善惡貴賤是也。三曰況謂之名，賢愚愛憎是也。」然而命物之名，其體也；毁譽、況謂之名，其用也。名家言治道，大率綜核毁譽，整齊況謂，所謂「循名責實」之義爾。見《地志統部》注。命物之名，其源實本於《爾雅》。後世經解家言，辨名正物，蓋亦名家之支別也。由此溯之，名之得失可辨矣。凡曲學支言，《前漢書·儒林傳》：「轅固曰：『無曲學以阿世。』」案：支言，猶云支蔓之言。淫辭邪説，其初莫不有所本。著録之家見其體分用異，而離析其部次，甚且拒絶而不使相通，則流遠而源不可尋，雖欲不氾濫而横溢也，不可得矣。孟子曰：「詖辭知其所蔽，淫辭知其所陷，邪辭知其所離，遁辭知其所窮。」見《和州志藝文書序例》注。夫謂之「知其所」者，從大道而溯其遠近離合之故也。不曰淫、詖、邪、遁之絶其途，而曰淫、詖、邪、遁之知其所者，蓋百家之言亦大道之散著也。奉經典而臨治之，則收百家之用；忘本源而釐析之，則失道體之全。

右十四之二十

墨家《隨巢子》六篇，《胡非子》三篇，班固俱注「墨翟弟子」，而叙書在《墨子》之前。《我子》一篇，劉向《别録》云「爲墨子之學」，其時更在後矣，叙書在《隨巢》之前，此理之不可解者。或當日必有錯誤也。按：此成書有先後，不得輒疑。

右十四之二十一

道家祖老子，而先有《伊尹》、《太公》、《鬻子》、《管子》之書；墨家祖墨翟，而先有《伊佚》、《田俅子》之書。《漢書·藝文志·諸子略·墨家》《尹佚》二篇、《田俅子》三篇，在《墨子》七十一篇之前。此豈著録諸家窮源之論耶？今按《管子》當入法家，著録部次之未審也。至於《伊尹》、《太公》、《鬻子》乃道家者流稱述古人，因以其人命書，非必盡出僞託，亦非以伊尹、太公之人爲道家也。《尹佚》之於墨家，意其亦若是焉而已。然則鄭樵所云「看名不看書」，誠有難於編次者矣。《通志·校讎略》：「編書之家，多是苟且。有見名不見書者。《尉繚》，兵書也，班固以爲諸子類，寘於雜家，此之謂見名不見書。」否則班、劉著録，豈竟全無區别耶？第《七略》於道家，叙黄帝諸書於《老萊》、《鶡冠》諸子之後，《漢書·藝文志·諸子略·道家》《老萊子》十六篇、《鶡冠子》一篇之後，有《黄帝四經》四篇，《黄帝銘》六篇，《黄帝君臣》十篇，《雜黄帝》五十八篇。爲其後人依託，不以所託之人叙時代也。而《伊尹》、《尹佚》諸書顧冠道、墨之首，豈誠以謂本所自著耶？其書今既不傳，附以存疑之説可矣。

右十四之二十二

六藝之書與儒家之言，固當參觀於《儒林列傳》；道家、名家、墨家之書，則列傳而外，又當參觀於莊周《天下》之篇也。蓋司馬遷叙傳所推六藝宗旨，尚未究其流别，《史記·自序》：「《禮》以節人，《樂》以發和，《書》以道事，《詩》以達意，《易》以道化，《春秋》以道義。」而莊周《天下》一篇實爲諸家學術之權衡，著録諸家宜取法也。觀其首章列叙「舊法世傳之史」，與《詩》、《書》六藝之文，則後世經史之大原也。其後叙及墨翟、禽滑釐之學，見《和州志前志列傳序例中》注。則墨支自注：墨翟弟子、墨别自注：相里勤以下諸人、墨言、自注：禹湮洪水以下是也。墨經，自注：苦獲、己齒、鄧陵子之屬，皆誦《墨經》是也。具有經緯條貫，較之劉、班著録，源委尤爲秩然，不啻《儒林列傳》之於《六藝略》也。宋鈃、尹文、田駢、慎到、關尹、老聃，以至惠施、公孫龍之屬，《莊子·天下》：「不累於俗，不飾於物，不苟於人，不悦①於衆，願天下之安寧以活民命，人我之養畢足而止，以此白心。古

①「悦」字誤，《莊子》作「忮」。

之道術有在於是者。宋銒、尹文聞其風而悦之。」「公而不當，易而無私，泱①然無主，趣物而不兩。不顧於慮，不謀於知，於物無擇，與之俱往。古之道術有在於是者，彭蒙、田駢、慎到聞風而悦之。」「惠施多方，其書五車，其道舛駁，其言也不中。」「桓團、公孫龍辯者之徒，飾人之心，易人之意，能勝人之口，不能服人之心，辯者之囿也。惠施日以其知與人之辯，特與天下之辯者爲怪，此其柢也。」老聃，見上《十四之十》注。皆《諸子略》中道家、名家所互見。然則古人著書，苟欲推明大道，未有不辨諸家學術源流。著録雖始於劉、班，而義法實本於前古也。

右十四之二十三

縱横者，詞説之總名也。見《易教下》注。蘇秦合六國爲縱，張儀爲秦散六國爲横，同術而異用，所以爲戰國事也。見《説林》注。既無戰國，則無縱横矣。而其學具存，則以兵法權謀所參互，而抵掌見《詩教上》注。談説所取資也。是以蘇、張諸家可互見於兵書，自注：《七略》以蘇秦、蒯通入兵書。而鄒

① 「泱」字誤，《莊子》作「決」。

陽、嚴、徐諸家又爲後世詞命之祖也。

右十四之二十四

蒯通之書，自號《雋永》，今著録止稱《蒯子》。且《傳》云「自序其説八十一首」，而著録僅稱五篇。不爲注語以别白之，則劉、班之疎也。《漢書·藝文志·諸子略·縱横》：「《蒯子》五篇。」按：謂班氏之疏則有之，若劉氏則《七略》、《别録》今不可全見，何由知其皆無别白乎？

右十四之二十五

積句成章，積章成篇。《文心雕龍·章句》：「積句而成章，積章而成篇。」擬之於樂，則篇爲大成，而章爲一闋也。見《篇卷》注。《漢志》計書，多以篇名，間有計及章數者，小學叙例之稱《倉頡》諸書也。《漢書·藝文志·六藝略·小學》：「漢興，閭里書師合《蒼頡》、《爰歷》、《博①》三篇斷六十六②以爲一章，凡九十五章，立③爲《倉頡篇》。」至於叙次目録，而以章計者，惟儒家《公孫固》一篇注「十八章」，《羊子》四篇注「百章」而已。其如何詳略，恐劉、班當日亦未有深意也。至於以「首」計者，獨見蒯通之《傳》。不知「首」之爲章計與？爲篇計與？志存五篇之數，而不詳其所由，此傳、志之所以當互考也。

右十四之二十六

雜家《子晚子》三十五篇，注云：「好議兵，似《司馬法》。」何以不入兵家邪？按：《子晚子》不入兵家，以其不過好議兵耳，實則雜家也。猶下《尉繚子》二十九篇，劉向《别録》謂繚爲商君學，不入法家，仍入雜家也。《尉繚子》之當入兵家，已爲鄭樵糾正，不復置論。見《焦竑誤校漢志第十二》注。案：近人梁玉繩《瞥記》五：「諸子有《尉繚

① 「博」字下，漏「學」字，當補。
② 「六」字誤，《漢書》作「字」。
③ 「立」字誤，《漢書》作「並」。

子》，疑即《尸子》所謂『料子貴別』者也。《漢志·雜家》：『《尉繚》二十九篇，先《尸子》。』《兵家》：『《尉繚》三十一篇，先《魏公子》。』蓋兩人。」尸佼所稱，非爲始皇國尉者。鄭、章所疑非也。

右十四之二十七

《尸子》二十篇，書既不傳。既云「商鞅師之」，恐亦法家之言矣。如云《尸子》非爲法者，則商鞅師其何術，亦當辨而著之。今不置一説，部次雜家，恐有誤也。《漢書·藝文志·諸子略·雜》：「《尸子》二十篇。」班固自注：「名佼，魯人，秦相商君師之。鞅死，佼逃入蜀。」案：李斯師荀卿，而不爲儒家。《文心雕龍·諸子》曰：「尸佼兼總於雜術。」又曰：「尸佼、尉繚，術通而文鈍。」則彦和猶及見此書，章氏不得輒疑。

右十四之二十八

《吕氏春秋》亦《春秋》家言而兼存典章者也，當互見於《春秋》、《尚書》，而猥次於雜家，亦錯誤也。古者《春秋》家言體例未有一定，自孔子有「知我」、「罪我」之説，而諸家著書往往以《春秋》爲獨見心裁之總名。然而左氏而外，鐸椒、虞卿、吕不韋之書雖非依經爲文，而宗仰獲麟之意，觀司馬遷叙《十二諸侯年表》而後曉然也。見《永清縣志前志列傳序例》注。《呂氏》之書蓋司馬遷之所取法也，十二本紀倣其十二月紀，八書倣其八覽，七十列傳倣其六論，則亦微有所以折衷之也。見《和州志列傳總論》注。四時錯舉，名曰春秋，則《呂氏》猶較《虞卿》、《晏子春秋》爲合度也。劉知幾譏其本非史書而冒稱《春秋》，失其旨矣。自注：其合於章程，已具論次，不復置論。青案：《史通·六家》：「儒者之説《春秋》也，以事繫日，以日繫月，言春以包夏，舉秋以兼冬。年有四時，故錯舉以爲所記之名也。苟如是，則晏子、虞卿、呂氏、陸賈，其書篇第本無年月，而亦謂之《春秋》，蓋有異於此者。」

右十四之二十九

《淮南内》二十一篇，本名爲《鴻烈解》，而止稱「淮南」，則不知爲地名與？人名、書名與？此著録之苟簡也。其書則當互見於道家，《志》僅列於雜家，非也。自注：外篇不傳，不復置論。青案：見《言公上》注。旁涉，故《漢志》列之雜家。

右十四之三十

道家《黄帝銘》六篇，與雜家《荆軻論》五篇，其書今既不可見矣。考《皇覽》「《黄帝金人器銘》」，及《皇王大紀》所謂《輿几之箴》、《巾几之銘》，則六篇之旨可想見也。王氏《考證》：「考《皇覽記陰謀》言『《黄帝金人器銘》』，《金人銘》蓋六篇之一也。蔡邕《銘論》：『黄帝有《巾机之銘》』，《皇王大紀》曰：『黄帝作《輿几之箴》，箴警宴安；作《巾几之銘》，以戒逸欲。』」《荆軻論》下注「司馬相如等論之」，而《文心雕龍》則云「相如屬詞，始贊荆軻」。《文心雕龍·頌贊》文。是五篇之旨大抵史贊之類也。銘箴頌贊，有韻之文，例當互見於《詩賦》，與《詩賦》門之《孝景皇帝頌》同類編次者也。自注：《孔甲盤盂》二十六篇亦是其類。青案：司馬相如《荆軻贊》，世不傳。厥後班孟堅漢史以「論」曰「贊」，皆無韻之文。至宋范曄始用韻語，然則贊之有韻乃後起之事耳。

右十四之三十一

農家託始神農，《漢書·藝文志·諸子略·農》：「《神農》二十篇。」班固自注：「六國時，諸子疾時怠於農業，道耕農事，託之神農。」遺教緒言，或有得其一二，未可知也。《書》之《無逸》，《尚書·周書》第十五。《詩》之《豳風》，《詩·國風》：《豳風》七篇。《大戴記》之《夏小正》，見《和州志藝文書序例》注。《小戴記》之《月令》，見《書教中》注。《爾雅》之《釋草》，《爾雅》：《釋草第十三》。《管子》之《牧民》篇，《管子》：《牧民第一》。《呂氏春秋·任地》《呂氏春秋·士容論第六》：四曰《任地》。諸篇，俱當用裁篇別出之法，冠於農家之首者也。自注：神農、野老之書既難憑信，故經言不得不詳。

右十四之三十二

小説家之《周考》七十六篇，《青史子》五十七篇，其書雖不可知，然班固注《周考》云「考周事也」，注《青史子》云「古史官紀事也」，則其書非《尚書》所部，即《春秋》所次矣。觀《大戴禮·保傅篇》引「青史氏之《記》」，則其書亦不儕於小説也。按：《文心雕龍·諸子篇》曰：「《青史》曲綴以街談。」則固小説家言也，安得以殘文碎句斷其全書乎？至《周考》與下之《臣壽周紀》七篇、《虞初周説》，當同爲紀載周代瑣事，故列於街談巷議之流。章氏疑《周考》，疑《青史子》，而不疑《臣壽周紀》、《虞初周説》，何耶？

右十四之三十三

漢志詩賦第十五

《漢志》分藝文爲六略，每略又各别爲數種，每種始叙列爲諸家。猶如《太玄》之經，方州部家，大綱細目，互相維繫，法至善也。揚雄《太玄經·説玄》："《易》與《太玄》，大抵道同而法異。《易》畫有二，曰陰曰陽；《玄》畫有三，曰一曰二曰三。《易》有六位，《玄》有四重。《易》以八卦相重爲六十四卦，《玄》以一二三錯於方州部家爲八十一首。"每略各有總叙，論辨流别，義至詳也。惟《詩賦》一略區爲五種，而每種之後更無叙論，不知劉、班之所遺邪？抑流傳之脱簡邪？今觀《屈原賦》二十五篇以下共二十家爲一種，《陸賈賦》三篇以下共二十一家爲一種,《孫卿賦》十篇以下共二十五家爲一種。名類相同,而區種有別,當日必有其義例。今諸家之賦十逸八九,而叙論之説闕焉無聞,非著録之遺憾與?若雜賦與雜歌詩二種,則署名既異,觀者猶可辨別,第不如五略之有叙録,更得詳其源委耳。

右十五之一

古之賦家者流,原本《詩》《騷》,出入戰國諸子。假設問對,《莊》《列》寓言之遺也。見《匡謬》注。恢廓聲勢,蘇張縱横之體也。排比諧隱,韓非《儲説》之屬也。徵材聚事,《吕覽》類輯之義也。見《言公上》注。雖其文逐聲韻,旨存比興,而深探本原,實能自成一子之學,與夫專門之書初無差別。故其叙列諸家之所撰述,多或數十,少僅一篇,列於文林,義不多讓,爲此志也。然則三種之賦,亦如諸子之各別爲家,而當時不能盡歸一例者耳。豈若後世詩賦之家,裒然成集,使人無從辨別者哉?

右十五之二

賦者，古詩之流，見《詩教下》注。劉勰所謂「六義附庸，蔚成大國」者是也。見《詩教下》注。義當列詩於前，而叙賦於後，乃得文章承變之次第。劉、班顧以賦居詩前，則標略之稱「詩賦」，豈非顛倒與？每怪蕭梁《文選》賦冠詩前，絶無義理，而後人競效法之，爲不可解。今知劉、班著録，已啟之矣。又詩賦本《詩經》支系，説已見前，不復置議。

右十五之三

詩賦前三種之分家，不可考矣，其與後二種之別類，甚曉然也。三種之賦，人自爲篇，後世別集之體也。雜賦一種，不列專名，而類叙爲篇，後世總集之體也。見《詩教中》注。歌詩一種，則詩之與賦固當分體者也。就其例而論之，則第一種之《淮南王群臣賦》四十四篇，及第三種之《秦時雜賦》九篇，當隸雜賦條下，而猥廁專門之家，何所取耶？揆其所以附麗之故，則以《淮南王賦》列第一種，而以群臣之作附於其下，所謂以人次也。《秦時雜賦》列於《荀卿賦》後，自注：《志》作「孫卿」。《孝景皇帝頌》前，所謂以時次也。夫著録之例，先明家學，同列一家之中，或從人次，或從時次可也，豈有類例不通，源流迴異，概以意爲出入者哉？

右十五之四

《上所自造賦》二篇，顔師古注「武帝所作」。按劉向爲成帝時人，其去孝武之世遠矣。武帝著作當稱孝武皇帝，乃使後人得以考定。今曰「上所自造」，何其標目之不明與？臣工稱當代之君則曰「上」也，否則摘文紀事，上文已署某宗某帝，承上文而言之，亦可稱爲「上」也。竊意「上所自造」四字必武帝時人標目，劉向從而著之，不與審定稱謂，則談《七略》者疑爲成帝賦矣。班氏録以入志，則「上」又從班固所稱，若無師古之注，則讀《志》者又疑後漢肅宗所作賦矣。

右十五之五

《荀卿賦》十篇居第三種之首，當日必有取義也。按荀卿之書，有《賦篇》列於三十二篇之内，不知所謂《賦》十篇者，取其《賦篇》與否？按：《荀賦》今存五篇，劉氏《别録》入荀書之末，名曰《賦篇》，似在此十篇之外者。猶《七略》既録《孔臧賦》二十篇，别有四篇見載《連叢子》也。曾用裁篇别出之法與否？著録不爲明析，亦其疎也。

右十五之六

《孝景皇帝頌》十五篇，次於第三種賦内，其旨不可强爲之解矣。按六藝流别，賦爲最廣，比興之義，皆冒賦名。風詩無徵，存於謡諺，則雅頌之體實與賦類同源異流者也。縱使篇第傳流，多寡不敵，有如漢代而後，濟水入河，不復别出。見《方志立三書議》注。亦當叙入詩歌總部之後，别而次之。或與銘箴贊誄通爲部録，抑亦可至。何至雜入賦篇，漫無區别邪？

右十五之七

《成相雜辭》十一篇，《隱書》十八篇，次於雜賦之後，未爲得也。按楊倞注《荀子·成相》：「蓋亦賦之流也。」《荀子·成相》楊倞注：「《漢書·藝文志》謂之《成相雜辭》，蓋亦賦之流也。」按：《藝文類聚》卷八十九引《成相篇》曰：「莊子貴支離，悲木槿。」

注云：「《成相》出《淮南子》。」然則此《成相雜辭》十一篇，淮南王之所作也。朱子以爲：「雜陳古今治亂興亡之效，託之風詩以諷時君。」命曰雜辭，非竟賦也。《隱書》注引劉向《别録》謂：「疑其言以相問對，通以思慮，可以無不喻。」是則二書之體，乃是戰國諸子流别，後代連珠韻語之濫觴也。法當隸於諸子雜家，互見其名，爲説而附於歌詩之後可也。案：《隱書》雖亡，猶考見於《史記·楚世家》及《滑稽列傳》。伍舉、淳于髠之進隱其體乃問答，故列賦末，與連珠之體毫無牽涉。「連珠」，見《詩教上》「韓非《儲説》」條注。

右十五之八

《漢志》詳賦而略詩，豈其時尚使然與？帝王之作，有高祖《大風》、《鴻鵠》之篇，《漢書·藝文志·詩賦略·歌詩》：「《高祖歌詩》二篇。」案：《大風歌》見《本紀》。亦曰《三侯之章》，見《禮樂志》。《鴻鵠歌》見《留傒①世家》及《新序·善謀篇》。而無武

① 「傒」字誤，當作「侯」。

帝《瓠子》、《秋風》之什，自注：或云：《秋風》即在《上所自造賦》内。青案①：王氏《漢書藝文志考證》：「《外戚傳》有《悼李夫人賦》，《文選》有《秋風辭》，《溝洫志》有《瓠子之歌》二章。」近人王先謙云：「武帝《瓠子》、《盛唐》、《樅陽》等歌，當在《出行巡狩及游歌詩》十篇内。」是也。臣工之作，有《黄門倡車忠等歌詩》，《漢書・藝文志・詩賦略・歌詩》：「《黄門倡車忠等歌詩》十五篇。」而無蘇、李「河梁」之篇。自注：或云：雜家有《主名詩》十篇，或有蘇、李之作。然漢廷《主名詩》豈止十篇而已乎？案：《文選・雜詩》：《李少卿與蘇武詩》三首，《蘇子卿詩》四首。李詩第三首有「攜手上河梁，遊子暮何之」句。《邯鄲河間歌詩》四篇，《齊鄭歌詩》四篇，《淮南歌詩》四篇，《左馮翊秦歌詩》三篇，《京兆尹秦歌詩》五篇，《河東蒲反歌》一篇。

右十五之九

詩歌一門，雜亂無叙。如《吴楚汝南歌詩》、《燕代謳》、《齊鄭歌詩》之類，風之屬也。《漢書・藝文志・詩賦略・歌詩》：《吴楚汝南歌詩》十五篇，《燕代謳雁門云

---

① 「青案」二字，原書在「近人王先謙」上，今移在章學誠自注之下。

中隴西歌詩》九篇。叙:「自孝武立樂府而采歌謡,於是有代趙之謳①,秦楚之風。皆感於哀樂,緣事而發,亦可以觀風俗,知薄厚云。」梁著《庭立紀聞》:「前輩言:吴、楚、汝南、燕、代以下八家比《國風》。」《出行巡狩及游歌詩》與《漢興以來兵所誅滅歌詩》,雅之屬也。《漢書·藝文志·詩賦略·歌詩》:「《漢興以來兵所誅滅歌詩》十四篇,《出行巡狩及游歌詩》十篇。」《宗廟歌詩》、《諸神歌詩》、《送靈頌歌詩》,頌之屬也。《漢書·藝文志·詩賦略·歌詩》:「《泰一雜甘泉壽宫歌詩》十四篇,《宗廟歌詩》五篇,《諸神歌詩》三篇,《道迎靈頌歌詩》三篇。」班固《兩都賦序》:「至於武、宣之世,乃崇禮官,考文章,興樂府協律之事,以潤色鴻業。是以衆庶悦豫,瑞應尤盛,白麟、赤雁、芝房、寶鼎之歌,薦於郊廟。」不爲詮次類别,六義之遺法蕩然不可爲蹤蹟矣。

右十五之十

① 「謳」字誤,《漢書》作「謳」。

漢志兵書第十六

《孫武兵法》八十二篇，注：「圖九卷。」此兵書權謀之首條也。按《孫武傳》：「闔閭謂孫武曰：『子之十三篇，吾盡觀之矣。』」見《詩教下》注。阮孝緒《七録》：「《孫子兵法》三卷，十三篇爲上卷，又有中下二卷。」按：《史記》本傳正義引。然則杜牧謂魏武削其數十萬言爲十三篇者，非也。杜牧《孫子序》：「武書十數萬言，魏武削其繁賸，筆其精切，凡十三篇，成爲一編。」蓋十三篇爲經語，故進之於闔閭。其餘當是法度名數，有如形勢、陰陽、技巧之類，不盡通於議論文詞，故編次於中下，而爲後世亡逸者也。十三篇之自爲一書，在闔閭時已然，而《漢志》僅記八十二篇之總數，此其所以益滋後人之惑矣。

右十六之一

大抵《漢志》之疎，由於以人類書，不能以書類人也。《太玄》、《法言》、《樂》、《箴》四書，類於「揚雄所叙三十八篇」；《新序》、《説苑》、《世説》、《列女傳》四書，類於「劉向所叙六十七篇」，見《互著第三》注。尤其顯而易見者也。《孫子》八十二篇，用同而書體有異，則當别而次之。縱欲以人類書，亦當如《太公》之二百三十七篇，已列總目，其下分析「《謀》八十一篇、《言》七十一篇、《兵》八十五篇」之例可也。任宏部次不精，遂滋後人之惑，致謂十三篇非孫武之完書，則校讎不精之咎也。

右十六之二

八十二篇之僅存十三，非後人之删削也。大抵文辭易傳而度數難久，即如同一兵書，而權謀之家尚有存文，若形勢、陰陽、技巧三門百不能得一矣；同一方技，而醫經一家尚有存文，若經方、房中、神仙三門百不能得一矣。蓋文辭人皆誦習，而制度則非專門不傳，此其所以有存逸之别歟？然則校書之於形名制度，尤宜加之意也。

右十六之三

即如孫武、孫臏書列權謀之家，《漢書·藝文志·兵權謀》：「《吴孫子兵法》八十二篇，圖九卷。《齊孫子》八十九篇，圖四卷。」師古注：「孫臏。」而孫武有圖九卷，孫臏有圖四卷。書篇類次，猶之可也，圖則斷非權謀之篇所用者矣。不爲形勢之需，必爲技巧之用，理易見也。而任宏、劉、班之徒，但知出於其人，即附其書之下。然則以人類書之弊，誠不可以爲訓者也。

右十六之四

按阮孝緒《七録》有《孫武八陣圖》一卷，是即《漢志》九卷之圖與否，未可知也。然圖必有名，《八陣》之取以名圖，亦猶始《計》之取以名篇。今書有其名，而圖無其目，蓋篇名合於諸子之總稱，例如是也。圖亦附於其下，而不著其名，則後人不知圖之何所用矣。王應麟《漢書藝文志考證》：「《隋志》梁有《孫子八陳圖》一卷。《周禮》『車僕』注：『《孫子八陳》，有革車之陳。』」

右十六之五

鄭樵言任宏部次有法，見《補漢藝文志第十》注。今可考而知也。權謀，人也；形勢，地也；陰陽，天也。孟子曰：「天時不如地利，地利不如人和。」《孟子·公孫丑下》文。此三書之次第也。權謀，道也；技巧，藝也。以道爲本，以藝爲末，此始末之部秩也。然《周官》大司馬之職掌與軍禮之《司馬法》諸條，見《鄭樵誤校漢志第十一》注。當先列爲經言，別次部首，使習兵事者知聖王之遺意焉。任宏以《司馬法》入權謀篇，班固始移於經禮。夫司馬之《法》豈可以爲權謀乎？宜班固之出此而入彼也。惜班固不知互見之法與別出部首、尊爲經言之例耳。

右十六之六

書有同名而異實者，必著其同異之故，而辨別其疑似焉，則與重複互注、裁篇別出之法可以並行而不悖矣。見《博約下》注。兵形勢家之《尉繚》三十一篇，與雜家之《尉繚子》二十九篇同名；兵陰陽家之《孟子》一篇，與儒家之《孟子》十一篇同名；《師曠》八篇，與小說家之《師曠》六篇同名；《力牧》十五篇，與道家之《力牧》二十二篇同名；兵技巧家之《伍子胥》十篇，與雜家之《伍子胥》八篇同名。著録之家皆當别白而條著者也。若兵書之《公孫鞅》二十七篇，與法家之《商君》二十九篇，名號雖異而實爲一人，亦當著其是否一書也。按：家數既殊，篇數亦異，何用著其是否一書？

右十六之七

鄭樵痛詆劉、班著録收書而不收圖，以爲圖譜之亡由於不爲專門著録始也。見《和州志輿地圖序例》注。因於《七略》之中獨取任宏《兵書略》，爲其書列七百九十篇，而圖至四十三卷也。然任宏《兵略》具在，而按録以徵亡逸之圖又安在哉？夫著録之道，不係存亡，而係於考證耳。存其部目，可以旁證遠搜，此逸《詩》、逸《書》之所以貴存《小序》也。任宏收圖，不能詳分部次，收而猶之未收也。誠欲廣圖之用，則當别爲部次，表名圖目，自注：如《八陣圖》之類。而於本人本書之下更爲重複互注，庶幾得其倫叙歟？

右十六之八

漢志數術第十七

數術諸書，多以圖著。如天文之《泰一雜子星》、《五殘雜變星》，書雖不傳，而世傳甘石《星經》，自注：未著於録。則有星圖可證者也。《漢日旁氣行事占驗》不傳，而《隋志》《魏氏日旁氣圖》一卷可證。按：《隋書·經籍志》：「《夏氏日旁氣》一卷，許氏撰，梁四卷。《魏氏日旁氣圖》一卷。《日旁雲氣圖》五卷。」考《漢書·天文志》引《夏氏日月傳》，知夏氏非漢以後人，魏氏疑即占歲之魏鮮。此三書或即此《日旁氣》之佚存者，不僅魏氏已也。《海中星占驗》不傳，而《隋志》《海中星圖》一卷可證。按：《隋書》天文家有《海中星占》一卷，《論星》一卷，《星圖海中占》一卷，並不著撰人，意即上三書之佚存者歟？《開元占經》引《海中占》至多，其原亦書於此及後三書中。《圖書秘記》十七篇，著於天文之録。《漢書·藝文志·數術略·天文》：「《圖書祕記》十七篇。」《耿昌月行帛圖》，著於曆譜之録。《漢書·藝文志·數術略·曆譜》：「《耿昌月行帛圖》二百三十二卷。」《後漢·曆志》賈逵論引「甘露二年，大司農丞耿壽昌，奏以圖儀度日月行，考驗天運」，《後漢書·律曆志》：「章帝使中郎將賈逵問治曆者，曆數遂正。逵論集狀，後之議者用得折衷，故詳録焉。逵論曰：『甘露二年，大司農中丞耿壽昌奏以圖儀度日月行，考驗天運狀。』」按：據此則《耿昌月行帛圖》「月」上當有「日」字，「帛」字當爲「度」字之誤。則諸書之有圖，蓋指不可勝屈矣。尹咸校數術書，非特不能釐別圖書，標目家學，即僅如任宏之兵書條例，但注「有圖」於本書之下亦不能也。此其所以難究索歟？

右十七之一

五行家之《鍾律災應》，《漢書·藝文志·數術略·五行》：「《鍾律災應》二十六卷。」當與《六藝略》樂經諸書互注。《鍾律叢辰日苑》、《鍾律消息》、《黄鍾》三書亦同。《漢書·藝文志·數術略·五行》：「《鍾律叢辰日苑》二十二①卷，《鍾律消息》二十九

① 「二」字誤，《漢書》作「三」。

卷，《黄鍾》七卷。」《五音奇胲用兵》二十三卷，《刑德》二十一卷，《漢書·藝文志·數術略·五行》：「《五音奇胲用兵》二十三卷，《五音奇胲刑德》二十一卷。」當與《兵書》陰陽家互注。其五行之本《尚書》，蓍龜之《周易》，已具論次，不復置議。見《易教下》、《書教上》注。

右十七之二

雜占家之《禳祀天文》、《請雨止雨》、《雜子候歲》、自注：《泰一》、《子贑①》二家。《神農教田相土耕種》諸書，《漢書·藝文志·數術略·雜占》：「《禳祀天文》十八卷，《請雨止兩》二十六卷，《泰一雜子候歲》二十二卷，《子贛雜子候歲》二十六卷，《神農教田相土耕種》十四卷。」當與《諸子》農家互注。

右十七之三

形法之家，不出五行、雜占二條。惟《山海經》宜出地理專門，而無其

① 「子贑」，粤雅堂本《校讎通義》、浙江書局及嘉業堂《章氏遺書》本均作「子貢」。按《漢書》作「子贛」，章氏原書有誤。

部次，故强著之形法也。説已見前，不復置議。

右十七之四

漢志方技第十八

方技之書，大要有四，經、脈、方、藥而已。經闡其道，脈運其術，方致其功，藥辨其性。四者備，而方技之事備矣。《漢書·藝文志·方技略》序方技爲四種：醫經、經方、房中、神僊。醫經序：「醫經者，原人血脈、經絡、骨髓、陰陽表裏，以起百病之本，死生之分，而用度箴石湯火所施，調百藥齊和之所宜。」今李柱國所校四種，則有醫經、經方二種而已，脈書、藥書竟缺其目。其房中、神仙，則事兼道術，《漢書·藝文志·方技略·神僊家序》：「神僊者，所以保性命之真，而游求於其外者也。」房中家序：「房中者，情性之極，至道之際。樂而有節，則和平壽考。」非復方技之正宗矣。宜乎叙方技者至今猶昧昧於四部相承之義焉。按司馬遷《扁鵲倉公傳》：「公乘陽慶，傳黄帝、扁鵲之脈書。」是西京未嘗無脈書也。又按班固《郊祀志》，成帝初有「本草待詔」；《樓護傳》，少誦「醫經、本草、方術」。是西京未嘗無藥書也。案：《漢書·平帝紀》亦有「元始五年，舉天下通知方術、本草」之語。李術國專官典校，而書有缺遺，類例不盡著録，家法豈易言哉？

後序

注書之事，後勝於前，其甘苦疾徐之數，豈易言哉！非身歷者不能知也。李善之注《文選》，五易其稿，蓋出處必究其最先，援引必著其篇卷，此注家之任也。亦有前修下筆，記誦偶疏，句舛字訛，移此就彼；又有典實習用，世忘其原，叩諸作者，瞠然無對。誤則挽諸正，迷則揭其本，此固同屬注家之任，而已非可望於魚魚鹿鹿輩矣。雖然，注解之事，體同書鈔，「雖有日新，而多抽前緒」，彦和特識，已先言之。如孔、賈之疏群經，篤守故訓，未敢破注，號稱殫洽，而終不免依傍門户，未能自成一家之學；豈若康成箋《詩》，每異毛傳；子玄注《莊》，自攄義趣，卓然有以自樹立者哉！注家之能此者，千年以來更不數數覯也。至於因前人注書之誤後學，乃以注解之體作駁議之文，如曾子固所謂「明其説於天下，使當世之人皆知其説之不可從，使後世之人皆知其説之不可爲」，又能不偏不倚，明著短長者，則我師葉長卿先生所注《文史通義》實當其選，注家立體，此爲極軌已。《文史通義》一書，清會稽章學誠所著也。章氏之學，「高明有餘，而沉潛不足。」高明有餘則多武斷，沉潛不足則多肊説。如謂佛典本於羲文，證以象通六藝；又强以士衡《文賦》所謂「文心」合諸彦和《序志》，因謂劉出於陸，此則純爲牽强附會之説矣。改《易·革·象》「君子以治曆明時」爲「治憲明時」以符己説，雖可諉謂避高宗之諱，然以下各篇亦未嘗不用「曆」字；改《荀子·非十二子》爲「十子」，遂謂荀卿未嘗非思、孟。不悟《韓詩外傳》之未必盡同，此則改書就己，失之也。《周易》之名，先已有之，而謂始自武王；「九地」之語，原本《太玄》，而謂出自《離騷》，則信口妄談矣。至於讀書疏略之處，則如不知《七略》佚文有《老子上經》之目；《藝文·道家》之有《鄰氏經傳》、《徐傳經説》，而謂劉班著録，《老子》不稱爲「經」；不讀孟堅自注平原君之爲朱建，而妄議《漢志》序次之方。其自相矛盾之處，則如詈《太玄》、《潛虚》之僭竊王章，而於范曄、習鑿齒之身非史職則一無所譏；見《太戴禮·保傅》偶引《青史子》，遂以《周考》、《青史子》爲《尚書》、《春秋》之類，不當入於小説家，而於《臣壽周紀》、《虞初周説》則一無所云。其沿襲前人之舛誤而不自知者，則如本退之之《送王秀才》，而謂莊子乃子夏之門人，不知莊書之稱田子方亦不過如庚桑楚、則陽之流，豈其所稱引者盡爲其師乎？又本《雕龍·史傳》之説，謂史遷「本紀」立名昉自《吕覽》，不知《大宛傳贊》已兩見《禹本紀》之名矣。其援引不知其最先者，則如用「写」始於《真誥》，而謂元人《説郛》始立此名；墓誌始於前漢，《西京雜記》記杜鄴之作銘刊石可證，而尚本《文選》善注謂起自有宋顔延之之於王琳。又有前人已有此説而自命爲獨得之秘者，則如《詩教》所言戰國之文原出六藝，實即《漢志·諸子略序》所云「今異家者，合其要歸，亦六經之支與流裔」之意；「文德」之説，《論語讖》、《大戴禮》、《論衡》、《文心雕龍》亦均已言之，而皆自謂前所未有，人所不知。若此之類亦多矣，非武斷即肊説也。師皆一一糾之，自章氏之卒一百三十四年以來，治其學者雖衆，而能爲其功臣，能爲其諍臣，明著其失，條而辯之，未有若是注者也。其中如「濫觴」之引《荀子·子道》，「勢有必至，理有固然」之引《齊策》，不同世俗之但知原本《家語》及《辨姦論》，此則章氏當年下筆之時恐亦未必盡知，比於代流注家之鈔撮類書，不究根本，其相去又何如哉？①尤有進者，當今之世，章氏之學大行，其説之醇乎醇者，實承《周官》、《史通》之遺緒，然治其學者未必好也，獨於其疵駁之處，則群然同喙，以爲別識心裁，相與稱揚，學風丕變。王充、崔

① 「其中如『濫觴』」以下至此一句，《學術世界》所刊同。《國專月刊》所刊無，下句「尤有進者」，「尤」作「又」。

述遂同見推尊，循是不止，將見沈潛度數之士日少，而放言高論、驚世駭俗者之猖披，當遠勝於明末王學者之束書不觀，自命聖賢。「讀《易》未識八卦，已疑《十翼》非孔子作」，「學詩未得劉長卿一句，已呼阮籍爲老兵」，學弊至於如此，非於其素所心悦誠服者加以針砭，使明知其失，復歸於正，又烏能救之？然則師之注是書之意，與曾子固所謂孟子記神農、墨子之言又辭而闢之，復何異哉！章氏雖非許行、夷子之比，其學亦頗多獨到之處，然其流弊所極，疑古廢經，必有甚於二家者矣。瘏口曉音，蓋亦出於不得已也。至於散則爲注，合而成論，正彦和所謂「雜文雖異，總會是同」，其用心立體，區區「注家」二字又曷足以範之乎？作始去秋，於今脱稿，以訒實始終其事，亦略諗於所謂甘苦疾徐之數，命爲之序。永惟一載以來，追隨從事，蓋有繙一語而究全書、檢一事而遍群籍者矣。其未得之也，則感然而形諸夢；其既得之也，則不知其手之舞之足之蹈之。屢易其稿，遂臻於成，乃書其所欲言者如此，坿於簡末。

民國二十四年八月一日，受業沈訒敬序。①

① 此序又刊《國專月刊》第一卷第四號，一九三五年六月十五日出版，附於葉長青《自序》之後，題爲《文史通義注自叙·附後序》，無署名；又刊陳柱主編之《學術世界》第二卷第二期，一九三六年十一月出版，有署名。